司法部2022年"法治建设与法学理论研究部级科研项目"（22SFB2006）研究成果

广西大学2022年优质教材倍增计划项目"司法政治学"研究成果

司法政治学概论

高一飞 著

湖南师范大学出版社·长沙

图书在版编目（CIP）数据

司法政治学概论/高一飞著 . —长沙：湖南师范大学出版社，2024.7
ISBN 978 - 7 - 5648 - 5440 - 9

Ⅰ.①司…　Ⅱ.①高…　Ⅲ.①司法—政治学　Ⅳ.①D916

中国国家版本馆 CIP 数据核字（2024）第 100231 号

司法政治学概论
SiFa ZhengZhiXue GaiLun

高一飞　著

◇出 版 人：吴真文
◇策划组稿：吴真文
◇责任编辑：孙雪姣
◇责任校对：张晓芳
◇出版发行：湖南师范大学出版社
　　　　　　地址/长沙市岳麓山　邮编/410081
　　　　　　电话/0731 - 88873071　88873070　传真/0731 - 88872636
　　　　　　网址/https：//press. hunnu. edu. cn
◇经销：新华书店
◇印刷：长沙印通印刷有限公司
◇开本：787mm×1092mm　1/16
◇印张：26
◇字数：555 千字
◇定价：128.00 元
◇版次：2024 年 7 月第 1 版
◇印次：2024 年 7 月第 1 次印刷
◇书号：ISBN 978 - 7 - 5648 - 5440 - 9
◇定价：128.00 元

如有印装质量问题，请与承印厂调换。

序言　什么是司法政治学

一、政　治

政治是人们为制定、维持和修改社会一般规则而进行的活动。①正是基于广义的政治含义，才有所谓的办公室政治之说。人们所说的政治限定为国家治理，所以"政治是阶级社会中以经济为基础的上层建筑，是经济的集中表现，是以政治权力为核心展开的各种社会活动和社会关系的总和"②。政治是包括国家权力在内的公共权力的延伸，即"政治就是人们围绕公共权力而展开的活动以及政府运用公共权力而进行的资源的权威性分配的过程"③。而在所有的公共权力中，人们又将其限定在国家权力之内，这样，"政治就是运用权力的政府机构根据一套规则以决定谁得到好处及谁支付社会代价的系统化过程"④。综合各种关于政治的定义，可以得出以下结论：狭义的政治主体是广义的政府机构；政治的内容是政府机构如何确立和运行自己的权力，如何处理与其他权力和公民权利的关系；政治的运行机制是国家制度的规则，这样的规则既包括确定权力内容、监督权力的规则，也包括权力运行程序的规则。

二、司　法

关于"司法"一词在中国的来源和含义，已有大量的研究。在清末时期，"司法"一词完全不同于中国古代文化中

---

① ［英］安德鲁·海伍德：《政治学核心概念》，吴勇译，天津人民出版社2008年版，第39页。
② 王惠岩主编：《政治学原理》，高等教育出版社1999年版，第5页。
③ 杨光斌主编：《政治学导论》（第4版），中国人民大学出版社2011年版，第6页。
④ 杨光斌主编：《政治学导论》（第4版），中国人民大学出版社2011年版，第13页。

的"司法",它与三权分立宪政意义上的"司法"相一致,特指与立法、行政相对应的审判。[1]这一狭义的理解一直沿用到民国时期。在民国时期,"司法"的含义与清末时期相比,没有太大的变化,只不过民国实行五权分立体制,司法权为五权之一。[2]在中国共产党领导的红色政权中,1931年12月13日《中华苏维埃共和国中央执行委员会训令——处理反革命案件和建立司法机关的暂行程序》开始使用"司法"一词。苏区设置的司法裁判机构采用"司法机关"来表述。不过,这种"司法机关"包括国家公诉、审讯与裁判机关。[3]司法权的内容包括审检合一背景下的检察权和审判权。这种司法机关架构在新中国成立前的革命根据地政权中一直延续。陕甘宁边区的司法机关也是指审检合一体制下的高等法院及各级裁判所。[4]1946年4月23日,陕甘宁边区第三届参议会第一次大会召开,制定了《陕甘宁边区宪法原则》,其第三部分的标题就是"司法",其中第1项规定:"各级司法机关独立行使职权,除服从法律外,不受任何干涉。"这里的司法机关独立行使职权指的是,司法机关独立行使检察权和审判权。

1949年9月,中国人民政治协商会议通过《中国人民政治协商会议共同纲领》,有两处出现了"司法"一词。其第17条规定:"废除国民党反动政府一切压迫人民的法律、法令和司法制度,制定保护人民的法律、法令,建立人民司法制度。"第19条第2款规定:"人民和人民团体有权向人民监察机关或人民司法机关控告任何国家机关和任何公务人员的违法失职行为。"这里的"司法制度"是指人民司法制度,"司法机关"是指所有除监察机关以外受理和处理违法失职案件的机关,显然指的是广义的司法机关。但是,从1954年《宪法》开始,到1978年《宪法》均无"司法"一词。1982年《宪法》中,"司法"一词再次出现[5],指称行政职权之一,表述为"司法行政"[6],但"司法行政"之外的专门司法机关包括哪些并未提及。

1978年12月22日,党的十一届三中全会公报中,有"检察机关和司法机关要保持应有的独立性"的表述,这里的司法机关与检察机关并提,指的是审判机关。改革开放后的立法中,首次出现"司法"一词是在1979年《刑法》中,其第84条规定:"本法所说的司法工作人员是指有侦讯、检察、审判、监管人犯职

---

[1] 周永坤:《中国司法概念史研究》,《法治研究》2011年第4期,第69页。

[2] 薛爱昌:《当代中国的"司法"概念——基于宪法文本和政策文本的实证分析》,《政治与法律》2018年第7期,第83页。

[3] 宋方青、周宇骏:《"司法机关"的中国语义》,《法制与社会发展》2018年第1期,第54页。

[4] 宋方青、周宇骏:《"司法机关"的中国语义》,《法制与社会发展》2018年第1期,第55页。

[5] 《宪法》(1982年)第89条第8项、第107条。

[6] 周永坤:《中国司法概念史研究》,《法治研究》2011年第4期,第71页。

务的人员。"1980 年 9 月 29 日至 1981 年 1 月 25 日，最高人民法院特别法庭对林彪、江青反革命集团进行了公开审判，"这次审判贯彻了司法工作的独立原则……由人民公安机关对他们独立进行侦查预审，然后才由人民检察机关独立进行检察起诉，由人民法院独立进行审判"①。这里的司法机关明确包括公安机关、检察机关和审判机关。

改革开放后，"司法机关"概念在法律文本中的出现始于 1981 年 12 月 13 日第五届全国人民代表大会第四次会议通过的《经济合同法》第 53 条。该条规定："对于订立假经济合同……需要追究刑事责任的移送司法机关处理。"这里的"司法机关"是指有追究刑事责任职能的机关，可以理解为有侦讯、检察、审判、监管职责的公检法司。此后，立法中开始使用"司法机关"概念。第五届全国人民代表大会至第十一届全国人民代表大会，平均每届人大在 4.4 部立法中使用过此概念，近乎每年 1 部。②不过，立法中"司法机关"的含义，会因具体语境的不同而不同。

1978 年以来的立法实践和重要文件中，"司法机关"的内涵至少可分为三种：

其一，司法机关特指人民法院。 受到西方"权力分立"法学理论的影响，将"司法机关"限定于审判机关。如 2004 年修正的《证券法》第 168 条第 4 项规定："……对有证据证明有转移或者隐匿违法资金、证券迹象的，可以申请司法机关予以冻结。"而参考《最高人民法院关于证券监督管理机构申请人民法院冻结资金账户、证券账户的若干规定》，此处的"司法机关"仅指人民法院。

其二，司法机关指人民检察院和人民法院。 2000 年，国务院新闻办公室发布的《中国人权发展 50 年》中指出："公安、司法机关依法打击犯罪。"2006 年，国务院办公厅发布的《保护知识产权行动纲要（2006—2007 年）》中提出："公安、司法机关要进一步加大打击力度。"以上两个文件将公安与司法机关并提，说明"司法机关"仅包括人民检察院和人民法院。

其三，司法机关包括所有参加诉讼办案活动的机关。 我国现行《刑法》第 94 条规定："本法所称司法工作人员，是指有侦查、检察、审判、监管职责的工作人员。"党的十八届四中全会通过的《中共中央关于全面推进依法治国若干重大问题的决定》中指出，"优化司法职权配置"就是"健全公安机关、检察机关、审判机关、司法行政机关各司其职，侦查权、检察权、审判权、执行权相互配合、相互制约的体制机制"。这里的"司法"是指所有政法单位的诉讼办案权力，不包括行政权和公共服务。

---

① 《社会主义民主和法制的里程碑——评审判林彪、江青反革命集团》，《人民日报》1980 年 12 月 22 日，第 1 版。

② 宋方青、周宇骏：《"司法机关"的中国语义》，《法制与社会发展》2018 年第 1 期，第 59 页。

在学术界，关于"司法"有以下四种解释：

其一，将司法等同于审判。这种观点以三权分立学说为基础。孟德斯鸠将国家权力分为三种，其中"惩罚犯罪或裁决私人讼争"的权力被称为"司法权力"。[①]著名辞典《布莱克维尔政治学百科全书》对"司法"的解释是："法院或者法庭将法律规则适用于具体案件或争议。"[②]也有人认为："在我们国家，司法机关就应当是人民法院。"[③]司法即审判的学说中还有一个独特的观点。这一观点认为应当将"司法权"与"司法活动"加以区分，司法活动是多个国家机关、组织以及个人共同参与的活动，但审判权是唯一的司法权，人民法院是唯一的司法机关，刑事司法活动必须以审判权的运行为核心。[④]这一观点将权力主体与行为主体割裂开来，难以自圆其说，因为能够进行司法活动的主体没有司法权是难以想象的。其实，这一观点的本质还是司法就是审判，其他围绕司法进行的活动完全可以用执法来概括。

其二，将司法解释为审判权和检察权。张文显教授认为："人民法院和人民检察院便是我国的司法机关。"[⑤]王利明教授认为："各级人民法院和人民检察院属于国家司法机关。"[⑥]徐静村教授认为："在我国，严格意义上的司法机关是人民法院和人民检察院。"[⑦]陈光中教授一直主张我国的司法机关为法院、检察院，公安机关是行政机关，并把刑事诉讼中的国家专门机关简称为"公安司法机关"。[⑧]他认为，将公安机关称为司法机关，不符合国际通例和我国《宪法》规定的中国政治体制。

其三，司法包括与诉讼活动有关的侦查、起诉、审判、执行工作。这一观点就是所谓"大司法观"，其将与诉讼有关的办案活动都称为"司法"，即将司法视为"国家办理案件的诉讼活动"[⑨]或"具体应用法律处理案件的专门活动"[⑩]。

其四，将司法理解为广义的解决纠纷活动。这一观点将诉讼和一些社会组织解决纠纷的活动都看作司法，认为"司法是指包括基本功能与法院相同的仲裁、调解、行政裁判、司法审查、国际审判等解纷机制在内的活动"[⑪]。把解决纠纷、处理案

---

① ［法］孟德斯鸠：《论法的精神》（上册），张雁深译，商务印书馆1961年版，第155页。
② ［英］戴维·米勒、韦农·波格丹诺编：《布莱克维尔政治学百科全书》，邓正来等译，中国政法大学出版社1992年版，第6页。
③ 陈界融：《证据法学概论》，中国人民大学出版社2007年版，第5页。
④ 杨侬：《关于"司法"语义及其阐释》，《理论探索》2016年第5期，第127页。
⑤ 张文显主编：《法理学》（第3版），法律出版社2007年版，第237页。
⑥ 王利明：《司法改革研究》，法律出版社2000年版，第6页。
⑦ 徐静村主编：《刑事诉讼法学》（第2版），法律出版社2011年版，第60页。
⑧ 陈光中：《刑事诉讼中公安机关定位问题之探讨——对〈刑事诉讼法修正案（草案）〉规定司法机关包括公安机关之质疑》，《政法论坛》2012年第1期，第7页。
⑨ 陈光中、崔洁：《司法、司法机关的中国式解读》，《中国法学》2008年第2期，第77页。
⑩ 沈宗灵主编：《法理学》（第2版），高等教育出版社2004年版，第325页。
⑪ 杨一平：《司法正义论》，法律出版社1999年版，第26页。

件作为司法的标准。

对于以上四种观点，笔者认为可以保留两种，分别是：司法即审判的狭义司法观，以及司法即公安、检察、审判、裁判执行机关诉讼办案的广义司法观。具体理由如下：

一是将司法理解为广义的解决纠纷活动不符合司法的本质和人们的一般理念。有人批评这一观点时指出，这一理解"虽有利于构建多元化、多层次、开放性的社会纠纷解决机制，但将仲裁、调解、公证等纳入司法的范畴已超越了司法的本质属性，有悖常理"①。这一评价非常到位，将司法扩大到广义的解决纠纷活动，与司法具有国家权力的本质特征不符，与人们约定俗成、心中所想的国家司法理念不符，难以被人们所接受，失去了概念界定的群众基础。

二是没有必要将检察纳入狭义司法的范围。孙笑侠教授和陈瑞华教授通过分析司法的本质得出结论，即司法就是审判。其理由是：第一，司法起"判断"的作用，即"司法权以判断为本质内容，是判断权"。"司法权应由法官和人民陪审员行使。"②第二，具有裁判的效果。司法权也就是裁判权。③司法权与行政权最大的区别在于司法权具有独立性、中立性等特征。司法权是作为第三方，在两方的争讼中充当判断和裁决角色的权力，合称为裁判权。如果不是作为中立的第三方出现的权力，则不是司法权，如公安机关刑事执法中对犯罪嫌疑人行使的权力就不是司法权。有些情况下，检察机关针对公安机关提出的批捕请求，充当第三者进行判断，但从整体上来说，检察机关是具有追诉职能的大控方，不是狭义的司法机关，它所行使的也不是司法权。

龙宗智教授认为，检察机关是司法机关，理由是其具有法律监督权。他认为，检察机关的公诉活动以正确适用法律为目的，其监督职能和监督活动更具有明显的"法制守护"性质，因此，我国的检察活动至少在法律形式上具有突出的"司法性"。④笔者认为，这样的观点更让词语作为区分概念和促进交流的工具作用无法发挥，因为监督权内容广泛，人大也具有执法监督权，公安机关的纪检监督机构也有内部的执法监督权，以"法制守护"性质为理由将执法监督权归入司法权，不仅没有明确理论上的根据，也无法界定狭义司法权的本质，无法与其他诉讼权相区分，也与世界上关于司法含义和特征的通行理解相违背。因而，法律监督权也属于刑事执法权，不属于狭义司法所指的"裁判权"，但它属于广义司法权的内容。

① 杨依：《关于"司法"语义及其阐释》，《理论探索》2016年第5期，第124页。
② 孙笑侠：《司法权的本质是判断权——司法权与行政权的十大区别》，《法学》1998年第8期，第36页。
③ 陈瑞华：《司法权的性质——以刑事司法为范例的分析》，《法学研究》2000年第5期，第30-58页。
④ 龙宗智：《论检察权的性质与检察机关的改革》，《法学》1999年第10期，第4页。

三是在特定情况下，可以将司法界定为审判。这符合国际惯例，国际文件中的司法一般指的是审判。《联合国关于检察官作用的准则》（1990年9月7日，联合国第八届预防犯罪和罪犯待遇大会通过）第10条要求："检察官的职责应与司法职能严格分开。"审判人员是行使司法权力的人。确认这一狭义的界定，有利于对"司法审查""司法裁判"等制度进行比较时能够使用共同接受的概念，有利于准确解读国际准则中使用的"司法"概念。

四是在一般情况下，将侦查、起诉、审判、执行都视为司法，即确立大司法观。将公、检、法、司的执法司法都简称为"司法"，是为了称呼上的方便，用一个词概括了所有执行法律的"执法司法"或者"诉讼办案"活动。同时，"司"这个词在汉语中有执行的意思，普通民众也能够理解大司法观念。正因如此，陈光中教授提出的关于在我国的《刑事诉讼法》中不能用"司法机关"一词来统称公、检、法、司，而要"将这些条文按照宪法的规定改为'人民法院、人民检察院、公安机关'"[①]的建议并没有被采纳，我国《刑事诉讼法》中仍然有7处广义"司法机关"的称谓。

三、政　法

政法，顾名思义，是"政治法律"的简称，但它又"不仅是政治与法律的简称，而且还意味着政治与法律的这样一种关系：即政治与法律相比，政治占统帅地位，法律服从于政治并为政治服务，法律是政治实行的工具"[②]。这一词语说明了政治与法律密不可分，也说明了政治与法律何者处于优先地位，即政治在前、法律在后，法律为政治服务。

1949年9月27日通过的《中央人民政府组织法》第18条规定，政务院设政治法律委员会。而将"政治法律"简称为"政法"，首次出现在1949年9月22日董必武的报告中，该报告提到了"政法、财经、文教等委员会"[③]。关于政法事务的含义，1949年10月21日，政务院政法委员会第一次会议召开时，"主持会议的董必武说明政法委员会的任务是负责指导内务部、公安部、司法部、法制委员会、民族事务委员会的工作，并受毛泽东主席和周恩来总理的委托，指导与联系最高人民法院、最高人民检察署和人民监督委员会"[④]。因此，中华人民共和国成立初

---

① 陈光中：《刑事诉讼中公安机关定位问题之探讨——对〈刑事诉讼法修正案（草案）〉规定司法机关包括公安机关之质疑》，《政法论坛》2012年第1期，第7页。
② 吴允：《政法一词辨析》，《现代法学》1989年第1期，第27页。
③ 董必武：《董必武法学文集》，法律出版社2001年版，第21页。
④ 《彭真传》编写组编：《彭真年谱》（第二卷），中央文献出版社2012年版，第69页。

期，民族、监察、立法、民政事务也属于政法事务，但后来逐渐剥离，不再属于"政法"的范畴。中华人民共和国成立以来，"政法概念所指的事务始终未变的就是审判、检察、公安、国家安全和监狱"①。可见，政法工作是指公安、国安、检察、审判、司法行政机关从事的政治法律工作。

当前，要理解"政法"一词，可以直接根据《中国共产党政法工作条例》中的三个关键词，即"政法工作""党委政法委员会""政法单位"。《中国共产党政法工作条例》第3条规定："政法工作是党和国家工作的重要组成部分，是党领导政法单位依法履行专政职能、管理职能、服务职能的重要方式和途径。党委政法委员会是党委领导和管理政法工作的职能部门，是实现党对政法工作领导的重要组织形式。政法单位是党领导下从事政法工作的专门力量，主要包括审判机关、检察机关、公安机关、国家安全机关、司法行政机关等单位。"第5条②规定了政法工作的主要任务包括的7类工作。这些规定表明：政法工作的内容是党对政法单位的领导职能以及政法单位自身的三大职能，即专政职能、管理职能、服务职能；政法工作的主体是党组织及政法单位；政法工作的任务包括推进平安中国、法治中国建设等7类具体内容。

从词义来看，可以将政法单位解释为具有政治机关性质的法律机关。20世纪80年代，有人主张要改变观念：在党政领域，要变"政法"理论和观念为"法政"理论和观念，让法律在前、政治在后；在司法领域，要变"政法"理论和观念为"司法"理论和观念；在法学教育和法学研究领域，要变"政法"理论和观念为"法学"理论和观念。③其对政法机关首先是政治机关的这一质疑显然是错误的。

"政法"一词深刻地体现了政治和法律的关系。法律本质上是一种政治措施；法治与政治存在共生性，政治为法治提供依托和方向。④习近平总书记指出："党和法的关系是政治和法治关系的集中反映。"⑤法治背后存在政治理论、政治逻辑、政治立场，这是习近平总书记对政治与法律关系的深刻判断。习近平总书记对党

---

① 侯猛：《新中国政法话语的流变》，《学术月刊》2020年第2期，第122页。
② 《中国共产党政法工作条例》第5条规定："政法工作的主要任务是：在以习近平同志为核心的党中央坚强领导下开展工作，推进平安中国、法治中国建设，推动政法领域全面深化改革，加强过硬队伍建设，深化智能化建设，严格执法、公正司法，履行维护国家政治安全、确保社会大局稳定、促进社会公平正义、保障人民安居乐业的主要职责，创造安全的政治环境、稳定的社会环境、公正的法治环境、优质的服务环境，增强人民群众获得感、幸福感、安全感。"
③ 吴允：《政法一词辨析》，《现代法学》1989年第1期，第28页。
④ 赵忠龙：《法治与政治辩证统一》，《理论导报》2015年第10期，第40-41页。
⑤ 中共中央文献研究室编：《习近平关于社会主义政治建设论述摘编》，中央文献出版社2017年版，第98页。

和法治的关系进行过概括，他说："党的领导是社会主义法治最根本的保证……必须坚持实现党领导立法、保证执法、支持司法、带头守法。"①也就是说，法治的目的是巩固党的执政地位，党领导法治并通过法治实现党的意志。同时，习近平总书记还指出："'党大还是法大'是一个政治陷阱，是一个伪命题。对这个问题，我们不能含糊其词、语焉不详，要明确予以回答。"②"党大还是法大"这一命题的本质是对"通过法定程序使党的主张成为国家意志、形成法律"的曲解，人为制造党的主张和法律之间的对立。

在单位的性质上，政法单位首先是政治机关。各政法单位的领导人分别强调："公安机关首先是政治机关"③，"最高检机关首先是政治机关"④，"人民法院首先是政治机关"⑤，"司法行政机关首先是政治机关"⑥。以上判断当然是正确的，政法单位首先是政治机关，理由有二：一是我国所有的党政机关都首先是政治机关。习近平总书记指出："中央和国家机关首先是政治机关，必须旗帜鲜明讲政治，坚定不移加强党的全面领导，坚持不懈推进党的政治建设。"⑦二是政法机关履行特殊的政治职能。政法单位的政治机关性质体现在专政职能上，它们是行使人民民主专政职能的机关，司法行政机关的政治机关性质还体现在它是党的全面依法治国委员会的秘书机构，统筹全面依法治国。当然，政法单位其次是法律机关，体现在政法单位三大职能都需要通过行使执法、司法职能，进行与法律事务相关的管理，提供与法律相关的服务来实现。

我国党的大会报告和决定一般不使用"政法"一词，如《中共中央关于全面深化改革若干重大问题的决定》、《中共中央关于全面推进依法治国若干重大问题的决定》、《中共中央关于坚持和完善中国特色社会主义制度 推进国家治理体系和治理能力现代化若干重大问题的决定》以及党的十八大报告、党的十九大报告等都使用了"司法""司法体制改革"，但没有使用"政法"一词。党的十九届六中全会于2021年11月11日通过的《中共中央关于党的百年奋斗重大成就和历史经验的决议》中提出："党领导深化以司法责任制为重点的司法体制改革，推进政法

---

① 习近平：《习近平谈治国理政》（第三卷），外文出版社2020年版，第284页。
② 中共中央文献研究室编：《习近平关于全面依法治国论述摘编》，中央文献出版社2015年版，第34页。
③ 赵克志：《突出政治建设锻造公安铁军 忠实履行好新时代职责使命——深入学习领会习近平总书记在全国公安工作会议上的重要讲话精神》，《公安教育》2019年第7期，第4－6页。
④ 姜洪：《围绕"三个表率"抓好最高检机关党的建设》，《检察日报》2018年7月18日，第1版。
⑤ 周强：《强化政治机关意识 加强法院党建工作 更好履行新时代人民法院使命任务》，《旗帜》2020年第7期，第13－16页。
⑥ 袁曙宏：《坚定不移把司法部建设成为牢固树立"四个意识"的政治机关》，《中国司法》2019年第1期，第10页。
⑦ 《习近平对推进中央和国家机关党的政治建设作出重要指示强调 带头维护党中央权威和集中统一领导 建设让党中央放心、让人民群众满意的模范机关》，《紫光阁》2018年第8期，第2页。

领域全面深化改革。""政法"一词首次被写进党的大会报告。

在《中国共产党政法工作条例》出台之前，习近平总书记一般用"政法机关"来称呼广义的司法机关。他说："政法机关要完成党和人民赋予的光荣使命，必须严格执法、公正司法。""有的政法机关和干警执法随意性大。""这些问题，不仅严重败坏政法机关形象，而且严重损害党和政府形象。""政法机关是老百姓平常打交道比较多的部门，是群众看党风政风的一面镜子。如果不努力让人民群众在每一个司法案件中都感受到公平正义，人民群众就不会相信政法机关，从而也不会相信党和政府。"[1]同时，司法改革的主体也是政法机关，习近平总书记说："全国政法机关要继续深化司法体制改革，为严格执法、文明执法、公正司法和提高执法司法公信力提供有力制度保障。"[2]政法机关的执法司法是司法体制改革的对象和内容。

综上所述，狭义的司法只包括审判职能，在司法改革文件中一般不使用这一词语；广义的司法包括政法单位的侦查、检察、审判、监管职责，这就是司法改革的对象。而"政法"则包括政法单位所有的专政职能、管理职能和服务职能，这些职能又体现在具体的政法工作任务之中（详见表1）。

表1　司法和政法范围之别

涉及的主体	司法职能	政法职能
党组织	—	党领导政法工作
公安机关	侦查权	侦查权、行政权，党组、纪检、政治部及其他部门的管理、服务职能
检察机关	检察权	检察权，党组、纪检、政治部及其他部门的管理、服务职能
人民法院	审判权、执行权	审判权、执行权，党组、纪检、政治部及其他部门的管理、服务职能
司法行政机关	刑罚执行权	统筹协调全面依法治国，刑罚执行权、行政权（行政立法权、行政执法权、公共服务职能），党组、纪检、政治部及其他部门的管理、服务职能

政法职能与司法职能有差别，但二者又密不可分，相互关联。司法的目的就是实现党全心全意为人民服务的宗旨。司法需要建设一支政治过硬、业务过硬、责任过硬、纪律过硬、作风过硬的司法队伍，要加强司法队伍的思想政治建设和信念教育、加强职业道德与职业纪律教育、加强司法能力建设、注重职业保障，

---

① 中共中央文献研究室编：《十八大以来重要文献选编（上）》，中央文献出版社2014年版，第717-718页。
② 《把政法工作摆到经济社会发展全局中谋划 履行好维护国家安全和社会安定重大责任》，《人民日报》2015年1月21日，第1版。

司法队伍建设的目标和路径都是政治与法律的结合。要实现公正司法，必须把加强党的全面领导、推进党的政治建设作为前提和保障。

不过，政法并非司法政治的代名词，政法机关是政治机关，强调的是其党性和政治性，体现的是中国共产党领导和管理司法工作及司法机关的其他工作。而司法政治学中的政治则是通常政治学意义上的政治，包括以研究西方司法政治为内容的西方司法政治学，也包括以研究中国司法政治为内容的中国特色司法政治学。

四、司法政治学

根据上述对政治和司法含义的界定，司法政治就是司法机关根据法律授权，处理司法权与其他国家权力之间、各种司法权力之间、司法机关（公、检、法、司）内部权力之间、司法权与公民权利之间等各种关系的制度、体制和机制。

即使是从狭义的司法含义出发，每一种司法权力也从来不是孤立的，其内部有复杂的权力运作机制，时时刻刻都要与其他国家权力和公民权利发生复杂的关系。研究司法政治，才能真正把握司法的运行规律，最终实现司法公正，并充分实现司法服务大局、服务人民的功能。

司法政治学将"具有政治与法律双重属性的社会现象作为研究对象"[1]，是以司法中的政治关系为研究对象的交叉学科。因为司法有广义和狭义之分，所以胡伟教授以法院为司法政治学的研究对象，"从政治学角度对西方社会的司法现象进行研究"[2]，他研究的实际上是审判权在三权分立中的地位以及审判权与其他国家权力的关系、审判权的内部运行机制、审判权与公民权利的关系。因此，其《司法政治》一书分为八个部分：司法政治的发展、司法部门的地位（在三权分立中的地位和作为"社会正义和公民自由的保障"的地位）、司法活动的原则（自然公正原则、司法独立原则、平等原则和民主原则、不告不理原则）、司法制度的类型（法系类型，即大陆法系、英美法系和混合法系；体制类型，即司法绝对独立和相对独立；组织类型，即多元系统和单一系统）、司法政治结构（司法结构、法院系统、最高法院、司法角色、检察机关和司法行政机关）、司法政治功能（制衡立法和行政、通过行政诉讼监控行政行为、公共政策功能等）、司法政治运作（司法诉讼程序、司法决策过程、司法政治运作、非政府因素对司法的影响）、总评。胡伟教授的《司法政治》完全可以改名为"西方司法政治"，因为其研究的是西

---

① 卓泽渊：《法政治学研究》（第3版），法律出版社2018年版，第1页。

② 胡伟：《司法政治》，三联书店（香港）有限公司1994年版，第3页。

方国家三权分立背景下司法权的地位、功能以及司法权运行的原则与机制。

司法政治的本质是司法权力运行过程中，司法权力与其他国家权力的关系、司法权力之间的关系、司法权内部权力之间的关系、司法权力与公民权利之间的关系。因此，本书根据中国的政治体制，将中国司法政治学的研究对象概括为以下内容：

第一篇的内容为司法政治学的理念与原则，包括司法规律理念、以人民为中心的司法理念、公正司法理念、审判独立与检察独立原则、正当程序原则。这部分包括了司法权的性质、地位和运行原则。

第二篇的内容为司法权力与其他国家权力的关系，包括党对司法个案的监督、纪检监察机关对司法的监督、人大对司法的监督。

第三篇为司法权力之间的配合与制约关系，包括司法机关的配合与制约关系、检察机关司法制约监督机制、以审判为中心的诉讼制度改革。

第四篇为司法机关内部制约监督机制，包括公安机关内部制约监督机制、检察机关内部制约监督机制、人民法院内部制约监督机制、司法行政机关执法内部制约监督机制。

第五篇为人民参与和监督司法，包括构建阳光司法机制、人民监督员制度、人民陪审员制度、媒体与司法的关系、律师对司法的监督、当事人对司法的监督。

司法政治学的内容是庞大的，作为一种尝试性和开拓性的研究，作为"广西大学出版立项教材"的最终成果，本书只是研究了司法政治学的主要内容，搭起了一个司法政治学的研究框架，以期对这一交叉学科起到抛砖引玉的作用。还有一些重要问题，如能动司法理念、司法对立法的补漏功能、司法对行政权的监督等，还需要在以后的研究中深入展开。

2024 年 6 月 6 日于广西大学东高小区

第一篇　司法政治学的理念与原则

第二篇　司法权力与其他国家权力的关系

第三篇　司法权力之间的配合与制约关系

第四篇　司法机关内部制约监督机制

第五篇　人民参与和监督司法

第一篇

司法政治学的理念与原则

第一章
司法规律理念

一、两种含义的司法规律

司法规律作为社会规律的一种，体现了司法发展中的原理及其必须遵循的路径。陈光中教授认为，司法规律涵盖"规律"与"司法"两个意义，其中"规律"是哲学范畴的概念，是一种事物内在的必然联系和事物发展的必然趋势；而"司法规律"即为诉讼之规律，是一种在司法运行过程中带有客观性的法则。[①] 司法规律有两种含义，学术界对两种司法规律都有所解读，习近平总书记也分别对狭义司法规律和广义司法规律进行了论述。

（一）两种含义的司法规律

正是基于对"司法权"存在两种含义的理解，对于司法规律，也存在狭义司法规律和广义司法规律之分。

1. 狭义的司法规律

狭义的司法规律，即对于司法规律的认识围绕"审判权"这个狭义的司法含义展开。[②] 审判机关独立行使审判权或者人民法院依法独立行使审判权，是我国《宪法》《人民法院组织法》长期以来强调的诉讼基本原则，也写入了党的多个文件。无论是在政治上还是在法律上，它都是正确的。

人民法院依法独立行使审判权，也可以简称为"审判独立"或者"独立审判"原则。我国签署或者加入的《公民权利和政治权利国际公约》《关于司法机关独立的基本原则》的通行提法是"司法机关独立"。我国司法制度的建设既要借鉴吸收西方法治国家的经验，又不能照搬西方，故形成了"中国特色社会主义的司法独立原则"。[③] 这里的司法与审判是同一个含义。

---

① 陈光中：《司法规律与司法改革》，《法制日报》2015 年 4 月 2 日，第 2 版。
② 高一飞：《刑事司法研究中的话语误解》，《中国法律评论》2017 年第 2 期，第 180 页。
③ 陈光中：《比较法视野下的中国特色司法独立原则》，《比较法研究》2013 年第 2 期，第 1 – 12 页。

2. 广义的司法规律

樊崇义教授认为，司法规律是一种在诉讼之中客观的、导向性的、本质且必然的规定性，亦是一种将检察权与审判权及其他相关权力相结合的基本法则，高度囊括了司法权的本质，也符合司法的基本价值取向。① 这种观点将广义的司法规律概括为"审判权、检察权和其他相关权力有机结合的基本法则"，表明广义的司法规律是适用于一切与诉讼有关的司法执法机关的共同法则。

对于广义的司法规律，学界划分了不同类别：第一，根据作用范围，将司法规律划分为诉讼程序中的司法规律、审判管理中的司法规律、司法行政管理中的司法规律、人事管理中的司法规律。② 第二，依据司法权运行的步骤，将司法规律划分为司法权的配置、运行、发展规律及司法人员的管理规律等。③ 第三，按诉讼阶段，将司法规律分为侦查活动规律、起诉活动规律、审判活动规律。④ 第四，按司法机关的行为标准，将司法规律分为司法权的运行规律、司法建设规律、诉讼规律。⑤ 但是，我们也可以看出，上述分类标准较为混乱，难以满足司法规律问题的实践要求。这样划分出的规律，只是一般的规则而已，内容涉及方方面面，零散复杂，不便于人们真正把握司法规律。这就需要我们用简洁的语言概括出狭义司法和广义司法的共同规律，以指导司法实践。

（二）习近平总书记对两种含义的司法规律的论述

在习近平总书记的表述中，也存在广义司法与狭义司法。比如，他指出，要"努力让人民群众在每一个司法案件中都感受到公平正义"⑥，"新闻媒体要加强对执法司法工作的监督，但对执法司法部门的正确行动，要予以支持，加强解疑释惑，进行理性引导，不要人云亦云，更不要在不明就里的情况下横挑鼻子竖挑眼"⑦。这里的"司法案件"，显然是指包括"执法司法工作"在内的广义司法机关办理的案件；而将案件的办理工作概括为"执法司法工作"，又表明了他认可狭义司法的提法，即狭义的司法是不包括"执法"的。

习近平总书记深刻认识到了两种不同司法规律的差别，在不同的场合对两种司法规律都有过论述。从狭义的司法规律来看，习近平总书记在 2014 年 1 月 7 日中央政法工作会议上明确指出："司法活动具有特殊的性质和规律，司法权是对案件事实和法

---

① 樊崇义：《"把握司法规律 推进司法改革"系列之何为司法规律》，《人民法治》2016 年第 6 期，第 85 页。
② 蒋惠岭：《法院内部运行机制中的司法规律》，《法制资讯》2014 年第 9 期，第 53 - 55 页。
③ 陈国芳：《中国特色社会主义司法规律本质探究》，《湖南社会科学》2013 年第 2 期，第 82 - 85 页。
④ 王福相、王茜：《论侦查活动的基本规律》，《中国刑警学院学报》2012 年第 3 期，第 3 - 7 页。
⑤ 龙宗智：《司法改革：回顾、检视与前瞻》，《法学》2017 年第 7 期，第 12 - 13 页。
⑥ 习近平：《习近平谈治国理政（第一卷）》，外文出版社 2018 年版，第 145 页。
⑦ 中共中央文献研究室编：《习近平关于全面依法治国论述摘编》，中央文献出版社 2015 年版，第 75 页。

律的判断权和裁决权。"① 这是对狭义司法权本质的高度概括和总结。换言之，这句话概括了狭义的司法规律。刘仁文教授也从狭义司法的角度分析认为，司法规律的基本思路就是要贯彻落实我国《宪法》规定的"人民法院依照法律规定独立行使审判权，不受行政机关、社会团体和个人的干涉"②，这是司法规律所决定的，也是实现司法公正的前提和基础。

从广义的司法规律来看，习近平总书记指出："司法体制改革必须同我国根本政治制度、基本政治制度和经济社会发展水平相适应，保持我们自己的特色和优势。我们要借鉴国外法治有益成果，但不能照搬照抄国外司法制度。完善司法制度、深化司法体制改革，要遵循司法活动的客观规律，体现权责统一、权力制约、公开公正、尊重程序的要求。"③

张文显教授对习近平总书记的两次论断作了比较分析，他认为，习近平总书记将司法权界定为"判断权和裁决权"的表述，一是从广义的角度理解司法权，即司法活动中各个环节都行使着对事实和法律的判断权；二是在广义的角度下又强调了司法运行中的核心——审判权，审判权主要包括裁判权，在侦查、起诉、执行等司法工作中，都是围绕法院的审判、裁判工作进行的。④ 而且，他认为"权责统一、权力制约、公开公正、尊重程序"这十六字是在司法根本规律基础上延伸出来的基本规律。⑤ 笔者不同意这一观点，理由是：对"判断权和裁决权"而言，应当注意的是，这里用的是"和"而不是"或"，这就要求"判断权"和"裁决权"二者同时具备，可以合称为"裁判权"。以"司法活动中各个环节都行使着对事实和法律的判断权"来认识习近平总书记将司法权界定为"判断权和裁决权"的表述是不准确的，这是将审判专有的、居中的"判断权和裁决权"等同于一般的决定权。一般的决定权中都有一定的判断权，但并不包括裁判权。

"裁判"是指，在多方参与的活动中，以居中的立场对事物进行判断与裁决。司法裁判权与体育裁判权类似，法官与其他诉讼主体构成审、控、辩三方结构，控、辩双方观点不同，如同体育运动开展竞赛一样，法官则像裁判员，基于事实与法律作出判断与裁判。裁判应当具有终局性。习近平总书记指出："法律本来应该具有定分止争的功能，司法审判本来应该具有终局性的作用，如果司法不公、人心不服，这些功

---

① 中共中央文献研究室编：《习近平关于全面依法治国论述摘编》，中央文献出版社 2015 年版，第 102 页。
② 刘仁文：《何为司法规律》，《同舟共进》2017 年第 5 期，第 20 – 21 页。
③ 习近平：《习近平谈治国理政（第二卷）》，外文出版社 2017 年版，第 131 – 132 页。
④ 张文显：《习近平法治思想研究（下）——习近平全面依法治国的核心观点》，《法制与社会发展》2016 年第 4 期，第 15 页。
⑤ 张文显：《习近平法治思想研究（下）——习近平全面依法治国的核心观点》，《法制与社会发展》2016 年第 4 期，第 16 页。

能就难以实现。"① 在这里，习近平总书记甚至用了"司法审判"一词，从汉语的同义重申用法来理解，他所说的狭义司法，就是指审判。在审判过程中，法官必须采取居中的态度取向，公平对待控、辩双方，不得偏向任何一方。所以，裁判是专用于审判的一个名词，要符合裁判的规律，如居中裁判、独立裁判、具有终局性等，它只有在狭义司法权，即审判权中才存在。

笔者的上述理解，也可以从中央文件和最高人民法院、最高人民检察院的文件中得到印证。中国共产党第十八届中央委员会第三次全体会议决定提出："改革审判委员会制度，完善主审法官、合议庭办案责任制，让审理者裁判、由裁判者负责。"这是关于法院权力运行机制的论述，"裁判"一词显然专指法院的审判权。相反，在公安机关、人民检察院等相关文件中，却从未使用"裁判"一词来表述其权力行使。与"让审理者裁判、由裁判者负责"相对应，2015 年 9 月 25 日，《最高人民检察院关于完善人民检察院司法责任制的若干意见》发布实施，其中用"谁办案谁负责、谁决定谁负责"来表达权力与责任的内容。2017 年 2 月与 2017 年 6 月，最高人民法院先后发布实施的《最高人民法院关于全面推进以审判为中心的刑事诉讼制度改革的实施意见》与《人民法院办理刑事案件第一审普通程序法庭调查规程（试行）》中明确规定，法庭应当坚持"证据裁判""居中裁判"等原则，两次提到了"裁判"一词，对审判规律进行了具体描述。综上所述，习近平总书记所说的"判断权和裁决权"，显然是指狭义司法权。

另外，十六字司法规律也并不是对 2014 年 1 月 7 日中央政法工作会议上所说的"判断权和裁决权"的解释和延伸，不能将其解释为"根本规律基础上延伸出来的基本规律"。"判断权和裁决权"是对审判（或者准审判）规律，即狭义的司法规律的描述，而十六字司法规律则是对广义的司法规律，即处理公、检、法、司之间关系及它们内部都应当共同遵守的执法司法规律的描述。这样理解的依据是，从习近平总书记讲话的背景来看，他是在"完善司法制度、深化司法体制改革，要遵循司法活动的客观规律"这一大的语境下表述这十六个字的，而这里的司法制度、司法体制中的司法，显然是指广义上的司法。这与后来党的十八届三中全会、四中全会提到的"司法体制改革"中的"司法"一词含义一致，是包括广义司法机关在内的。正因如此，孟建柱把"公安改革、国家安全机关改革和司法行政改革"② 作为当时下一步司法改革的重点。这里的"司法体制改革"，显然是广义司法之意。

可见，习近平总书记在不同的场合，针对狭义的司法规律和广义的司法规律作了不同的概括，本章将对这两个内容分别进行解读。

---

① 中共中央文献研究室编：《习近平关于全面依法治国论述摘编》，中央文献出版社 2015 年版，第 67 页。
② 孟建柱：《坚定不移推动司法责任制改革全面开展》，《中国应用法学》2017 年第 1 期，第 9 页。

二、狭义的司法规律观

党的十八届三中全会提出"让审理者裁判、由裁判者负责"之后，中央全面深化改革领导小组①第十五次会议指出："完善人民法院司法责任制，必须以严格的审判责任制为核心……让审理者裁判、由裁判者负责，确保人民法院依法独立公正行使审判权。"② 所以，习近平总书记总结出的狭义的司法规律的本质是，"明确审判组织与审判人员的权限及其责任"与"让审理者裁判、由裁判者负责"。前者是指裁判的内容，即"权限及其责任"；后者是指谈判的特点，即独立审判、自己负责。所以，审判规律可以分为"审判独立"与"审判责任"两个方面。

（一）审判独立

习近平总书记强调："我们要深化司法体制改革，保证依法独立公正行使审判权、检察权。"③ 2014 年 10 月 23 日，习近平总书记在《加快建设社会主义法治国家》一文中明确指出："各级党组织和领导干部都要旗帜鲜明支持司法机关依法独立行使职权，绝不容许利用职权干预司法。"④

2014 年 1 月 7 日，习近平总书记在中央政法工作会议上的讲话还指出："我国司法制度也需要在改革中不断发展和完善……司法行政化问题突出，审者不判、判者不审……"⑤ 习近平总书记认为，应从原因与措施两方面来探讨。从原因上来看，他指出了审判不独立的原因主要是司法"行政化"。

从审判独立的保障机制上看，习近平总书记提出了具体的措施。习近平总书记提出，保障审判独立需要"建立领导干部干预司法活动、插手具体案件处理的记录、通报和责任追究制度……建立健全司法人员履行法定职责保护机制；等等"，"探索设立跨行政区划的人民法院和人民检察院"，"这有利于排除对审判工作和检察工作的干扰、保障法院和检察院依法独立公正行使审判权和检察权，有利于构建普通案件在行政区划法院审理、特殊案件在跨行政区划法院审理的诉讼格局"。⑥ 习近平总书记在《改革要聚焦聚神聚力抓好落实 着力提高改革针对性和实效性》⑦ 一文中提出要完善审判独立制度的运行，明确指出，推动省以下地方法院、检察院人财物统一管理是司法体制改革的基础性、制度性措施。

---

① 2018 年 3 月，根据中共中央印发的《深化党和国家机构改革方案》，将"中央全面深化改革领导小组"改为"中央全面深化改革委员会"。
② 《增强改革定力保持改革韧劲 扎扎实实把改革举措落到实处》，《人民日报》2015 年 8 月 19 日，第 1 版。
③ 习近平：《习近平谈治国理政（第一卷）》，外文出版社 2018 年版，第 140 页。
④ 习近平：《习近平谈治国理政（第二卷）》，外文出版社 2017 年版，第 121 页。
⑤ 中共中央文献研究室编：《习近平关于全面依法治国论述摘编》，中央文献出版社 2015 年版，第 77 页。
⑥ 习近平：《论坚持全面依法治国》，中央文献出版社 2020 年版，第 99 – 100 页。
⑦ 《改革要聚焦聚神聚力抓好落实 着力提高改革针对性和实效性》，《人民日报》2014 年 6 月 7 日，第 1 版。

在中央全面深化改革领导小组的会议上，习近平总书记先后多次对保障审判独立的措施进行了具体部署，如：设立巡回法庭和探索设立与行政区划相分离的人民法院；① 如实记录领导干部插手具体案件的情况，完善通报与追责程序，从而抑制住领导干部干预司法活动的行为；② 严禁司法工作人员与案件相关人员的私下不正当接触交往行为；③ 完善司法组织的管理，明确司法人员的责任、职业保障；④ 等等。这些重要措施体现了我们党要为司法机关公正司法、独立司法排除各种非法干扰，创造一个良好司法环境的态度和决心。上述措施为实现人民法院独立审判提供了具体保障。

（二）审制责任

独立总是与责任、负责、问责联系在一起的。从世界各国的经验和联合国人权公约的要求来看，责任和问责必须要有包括完整体系的司法责任制来体现。

习近平总书记强调："要紧紧牵住司法责任制这个'牛鼻子'，凡是进入法官、检察官员额的，要在司法一线办案，对案件质量终身负责……把司法权关进制度的笼子。"⑤ 这体现的是权力与责任两个方面。根据习近平总书记对司法责任的论述以及中央全面深化改革领导小组会议的精神，对司法责任有以下三个方面的要求：

1. 确立员额

司法责任的首要要素就是司法工作人员，确立法官员额制有利于司法队伍的健康发展。最高人民法院于 2016 年发布的《中国法院的司法改革（2013—2016）》白皮书中明确指出，法院系统根据中央部署，建立法官员额制，就是要通过严格考核，选拔最优秀的法官进入员额，并为他们配备法官助理、书记员等审判辅助人员，确保法院85% 的人力资源配置到办案一线。

要完善员额制及其职业保障应当从以下三个方面出发：

第一，健全遴选和退出机制。中央全面深化改革领导小组第三十八次会议强调，深入推进司法体制改革要全面落实司法责任制，加强法官、检察官专业化职业化水平，完善司法责任制的相关制度，坚持政策导向，为司法责任制改革提供规范明确的政策依据。⑥ 员额制是司法责任制的基石。2017 年，全国法院、检察院系统已经完成首批法官、检察官遴选工作，入额法官 12 万多名，入额检察官 8.6 万名。⑦ 各级法院、检察院要严格执行法官、检察官遴选标准和程序，让办案多、质量高、效果好的

① 《鼓励基层群众解放思想积极探索 推动改革顶层设计和基层探索互动》，《人民日报》2014 年 12 月 3 日，第 1 版。
② 《科学统筹突出重点对准焦距 让人民对改革有更多获得感》，《人民日报》2015 年 2 月 28 日，第 1 版。
③ 《树立改革全局观积极探索实践 发挥改革试点示范突破带动作用》，《人民日报》2015 年 6 月 6 日，第 1 版。
④ 《改革要聚焦聚神聚力抓好落实 着力提高改革针对性和实效性》，《人民日报》2014 年 6 月 7 日，第 1 版。
⑤ 习近平：《习近平谈治国理政（第二卷）》，外文出版社 2017 年版，第 131 页。
⑥ 《加强领导总结经验运用规律 站在更高起点谋划和推进改革》，《人民日报》2017 年 8 月 30 日，第 1 版。
⑦ 孟建柱：《全面深化司法体制改革 努力创造更高水平的社会主义司法文明》，《检察日报》2017 年 10 月 17 日，第 4 版。

人员入额，让入额的人员多办案、办好案。要完善动态化的员额退出机制，让不适应在一线办案的人员及时退出员额，形成正确导向。建立常态化的员额增补机制，对预留或空出的员额指标，定期进行遴选，让优秀的法官、检察官助理等符合条件的人员及时入额，稳定职业预期。

第二，建立单独职务序列。中央全面深化改革领导小组第十六次会议强调了以下几点内容：一是基于法官、检察官的职业特点，对待法官、检察官的政策及其职务序列需特殊考虑。二是注重司法资源配置，对法官、检察官队伍给予特殊政策，建立有别于其他公务员的单独职务序列。要注重向基层倾斜，重点加强市（地）级以下的法院、检察院。三是实现体现法官、检察官职业特点的工资制度，统一相关制度，做到工资与单独职务序列匹配，同时工资也要与司法责任、办案效果和贡献紧密联系在一起，鼓励司法工作人员多办案、办好案。四是不同的司法工作人员实行不同的标准，加大对一线办案人员的工资倾斜力度，鼓励优秀人员向一线办案岗位流动。① 这对单独职务序列下的法官、检察官待遇提出了很多具体的措施，特别是连"一线办案人员的工资政策"，这种司法人员普遍关心的具体问题也提到了，内容非常细致周到。

第三，加强职业保障。党的第十八届四中全会提出，要"建立健全司法人员履行法定职责保护机制。非因法定事由，非经法定程序，不得将法官、检察官调离、辞退或者作出免职、降级等处分"。中央全面深化改革领导小组第二十三次会议指出，要加强司法人员职业保障，严格保护措施，任何单位或者个人不能要求法官、检察官违法操作，无法定事由与程序不得擅自变动法官、检察官的职务与级别，从而确保司法权力的独立公正行使。② 这为以后制定一系列防止权力干预的文件提供了指导性意见。

2. 确立权力

在保障司法工作人员的人身及其他相关权利之后，要确定赋予司法工作人员的权力，以确保其能更好地履行职责。习近平总书记强调法官要有审案判案的权力，其对如何确立权力作了明确的指示："完善人民法院司法责任制……以科学的审判权力运行机制为前提，以明晰的审判组织权限和审判人员职责为基础……让审理者裁判、由裁判者负责，确保人民法院依法独立公正行使审判权。"③ 习近平总书记强调要建立科学的权力运行机制，明确审判组织权限和审判人员职责。

最高人民法院也充分遵循了习近平总书记关于确立权力的指示，2017 年 4 月 10 日公布的《最高人民法院关于加强各级人民法院院庭长办理案件工作的意见（试行）》（以下简称《院庭长办理案件工作的意见》）、2017 年 7 月 25 日发布的《最高人

---

① 《坚持以扩大开放促进深化改革 坚定不移提高开放型经济水平》，《人民日报》2015 年 9 月 16 日，第 1 版。
② 《改革既要往增添发展新动力方向前进 也要往维护社会公平正义方向前进》，《人民日报》2016 年 4 月 19 日，第 1 版。
③ 《增强改革定力保持改革韧劲 扎扎实实把改革举措落到实处》，《人民日报》2015 年 8 月 19 日，第 1 版。

民法院司法责任制实施意见（试行）》要求，严格落实"让审理者裁判、由裁判者负责"的改革要求，坚持"放权放到位"，落实法官主体地位。建立权力清单，对进一步明确司法工作人员在办案、监督和管理时的行使权力类别、行使权力的方式、行使权力操作流程、时限要求等，进行了细致清晰的规定。

3. 确立责任

确立权力的同时必须确立责任，实现权责统一。习近平总书记强调："任何人违反宪法法律都要受到追究，绝不允许任何人以任何借口任何形式以言代法、以权压法、徇私枉法。"① 这充分说明了习近平总书记高度重视权力背后的责任，决不允许肆意用权，不合法、不合理的用权必然会被追究责任。

中央全面深化改革领导小组第二十六次会议强调："建立法官、检察官惩戒制度，对落实法官、检察官办案责任制，促进法官、检察官依法行使职权，维护社会公平正义具有重要意义。要坚持党管干部原则，尊重司法规律，体现司法职业特点，坚持实事求是、客观公正，坚持责任和过错相结合，坚持惩戒和教育相结合，规范法官、检察官惩戒的范围、组织机构、工作程序、权利保障等，发挥惩戒委员会在审查认定方面的作用。"② 根据习近平总书记对于确立责任的指示，最高人民法院先后出台了一系列的文件。

2017年2月7日，最高人民法院印发了《人民法院落实〈保护司法人员依法履行法定职责规定〉的实施办法》。该文件规定，法官的职务行为，非经法官惩戒委员会的正当处理程序，不受错案责任追究。有关人民法院依据法官惩戒委员会送达的审查意见对法官作出相应的处理或处分时，必须依照法定程序进行，在书面文件中写明理由与依据，送达给当事法官。

随后，《最高人民法院关于落实司法责任制完善审判监督管理机制的意见（试行）》发布，于2017年5月1日起施行。该文件明确规定，必须严格落实司法责任制改革要求，确保"让审理者裁判，由裁判者负责"，逐步完善院庭长审判监督管理权力清单，法院各部门应当加强协调配合，形成法院内部监督合力，坚持失责必问、问责必严。

2017年11月1日，时任最高人民法院院长周强在《最高人民法院关于人民法院全面深化司法改革情况的报告》中对如何确立法官责任已经完成的任务进行了高度概括，主要分为三个方面：③ 第一，明确权力清单。"出台《关于完善人民法院司法责任制的若干意见》，明确审判组织权限和法官职责，制定法官和其他人员权力清单，

---

① 习近平：《习近平著作选读（第一卷）》，人民出版社2023年版，第300页。
② 《以更大的决心和气力抓好改革督察工作 使改革精准对接发展所需基层所盼民心所向》，《人民日报》2016年7月23日，第1版。
③ 周强：《最高人民法院关于人民法院全面深化司法改革情况的报告——2017年11月1日在第十二届全国人民代表大会常务委员会第三十次会议上》，《人民法院报》2017年11月2日，第1版。

确保权责明晰、权责统一、监督有序、制约有效，大大增强了法官责任心。"第二，落实责任。"落实'让审理者裁判，由裁判者负责'的要求，完善办案质量终身负责制和错案责任倒查问责制，按照有权必有责、有责要担当、失责必追究的原则，明确法官对其履行审判职责的行为承担责任，在职责范围内对办案质量终身负责。"第三，健全惩戒机制。"会同最高人民检察院建立完善法官、检察官惩戒制度，在省一级设立法官、检察官惩戒委员会，就法官、检察官违法办案责任作出专业认定，严格依法追究法官违法审判责任。"这说明关于法院为何要确立责任、如何确立责任、承担怎样的责任已经有了一个完整的体系。

为深入学习贯彻习近平新时代中国特色社会主义思想，全面贯彻党的十九大和十九届二中、三中全会精神，严格执行新修订的《中华人民共和国人民法院组织法》，最高人民法院于2018年12月4日发布了《关于进一步全面落实司法责任制的实施意见》，《意见》全文分为四个部分，共23条，《意见》严肃指出："部分地方改革落实不到位、配套不完善、推进不系统等突出问题。"《意见》对新型审判权力运行机制、审判监督管理机制和惩戒制度、司法责任制配套改革举措等方面作出规定。《意见》强调，全面落实司法责任制应当进一步解决以下几个问题：

健全完善审判权力运行体系，不断提升司法责任制改革的系统性、整体性、协同性。要切实加强政治建设，健全完善审判执行团队的党团组织，提升组织力和战斗力。要充分尊重法定审判组织办案主体地位。基层人民法院要因地制宜地灵活组建审判团队，增强团队合力。要完善案件分配机制，推进院长、庭长办案常态化，健全专业法官会议制度和审判委员会制度，完善统一法律适用机制，确保审判权依法公正高效运行。

要完善新型监督管理机制和惩戒制度。要健全信息化全流程审判监督管理机制，加强审判、执行工作标准化、规范化建设，规范院庭长审判监督管理方式，细化落实职责清单，完善"四类案件"识别监管，强化案件评查，确保案件质量。要严格落实违法审判责任追究制度。建立完善责任追究程序机制，完善司法廉政风险防控体系。

要完善法官员额和政法编制省级统筹调配机制，健全法官员额退出机制，形成常态化的初任法官选任机制，落实法官逐级遴选制度。要加强法官助理、书记员的配备和培养，配齐配强审判辅助人员，明确职业前景和发展路径。要完善司法人员业绩考核制度。充分考虑地域、审级、专业、部门、人员之间的差异，科学设置考核内容。要继续深化司法公开，不断拓展公开范围，完善公开方式，提升公开质量，切实以司法公开促进司法责任全面落实。

党的十八届三中、四中全会提出完善主审法官、合议庭办案责任制，"让审理者裁判、由裁判者负责"；党的十九大报告提出"全面落实司法责任制"；党的二十大报告强调"全面准确落实司法责任制"。从"落实"到"全面落实"，再到"全面准确落实"的递进，党中央的决策部署为人民法院更好发挥司法责任制的牛鼻子作用，以问题为导向推进审判管理现代化提出了新的更高要求。为此，2023 年 9 月 8 日，在国家法官学院 2023 年秋季开学典礼暨"人民法院大讲堂"上，最高人民法院党组书记、院长张军在《深入践行习近平法治思想 奋力推进审判管理现代化》的演讲中提出通过院庭长"阅核制"加强司法责任制。

阅核制和以前审批制有根本的不同。院庭长阅核时如果认为这个案件没有问题，人民法院按照合议庭的意见作出裁判。院庭长认为有问题的，不能直接改，只能建议合议庭或者独任法官重新复议或者重新考虑，仍然是合议庭按照法定的程序采纳意见，院庭长认为合议庭最终坚持的意见不妥当的，依法提交审判委员会审理，以上做法仍然是"让审理者裁判、由裁判者负责"。院庭长是人大及其常委会任命的审判人员职务，其通过阅核制对合议庭进行的监督是落实司法责任应有的内容。

三、广义的司法规律观

如前文所述，广义的司法规律中，"权责统一、权力制约、公开公正、尊重程序"是公、检、法、司四机关都需遵守的规律。下面就习近平总书记对广义司法规律四个方面的论述进行解读。

（一）权责一致

办案责任制并不仅适用于法官、检察官，而是公、检、法、司四机关在办理案件时都应遵循的基本原则。党的十八届四中全会提出："明确各类司法人员工作职责、工作流程、工作标准，实行办案质量终身负责制和错案责任倒查问责制，确保案件处理经得起法律和历史检验。""完善主审法官、合议庭、主任检察官、主办侦查员办案责任制，落实谁办案谁负责。"这对各类司法人员的权责一致作出了要求。习近平总书记指出："要健全司法办案组织和运行机制、健全检察委员会运行机制、明晰各类检察人员职权、健全检察管理和监督机制、严格责任认定和追究等举措，形成对检察人员司法办案工作的全方位、全过程规范监督制约体系。"[①]

权责一致是司法权力运行的基本规律，也是司法活动的基本准则。一方面，要确立司法工作人员处理案件的权力，包括处理不同案件、面对不同情况时的自由裁量权，保证其充分享有判断权；另一方面，司法工作人员要对案件的审判流程负责，对案件的审理结果和审理质量终身负责。此外，要加强对司法权的监督，发挥舆论监督与社会监督的作用，同时完善司法责任追究制度。确立权责一致，既可以充分调动司法工作人员的积极性，减少外部环境的干扰，又可以使其有权但不敢滥权。

人民法院确立了"让审理者裁判、由裁判者负责"的具体举措，人民检察院也采

---

① 《增强改革定力保持改革韧劲 扎扎实实把改革举措落到实处》，《人民日报》2015 年 8 月 19 日，第 1 版。

取了一系列实现"谁办案谁负责、谁决定谁负责"的具体措施。2017 年 3 月 28 日，《最高人民检察院关于完善检察官权力清单的指导意见》发布，明确指出，检察官权力清单由省级人民检察院制定，业务部门负责人审核案件，承担相应的监督管理责任。最高人民检察院于 2017 年 10 月 1 日起试行三个文件：《最高人民检察院机关司法办案组织设置及运行办法（试行）》按照"谁办案谁负责、谁决定谁负责"的要求，细化了检察官、业务部门负责人、检察长（分管副检察长）、检察委员会专职委员在司法办案中的职责权限，并对检察委员会、检察长（分管副检察长）决定的执行及司法责任的认定与承担，检察官助理、书记员的职责权限等作出了规定。《最高人民检察院机关检察官业绩考核办法（试行）》对最高人民检察院机关的检察官业绩考核内容、方法程序和结果运用作出了规定，该办法明确，业绩考核应围绕检察官岗位职责，客观公正地反映和评价检察官履行职责的情况。《最高人民检察院机关司法业绩档案工作管理办法（试行）》明确，对在司法业绩档案工作中故意隐瞒事实、弄虚作假的，以及有其他严重影响司法业绩档案管理工作情形的，应当依照规定追究责任。

（二）权力制约

习近平总书记多次强调权力制约的重要性。2013 年 1 月 22 日，习近平总书记在第十八届中央纪律检查委员会第二次全体会议上强调："要健全权力运行制约和监督体系，让人民监督权力，让权力在阳光下运行，确保国家机关按照法定权限和程序行使权力……要加强对权力运行的制约和监督，把权力关进制度的笼子里，形成不敢腐的惩戒机制、不能腐的防范机制、不易腐的保障机制。"① 换言之，司法权力也应当遵循公权力的运行规律，也应当保持"没有制约的权力必然走向腐败"的警惕。

2014 年 10 月 23 日，习近平总书记在中共十八届四中全会第二次全体会议上讲话时指出："推进公正司法，要以优化司法职权配置为重点，健全司法权力分工负责、相互配合、相互制约的制度安排。"② 他还强调："法治领域改革涉及的主要是公检法司等国家政权机关和强力部门……各部门各方面一定要增强大局意识，自觉在大局下思考、在大局下行动，跳出部门框框，做到相互支持、相互配合。"③ 也就是说，权力之间的分权与制衡是监督权力的基础性制度。

党的十八届四中全会中强调："优化司法职权配置。健全公安机关、检察机关、审判机关、司法行政机关各司其职，侦查权、检察权、审判权、执行权相互配合、相互制约的体制机制……改革司法机关人财物管理体制，探索实行法院、检察院司法行政事务管理权和审判权、检察权相分离。"这一原则可以概括为"四机关配合与制约"

---

① 中共中央文献研究室编：《十八大以来重要文献选编（上）》，中央文献出版社 2014 年版，第 135 – 136 页。
② 习近平：《习近平谈治国理政（第二卷）》，外文出版社 2017 年版，第 121 页。
③ 习近平：《习近平谈治国理政（第二卷）》，外文出版社 2017 年版，第 123 – 124 页。

原则，这是在我国《宪法》和《刑事诉讼法》只规定了公、检、法三机关分工负责、互相配合、互相制约原则基础上的发展，与习近平总书记在《加快建设社会主义法治国家》一文中提出的"司法权力的配合与制约"精神相一致，是广义的司法规律的重要内容。

为了体现公、检、法、司四机关配合与制约原则，党的十八届四中全会提出推进以审判为中心的诉讼制度改革，确保侦查、审查起诉的案件事实证据经得起法律的检验。习近平总书记也明确指出："推进以审判为中心的诉讼制度改革。充分发挥审判特别是庭审的作用，是确保案件处理质量和司法公正的重要环节。"[①] 这说明制约的关键在于内部制约，习近平总书记在公、检、法、司四机关拥有的侦查权、检察权、审判权、执行权"相互制衡"的基础上，认为应坚持以审判为中心的诉讼制度改革，这样既能达到内部权力制约的效果，又符合司法的运行规律。

加强对司法权力的制约，需要一个完备的监督体系。习近平总书记指出："权力是一把'双刃剑'，在法治轨道上行使可以造福人民，在法律之外行使则必然祸害国家和人民。把权力关进制度的笼子里，就是要依法设定权力、规范权力、制约权力、监督权力。"[②] 他再次强调了权力制约的重要性。2019 年 1 月 13 日实施的《中国共产党政法工作条例》（以下简称《政法工作条例》）再次确认了配合与制约原则，第 6 条第 9 项规定："政法单位依法分工负责、互相配合、互相制约，确保正确履行职责、依法行使权力。"

2020 年 8 月 26 日，第二次政法领域改革推进会提出了建设执法司法五大制约监督机制的目标，即党的领导与监督、司法机关之间的制约监督、司法机关内部制约监督、社会监督、智能管理监督，形成系统完备的执法司法制约监督体系。[③] 执法司法制约监督体系既是政法领域改革的基本内容，也是政法领域其他改革的前提，因为其他改革都必须建立在政法机关可信任、能放权的基础上，如果没有制约监督，就没有司法廉洁、公正，司法权必然会走向任性和腐败，其他改革的推行就失去了基础。监督是治理的内在要素，执法司法监督制约体系是国家治理体系的一部分，要健全和完善五大监督体系，形成上下贯通、内外结合、系统完备、规范高效的执法司法制约监督体系；要将执法司法制约监督体系付诸全面实施，将执法司法权力关进制度的笼子、让司法权力在阳光下运行。

（三）公开公正

阳光是最好的防腐剂，公开让正义看得见。习近平总书记2014 年 1 月 7 日在中央政法工作会议上的讲话中明确指出："……司法不公开、不透明，为暗箱操作留下空

① 习近平：《论坚持全面依法治国》，中央文献出版社 2020 年版，第 101 页。
② 习近平：《习近平谈治国理政（第二卷）》，外文出版社 2017 年版，第 128 - 129 页。
③ 周斌：《百项政法领域改革任务大多数已完成》，《法治日报》2018 年 8 月 28 日，第 2 版。

间；等等。这些问题不仅影响司法应有的权利救济、定分止争、制约公权的功能发挥，而且影响社会公平正义的实现。解决这些问题，就要靠深化司法体制改革。"① 在《加快建设社会主义法治国家》一文中，习近平总书记也明确指出："司法人员要刚正不阿，勇于担当，敢于依法排除来自司法机关内部和外部的干扰，坚守公正司法的底线。要坚持以公开促公正、树公信，构建开放、动态、透明、便民的阳光司法机制，杜绝暗箱操作，坚决遏制司法腐败。"② 阳光司法机制在习近平总书记的心中具有很高的地位，他常常将"让权力在阳光下运行"与"把权力关进制度的笼子"两大措施并提。

党的十八届四中全会对司法公开也作了具体的部署，要求"构建开放、动态、透明、便民的阳光司法机制，推进审判公开、检务公开、警务公开、狱务公开，依法及时公开执法司法依据、程序、流程、结果和生效法律文书，杜绝暗箱操作。加强法律文书释法说理，建立生效法律文书统一上网和公开查询制度"。十八届四中全会的精神与习近平总书记对于公开公正的论述相一致，并且将公开细分为审判公开、检务公开、警务公开、狱务公开，使得整个司法工作流程都被纳入公开的体系中。除法律规定的情形外，所有流程及其具体事项一般都要公开。

公正是司法活动的最高价值和最终目标。习近平总书记指出："司法是维护社会公平正义的最后一道防线。我曾经引用过英国哲学家培根的一段话，他说：'一次不公正的审判，其恶果甚至超过十次犯罪。因为犯罪虽是无视法律——好比污染了水流，而不公正的审判则毁坏法律——好比污染了水源。'这其中的道理是深刻的。"③ 习近平总书记在十八届中央政治局第四次集体学习的讲话中也提到司法公正的问题："我们提出要努力让人民群众在每一个司法案件中都感受到公平正义，所有司法机关都要紧紧围绕这个目标来改进工作，重点解决影响司法公正和制约司法能力的深层次问题。"④ 这些"需要做的工作"在实践中逐渐得到落实，采取的措施也很多。党的文件确立了司法公正的标准，本书将在第三章详述。

（四）尊重程序

习近平总书记指出："司法体制改革必须同我国根本政治制度、基本政治制度和经济社会发展水平相适应，保持我们自己的特色和优势。我们要借鉴国外法治有益成果，但不能照搬照抄国外司法制度。完善司法制度、深化司法体制改革，要遵循司法活动的客观规律，体现权责统一、权力制约、公开公正、尊重程序的要求。"⑤

"尊重程序"是司法规律的重要内容，也是保障司法权威性的基础。司法活动若

① 中共中央文献研究室编：《习近平关于全面依法治国论述摘编》，中央文献出版社2015年版，第77页。
② 习近平：《习近平谈治国理政（第二卷）》，外文出版社2017年版，第121页。
③ 习近平：《论坚持全面依法治国》，中央文献出版社2020年版，第98页。
④ 习近平：《习近平谈治国理政（第一卷）》，外文出版社2018年版，第145页。
⑤ 习近平：《习近平谈治国理政（第二卷）》，外文出版社2017年版，第131-132页。

不尊重程序，那么司法的公正性与权威性便无从谈起。习近平总书记明确指出："要健全权力运行制约和监督体系，让人民监督权力，让权力在阳光下运行，确保国家机关按照法定权限和程序行使权力。"① 将"权限"与"程序"并提，体现了习近平总书记对程序价值的特别重视。

"司法规律要尊重法定正当程序。在民主法治国家，国家机关行使权力都必须尊重程序，程序正义是防止国家权力滥用的笼子……在程序公正与实体公正的关系上，我国长期存在着重实体、轻程序的传统滞后思想，必须予以纠正。"② 程序公正是实体公正的手段，实体公正有赖于程序公正。长期以来，程序法在法律体系中往往被忽视，这否定了程序独立的价值。尊重程序是保障人权的内在要求，也是得出一个公正结果的前提。要使公众信服司法流程及其案件结果，必须尊重程序。

四、按照司法规律深入推进司法改革

2017 年 7 月 10 日，习近平总书记在对司法体制改革作出重要指示时强调："要遵循司法规律，把深化司法体制改革和现代科技应用结合起来，不断完善和发展中国特色社会主义司法制度。要全面落实司法责任制，深入推进以审判为中心的刑事诉讼制度改革，开展综合配套改革试点，提升改革整体效能。要统筹推进公安改革、国家安全机关改革、司法行政改革，提高维护社会大局稳定、促进社会公平正义、保障人民安居乐业的能力。各级党委要加强领导，研究解决重大问题，为推进司法体制改革提供有力保障。"③ 这是习近平总书记在临近党的十九大召开时对司法改革的一次重要指示，遵循司法规律是他对进一步深化司法改革提出的前提性要求。

2019 年 1 月，习近平总书记再次指出："政法系统要在更高起点上，推动改革取得新的突破性进展，加快构建优化协同高效的政法机构职能体系。要优化政法机关职权配置，构建各尽其职、配合有力、制约有效的工作体系。要推进政法机关内设机构改革，优化职能配置、机构设置、人员编制，让运行更加顺畅高效。要全面落实司法责任制，让司法人员集中精力尽好责、办好案，提高司法质量、效率、公信力。要聚焦人民群众反映强烈的突出问题，抓紧完善权力运行监督和制约机制，坚决防止执法不严、司法不公甚至执法犯法、司法腐败。要深化诉讼制度改革，推进案件繁简分流、轻重分离、快慢分道，推动大数据、人工智能等科技创新成果同司法工作深度融合。"④ 习近平总书记的指示，为将来一段时间尊重司法规律要做的工作指明了方向。

---

① 中共中央文献研究室编：《十八大以来重要文献选编（上）》，中央文献出版社 2014 年版，第 135 页。
② 陈光中、龙宗智：《关于深化司法改革若干问题的思考》，《中国法学》2013 年第 4 期，第 6 页。
③ 《坚定不移推进司法体制改革 坚定不移走中国特色社会主义法治道路》，《人民日报》2017 年 7 月 11 日，第 1 版。
④ 习近平：《论坚持全面依法治国》，中央文献出版社 2020 年版，第 248 页。

第一，要把深化司法体制改革和现代科技应用结合起来。现代科技在司法体制改革中的作用体现为以下几点：一是大数据应用为司法公开提供了便利，是健全权力运行制约和监督体系的重要手段；二是人工智能可以突破个体能力的局限，既可以提高司法工作人员的办案效率，有效解决案多人少的矛盾，又可以实现对司法办案流程的记录，减少其他人员对案件的不正当干预，做到全程留痕；三是有利于司法案件的统一裁判，大数据和人工智能结合分析的结果更具客观中立性，有利于减少案件标准差异，推动法官权责统一，落实司法责任制。

推进司法体制改革，一是要严格依照司法规律，二是要紧跟科技发展潮流，将两者融入改革的过程中，加快改革的步伐。2017 年 7 月 10 日，孟建柱在全国司法体制改革推进上强调："紧紧抓住新一轮科技革命的历史性机遇，构建人力和科技深度融合的司法运行新模式。大数据、人工智能新时代的来临，我们不仅站在'巨人'肩膀上，而且站在人类'智慧之巅'。"① 可见，破除体制机制障碍的根本途径是依靠改革，而突破传统手段的局限则要依靠科技，两者的融合必将激发出更大的创造力。在司法改革中，要深入贯彻习近平总书记的讲话，将现代科技和大数据与依法治国、深化司法体制改革进一步结合起来，实现制度与技术一体化，加快推进司法体制改革的进程。

第二，推进落实司法责任制综合配套改革。党的十九大报告指出，我们要"深化司法体制综合配套改革，全面落实司法责任制，努力让人民群众在每一个司法案件中感受到公平正义"② 。权责一致作为司法规律的要求之一，核心内容就是司法责任制，推动司法体制改革要求必须抓住司法责任制这一"牛鼻子"。

2017 年 11 月，根据周强和曹建明关于全面深化司法改革情况的汇报，司法责任综合配套改革试点自开展到 2017 年，通过严密的顶层设计，定额、定权、定责及其配套措施的落实已经取得了巨大成效，全国首批员额法官、检察官选任工作已经完成，明确员额法官、检察官权力清单，设置科学明确的办案标准和错案的认定标准，完善法官、检察官权利保障机制，案件审理质量和效率明显提高。

2017 年 8 月 29 日，中央全面深化改革领导小组审议通过了《关于上海市开展司法体制综合配套改革试点的框架意见》，一个月后，上海市委召开推进会，正式启动上海司法体制综合配套改革。③ 上海是全国唯一开展司法体制综合配套改革试点的地区，由此可见，司法体制综合配套改革试点刚刚在一个地区试点，在其他地方推开还需要时间，改革的道路还很长远、艰巨。在下一步工作中，我们要继续推广司法责任

① 孟建柱：《全面深化司法体制改革 努力创造更高水平的社会主义司法文明》，《检察日报》2017 年 10 月 17 日，第 4 版。

② 习近平：《习近平谈治国理政（第三卷）》，外文出版社 2020 年版，第 30 页。

③ 周斌、余东明：《综合配套改革细化为 136 项具体任务——上海高院副院长解读深化司法体制综合配套改革》，《法制日报》2017 年 11 月 6 日，第 3 版。

制综合配套改革试点，加强立法工作，巩固试点成果，推动各配套措施统筹协调，避免机制盲区，全面保障司法责任制能够落实、落地、落细。

2019年10月31日中国共产党第十九届中央委员会第四次全体会议通过的《中共中央关于坚持和完善中国特色社会主义制度 推进国家治理体系和治理能力现代化若干重大问题的决定》再次要求"深化司法体制综合配套改革，完善审判制度、检察制度，全面落实司法责任制，完善律师制度，加强对司法活动的监督"。习近平总书记2020年2月5日在中央全面依法治国委员会第三次会议上讲话中指出："司法责任制综合配套改革是司法体制改革的重要内容，事关司法公正高效权威。要抓好改革任务落地见效，真正'让审理者裁判、由裁判者负责'，提高司法公信力。""要加强对法律实施的监督，深化司法体制综合配套改革。"① 习近平总书记在这次讲话中同时使用了司法体制改革、司法体制综合配套改革、司法责任制综合配套改革三个词语。这三个词语的逻辑关系是：司法体制改革包括司法体制基础性改革和司法体制综合配套改革，司法责任制综合配套改革是司法体制综合配套改革的一部分，所以，"司法责任制综合配套改革是司法体制改革的重要内容"。2020年5月，中央全面依法治国委员会第三次会议审议通过了《关于深化司法责任制综合配套改革的意见》，要求"要抓好改革任务落地见效，真正'让审理者裁判、由裁判者负责'，提高司法公信力"。② 其具体内容是"聚焦司法责任制落实的关键环节，进一步健全完善员额管理、权力运行、履职保障、案件繁简分流等制度机制"。③ 各司法机关也发布了一系列重要文件，从制度上全面落实司法责任制。深化司法体制综合配套改革和全面准确落实司法责任制，既是两项独立的任务，又有一定的因果关系。只有深化司法体制综合配套改革，才能全面准确落实司法责任制。深化司法体制综合配套改革是在司法体制改革的主体性工程完成之后进行的内外部"精装修"，要对司法改革措施综合配套，整体推进、协同推进，通过系统集成提高整体效能。

第三，深入推进以审判为中心的刑事诉讼制度改革。习近平总书记指出："推进以审判为中心的诉讼制度改革，目的是促使办案人员树立办案必须经得起法律检验的理念，确保侦查、审查起诉的案件事实证据经得起法律检验，保证庭审在查明事实、认定证据、保护诉权、公正裁判中发挥决定性作用。这项改革有利于促使办案人员增强责任意识，通过法庭审判的程序公正实现案件裁判的实体公正，有效防范冤假错案产生。"④ 习近平总书记的这段话深刻反映了"以审判为中心"是体现司法规律的重要手段之

---

① 习近平：《论坚持全面依法治国》，中央文献出版社2020年版，第274页。
② 新华社：《习近平主持召开中央全面依法治国委员会第三次会议强调 全面提高依法防控依法治理能力 为疫情防控提供有力法治保障》，《人民日报》2022年2月6日，第1版。
③ 人民日报记者：《郭声琨在中央司法体制改革领导小组会议强调 推进政法领域全面深化改革走深走实》，《人民日报》，2020年5月31日，第4版。
④ 习近平：《论坚持全面依法治国》，中央文献出版社2020年版，第101－102页。

一,"以审判为中心"的目的是让公检法互相制约、互相配合,更好地查明犯罪,尊重审判程序,确保案件处理质量和司法公正。本书第十一章将专门论述以审判为中心的诉讼改革制度。

第四,统筹推进公安改革、国家安全机关改革、司法行政改革。如前文所述,习近平总书记提出了统筹推进公安改革、国家安全机关改革、司法行政改革的要求,时任中央政法委书记孟建柱对此提出了具体的要求。① 党的十八大期间,我们从难点改起,首先推进了以人民检察院、人民法院司法责任制为"牛鼻子"的四项基础性改革,但公安改革、国家安全机关改革、司法行政改革也需要统筹推进,在改革中还要认真进行顶层设计,并制定具体实施方案。

目前,重点要深入推进人民警察管理制度改革。2015年2月,《关于全面深化公安改革若干重大问题的框架意见》经中央审议通过,该文件提出:"根据人民警察的性质特点,建立有别于其他公务员的人民警察管理制度和保障机制。按照职位类别和职务序列,对人民警察实行分类管理。适应正规化、专业化、职业化建设要求,建立健全人民警察招录培养机制。"② 孟建柱在2016年1月的中央政法工作会议上讲话时也指出,要深入推进人民警察管理制度改革,建立改革试点,制定职务管理办法及晋升考核办法;实施人民警察招录培养制度改革,推动公安编制管理改革。③ 之后,在2017年的全国司法体制改革推进会上,孟建柱再次强调,各级公安机关要牢牢把握习近平总书记提出的"对党忠诚、服务人民、执法公正、纪律严明"的总要求,全面深化公安改革;从根本上提高打击犯罪、社会治理、服务群众的能力和水平;要加快建立侦查工作新机制,加快建设适应不同层级功能的大数据中心,积极发展智能安防,提高对各类风险的识别、预警、防控、处置水平,努力使社会治理更有效。④ 推进人民警察管理制度的改革,是对新时代发展要求的回应,人民警察也要自觉践行以人民为中心的理念,努力推进惠民政策的实施,使群众办事更方便。此外,也要加强打击违法犯罪,切实保障人民群众的安全。

公安改革、国家安全机关改革、司法行政机关改革也是司法体制改革的重要部分,是四机关权责一致、权力制约这一广义司法规律的必然要求,对于实现国家治理体系和治理能力现代化具有重要的作用。我们既要牢牢抓住司法责任制的"牛鼻子",也要将司法改革全面推进到所有司法机关。

① 孟建柱:《全面深化司法体制改革 努力创造更高水平的社会主义司法文明》,《检察日报》2017年10月17日,第4版。
② 黄庆畅、张洋:《〈关于全面深化公安改革若干重大问题的框架意见〉及相关改革方案将印发实施》,《人民日报》2015年2月16日,第1版。
③ 赵婧姝:《中央政法委:提高司法辅助人员和警察收入》,《北京青年报》2016年1月23日,第A03版。
④ 孟建柱:《全面深化司法体制改革 努力创造更高水平的社会主义司法文明》,《检察日报》2017年10月17日,第4版。

结　语

习近平总书记所提出的关于执法司法规律的十六字方针，适用于所有司法机关的司法行为，概括起来就是加强对司法权的监督制约。党的二十大报告要求："规范司法权力运行，健全公安机关、检察机关、审判机关、司法行政机关各司其职、相互配合、相互制约的体制机制。强化对司法活动的制约监督，促进司法公正。加强检察机关法律监督工作。"① 习近平总书记指出："要牢记职权法定，明白权力来自哪里、界线划在哪里，做到法定职责必须为、法无授权不可为。"② 习近平总书记关于司法规律和权力运行机制的论述，体现了以人民为中心的执政理念和对国家公权力被滥用的警惕。2022 年政法领域改革的重点是优化执法司法权力配置，完善党领导政法工作的体制机制、政法机关工作体系、政法组织机构体系和司法责任制。深化执法司法权力运行机制改革，归根结底就是要"规范用权"。③ 要深刻认识执法司法权力鲜明的政治性、厚重的人民性、强烈的法治性，始终坚持法定职责必须为、法无授权不可为，严格在宪法法律范围内依照法定权限和程序行使权力。要在立案受理权、查明事实权、涉案财物管理处置权、裁决执行权、各种自由裁量权等各个环节合理配置权力、制约监督权力。新时代以来，党领导深化司法体制改革，推进政法领域全面深化改革，我国司法改革取得了历史性成就，发生了历史性变革。将来，我们只有在尊重司法规律的前提下推进司法改革，才能抓住当前司法改革的关键问题、实践难题，取得司法工作和司法改革的成功，才能最终建成公正、高效、权威的社会主义司法制度。

---

① 习近平：《高举中国特色社会主义伟大旗帜 为全面建设社会主义现代化国家而团结奋斗——在中国共产党第二十次全国代表大会上的报告（2022 年 10 月 16 日）》，《人民日报》2022 年 10 月 26 日，第 1 版。
② 习近平：《论坚持全面依法治国》，中央文献出版社 2020 年版，第 141 页。
③ 《深入学习贯彻习近平法治思想 深化执法司法权力运行机制改革》，《人民日报》2022 年 7 月 9 日，第 2 版。

第二章
以人民为中心的司法理念

2012 年 12 月 4 日，习近平总书记提出"努力让人民群众在每一个司法案件中都能感受到公平正义"这一伟大的司法为民根本理念。①

党的十八届四中全会提出："建设中国特色社会主义法治体系……实现科学立法、严格执法、公正司法、全民守法，促进国家治理体系和治理能力现代化。"同时，也提出了法治建设的"四民主义"，即"必须坚持法治建设为了人民、依靠人民、造福人民、保护人民，以保障人民根本权益为出发点和落脚点，保证人民依法享有广泛的权利和自由、承担应尽的义务，维护社会公平正义，促进共同富裕"。

习近平总书记强调："必须坚持法治为了人民、依靠人民、造福人民、保护人民……要把体现人民利益、反映人民愿望、维护人民权益、增进人民福祉落实到依法治国全过程，使法律及其实施充分体现人民意志。"② 这再次重申了整个法治建设的"四民主义"。

习近平总书记还强调："司法体制改革必须为了人民、依靠人民、造福人民。司法体制改革成效如何，说一千道一万，要由人民来评判，归根到底要看司法公信力是不是提高了。"③

习近平总书记首先提出了"必须坚持法治为了人民、依靠人民、造福人民、保护人民"，然后又提出了"司法体制改革必须为了人民、依靠人民、造福人民……由人民来评判"。根据党的十八届四中全会报告，"全面推进依法治国，总目标是建设中国特色社会主义法治体系，建设社会主义法治国家。这就是，在中国共产党领导下，坚持中国特色社会主义制度，贯彻中国特色社会主义法治理论，形成完备的法律规范体系、高效的法治实施体系、严密的法治监督体系、有力的法治保障体系，形成完善的党内法规体系"。也就是说，法治体系中包括法治实施体系，即执法和司法体系，那么法治建设以人民为中心的四大理念，当然也适用于司法。

---

① 习近平：《习近平谈治国理政（第一卷）》，外文出版社 2018 年版，第 141 页。
② 习近平：《习近平谈治国理政（第二卷）》，外文出版社 2017 年版，第 115 页。
③ 习近平：《习近平谈治国理政（第二卷）》，外文出版社 2017 年版，第 131 页。

习近平总书记提出了司法体制改革以人民为中心的四大理念，由于司法和司法改革基本理念是一致的，所以可以说这一提法是法治建设"四民主义"在司法领域的具体化。综合法治建设以人民为中心的四大理念和司法改革以人民为中心的四大理念可以看出，习近平总书记以人民为中心的司法理念包括了五大内容，即司法为了人民、司法依靠人民、司法造福人民、司法保护人民、司法效果由人民评判，可以称其为"习近平以人民为中心的五大司法理念"。

习近平以人民为中心司法理念的内容与法治建设的"四民主义"一脉相承，二者具有共性与个性、一般与特殊的哲学关系。法治建设的"四民主义"是建设中国特色社会主义法治体系的根本指引，以人民为中心的司法理念则是司法活动和司法改革应当遵循的理念。

党的十九大报告明确提出了习近平新时代中国特色社会主义思想，以人民为中心的司法理念当然也是该思想的重要内容。《政法工作条例》第6条规定了政法工作应当遵循的十大原则，其中包括"坚持以人民为中心，专门工作和群众路线相结合，维护人民群众合法权益"。本章将对习近平总书记以人民为中心司法理念的理论来源、基本内容和实践情况进行初步的探讨。

一、以人民为中心司法理念的理论来源

习近平以人民为中心的司法理念，渊源深厚，不仅是以人民为中心的治国理政思想的重要组成部分，也是对我国传统民本思想和人民司法优良传统的继承和发展。充分理解其理论渊源，对我们全面学习和掌握该司法理念的内容和思想精髓十分重要。

（一）是以人民为中心治国理政思想的重要组成部分

习近平总书记指出："我们要坚持以人民为中心的发展思想。"[①] 此外，习近平总书记还指出："着力践行以人民为中心的发展思想。这是党的十八届五中全会首次提出来的，体现了我们党全心全意为人民服务的根本宗旨，体现了人民是推动发展的根本力量的唯物史观。"[②] 2017年10月18日，党的十九大报告对"以人民为中心"及其内涵作了完整的表述："坚持以人民为中心。人民是历史的创造者，是决定党和国家前途命运的根本力量。必须坚持人民主体地位，坚持立党为公、执政为民，践行全心全意为人民服务的根本宗旨，把党的群众路线贯彻到治国理政全部活动之中，把人民对美好生活的向往作为奋斗目标，依靠人民创造历史伟业。"

党的十八大以来，以习近平同志为核心的党中央开启了中国特色社会主义新时

---

① 习近平：《习近平谈治国理政（第二卷）》，外文出版社2017年版，第80页。
② 习近平：《习近平谈治国理政（第二卷）》，外文出版社2017年版，第213页。

代，形成了"以人民为中心"的治国理念，它已经融入政治、经济、文化、法治等各个领域，成为习近平总书记治国理政的思想指引，贯穿习近平总书记治国理政的伟大实践。"以人民为中心"的治国理念也形成了一个系统完整的理论体系，具有严密的逻辑构架，主要包括以下内容：

第一，"以人民为中心"要坚持人民主体地位。人民主体地位是马克思主义唯物史观的重要观点，肯定了人民群众才是历史发展的创造者和变革者。列宁曾经强调："生气勃勃的创造性的社会主义是由人民群众自己创立的。"① 2016 年 12 月 26 日，习近平总书记在中共中央政治局民主生活会上站在唯物史观的高度对人民主体地位作出了表述："人民立场是马克思主义政党的根本政治立场，人民是历史进步的真正动力，群众是真正的英雄，人民利益是我们党一切工作的根本出发点和落脚点。"② "我们要始终把人民立场作为根本政治立场，把人民利益摆在至高无上的地位，不断把为人民造福事业推向前进。"③ 必须坚持人民主体地位揭示了广大人民群众是社会主义建设的主体，充分表明了国家的发展要靠人民群众去推动，改革过程中遇到的阻力也要靠人民群众去破解，伟大复兴的中国梦更要依靠全体人民群众去实现。

第二，"以人民为中心"要坚持为人民服务的宗旨。全心全意为人民服务的宗旨是由党的性质所决定的，是无产阶级世界观的要求，是党取得革命和建设事业胜利的根本保证，是党的一贯执政理念和核心价值观。1944 年 9 月 8 日，毛泽东在张思德同志追悼会上所作的演讲《为人民服务》中指出："我们这个队伍完全是为着解放人民的，是彻底地为人民的利益工作的。"此后，该论断成为对中国共产党宗旨的高度概括。江泽民在庆祝中国共产党成立 80 周年大会上指出："在任何时候任何情况下，与人民群众同呼吸共命运的立场不能变，全心全意为人民服务的宗旨不能忘，坚信群众是真正英雄的历史唯物主义观点不能丢。必须始终把体现人民群众的意志和利益作为我们一切工作的出发点和归宿。"④ 胡锦涛指出："各级领导干部要坚持深入基层、深入群众，倾听群众呼声，关心群众疾苦，时刻把人民群众的安危冷暖挂在心上，做到权为民所用、情为民所系、利为民所谋。"⑤ 习近平总书记曾经谈道："我的执政理念，概括起来说就是：为人民服务，担当起该担当的责任。"⑥ 中国共产党历来要求广大党员干部树立公仆意识，把人民群众放在中心位置，以人民忧乐为忧乐、以人民甘

---

① 中共中央马克思恩格斯列宁斯大林著作编译局编译：《列宁全集（第三十三卷）》，人民出版社 1985 年版，第 53 页。
② 习近平：《习近平谈治国理政（第二卷）》，外文出版社 2017 年版，第 189 页。
③ 习近平：《习近平谈治国理政（第二卷）》，外文出版社 2017 年版，第 52 页。
④ 《江泽民在庆祝建党 80 周年大会上发表重要讲话》，央视网 2022 年 9 月 20 日，https：//www.cctv.com/special/777/3/52342.html，最后访问日期：2023 年 3 月 27 日。
⑤ 胡锦涛：《胡锦涛文选（第二卷）》，人民出版社 2016 年版，第 9 页。
⑥ 习近平：《习近平谈治国理政（第一卷）》，外文出版社 2018 年版，第 101 页。

苦为甘苦，"始终怀着强烈的忧民、爱民、为民、惠民之心，察民情、接地气，倾听群众呼声，反映群众诉求"①，始终把实现好、维护好、发展好最广大人民的根本利益作为出发点和落脚点。

第三，"以人民为中心"要坚持群众路线。群众路线是党的根本工作路线，毛泽东思想活的灵魂三个基本方面之一就是：一切为了群众，一切依靠群众，从群众中来，到群众中去，把党的正确主张变为群众的自觉行动。《中国共产党章程》总纲规定："我们党的最大政治优势是密切联系群众，党执政后的最大危险是脱离群众。"习近平总书记指出："我们党来自人民、植根人民、服务人民，党的根基在人民、血脉在人民、力量在人民。失去了人民拥护和支持，党的事业和工作就无从谈起。"②"国家各项工作都要贯彻党的群众路线，密切同人民群众的联系，倾听人民呼声，回应人民期待，不断解决好人民最关心最直接最现实的利益问题，凝聚起最广大人民智慧和力量。"③"坚持不忘初心、继续前进，就要坚信党的根基在人民、党的力量在人民，坚持一切为了人民、一切依靠人民，充分发挥广大人民群众积极性、主动性、创造性，不断把为人民造福事业推向前进。"④治国理政必须坚持群众路线，密切联系群众，依靠人民群众，以群众为师，从人民群众的实践中发现问题，总结解决问题的方法，集中转变成有效的政策后再回归人民群众中施行，将群众路线的发展纳入程序化、科学化的轨道。

第四，"以人民为中心"要坚持人民评价标准。以人民为中心就是要把人民群众的态度作为衡量一切工作得失的标准。习近平总书记指出："'知屋漏者在宇下，知政失者在草野。'让群众满意是我们党做好一切工作的价值取向和根本标准，群众意见是一把最好的尺子。"⑤习近平总书记提出改革的评价新标准是："是否促进经济社会发展、是否给人民群众带来实实在在的获得感。"⑥习近平总书记还指出："全党同志要把人民放在心中最高位置，坚持全心全意为人民服务的根本宗旨，实现好、维护好、发展好最广大人民根本利益，把人民拥护不拥护、赞成不赞成、高兴不高兴、答应不答应作为衡量一切工作得失的根本标准，使我们党始终拥有不竭的力量源泉。"⑦"获得感""人民拥护不拥护、赞成不赞成、高兴不高兴、答应不答应"就是把一切工作的价值追求和根本标准都建立在让人民群众满意的基础上。国家发展和改革的成效如何，要以是否符合最广大人民的根本利益作为最高评价标准，以人民群众是否拥

---

① 于东恩：《习近平"以人民为中心"思想论析》，《治理现代化研究》2018年第1期，第19页。
② 习近平：《习近平谈治国理政（第一卷）》，外文出版社2018年版，第367页。
③ 中共中央文献研究室编：《十八大以来重要文献选编（中）》，中央文献出版社2016年版，第55页。
④ 习近平：《习近平谈治国理政（第二卷）》，外文出版社2017年版，第40页。
⑤ 中共中央文献研究室编：《十八大以来重要文献选编（中）》，中央文献出版社2016年版，第91页。
⑥ 《深入扎实抓好改革落实工作 盯着抓反复抓直到抓出成效》，《人民日报》2016年2月24日，第1版。
⑦ 习近平：《习近平谈治国理政（第二卷）》，外文出版社2017年版，第40页。

护作为改革成败的标准。人民群众的主体地位以及党全心全意为人民服务的宗旨决定了应当由人民群众来评判发展的成果。

（二）是对我国传统民本思想的继承和发展

首先，"民本位"的政治思想。西周时期最早出现了重民的思想，周公用"敬德保民"来提醒统治者要以民心为鉴，做到"惠民"和"裕民"，以此检验自己为政之得失。孔子强调利民、富民、保民、爱民，体察和顺应民心的向背。孟子提出："民为贵，社稷次之，君为轻。"① 荀子提出："天之生民，非为君也。天之立君，以为民也。"② 这些都体现了我国古代君主施政举措要顺应民意、以民生为本的重要思想。

其次，"民本"的法律思想。古代君王虽将法律视为治理国家和统治人民的手段，但从立法和司法的角度来看，也在很大程度上体现了"民本"的思想。西周时期的周公曾提出"明德慎罚"③；汉朝时期发展出"德主刑辅"的司法理念，强调重视道德教育，将德治与法治共同用于犯罪的预防和治理。管仲提出"下令如流水之源，令顺民心"④，主张国家所立之法应顺应民心。汉朝法律规定"亲亲得相首匿"⑤，对死刑犯有"留养承嗣"⑥ 制度，强调司法过程要重视人与人之间的伦理感情。

习近平总书记将我国传统民本思想和政治智慧中的精华融入治国理念中，他指出："要治理好今天的中国，需要对我国历史和传统文化有深入了解，也需要对我国古代治国理政的探索和智慧进行积极总结。"⑦

习近平总书记指出："政之所兴在顺民心，政之所废在逆民心。"⑧（《管子·牧民》）其意在强调人心向背是一个政党兴衰的决定因素，党要坚持为人民服务的宗旨，做到以顺民心。习近平总书记引用古人的话说："人视水见形，视民知治不。"⑨（《史记·殷本纪》）这表明只有通过人民群众才知道自己为政的得失，只有民众才知道政策实施的好坏。习近平总书记指出："国无常强，无常弱。奉法者强则国强，奉法者弱则国弱。"⑩（《韩非子·有度》）"我们必须把依法治国摆在更加突出的位置，把党和国家工作纳入法治化轨道，坚持在法治轨道上统筹社会力量、平衡社会利益、调节社会关系、规范社会行为，依靠法治解决各种社会矛盾和问题，确保我国社会在深刻

---

① 徐强译注：《孟子》，山东画报出版社 2012 年版，第 105 页。

② 张觉校注：《荀子校注》，岳麓书社 2006 年版，第 370 页。

③ 孔丘：《尚书》，中国文史出版社 2003 年版，第 195 页。

④ 《管子》，房玄龄注，刘绩补注，上海古籍出版社 2015 年版，第 3 页。

⑤ 班固：《汉书》，中华书局 2007 年版，第 62 页。

⑥ 魏收：《魏书》（第 8 册），中华书局 1974 年版，第 2885 页。

⑦ 《牢记历史经验历史教训历史警示 为国家治理能力现代化提供有益借鉴》，《人民日报》2014 年 10 月 14 日，第 1 版。

⑧ 习近平：《习近平谈治国理政（第一卷）》，外文出版社 2018 年版，第 28 页。

⑨ 人民日报评论部：《习近平用典》，人民日报出版社 2015 年版，第 3 页。

⑩ 习近平：《论坚持全面依法治国》，中央文献出版社 2020 年版，第 104 页。

变革中既生机勃勃又井然有序。"①

习近平总书记多次在讲话中运用中国古代优秀的治国理念来强调当下依法治国进程中应当注意的问题,将人民放在依法治国和执法司法的主体地位,显示了传统文化思想理念与国家治理体系现代化的高度契合。

(三) 是对人民司法优良传统的继承和发展

我国"人民司法"的理念最早可以追溯到陕甘宁革命根据地的司法工作中。由于受到马克思主义民主理论的影响,毛泽东曾经指出:"苏维埃是民众自己的政权,他直接依靠民众……苏维埃法庭的群众化是非常必要的。"② 马锡五将群众路线践行在审判工作中,要求调查和审讯都要由人民参与,要在群众中建立司法基础。这样的审判结果当事人和案外人都感到满意,形成了"马锡五审判方式"。

1949 年 9 月 29 日,中国人民政治协商会议通过的《中国人民政治协商会议共同纲领》(以下简称《共同纲领》)第 17 条规定:"废除国民党反动政府一切压迫人民的法律、法令和司法制度,制定保护人民的法律、法令,建立人民司法制度。"中华人民共和国成立后,伟大的无产阶级法学家董必武先生总结了"人民为本"的法律思想,对人民司法提出了四点要求:第一,由于处在特定的历史时期,依然存在着少数的反人民的敌对分子,司法要巩固人民民主专政;第二,为民、便民是人民司法的核心价值,一切的人民司法工作都要切实维护人民群众的利益;第三,要依法办事,人民司法的基本要求是有法可依、有法必依;第四,人民司法的根本任务是保护和解放生产力。③

"司法为民"是对人民司法理念目的的中心表述。江泽民曾经全面阐述过"三个代表"重要思想。④ 其中,"代表最广大人民的根本利益"直接反映了中国共产党始终坚持全心全意为人民服务的宗旨,把实现和维护最广大人民群众的利益作为我们党的全部任务和责任。2003 年 8 月 24 日,全国高级法院院长座谈会上,时任最高人民法院院长肖扬将党的"三个代表"重要思想结合到法院的实际工作中,创造性地提出了"司法为民"这一概念。肖扬指出:"我们要以司法为民为标准,检查和认识自身存在的突出问题;要以司法为民为宗旨,把制约司法公正和司法效率的问题作为切入点,深入进行调查研究,制定切实可行的方案,改进不足、纠正错误;要按照代表最广大人民群众根本利益的要求,自觉地服从和服务于党和国家的中心工作,担负起宪法和法律赋予的职责,积极推进依法治国的进程,完成光荣而艰巨的历史使命。"⑤

---

① 中共中央文献研究室编:《习近平关于全面依法治国论述摘编》,中央文献出版社 2015 年版,第 11 页。

② 曾维东、曾维才主编:《中华苏维埃共和国审判史》,人民法院出版社 2004 年版,第 286 页。

③ 董必武:《董必武法学文集》,法律出版社 2001 年版,第 45 页。

④ 江泽民:《江泽民文选(第三卷)》,人民出版社 2006 年版,第 2 - 3 页。

⑤ 田雨:《首席大法官眼中的司法为民——访最高人民法院院长肖扬》,新浪网 2003 年 8 月 24 日,http://news. sina. com. cn/c/2003-08-24/1145624769s. shtml,最后访问日期:2023 年 3 月 27 日。

"司法为民"是司法活动的价值追求，要始终坚持人民的利益高于一切，用司法为民理念统领司法活动的全部工作，不断发展和丰富社会主义司法文明。

我国人民司法理念是在适应民主政治建设要求和改革开放以后人民对法治要求的基础上逐步形成的，需要长期坚持并不断完善。党的十八大以来，我们已经进入中国特色社会主义新时代，需要运用新的司法理念，解决司法活动中最根本的矛盾，实现新的司法目标。"以人民为中心"的司法理念紧密结合新的时代条件和实践要求，以全新的视野深化对司法活动和改革的认识，在新的高度更好地发挥指导司法实践的巨大作用。

二、以人民为中心司法理念的基本内容

2017 年 11 月 20 日，习近平总书记在党的十九届中央全面深化改革领导小组第一次会议上强调："推进国家治理体系和治理能力现代化的总目标不能变，坚持以人民为中心的改革价值取向不能变。"[①]"以人民为中心"的新时代司法理念突出表达了对人民群众在司法活动中各种权益的重视，对于其内容可以从司法的目的、方式、作用、责任及对其评判标准五个方面来展开论述。

（一）司法为了人民

习近平总书记在中央政法工作会议中引用英国哲学家培根的话说："一次不公正的审判，其恶果甚至超过十次犯罪。因为犯罪虽是无视法律——好比污染了水流，而不公正的审判则毁坏法律——好比污染了水源。"[②] 其中的道理是深刻的，冤假错案损害的不仅仅是公民的合法权益，更是在一次次削弱司法公信力，不利于社会的和谐稳定。司法为了人民，就是要让人民群众相信司法权威，感受到司法的公平正义。

习近平总书记在首次提出"努力让人民群众在每一个司法案件中都感受到公平正义"之后，又多次强调这个问题。2013 年，习近平总书记强调："全国政法机关要顺应人民群众对公共安全、司法公正、权益保障的新期待，全力推进平安中国、法治中国、过硬队伍建设，深化司法体制机制改革，坚持从严治警，坚决反对执法不公、司法腐败，进一步提高执法能力，进一步增强人民群众安全感和满意度，进一步提高政法工作亲和力和公信力，努力让人民群众在每一个司法案件中都能感受到公平正义，保证中国特色社会主义事业在和谐稳定的社会环境中顺利推进。"[③] "坚持公正司法，需要做的工作很多。我们提出要努力让人民群众在每一个司法案件中都感受到公平正

① 《全面贯彻党的十九大精神 坚定不移将改革推向深入》，《人民日报》2017 年 11 月 21 日，第 1 版。
② 中共中央文献研究室编：《十八大以来重要文献选编（上）》，中央文献出版社 2014 年版，第 718 页。
③ 中共中央文献研究室编：《习近平关于全面依法治国论述摘编》，中央文献出版社 2015 年版，第 95 页。

义，所有司法机关都要紧紧围绕这个目标来改进工作，重点解决影响司法公正和制约司法能力的深层次问题。"①

2014 年，习近平总书记指出："如果不努力让人民群众在每一个司法案件中都感受到公平正义，人民群众就不会相信政法机关，从而也不会相信党和政府。"②"要深入推进公正司法，深化司法体制改革，加快建设公正高效权威的司法制度，完善人权司法保障制度，严肃惩治司法腐败，让人民群众在每一个司法案件中都感受到公平正义。"③

2017 年 10 月 18 日，党的十九大报告指出："深化司法体制综合配套改革，全面落实司法责任制，努力让人民群众在每一个司法案件中感受到公平正义。"④

公正司法是实现社会公平正义的重要手段，习近平总书记在多次讲话中都强调"让人民群众在每一个司法案件中都感受到公平正义"，表明司法裁判的公正性要落实到每一个案件中，这是一种具体的正义观。人民群众对公平正义的感受往往是从每一个具体的司法案件裁判开始的，他们关注自己的合法权益和诉讼问题是否能够得到公正的保护和解决。如果发生冤假错案，司法公正的源头就会受到污染，司法公信力也会受到冲击，最终可能对整个社会的公平正义造成威胁。实现司法以人民为中心，必须牢固树立司法是为了人民的理念，坚持党的领导、人民当家作主、依法治国的有机统一，始终把人民利益摆在至高无上的地位，重点解决人民群众反映强烈的问题，不断推进司法体制改革，让人民群众的诉求得到倾听、问题得到反映、利益得到保护，满足新时代人民对司法公平正义的根本需要。

（二）司法过程要依靠人民

司法过程依靠人民是司法工作群众路线的重要体现，是以人民为中心的司法理念的方法论。2017 年 10 月 25 日，习近平总书记在党的十九届中共中央政治局常委同中外记者见面会上强调："只要我们深深扎根人民、紧紧依靠人民，就可以获得无穷的力量，风雨无阻，奋勇向前。"⑤依靠人民群众要求人民群众广泛地参与到司法活动中，发挥主人翁精神，积极投身于司法改革的伟大实践，了解司法内容、监督司法活动。司法工作人员要不断拓宽人民参与司法的渠道，汲取人民群众实践的智慧和力量，积极出台与人民群众切身利益相关的改革措施，凝聚社会共识，做到问政于民和问需于民。

司法过程要让人民参与。在我国传统的司法实践中，人民陪审员制度以及被称为

① 中共中央文献研究室编：《习近平关于全面依法治国论述摘编》，中央文献出版社 2015 年版，第 67－68 页。
② 中共中央文献研究室编：《十八大以来重要文献选编（上）》，中央文献出版社 2014 年版，第 718 页。
③ 中共中央文献研究室编：《十八大以来重要文献选编（中）》，中央文献出版社 2016 年版，第 57 页。
④ 习近平：《习近平谈治国理政（第三卷）》，外文出版社 2020 年版，第 30 页。
⑤ 《新时代要有新气象更要有新作为 中国人民生活一定会一年更比一年好》，《人民日报》2017 年 10 月 26 日，第 2 版。

具有"东方经验"的人民调解制度都是司法依靠人民的具体体现。习近平总书记指出，要"保障人民群众参与司法"，"完善人民陪审员制度，扩大参审范围"。①习近平总书记还强调："人民陪审员制度是社会主义民主政治的重要内容。要通过改革人民陪审员制度，推进司法民主，促进司法公正，提升人民陪审员制度公信度和司法公信力……围绕改革人民陪审员选任条件和选任程序、扩大人民陪审员参审范围、完善人民陪审员参审案件机制、探索人民陪审员参审案件职权改革、完善人民陪审员退出和惩戒机制、完善人民陪审员履职保障制度等重要环节开展试点，提高人民陪审员广泛性和代表性，发挥人民陪审员制度的作用。"② 周强强调："要牢记司法权来自人民，坚持一切为了人民，一切依靠人民，继承和发扬'马锡五审判方式'，坚持专门机关与群众路线相结合，把法官职业化、专业化建设与扩大司法民主结合起来。"③ 将人民群众的生活智慧融入审判活动中，让民众参与司法，既是对我传统司法实践的传承，又是对我国司法民主制度不足的一种弥补，体现了"以人民为中心"的司法理念。

（三）司法作用是造福人民

司法作用造福于民就是司法活动要产生为人民创造福利的效果。党的十九大报告指出，要"不断满足人民日益增长的美好生活需要，不断促进社会公平正义，形成有效的社会治理、良好的社会秩序，使人民获得感、幸福感、安全感更加充实、更有保障、更可持续"④。司法权来源于人民，自然要用于为人民群众谋取福祉。而当下，司法活动受种种因素的影响，存在少数向钱看、向权看、衙门主义和官僚作风的问题，给人民群众的利益造成了损失，严重损害了司法公信力。

习近平总书记强调："要坚持司法为民，改进司法工作作风，通过热情服务，切实解决好老百姓打官司难问题。特别是要加大对困难群众维护合法权益的法律援助……"⑤习近平总书记还强调："上访群众多，尤其是上访中的涉法案件多，很多就是因为群众不知道应该去打'官司'，怎样去打'官司'，或者经济条件所限打不起'官司'。这就需要党和政府履行为群众提供法律援助的重要职责。确保让每一位群众遇到矛盾之时先去调解，调解不成也愿意打'官司'，懂得打'官司'，打得起'官司'，信得了打'官司'的最终结果。"⑥ 可见，司法活动要起到造福于民的作用，需要做到两个方面：一是树立以人民为中心的工作导向；二是创造便利的司法条件。

①　习近平：《论坚持全面依法治国》，中央文献出版社 2020 年版，第 99 页。

②　《深刻把握全面深化改革关键地位　自觉运用改革精神谋划推动工作》，《人民日报》2015 年 4 月 2 日，第1 版。

③　宁杰：《周强在陕西法院调研时强调　扩大司法民主　促进公正司法》，《人民法院报》2014 年 7 月 19 日，第1 版。

④　习近平：《习近平谈治国理政（第三卷）》，外文出版社 2020 年版，第 35 页。

⑤　中共中央文献研究室编：《习近平关于全面依法治国论述摘编》，中央文献出版社 2015 年版，第 68 页。

⑥　王东京：《从建设"法治浙江"到建设"法治中国"——系统学习习近平总书记十八大前后关于法治建设的重要论述》，《学习时报》2015 年 4 月 13 日，第 A1 版。

树立以人民为中心的工作导向要求司法工作人员牢固树立起群众观念，聚焦广大人民群众，司法权力的行使要紧紧围绕人民的利益，着力解决人民群众日益增长的司法需求与当前司法工作发展不平衡、不充分之间的矛盾，依法为人民群众尽心竭力解难事，诚心诚意办实事。

（四）司法责任是保护人民

2016 年 10 月 27 日，习近平总书记强调了我国社会治安环境中出现的问题：“非法集资、信息泄露、网络诈骗等案件相当猖獗，违法犯罪手段日趋信息化、动态化、智能化，以报复社会、制造影响为目的的各类极端暴力案件时有发生，严重暴力犯罪屡打不绝。”[①] 2017 年 1 月 12 日，习近平总书记对政法工作作出重要指示，强调：“深化司法体制改革……进一步提高维护国家安全和社会稳定的能力，提高司法公信力，增强人民群众安全感和满意度，为全面建成小康社会营造安全稳定的社会环境、公正规范的法治环境……”[②] 他还强调：“建立健全在职干警教育培训体系，提高干警本领，确保更好履行政法工作各项任务。”[③]

社会在快速发展和全面进步的同时，也出现了各种新型矛盾和问题，依法惩治犯罪，维护社会稳定有赖于司法工作人员过硬的素质本领，只有重视法律知识的学习和执法技能的提高，才能适应新类型和疑难复杂案件的需要，提高司法效率，准确打击犯罪，维护社会和谐，保护人民。2017 年 7 月 10 日，孟建柱在全国司法体制改革推进会上强调：“紧紧抓住新一轮科技革命的历史性机遇，构建人力和科技深度融合的司法运行新模式。”[④] 现代科技是突破传统维护社会稳定方式的重要手段。司法工作人员要以能动司法理念为指导，与时俱进，改进参与维护社会稳定的方式，在各自的职责范围内，积极主动参与维护社会稳定，建立全面覆盖的司法协力网络体系，以网络建设为连接点，实现与维护社会稳定的无缝衔接。2019 年 1 月 15 日，习近平再一次指出，政法队伍要“忠诚履职尽责，勇于担当作为，锐意改革创新，履行好维护国家政治安全、确保社会大局稳定、促进社会公平正义、保障人民安居乐业的职责任务”[⑤]。

司法是维护社会公平正义、保护人民权益的最后一道防线，对国家发展和社会生活起重要的保障作用。面对我国复杂多变的社会环境，司法工作人员要恪尽职守，承担起保护人民政治、财产、人身等各项权利的责任。安全感是人民日益增长的美好生

---

① 习近平：《习近平谈治国理政（第二卷）》，外文出版社 2017 年版，第 366 页。
② 《全面提升防范应对各类风险挑战的水平 确保国家长治久安人民安居乐业》，《人民日报》2017 年 1 月 13 日，第 1 版。
③ 中共中央文献研究室：《习近平关于全面依法治国论述摘编》，中央文献出版社 2015 年版，第 101 页。
④ 孟建柱：《全面深化司法体制改革 努力创造更高水平的社会主义司法文明》，《检察日报》2017 年 10 月 17 日，第 4 版。
⑤ 习近平：《论坚持全面依法治国》，中央文献出版社 2020 年版，第 246 页。

活需要，安定有序的社会环境是国家发展前进的重要前提，司法要承担维护社会安宁的职责，满足人民群众对安全的需要。

（五）司法效果由人民评判

2013 年 12 月 26 日，习近平总书记指出："我们党的执政水平和执政成效都不是由自己说了算，必须而且只能由人民来评判。人民是我们党的工作的最高裁决者和最终评判者。"① 2015 年 3 月 24 日，习近平总书记强调："深化司法体制改革，要广泛听取人民群众意见，深入了解一线司法实际情况、了解人民群众到底在期待什么，把解决了多少问题、人民群众对问题解决的满意度作为评判改革成效的标准。"②

司法是否公正、司法改革是否成功，要让人民评判。以人民群众是否满意作为标准，强调两个方面的内容：一是评价主体是人民群众；二是评价标准是人民群众满意。强调人民群众对司法活动的评价机制和标准是相对于司法活动的自我评价机制和标准而言的。司法改革是司法领域的深刻变革，如果只是自我评价容易缺乏客观性和公正性，使得司法改革的成效不能得到准确的评价，容易导致今后的制度设计和实践方向脱离人民群众。

党的十八大以来，司法改革取得了显著的成效，但是我们也应当看到，无论多么巨大的成就，都会落到人民群众具体的生活中，任何司法活动和改革都无法脱离人民群众的亲身感受。要坚持把新时代人民群众对司法改革的需求作为首要信号，他们的期待和主张才是司法改革发展的客观趋势，把人民群众在司法实践中的最终感受作为衡量司法改革成效的标尺，使司法改革朝着更加系统、协调的方向前进，为人民群众交上一份满意的答卷。

三、践行以人民为中心的司法理念

2016 年 1 月 18 日，习近平总书记在省部级主要领导干部学习贯彻党的十八届五中全会精神专题研讨班上的讲话中指出："'治国有常，而利民为本。'以人民为中心的发展思想，不是一个抽象的、玄奥的概念，不能只停留在口头上、止步于思想环节……"③行动胜于思想，以人民为中心的司法理念也要通过全面系统的顶层设计，辅以周密的政策文件付诸具体的实践。党的十八大以来，通过党的文件、人大立法和最高司法机关的司法文件，我们出台了一系列措施来实现习近平总书记以人民为中心的司法理念。

（一）人民参与司法

人民群众参与审判是司法活动贯彻群众路线的重要体现。专业化、精英化固然可

---

① 习近平：《习近平谈治国理政（第一卷）》，外文出版社 2018 年版，第 28 页。
② 习近平：《习近平谈治国理政（第二卷）》，外文出版社 2017 年版，第 131 页。
③ 习近平：《习近平谈治国理政（第二卷）》，外文出版社 2017 年版，第 213 - 214 页。

以保证法官忠于法律，但是不同的案件有着不同的发生环境，只遵从法律对案件进行处理难免容易僵化，将人民群众的常识、常情和常理融入案件审理过程中可以降低法律的生硬度，既能实现精英智慧与群众智慧的结合，又能实现法律效果与社会效果的统一。党的十八大以来，我们通过推进人民陪审员制度的改革来不断提高人民群众对司法活动的参与度。对此，本书将在第十八章详述。

（二）人民监督司法

《宪法》第41条规定："中华人民共和国公民对于任何国家机关和国家工作人员，有提出批评和建议的权利；对于任何国家机关和国家工作人员的违法失职行为，有向有关国家机关提出申诉、控告或者检举的权利，但是不得捏造或者歪曲事实进行诬告陷害。"这就是普通意义上的我国公民监督权。公民监督权作为《宪法》第41条明确的基本权利，建构并发展符合宪法规范的保护模式需要通过体系性解释路径，完整诠释公民监督权保护关联性规范的实质内涵。[1]《宪法》第33条是对人权的"确定型规范"，人民主权和国家受人民监督等规范属于公民监督制度性规范，具体表现为《宪法》第2条、第27条。特别是第27条明确国家机关和国家工作人员接受人民的监督基本原则，为人民民主监督理论提供了根本法的规范保障，《宪法》第41条属于权利规范。以上"构成型规范"与《宪法》第33条人权保障"确定型规范"共同构成了公民监督权保护的宪法规范体系。

2006年，党的十六届六中全会提出"推进决策科学化、民主化，深化政务公开，依法保障公民的知情权、参与权、表达权、监督权。"2007年，党的十七大报告指出要"健全民主制度，丰富民主形式，拓宽民主渠道，依法实行民主选举、民主决策、民主管理、民主监督，保障人民的知情权、参与权、表达权、监督权。"从这次会议开始，"公民的知情权、参与权、表达权、监督权"中的"公民"改成了"人民"。2012年，党的十八大报告指出，要"健全权力运行制约和监督体系。坚持用制度管权管事管人，保障人民知情权、参与权、表达权、监督权，是权力正确运行的重要保证。"2014年，党的十八届四中全会将保障权利作为法治建设的支撑，对保障人民"四权"作了进一步部署。2017年，人民"四权"在党的十九大报告中得到了进一步强调，并延伸到了"巩固基层政权，完善基层民主制度"领域。2021年，党的十九届六中全会通过的《中共中央关于党的百年奋斗重大成就和历史经验的决议》在总结党在"政治建设上"的历史经验时提到："党坚持巩固基层政权，完善基层民主制度，完善办事公开制度，保障人民知情权、参与权、表达权、监督权。"2022年1月11日省部级主要领导干部学习贯彻党的十九届六中全会精神专题研讨班开班式上，习近平

---

① 王勇、姜兴智：《全过程人民民主逻辑下公民监督权保护模式研究——基于公民基本权利国家保护义务论》，《理论月刊》2022年第7期，第50页。

总书记语重心长地谈到"窑洞对":"毛泽东同志在延安的窑洞里给出了第一个答案,这就是'只有让人民来监督政府,政府才不敢松懈'。经过百年奋斗特别是党的十八大以来新的实践,我们党又给出了第二个答案,这就是自我革命。"① 习近平总书记在党的二十大报告中指出:"经过不懈努力,党找到了自我革命这一跳出治乱兴衰历史周期率的第二个答案"。"第二个答案"写入了党的正式文件。但对于"让人民来监督政府",对"人民监督权"这个第一个答案也进行了进一步肯定。

司法机关是国家机关的一部分,司法工作人员是国家工作人员,也应当接受人民监督。对于司法机关和司法工作人员接受人民监督,另外还有直接的条款进行规定。如《人民法院组织法》第 11 条规定:"人民法院应当接受人民群众监督,保障人民群众对人民法院工作依法享有知情权、参与权和监督权。"《人民检察院组织法》第 11 条规定:"人民检察院应当接受人民群众监督,保障人民群众对人民检察院工作依法享有知情权、参与权和监督权。"司法机关和司法工作人员分别应当属于"国家机关和国家工作人员",当然应当接受人民监督,在两大组织法中特别强调这一公民的宪法权利和司法机关的义务,是表明这一义务与两大组织法中规定的"人民法院依法独立公正行使审判权""人民检察院依法独立行使检察权"并不矛盾,人民法院、人民检察院在接受人民监督的问题上没有特权。2021 年 1 月,中共中央印发的《法治中国建设规划(2020—2025 年)》提出,"加强国家机关监督、民主监督、群众监督和舆论监督,形成法治监督合力,发挥整体监督效能"。这一规划不仅对完善国家治理能力现代化背景下的法治监督体系具有深刻指导意义,更呼应了全过程人民民主对权利型监督模式的价值导向,对于完善对司法的人民监督具有重要指导意义。

应当注意的是,人民监督权利与检察机关人民监督员制度不是一回事。对检察机关人民监督员制度,本书有专章论述,人民监督员制度是人民检察院主动接受社会监督的一种外部监督制度,只是实现人民监督权的一种形式。根据最高人民检察院 2019 年印发的《人民检察院办案活动接受人民监督员监督的规定》,人民监督员制度是由人民群众通过特定程序选任人民监督员,代表人民群众对人民检察院的办案活动进行监督。人民监督员的监督只是对检察机关进行监督的监督体系的一部分,对检察机关存在广泛的外部监督和内部监督,人民监督员的独特之处在于:它是普通民众按照法定权限和程序、对检察机关办案活动直接进行监督,与其他监督共同发生作用。因此,要避免将人民监督员的监督等同于全部的"人民监督"和唯一监督。人民监督权包括了《宪法》第 41 条规定的各种形式的批评、建议、申诉、控告、举报等权利。

(三)司法便利人民

诉讼作为一种纠纷解决方式,具有正式性和规范性,但同时也因其程序的复杂性

---

① 中共中央党史和文献研究院:《十九大以来重要文献选编(下)》,中央文献出版社 2023 年版,第 653 页。

而让普通百姓望而却步，老百姓一般不愿意采用诉讼方式解决问题。以人民为中心的司法理念要求司法工作者要树立以人民为中心的工作导向，为当事人提供便利的诉讼条件，保障他们在诉讼活动中的各项权利。只有司法活动为人民群众提供充足的便利，减少他们的诉累，他们才愿意选择诉讼作为解决纠纷的方式，才愿意相信诉讼带来的公正结果。党的十八大以来，我们主要采取了以下措施来实现司法便民：

第一，设立巡回法庭。依据党的十八届三中全会和四中全会提出的"探索建立与行政区划适当分离的司法管辖制度"和"探索设立跨行政区划的人民法院和人民检察院，办理跨地区案件"指示，中央全面深化改革领导小组分别在 2014 年 12 月和 2016 年 11 月审议通过《最高人民法院设立巡回法庭试点方案》和《关于最高人民法院增设巡回法庭的请示》，共设立深圳、沈阳、重庆、西安、南京、郑州六个巡回法庭。据统计，"截至 2017 年 9 月，六个巡回法庭共审结案件 11751 件，2017 年 1 月至 9 月，巡回法庭审结案件数占最高人民法院办案总数的 45.4%"[1]。从实践效果来看，巡回法庭为人民群众提供了更加便捷的司法服务，"在方便群众诉讼、就地化解纠纷、统一法律适用等方面发挥了重要作用"[2]，同时也节约了诉讼、申诉、上访的成本，被群众亲切地称为"家门口的最高人民法院"。

第二，实行立案登记制。2015 年 5 月，最高人民法院要求将立案审查制改革为立案登记制。据统计，"2015 年 5 月至 2017 年 9 月，全国法院登记立案数量超过 3900 万件，当场登记立案率超过 95%"[3]。立案登记制度实行以来，各级法院通过积极构建全覆盖、立体式、多元化的登记立案新模式，做到有案必立、有诉必理，有效解决了"立案难"问题。

第三，破解"执行难"问题。为解决执行难问题，减少司法判决空头支票效应，最高人民法院出台 20 多个涉及执行工作的司法解释和规范性文件，完善执行工作体制机制、积极构建综合治理执行难工作格局、建立完善网络执行查控系统、大力推进网络司法拍卖、加强对失信被执行人的联合信用惩戒五项措施。[4] 全方位、多层次的执行体系提高了执行效率，"形成了全社会理解执行、尊重执行、协助执行的良好氛围，基本解决执行难问题取得实质性进展"[5]。为贯彻落实党的十八届四中全会关于

---

① 周强：《最高人民法院关于人民法院全面深化司法改革情况的报告——2017 年 11 月 1 日在第十二届全国人民代表大会常务委员会第三十次会议上》，《人民法院报》2017 年 11 月 2 日，第 1 版。

② 周强：《最高人民法院关于人民法院全面深化司法改革情况的报告——2017 年 11 月 1 日在第十二届全国人民代表大会常务委员会第三十次会议上》，《人民法院报》2017 年 11 月 2 日，第 1 版。

③ 周强：《最高人民法院关于人民法院全面深化司法改革情况的报告——2017 年 11 月 1 日在第十二届全国人民代表大会常务委员会第三十次会议上》，《人民法院报》2017 年 11 月 2 日，第 1 版。

④ 周强：《最高人民法院关于人民法院全面深化司法改革情况的报告——2017 年 11 月 1 日在第十二届全国人民代表大会常务委员会第三十次会议上》，《人民法院报》2017 年 11 月 2 日，第 1 版。

⑤ 周强：《最高人民法院关于人民法院全面深化司法改革情况的报告——2017 年 11 月 1 日在第十二届全国人民代表大会常务委员会第三十次会议上》，《人民法院报》2017 年 11 月 2 日，第 1 版。

"切实解决执行难"的部署，时任最高人民法院院长周强 2016 年 3 月在十二届全国人大四次会议上提出"用两到三年时间基本解决执行难问题"。之后的 3 年，"人民法院全力攻坚，共受理执行案件 2043.5 万件，执结 1936.1 万件，执行到位金额 4.4 万亿元，与前三年相比分别增长 98.5%、105.1% 和 71.2%，解决了一批群众反映强烈的突出问题，基本形成中国特色执行制度、机制和模式，促进了法治建设和社会诚信建设，'基本解决执行难'这一阶段性目标如期实现"①。

第四，完善多元化纠纷解决机制。2015 年 10 月，中央全面深化改革领导小组审议通过《关于完善矛盾纠纷多元化解机制的意见》，引导社会各方面力量积极参与矛盾纠纷化解。2016 年 6 月 28 日，《最高人民法院关于人民法院进一步深化多元化纠纷解决机制改革的意见》和《最高人民法院关于人民法院特邀调解的规定》发布，有效指导全国法院多元化纠纷解决机制改革。据统计，党的十八大以来到 2017 年，"全国法院建立专门诉调对接中心 2400 多个，特邀调解组织近 2 万个，吸纳特邀调解员 6 万多人，2016 年通过多元化纠纷解决方式分流案件 153 万余件，占当年受理一审民事案件的 13.2%，适用小额诉讼程序审结案件同比增加 14 倍，适用简易程序审结案件同比上升 21%"②。"各级法院通过调解方式处理案件 1396.1 万件。"③ 从实践来看，有机衔接、协调联动、高效便捷的矛盾纠纷多元化解决机制发挥了明显的作用，既实现了案件分流，又促进了社会的稳定和谐。

2017 年，时任第六巡回法庭分党组书记张述元讲道："要深刻领悟习近平新时代中国特色社会主义思想中的深厚为民情怀，立足于新时代人民群众对司法工作的新需求，改进完善司法为民的方式方法，努力让人民群众在每一个司法案件中感受到公平正义。"④ 司法机关及其工作人员要坚持权为民所用、情为民所系、利为民所谋的宗旨意识、责任意识、情感意识和职业意识，做到利民之心要诚、举措要细、效果要实，继续为人民群众提供更优质的司法服务和保障。

（四）司法保护人民

习近平总书记指出："面临着'本领恐慌'问题，必须大力提高业务能力……我们常讲要亮剑，这不仅需要有亮剑的勇气，更需要有亮剑的本事和克敌制胜的能力。"⑤ 习

① 周强：《最高人民法院工作报告——二〇一九年三月十二日在第十三届全国人民代表大会第二次会议上》，《人民日报》2019 年 3 月 20 日，第 2 版。
② 周强：《最高人民法院关于人民法院全面深化司法改革情况的报告——2017 年 11 月 1 日在第十二届全国人民代表大会常务委员会第三十次会议上》，《人民法院报》2017 年 11 月 2 日，第 1 版。
③ 周强：《最高人民法院工作报告——2018 年 3 月 9 日在第十三届全国人民代表大会第一次会议上》，《人民日报》2018 年 3 月 26 日，第 2 版。
④ 《张述元：牢记初心使命 完善司法为民方式方法》，最高人民法院网 2017 年 10 月 29 日，https：//www.court.gov.cn/zixun-xiangqing-66032.html，最后访问日期：2023 年 3 月 27 日。
⑤ 中共中央文献研究室编：《习近平关于全面依法治国论述摘编》，中央文献出版社 2015 年版，第 101 页。

近平总书记强调，要"加强法官检察官正规化专业化职业化建设"①，要"把深化司法体制改革和现代科技应用结合起来"②。曹建明指出："一些检察人员司法观念、素质能力、工作方式不适应改革发展。对这些问题，我们将高度重视，认真解决。""不少检察人员对信息化发展趋势把握不准、认识不清，运用信息化实现检察工作现代化的意识和能力较弱。信息化建设和应用不平衡，各类信息系统跨领域共享共用不够。"③ 最高人民检察院和最高人民法院在全面深化司法改革情况的报告中，对进一步提升队伍履职能力也提出了具体要求：一是要加强队伍正规化、专业化、职业化建设，确保队伍能力素质与改革的要求相适应，着力提升干警司法专业能力、群众工作能力、科技应用能力和社会沟通能力；二是进一步加强科技融合。加强信息化、大数据、人工智能与司法改革的深度融合，找准技术与制度的契合点。④

近年来，在平安中国工作深入推进下，我国保护人民的工作取得优异成绩，政治安全更加巩固，公共安全事件应对能力显著提升，扫黑除恶成效显著，影响社会和谐的突出问题得到解决，社会更加安定，人民更加幸福。在司法工作方面，司法机关积极开展扫黑除恶行动，严厉打击新型违法犯罪行为，大力开展反腐倡廉建设，创新加强基层社会治理，力求激活维护社会稳定的各个细胞。据统计，2016 年我国严重暴力犯罪案件比 2012 年下降 43%，每 10 万人中发生命案 0.62 起，是世界上命案发案率最低的国家之一。⑤ 2018 年 1 月 11 日，中共中央、国务院发出《关于开展扫黑除恶专项斗争的通知》，扫黑除恶专项斗争拉开序幕。⑥ 党中央以专项斗争作为主要政治任务，大力打击涉黑涉恶违法犯罪行为，精准查处黑恶势力的"保护伞"，不断推进扫黑除恶专项斗争纵向发展，积极形成压倒性态势，清除害群之马。2018 年至 2020 年，全国共打掉涉黑组织 3644 个、涉恶犯罪集团 11675 个，打掉的涉黑组织是前 10 年总和的 1.28 倍，查处涉黑涉恶腐败和保护伞问题 8.97 万起、立案处理 11.59 万人，排查整顿软弱涣散村党组织 5.47 万个，排查清理存在"村霸"、涉黑涉恶等问题的村干部 4.27 万名。⑦ 在我党和人民的共同努力下，我国刑事案件数量连续下降，黑恶势力

---

① 《加强领导总结经验运用规律 站在更高起点谋划和推进改革》，《人民日报》2017 年 8 月 30 日，第 1 版。

② 《坚定不移推进司法体制改革 坚定不移走中国特色社会主义法治道路》，《人民日报》2017 年 7 月 11 日，第 1 版。

③ 曹建明：《最高人民检察院关于人民检察院全面深化司法改革情况的报告（摘要）——2017 年 11 月 1 日在第十二届全国人民代表大会常务委员会第三十次会议上》，《检察日报》2017 年 11 月 3 日，第 2 版。

④ 周强：《最高人民法院关于人民法院全面深化司法改革情况的报告——2017 年 11 月 1 日在第十二届全国人民代表大会常务委员会第三十次会议上》，《人民法院报》2017 年 11 月 2 日，第 1 版。

⑤ 徐隽：《党的十八大以来，平安中国、法治中国、过硬队伍建设深入推进——让人民乐享平安和法治（砥砺奋进的五年）》，《人民日报》2017 年 10 月 8 日，第 1 版。

⑥ 徐隽：《中共中央 国务院发出〈关于开展扫黑除恶专项斗争的通知〉》，《人民日报》2018 年 1 月 25 日，第 1 版。

⑦ 熊丰、刘奕湛：《续写社会长期稳定奇迹新篇章——新时代推进更高水平的平安中国建设综述》，《人民日报》2021 年 12 月 16 日，第 4 版。

得到根本遏制，社会秩序越发井然，社会大局也更加稳定。

司法工作人员是保护人民权益、维护社会稳定的重要力量，除了要具备敢于制止一切破坏社会稳定、侵犯人民权益的勇气和较强的业务素质能力外，也要学会将现代技术融入执法办案过程中，从而快速应对不同的情况，及时保护人民权益，维护社会安定。现代科技给司法工作人员应对复杂多变的社会环境和不断涌现的新型犯罪提供了巨大的便利，这需要司法人员进一步加强现代科技与司法体制改革的深度融合，加大科技推进参与维护社会稳定的作用，提高执法办案能力，满足新时代人民对安全的需要。

（五）司法取信人民

冤假错案是民众对司法不信任的重要原因，落实司法责任制，就是要让法官和检察官在行使司法职权的同时担负起应担的责任，对案件负责，对人民负责，排除不正当干预，独立行使审判权。强调责任意识是权责统一的要求，是对司法人员正确把握权力行使方向的制约。有了责任对权力的制约，人民群众才会相信司法人员是在合法地行使司法权，司法案件的结果也应当是公平正义的。党的十八大以来，我们通过落实法官、检察官对案件质量终身负责制来实现司法取信于民。

党的十八届三中全会通过的《中共中央关于全面深化改革若干重大问题的决定》和党的十八届四中全会通过的《中共中央关于全面推进依法治国若干重大问题的决定》分别指出，"完善主审法官、合议庭办案责任制，让审理者裁判、由裁判者负责"；"完善主审法官、合议庭、主任检察官、主办侦查员办案责任制，落实谁办案谁负责"，"实行办案质量终身负责制和错案责任倒查问责制"。

为深入贯彻落实习近平总书记的重要指示批示精神，中央政法委等政法机关相继出台了直接针对解决冤假错案问题的指导意见，及以"防治纠正冤假错案"为主题的规范性文件，总体规划冤假错案的防治工作。

2013年6月，公安部发布《关于进一步加强和改进刑事执法办案工作切实防止发生冤假错案的通知》，要求公安执法队伍增强法治思维，切实打牢防止冤假错案的思想基础，从源头上防止冤假错案发生。8月，中央政法委出台《关于切实防止冤假错案的规定》，重申了疑罪从无原则、证据裁判原则，要求保障辩护律师辩护权利等，并就司法人员对所办案件质量终身负责提出明确要求。9月，最高人民检察院制定《关于切实履行检察职能防止和纠正冤假错案的若干意见》，对纠正刑事执法司法中的突出问题、完善防止和纠正冤假错案的工作机制作出具体指示。10月，最高人民法院印发《关于建立健全防范刑事冤假错案工作机制的意见》，要求各级人民法院在刑事审判中严格依法履职，坚守防止冤假错案的底线，维护司法公正。2014年2月，司法部发布《关于进一步发挥司法鉴定制度作用防止冤假错案的意见》，就健全完善统一权威的司法鉴定管理体制，发挥司法鉴定在促进公正司法、防止冤假错案中的作用进行明确指导。2015 年 2 月，最高人民检察院制定《关于在刑事执行检察工作中防止和纠正冤假错案的指导意见》，详细列举了 14 项具体措施，为检察机关刑事执行检察部门认真及时发现冤假错案线索，做好防止和纠正冤假错案相关工作提供具体指引。

长期以来，我国司法实践中"侦查中心主义"的特征较为明显，加之公检法机关"互相制约"原则未能有效实施，常常出现"一错到底"的现象。为扭转这一局面，2014 年 10 月，党的十八届四中全会要求推行以审判为中心的诉讼制度改革，最高司法机关也出台了一系列措施（对此，我们将在本书第十一章详述）。以审判为中心的诉讼制度改革是防治冤假错案的根本措施。

2014 年至 2022 年，各级人民法院共依法宣告 8508 名被告人无罪，依法保障无罪者不受追究。人民法院建立健全刑事冤错案件主动发现、及时复查和依法纠正机制，对于已发现的冤错案件，坚持实事求是、有错必纠原则，对错案发现一起、查实一起、纠正一起，切实回应社会关切，维护司法公正和法律权威。2013 年至 2022 年，人民法院通过审判监督程序依法纠正 65 起重大刑事冤错案件，改判 129 名原审被告人无罪，其中包括浙江张氏叔侄强奸案，内蒙古呼格吉勒图故意杀人案，海南陈满故意杀人、放火案等重大案件，提振了全社会对司法公正的信心。2016 年 12 月 2 日，最高人民法院第二巡回法庭对原审被告人聂树斌故意杀人、强奸妇女再审案公开宣判，宣告撤销原审判决，改判聂树斌无罪。这起历时二十二年的案件得以纠正，彰显了中国法院对人权司法保障的高度重视和对证据裁判、疑罪从无等法律原则的坚定实践。①

为人平冤白谤，乃是第一天理。全面依法治国最广泛、最深厚的基础是人民，必须把体现人民利益、反映人民愿望、维护人民权益、增进人民福祉落实到全面依法治国各领域全过程，保障和促进社会公平正义，努力让人民群众在每一项法律制度、每一个执法决定、每一宗司法案件中都感受到公平正义。党的十八大以来，我们逐渐克服了过去对错案防范与纠正重视程度不够、制度机制不健全的问题，司法理念发生根本转变，一系列防范与纠正冤假错案的司法改革与责任追究机制逐步建立和推行，预防、纠正和追责机制实现常态化、制度化，平反了大量的冤假错案，赢得了人民对司法的信心。

实践证明，只有牢牢坚持以人民为中心的价值取向，司法活动才能真正得到人民的拥护和支持，才能不断开创新局面，谱写新篇章。上述举措为保证落实案件终身负责制设置了科学明确的办案标准，严格界定了错案的认定标准和责任，进而为人民群众评判司法提供了标准。权力与责任的界限是统一的，权力与责任的方向是一致的，应通过进一步完善案件质量终身负责制，提高司法办案的质量和效率，切实让人民群

---

① 中华人民共和国最高人民法院编：《中国法院的司法改革（2013—2022）》，人民法院出版社 2023 年版，第 24 - 25 页。

众在每一个司法案件中都感受到公平正义。

结　语

以人民为中心的司法理念反映出习近平总书记对我国司法改革和司法实践有着充分的认识。该理念的内容具有以下鲜明的特征：

一是具有重大的理论创新性。习近平总书记指出："我们必须在理论上跟上时代，不断认识规律，不断推进理论创新、实践创新、制度创新、文化创新以及其他各方面创新。"① 作为引领指导司法建设的科学思想体系，以人民为中心的司法理念紧跟时代发展，从当代中国国情和依法治国的实践出发，层层递进，不但继承了我国传统民本思想和司法理念的精髓，还成为以人民为中心治国理念的重要组成部分，形成了理论内容更加完备的五个方面，树立了理论发展守正创新的典范，使我国司法领域的建设在一个更加成熟、更加科学、更加先进的理论体系指导下全面推进。

二是具有很强的针对性。习近平总书记指出："要坚持问题导向，哪里矛盾和问题最突出，哪个疙瘩最难解，就重点抓哪项改革。"② 社会发展日新月异，习近平总书记深刻地认识到政治、经济、法治建设等领域的一系列矛盾对司法提出了新的要求。他直面这些问题，准确地抓住了公正司法这一主要矛盾，同时强调司法要依靠人民、造福人民、保护人民，致力于实现让人民群众在每一个司法案件中都感受到公平正义的总目标。党的十八大以后的 5 年，通过全方位的制度设计和责任的落实，个案公正的量变引起了司法公信力提高的质变，增加了人民群众在司法活动中的获得感。

三是体现了措施的全面性。以人民为中心的司法理念必然要求司法实践要紧紧围绕"让人民群众在每一个司法案件中都感受到公平正义"这一目标，坚决破除一切顽瘴痼疾，为人民群众提供更高质量的司法服务。党的十八大以来，在此理念的指引下，国家出台了一系列重大方针政策，司法改革的进程达到了前所未有的深度和广度。"2014 年至 2017 年 9 月，习近平总书记主持召开 38 次中央全面深化改革领导小组会议，审议通过 48 个司法改革文件"③，涉及司法管理体制改革、司法责任制改革、司法人员分类管理改革、推进司法民主、促进诉讼便利化、提高司法效率等方面。司法改革的目标将会更加全面、更加清晰、更加宏大，司法改革的决心将会更加坚定、更加持久、更加自信，司法改革的措施将会更加广泛、更加自主、更加灵活。

司法为了人民、依靠人民、造福人民、保护人民、由人民评判，这构成了习近平总书记以人民为中心司法理念的核心内容。对这一理念的践行是实现司法公正的基础和提

---

① 习近平：《习近平谈治国理政（第三卷）》，外文出版社 2020 年版，第 21 页。
② 《全面贯彻党的十八届六中全会精神 抓好改革重点落实改革任务》，《人民日报》2016 年 11 月 2 日，第 1 版。
③ 周强：《最高人民法院关于人民法院全面深化司法改革情况的报告——2017 年 11 月 1 日在第十二届全国人民代表大会常务委员会第三十次会议上》，《人民法院报》2017 年 11 月 2 日，第 1 版。

高司法公信力的保障。以人民为中心的司法理念博大精深，当前对其内容的研究只是管窥筐举，仍须继续探索。时代是思想之母，实践是理论之源。"不忘初心，方得始终。中国共产党人的初心和使命，就是为中国人民谋幸福，为中华民族谋复兴。"① 司法和司法改革的初心就是"努力让人民群众在每一个司法案件中感受到公平正义"，法学理论研究需要进一步挖掘以人民为中心司法理念的深刻内涵，为实现司法公正的伟大目标提供行动指南。

---

① 习近平：《习近平谈治国理政（第三卷）》，外文出版社 2020 年版，第 1 页。

第三章
公正司法理念

公正司法的基本内涵是在司法活动的过程与结果中，体现出公平、平等、正当、正义的精神，其主体是司法工作人员，具体可以界定为参与侦查、起诉、审判、执行等司法活动各个环节的公安干警、检察官、法官、司法行政机关干警等国家机关工作人员。我国《中华人民共和国刑法》第94条对此作了权威的界定："本法所称司法工作人员，是指有侦查、检察、审判、监管职责的工作人员。"司法行为的工作对象包括各类案件中的当事人及其他诉讼参与人。公正司法这一理念贯穿司法活动的始终，它要求司法人员在侦查、起诉、审判、执行这一系列的司法活动中始终坚持公平、平等、正当、正义的精神。

第十八届中央政治局第四次集体学习中，习近平总书记对公正司法作出了具体的解释："所谓公正司法，就是受到侵害的权利一定会得到保护和救济，违法犯罪活动一定要受到制裁和惩罚。"[①] 公正司法是现代社会政治民主、进步的重要标志，也是现代国家经济发展和社会稳定的重要保证，其不仅是法律自身的要求，更是依法治国的要求。

党的十八大以来，我国不断发展和完善中国特色社会主义法治体系，法治国家建设取得了重大成就，依法治国又向前迈了一大步。可以说，这一轮司法体制改革的机遇和挑战前所未有、力度和深度前所未有、进展和成效前所未有，司法公正和效率显著提升。

党的十八大以来，我国的法治建设不断推进，司法体制发生了可喜的变革。尤其是各级司法机关认真贯彻落实党中央部署，坚持严格执法、公正司法，加强人权司法保障，司法公信力有了明显提升，人民群众对司法的信心明显增强。党的十八大以来，习近平总书记关于公正司法的理念有着丰富的内涵，呈现出系统性特征，对司法公正的标准、必要性以及司法公正的实现进行了详细论述，为我们实现公正司法、建设社会主义法治国家指明了正确的方向。

---

① 中共中央文献研究室编：《习近平关于全面依法治国论述摘编》，中央文献出版社2015年版，第67页。

一、公正司法的标准

习近平总书记在十八届中央政治局第四次集体学习时的讲话中提到："群众反映，现在一个案件，无论是民事案件还是刑事案件，不托人情、找关系的是少数。尤其是到了法院审判环节，请客送礼、打招呼、批条子的情况很严重……包青天的故事在我国民间广为传颂，从一个角度说明了群众对公正司法的企盼。"① 司法是否公正是一种评价结果，这种结果与评价标准密不可分。也就是说，是否为公正的司法是评价主体依据不同的评价标准，对司法活动的公正性进行价值判断的结果。

随着我国社会主义法治体系的不断健全完善，司法地位的不断提高，司法公正性也越来越受到社会各界的关注。总的来说，司法公正包含两个方面：一是公平，指司法机关及其工作人员在处理案件时，应平等地对待双方当事人，尊重当事人的诉讼权利，侧重程序的公正；二是正义，指案件处理的过程和结果要符合法律规定的内在实质，保障法律在实施过程中的完整与统一。

2014 年 10 月 23 日，中国共产党第十八届中央委员会第四次全体会议通过的《中共中央关于全面推进依法治国若干重大问题的决定》指出："推进严格司法。坚持以事实为根据、以法律为准绳，健全事实认定符合客观真相、办案结果符合实体公正、办案过程符合程序公正的法律制度。加强和规范司法解释和案例指导，统一法律适用标准。"由此可见，公正司法的标准不仅包括实体公正（"三个符合"中的第一个和第二个），也包括程序公正（"三个符合"中的第三个）。实体公正是公正司法的根本目标，程序公正是公正司法的重要保障。

（一）实体公正

从实体上来讲，公正司法就是司法机关在司法活动中要严格根据证据准确认定案件事实，正确适用法律，从而在实体法上实现公平正义。其主要包括两方面：

第一，事实认定符合客观真相。事实认定符合客观真相是实体公正观的特别体现。2014 年 10 月 20 日，习近平总书记在党的十八届四中全会上提到："在司法实践中，存在办案人员对法庭审判重视不够，常常出现一些关键证据没有收集或者没有依法收集，进入庭审的案件没有达到'案件事实清楚、证据确实充分'的法定要求，使审判无法顺利进行。"② 事实认定符合客观真相，其核心是"准"。要让人民群众在每一个司法案件中感受到公平正义，就必须在办理所有案件中都做到"准"字当头，力求运用证据认定的事实符合客观真相，运用法律正确适当。③ 只有事实认定符合客

---

① 中共中央文献研究室编：《习近平关于全面依法治国论述摘编》，中央文献出版社 2015 年版，第 68 页。

② 习近平：《论坚持全面依法治国》，中央文献出版社 2020 年版，第 101 页。

③ 陈光中：《严格司法应"准"字当头》，《人民日报》2016 年 5 月 23 日，第 7 版。

观真相，法律才能得以准确适用。因此，准确的事实是实体公正的必备要素，司法机关必须做到以事实为依据，以维护实体公正。

冤案、错案不仅严重伤害当事人合法权益，也严重损害社会公平正义，甚至严重损害司法公信力。习近平总书记谈到为冤假错案平反时强调："不要说有了冤假错案，我们现在纠错给我们带来什么伤害和冲击，而要看到我们已经给人家带来了什么样的伤害和影响，对我们整个的执法公信力带来什么样的伤害和影响。我们做纠错的工作，就是亡羊补牢的工作。"① 每一个"疑罪从有"造成的冤假错案的背后往往都存在刑讯逼供等非法取证行为，这样一来，司法公正的清流从源头上就受到了污染。习近平总书记还强调："要懂得'100 - 1 = 0'的道理，一个错案的负面影响足以摧毁九十九个公正裁判积累起来的良好形象。执法司法中万分之一的失误，对当事人就是百分之百的伤害。"② 公正司法的首要要求就是避免冤案、错案的发生。

第二，办案结果符合实体公正。其具体表现为贯彻疑罪从无原则以及罪责刑相适应原则。人的认识能力是有限的，在无法证明客观真实的情况下，要充分贯彻疑罪从无原则，这也是实现实体公正的要求之一。实践中，司法人员遇到有罪证据未达到确实充分标准的疑难案件时，往往会犹豫不决，继而作出有罪判决。疑罪从无是指在司法机关的审判中，当全案的证据未达到确实、充分的程度时，即在虽不能排除被告人的犯罪嫌疑，但也不能证明其有罪的情况下，从法律上将其按无罪的方式处理。疑罪从无就是在这个层面上体现了对社会秩序的追求和保障。从实体公正的角度出发，如果不能证明被告人有罪，那么贯彻疑罪从无便是公平正义的必然体现。

罪责刑相适应原则是指，刑罚的轻重应当与犯罪分子所犯罪行和承担的刑事责任相适应。习近平总书记指出："全面推进依法治国，必须坚持公正司法。公正司法是维护社会公平正义的最后一道防线。所谓公正司法，就是受到侵害的权利一定会得到保护和救济，违法犯罪活动一定要受到制裁和惩罚。"③ 因此，犯何种大小的罪，就应当承担相应程度的刑事责任，法院也应当判处相应轻重的刑罚。要做到重罪重罚，轻罪轻罚，罪行相称，使受侵害的权利得到相应程度上的救济和保护，从而真正实现办案结果的公平正义。

（二）程序公正

2014 年，党的十八届四中全会明确提出："坚持以事实为根据、以法律为准绳，健全事实认定符合客观真相、办案结果符合实体公正、办案过程符合程序公正的法律制度。"程序公正被写进了党的文件。2015 年 3 月 24 日，习近平总书记在十八届中央

---

① 《公正司法（上）——政论专题片〈法治中国〉解说词（第四集）》，《人民日报》2017 年 8 月 22 日，第 6 版。
② 中共中央文献研究室编：《习近平关于全面依法治国论述摘编》，中央文献出版社 2015 年版，第 96 页。
③ 中共中央文献研究室编：《习近平关于全面依法治国论述摘编》，中央文献出版社 2015 年版，第 67 页。

政治局第二十一次集体学习时的讲话中指出："完善司法制度、深化司法体制改革，要遵循司法活动的客观规律，体现权责统一、权力制约、公开公正、尊重程序的要求。"① 可见，程序公正也是我国司法体制改革追求的重要目标。

程序公正作为直观的公正，是现代司法的必然要求，是公正司法的前提，也是保障司法权威性的基础。通过公正的程序得到的最终裁判能为社会公众所承认，公众信仰法律、信任司法，司法的公信力才能建立起来。如果司法活动不尊重程序、不坚持程序正义，那么司法的权威性便无从谈起。

二、公正司法的必要性

在十八届中央政治局第四次集体学习时，习近平总书记讲道："坚持公正司法，需要做的工作很多。我们提出要努力让人民群众在每一个司法案件中都感受到公平正义，所有司法机关都要紧紧围绕这个目标来改进工作，重点解决影响司法公正和制约司法能力的深层次问题。"② 这就要求必须在程序和实体上都严肃认真地对待每一个司法案件，依靠一个个具体案件的公正审判来逐步提升司法公信力，维护司法权威。

2015 年 3 月 24 日，在中共十八届中央政治局第二十一次集体学习时，习近平总书记提出"公正司法事关人民切身利益，事关社会公平正义，事关全面推进依法治国"③，从三个层次阐述了公正司法的必要性：

首先，公正司法事关人民切身利益。党和国家一直以来坚持为人民服务的原则，把人民群众放在中心位置。党的十九大报告指出："不断满足人民日益增长的美好生活需要，不断促进社会公平正义，形成有效的社会治理、良好的社会秩序，使人民获得感、幸福感、安全感更加充实、更有保障、更可持续。"司法活动应当将人民利益放在首位，为人民谋福利。

习近平总书记指出："我们要依法公正对待人民群众的诉求，努力让人民群众在每一个司法案件中都能感受到公平正义，决不能让不公正的审判伤害人民群众感情、损害人民群众权益。"④ 首次说明了公正司法关乎人民群众切身利益。2014 年 1 月 7 日，习近平总书记在中央政法工作会议上的讲话中指出："如果不努力让人民群众在每一个司法案件中都感受到公平正义，人民群众就不会相信政法机关，从而也不会相信党和政府。"⑤ 习近平总书记反复提及人民群众的感受，这种感受来自人民群众自身的合法权益是否得到应有的保护，诉求是否真正实现。司法审判的终局性决定了它是

① 习近平：《习近平谈治国理政（第二卷）》，外文出版社 2017 年版，第 132 页。
② 中共中央文献研究室编：《习近平关于全面依法治国论述摘编》，中央文献出版社 2015 年版，第 67－68 页。
③ 习近平：《习近平谈治国理政（第二卷）》，外文出版社 2017 年版，第 130 页。
④ 习近平：《习近平谈治国理政（第一卷）》，外文出版社 2018 年版，第 141 页。
⑤ 中共中央文献研究室编：《习近平关于全面依法治国论述摘编》，中央文献出版社 2015 年版，第 71 页。

保障人民利益的最后一道屏障，只有人民群众在每一个具体案件中都感受到了公平正义，司法的公正价值才能得以体现。

其次，公正司法事关社会公平正义。公正司法是实现社会稳定的基础，事关党和国家、人民的幸福安康。《中共中央关于全面推进依法治国若干重大问题的决定》强调："公正是法治的生命线。公正司法对社会公正具有重要引领作用，司法不公对社会公正具有致命破坏作用。"如若司法这道防线缺乏公信力，那么社会公正就会受到普遍质疑，社会的稳定与和谐就难以保障。2014 年 1 月 7 日，习近平总书记在中央政法工作会议上的讲话中引用经典强调了公正司法的重要性："'公生明，廉生威。'执法司法是否具有公信力，主要看两点，一是公正不公正，二是廉洁不廉洁。这两点说起来简单，要做到就不容易了。要扭住职业良知、坚守法治、制度约束、公开运行等环节，坚持不懈、持之以恒地抓。"[1] 公正司法能够真正实现社会公平正义，使全社会的公正观念得以形成并强化。

此外，公正司法能够真正地维护民众对公共权力机构的信任，司法不公会使司法丧失公信力，使人民失去对法律的信仰。"任何国家任何制度都不可能把执法司法人员与社会完全隔离开来，对执法司法的干扰在一定程度上讲是客观存在的，关键是遇到这种情况时要坚守法治不动摇，要能排除各种干扰。"[2] 公正司法要求司法具有公信力，其对整个社会的公平正义有着重要的引领作用。司法公正是社会公平的象征。司法不公会使社会公正受到普遍质疑，司法公信力也无从谈起；如果法治没有权威，人民群众也会失去对依法治国的信心，社会公平正义就更加难以实现。

最后，公正司法事关全面推进依法治国。《中共中央关于全面推进依法治国若干重大问题的决定》指出："全面推进依法治国，总目标是建设中国特色社会主义法治体系，建设社会主义法治国家。这就是，在中国共产党领导下，坚持中国特色社会主义制度，贯彻中国特色社会主义法治理论，形成完备的法律规范体系、高效的法治实施体系、严密的法治监督体系、有力的法治保障体系，形成完善的党内法规体系，坚持依法治国、依法执政、依法行政共同推进，坚持法治国家、法治政府、法治社会一体建设，实现科学立法、严格执法、公正司法、全民守法，促进国家治理体系和治理能力现代化。"依法治国总目标的提出，是对司法性质和司法规律的认识达到新高度的体现，也意味着司法在国家治理领域的重要性愈发突出。

2015 年 4 月，中共中央办公厅、国务院办公厅印发《关于贯彻落实党的十八届四中全会决定进一步深化司法体制和社会体制改革的实施方案》。该实施方案涵盖的 84 项改革任务中，涉及"保证公正司法、提高司法公信力"的有 48 项，这足以体现我

---

[1]　中共中央文献研究室编：《十八大以来重要文献选编（上）》，中央文献出版社 2014 年版，第 718 页。
[2]　中共中央文献研究室编：《十八大以来重要文献选编（上）》，中央文献出版社 2014 年版，第 719 页。

国对公正司法的重视程度。公正司法是建设法治中国的重要环节，是实现中华民族伟大复兴中国梦的内在要求，也是实现依法治国的关键步骤之一。

三、公正司法的保障机制

2017 年 7 月，习近平总书记对司法体制改革作出重要指示："党的十八大以来，政法战线坚持正确改革方向，敢于啃硬骨头、涉险滩、闯难关，做成了想了很多年、讲了很多年但没有做成的改革，司法公信力不断提升，对维护社会公平正义发挥了重要作用。"① 在改革不断攻坚克难的形势下，我国司法工作正在朝着更好的方向不断发展。

习近平总书记指出："司法不公的深层次原因在于司法体制不完善、司法职权配置和权力运行机制不科学、人权司法保障制度不健全。"② 对此，党的十八届四中全会决定在党的十八届三中全会决定的基础上对保障司法公正作出了更深入的部署，包括完善确保依法独立公正行使审判权和检察权的制度、优化司法职权配置、推进严格司法、保障人民群众参与司法、加强人权司法保障、加强对司法活动的监督这六个方面。

（一）确立司法责任制

习近平总书记强调："要紧紧牵住司法责任制这个'牛鼻子'，凡是进入法官、检察官员额的，要在司法一线办案，对案件质量终身负责。"③ 习近平总书记强调了司法体制改革的核心与关键——司法责任制，有权必有责、有责要担当、失责必追究。2016 年，司法责任制改革在全国司法改革试点法院全面推开。各地法院、检察院通过建立权责清单，不断加强司法权监督制约，确保司法权放权而不放任，努力实现"谁办案谁负责、谁决定谁负责"的改革目标，用责任倒逼公正办案。司法责任制改革的目的是建立权责明晰、权责一致、监督有序、终身负责的审判、检察责任体系，这对完善中国特色社会主义司法制度、提升司法水平、增强司法公信力具有重大意义。

十八大期间完成的司法责任制基础性改革，主要集中在定人的问题上，定权、定责的问题还没有完全解决。2021 年 7 月 24 日，政法领域全面深化改革推进会在京召开。会议指出，2021 年深化政法领域改革总的思路是：以明责定责、问责追责为着力点，以担责尽责、忠诚履责为落脚点，巩固政法队伍教育整顿成果，加快构建权责清晰、权责统一、监管有效、保障有力的执法司法责任体系。司法责任制的内容是科学界定执法司法责任，着力构建主体明确、范围明晰、层次分明的责任链。司法责任制

---

① 《十八大以来治国理政新成就》编写组编：《十八大以来治国理政新成就》，人民出版社 2017 年版，第 998 页。
② 习近平：《论坚持全面依法治国》，中央文献出版社 2020 年版，第 98 页。
③ 习近平：《习近平谈治国理政（第二卷）》，外文出版社 2017 年版，第 131 页。

主体包括了司法机关的所有执法司法的各个环节、各类人员，其具体内容也应当包括：政治责任、办案责任、监管责任、层级责任。① 建立严格落实执法司法责任的具体机制，围绕"督责""考责""追责"三个关键环节，将办案责任制真正落实到位；全面加强执法司法责任保障，为政法干警担当尽责提供有力支撑；坚持权力与责任相统一、责任与保障相匹配、问责与免责相结合，完善职业保障、履职保护、科技支撑等制度机制。目前，关于人员分类管理、权力和责任清单、落实执法司法责任的具体机制已经初步确定，还需要在责任体系的科学性上下功夫，还需要在落实的效果上下功夫。

（二）防止权力干预司法

习近平总书记在分析司法腐败的原因时提到，影响我国司法公正的因素很大程度上与司法体制和工作机制不合理有关，并强调要确保依法独立行使审判权、检察权。习近平总书记指出："任何国家任何制度都不可能把执法司法人员与社会完全隔离开来，对执法司法的干扰在一定程度上讲是客观存在的，关键是遇到这种情况时要坚守法治不动摇，要能排除各种干扰。"② 所以，要确保依法独立公正行使审判权，就要为遏制干预司法活动提供制度保障。

（三）优化司法职权配置

习近平总书记在《加快建设社会主义法治国家》一文中谈道："推进公正司法，要以优化司法职权配置为重点，健全司法权力分工负责、相互配合、相互制约的制度安排。"③ 随着依法治国的全面推进，司法机关在维护法律秩序、解决社会纠纷等方面的责任越来越重，人民群众的要求和期待也越来越高，合理的司法职权配置对实现公正司法具有重要的保障作用。

优化司法职权配置的实质就是健全司法权力运行机制，健全司法权力运行机制就是要用制度管权、管事、管人，这是党和国家领导人深入分析我国司法现状，为确保公正司法，解决司法深层次问题而提出的重大改革方向。

党的二十大报告要求："规范司法权力运行，健全公安机关、检察机关、审判机关、司法行政机关各司其职、相互配合、相互制约的体制机制。强化对司法活动的制约监督，促进司法公正。加强检察机关法律监督工作。"习近平总书记指出："要牢记职权法定，明白权力来自哪里、界线划在哪里，做到法定职责必须为、法无授权不可为。"④ 习近平总书记关于权力运行机制的重要论述，充分体现了以人民为中心的执政理念和对国家公权力被滥用的警惕。2022 年政法领域改革的重点是优化执法司法权力

① 蔡长春、董凡超：《构建权责明晰责任链健全执法司法责任体系》，《法治日报》2021 年 7 月 26 日，第 1 版。
② 中共中央文献研究室编：《十八大以来重要文献选编（上）》，中央文献出版社 2014 年版，第 719 页。
③ 中共中央文献研究室编：《十八大以来重要文献选编（中）》，中央文献出版社 2016 年版，第 190 页。
④ 习近平：《论坚持全面依法治国》，中央文献出版社 2020 年版，第 141 页。

配置，完善党领导政法工作的体制机制、政法机关工作体系、政法组织机构体系和司法责任制。深化执法司法权力运行机制改革，归根结底就是要"规范用权"。① 要深刻认识执法司法权力鲜明的政治性、厚重的人民性、强烈的法治性，始终坚持法定职责必须为、法无授权不可为，严格在宪法法律范围内依照法定权限和程序行使权力。要在立案受理权、查明事实权、涉案财物管理处置权、裁决执行权、各种自由裁量权等各个环节合理配置权力、制约监督权力。

2022年7月8日，中央政法领域改革推进会提出，2022年政法领域改革的重点是优化执法司法权力配置，完善党领导政法工作的体制机制、政法机关工作体系、政法组织机构体系和司法责任制。要遵循执法司法权力运行规律，实现惩治犯罪和保障人权相统一、定分止争与案结人和相统一、依法行政和便民利民相统一。要深化内部制约监督、检察机关法律监督和执法司法公开。② 深化执法司法权力运行机制改革，归根结底就是要"规范用权"，要在"七个务必"即务必正确对待权力、务必完善立案受理、务必依法查明事实、务必规制自由裁量、务必严格涉案财物管理处置、务必严肃裁决执行、必加强制约监督上发力③，概括起来实质内容是两点：一是正确对待权力的性质，深刻认识执法司法权力鲜明的政治性、厚重的人民性、强烈的法治性，始终坚持法定职责必须为、法无授权不可为，严格在宪法法律范围内活动，依照法定权限和程序行使权力；二是完善司法权各环节的制约监督，防止滥用权力。

（四）推进严格司法

所谓严格司法，简言之，就是以保证司法公正、提高司法公信力为宗旨，在司法过程中按照司法规律的要求，将宪法和法律规定不折不扣地落实到位。严格司法是对司法工作的基本要求，是实现司法公正进而实现社会公平正义的前提和基础，是解决立案难、诉讼难和执行难的具体抓手。严格司法也包括严格执法，是树立法律权威的根本途径。只有推进严格司法，不偏不倚地执行宪法和法律，才能实现司法公正，树立司法权威。

2014年1月7日，习近平总书记在中央政法工作会议上的讲话中指出："天下之事，不难于立法，而难于法之必行。对执法司法状况，人民群众意见还比较多，社会各界反映还比较大，主要是不作为、乱作为特别是执法不严、司法不公、司法腐败问题比较突出。有的政法机关和干警执法随意性大，粗放执法、变通执法、越权执法比较突出，要么有案不立、有罪不究，要么违规立案、越权管辖；有的滥用强制措施，

---

① 佚名：《深入学习贯彻习近平法治思想 深化执法司法权力运行机制改革》，《人民日报》2022年7月9日，第2版。
② 佚名：《深入学习贯彻习近平法治思想 深化执法司法权力运行机制改革》，《人民日报》2022年7月9日，第2版。
③ 钟政声：《深化执法司法权力运行机制改革，归根结底就是要规范用权》，中央政法委长安剑公众号，2022年7月11日。

侵犯公民合法权益；有的办关系案、人情案、金钱案，甚至徇私舞弊、贪赃枉法，等等。这些问题，不仅严重败坏政法机关形象，而且严重损害党和政府形象。"① 当前司法实践中存在一些突破制度规定、违背法定程序等问题，所以对于执法司法行为要严格规范，将司法权力的行使规范化、程序化。

司法不严是影响公正司法的重要因素。习近平总书记引用名言指出："'一次不公正的裁判，其恶果甚至超过十次犯罪。因为犯罪虽是无视法律——好比污染了水流，而不公正的审判则毁坏法律——好比污染了水源。'这其中的道理是深刻的。政法机关是老百姓平常打交道比较多的部门，是群众看党风政风的一面镜子。如果不努力让人民群众在每一个司法案件中都感受到公平正义，人民群众就不会相信政法机关，从而也不会相信党和政府。"② 司法机关对案件事实和法律争议所作出的判决裁定，应当严格遵循法律规则和法定程序，对判决和裁定，也应当严格执行，这是公正司法的根本保障。若不严格按照法定的规则和程序来执行，放松甚至随意降低标准，司法公正将成为空中楼阁。

针对推进严格司法，党的十八届四中全会中作出了细致的部署：第一，坚持以事实为根据、以法律为准绳，健全事实认定符合客观真相、办案结果符合实体公正、办案过程符合程序公正的法律制度。加强和规范司法解释和案例指导，统一法律适用标准。第二，推进以审判为中心的诉讼制度改革，确保侦查、审查起诉的案件事实证据经得起法律的检验。全面贯彻证据裁判规则，严格依法收集、固定、保存、审查、运用证据，完善证人、鉴定人出庭制度，保证庭审在查明事实、认定证据、保护诉权、公正裁判中发挥决定性作用。第三，明确各类司法人员工作职责、工作流程、工作标准，实行办案质量终身负责制和错案责任倒查问责制，确保案件处理经得起法律和历史检验。

良好的法治环境是依法治国的基础性工程，也是一种宝贵的软实力。严格司法是改善法治环境的关键举措，必须推进严格司法，坚决守住法律的底线。

（五）保障人民群众参与司法

公正司法必须保障人民群众参与审判活动的权利，这体现了司法活动对群众路线的贯彻。习近平总书记在十八届中央政治局第四次集体学习时的讲话中说道："司法工作者要密切联系群众，如果不懂群众语言、不了解群众疾苦、不熟知群众诉求，就难以掌握正确的工作方法，难以发挥应有的作用……一纸判决，或许能够给当事人正义，却不一定能解开当事人的'心结'，'心结'没有解开，案件也就没有真正了结。"③ 将人民群众的常识、常情和常理融入案件审理过程可以减少法律的生硬，既能

① 中共中央文献研究室编：《十八大以来重要文献选编（上）》，中央文献出版社 2014 年版，第 717 页。
② 中共中央文献研究室编：《十八大以来重要文献选编（上）》，中央文献出版社 2014 年版，第 718 页。
③ 中共中央文献研究室编：《习近平关于全面依法治国论述摘编》，中央文献出版社 2015 年版，第 68－69 页。

实现精英智慧与群众智慧的结合，又能实现社会效果与法律效果的统一。我国的人民陪审员制度是人民参与司法的法定方式。

（六）加强人权司法保障

党的十八大作出了全面依法治国的重大战略部署，强调尊重和保障人权，增强了人民法治观念和人权保障理念。党的十八大以来，中国坚持司法为民，将惩治犯罪与保障人权相统一，坚定不移地推进司法体制改革，不断发展和完善中国特色社会主义司法制度，努力让人民群众在每一个司法案件中都感受到公平正义。尊重和保障人权，是我国宪法确立的一项基本原则，是中国特色社会主义司法制度的价值追求。

党的十八届三中全会《中共中央关于全面深化改革若干重大问题的决定》强调，完善人权司法保障制度，就是要进一步规范查封、扣押、冻结、处理涉案财物的司法程序；健全错案防止、纠正、责任追究机制，严禁刑讯逼供、体罚虐待，严格实行非法证据排除规则；健全国家司法救助制度，完善法律援助制度。《中共中央关于全面深化改革若干重大问题的决定》指出了完善人权保障机制的具体内容。

结　语

公正司法是法治国家的根本标准，也是文明社会的基本要素。"全面推进依法治国，必须坚持公正司法。公正司法是维护社会公平正义的最后一道防线。"[1] 司法的终局性决定了司法活动是保障社会公正的最后一道关卡，同时也是保障法律发挥实效的关键手段。从依法治国的意义上来讲，若社会中司法公正都没有了，那就更无其他的公正可言。近年来的司法实践中，尤其是从"聂树斌案""佘祥林案"等焦点案件可以看出，人们对于公正司法的追求并不局限于实体公正，还要求程序公正，更要求及时的公正。

在对公正司法的一系列论述中，习近平总书记反复提到："让人民群众在每一个司法案件中都感受到公平正义。"对广大人民群众来说，公正司法是可以切切实实在生活中体会到的，它包含了司法机关对每一个案件的处理，还包含每一个司法机关工作人员的言谈举止。整体的公正是由每一个个案的公正构成的，绝不能泛泛而论。"从党的十八大强调'司法公信力不断提高'到十八届五中全会强调'司法公信力明显提高'"[2]，深刻反映出党和人民对司法机关更高的要求和期望。

党的十八大以来，习近平总书记对公正司法的一系列论述以及全面深化改革各类举措的实施都证明了公正司法的现实紧迫性和必要性，并且都深刻阐明了提高司法公信力对于全面依法治国、全面建成小康社会的重大意义。党的十八大以来，通过党和

---

① 中共中央文献研究室编：《习近平关于全面依法治国论述摘编》，中央文献出版社 2015 年版，第 67 页。
② 曹建明：《强化法律监督 保证公正司法 促进司法公信力明显提高》，《学习时报》2016 年 9 月 8 日，第 1 版。

国家全方位的制度设计和责任落实，个案公正的量变引起了司法公信力提高的质变，增加了人民群众在司法活动中的获得感，取得了可喜的成果。习近平总书记在党的十九大报告中指出："全面依法治国是国家治理的一场深刻革命，必须坚持厉行法治，推进科学立法、严格执法、公正司法、全民守法。"① 时至今日，公正司法仍是全面依法治国最重要的任务之一。因此，我们应当在党的领导下，以习近平公正司法理念为指导，全面深化司法体制综合配套改革，抓好改革的关键环节和关键问题，实现公正司法。

---

① 习近平：《习近平谈治国理政（第三卷）》，外文出版社 2020 年版，第 30 页。

第四章
审判独立与检察独立原则

1954 年《宪法》首次以国家根本法的形式确认了人民法院独立行使审判权、人民检察院独立行使检察权的原则，随后公布的《人民法院组织法》与《人民检察院组织法》均对此进行了重申。但审判独立与检察独立原则未获根本性实施，即在随后的反右派斗争严重扩大化中被全盘否定，后被彻底废除。1982 年《宪法》重新确立审判独立与检察独立，第 126 条规定："人民法院依照法律规定独立行使审判权，不受行政机关、社会团体和个人的干涉。"第 131 条规定："人民检察院依照法律规定独立行使检察权，不受行政机关、社会团体和个人的干涉。"《人民法院组织法》与《人民检察院组织法》也在之后的修改中采用了与《宪法》相同的表述。

在诉讼法中，1989 年《行政诉讼法》在第 3 条明确规定人民法院依法独立审判；[①] 1991 年《民事诉讼法》在第 6 条规定民事案件的审判权由人民法院依照法律规定独立行使；[②] 1996 年《刑事诉讼法》在第 5 条确立了审判独立与检察独立原则。[③] 至此，检察独立原则在《刑事诉讼法》中确立，审判独立原则在三大诉讼法中均得以确立。此后，各大诉讼法几经修改，但是关于审判独立与检察独立的条款仍然予以保留。

一、审判独立与检察独立的含义与区别

（一）审判独立的含义

审判独立是现代法治国家普遍承认与确立的宪法原则，是确立司法制度的基础，也是重要的司法原则。作为宪法原则，其调整国家审判机关与其他国家机关的关系，强调审判权的专属性；作为司法原则，其确保法院公正行使审判权，防止法官的审判活动与审判结果受到不当干涉、影响或控制。确立审判独立原则，是实现公正审判的

---

① 《行政诉讼法》（1989 年）第 3 条第 1 款规定："人民法院依法对行政案件独立行使审判权，不受行政机关、社会团体和个人的干涉。"

② 《民事诉讼法》（1991 年）第 6 条规定："民事案件的审判权由人民法院行使。人民法院依照法律规定对民事案件独立进行审判，不受行政机关、社会团体和个人的干涉。"

③ 《刑事诉讼法》（1996 年）第 5 条规定："人民法院依照法律规定独立行使审判权，人民检察院依照法律规定独立行使检察权，不受行政机关、社会团体和个人的干涉。"

必要保障，对维护司法权的国家性与权威性具有重要作用。

审判独立一般指法院（法官）独立行使审判权。不仅各国宪法法律和司法实践确认了审判独立原则，国际社会也就审判独立的内容与标准达成一定共识。[①] 根据国际社会所确立的审判独立标准，审判独立应涵盖以下四个方面内容：一是实质独立，即法官审理案件与作出裁判只能依据法律、服从良知，不受任何外部因素干涉与控制；二是身份独立，指法官职位的条件与任期应有所保障，使其免因任职问题在裁判时受到不良干涉；三是法官在法院内部独立，要求法官在执行审判职务时不受本院领导、同事及上级法院法官的控制；四是司法审判机关集体独立，确保法院不会因设施建设、人事管理、财政预算等行政事务而受制于其他机关。这四个方面相互联系，共同成为现代审判独立原则的基本要求，其中实质独立居于核心地位。[②] 身份独立、内部独立和集体独立的核心目的均是保护法官的实质独立，即免受来自法院外部与内部的侵扰。

我国现行《宪法》第131条对人民法院审判独立原则进行了规定："人民法院依照法律规定独立行使审判权，不受行政机关、社会团体和个人的干涉。"三大诉讼法与《人民法院组织法》均重申了这一原则。自1982年《宪法》对审判独立采用此种表述以来，学界对这一原则的内涵从多个角度进行了解释。祝昌霖认为，宪法规定体现出我国审判独立原则具有多重含义，包括：法院对审判权具有独享性、排他性及专属性；"依法"要求独立进行的审判活动不能独断专行，必须依据实体法与程序法；行使审判权的主体是人民法院而非法官；独立审判与接受人大监督、接受党的领导并不冲突。[③] 张绳祖认为，我国的审判独立原则包括三个内容：一是审判权独立，即审判权专属于法院；二是人民法院地位独立，即独立于立法机关、行政机关、所有政党与上级法院；三是法官独立，我国《法官法》及三大诉讼法均对法官独立从实质上进行了确认，法官在审判时实质独立且身份独立。但由于审判权的独立行使需受人大监督、共产党领导，下级法院还受上级法院监督，故我国审判独立整体上为相对独立。[④] 陈瑞华提出，审判独立原则在我国是宪法原则和司法组织原则，与国际审判独立内涵相比具有以下特点：一是我国审判独立建立在人民代表大会制度上，立法机关、行政机关、监察机关、检察机关、审判机关都是我国的法律实施机关；二是各级人民法院由同级人大选举产生，对人大负责，受人大监督；三是我国实行的是人民法院依法独立，强调法院整体相对于行政机关、社会团体和个人独立。[⑤]

---

① 张志铭：《对当下中国审判独立的认识》，《中国应用法学》2017年第1期，第61-70页。
② 张志铭：《对当下中国审判独立的认识》，《中国应用法学》2017年第1期，第61-70页。
③ 祝昌霖：《人民法院依法独立行使审判权探析》，《法律适用》1997年第7期，第38-40页。
④ 张绳祖：《人民法院独立审判原则的渊源及含义》，《法律适用》2002年第4期，第40-43页。
⑤ 陈瑞华：《现代审判独立原则的最低标准》，《中国律师》1996年第3期，第9-12页。

综合分析现有法律规定与理论观点，界定我国审判独立原则的基本含义应当注意以下两个方面：一是我国审判独立是指法院独立。不同于国际标准中对法官独立主体地位的强调，我国对独立行使审判权的传统解释应为法院独立而非法官独立，即人民法院作为统一整体独立行使司法审判权。二是我国审判独立为相对独立。我国法院"是审判技术上的独立而非政治独立"①，人民法院依法独立行使审判权，但需要接受党的领导与人大监督。

（二）检察独立的含义

检察独立即检察机关（检察官）独立行使检察权。与审判权不同，在西方三权分立的政治构架中，检察权并非司法权。许多国家将检察机关归为行政机关，其对司法独立的讨论也不包括检察独立问题。但也有国家在宪法或法律中明确检察机关属于司法机关，对检察独立与审判独立同等重视，赋予检察权"类同审判权"的独立性。②由于国家权力配置与司法制度的不同，各国对检察独立的认识也有区别，但加强检察权独立行使是当今世界各法治国家检察制度发展的共同趋势。

考察各国检察制度，检察独立主要包括两个方面的问题：一是检察机关的外部独立，即检察机关独立于其他国家机关、社会团体及社会成员。在一些国家，检察机关需要接受政府部门长官某种方式的领导或监督，但这些国家大多也会对行政领导及其监督权进行一定限制，以保障检察机关办案的客观性与独立性。例如，现代检察制度发源地法国在《刑事诉讼法典》中规定，检察机关受司法部部长领导，但司法部部长不能指示具体案件的办理，只能从宏观层面对检察工作提出方针政策。二是检察官的内部独立，涉及检察官在检察机关组织体内独立关系的协调。③检察官内部独立有两种模式：一种是直接明确检察官是行使检察权的主体，这在英美法系国家较为常见，大陆法系国家中日本"主张每位检察官皆为一独任制官厅"，法律直接授权检察官以自己名义独立行使权力并自负责任，不受机关首长干预。④另一种以法国和德国为代表，则是在"上命下从"的一体化检察体系中，通过建立检察官责任制度肯定检察官的相对独立性。⑤换言之，办案检察官行使职权需听从上级指令，但在特定情况下其可以对抗"上级指令"，并对案件独立担责，从而在办案活动中具有相对独立地位。

在我国，检察机关与审判机关同为司法机关，现行《宪法》对检察独立的表述与审判独立类似⑥，《人民检察院组织法》还将检察独立确立为七项检察工作基本原则

---

① 张志铭：《对当下中国审判独立的认识》，《中国应用法学》2017年第1期，第61-70页。
② 章群：《国外检察权独立行使的发展趋势及启示》，《前沿》2011年第4期，第15-19页。
③ 秦冠英：《论检察独立——兼论我国检察机构改革》，《四川警察学院学报》2013年第6期，第85-90页。
④ 万毅：《论检察制度发展的"东亚模式"——兼论对我国检察改革的启示》，《东方法学》2018年第1期，第198-208页。
⑤ 龙宗智：《论依法独立行使检察权》，《中国刑事法杂志》2002年第1期，第3-19页。
⑥ 《宪法》第136条规定："人民检察院依照法律规定独立行使检察权，不受行政机关、社会团体和个人的干涉。"

之一。刘军提出，检察独立在《宪法》与《人民检察院组织法》中的表述体现出我
国检察独立原则的三层含义：一是检察权专属于检察机关，具有专属性；二是检察权
的行使不受行政机关、社会团体和个人的干涉，具有独立性；三是检察权必须依法行
使，检察机关的职权不能随意履行，必须严格依照《宪法》《人民检察院组织法》和
与案件有关的实体法、程序法。① 龙宗智对我国检察独立原则的特点进行了归纳：一
是检察独立与审判独立在法制层面无明显区别，在法律规范用语、国家体制安排与配
套保障制度上均较为一致；二是检察机关并不独立于执政党与权力机关，与审判独立
同为有限独立；三是检察官的内部独立未获法律确认，检察官受检察长领导，行使检
察权的行为需服从检察委员会决定。② 吴高庆与钱文杰认为，中国共产党领导和人民
代表大会根本政治制度决定了我国检察权独立行使具有特殊含义：一是检察工作必须
接受中国共产党的政治、思想和组织领导；二是检察工作必须接受人民代表大会的监
督；三是检察系统整体独立，上下级检察院间是领导关系。③ 这些观点从不同角度对
我国检察独立原则的含义进行分析，均强调检察机关的独立主体地位，也明确了我国
检察独立是在党的领导与权力机关监督下的有限独立。

可见，我国检察独立的特点是：第一，检察独立是系统独立，人民检察院的上下
级关系是领导与被领导的关系；第二，我国独立行使检察权的主体是检察院，而不是
检察官个人，检察官个人在检察长的领导下④依照权力清单行使权力，承担"谁办案
谁负责、谁决定谁负责"的后果。

（三）审判独立与检察独立的区别

在我国宪法法律对二者采取类似表述与类似制度安排的情况下，独立行使审判权
原则与独立行使检察权原则往往被作为同一问题讨论。但基于权能属性与运行体制的
差异，审判独立与检察独立仍然存在两点区别。

一是权力性质有别。审判权为狭义的司法权，西方国家的审判权，也是西方国家
司法权的代称，保障其独立性是三权分立政治体制下分权与制衡的内在要求，具有制
衡立法权和行政权的功能。检察权在西方国家，如英国、美国、法国、德国等都从属
于行政权，检察机关是行政机关（如美国、德国检察署从属于司法部）下设的专门办
理国家公诉事务、行使部分侦查权的机构，因而检察权兼有行政权与司法权性质。在
我国，检察权是与审判权并列、独立于行政权的国家权力。我国《宪法》第 134 条规
定："中华人民共和国人民检察院是国家的法律监督机关。"所以，检察机关是法律监
督机关，检察权也可以称为专门法律监督权。2019 年 10 月 31 日，中国共产党第十九

① 刘军：《检察机关依法独立行使职权与适用法律平等原则的内涵》，《人民检察》2019 年第 9 期，第 25 页。
② 龙宗智：《论依法独立行使检察权》，《中国刑事法杂志》2002 年第 1 期，第 3 – 19 页。
③ 吴高庆、钱文杰：《论依法独立公正行使检察权》，《中共浙江省委党校学报》2015 年第 6 期，第 117 – 122 页。
④ 《人民检察院组织法》第 29 条规定："检察官在检察长领导下开展工作，重大办案事项由检察长决定……"

届中央委员会第四次全体会议通过《中共中央关于坚持和完善中国特色社会主义制度推进国家治理体系和治理能力现代化若干重大问题的决定》，其第四部分提出："加强对法律实施的监督。保证行政权、监察权、审判权、检察权得到依法正确行使，保证公民、法人和其他组织合法权益得到切实保障，坚决排除对执法司法活动的干预。"将行政权、监察权、审判权、检察权定位为四种独立的执法司法权或者法律实施权，将"一府一委两院"定位为四个并列的法律实施机构，可见我国检察权虽然兼有司法权和行政权的某些特点，但是不从属于行政权、监察权、审判权的独立的国家权力。

二是权力独立的程度不同。很多国家和地区的检察系统是统一的组织体，检察机关以"检察一体制"的组织形式规范内部关系①，这是由检察机关追诉犯罪实现职能需要统一指挥、高效运作的特点所决定的。我国的检察机关也具有"上命下从"的检察一体特征，《人民检察院组织法》第 25 条规定："下级人民检察院应当执行上级人民检察院的决定；有不同意见的，可以在执行的同时向上级人民检察院报告。"第 29 条规定："检察官在检察长领导下开展工作，重大办案事项由检察长决定。检察长可以将部分职权委托检察官行使，可以授权检察官签发法律文书。"前者可以概括为下级服从上级，后者可以概括为成员服从首长。检察独立的表现除了《宪法》第 136 条规定的"人民检察院依照法律规定独立行使检察权，不受行政机关、社会团体和个人的干涉"这一外部独立内容，还表现在检察官在法定权力清单内的活动不受非法干涉。按照法定权力清单，检察官与其上级或者下级（如检察官助理）拥有不同的办案权力，因而在一个案件中，不同的内容由不同的人根据授权分别行使，这种独立要求被视为"技术性司法规则"②。

在审判独立中，"让审理者裁判、由裁判者负责"不允许上级签发裁判文书，由承办案件的法官独立审核签发，并且承办人员独立办案、独立承担责任；按程序由审判委员会决定的案件，由审判委员会参与表决的人行使裁判权、承担责任。审判权力不存在一个案件中由不同的人决定不同内容的问题。与"让审理者裁判、由裁判者负责"相对应，行使检察职权和承担相应责任的通俗表述是"谁办案谁负责、谁决定谁负责"。"谁决定谁负责"意味着一个案件不同的内容由不同的人决定，如在一般公诉案件中，是否批准逮捕、是否批准起诉由分管副检察长负责，而其他事务如采取一般强制措施和调查措施，由承办检察官决定，即大事由领导决定、一般事务由检察官决定。"检察一体制"决定了检察官行使职权需接受上级和检察长领导，办理案件需遵循检察长指令。与法官"除了法律没有别的上司"相比，检察官在上级授权和指令下行使职权，独立性显然更低。因此，与法官独立行使审判权相比，我国检察官行使职

① 朱孝清：《检察官相对独立论》，《法学研究》2015 年第 1 期，第 137 – 153 页。
② 龙宗智：《论依法独立行使检察权》，《中国刑事法杂志》2002 年第 1 期，第 3 – 19 页。

权的独立性要小得多。

二、审判独立与检察独立的改革历程

1978 年 12 月，党的十一届三中全会通过的《中国共产党第十一届中央委员会第三次全体会议公报》明确要求："检察机关和司法机关要保持应有的独立性。"[①] 1987年 10 月，党的十三大报告强调："加强立法工作，改善执法活动，保障司法机关依法独立行使职权。"这是改革开放后首次对司法权的独立行使问题发出号召[②]，确立了"司法机关依法独立行使职权"原则。不过，1992 年 10 月召开的党的十四大对这一原则进行了全新的表述，即根据宪法、组织法、诉讼法的规定，将上述原则表述为"保障人民法院和人民检察院依法独立进行审判和检察"。不过，以上的表述是宣言式的，并没有提出具体的制度保障，正式提出"从制度上保证司法机关依法独立公正地行使审判权和检察权"的是党的十五大。

（一）第一轮司法改革中的审判独立与检察独立（1997—2006 年）

1997 年 9 月，党的十五大正式将"依法治国"作为治国总方针，首次提出推进"司法改革"，提出"从制度上保证司法机关依法独立公正地行使审判权和检察权"的改革要求。为贯彻落实党的十五大精神，1999 年 10 月最高人民法院出台并实施了《人民法院五年改革纲要》，对人民法院的组织体系、审判工作机制、法官队伍建设、经费管理体制等提出改革要求。2000 年 2 月，最高人民检察院发布《检察改革三年实施意见》，提出"全面建立主诉、主办检察官办案责任制"。

2002 年 11 月，党的十六大报告提出"推进司法体制改革"，并明确将"从制度上保证审判机关和检察机关独立公正地行使审判权和检察权"作为我国司法体制改革的重点之一。2005 年 9 月，《最高人民检察院关于进一步深化检察改革的三年实施意见》发布，其中强调："继续深化主诉检察官办案责任制"，"探索实行省级以下人民检察院的业务经费由省级财政统筹保障、省级人民检察院统一管理的试点工作"。2005 年 10 月，最高人民法院印发实施《人民法院第二个五年改革纲要（2004—2008）》，提出"建立法官依法独立判案责任制"，并涉及司法机关人财物管理等司法保障机制建设，尝试向内外司法行政化"开刀"。

（二）第二轮司法改革中的审判独立与检察独立（2007—2012 年）

2007 年 10 月，党的十七大会议提出深化司法体制改革目标，并提出要优化司法职权配置，保证审判机关、检察机关依法独立公正地行使审判权、检察权。2008 年，

[①] 高一飞、陈恋：《检察改革 40 年的回顾与思考》，《四川理工学院学报（社会科学版）》2018 年第 6 期，第 1 – 21 页。

[②] 法言平：《旗帜鲜明地维护和落实依法独立审判的宪法原则》，《人民法院报》2017 年 1 月 16 日，第 1 版。

中共中央政治局通过了《中央政法委员会关于深化司法体制和工作机制改革若干问题的意见》，提出"调整司法职权配置，加强权力监督制约，促进司法独立"的改革目标。2009 年，《最高人民检察院关于贯彻落实〈中央政法委员会关于深化司法体制和工作机制改革若干问题的意见〉的实施意见——关于深化检察改革 2009—2012 年工作规划》（以下简称《关于深化检察改革 2009—2012 年工作规划》）发布，明确"增强依法独立公正行使检察权的能力"是深化检察改革的总体目标之一。同年，最高人民法院发布《人民法院第三个五年改革纲要（2009—2013）》，提出优化人民法院职权配置等多项改革任务，为解决法院内外部行政化问题、增强依法独立公正行使审判权奠定制度基础。

2012 年，党的十八大报告明确提出："确保审判机关、检察机关依法独立公正行使审判权、检察权。"2013 年 2 月，习近平总书记在党的十八届中央政治局第四次集体学习时的讲话中指出："要确保审判机关、检察机关依法独立公正行使审判权、检察权。"①

（三）第三轮司法改革中的审判独立与检察独立（2013 年至今）

2013 年 11 月，党的十八届三中全会召开，我国第三轮司法改革全面启动。会议通过了《中共中央关于全面深化改革若干重大问题的决定》，将"确保依法独立公正行使审判权检察权""健全司法权力运行机制""完善人权司法保障制度"确定为新的改革纲领。为完善确保依法独立公正行使审判权和检察权的制度要求，该决定提出改革司法管理体制，推动省以下地方法院、检察院人财物统一管理，探索建立与行政区划适当分离的司法管辖制度等多项改革措施。

2014 年 10 月，党的十八届四中全会继续强调审判独立、检察独立制度的完善。围绕"司法管理体制"与"司法权力运行机制"两条改革主线，会议报告《中共中央关于全面推进依法治国若干重大问题的决定》提出了更加全面、具体的改革措施：优化司法职权配置，完善办案责任制，落实谁办案谁负责；改革司法机关人财物管理体制；建立领导干部干预司法活动、插手具体案件处理的记录、通报和责任追究制度；设立跨行政区划的法院和检察院。

2015 年 2 月，《最高人民法院关于全面深化人民法院改革的意见——人民法院第四个五年改革纲要（2014—2018）》和《最高人民检察院关于深化检察改革的意见（2013—2017 年工作规划）》（2015 年修订版）发布，两份文件将确保依法独立公正行使审判权、检察权作为重要目标，并细化规定了多项具体任务，以贯彻落实党的十八大和十八届三中、四中全会精神。

2015 年 8 月，中央全面深化改革领导小组第十五次会议审议通过了《最高人民法

---

① 习近平：《习近平谈治国理政（第一卷）》，外文出版社 2018 年版，第 145 页。

院关于完善人民法院司法责任制的若干意见》和《最高人民检察院关于完善人民检察院司法责任制的若干意见》。① 根据这两份文件，人民法院司法责任制改革旨在通过"让审理者裁判、由裁判者负责"，确保审判权依法独立公正行使，让人民群众在每一个司法案件中都感受到公平正义，并以此为目标提出改革裁判文书签署机制、加强法官履职保障等40多项具体改革措施。② 人民检察院司法责任制改革也要求突出检察官办案主体地位，提出通过明晰检察官职责权限等方式实现"谁办案谁负责、谁决定谁负责"。司法责任制改革以强化法官、检察官独立行使职权为目标，在第三轮司法改革中承载着"牵动我国司法权力行使转型，由法院集体依法独立行使审判权转向审判组织依法独立行使审判权"的任务。③

三、审判独立与检察独立的限度

（一）法院独立与法官独立

我国《宪法》、《人民法院组织法》以及三大诉讼法均采取"人民法院依法独立行使审判权"的表述，《法官法》也将"保障人民法院依法独立行使审判权"④ 明确规定为立法目的，与《宪法》表述保持一致。受法律文本对审判独立表述的用语影响，学界通说认为我国审判独立是人民法院整体独立。但法院作为司法机关无法亲自审判案件，对案件进行审理并作出裁判的是具体的法官。保障审判权独立行使必然涉及法官个体的权力独立行使问题。⑤ 因此，关于"法院独立"，学界并未达成统一认识，其与"法官独立"的争论一直存在，有三种主要观点。

其一，法院独立说。"法院独立"强调法院作为整体行使权力的独立性。肖蔚云认为，尽管人民法院独立审判当然包括审判员在内，但我国"合议庭作出判决，需由院庭长审批或审判委员会决定"的审判权运行模式表明审判员并不具有独立行使职权的地位，因此，独立审判是指人民法院独立。这种观点在我国司法实践中也得到体现，虽然没有成文法依据，但院庭长审理案件的做法早已在各级人民法院长期存在。在承认我国法院独立的现实的情况下，陈瑞华指出，中国法院独立审判的现实并不能作为司法行政干预审判工作的正当性理由，不应当被作为院庭长审理案件的法律依据，不应对法律规定作此种误读。⑥ 这一观点承认我国审判独立是法院独立，但又认

① 江必新：《十八大以来中国特色社会主义司法理论的创新与发展》，《中国审判》2015年第20期，第6-11页。
② 陈卫东：《司法机关依法独立行使职权研究》，《中国法学》2014年第2期，第20-49页。
③ 胡云腾：《简论司法责任制》，《法制日报》2015年10月28日，第9版。
④ 《法官法》第1条规定："为了全面推进高素质法官队伍建设，加强对法官的管理和监督，维护法官合法权益，保障人民法院依法独立行使审判权，保障法官依法履行职责，保障司法公正，根据宪法，制定本法。"
⑤ 叶青主编：《依法独立行使审判权保障机制研究》，法律出版社2018年版，第4页。
⑥ 陈瑞华：《司法裁判的行政决策模式——对中国法院"司法行政化"现象的重新考察》，《吉林大学社会科学学报》2008年第4期，第134-143页、第160页。

为这与法官具有独立地位并不矛盾。

其二，法官独立说。陈志军认为，我国审判独立仅指"法院作为整体独立而不包括法官个体独立"这一传统认识是错误的，法官独立是审判独立的题中应有之义，是审判独立的前提。① 有学者认为，从审判独立原则的规范体系看，法官独立是 1982 年《宪法》第 126 条的应有之义。② 蒋惠岭认为，"法官独立"还是"法院独立"这一中式命题是早该终结的辩论。③ 我国司法改革也体现出对法官独立地位的重视，不断推进多项改革举措为法官独立行使审判权提供保障。在第三轮司法改革中，"保障司法人员对执法办案活动独立行使职权、独立承担责任"是司法改革的重要目标④，以审判独立为内容的司法责任制改革已经成为改革的主要板块。

其三，"法官独立"与"法院独立"统一说。陈卫东提出，"应当以依法独立行使职权为核心构建具有我国特色的司法权独立原则"，将"法官独立"与"法院独立"统一于"依法独立行使职权"表达之中，"依法独立行使职权"既要求法院整体独立，又强调承办案件的法官依法独立行使职权。⑤ 徐阳指出，法院独立与法官独立并非完全对立，在我国司法语境中，通过树立正确观点和态度，二者能够实现合理配置。简单复制西方的法官独立体制并不能使我国法院改革达致理想目标，法院改革必须结合中国当下国情，注意对法官独立性程度的把握。在扩大法官独立性的同时，改革法院内部管理机制，以接近司法化而非行政化的方式对法官进行体制上的监控，这是我国已经作出的有益尝试，是适合中国法院改革的路径。⑥ 但也有学者提出不同观点。顾培东认为，"法官独立"不应作为我国法院改革目标，我国"宪法制度安排、法院在政治结构中的地位、司法的社会生态、对法官的激励与约束条件以及综合统筹运用审判资源的要求等，都决定了我国法院建构应当坚持法院整体本位"。但他同时强调，我国法院改革应坚持的法院整体本位应从"以院庭长为主导"转向"以法官为主导"。⑦ 但这种"以法官为主导"的法院整体本位模式，实质上也是在坚持法院独立的前提下，对法官行使职权的独立地位加强保障，属于"法官独立"与"法院独立"统一说中强调法官独立优先的那一派。

---

① 陈志军：《论我国法官独立和司法独立的内在统一及制度保障》，《太原师范学院学报（社会科学版）》2015 年第 4 期，第 44 - 47 页。
② 韩大元：《论 1954 年宪法上的审判独立原则》，《中国法学》2016 年第 5 期，第 5 - 24 页。
③ 蒋惠岭：《"法院独立"与"法官独立"之辩——一个中式命题的终结》，《法律科学》2015 年第 1 期，第 48 - 55 页。
④ 胡云腾：《简论司法责任制》，《法制日报》2015 年 10 月 28 日，第 9 版。
⑤ 陈卫东：《司法机关依法独立行使职权研究》，《中国法学》2014 年第 2 期，第 20 - 49 页。
⑥ 徐阳：《如何实现"法院独立"与"法官独立"的统一——法院改革的策略选择》，《求是学刊》2016 年第 5 期，第 83 - 93 页。
⑦ 顾培东：《法官个体本位抑或法院整体本位——我国法院建构与运行的基本模式选择》，《法学研究》2019 年第 1 期，第 3 - 22 页。

笔者认为，在我国司法语境下，"法院独立"与"法官独立"二者相互联系、互为表里，我国宪法法律所确立的"法院独立"并不否认法官的相对独立性。在保障法院整体运行不受其他行政机关、社会团体及个人干扰的同时，加强法官在法院内部行使职权的独立地位，二者并不冲突，并且能够形成合力促进我国审判权依法独立公正行使。随着司法改革的推进，理论界与实务界对这一问题的认识更加清晰合理，很少有学者仍坚持我国审判独立需在"法官独立"与"法院独立"中二选一的观点，"法官独立"与"法院独立"统一说是大势所趋，只是会根据审判权行使的具体条件、法院层级、地区而有所差别，有的法院需要更多地强调"法官独立"，有的法院则需要更多地强调"法院独立"。如：基层法院案件数量过大（有的基层法院年收案量多达15万件以上），且有上级法院的监督和救济程序作为倒逼机制，其更多强调的是"法官独立"。事实上，在基层法院，如果院庭长和审判委员会监督过多，法院可能无法完成审判任务。而在最高人民法院，法官审理的是终审案件，如果没有院庭长的严格监督，可能导致案件错误无法纠正，形成冤假错案。"王林清案"就是如此，如果没有最高人民法院领导的监督和把关，可能已经形成难以纠正的错案。所以，"法院独立"多一点还是"法官独立"多一点，要结合法院的层级、法院案件数量和监督机制的健全程度等来决定，最终目的是通过"法官独立"与"法院独立"的统一达到司法公正。

（二）检察一体与检察官独立

检察一体是指，上下级检察院之间、同一检察院内检察长与检察官之间具有领导关系，检察系统作为统一整体执行检察职能。[①] 检察官独立是指，检察官对办案事项具有独立的决定权，不受任何内外非法干涉、压迫等影响。我国《宪法》及《人民检察院组织法》规定，上下级检察院之间、同一检察院内部检察长与检察官之间为领导关系，直接体现了检察一体化原则。宪法法律明确规定，我国检察机关实行上下一体的组织结构与权力运行方式。在此制度背景下，我国学界对检察官独立问题的讨论基本围绕"检察官相对独立"，即检察官在检察一体制下的独立性问题而展开。

对于"检察一体制"与"检察官相对独立"的关系，理论发展从突出检察一体到偏重保障检察官独立办案，再到趋于二者平衡。[②] 21世纪初，邓思清、晓勤从对我国检察权运行实际情况的分析出发，指出我国检察官受本院与上级院双重行政领导制度存在合理因素，"在目前和今后一段时间里，有必要保留这一制度"[③]。但加强检察官独立性的观点很快占据主流。例如，陈卫东、李训虎认为，检察官独立才是检察权

---

① 谢鹏程：《论检察官独立与检察一体》，《法学杂志》2003年第3期，第35-38页。
② 古卫爽、张艺立：《司法改革背景下检察官独立办案司法化与检察一体行政化之间的冲突与解决机制》，《学习论坛》2020年第10期，第91-96页。
③ 邓思清、晓勤：《简析独立行使检察权》，《人民检察》2000年第6期，第19-21页。

独立的核心内容与根本问题，能够克服检察一体"上命下从"所带来的弊端，同时也符合刑事诉讼活动的特性和规律。① 许多学者都支持这一观点，认为强调检察权整体独立性的同时绝不可忽视检察官个体的独立性。"在确保检察权司法性意义上，后者比前者要重要得多。过于强调检察一体化的结果只会进一步强化检察权的行政色彩。"② 学者们之所以偏重检察官的独立性，是因为在我国检察制度发展过程中，一直以来都过于强调检察机关"上命下从"一体化组织结构③，忽视了检察规律，或多或少忽视甚至遮蔽了检察官相对独立的重要性。

近年来，对于"检察一体制"与"检察官相对独立"的关系，学界讨论重点逐渐由"谁更重要"转移至"如何寻求二者平衡"。张朝霞、张伟认为，作为我国检察机关组织形式的"检察一体"，其内涵本就包含"上命下从"与"检察官独立和客观义务"两个维度。这两个维度相互联系、相互支撑，但我国长期以来过于强调"上命下从"，因此当前需要注意对检察官应有的独立地位进行保障，使我国"检察一体"达到平衡。④ 我国当前进行的司法责任制改革也正是以平衡二者关系为目标，从司法环境现状出发，在坚持检察一体制的同时实行各项改革以补足检察官独立性不足的短板。对于如何寻求检察一体制与检察官相对独立的平衡，古卫爽、张艺立提出，化解"检察一体制"与"检察官独立"之间的冲突应当通过保障检察办案方式的司法化，与适当限制检察一体化的方式进行。一方面，要保障检察机关以司法化方式办案，加强检察机关办案的司法亲历性、诉讼行为的判断精准性，尤其是对审查逮捕、核准追诉这部分司法权的行使进行司法化改造。另一方面，要确立检察指令权的法定适用原则，对于审查逮捕、公诉等诉讼类业务的案件限制检察指令权，并明确区分检察长、检察委员会与检察官之间的权力界限，以实现对检察一体化的适当限制。⑤ 这种观点强调对检察官行使司法职权时的独立地位加强保障，即对审查逮捕、提起公诉等行使司法权的行为，规范上级指令权的行使，加强这部分检察权的司法性质，以此实现检察官的相对独立。有的学者从本质上概括指出，改革和完善我国"检察一体制"权力运行机制的不平衡问题，要从检察权的司法与行政双重性质出发，"还司法以司法，还行政以行政"⑥，而不是将"检察一体制"简单替换为"检察官独立"的司法权运行模式。

① 陈卫东、李训虎：《检察一体与检察官独立》，《法学研究》2006年第1期，第3—13页。
② 朱仁政、于冰：《论检察权的一体行使与独立行使》，《辽宁公安司法管理干部学院学报》2010年第4期，第100—101页。
③ 张朝霞、张伟：《司法责任制改革背景下"检察一体"的改革和完善》，《福建警察学院学报》2020年第3期，第65—75页。
④ 张朝霞、张伟：《司法责任制改革背景下"检察一体"的改革和完善》，《福建警察学院学报》2020年第3期，第65—75页。
⑤ 古卫爽、张艺立：《司法改革背景下检察官独立办案司法化与检察一体行政化之间的冲突与解决机制》，《学习论坛》2020年第10期，第91—96页。
⑥ 叶青主编：《依法独立行使检察权的保障机制》，法律出版社2018年版，第124页。

寻求平衡机制的观点也与我国检察改革路径相契合。2000 年 2 月，最高人民检察院发布《检察改革三年实施意见》，将"加强上级检察机关对下级检察机关的领导"与"全面建立主诉、主办检察官办案责任"作为检察系统第一个三年改革的重要目标，在加强检察一体化的同时，开始探索保障检察官相对独立的合理机制。在第三轮司法改革中，检察官办案责任制成为司法责任制改革的重要内容。检察官责任制改革以加强检察官独立性为目的，但其对检察官并非盲目放权，而是"从上到下都注意对不同检察权的类型设置不同的权力行使方式"①，根据不同检察业务类型划定权力边界与责任。在注意保障检察官独立性的同时，也重视检察长的领导权力与职责，这是检察官责任制改革应当遵循的基本原则。② 理论研究与司法实践均说明，我国"检察一体制"与"检察官独立"并非两个割裂命题，二者可以通过科学合理的权力运行机制实现良好互动，从而保障检察权依法独立公正行使，实现司法公正。

四、审判独立与检察独立的实现机制

我国司法实践表明，审判权与检察权未能充分独立的原因在于"来自内外部的干涉力量积叠交结"③。在外部关系上，影响审判权与检察权独立行使的因素主要是地方党政机关、领导干部对司法机关及其工作人员的控制和干扰。在系统内部，对审判独立与检察独立的干扰则主要来自办案主体的行政上级。"司法机关内部的行政化管理，使司法判断过程被纳入行政体制的命令与服从关系之中"④，上级领导插手个案办理，影响办案法官、检察官无法独立作出判断。

归结起来，当前我国审判独立与检察独立未能充分实现，症结在于司法地方化问题与司法行政化问题。为保障审判独立与检察独立，中共中央将去除司法地方化与司法行政化作为推进司法改革的重要目标。去地方化需要调整司法机关的对外关系，弱化地方对司法机关的牵制，防止审判权与检察权运行过程中受到外部不当干预。去行政化则以破除司法机关行政化结构和行政式运行弊端为主，防止司法机关内部权力配置影响审判权与检察权的独立运行。

（一）防止外部不当干预

由于我国司法机关设置普遍与行政区划平行，司法机关的人事、财物管理也与行政区划密切相关，这为地方党政机关、领导干部干预司法活动提供了制度土壤，是司

---

① 《抓住改革的"牛鼻子"——检察院司法责任制改革的理论与实践》，《中国法律评论》2016 年第 4 期，第 1 – 24 页。
② 《抓住改革的"牛鼻子"——检察院司法责任制改革的理论与实践》，《中国法律评论》2016 年第 4 期，第 1 – 24 页。
③ 张志铭：《对当下中国审判独立的认识》，《中国应用法学》2017 年第 1 期，第 61 – 70 页。
④ 陈卫东：《当前司法改革的特点与难点》，《湖南社会科学》2016 年第 2 期，第 51 – 56 页。

法地方化问题形成的基础原因。以去除司法地方化，改变各级法院、检察院依附于地方党政机关的状况，排除地方权力对司法活动不当干预为出发点，党中央将司法管理体制改革确立为第三轮司法改革的三大主要板块之一。① 其重点内容是建立与行政区划适当分离的司法管辖制度，以及将省以下司法机关的人财物管理权由省级统管。除了对司法机关管理体制进行改革，针对党政机关、领导干部插手个案办理，干预司法活动的行为，建立领导干部违法干预记录、通报与追责制度，也能为审判独立与检察独立提供有效的外部保障。

1. 省级以下司法机关人财物统一管理

根据《宪法》、《法官法》与《检察官法》的规定，地方人大有权选举、罢免同级法院院长和检察院检察长；据法院院长和检察院检察长的提请，各级人大常委会有权任免法院和检察院的司法官。此外，地方各级党委对法院院长、检察院检察长享有推荐权，但在实际中，地方党委的推荐权会异化为决定权。法检领导的选任多由上级党委决定，上级法院和本级党委分别具有协管权与建议权。② 这为地方党委干预司法机关工作提供了便利。同时，长期以来我国各级法院、检察院的经费保障与资产配置主要由同级地方政府财政供应。③ 财物上的牵制使得地方法院、检察院的工作也容易受到地方政府的影响，法院、检察院"要获得资源以及其他支持，就必须在独立性方面作出某种让步"④。保障审判权与检察权的依法独立行使，必须将司法机关的人财物管理与地方切割开，从身份上与经济上排除司法机关的后顾之忧。

2002 年 11 月，党的十六大报告提出"改革司法机关的工作机制和人财物管理体制"，之后在实践中进行了一定探索，但进展缓慢，且并不彻底。⑤ 2013 年 11 月，党的十八届三中全会通过《中共中央关于全面深化改革若干重大问题的决定》，正式提出"推动省以下地方法院、检察院人财物统一管理"（简称"人财物省级统管"）。2014 年 6 月，习近平总书记在主持召开中央全面深化改革领导小组第三次会议时，将这一改革举措评价为"司法体制改革的基础性、制度性措施"⑥。随后，上海、广东、吉林、湖北、海南、青海、贵州 7 个省市先行试点"建立省以下地方法院检察院人财物省级统一管理体制"等四项改革。⑦ 2015 年 2 月，最高人民法院在《四五改革纲

---

① 陈卫东：《当前司法改革的特点与难点》，《湖南社会科学》2016 年第 2 期，第 51 - 56 页。
② 于晓虹：《"去地方化"与"去行政化"的博弈与平衡——2014 年以来法检人财物省级统管改革再审视》，《中国法律评论》2017 年第 5 期，第 187 - 198 页。
③ 蒋惠岭：《大陆司法改革的最新发展与展望》，《人民法治》2015 年第 8 期，第 23 - 27 页。
④ 龙宗智：《影响司法公正及司法公信力的现实因素及其对策》，《当代法学》2015 年第 3 期，第 3 - 15 页。
⑤ 陈卫东：《司法"去地方化"：司法体制改革的逻辑、挑战及其应对》，《环球法律评论》2014 年第 1 期，第 57 - 61 页。
⑥ 《改革要聚焦聚神聚力抓好落实 着力提高改革针对性和实效性》，《人民日报》2014 年 6 月 7 日，第 1 版。
⑦ 周斌、李豪：《司法改革亮点：探索省以下法院检察院人财物统管体制》，《法制日报》2015 年 7 月 30 日，第 1 版。

要》、最高人民检察院在《最高人民检察院关于深化检察改革的意见（2013—2017 年工作规划）》（2015 年修订版）中，也分别对法院、检察院的人员及财物省级统管作出具体安排。2016 年年初，人财物省级统管作为司法体制改革的重要内容，在全国 32 个省（区、市）全面开展。2018 年 12 月，最高人民检察院发布《2018—2022 年检察改革工作规划》，继续强调有序推进省级以下地方检察院人财物统一管理改革。

在司法机关人财物省级统管模式下，人事统管主要是法官、检察官统一由省提名、管理并按法定程序任免的机制。[1] 提名程序是任免程序的前置程序，将提名权上提，可以有效防止提名权向决定权的异化，减少市级、县级党委对同级法院的干预。[2] 财物统管是指，市县级法院、检察院的经费统一由省级财政管理、拨付。市县级地方法院、检察院在经费拨付问题上不与同级地方政府直接发生联系，[3] 从而避免因经费保障问题对地方政府产生利益上的依附关系，为提升司法机关的独立性提供物质基础。人财物省级统管改革对于破解司法地方化问题，保障审判权与检察权独立行使具有积极意义。"中央这一司法决策为司法界内外期盼已久。"[4] 但在具体的实施过程中，需要注意其可能带来的新问题：一是注意人财物省级统管与加强党的领导的关系。人财物省级统管改革的目的是削弱司法机关对地方党政机关的依赖性，但并非让地方法院、检察院在各方面与所在地区党委政府"脱钩"。改革应当在司法机关接受地方党委领导与实现司法"去地方化"之间达到平衡。二是警惕司法行政化加剧。人财物省级统管使省级法院、检察院的权力进一步扩张，与此同时，基层法院、检察院的权力进一步萎缩，有可能导致法院、检察院系统内部行政化加剧问题。上级法院可能更容易干预下级法院对某一案件的裁判活动，[5] 且这种内部干预往往比外部干预更加隐蔽，必须以完善的配套制度配合人财物省级统管的实施，规范上下级法院、检察院之间的关系，警惕办案活动受到来自法检系统内部的不当干预。

2. 设立跨行政区划法院、检察院

我国每一级法院、检察院都依托行政区划设立，司法辖区与行政区划高度重合。我国单一制的国家组织结构使法院、检察院地方化，久而久之形同地方党委政府的职能部门。[6] 为破除由此形成的司法地方保护主义，在第三轮司法改革中，设立跨行政区划法院、检察院作为重要改革措施被提出。

① 于晓虹：《"去地方化"与"去行政化"的博弈与平衡——2014 年以来法检人财物省级统管改革再审视》，《中国法律评论》2017 年第 5 期，第 187 – 198 页。
② 耿协阳：《省级统管背景下的法官任免制度改革探析》，《法律适用》2017 年第 3 期，第 90 – 94 页。
③ 谢登科：《司法机关人财物"省级统管"的理论问题》，《昆明理工大学学报（社会科学版）》2018 年第 5 期，第 1 – 7 页。
④ 蒋惠岭：《司法体制改革面临的具体问题》，《贵州法学》2014 年总第 8 期，第 13 – 17 页。
⑤ 陈瑞华：《法院改革的中国经验》，《政法论坛》2016 年第 4 期，第 112 – 125 页。
⑥ 陈卫东：《当前司法改革的特点与难点》，《湖南社会科学》2016 年第 2 期，第 51 – 56 页。

党的十八届三中全会审议通过了《中共中央关于全面深化改革若干重大问题的决定》，提出"探索建立与行政区划适当分离的司法管辖制度"。党的十八届四中全会对此作出更加具体的安排，提出"探索设立跨行政区划的人民法院和人民检察院"的改革主张。习近平总书记在对《中共中央关于全面推进依法治国若干重大问题的决定》进行说明时指出："探索设立跨行政区划的人民法院和人民检察院。这有利于排除对审判工作和检察工作的干扰、保障法院和检察院依法独立公正行使审判权和检察权，有利于构建普通案件在行政区划法院审理、特殊案件在跨行政区划法院审理的诉讼格局。"① 2014 年 12 月，中央全面深化改革领导小组第七次会议通过《设立跨行政区划人民法院、人民检察院试点方案》。上海市第三中级人民法院、上海市人民检察院第三分院、北京市第四中级人民法院、北京市人民检察院第四分院宣布成立，成为全国首批跨行政区划人民法院、跨行政区划人民检察院改革试点，为全面推开相关改革积累经验。最高人民法院在《四五改革纲要》中明确了"探索设立跨行政区划法院"的工作任务。《五五改革纲要》也继续强调"深化与行政区划适当分离的司法管辖制度改革"，提出要科学界定法院跨行政区划管辖案件范围和标准，目的是推动形成有利于打破诉讼"主客场"现象的新型诉讼格局。② 最高人民检察院也将"探索设立跨行政区划的人民检察院"作为重点任务列入《最高人民检察院关于深化检察改革的意见（2013—2017 年工作规划）》（2015 年修订版），并在《2018—2022 年检察改革工作规划》中提出"深化与行政区划适当分离的司法管辖制度改革"。

从功能主义视角看，"跨行政区划"就是为了打破、减少司法机关对地方行政区划的附属化倾向，突出司法机关独立行使审判权、检察权的特征。习近平总书记对这一改革举措的积极意义进行肯定："探索设立跨行政区划的人民法院和人民检察院。这有利于排除对审判工作和检察工作的干扰、保障法院和检察院依法独立公正行使审判权和检察权。"③

这一改革举措是"依法治国进程中耀眼的闪光点"④，但在改革具体实施过程中，理论界与实务界对一些核心问题尚存在争议。一是"跨行政区划"的具体含义。《中共中央关于全面推进依法治国若干重大问题的决定》等文件均没有对此作出详细解释。对于"如何跨"的问题，一种观点认为应以省级为限，设立跨地级市或跨区、县的人民法院。⑤ 另一种观点则认为突破省级限制，构建跨省级司法管辖机制才能真正

---

① 习近平：《论坚持全面依法治国》，中央文献出版社 2020 年版，第 100 页。
② 侯明明：《司法改革之于诚信政府建设的功能及其限度》，《河南社会科学》2021 年第 2 期，第 72 – 85 页。
③ 习近平：《论坚持全面依法治国》，中央文献出版社 2020 年版，第 100 页。
④ 叶青主编：《依法独立行使审判权保障机制研究》，法律出版社 2018 年版，第 122 页。
⑤ 韩娜：《我国法院跨行政区划管辖制度的价值设定与制度设计》，《河北法学》2016 年第 2 期，第 37 – 44 页。

实现去地方化，这才是构建跨行政区划法院、检察院的实质意义。[①] 对此，笔者认为，应结合改革实际决定跨行政区划的范围，现阶段应以建立省内跨行政区划司法机关为主。当前，我国大部分地区省内法律统一适用问题尚未得到很好解决，在这种情况下，追求跨省设置跨行政区划法院、检察院可能加剧法律适用不统一问题。[②] 跨行政区划司法管辖改革不仅要考虑"去地方化"问题，更要以保障司法质量、实现司法公正为根本目标，应当稳步推进。二是"特殊类型案件"的具体界定。明晰"特殊类型案件"的范围涉及跨行政区划法院、检察院"管什么"的重要问题。《设立跨行政区划人民法院、人民检察院试点方案》未对"跨行政区划案件、跨地区案件、特殊案件"等概念作出明确界定。有观点认为跨行政区划司法机关管辖的就是"跨行政区划的案件"，笔者对此难以认同。界定"特殊类型案件"应从跨行政区划法院、检察院的改革初衷与职能定位出发，将"易受地方因素影响"确立为"特殊类型案件"的首要特征[③]，并从案件类型、性质、诉请主体、诉请内容等方面细化"易受地方因素影响"的判断标准。

3. 建立干预案件记录、通报和责任追究制度

当前，防止干预司法的相关法律规范日趋完善。2015 年 3 月，中共中央办公厅、国务院办公厅发布《领导干部干预司法活动、插手具体案件处理的记录、通报和责任追究规定》，中共中央政法委员会印发了《司法机关内部人员过问案件的记录和责任追究规定》，2015 年 9 月，最高人民法院、最高人民检察院、公安部、国家安全部、司法部出台了《关于进一步规范司法人员与当事人、律师特殊关系人、中介组织接触交往行为的若干规定》，以上三个文件简称"三个规定"。"三个规定"的出台为防止领导干部不当干预司法、司法机关内部人员插手案件、司法人员与案件相关人员不当接触等可能损害司法工作的行为画定了制度的"红线"。为严格贯彻落实"三个规定"重要指示，最高司法机关都结合自身工作需要，制定了具体的实施办法和工作细则（如表 2 所示）。

表 2　防止干预司法的相关法律规范

发布主体	名称	发布实施日期
中共中央办公厅、国务院办公厅	《领导干部干预司法活动、插手具体案件处理的记录、通报和责任追究规定》	2015 年 3 月 18 日
中共中央政法委员会	《司法机关内部人员过问案件的记录和责任追究规定》	2015 年 3 月 29 日

---

① 王尔德：《建议在更大范围内施行跨行政区划司法管辖》，21 经济网 2014 年 7 月 22 日，https://m.21jingji.com/article/20140722/263a3e98556a094c098c90b989765c49.html，最后访问日期：2023 年 7 月 1 日。

② 叶青主编：《依法独立行使审判权保障机制研究》，法律出版社 2018 年版，第 128 页。

③ 曹红军、李强：《关于完善我国跨行政区划法院管辖制度的思考》，《西华大学学报（哲学社会科学版）》2017 年第 4 期，第 80 – 85 页。

（续表）

发布主体	名称	发布实施日期
最高人民法院、最高人民检察院、公安部、国家安全部、司法部联合印发	《关于进一步规范司法人员与当事人、律师、特殊关系人、中介组织接触交往行为的若干规定》	2015 年 9 月 6 日
中共中央办公厅、国务院办公厅	《保护司法人员依法履行法定职责规定》	2016 年 7 月 21 日
最高人民法院	《人民法院落实〈领导干部干预司法活动、插手具体案件处理的记录、通报和责任追究规定〉的实施办法》	2015 年 8 月 20 日
最高人民法院	《人民法院落实〈司法机关内部人员过问案件的记录和责任追究规定〉的实施办法》	2015 年 8 月 20 日
最高人民法院	《人民法院落实〈保护司法人员依法履行法定职责规定〉的实施办法》	2017 年 2 月 7 日
最高人民法院党组	《关于进一步强化日常监督管理严格执行防止干预司法"三个规定"的意见》	2021 年 1 月 20 日
最高人民检察院	《最高人民检察院关于检察机关贯彻执行〈领导干部干预司法活动、插手具体案件处理的记录、通报和责任追究规定〉和〈司法机关内部人员过问案件的记录和责任追究规定〉的实施办法（试行）》	2015 年 5 月 15 日
最高人民检察院	《最高人民检察院关于建立过问或干预、插手检察办案等重大事项记录报告制度的实施办法》	2019 年 8 月 23 日
最高人民检察院办公厅	《关于执行"三个规定"等重大事项记录报告制度若干问题的工作细则》	2020 年 4 月 9 日
公安部	《公安机关内部人员干预、插手案件办理的记录、通报和责任追究规定》	2015 年 6 月 16 日
司法部办公厅	《司法鉴定机构鉴定人记录和报告干预司法鉴定活动的有关规定》	2020 年 7 月 1 日

防止干预司法"三个规定"中要求建立健全领导干部干预司法、司法机关内部人员过问案件的记录、通报与追责制度，常态化适用记录填报制度，将干预司法行为遏制在发生的源头，使抵制干预成为司法人员的日常自觉。

人民检察院严格贯彻落实记录填报制度，所取得的成效显著。干预行为"零报告"现象在规定出台后一段时间长期存在，记录填报制度并未落到实处。为解决这一困境，最高人民检察院出台规定明确了检察机关内适用记录填报的操作细则和具体要求。2019 年起，全国的检察机关主动记录填报的干预检察办案事项已经超过 40 万件，登记已经成为了检察日常工作的一部分。① 最高人民检察院 2022 年第一季度至 2023 年第二季度的记录干预数据显示，全国检察机关记录干预、过问案件数量正稳步增长；基层检察院记录案件数量占比逐步上升；检察机关内部人员过问案件占比逐季度呈下降趋势；干预类型案件占比下降；过问案件是否被公正对待，了解、关心案件进展的案件占比增加。② 逢过问必记录已经成为检察工作的常态。

人民法院实现从干预司法记录填报内外部两个信息专库升级为联通四级法院的记录报告平台。为解决干预法院司法活动信息不流通与重复的困境，2021 年 1 月全新的记录报告平台上线，实现了记录报告、信息直报、甄别处置和研判分析等各项功能。③ 人民法院记录报告平台包括《"三个规定"报告表》《近亲属从事律师职业报告表》《人大代表、政协委员关注案件报告表》3 个填报表单，工作人员可以依据具体情形进行填报。依托该平台，人民法院建立月报告、季报告和定期通报制度，将干预司法行为的记录常态化为法院工作的一部分。2021 年 1 月至 2022 年 6 月底，全国法院共在记录报告平台填报相关信息近 20 万条，"逢问必录"的自觉正在形成。④ 智能化的记录报告平台是法院处理干预行为的有力"阀门"。

中央政法委还建立了干预司法典型案例通报制度。中央政法委员会于 2015 年 11 月 6 日至 2022 年 8 月 12 日间公开通报的六次共 38 起⑤案件。这 38 起典型案例从通报对象、通报原因以及处理结果等方面展示出了某一时期干预司法现象所凸显的问题。

从 38 个通报对象所属部门与职位来看，通报对象呈现出多层次的特点。38 名被

---

① 最高人民检察院：《检察改革十年成就述评》（2023 年 2 月 18 日），https：//www. spp. gov. cn//zdgz/202302/t20230218_ 602525. shtml，最后访问日期：2023 年 2 月 25 日。

② 最高人民检察院：《2022 年第一季度全国检察机关记录报告过问或干预、插手检察办案等重大事项情况》（2022 年 5 月 10 日），https：//www. spp. gov. cn/xwfbh/wsfbh/202205/t20220510_556458. shtml，最后访问日期：2023 年 2 月 25 日；最高人民法院：《2023 年第二季度全国检察机关记录报告过问或干预、插手检察办案等重大事项情况》（2023 年 7 月 18 日），https：//www. spp. gov. cn/xwfbh/wsfbh/202307/t20230718_ 621852. shtml，最后访问日期：2023 年 8 月 25 日。

③ 最高人民法院：《严格执行"三个规定"，拧紧公平正义"安全阀"——人民法院建立强制填报制度助力监管综述》（2021 年 11 月 3 日），https：//www. court. gov. cn/zixun – xiangqing – 329961. html，最后访问日期：2023 年 8 月 25 日。

④ 最高人民法院：《人民法院司法体制改革十年成就述评》（2022 年 11 月 16 日），https：//baijiahao. baidu. com/s？ id = 1749672185809146556&wfr = spider&for = pc，最后访问日期：2023 年 2 月 25 日。

⑤ 郭洪平：《中央政法委通报 5 起干预司法活动、插手具体案件处理典型案件》，《检察日报》2015 年 11 月 07 日第 1 版；郭洪平：《中央政法委通报 7 起干预司法活动、插手具体案件处理典型案件》，《检察日报》2016 年 02 月 02 日第 1 版；史兆琨：《中央政法委通报七起干预司法活动、插手具体案件处理及司法人员不正当接触交往典型案件》，《检察日报》2021 年 09 月 22 日第 1 版；史兆琨：《中央政法委通报 6 起干预司法活动、插手具体案件处理典型案件》，《检察日报》2021 年 10 月 16 日第 1 版；史兆琨：《中央政法委通报 6 起关于防止干预司法"三个规定"记录填报的典型案件》，《检察日报》2021 年 11 月 21 日第 1 版；戴佳：《中央政法委通报七起干预司法活动、插手具体案件处理及司法人员不正当接触交往典型案例》，《检察日报》2022 年 08 月 13 日第 1 版。

通报对象中既有任职于人民法院、人民检察院、公安局的,也有任职于监狱、省(市)人大常委会等的,多个部门单位涉及其中。其中,人民法院占比 28.95%、人民检察院占比 23.68%、公安机关占比 21.05%、监狱占比 10.53%、其他单位占比 15.79%,而政法单位所占总数高达 84.21%。典型案例中通报对象多层级现象出现的情况表明,无论是谁触犯了"三个规定"的高压线,践踏了制度的底线,都会受到相应的惩处。

从通报原因来看,典型案例中披露的不当行为涉及干预案件、接受当事人请托等方面。其中,领导干部过问案件行为的案例数量占比最高,共 14 起达 36.84%;干预司法活动与插手具体案件处理行为的案例数量,共 12 起占 31.58%;主动记录案例数量为 4 件占 10.53;不正当接触交往案例数量为 2 件占 5.26%;未按规定记录填报案例数量为 2 件占 5.26%;其他通报原因的案例数量为 4 件占 10.53%。对于违规向当事人提供律师信息、未按规定记录填报等影响虽小但属原则性问题的行为,也需引起必要的重视。中央政法委通报案例中既包含警示训诫的典型案例,也包含表扬的典型案例。2021 年 11 月 20 日,中央政法委首次通报表扬 4 起主动记录填报案例,强调了纪录填报制度在预防干预上的关键作用。

最后,从案件处理结果来看,针对行为对象具体行为方式及其后果的不同,被给予的处罚也各不相同,体现了惩戒宽严相济、罪责相适应的特点。干预司法活动、影响司法公正的行为是被绝对禁止的,不会因为违法违规者位高权重而网开一面,也不会因为没有造成实质性影响而就此放过。

典型案例的通报展现了中央政法委铲除影响司法公正的顽瘴痼疾的决心。如何更好发挥记录填报制度、定期通报制度和责任倒查制度等制度,以及设计怎样的制度机制以保持政法队伍的纯洁,还需要我们长期研究与探索。

4. 禁止司法人员与律师不正当接触交往

法院、检察院工作人员及其近亲属竞业禁止制度是防止司法受到不当干预的重要措施。2015 年最高人民法院、最高人民检察院、公安部、国家安全部、司法部等部门联合出台了《关于进一步规范司法人员与当事人、律师、特殊关系人、中介组织接触交往行为的若干规定》,对三类主体的交往行为明确了界限。但近几年来,干预司法问题中的法官、检察官与律师不正当交往行为依旧突显,对司法权威和司法公信力产生了致命的破坏作用。2021 年,在全国政法队伍教育整顿之际,最高人民法院、最高人民检察院、司法部印发《关于建立健全禁止法官、检察官与律师不正当接触交往制度机制的意见》(以下简称《禁止与律师不正当交往意见》)。两个意见从内外部出发,在外部细化三类主体间交往的禁区,在内部对人民法院、人民检察院工作人员离任后从业提出具体的禁止性、限制性规定(如表 3 所示),以制度构筑不正当干预行为的牢笼,使法官、检察官与律师的关系正当化、健康化。

表3　司法人员与律师关系及其近亲属竞业禁止规范

发布主体	名称	发布实施日期
中共中央组织部	《关于进一步规范党政领导干部在企业兼职（任职）问题的意见》	2013年10月19日
最高人民法院、最高人民检察院、公安部、国家安全部、司法部联合印发	《关于进一步规范司法人员与当事人、律师、特殊关系人、中介组织接触交往行为的若干规定》	2015年9月6日
最高人民法院、最高人民检察院、司法部联合印发	《关于进一步规范法院、检察院离任人员从事律师职业的意见》	2021年9月30日
最高人民法院、最高人民检察院、司法部联合印发	《关于建立健全禁止法官、检察官与律师不正当接触交往制度机制的意见》	2021年9月30日
中共中央办公厅	《领导干部配偶、子女及其配偶经商办企业管理规定》	2022年6月20日
最高人民法院	《最高人民法院关于对配偶父母子女从事律师职业的法院领导干部和审判执行人员实行任职回避的规定》	2020年5月6日
最高人民法院	《人民法院工作人员近亲属禁业清单》	2021年10月20日
最高人民检察院	《检察人员配偶、子女及其配偶禁业清单》	2021年9月29日
公安部	《公安机关人民警察配偶、子女及其配偶经商办企业禁业清单（试行）》	2021年11月3日

5. 确立离任司法人员及司法人员近亲属禁业清单

离任司法人员及司法人员的近亲属的不正当从业行为对司法活动也会产生巨大的影响。习近平总书记指出："必须管好亲属和身边工作人员，决不允许他们擅权干政、谋取私利，不得纵容他们影响政策制定和人事安排、干预正常工作运行，不得默许他们利用特殊身份谋取非法利益。"[①] 不仅需要司法人员在行动上对其近亲属的可能破坏司法公正的行为予以制止，更需要通过法律规范明确禁止从业范围，以负面清单的形式规制司法人员配偶、子女及其配偶经商办企业的问题。2020年至2021年，在全国政法队伍教育整顿之际，最高人民法院、最高人民检察院、司法部印发《关于进一步规范法院、检察院离任人员从事律师职业的意见》，最高人民法院发布《关于对配偶父母子女从事律师职业的法院领导干部和审判执行人员实行任职回避的规定》及《人民法院工作人员近亲属禁业清单》，最高人民检察院发布《检察人员配偶、子女及其配偶禁业清单》，公安部发布《公安机关人民警察配偶、子女及其配偶经商办企业禁业清单（试行）》。上述文件对、司法人员近亲属从业禁止的规范不断完善。

将来，完善防止干预司法制度，需要将党监督政法工作的权力清单进一步具体化、实现政法委干预司法案例通报制度常态化，将离任司法人员及司法人员的近亲属

[①] 习近平：《习近平谈治国理政（第二卷）》，外文出版社2017年版，第155页。

从业禁止制度扩大至公、检、法、司、安等所有司法机关。

（二）健全法院内部权力运行机制

在我国法院内部，院长、庭长不仅具有法官身份，还同时兼具管理者身份。院长对法院内部司法行政事务的管理拥有最终决断权，业务庭庭长对庭内的司法行政事务也拥有类似的最后决定权。[①] 院长、庭长管理司法行政事务主要以行政审批的方式进行。在法院内部行政化色彩浓厚的工作机制下，院长、庭长对行政事务的管理决断权容易过度扩张，介入司法审判活动中，通过行政审批改变或影响法官对案件的自由判断。规范院长、庭长对司法审判活动的监督权，去除行政化管理对审判权运行的影响，是保障审判独立的重要目标。此外，法院内部的行政化办案模式，还表现为审判委员会不参加审理但可以决定案件。厘清审判委员会与独任法官、合议庭的关系，规范审判委员会对个案的讨论决定，是健全审判权运行机制、落实司法责任制的重点与难点。

目前，健全法院内部权力运行机制的各项改革稳步推进，法官独立审判地位得到充分保障。对此，我们将在第十四章详述。

（三）建立检察官权力清单制度

为加强检察官办理案件、行使检察权的独立性，检察改革将落实检察官办案责任制作为重要内容。其中的亮点改革举措之一即为检察官权力清单制度。检察官权力清单是以目录清单形式，对检察机关内部各层级办案主体的办案职权进行划分与配置，明确检察长、检察委员会、检察官等各类办案主体的职权界限。[②] 相较于以往改革中只从整体上强调检察机关权力下放至办案检察官的做法，检察官权力清单制度要求对检察机关内部各办案主体的职权进行清晰划分，能够有效落实检察官办案责任制，为检察官独立行使检察权提供更加有力的保障。

2013 年 11 月，最高人民检察院开始探索主任检察官办案责任制试点，并于 2014 年 6 月，将 17 个工作基础较好的市、县检察院确定为首批试点工作单位，推行主任检察官办案责任制改革。在改革过程中，各试点检察院建立办案人员权力清单制度，以优化职权配置，完善司法责任制。2015 年 9 月，最高人民检察院印发《关于完善人民检察院司法责任制的若干意见》，明确了检察人员权限。该意见要求各地省级人民检察院根据情况制定本辖区内三级人民检察院检察官权力清单，从而"更好地保障人民检察院依法独立公正行使检察权"。截至 2016 年 12 月，全国各省级人民检察院制定并发布检察官权力清单的工作均已完成。2017 年 3 月 28 日，《最高人民检察院关于

---

① 陈瑞华：《司法裁判的行政决策模式——对中国法院"司法行政化"现象的重新考察》，《吉林大学社会科学学报》2008 年第 4 期，第 134 – 143 页、第 160 页。

② 杨晓：《检察官权力清单的配置与完善》，载黄河主编：《深化依法治国实践背景下的检察权运行：第十四届国家高级检察官论坛论文集》，中国检察出版社 2018 年版，第 10 页。

完善检察官权力清单的指导意见》正式出台，对权力清单制定主体、内容与形式作了多方面明确，针对不同检察业务详细列举了各级办案主体负责的办案事项。2017 年 5 月，最高人民检察院司法体制改革领导小组办公室对该指导意见的基本精神和主要内容作出权威解读，并发布《〈关于完善检察官权力清单的指导意见〉的理解与适用》。该文件指出，完善检察官权力清单的重点是处理好放权与监督的关系。其中，制定权力清单应当坚持以"放权"为原则，加大权力下放力度，同时还应注意转变监督方式，通过强调办案活动的全程留痕加强监督。

目前，经过三轮改革试点推进，全国各省级检察院都完成了检察官权力清单的制作。但实践中，权力清单对检察官进行授权的幅度不一、检察长放权不足等问题仍然存在，检察官权力清单制度仍然需要发展、完善。

结　语

要将中国的审判独立与检察独立与西方国家的司法独立区分开来。西方国家的司法独立在主体上只针对法院。中国的检察机关是"一府一委两院"中的法律实施机关，也是法律监督机关，检察机关的职权与西方国家检察机关不同，检察独立的程度更高。在检察机关独立的前提下，中国的检察独立是检察一体与检察官个人根据权力清单办案的结合。中国的审判独立与西方最大的差别在于：一是审判权力不与行政和立法分权、制衡，法院不行使立法审查权，也不干预行政权；二是审判权的独立并非完全的个人独立，而是法院独立与法官独立的结合，这样有利于防止法官个人专权，加强法院内部监督，促进司法公正。中国不能照搬西方的司法独立模式，但也要不断完善审判独立与检察独立机制，使其既符合中国国情，又符合司法规律。

第五章
正当程序原则

　　正当程序原则发源于英国普通法，由自然正义原则逐渐演变为美国宪法中的正当法律程序原则。正当程序原则与自然正义原则的理论基础都是传统的自然法理论。正当程序强调程序的公正性，《布莱克法律辞典》具体解释这种公正性主要体现为当事人的受审权、告知权、辩护权。[1] 正当程序主要具有三个特征：一是当事人有权向不偏听偏信的裁判所和正式法院陈述案情；二是当事人有权知道被指控的事由；三是当事人有权对控告进行辩解。由此可见，正当程序原则的重点在于对当事人基本权利的保护。

　　正当程序的含义与程序正义相同，即是对法律程序本身的一种价值判断，是对自然法的继承。自然法要求的采取回避和听取申辩原则，构成了正当程序的核心内容。[2] 我国理论界与实务界普遍使用"程序公正"一词指称程序正义，二者含义类同。

　　在法律的规范用语上，"程序法定"是大陆法系诉讼理论的概念，"正当程序"是英美法系诉讼理论的概念，二者虽然起源不同，但有相通之处。在同一语境中，一般认为正当程序的范围大于程序法定，程序法定是正当程序的体现。正当程序原则广义上包括刑事诉讼中必须遵循的一切法律规定的合理的程序和规则。[3] "程序法定"与"罪刑法定"相伴而生，是刑事诉讼的"帝王原则"。其基本含义是保护任何人的生命、自由、财产或法律赋予的其他权利，除非经过合法审判，否则不得剥夺。[4] 而正当程序显然要求程序法定，但法定的程序本身应当是正当的。因此，使用正当程序、程序公正的概念更加符合现代司法理念的追求。

　　正当程序可以体现在立法和司法中，本章主要讨论刑事诉讼法领域中的正当程序原则，将对正当程序的国际规则、不同法系规则以及中国规则展开讨论。

---

[1]　房国宾：《正当法律程序视野下被羁押人知悉权解读》，《广西社会科学》2011 年第 5 期，第 73 页。

[2]　马玉丽：《论美国联邦最高法院对正当程序的阐释——以自然法为视角》，《时代法学》2015 年第 1 期，第 112 页。

[3]　陈卫东、李洪江：《正当程序的简易化与简易程序的正当化》，《法学研究》1998 年第 2 期，第 104 页。

[4]　宋英辉主编：《刑事诉讼原理》（第 2 版），法律出版社 2007 年版，第 68 页。

一、国际规则中的正当程序原则

国际规则和公约中都有过"正当程序"的表述，这表明正当程序对于保障人权的价值已逐渐被各国接受。

《公民权利和政治权利国际公约》规定了人身自由与安全的权利。[①]《欧洲人权公约》第 5 条第 1 款也作了类似的规定。1998 年 7 月 17 日，联合国设立国际刑事法院全权代表外交会议通过了《国际刑事法院罗马规约》（以下简称《罗马规约》），其中第 17 条第 2 款对正当程序原则的情形作了规定。[②]

《罗马规约》特别提到法院在作出决定时，有义务根据国际法承认的正当程序原则对一国的诉讼程序进行考量。这是因为包庇性的调查和起诉通常会与该国正常的法律程序发生明显不符的现象。[③] 这说明国际刑事法院在对严重国际犯罪进行管辖，制裁严重国际犯罪的责任者时，亦要遵循正当程序原则。此外，《罗马规约》第 20 条第 3 款也提到了正当程序原则。[④]

2000 年 11 月 15 日，《联合国打击跨国有组织犯罪公约》通过，其中第 24 条第 2 款规定了在不影响被告人正当程序权利的前提下保护证人的程序。[⑤]《联合国打击跨国有组织犯罪公约关于打击陆、海、空偷运移民的补充议定书》中也作出了相同的规定。

2003 年 10 月 31 日，《联合国反腐败公约》通过，在"序言"中承认了法律正当程序原则。[⑥] 这表明《联合国反腐败公约》将正当程序原则上升到在诉讼中处理有关财产权的司法活动基本原则的高度。同年 12 月 10 日，中国政府代表签署了该公约，这意味着中国庄严承诺在刑事诉讼中采用"法律正当程序"。

2005 年 12 月 16 日，联合国大会通过了《严重违反国际人权法和严重违反国际人道主义法行为受害人获得补救和赔偿的权利基本原则和导则》。其中，第 23 条（b）

[①] 《公民权利和政治权利国际公约》第 9 条第 1 款规定："每个人都享有人身自由与安全的权利，任何人不得被随意逮捕或羁押，除非依照法律所规定的理由并遵守法定的程序，任何人不得被剥夺自由。"

[②] 《国际刑事法院罗马规约》第 17 条第 2 款规定："为了确定某一案件中是否有不愿意的问题，本法院应根据国际法承认的正当程序原则，酌情考虑是否存在下列一种或多种情况……"

[③] 李世光、刘大群、凌岩主编：《〈国际刑事法院罗马规约〉评释》（上册），北京大学出版社 2006 年版，第 221 页。

[④] 《国际刑事法院罗马规约》第 20 条第 3 款规定："对于第六条、第七条或第八条所列的行为，已经由另一法院审判的人，不得因同一行为受本法院审判，除非该另一法院的诉讼程序有下列情形之一：1. 是为了包庇有关的人，使其免负本法院管辖权内的犯罪的刑事责任；或 2. 没有依照国际法承认的正当程序原则，以独立或公正的方式进行，而且根据实际情况，采用的方式不符合将有关的人绳之以法的目的。"

[⑤] 《联合国打击跨国有组织犯罪公约》第 24 条第 2 款规定："在不影响被告人的权利包括正当程序权的情况下，本条第一款所述措施可包括……"

[⑥] 《联合国反腐败公约》序言提出："承认在刑事诉讼和民事或行政诉讼中的关于财产权的司法活动中的法律正当程序的基本原则。"

项规定："保证所有民事和军事程序符合正当程序、公平和公正的国际标准。"该规定将正当程序视为与公平、公正地位相当的国际标准。第 27 条规定："本文件的任何内容不应当被解释为减损其他人在国际上或在国内得到保护的权利，特别是被告人得到适用的正当程序标准待遇的权利。"该条规定强调了被告人及其他人应得到正当程序标准待遇的权利。

2015 年 12 月 17 日，联合国大会通过了《联合国囚犯待遇最低限度标准规则》（"纳尔逊·曼德拉规则"）。其中，规则 39 第 1 款规定："除非依据规则 37 提及的法律或规章的条款以及公正和正当程序的原则，否则不得惩罚囚犯……"该条款强调了惩罚囚犯必须根据公正和正当程序的原则，体现了保障人权的精神。规则 41 第 5 款规定："如果违纪行为被作为犯罪起诉，囚犯应当有权享有适用于刑事诉讼的所有正当程序保障，包括不受阻碍地获得法律顾问服务。"该条款则强调了囚犯在起诉阶段享有所有正当程序保障的权利。

二、不同法系中的正当程序原则

（一）英美法系中的正当程序立法

英国法中的正当程序原则最早可追溯至具有宪法意义的 1215 年《自由大宪章》。其第 12 条是关于征税的规定；[①] 第 14 条规定了征收贡金与免役税的程序；[②] 第 39 条被认为是英国立法中正当程序原则的最早渊源，其规定了自由民不受非法拘留、监禁、没收财产等权利。[③]

1354 年，英王爱德华三世第 28 号法令明确规定了未经正当程序，不得剥夺任何人的土地、住所，不得剥夺其人身自由、继承权与生命。[④] 另外，英国议会 1628 年通过的《权利请愿书》规定了公民不被强迫纳税、非法驱逐出境、剥夺人身自由、继承权与生命的权利。[⑤] 此后，英国议会又先后通过了许多文件与法令，如《大抗议书》《人身保护法》《权利法案》，这些文件中都作了类似的关于正当程序的规定。

---

① 《自由大宪章》第 12 条规定："除下列三项税金外，设无全国公意许可，将不征收任何免役税与贡金……"
② 《自由大宪章》第 14 条规定："凡在上述征收范围之外，余等欲征收贡金与免役税，应用加盖印信之诏书致送各大主教、住持、伯爵与男爵指明时间与地点召集会议，以期获得全国公意……此外，余等仍应遣过执行吏与管家吏普遍召集凡直接领有余等之土地者（开会征求公意）……"
③ 《自由大宪章》第 39 条规定："任何自由人，如未经其同级贵族之依法裁判，或经国法判决，皆不得被逮捕、监禁、没收财产、剥夺法律保护权、流放，或加以任何其他损害。"
④ 《伦敦威斯敏斯特自由法》第 28 条规定："未经法律的正当程序进行答辩，对任何财产和身份的拥有者一律不得剥夺其土地或住所，不得逮捕或监禁，不得剥夺其继承权和生命。"
⑤ 《权利请愿书》："非经国会同意，（陛下臣民）得有不被强迫缴纳任何租税、特种地产税、捐献及其他各种非法捐税之自由……任何人除经依正当法律程序之审判，不论其身份与环境状况如何，均不得将其驱逐出国，或强使离开所居住之采邑，亦不得予以逮捕、拘禁，或取消其继承权，或剥夺其生存之权利。"

美国法中的正当程序原则最早可追溯至 1789 年。詹姆斯·麦迪逊（James Madison）在后来成为"权利法案"的宪法修正案中首次提出"正当程序"的表述。① 美国宪法第四修正案②、第五修正案③、第十四修正案第 1 款④都对正当程序原则作了规定。

由于美国采取对抗制诉讼模式来确保审判公正，解决被告人与国家之间的争议或冲突，而作为攻击一方的检察官与作为防御一方律师之间的诉讼地位和力量难以达到完全平等，因此，正当法律程序要求为了确保控辩平等，必须给予被告人特殊保护，使其享有诉讼特权。⑤ 从正当程序原则的适用范围上看，美国的正当法律程序保障贯穿刑事诉讼的全部阶段，具体包括逮捕前调查、逮捕、登记、作出起诉决定、初次聆讯及出庭、预审等。

例如，美国关于逮捕、搜查和扣押的正当程序保障最主要的法律依据是美国宪法第四修正案。以该条款为核心的正当程序保障旨在保护公民免受无理的逮捕、搜查和扣押，具体包括三重含义：一是宣布公民具有安全保障权；二是签发令状需要具备合理根据；三是排除以不合理方式和侵犯人权方式取得的证据。因此，美国主要的正当程序保障包括令状主义和排除规则。正当程序原则与普通法上的人身保护令制度相结合，构成了英美法系刑事程序法特有的人权保障机制。

令状主义要求具有一个中立、超然的令状签发者，且签发该令状必须具备合理的依据，并特别指明逮捕、搜查、扣押的范围。令状主义的例外仅限于现行犯逮捕、紧急情况逮捕、轻罪逮捕、经同意搜查、汽车搜查等情况。而排除规则的理论来源则是隐私原则、司法正直化和规范化理论、威慑理论。

1897 年，美国联邦最高法院通过"布拉姆案"（Bram v. United States）⑥，将供述规则纳入美国宪法第五修正案。在联邦刑事审判中，以强迫方式获取的供述不具有可采性开始成为一项宪法性要求。1936 年，在"布朗案"（Brown v. Mississippi）⑦ 中，美国联邦最高法院根据宪法第十四修正案的正当程序条款第一次宣布完全根据以下供述所作的杀人罪判决无效：该供述"显然是州执法官员通过野蛮的暴力手段逼迫嫌疑人作出的"。这两个案例体现了美国刑事诉讼中正当法律程序的要求。

---

① 杨炳超：《论美国宪法的正当程序原则——兼论我国对该原则的借鉴》，《法学论坛》2004 年第 6 期，第 91 页。
② 美国宪法第四修正案规定："任何公民的人身、住宅、文件和财产不受无理搜查和扣押的安全保障权不受侵犯，除非经宣誓保证具有合理根据，并特别指明搜查的地点、逮捕的人员和扣押的物品，否则不得签发任何令状。"
③ 美国宪法第五修正案规定："……非经正当法律程序，（任何人）不得被剥夺生命、自由或财产……"
④ 美国宪法第十四修正案第 1 款规定："所有在合众国出生并受其管辖的人，都是合众国的和他们居住州的公民。任何一州，都不得制定或实施限制合众国公民的特权或豁免权的任何法律；不经正当法律程序，不得剥夺任何人的生命、自由和财产；在州管辖范围内，也不得拒绝给予任何人以平等法律保护。"
⑤ 陈瑞华：《正当法律程序与美国刑事被告人的权利保障》，《检察理论研究》1994 年第 3 期，第 68 页。
⑥ 168 U. S. 532（1897）.
⑦ 297 U. S. 278（1936）.

英美两国的正当程序原则都以自然正义为基础，基本内容是相同的，但又有不同之处。从表现形式上看，美国的正当程序被规定于宪法，而英国的正当程序产生于普通法。再有，美国的实体性正当程序体现了宪法中未曾体现的价值观，而英国的实体性正当程序思想早已融入法治等思想中。① 此外，虽然美国"刑事正当程序"仍然以程序性正当程序为主体，但其正当法律程序既用于支持司法领域的程序性保障，又用于规制立法和行政行为，所以实际上其在"程序性正当程序"之外，还形成了"实质性正当程序"的理论和实践。

（二）大陆法系中的正当程序立法

德国法中没有明文提到正当程序原则，而是以法典化的方式对刑事诉讼的基本方面进行了细密的规定，具体表现了正当程序原则。1949 年，《德意志联邦共和国基本法》第 13 条第 1 款和第 2 款规定了住宅不受侵犯的权利。② 第 14 条规定了为公共利益可征收财产。③ 第 15 条规定了土地、自然资源、生产工具可转为集体所有。④ 第 19 条规定了司法上诉的权利。⑤ 此外，第 104 条也对正当程序原则作了明确规定。

德国法中的正当程序原则主要体现于证据禁止制度。《德国刑事诉讼法典》第 136a 条规定了禁止使用暴力、虐待等方式影响被指控人意思表示的自由，禁止非法威胁，禁止许诺非法利益等禁止制度。⑥

德国法中的证据禁止，是指禁止特定的收集、取得、提出和使用证据方法的法律规范，具体可以分为"证据取得之禁止"和"证据使用之禁止"。"证据取得之禁止"主要用来制约检察官和警察的侦查活动，而"证据使用之禁止"是指法官不得将特定证据用作裁判根据。⑦ 这种被法官排除于法庭之外的特定证据，既可能是侦查人员非法取得的证据，也可能是侦查人员合法取得但使用该证据本身将侵犯公民权利的证据。

---

① 魏晓娜：《刑事正当程序原理》，中国人民公安大学出版社 2006 年版，第 40 页。
② 《德意志联邦共和国基本法》第 13 条第 1 款和第 2 款规定："住宅不得侵犯。搜索唯法官命令，或遇有紧急危险时，由其他法定机关命令得为之，其执行必须依法定程序。"
③ 《德意志联邦共和国基本法》第 14 条规定："……为公众利益起见，财产可予征收。征收应依法实行，并依法确定征收方式和补偿金额。偿付时应恰当考虑公众和各有关方面的利益。在补偿金额上有争执时，可上诉于普通法庭，通过诉讼解决之。"
④ 《德意志联邦共和国基本法》第 15 条规定："土地、自然资源和生产工具，如为社会化的目的可转变为集体所有，或以其他形式出现的集体经济，并依法规定补偿方式和金额……"
⑤ 《德意志联邦共和国基本法》第 19 条规定："……任何人的权利如遭受有关当局损害，可通过司法途径上诉，如所属辖区不予受理，可向联邦普通法院上诉……"
⑥ 《德国刑事诉讼法典》第 136a 条规定："（一）不得用虐待、疲劳战术、伤害身体、施用药物、折磨、欺诈或催眠等方法损害被指控人意思决定和意思活动之自由。强制只能在刑事诉讼法允许的范围内使用。禁止以刑事诉讼法不准许的措施相威胁，禁止许诺法律未规定的利益。（二）禁止使用损害被指控人记忆力或理解力的措施。（三）不论被指控人同意与否，第一款和第二款的禁止规定一律适用。违反这些禁止获得的陈述，即使被指控人同意，亦不得使用。"
⑦ 陈瑞华：《刑事被告人权利的宪法救济》，《法律适用》2004 年第 9 期，第 24 页。

《德国刑事诉讼法典》的主要目标之一是实现"真实性证据的形式拘束"。德国联邦最高法院宽泛地将这一概念表述为："须不计一切代价地查清真实，这不是刑事诉讼法的原则……然而这一法律观点会导致放弃使用重要的、在某些情况下查明犯罪行为唯一的材料。但必须忍受这一点。"① 这一表述实际上是关于非法证据排除的规定，在各国的刑事诉讼法中均有体现。德国联邦最高法院提出了刑事诉讼法的法治国家目的之理由，即针对被指控人只能以合乎人尊严的方式，也就是在保障其基本权利和尊重其人格的情况下进行程序。② 而这种法治国家的目的和被告人正当程序请求权的实现，是通过德国的违宪审查机制实现的。德国通过联邦宪法法院的违宪审查活动，使得《德国刑事诉讼法典》确立的程序规则能够更好地保障被告人的基本权利。在德国，证据禁止制度不仅成为针对程序性错误加以纠正的救济机制，还在事实上具备了为被告人宪法性权利提供司法救济的机能。

法国法中直接确立了正当程序原则。1789 年，法国《人权宣言》第 7 条规定了控告、逮捕、拘留的进行必须依照法律规定的程序。③ 1791 年，法国宪法对此原则加以确认，随后该原则在整个欧洲大陆传播。《人权宣言》第 8 条规定处罚必须要有法律依据；④ 第 9 条规定了无罪推定原则；⑤ 第 17 条规定了有关财产权不可侵犯的内容。⑥ 若警察、检察官、法官违反了正当程序原则，法国主要通过"诉讼行为无效"制度来纠正违法行为。这一制度是一项贯穿法国刑事诉讼始终的程序性制裁制度。《法国刑事诉讼法典》第 592 条和第 593 条详细规定了审判程序无效的情形。

（三）混合法系中的正当程序立法

日本的《大日本帝国宪法》（又称《明治宪法》）和《日本刑事诉讼法》均继承了美国宪法中的正当程序条款。《明治宪法》第 23 条规定，公民不受非法逮捕、监禁、审讯和处罚。⑦《日本刑事诉讼法》第 62 条规定了传唤、拘传或者羁押被告人要遵守的程序；⑧ 第 102 条规定了搜查、扣押的程序；⑨ 第 106 条规定："在公庭外的扣

---

① BGHSt 14，358（365）.

② 宗玉琨编译：《德国刑事诉讼法典》，知识产权出版社 2013 年版，第 8－9 页。

③ 《人权宣言》第 7 条规定："除非在法律规定的情况下并按照法律所规定的程序，否则不得控告、逮捕或拘留任何人……"

④ 《人权宣言》第 8 条规定："……非依犯罪前已经制定和公布的且系依法施行的法律，不得处罚任何人。"

⑤ 《人权宣言》第 9 条规定："任何人在其未被宣告为犯罪以前应被推定为无罪……"

⑥ 《人权宣言》第 17 条规定："财产是神圣不可侵犯的权利，非经合法认定为公共需要所显然必需时，且在公平和预先补偿的条件下，任何人的财产不得被剥夺。"

⑦ 《明治宪法》第 23 条规定："日本臣民非依法律，不受逮捕、监禁、审讯及处罚。"

⑧ 《日本刑事诉讼法》第 62 条规定："传唤、拘传或者羁押被告人，应当在签发传唤证、拘传证或者羁押证后进行。"

⑨ 《日本刑事诉讼法》第 102 条规定："法院在必要时，可以对被告人的身体、物品、住居或其他场所，进行搜查。对被告人以外的人的身体、物品、住居或其他场所，以足以认为有应予扣押的物品存在的情形为限，可以进行搜查。"

押，附带记录命令的扣押或搜查，应当发出扣押状、附带记录命令的扣押状或搜查状进行。"以上规定表明，在日本刑事诉讼中，进行传唤、拘传、羁押、查封、搜查等行为，必须依照一定的法律程序，签发相关证明，这体现了正当程序原则的要求。

　　传统上，意大利属于大陆法系，但由于其移植了英美法系对抗制的诉讼制度，因此具备了混合法系的特点。关于正当程序原则，《意大利共和国宪法》第 13 条第 1 款和第 2 款规定了禁止非法拘禁、检查、搜身或限制人身自由。① 第 14 条第 1 款规定："住宅不可侵犯。"第 24 条第 1 款、第 2 款和第 3 款规定了诉讼活动中的辩护权保障。② 第 25 条规定："任何人不得被剥夺由法律规定有管辖权的审判官进行审理的权利。任何人仅依其违法行为实施前已生效的法律才能被处罚。非在法律规定的情况下，任何人不得被施以保安措施。"

　　《意大利刑事诉讼法典》第 250 条第 1 款规定："在开始搜查时，向在场的被告人和对该地点拥有现实支配权的人交付搜查令……"第 251 条规定了搜查的时间限制和例外。③ 第 253 条第 1 款规定："司法机关采用附理由的命令的形式决定对犯罪物证以及与犯罪有关的、为调查工作所需要的物品进行扣押。"第 272 条规定："只能根据本章的规定采用防范措施对人身自由加以限制。"

　　俄罗斯也移植了英美法系对抗制的诉讼制度，因此具备了混合法系的特点。关于正当程序原则，《俄罗斯联邦宪法》第 21 条第 2 款规定了禁止刑讯、暴力、其他残酷的或有损个人尊严的待遇或惩罚。④ 第 22 条规定了人身自由权。⑤ 第 25 条规定："住宅不受侵犯。任何人都无权违背居住人的意愿进入其住宅，除非在联邦法律规定的情况下或者根据法院的决定。"

　　《俄罗斯联邦刑事诉讼法典》第 7 条第 3 款和第 4 款规定："法院、检察长、侦查员、调查机关或调查人员在刑事诉讼中违反本法典的规范所取得的证据不允许采信。法院的裁定，法官、检察长、侦查员、调查人员的决定应该是合法的、有根据的，并应说明理由。"第 8 条第 2 款规定："除非根据法院的刑事判决并依照本法典规定的程序，任何人不得被认为有罪和被判处刑罚。"第 9 条第 2 款规定："刑事诉讼的任何参

---

① 《意大利共和国宪法》第 13 条第 1 款和第 2 款规定："人身自由不可侵犯。除非根据司法当局的说明理由的命令并仅在法律所规定的场合和按照法定的程序，不得以任何形式对个人进行拘禁、检查或搜身，也不得对人身自由进行任何限制。"

② 《意大利共和国宪法》第 24 条第 1 款、第 2 款和第 3 款规定："为保护其合法的权利和利益，任何人都有权提起诉讼。在诉讼的任何状态和阶段中，辩护权都是不可侵犯的。共和国以专门的制度保障贫穷的人在任一法院提起诉讼和进行辩护的能力。"

③ 《意大利刑事诉讼法典》第 251 条规定："对住宅或者靠近住宅的封闭地点的搜查不得在七时之前和二十时之后开始。但是在紧急情况下，司法机关可以采用书面方式决定不按照上述时间限制进行搜查。"

④ 《俄罗斯联邦宪法》第 21 条第 2 款规定："任何人不应遭受刑讯、暴行、其他残酷的或有损人格的对待或处罚。任何人未经自愿同意不得经受医学、科学或其他实验。"

⑤ 《俄罗斯联邦宪法》第 22 条规定："每个人都有自由和人身不受侵犯的权利。只有根据法院的决定才允许逮捕、关押和监禁。在法院作出决定之前不得将人关押 48 小时以上。"

加人不得受到暴力、拷打或其他残酷的或侮辱人格的待遇。"第 10 条第 1 款规定:"没有本法典规定的合法根据，任何人不得因犯罪嫌疑受到拘捕或羁押。法院作出裁判前的拘留时间不得超过 48 小时。"

从各国的情况来看，英美两国直接通过立法表述了正当程序原则，并制定了一系列正当程序的具体规则;大陆法系国家一般在立法上没有关于"正当程序""程序法定"原则的直接表述，但是用具体的程序规则体现了正当程序。

三、正当程序原则的中国化

(一) 中国程序公正理念的确立

中国没有照搬西方的"正当程序"表达，而是使用了"程序公正"一词。程序公正是具有中国特色的"正当程序原则"，在习近平总书记的系列重要讲话和党中央的文件中都出现了"程序公正"一词。

习近平总书记指出:"完善司法制度、深化司法体制改革，要遵循司法活动的客观规律，体现权责统一、权力制约、公开公正、尊重程序的要求。"① "尊重程序"是司法规律的重要内容，也是保障司法权威性的基础。若司法活动不尊重程序，那么司法的公正性与权威性便无从谈起。另外，习近平总书记还在党的十八届三中全会第二次全体会议上的讲话中指出:"有的重要改革举措，需要得到法律授权的，要按法律程序进行。"② 这些论述都强调对法律程序的尊重。习近平总书记还明确指出:"要健全权力运行制约和监督体系，让人民监督权力，让权力在阳光下运行，确保国家机关按照法定权限和程序行使权力。"③ 将"权限"与"程序"并提，体现了习近平总书记对程序价值的特别重视。习近平总书记主持召开中央全面深化改革领导小组第三十四次会议要求"从侦查、审查逮捕和审查起诉、辩护、审判等各个环节明确排除非法证据的标准和程序，有效防范冤假错案产生"④，将排除非法证据的"标准"和"程序"提到了同样的高度。

在司法领域，尊重程序，依法行使司法权，是确保司法公正和司法公信的客观规律和必然要求。尊重程序，一是要求程序公正合理，二是要求遵循正当程序。⑤ 在法治思维和法治方式的若干基本要素之中，最重要的是程序意识、程序思维和程序方法。2014 年 10 月 20 日，习近平总书记提出"通过法庭审判的程序公正实现案件裁判

---

① 习近平:《习近平谈治国理政 (第二卷)》，外文出版社 2017 年版，第 132 页。

② 习近平:《论坚持全面依法治国》，中央文献出版社 2020 年版，第 35 页。

③ 中共中央文献研究室编:《十八大以来重要文献选编 (上)》，中央文献出版社 2014 年版，第 135 页。

④ 《拓展改革督察工作广度深度 提高发现问题解决问题实效》，《人民日报》2017 年 4 月 19 日，第 1 版。

⑤ 张文显:《习近平法治思想研究 (下)——习近平全面依法治国的核心观点》，《法制与社会发展》2016 年第 4 期，第 16 - 17 页。

的实体公正"①。党的十八届四中全会通过的《中共中央关于全面推进依法治国若干重大问题的决定》，明确要求"健全……办案过程符合程序公正的法律制度"。将程序公正写进党的文件，体现了党对实体公正与程序公正同等重视。2017 年 2 月 17 日，《最高人民法院关于全面推进以审判为中心的刑事诉讼制度改革的实施意见》发布，第 4 条规定"坚持程序公正原则，通过法庭审判的程序公正实现案件裁判的实体公正。发挥庭审在查明事实、认定证据、保护诉权、公正裁判中的决定性作用，确保诉讼证据出示在法庭、案件事实查明在法庭、诉辩意见发表在法庭、裁判结果形成在法庭"，将程序公正原则写进了规范性文件。未来，应当根据《中共中央关于全面推进依法治国若干重大问题的决定》的精神，将程序公正原则直接写进《刑事诉讼法》。

（二）程序公正原则在中国的体现

贯彻正当程序原则的具体要求包括以下四个方面：首先，立法机关应对参与刑事诉讼的国家机关的职权及其行使程序以及诉讼参与人的权利、义务等作出具体规定。其次，参与刑事诉讼的国家机关必须严格遵守、执行刑事程序的规定，做到依法行使职权，禁止越权。再次，应建立相应的诉讼监督机制，可通过检察官监督诉讼程序、法官审查诉讼程序的方式进行。最后，违反程序法定原则应承担相应的法律后果，程序法定原则的贯彻以程序性制裁为后盾。除实体制裁，各国还广泛采用程序制裁方式，主要包括排除非法证据、宣布程序无效等方式。

在过去，我国对程序缺乏关注，形成了"重实体、轻程序"的特点。改革开放以来，我国吸收借鉴了西方法律文化中关于程序的观念，"程序正义""正当程序"等原则逐渐被我国的法学研究和立法所接受。尽管我国法律并未明文规定"正当程序原则"的内容，但在《宪法》《刑事诉讼法》等法律中均体现了程序公正的精神。

2003 年 12 月，我国签署了《联合国反腐败公约》，表明承认了正当法律程序原则。② 2004 年 3 月 14 日，《宪法修正案》增加了"国家尊重和保障人权"的条款。这是构建我国正当法律程序的宪法性根据，同时构建正当法律程序也是落实《宪法》中关于保护人权的规定。

我国现行《宪法》第 37 条规定了公民的人身自由不受侵犯，这一规定确立了不得非法逮捕、拘禁任何公民的宪法原则，体现了正当程序原则的精神。③ 2018 年《刑

---

① 习近平：《论坚持全面依法治国》，中央文献出版社 2020 年版，第 102 页。
② 《联合国反腐败公约》序言中提出："承认在刑事诉讼和民事或行政诉讼中的关于财产权的司法活动中的法律正当程序的基本原则。"
③ 《宪法》第 37 条规定："中华人民共和国公民的人身自由不受侵犯。任何公民，非经人民检察院批准或者决定或者人民法院决定，并由公安机关执行，不受逮捕。禁止非法拘禁和以其他方法非法剥夺或者限制公民的人身自由，禁止非法搜查公民的身体。"

事诉讼法》第 80 条作了类似表述。① 《宪法》第 13 条规定了公民的私有财产不受侵犯。② 第 39 条规定了公民的住宅不受侵犯。③ 以上法律条文分别从保护公民的自由、财产、住宅角度作出了规定。

目前，我国《刑事诉讼法》还没有"正当法律程序"的提法，但一些法条反映了正当程序原则的要求。例如：第 2 条规定："……保护公民的人身权利、财产权利、民主权利和其他权利。"第 3 条规定了刑事诉讼中公安机关、人民检察院、人民法院的职责。④ 第 6 条规定了公民在法律面前一律平等。⑤ 第 138 条规定了搜查的程序。⑥ 只有在执行逮捕、拘留，遇有紧急情况时，才可使用逮捕证、拘留证进行搜查，无须另用搜查证。关于技术侦查适用的案件范围和程序，同样体现了正当程序原则的要求。《刑事诉讼法》第 152 条第 1 款规定："采取技术侦查措施，必须严格按照批准的措施种类、适用对象和期限执行。"除了立法的规定，我国司法改革中的大量司法解释和文件也体现了程序公正原则。

结　语

确立正当程序原则，对于防止司法专断，保障公民的基本人权，公正合理地实现刑事诉讼的任务具有重要意义。正当程序是一个社会司法文明的标志，也是实现实体公正的必然要求。正当程序原则已经实现了中国化，我国确立了程序公正原则，其具体要求已经在我国宪法法律中得到了体现。我们正在进行的司法改革中，优化司法机关职权配置、推进以审判为中心的诉讼制度改革、加强执法司法制约监督、完善非法证据排除制度等都是进一步完善程序公正的体现。未来的司法改革将进一步完善程序，全面实现"办案过程符合程序公正"的目标。

---

① 《刑事诉讼法》第 80 条规定："逮捕犯罪嫌疑人、被告人，必须经过人民检察院批准或者人民法院决定，由公安机关执行。"
② 《宪法》第 13 条第 1 款和第 2 款规定："公民的合法的私有财产不受侵犯。国家依照法律规定保护公民的私有财产和继承权。"
③ 《宪法》第 39 条规定："中华人民共和国公民的住宅不受侵犯。禁止非法搜查或者非法侵入公民的住宅。"
④ 《刑事诉讼法》第 3 条规定："对刑事案件的侦查、拘留、执行逮捕、预审，由公安机关负责。检察、批准逮捕、检察机关直接受理的案件的侦查、提起公诉，由人民检察院负责。审判由人民法院负责。除法律特别规定的以外，其他任何机关、团体和个人都无权行使这些权力。人民法院、人民检察院和公安机关进行刑事诉讼，必须严格遵守本法和其他法律的有关规定。"
⑤ 《刑事诉讼法》第 6 条规定："人民法院、人民检察院和公安机关进行刑事诉讼，必须依靠群众，必须以事实为根据，以法律为准绳。对于一切公民，在适用法律上一律平等，在法律面前，不允许有任何特权。"
⑥ 《刑事诉讼法》第 138 条规定："进行搜查，必须向被搜查人出示搜查证。在执行逮捕、拘留的时候，遇有紧急情况，不另用搜查证也可以进行搜查。"

第二篇

司法权力与其他国家权力的关系

第六章
党对司法个案的监督

　　坚持党对司法的领导是贯彻全面推进依法治国的要求之一，是党依法执政的要求之一。新中国成立以来，党与司法的关系一直处于互动调适之中。① 党的十八届四中全会《中共中央关于全面推进依法治国若干重大问题的决定》把党与司法的关系确立为党"支持司法"，这是党领导司法过程中党与司法关系的最新表述。党领导司法过程中，最难把握的问题是党与司法个案的关系，如何在领导司法、监督个案的同时又不干预司法个案的处理，是党领导司法的长期难题。本章将分析党监督司法个案的历史演变及其理论基础，总结党领导司法中防止干预司法的经验，提出党对司法个案监督的改善路径。

一、党监督司法个案方式的历史演变

　　党与具体司法案件（司法个案）的关系，经历了一个漫长的调整过程，主要分为以下几个阶段：

（一）不受理具体案件（1949—1956 年）

　　新中国成立初期，党对司法的领导是一元化的。正如习近平总书记所分析的那样，新中国成立之初，"党在民主革命时期形成的党委一元化领导格局继续沿用下来"②。诸权合一的领导体制导致了司法与党的机构职能不分，而源自苏联"无产阶级政权不受任何法律约束"③ 的理论更是让司法处于弱势的地位。但是，党与司法个案的关系还是有明确的法律规范的。

　　1954 年 9 月 20 日通过的新中国第一部《宪法》第 78 条规定："人民法院独立进行审判，只服从法律。"第 83 条规定："地方各级人民检察院独立行使职权，不受地方国家机关的干涉。"随后公布的《人民法院组织法》与《人民检察院组织法》也均

---

① 周尚君：《党管政法：党与政法关系的演进》，《法学研究》2017 年第 1 期，第 196 页。
② 习近平：《关于新中国 60 年党的建设的几点思考——在中央党校 2009 年秋季开学典礼上的讲话》，《学习时报》2009 年 9 月 28 日，第 1 版。
③ 中共中央马克思恩格斯列宁斯大林著作编译局编：《列宁选集（第三卷）》，人民出版社 1995 年版，第 623 页。

对此进行重申。这些条文的"初衷并不是为了提倡、鼓励'司法独立'"①，而是强调人民法院独立进行审判，人民检察院独立行使检察权。可以说，党组织直接办理、决定个案没有法律上的依据，同时党的文件也强调了党组织不能受理司法个案。1956 年7 月 6 日，中共中央政治局决定成立中共中央法律委员会，中央法律委员会只负责统一协调各方，"不受理具体案件"②。但是，由于资料的限制，人民法院独立行使职权是否真正实现难以考证。此后，党与司法的关系呈螺旋式发展。

（二）案件应在宣判前交党委审批（1957—1978 年）

中央法律委员会只负责统一协调各方，这样的组织体制在 1957 年反右派斗争严重扩大化中遭到了破坏，导致了党对具体个案的干预。在 1957 年最高人民法院党组和司法部党组的工作报告中，党委审批个案的做法得到了反映，"党委有权过问一切案件，凡是党委规定的审批范围的案件应在审理后宣判前交党委审批"③。党委对个案的审批，严重影响了司法权力的正常运行。

1957 年 9 月 19 日，在全国各省、自治区、直辖市高级人民法院院长、司法厅局长座谈会上，彭真对党委审批个案有过纠偏的想法，他指出，"要报请党委审批的只是一些重大政治案件，而不是一切案件"④，试图限制党委审批案件的范围。但彭真的想法很快被政治风云冲散，案件审批制度走向极端化。有资料显示，1958 年 2 月，福建宁德县法院要求调查、开庭、宣判均要向当地区委和乡支部请示汇报。⑤

有些地方公检法机关被合并为"公安政法部"。1959 年，司法行政机构被撤销。1969 年，各级检察院和法院被军管。"党委实际成了司法具体业务的办事机构。"⑥ 司法是一项专业性很强的活动，由党委代替司法机关办理具体的司法业务，是很容易出问题的。

从新中国成立到改革开放前的 30 年间，党对司法活动的影响越来越直接。"文革"时期，党组织对司法工作亲力亲为、包办代替。

（三）党委不能直接审批案件（1979—1989 年）

事实证明，党对司法个案的干预，不符合社会主义法治的要求。鉴于"文革"的深刻教训，党认识到了干预司法活动的弊端。改革开放之后，党开始探索改善其对司法的领导方式。

1979 年，《中共中央关于坚决保证刑法、刑事诉讼法切实实施的指示》提出了很多党与司法关系的新见解，并提出"取消党委审批案件的制度"，明确"党委与司法

---

① 李雅云：《中国共产党领导司法的历史嬗变》，中共中央党校 2011 年博士学位论文，第 89 页。
② 《彭真传》编写组编：《彭真年谱》（第三卷），中央文献出版社 2012 年版，第 140 页。
③ 景跃进、陈明明、肖滨主编：《当代中国政府与政治》，中国人民大学出版社 2016 年版，第 126 页。
④ 《彭真传》编写组编：《彭真年谱》（第三卷），中央文献出版社 2012 年版，第 258 页。
⑤ 福建省福安地区中级人民法院：《跃进中的宁德县人民法院》，《人民司法》1958 年第 11 期，第 1－3 页。
⑥ 李雅云：《中国共产党领导司法的历史嬗变》，中共中央党校 2011 年博士学位论文，第 62 页。

机关各有专责，不能互相代替，不应互相混淆"，通过中央文件正式取消了党委审批案件制度。

1982 年 1 月 13 日，《中共中央关于加强政法工作的指示》强调，"政法委员会是党委的一个工作部门"，其职能之一是组织党内联合办公，妥善处理重大疑难案件。这一文件并没有明确"妥善处理重大疑难案件"的含义，但为"党内联合办公"提供了依据。所谓"党内联合办公"，是指在政法委的主持下，公、检、法的党组书记一起联合办公，讨论特殊个案。1983 年 8 月，《中共中央关于严厉打击刑事犯罪活动的决定》指出："各级政法委员会和政法公安机关……在各级党委和政府的统一指挥下，具体地执行各项战斗任务。"在这一文件中，各级党委和政府是领导者、各级政法委员会和政法公安机关是指挥对象，形成了党委政府指挥办案的特殊"战斗"体制。因此，直到 1986 年，"有些地方的党委仍然在审批刑事案件，没有切实执行党政分工的原则"①。当然，即使是"取消党委审批案件的制度"，解决的也只是党没有办案职能这一权力配置问题，没有解决党组织对案件的决定权和实质影响问题。

1986 年，《中共中央关于全党必须坚决维护社会主义法制的通知》发布，明确要求："司法机关党组提请党委讨论研究的重大、疑难案件，党委可以依照法律和政策充分发表意见。司法机关应该认真听取和严肃对待党委的意见。"同时又强调，"这种党内讨论，绝不意味着党委可以代替司法机关的职能，直接审批案件"②。该通知重申了取消党委审批案件的主张，但是，其中允许讨论个案，党委可以"充分发表意见"，"司法机关应该认真听取和严肃对待"，在实践中可能会被理解为：司法机关应当听从党组织意见，只不过在形式上"分别由人民检察院和人民法院依法作出决定"。

以上文件成了"严打"中各地实行"党内联合办公"或者"三长联席会议"的直接依据，形成了有些地方政法委可以实质上决定案件的局面。

（四）不要过于具体干预政法业务（1990—2013 年）

1990 年 4 月 2 日，中共中央决定恢复中央政法委员会，其职能主要是"对政法工作进行宏观指导和协调……不要过于具体干预各部门的业务"③，将"干预业务"的问题写进了中央文件。但是，这里所使用的表述，即"不要过于具体干预各部门的业务"，容易被理解为可以干预，但不能过于具体干预。这让人难以把握其界限，在实践中显然容易导致操作困难，也会给特殊案件中有的领导借党组织名义干预个案提供依据和理由。

2005 年，《中共中央关于加强和改进党对政法工作领导的意见》印发，批评了执法监督中"干预"个案的做法。该意见用了两段话来说明：第一，"进行监督不等于

---

① 王桂五：《坚决执行党中央关于党委不审批案件的指示》，《群言》1986 年第 8 期，第 29 页。
② 中共中央文献研究室编：《十二大以来重要文献选编（下）》，中央文献出版社 2011 年版，第 25 页。
③ 中共中央文献研究室编：《十三大以来重要文献选编（中）》，中央文献出版社 2011 年版，第 405 页。

党委批案、党委包案、党的个别领导可以批案"。第二，党组织对政法机关的"行为是否合法有异议，甚至已经违法，也应当由法院、检察院依法独立解决"。这个文件对禁止个别领导批案的问题措辞严厉。

2006 年，《中共中央关于进一步加强人民法院、人民检察院工作的决定》下发。这一文件的内容没有公开，但是从 2006 年 6 月 22 日《最高人民法院关于认真学习贯彻〈中共中央关于进一步加强人民法院、人民检察院工作的决定〉的通知》透露的该文件内容来看，它要求"各级法院要主动向当地党委、人大、政府汇报法院工作中的重点情况和问题"。从字面意思来看，"重点情况和问题"并不排斥具体案件，而且法院向党委、政府汇报案件的做法严重影响了人民法院的独立地位，可能形成党委对个案的干预。

另外，这一文件没有明确要求"各级法院党组"为汇报主体，而是直接要求"各级法院"主动汇报。而 1986 年《中共中央关于全党必须坚决维护社会主义法制的通知》明确提到："司法机关党组提请党委讨论研究的重大、疑难案件。"[1] 提请党委讨论研究的主体是"司法机关党组"，这种由政法单位而不是其党组向上级党组织汇报的做法，没有体现出程序上的正当性。

这与当时的大环境有关系。2002 年 11 月 8 日，党的十六大报告提出："从制度上保证审判机关和检察机关依法独立公正地行使审判权和检察权。"[2] 当时，司法面临的根本问题是地方化、行政化和非职业化。[3] 这一时期的司法改革主要针对这"三化"展开。为了解决法官非职业化问题，全国人大常委会于 2001 年 6 月 30 日修改了《法官法》《检察官法》，要求从通过司法考试的人员中择优挑选初任法官、检察官。至此，司法职业化的制度设计已经基本完成，解决非职业化问题的制度设计已经完成。之后，人民法院急于向行政化"开刀"，因此，《人民法院第二个五年改革纲要（2004—2008）》第 26 条要求"建立法官依法独立判案责任制"。这一制度表述为"独立判案"而不是"独立审判"，强调了法官的决定权。

但是，由于这一时期注重法官学历而忽视了法官法律素养以及道德的培育和考核，注重"独立判案"而忽视了对审判权的监督制约，司法队伍出现了高学历、低业务能力以及一些司法人员道德低下等问题，再加上独立判案的权力也难以受到制约，部分独立审判已经演变成专断和滥权，导致了严重的司法腐败。[4] 因此，当时的人民法院工作以加强监督制约为重点，着重解决在没有完备制约监督体系前提下"独立判

① 中共中央文献研究室编：《十二大以来重要文献选编（下）》，中央文献出版社 2011 年版，第 25 页。
② 江泽民：《全面建设小康社会，开创中国特色社会主义事业新局面——在中国共产党第十六次全国代表大会上的报告（2002 年 11 月 18 日）》，《人民日报》2002 年 11 月 18 日，第 2 版。
③ 肖扬：《法院、法官与司法改革》，《法学家》2003 年第 1 期，第 163 页。
④ 高一飞、陈恋：《中国司法改革四十年变迁及其时代特征》，《东南法学》2020 年第 1 期，第 79 页。

案"带来的问题。2008 年，党中央下发《中央政法委员会关于深化司法体制和工作机制改革若干问题的意见》，仍然要求"以加强权力监督制约为重点"。在这种背景下，党的文件和人民法院的文件要求法院向党委、政府汇报工作，这种影响人民法院独立审判地位的做法，是对没有监督制约的审判独立带来的严重问题矫枉过正的结果。

2011 年，中央政法委等八部委印发《关于党委政法委员会对政法部门执法活动进行监督的规定》①，明确了政法委执法监督的原则、职责、方式、程序等。这是党委政法委执法监督工作的重要党内法规，是十八大以来政法领域少有的尚未进行修改或调整的文件。这一文件的内容没有公开，2011 年 9 月，中央政法委领导在讲话中透露了其具体要求，即政法委执法监督不是代替执法单位办案，而是整合监督资源，解决政法工作中倾向性、普遍性问题。② 八部委的文件试图让政法执法监督规范化、科学化，但是当涉及政法委与个案的关系这一直接、敏感问题时，只是从反面强调了政法委执法监督不是代替执法单位办案。另外，它还提出"一般不对案件定性和实体处理提出具体意见"，为政法委对特殊案件的定性和实体处理提出具体意见留下了空间。

在上述文件中，"不要过于具体干预各部门的业务"、不是代替执法单位办案、"一般不对案件定性和实体处理提出具体意见"等要求，都没有否定政法委可以实质上"干预案件"（只要不是"过于具体干预"）、决定案件的权力。从司法实践看，中央和省级政法委协调的个案还没有发现错案，地级市及其以下的两级政法委协调的案件都出现过多起错案。③ 有学者直接指出了其原因，即由于制度运行惰性，政法委通过"三长"协调会等形式为案件定性，影响了司法机关独立办案。④

2013 年 11 月 12 日，《中共中央关于全面深化改革若干重大问题的决定》要求建立"涉法涉诉信访依法终结制度"。为此，中共中央办公厅、国务院办公厅发布《关于依法处理涉法涉诉信访问题的意见》，强调中央政法委不再集中交办涉法涉诉信访案件。2013 年，《中央政法委关于切实防止冤假错案的规定》要求各级党委政法委"对事实不清、证据不足的案件，不予协调"，因为事实以外的其他问题"协调案件时一般不对案件定性和实体处理提出具体意见"。这一文件同样用了"一般不对案件定性和实体处理提出具体意见"的提法，从反面说明了关于特殊案件可以对案件定性和实体处理提出具体意见。

从前述的文件来看，政法委讨论个案、给个案定调，即"对案件定性和实体处理

---

① 中央政法委、中纪委、中组部、最高人民法院、最高人民检察院、公安部、国家安全部、司法部《关于党委政法委员会对政法部门执法活动进行监督的规定》（政法〔2011〕34 号）。
② 王银胜：《努力打牢政法综治维稳工作基础》，《人民法院报》2011 年 9 月 15 日，第 1 版。
③ 李先伟：《政法委的级别与个案协调差异研究》，《山东警察学院学报》2011 年第 4 期，第 62－67 页。
④ 刘涛：《当代中国司法工作中的党委协调》，《黑龙江社会科学》2017 年第 2 期，第 102 页。

提出具体意见"并不违背禁止性规定，政法委协调个案的限度在哪里，仍然没有明确的界限。

（五）不得插手和干预司法个案（2014 年至今）

党的十八大以后，以习近平同志为核心的党中央全面推进司法改革。党的十八届三中全会把"确保依法独立公正行使审判权检察权"作为司法改革重要任务。党的十八届四中全会要求"完善确保依法独立公正行使审判权和检察权的制度"。党组织不能干预个案成为党与司法关系发展的大趋势。

2014 年 1 月 7 日，中央政法工作会议上，习近平总书记指出，"不能借党对政法工作的领导之名对司法机关工作进行不当干预"①，明确提出禁止党组织及其领导干部对司法机关工作进行不当干预的要求。他说，一些领导干部"管了一些不该管、管不好的具体业务工作；有的甚至为了一己私利，插手和干预司法个案"②。在此，习近平总书记用了"个案"这一司法实践中的通行说法，明确了干预司法的含义为"插手和干预司法个案"。对于干预司法个案问题怎么解决，习近平总书记指出："各级党组织和领导干部要⋯⋯支持政法系统各单位依照宪法法律独立负责、协调一致开展工作。"③ 他还对防止干预司法的机制建设提出了具体要求，即"要建立健全违反法定程序干预司法的登记备案通报制度和责任追究制度"④。

习近平总书记的讲话为党组织如何对待司法个案指明了方向。2014 年 10 月 23 日，《中共中央关于全面推进依法治国若干重大问题的决定》要求"党领导立法、保证执法、支持司法、带头守法"，在党的文件中首次确立了党"支持司法"的要求，"是党在处理与司法权关系时的最新最科学的表述"⑤。因为"领导立法"与"支持司法"并列，有人可能会认为这淡化了党对司法的领导，这是错误的。"支持司法"是对党的十八届四中全会决定关于禁止非法干预司法个案内容⑥的抽象化、原则化，是对以上内容的概括和简称。十八届四中全会决定明确了禁止党政机关和领导干部干预司法的内容：可能干预司法的主体，即强调个人不能干预，"各级党政机关和领导干部"也不能干预司法；干预的性质，"干预"一词前面没有加"不当"的限制，说明干预本身就是不当的；对干预司法行为的处理方式和后果，对干预司法的行为进行记

---

① 中共中央文献研究室编：《习近平关于全面依法治国论述摘编》，中央文献出版社 2015 年版，第 111 页。
② 中共中央文献研究室编：《习近平关于全面依法治国论述摘编》，中央文献出版社 2015 年版，第 70 页。
③ 中共中央文献研究室编：《习近平关于全面依法治国论述摘编》，中央文献出版社 2015 年版，第 70 页。
④ 习近平：《论坚持全面依法治国》，中央文献出版社 2020 年版，第 50 页。
⑤ 徐显明：《司法体制改革是顶层设计的政治改革》，《北京日报》2017 年 9 月 11 日，第 13 版。
⑥ 《中共中央关于全面推进依法治国若干重大问题的决定》的具体表述是："各级党政机关和领导干部要支持法院、检察院依法独立公正行使职权。建立领导干部干预司法活动、插手具体案件处理的记录、通报和责任追究制度。任何党政机关和领导干部都不得让司法机关做违法定职责、有碍司法公正的事情，任何司法机关都不得执行党政机关和领导干部违法干预司法活动的要求。"中共中央文献研究室编：《十八大以来重要文献选编》（中），中央文献出版社 2016 年版，第 168 页。

录、通报，还要对这一违纪违法行为追究责任。

从干预司法的原因来看，并没有限于个人私利。干预司法可能是出于私利，也有可能是出于公心，包括了权力案、金钱案、人情案等多种情况。有的学者将其分为"腐败性干预"和"治理性干预"。① 对以上两种情况，习近平总书记都进行过描述。针对出于个人利益干预司法的人情案、金钱案，他说："一些党政领导干部出于个人利益，打招呼、批条子、递材料，或者以其他明示、暗示方式插手干预个案。"② 针对出于"公心"的权力案，他说："利用职权和关系插手案件处理，造成相关诉讼出现'主客场'现象。"③ 一些地方政府或机关将本地方的利益放在首位，出于地方保护主义，往往会阻碍和干扰正常的司法进程。当然，也有学者提出，不存在所谓"腐败性干预"和"治理性干预"的区分，"干预"系定性评价，而非中性评价；"干预"的主体是"领导干部"，且系个人行为而非组织行为；"干预"的行为违反法定程序，或僭越职权职责，或滥用权力，而非因承担领导、管理、监督司法的责任。④ 笔者不同意这种看法。在实践中，有的干预可能仅仅是出于习惯，动机和目的是维护司法公正，而不是出于个人利益的权力干预，但这种干预同样破坏司法环境，易成为影响司法公正的顽瘴痼疾。

为了落实党的十八届四中全会的精神，中央各单位进行了全面部署。2015 年 3 月至 9 月，中共中央、国务院、中央政法委及最高政法单位相继出台了相关规定，形成了防止干预的"三项规定"⑤。这些文件的实施，为更好地践行党"支持司法"的要求提供了切实可行的方案。至此，党委政法委干预具体案件在规范层面已经没有任何依据。"干预司法、审批案件无论是从执政党政策主张，还是党规国法制度层面，均已废除。"⑥

2018 年 1 月，中共中央、国务院发出《关于开展扫黑除恶专项斗争的通知》，明确党委的责任是综合治理、防治黑恶违法犯罪，为扫黑除恶排除阻力、提供保障。⑦ 因为该通知文件没有公开，是否要求政法单位就涉黑涉恶案件向党委和党委政法委进行汇报、汇报的内容是否涉及处理意见，不得而知。但是，扫黑除恶也应当遵循习近平总

① 陈柏峰：《领导干部干预司法的制度预防及其挑战》，《法学》2015 年第 7 期，第 38 - 40 页。

② 中共中央文献研究室编：《十八大以来重要文献选编（上）》，中央文献出版社 2014 年版，第 720 页。

③ 中共中央文献研究室编：《习近平关于全面依法治国论述摘编》，中央文献出版社 2015 年版，第 80 页。

④ 段瑞群：《政法领域中请示报告制度的理解与适用》，《理论与改革》2020 年第 5 期，第 43 页。

⑤ "三项规定"指：2015 年 3 月 18 日，中共中央办公厅、国务院办公厅下发的《领导干部干预司法活动、插手具体案件处理的记录、通报和责任追究规定》；2015 年 3 月 29 日，中央政法委下发的《司法机关内部人员过问案件的记录和责任追究规定》；2015 年 9 月 6 日，最高人民法院、最高人民检察院、公安部、国家安全部、司法部联合发布的《关于进一步规范司法人员与当事人、律师特殊关系人、中介组织接触交往行为的若干规定》。

⑥ 段瑞群：《如何"协调案件"？——党委政法委执法监督职能沿革与功能再造》，《深圳社会科学》2019 年第 6 期，第 152 页。

⑦ 徐隽：《中共中央 国务院发出〈关于开展扫黑除恶专项斗争的通知〉》，《人民日报》2018 年 1 月 25 日，第 1 版。

书记的要求、党的大会文件和《中国共产党政法工作条例》的规定，这是没有疑问的。

从新中国成立以来党对司法领导方式的演变中可以看到：一方面，党绝不能放弃对司法的领导，党领导司法的基本立场不能动摇；另一方面，党也需要改革和完善其对司法的领导方式，不能干预司法个案。

二、处理好监督个案与干预个案之间关系的原因

习近平总书记指出："党和法治的关系是法治建设的核心问题。"[①] 处理好与党的关系同样是司法建设的核心问题。

（一）是总结经验教训作出的重大抉择

习近平总书记指出："全面推进依法治国，是深刻总结我国社会主义法治建设成功经验和深刻教训作出的重大抉择。"在历史上的一段时间，"党在指导思想上发生'左'的错误，逐渐对法制不那么重视了，特别是'文化大革命'十年内乱使法制遭到严重破坏，付出了沉重代价，教训十分惨痛！"[②] 沉重代价和惨痛教训的表现之一是没有处理好党与法治的关系，具体到司法方面，就是个人对司法活动的干预。

党与司法的关系经历了一个漫长的探索过程，这种关系在任何一个时期的定位具有其历史背景，不能脱离历史背景评价过去党对司法的领导方式。如在 1957—1978 年，党委可以审批案件，但也应当看到的是，由于当时司法机关人员文化水平和法律素养普遍较低，党委审批案件实际上是让当时社会上政治素质和文化素质较高的精英群体对案件把关；同时，这个时期案件的数量很少，对案件审批，也是对重要政策、法律及社会事项的政治性问题的把关，具有历史合理性。在党领导司法的问题上，同样要坚持习近平总书记关于"两个三十年"关系的论断，不能以今天的成就否定过去的探索。

全面推进依法治国必须处理好党对司法工作的领导方式。历史证明，党在对司法工作的领导中，对党与司法的关系处理得比较好，则我国的法治环境就会比较好，社会也就比较稳定，改革开放 40 多年的发展便是得益于这一点。而当党对司法工作进行干预甚至代替司法工作时，法治就会被忽视甚至被践踏，法治环境极度恶劣，党和国家的事业就会停滞不前甚至倒退，社会就会没有生机和活力甚至出现乱象。知史以明鉴，查古以知今，在全面推进依法治国的今天，要从历史上吸取教训，正确处理好党与司法的关系。

（二）司法具有天然政治性

中国的司法体制改革不能全盘移植和照抄照搬西方"司法独立"，这已成为共识。

---

① 中共中央文献研究室编：《习近平关于全面依法治国论述摘编》，中央文献出版社 2015 年版，第 22 页。
② 中共中央文献研究室编：《习近平关于全面依法治国论述摘编》，中央文献出版社 2015 年版，第 8 页。

对此，习近平总书记也强调指出：“照抄照搬他国的政治制度行不通。”① 在深化司法体制的改革中，一定要头脑清醒、立场坚定，决不能弱化甚至否定党对司法的领导。

即便在西方，司法远离政治，也是一个虚幻的神话。哈佛大学教授罗伯特·麦克洛斯基（Robert G. McCloskey）在评价美国司法与政治的关系时称：“美国最高法院就是一个有主见的、制订政策的政治机构。”② 无论中国还是西方，司法都具有强烈的政治性。中国道路的最大特点是中国共产党的领导，所有国家机器接受中国共产党的领导、实现党的意志具有必然性。

西方国家司法独立的本质是，法官可能因为参加政治活动而在司法活动中无法中立，可能因为政党或者某一个集团的利益而影响司法的独立、中立。而在中国，共产党是全体人民利益的代表，司法接受党的领导不存在其在司法活动中偏向某一党派利益的问题；法官也不需要依托某一个存在特殊利益的政党参加竞选，更不会存在竞选中承诺实现某种特殊利益的现象。

习近平总书记指出，全面依法治国，“关键在于坚持党领导立法、保证执法、支持司法、带头守法”③。从司法层面对全面推进依法治国提出了具体的要求，党和司法的关系必须是明确的，在实践中可以操作的。习近平总书记对这个关系明确了界限，他指出：“不存在‘党大还是法大’的问题。”“如果说‘党大还是法大’是一个伪命题，那么对各级党政组织、各级领导干部来说，权大还是法大则是一个真命题。”④ “党大还是法大”是一个伪命题，因为这种说法人为地制造了坚持党对司法的领导与司法机关独立行使职权之间的对立，人为地制造了一个诡辩式的逻辑矛盾：党要领导和监督司法，党又要保证司法机关独立行使职权。然而，“权大还是法大”是一个真命题，要坚持党对司法的领导，但是具体到每个党组织、每个领导干部，都不能干预司法、插手具体案件。

（三）司法具有特殊规律性

党的领导，在不同的国家权力领域，有不同的方式。在有的机关，如政府机关，不需要党政分开，因为党的工作和政府机关的工作是完全相同的，搞党政分开，容易导致工作重合和职能重叠。根据《中共中央关于深化党和国家机构改革的决定》，要“统筹设置党政机构”，有些机构可以“实行合并设立或合署办公”。对特殊领域的党政机构采取合并等多种方式进行统筹设置是必要的。习近平指出，对一些领域要“打破所谓的党政界限，同一件事情弄到一块去干”⑤。但“打破所谓的党政界限不是简

① 习近平：《习近平谈治国理政（第二卷）》，外文出版社 2017 年版，第 286 页。
② ［美］罗伯特·麦克洛斯基：《美国最高法院》（第 3 版），任东来、孙雯、胡晓进译，中国政法大学出版社 2005 年版，第 13 页。
③ 习近平：《习近平谈治国理政（第二卷）》，外文出版社 2017 年版，第 39 页。
④ 中共中央文献研究室编：《习近平关于全面依法治国论述摘编》，中央文献出版社 2015 年版，第 37 页。
⑤ 习近平：《习近平谈治国理政（第三卷）》，外文出版社 2020 年版，第 168 页。

单的党政合一"①。有的机构可以实行合并设立或合署办公，因为党的机构和政府机构的工作内容和方式是相同或者接近的。但是，司法机关内部应当实行党政分工，政法单位与其党组、政法单位与党委政法委都应当职能分开。原因在于，司法要遵循其自身的规律，司法要有亲历性。

司法亲历性的基本要求是直接言词审理、以庭审为中心、集中审理、裁判者不更换、事实认定出自法庭、审理者裁判、裁判者负责。②2015 年 3 月 24 日，习近平总书记在中央政治局第二十一次集体学习讲话中强调："凡是进入法官、检察官员额的，要在司法一线办案，对案件质量终身负责。"③ 这在司法机关被俗称为"两个必须"：法官、检察官必须在一线办案，必须对案件终身负责。

党的十八届三中全会文件提出要"让审理者裁判、由裁判者负责"。2015 年 9月 21 日，《最高人民法院关于完善人民法院司法责任制的若干意见》重申了这一原则，并确立了相关规则；2015 年 9 月 25 日，《最高人民检察院关于完善人民检察院司法责任制的若干意见》确立了"谁办案谁负责、谁决定谁负责"的原则及相关规则。

习近平总书记在 2014 年 1 月 7 日中央政法工作会议上明确指出："司法活动具有特殊的性质和规律，司法权是对案件事实和法律的判断权和裁决权。"④2015 年 3 月24 日，习近平总书记又指出，司法工作和司法改革"要遵循司法活动的客观规律，体现权责统一、权力制约、公开公正、尊重程序的要求"⑤。习近平总书记充分认识到了司法权与其他国家权力性质与规律的差别。认识规律告诉我们，没有参加案件审理，没有亲历案件的过程，就无法了解诉讼当事人的诉求和理由、事实和证据，现代司法权的运行机制，是人类社会在充分认识司法规律的基础上总结出来的。"政法委直接审批案件、各级党政领导干部干涉具体办案过程的做法必须废除。"⑥没有参加司法过程的党政机关和领导干部干预司法、直接包办案件，违背了司法规律，违背了公正司法的基本要求。

习近平总书记指出："十年内乱使法制遭到严重破坏，付出了沉重代价，教训十分惨痛！"⑦司法案件是人民群众对法治的直接感受，没有处理好党与法治关系的教训，具体到司法方面，就是没有处理好加强党的领导与尊重司法规律的关系。

---

① 蒋清华：《坚持党的领导：习近平法治思想开篇之论》，《法治社会》2021 年第 1 期，第 8 页。
② 朱孝清：《司法的亲历性》，《中外法学》2015 年第 4 期，第 919 页。
③ 习近平：《习近平谈治国理政（第二卷）》，外文出版社 2017 年版，第 131 页。
④ 中共中央文献研究室编：《习近平关于全面依法治国论述摘编》，中央文献出版社 2015 年版，第 102 页。
⑤ 习近平：《习近平谈治国理政（第二卷）》，外文出版社 2017 年版，第 132 页。
⑥ 汪火良：《论党支持司法：理论阐释和实现方式》，《湖南行政学院学报》2017 年第 6 期，第 86 页。
⑦ 中共中央文献研究室编：《习近平关于全面依法治国论述摘编》，中央文献出版社 2015 年版，第 8 页。

三、党监督司法个案的经验和启示

加强党对司法的领导和保障司法机关独立行使职权二者如何协调，必须回答"如何领导才不会导致干预司法个案"的问题。总结我国党领导司法的历史经验，特别是新时代党领导司法、监督司法的伟大成就，根据习近平法治思想中对待司法个案的理论，可以发现，党监督司法个案具有如下的经验和启示：

（一）落实党领导司法的实现机制

党领导司法的实现机制，可以从党领导司法的内容、方式和组织形式来论述。

从党领导司法的内容来看，党对司法工作的领导是政治领导、组织领导和思想领导。首先，党的政治领导，即党对司法工作的路线、方针、政策和政治方向的领导。其次，党的组织领导，即各级党委政法委要担负起组织领导的职责，统一调度指挥，统筹本地区司法工作；要重视政法各部门的领导班子建设和队伍建设。最后，党的思想领导，即必须依靠突出司法职业特点的思想政治教育和组织纪律教育，保持司法机关与司法人员政治定力和政治鉴别力。

党领导司法的途径体现在"四个善于"。[①]"四个善于"是推进党的领导方式和执政方式法治化的需要，是党领导法治建设的方式之一，也是落实党领导司法的具体方式。一是善于使党的主张通过法定程序成为国家意志。在司法领域，要将党对司法的主张通过立法程序上升为法律，再"以国家意志的形式要求司法机关执行"[②]。这是党对司法宏观性、原则性领导的表现之一。二是善于使党组织推荐的人选通过法定程序成为国家政权机关的领导人员。具体来说，法院的高级法官往往是党员，法院的领导兼任法院党组要职。在社会主义国家，公务人员身兼党内职务和法院公职是很正常的，法院党组并不干涉审判事务，而是从事行政管理和人事管理，以便培养和选拔合格的人才。[③] 因此，党的领导不否定、不妨碍司法机关独立行使职权。[④] 这是在中国政治体制下的合理选择。三是善于通过国家政权机关实施党对国家和社会的领导。司法机关是国家政权机关的一部分，在司法办案中，要围绕党的中心工作，服务大局，服务和体现党对国家和社会的领导。服务经济社会发展大局是司法机关的重要使命，党对国家和社会领导的实现，要求司法机关必须坚决贯彻党中央部署，正确认识大局、把握大局、服务大局。四是善于运用民主集中制原则维护党和国家权威、维护全党全国团结统一。这表现在司法机关应当增强"四个意识"、坚定"四个自信"、做

---

① 习近平：《习近平谈治国理政（第二卷）》，外文出版社 2017 年版，第 18 – 19 页。
② 汪火良：《论党支持司法：理论阐释和实现方式》，《湖南行政学院学报》2017 年第 6 期，第 86 页。
③ 徐振博：《三个至上：寻找中国特色的司法体制改革之路》，法律出版社 2010 年版，第 120 页。
④ 夏锦文：《当代中国的司法改革：成就、问题与出路——以人民法院为中心的分析》，《中国法学》2010 年第 1 期，第 19 页。

到"两个维护",提高政治判断力、政治领悟力、政治执行力。司法机关不能搞西方司法独立的那一套,绝不允许在执法和司法中出现损害中央权威、破坏全党全国团结统一的行为和决定。

党领导司法的主体为三种具体的党组织形式。2019年1月13日起实施的《政法工作条例》第2条规定,党领导司法的具体组织是"中央和县级以上地方党委、党委政法委员会、政法单位党组(党委)"。在维护三种党组织领导和组织开展政法工作过程中,我们特别要旗帜鲜明地反对"取消党委政法委"的错误言论。习近平指出,党委政法委要通过"把握政治方向、协调各方职能、统筹政法工作、建设政法队伍、督促依法办事、创造执法环境"等六个方面实现其对司法的领导。[1] 习近平批评了有些人对政法委的攻击,他说:"一些人把矛头对准党委政法委,要求取消党委政法委,就是想取消党对政法工作领导的制度。"[2] 党委设立一个职能部门来领导和管理政法工作,是党领导司法的具体机制,是我们党经过长期探索确立起来的,必须长期坚持。

党领导司法的实现机制中,没有哪一项是通过干预司法个案来实现的。十八届四中全会决定曾强调:"把党总揽全局、协调各方同人大、政府、政协、审判机关、检察机关依法依章程履行职能、开展工作统一起来。"由此可以看出,党对司法的领导主要是总揽、协调,而不是包揽、代替。

(二) 明确各种党组织的权力清单

关于党组织在具体案件中到底能做什么,习近平总书记在2020年11月16日有过一个具体的论述,他说:"有些事情要提交党委把握,但这种把握不是私情插手,不是包庇性的干预,而是一种政治性、程序性、职责性的把握。"[3] 将党组织对司法案件的边界概括为政治性、程序性、职责性的把握,是一个重大的理论创新,是将来研究党委及其他党组织处理个案规则的根本遵循和行动指南。《政法工作条例》对党组织领导和管理政法工作权力清单的确定已经体现了总书记的讲话精神,明确了三种党组织对于司法案件的权力边界。

首先,各级党委与司法个案的关系。《政法工作条例》第7条和第9条规定了党中央和各级党委在领导司法中的具体职能和权力清单,党委对于政法工作的领导是政治领导、思想领导和组织领导,没有针对具体案件的职能。

其次,各级党委政法委员会与司法个案的关系。习近平总书记指出:"党委政法委要明确职能定位,善于议大事、抓大事、谋全局。"[4]《政法工作条例》第12条规定了党委政法委员会"研究协调政法单位之间、政法单位和有关部门、地方之间有

---

[1] 中共中央文献研究室编:《习近平关于全面依法治国论述摘编》,中央文献出版社2015年版,第112页。
[2] 中共中央文献研究室编:《习近平关于全面依法治国论述摘编》,中央文献出版社2015年版,第112页。
[3] 习近平:《习近平谈治国理政(第四卷)》,外文出版社2022年版,第288页。
[4] 中共中央文献研究室编:《习近平关于全面依法治国论述摘编》,中央文献出版社2015年版,第112页。

关重大事项"的权力，这里的研究协调有关"重大事项"当然可以包括政法委协调的具体案件，但协调的目的是统一政法单位的思想和行动，而不是给出案件的处理结论。

实际上，政法委与个案的关系在《政法工作条例》第13条第1款中已经有明确规定："中央和地方各级党委政法委员会指导、支持、督促政法单位在宪法法律规定的职责范围内开展工作。"该条款明确了政法委与政法单位在职责范围内开展工作时的关系，即"指导、支持、督促"，回答了政法委对政法单位既要领导，又不能干预具体办案这一看似矛盾的关系的边界：一方面，党对政法单位的领导体现在六大方面；另一方面，对于政法单位职责范围内的事，党只能指导、支持、督促，而不是领导、指挥其具体如何办理、处理案件。

最后，政法单位党组（党委）与政法工作的关系。政法单位党组对于具体案件，当然不能直接研究该怎么定调、怎么处理，但这并不等于其不能关注个案。《政法工作条例》规定了政法单位党组（党委）参与具体案件的两种方式：一是第15条第3项规定其有权对重大案件"制定依法处理的原则、政策和措施"；二是第16条规定其可以通过党组（党委）成员的双重身份直接依法履职、参与案件办理，即"党组（党委）成员依照工作程序参与重要业务和重要决策制度"。

在整个《政法工作条例》中，"案件"一词只出现了三次。① 长期以来，党组织与个案的关系终于得到了明确的澄清：不能干预个案。政法单位党组可以研究案件，但限于重大事项或者重大案件，且不能直接决定案件的办理，只能制定依法处理的原则、政策和措施。以上规定为党组织与个案的关系确立了界限和底线。

（三）完善党监督司法的制度机制

加强党对政法单位执法司法的监督是加强党对司法领导的重要方面。党对司法个案的监督是执法司法监督体系最重要的部分之一，对司法腐败具有超前防范作用，对司法机关独立办案具有保障作用。② 在党的领导中，监督检查单位和个人对党的方针政策、国家宪法法律的执行和落实情况，是体现党的领导的一部分。《政法工作条例》要求"完善党委、纪检监察机关、党委政法委员会对政法单位的监督机制"③，规定各级党委政法委的任务是："支持和监督政法单位依法行使职权""协助党委和纪检监

---

① 《中国共产党政法工作条例》第15条规定，政法单位党组（党委）的职责之一是"研究影响国家政治安全和社会稳定的重大事项或者重大案件，制定依法处理的原则、政策和措施"。第19条规定，中央政法委员会、中央政法单位党组（党委）应当及时向党中央报告"具有全国性影响的重大突发案（事）件重要进展和结果情况"。第21条规定，中央政法单位党组（党委）和省（自治区、直辖市）党委政法委员会应当向中央政法委员会报告"领导干部干预司法活动、插手具体案件处理情况"。
② 肖来青：《评否定加强党委执法监督的一些言论》，《红旗文稿》2004年第11期，第24-26页。
③ 《中国共产党政法工作条例》第10条。

察机关做好监督检查、审查调查工作"。①

另外,《政法工作条例》第八章"监督和责任"部分,专门要求对党组织领导和组织开展政法工作的情况进行监督,同时也规定了党组织对政法工作进行监督的具体途径:一是要求推动政法单位建立起接受监督的体系和机制。② 二是党组织加强对政法工作全面情况和重大决策部署执行情况的督促检查。③ 三是党委政法委员会统筹推动政法单位开展常态执法司法规范化检查。④ 根据 2011 年《关于党委政法委员会对政法部门执法活动进行监督的规定》和各地实践,政法委执法监督具体包括执法检查、案件督办、案件及相关政策法律问题协调、案件评查、重大执法活动和事项的报告备案、执法监督的结果运用(如党纪处分与案件线索移送监察委员会)等六种方式。⑤

即使是按照上述权限监督案件,也需要遵守法定程序。根据《政法工作条例》第23 条规定,党组织"应当按照集体领导、民主集中、个别酝酿、会议决定的原则"处理"决策与执行"工作。在权力清单的范围内,党组织对案件的监督也应当遵守《政法工作条例》规定的程序。在一定时期内,党组织中的领导干部以个人名义批条子、作指示来干预案件、插手案件,违背了权限的要求,即使符合权限,如果没有遵守法定程序,也违背了党内法规的要求。

梳理党的文件和党内法规可以发现,在《政法工作条例》规定的三个党组织主体中,各级党委并无研究讨论具体案件的权力,政法单位党组(党委)讨论重要案件并"制定依法处理的原则、政策和措施",这一讨论重要案件的界限只适用于政法单位党组(党委),而不适用于政法委。从常理来说,政法单位党组(党委)与案件的关系更直接、对案件的情况更了解,它都不能直接讨论案件的具体处理意见,只能"制定依法处理的原则、政策和措施",那么其他党组织更不能讨论案件的具体意见,更应当将讨论的边界限定在"原则、政策和措施"这一宏观问题上。

《政法工作条例》制定者考虑的原因何在,笔者认为可能是制定者认为这样做的时机不成熟,因此有意留白,给政法单位在特殊案件中给出案件的处理意见留下空间,但这导致实践中很难把握党委政法委协调案件的界限。要落实党领导司法的机制,当务之急是要解决党委政法委对司法案件的协调内容、协调程序问题。为此,对政法委的执法监督可以作以下几个方面的完善:

第一,建议将政法单位党组(党委)讨论重要案件的机制扩大适用于党委政法委协调案件,即规定"党委政法委员会研究影响国家政治安全和社会稳定的重大案件,

① 《中国共产党政法工作条例》第 12 条。
② 《中国共产党政法工作条例》第 31 条。
③ 《中国共产党政法工作条例》第 32 条。
④ 《中国共产党政法工作条例》第 34 条。
⑤ 段瑞群:《如何"协调案件"?——党委政法委执法监督职能沿革与功能再造》,《深圳社会科学》2019 年第 6 期,第 143 – 146 页。

制定依法处理的原则、政策和措施"。

第二，明确政法委讨论和研究案件的程序。政法委讨论研究案件应当遵守"集体领导、民主集中、个别酝酿、会议决定"的程序，考虑监督案件的特殊性，可以制定专门的实施细则。

第三，规定政法委可以向政法单位办案人员提出建议。可以参照政法单位"党组（党委）成员依照工作程序参与重要业务和重要决策制度"，对于重要案件，政法委可以对政法单位的党组成员或者党员业务骨干办理相关案件提出建议。

第四，落实政法委书记不再兼任政法单位领导的体制。2010 年 4 月，中共中央组织部发文要求省级政法委书记不得兼任公安厅（局）长。在党的十八大前后的地方换届中，多数省级公安机关落实了这一部署。① 现在，这一做法已经推广到各级政法委，各级政法委书记都不再兼任政法单位首长，有效避免了"一长管三长"和侦查中心主义的出现，防止政法委实质上干预政法单位办理案件。

（四）规范请示报告的主体和内容

政法领域内的请示报告是党内请示报告制度的重要组成部分，其特殊之处在于政法工作是"党规"与"国法"交织与碰撞的典型领域。目前，政法领域请示报告只存在于党内制度规范。请示报告的主体是党组织，而非政法单位。关于请示报告的事项，《中国共产党重大事项请示报告条例》第 13 条规定，党组织应当向上级党组织请示"复杂敏感案件处理"等事项。《政法工作条例》涉及案件请示报告的只有一条，即第 19 条规定中央政法委员会、中央政法单位党组（党委）应当及时向党中央报告"具有全国性影响的重大突发案（事）件重要进展和结果情况"，"案（事）件"是案件和事件的合称。虽然其他条款中规定的其他下级党组织向上级党组织请示报告的事项中没有提到"案件"和"案（事）件"，但其事项中包括了"其他重大事项"，从字面含义来看，"其他重大事项"是可以包括复杂敏感案件的。所以，"敏感"案件、事件属于请示的范围。② 党组织不能干预司法机关办案，但是党组织有了解、关注、监督具体案件的权力。了解具体案件不仅仅为了监督具体案件，还是党组织制定司法政策、领导立法的依据。

但是，以上请示报告制度在实践中存在异化的情况。一是主体不适格。从党内法规的请示报告规范来看，政法单位的上下级党组织并不是党内法规意义上的请示报告主体③；政法单位代替政法单位党组（党委）向上级党组织请示报告，也存在主体不适格的问题，如人民法院不能直接向上级党组织请示报告，只能由人民法院党组（党委）向上级党组织请示报告。二是请示的内容不适当，请示报告事项存在瑕疵。政法

---

① 宋识径、左燕燕：《政法委改革加速 减少案件干预》，《新京报》2014 年 10 月 23 日，第 A08 版。
② 段瑞群：《政法领域中请示报告制度的理解与适用》，《理论与改革》2020 年第 5 期，第 41 页。
③ 杨清望：《司法权中央事权化：法理内涵与政法语境的混同》，《法制与社会发展》2015 年第 1 期，第 55 页。

单位党组（党委）既然本身都不能讨论个案的具体处理问题，而只能"制定依法处理的原则、政策和措施"，当然更不能就具体处理意见向上级请示报告。"以请示加强领导为由，上交矛盾、推脱责任或不履职、不积极履职"①，意图"诱导"上级作出批复，这是超越请示事项的行为。

政法单位党组织向上级党组织请示复杂敏感案件，上级答复和指示，都应当遵循不能干预案件处理的原则。请示的内容只能是处理这些案件的原则、政策、措施；请示的主体只能是政法单位党组织。请示报告制度与案件审批制度有着本质上的区别：请示报告针对重大事项、重大问题等宏观层面，案件审批则针对个案处理。因此，以严格执行党内请示报告的政治重要性为名，甚至以坚持党对司法的领导为名，超越主体和范围请示案件的处理意见，歪曲了请示报告制度的本意。

（五）严格执行干预司法案件的禁令

党支持司法的根本内涵在于，党要保证司法机关依法独立公正行使其职权，即具体案件怎么审理、怎么决定和怎么裁判要按法定的程序、法定的权限由司法工作人员依职权完成，党不能干预、插手具体案件的处理。

防止领导干部干预具体案件的处理是确保司法机关依法独立公正行使其职权的重中之重。必须承认的是，在现实中，一些党员领导干部干预具体案件处理的情况时有发生，他们以各种明示或暗示方式插手干预司法案件的处理，严重干扰了正常的司法活动，造成了恶劣的影响，这种现象饱受群众诟病。对此，习近平总书记强调，各级领导干部"不要去干预依法自己不能干预的事情"②。各级领导干部不得为了地方、部门利益和个人私利干预司法案件办理。

不可否认的是，实践中，政法委对司法机关的领导还存在着一些问题。其中，最为突出的就是党委政法委领导干部对具体案件的直接干预。为此，中央政法委于 2015 年11 月 6 日和 2016 年 2 月 1 日分别通报了 5 起、7 起干预司法活动、插手具体案件处理的典型案件。如云南省昭通市彝良县委政法委书记彭泽高干预司法一案③、湖南省益阳市委书记马勇干预司法活动案④，都直接涉及党的领导干部干预案件问题。过去对政法委干预具体案件规定不明确、态度不鲜明，导致了干预个案情况的出现。这两次案件的通报发生在《政法工作条例》颁布之前，党组织对个案的权限清单出台之前，中央政法委以通报的形式明确了党的领导干部不能干预个案的鲜明立场。《政法工作条例》出台之后，更应当严格遵守这一党内法规，防止和制止党组织和领导干部个人干预司法。

---

① 段瑞群：《政法领域中请示报告制度的理解与适用》，《理论与改革》2020 年第 5 期，第 41 页。
② 中共中央文献研究室编：《习近平关于全面依法治国论述摘编》，中央文献出版社 2015 年版，第 111 页。
③ 《中央政法委通报 5 起干预司法活动、插手具体案件处理典型案件》，《检察日报》2015 年 11 月 7 日，第 1 版。
④ 彭波、魏哲哲：《中央政法委通报七起干预司法典型案件》，《人民日报》2016 年 2 月 2 日，第 11 版。

结　语

　　党"支持司法"是党领导和监督司法的重要方式，是处理党与司法个案关系的指导方针。党"支持司法"重要论断的提出，是历史发展的结果，其基础是政法单位职能分配和权力运行机制越来越合理；政法人员的法律素质已经极大提高；案件越来越复杂，审理案件的专业性要求越来越高；甚至出现了诉讼爆炸的情况，已经不具备党组织具体处理司法案件的可能性。坚持党对司法的领导，同时又要求党支持司法，科学辩证地处理了党对司法机关的领导和"支持司法"的关系，为司法改革和司法实践中如何坚持党的领导指明了正确的方向。

第七章
纪检监察机关对司法的监督

　　我国《宪法》第 127 条第 1 款规定了监察委员会独立行使监察权的原则。《监察法》第 11 条规定："监察委员会依照本法和有关法律规定履行监督、调查、处置职责……"《宪法》明确了监察机关的权力属性，《监察法》明确了监察机关的具体职责。

　　纪委与监察机关合署办公之后，党内监督与国家监察有机统一，解决了监督"九龙治水"、监督有"死角"的难题，将所有公权力和公职人员纳入监督范围。《监察法》第 15 条规定，监察机关对公职人员和有关人员进行监察。根据《国家监察委员会管辖规定（试行）》（2018 年 4 月 16 日施行）第 4 条，人民法院、人民检察院的公务员及履行公职的人民陪审员、人民监督员都属于监察委员会的监察对象。除此之外，法院、检察院还聘用了不少书记员，他们是否属于监察对象呢？是否有明确的判断标准呢？根据《湖南省高级人民法院关于贪污贿赂案件审判适用法律若干问题的解答》（2020 年），监察对象的主要判断依据是"公务性"，主要表现为从事与职权相联系的公共事务以及履行监督、管理国有财产的职务活动。① 书记员辅助法官、检察官履行审判、法律监督的职责，其从事的工作具有"公务性"，当其从事与职权相关的工作时，当然属于监察对象。因此，司法机关中凡是履行公职的公务员、书记员、人民陪审员、人民监督员等主体都属于监察机关的监察对象，都应当接受监察机关的监督。

　　《宪法》规定了监察权、审判权、检察权都应当独立行使，不受行政机关、社会团体和个人的干涉。党的十九届四中全会决定提出："加强对法律实施的监督。保证行政权、监察权、审判权、检察权得到依法正确行使，保证公民、法人和其他组织合法权益得到切实保障，坚决排除对执法司法活动的干预。"监察机关对司法机关进行

---

① 《湖南省高级人民法院关于贪污贿赂案件审判适用法律若干问题的解答》（2020 年 9 月 24 日施行）："问题 1 如何理解把握刑法第九十三条"从事公务"的含义？答：从事公务，是指代表国家机关、国有公司、企业事业单位、人民团体等履行组织、领导、监督、管理等职责。公务主要表现为与职权相联系的公共事务以及监督、管理国有财产的职务活动。如国家机关工作人员依法履行职责，国有公司的董事、经理、监事、会计、出纳人员等管理、监督国有财产等活动，属于从事公务。那些不具备职权内容的劳务活动、技术服务工作，如售货员、售票员等所从事的工作，一般不认为是公务。"

监察的目的是保证司法权能够公平公正地运行，但是在监察司法机关的过程中，保证司法权独立行使且不受监察权的非法干预是监察机关不得触碰的红线。本章以司法机关接受监察机关监察的必要性为视角，阐述监察机关监察司法机关的基本方式及完善方向。

一、监察机关监督司法机关的必要性

国家监察体制改革之后，检察院的反贪、反渎、职务预防职责及工作人员整体划转至各级监察委员会。目前，检察院主要履行立案监督、侦查监督、驻所监督、公诉、公益诉讼及部分刑事案件的侦查等职责。法院代表国家统一行使审判权，对刑事、行政、民事等各类案件进行审判。习近平总书记提出，"努力让人民群众在每一个司法案件中都感受到公平正义"①，检察院、法院不正确地履行司法职责，甚至以权谋私，会破坏司法机关在老百姓心中的良好形象，降低公平正义的获得感。不少学者从权力制约的角度阐述了司法机关接受监察机关监督的必要性，笔者通过检索大量的司法工作人员职务犯罪案件，提炼了司法机关腐败问题的特点：

一是腐败问题主要集中在诉讼阶段。司法工作人员实施腐败行为的环节较为集中，主要包括检察院的侦查、侦查监督、提起公诉、执行监督环节及法院的刑事审判、民事审判、执行环节。这些环节都处于诉讼阶段，权力运行可以直接影响诉讼参与人的人身自由与财产利益，存在利益输送的驱动力与权钱交易的空间。纪检监察体制改革之前，检察机关作为法律监督机关监督检察权、审判权与执行权的运行情况，对内监督（同体监督）存在监督意愿不强的问题，对法院的监督存在监督触角难以全面覆盖的问题，监督效果不佳。

二是领导干部属于腐败的高危群体。司法机关的部分领导干部对重大案件处理结论的影响力较大，特别是案件处于逮捕与否、起诉与否、轻刑与重刑、有期徒刑与无期徒刑以上刑罚的临界点时，主要负责人、分管领导等是犯罪嫌疑人、被告人及其家属愿意出重金"围猎"的对象。执法实践中，司法机关主要负责人因收受请托人给予的财物而滥用司法权的案例较多。2020 年，随着政法机关教育整顿试点工作的推进，各级监察机关办理了一些司法机关主要负责人职务犯罪的案件，如 2020 年 10 月主动投案的云南省玉溪市中级人民法院院长陈昌、云南省楚雄州人民检察院检察长周映枢、山西省阳泉市中级人民法院院长陈明华。2021 年，在党中央的领导下，全国政法队伍教育整顿自下而上分批推进，进一步清理司法机关的"害群之马"，逐步净化司法机关的政治生态与司法环境。

三是窝案、串案频发。"分工负责、互相配合、互相制约"是法院、检察院履行

---

① 习近平：《习近平谈治国理政（第一卷）》，外文出版社 2018 年版，第 141 页。

工作职责的原则之一，该原则既体现于法院、检察院之间，也体现于法院、检察院的各内设机构。请托人为实现请托事项，需要同时请托数人或由其中一人转请托，才能在检委会、审委会甚至各内设机构的部门会议讨论案件时形成有利于请托人的多数意见。公开的职务犯罪案件中，甚至出现了通过公诉人请托审判人员的案件，严重影响了司法活动的严肃性与权威性。违背事实与法律作出有利于请托人的决定时，参与人可能构成贪污贿赂或渎职类共同犯罪，出现窝案、串案。

四是反调查意识强，查办难度大。司法工作人员普遍有较高的法律素养、较丰富的诉讼经验、较强的反调查意识，明知在诉讼活动中实施的权钱交易行为触犯了刑事法律，却为了追逐利益不惜铤而走险。而且，为了提升"安全度"，在利益输送中往往设置各种"防火墙"，避免直接收受他人财物，规避风险，增加了审查调查工作的难度。

检察机关通过行使职务犯罪侦查权监督检察机关或者审判机关，主要是以职务犯罪案件为切入点，侧重于个案查办，腐败问题的治理与预防主要停留在"治标"的层面。监察机关注重发现与处理司法机关存在的苗头性、倾向性腐败问题，教育挽救司法工作人员，防止"好同志"沦为"阶下囚"；对于少数"叫不醒、喊不应"的司法工作人员，监察机关坚决查处其触犯的职务违法犯罪问题，深度剖析蜕变原因及对司法机关造成的不良影响，重视案发单位政治生态、司法环境的恢复与重建，达到"标本兼治"的目的。上述司法机关腐败问题的特点说明，受多重因素的影响，检察机关通过行使职务犯罪侦查权监督检察机关与审判机关的成效并非特别突出，监察机关依法对司法机关进行监察有其必要性、紧迫性和可行性，可以增强老百姓对司法活动的满意度、对公平正义的获得感。同时，我们也应当注意到司法工作人员众多、反调查意识强，监察活动存在难度。

二、监察机关监督司法机关的主要方式

各级监察委员会是行使国家监察职能的专责机关，行使监督、调查、处置三项职能，下面以此为切入点分析监察机关监察司法机关的主要方式。

（一）监督

《监察法》第 11 条第 1 项规定："对公职人员开展廉政教育，对其依法履职、秉公用权、廉洁从政从业以及道德操守情况进行监督检查。"

监督是监察委员会的首要职责。《监察法》原则性地规定了监察机关监督的事项。《中国共产党党内监督条例》（2016 年修订）规定了党内监督的主要内容是遵守党章党规、坚决维护党中央权威和集中统一领导、坚持民主集中制、落实全面从严治党方针、落实中央八项规定精神等。这些内容都应当适用于国家监察的监督，是对《监察法》关于国家监察事项的细化与补充。我国《法官法》《检察官法》规定了法官、检

察官应当履行的义务，监察机关对法官、检察官上述方面的监督检查，就是监督司法工作人员的依法履职、秉公用权、廉洁从政从业以及道德操守情况。

监察机关履行监督职责的方式包括教育与检查。廉政教育的根本内容是加强理想信念与道德教育。监督检查的方法包括列席或者召集会议、听取工作汇报、实施检查或者调阅、审查文件和资料等，检查要聚焦于公职人员依法履职、秉公用权、廉洁从业以及道德操守的情况。①

司法机关除了要接受监察机关的监督，还应当配合监察机关开展监督工作。2021年，中央纪委办公厅联合有关部门印发意见，进一步规范中央政法机关向纪检监察机关移送问题线索等工作。该意见明确，除了党员、监察对象涉嫌违纪或者职务违法、职务犯罪的问题线索应当按规定移送纪检监察机关，中央政法机关掌握的有关材料中反映的情况对纪检监察机关开展工作有一定参考价值的，也应当移送纪检监察机关了解掌握。比如：最高人民法院在审理行政案件中发现的行使公权力的机关懒政、怠政或者存在违规、违纪、违法问题，可能涉及领导干部不当履职的情况；最高人民检察院在履行刑事案件审查逮捕、审查起诉、出庭支持公诉、抗诉职责，以及诉讼监督工作中发现相关办案机关存在违规、违纪、违法问题，可能涉及领导干部不当履职的情况；等等。② 该意见明确最高人民法院、最高人民检察院在工作中发现的其他单位、领导干部涉嫌违纪违法的问题应该按程序移送给中央纪委国家监委，一方面拓宽了监察机关的监督渠道，进一步抓早抓小、防微杜渐；另一方面也表明了党风廉政建设和反腐败斗争中政法机关都是参战单位，没有旁观者，应当与纪检监察机关互通信息。需要说明的是，该意见的适用主体虽是中央纪委与中央政法单位，但是对地方纪委与地方政法单位也有指导、参考作用，根据以往惯例，各省纪委与省级政法单位会参照该意见出台规范性文件，规范本地纪委与政法单位的问题线索移送工作。

根据各级监察委员会的机构设置情况，派驻监察机构具体负责驻在单位的日常监督，内设监督检查室对派驻监察机构进行业务指导并审核把关呈批事项。换言之，对司法机关的日常监督以派驻监察机构为主力军。

《监察法》第12条第1款规定："各级监察委员会可以向本级中国共产党机关、国家机关、法律法规授权或者委托管理公共事务的组织和单位以及所管辖的行政区域、国有企业等派驻或者派出监察机构、监察专员。"

派驻或者派出监察机构的设立是为了保证各级监察委员会全面、及时、准确地掌握各监督单位及其工作人员的履职情况，使监察机关对公职人员真正实现"看得见、

① 中共中央纪律检查委员会法规室、中华人民共和国国家监察委员会法规室编写：《〈中华人民共和国监察法〉释义》，中国方正出版社2018年版，第91页。
② 周根山：《中央纪委办公厅联合有关部门印发意见 规范中央政法机关向纪检监察机关移送问题线索工作》，《中国纪检监察报》2021年3月22日，第1版。

管得着"，充分发挥"派"的权威和"驻"的优势，有效地实施监督。现在，各级监察机关已经实现了对同级党政机关派驻监督的全覆盖，对园区、高校、企业的派驻、派出改革还在探索之中。派驻监察机构设立之后，需要厘清派驻监察机构与派出机关、派驻监察机构与驻在单位之间的关系，基本原则是，派驻监察机构对派出它的监察委员会负责，代表该监察委员会监督驻在单位及其公职人员的履职情况，监督工作不受驻在单位违规干预，并按照"三为主一报告"的要求向该监察委员会汇报工作。《中国纪检监察报》对派驻监察机构与驻在单位党组（党委）的关系有过较为详细的论述。①

《监察法》第12条第1款规定的派出监察机构的对象包含了司法机关。目前，各级监察委员会根据该款规定向同级司法机关派驻了监察机构，与派驻纪律检查组合称为"派驻纪检监察组"。受编制数量等因素的影响，派驻监察机构的设立模式分为两类：一类是设区的市级以上各级监察委员会对同级法院、检察院单独派驻监察机构，派驻监察机构常设在该单位监督履职；一类是区县（市）等基层监察委员会对同级法院、检察院等政法单位设立综合派驻监察机构，派驻监察机构的工作人员固定在某一单位履行监督职责，或者在数个单位之间轮流"坐班"监督，监督力量通常要弱于单独派驻的监察机构。

无论是派驻司法机关还是派驻其他单位，派驻监察机构的监督重点都是驻在单位及其工作人员的"依法履职、秉公用权、廉洁从政从业以及道德操守情况"，但是监督的途径与方式会因驻在单位的职责权限存在差异。如检察院、法院是法律监督机关与审判机关，司法工作人员是否依法履职主要体现于办理的案件之中，派驻监察人员对相关问题线索主要通过已办理的案件进行溯源追查。

（二）调查

《监察法》第11条第2项规定："对涉嫌贪污贿赂、滥用职权、玩忽职守、权力寻租、利益输送、徇私舞弊以及浪费国家资财等职务违法和职务犯罪进行调查。"《监察法》概括式地规定了公职人员七类职务违法和职务犯罪行为。监察机关可以《监察法》为执法依据对司法工作人员上述七类职务违法和职务犯罪问题展开调查。

职务违法是指公职人员不按照法律法规规定履行职务，产生了危害后果，但是后果没有严重到造成犯罪的行为。

确定司法工作人员的职务违法问题由哪一层级的监察机关管辖，以干部管理权限为基本原则，以指定管辖、提级管辖和报请提级管辖为补充。《中国共产党纪律检查机关监督执纪工作规则》第7条第1款规定的分级负责制就是以干部管理权限为主要

---

① 中央纪委国家监察委法规室：《准确把握纪委监委派驻机构与驻在单位党组（党委）的关系》，《中国纪检监察报》2020年8月26日，第2版。

区分标准。

　　同一单位内部也会因公职人员职务、职级的差异而由不同的主体调查职务违法问题。《国家监察委员会管辖规定（试行）》第8条规定："派驻纪检监察组依法对被监督单位的领导班子和公职人员进行日常监督，善于运用谈话提醒和诫勉谈话等监督方式。发现领导班子和中央管理的公职人员存在问题的，应当及时向中央纪律检查委员会、国家监察委员会报告；发现其他公职人员的问题，应当会同被监督单位党组织开展调查处置，强化监督职责，发挥'探头'作用。"该条规定了国家监察机关派驻监督单位工作人员的职务违法问题可能分别由国家监察机关内设机构、派驻监察机构和驻在单位党组织调查。与其他单位一样，同一单位的司法工作人员的干部管理权限分属于不同的党委（党组）。以设区的地级市中级人民法院为例，院长的行政级别为厅局级，属于省管干部，其职务违法问题由省监察机关负责调查；其他班子成员属于市委管理的干部，其职务违法问题由市监察机关负责调查；该院科级干部的职务违法问题由市监察机关派驻该院的监察机构负责调查；科级以下干部的职务违法问题由该院党组根据主体责任的有关规定进行调查。

　　目前，省以下地方法院、检察院已经按照党的十八届三中全会审议通过的《中共中央关于全面深化改革若干重大问题的决定》，对人财物进行统一管理，各区县（市）等基层法院院长、检察长的任命需要由地级市党委研究，并经省级党委组织部门讨论决定，因此区县（市）"两长"成为《中国共产党纪律检查机关监督执纪工作规则》规定的分级负责调查（以行政级别和党委委员、纪委委员等特殊身份为划定依据）的例外，由市管干部成为省管干部。由哪一层级的监察机关调查"两长"的职务违法问题，执法实践中做法不一，有的是省级监察机关负责，有的是市级监察机关负责。建议按照行政级别由设区的市级监察机关负责监察"两长"，其他班子成员由同级监察委员会负责监察。这既符合我国以行政级别为主区分监察主体的惯例，也能避免省级监察委员会因监察对象激增降低监督效果的弊端。

　　明确职务违法的调查主体之后，需要确定各级监察机关及其派驻机构可以依法采取的调查措施。根据《监察法》规定，监察机关可以采取的调查措施包括谈话、询问、讯问、查询、冻结、搜查、调取、查封、扣押、勘验检查、鉴定、技术调查、通缉、限制出境、留置等15种，《监察法》还较为详细地规定了15种调查措施的适用条件，执法实践也比较成熟。各级监察委员会按照《监察机关监督执法工作规定》明确的审批程序采用调查措施，派驻监察机构对职务违法问题的调查权限由派出机关根据实际情况进行授权，授权时应当明确派驻监察机构可以使用的调查措施。

　　职务犯罪是指国家机关、国有公司、企业事业单位、人民团体工作人员利用职权，贪污、贿赂、徇私舞弊、滥用职权、玩忽职守，侵犯公民人身权利、民主权利，破坏国家对公务活动的管理规范，依照《中华人民共和国刑法》应当予以刑事处罚的犯罪。① 司法工作人员属于国家机关工作人员，其利用职权实施的职务犯罪行为应当被追究刑事责任。

对司法工作人员职务犯罪问题进行调查的主体会因罪名的不同而有所差异。监察委员会负责调查大部分司法工作人员的职务犯罪问题，《国家监察委员会管辖规定（试行）》第四章"职务犯罪案件管辖范围"共计规定了6大类88个罪名由各级监察机关管辖。检察机关负责调查司法工作人员利用职权实施的部分犯罪行为，共涉及14个罪名。

（三）处置

处置是指对经调查的职务违法、职务犯罪问题依据《公职人员政务处分法》等法律法规予以定性处分，或者依据《监察法》《刑事诉讼法》的有关规定移送检察机关审查起诉。

《监察法》第11条第3项规定："对违法的公职人员依法作出政务处分决定；对履行职责不力、失职失责的领导人员进行问责；对涉嫌职务犯罪的，将调查结果移送人民检察院依法审查、提起公诉；向监察对象所在单位提出监察建议。"《监察法》第45条对第11条第3项规定的监察机关处置职责进行了丰富和细化，并增加了两类处置方式：对有职务违法行为但情节较轻的公职人员，进行谈话提醒、批评教育、责令检查或者予以诫勉；经调查，对不存在违法犯罪行为的被调查人，撤销案件。总体来看，根据《监察法》规定，监察机关对司法工作人员职务违法、职务犯罪问题的处置包括六种方式：

一是"红红脸、出出汗"。"红红脸、出出汗"是指，根据党内监督必须把纪律挺在前面，运用监督执纪"四种形态"不断净化政治生态的精神，对有职务违法行为但情节较轻的公职人员，可以免予处分，代之以谈话提醒、批评教育、责令检查，或者予以诫勉等相对较轻的处置。

二是政务处分。对职务违法的公职人员，监察机关应当依法作出政务处分决定。《公职人员政务处分法》施行之后，监察机关可依照法定程序对违纪违法的公职人员作出警告、记过、记大过、降级、撤职、开除等政务处分决定。监察机关给予公职人员政务处分，应当坚持实事求是和"惩前毖后、治病救人"的原则；应当做到事实清楚、证据确凿、定性准确、处理恰当、程序合法、手续完备；应当使公职人员所受的政务处分与其职务违法行为的性质、情节、危害程度相当。

三是问责。问责的主体是监察机关，或者有权作出问责决定的机关。问责的对象是负有责任的领导人员，而不是一般工作人员，以突出领导干部这个"关键少数"；

---

① 徐建、戴正强、胡东：《高校新校区职务犯罪预防体系构建》，《佳木斯教育学院学报》2012年第7期，第443页。

也不是有关单位，因为监察对象是行使公权力的公职人员，不包括其所在单位。问责的情形是领导人员不履行职责或不正确履行职责，如：管理过于宽松软，该发现的问题没有发现，发现问题不报告、不处置，造成严重后果；推进廉政建设和反腐败工作不坚决、不扎实，管辖范围内腐败蔓延势头没有得到有效遏制，损害群众利益的不正之风和腐败问题突出；等等。问责的方式是，监察机关按照管理权限直接作出通报、诫勉、组织调整或组织处理、处分等问责决定，或者向有权作出问责决定的机关提出问责建议。

四是移送起诉。移送的主体是有管辖权的监察机关，包括接受指定管辖的监察机关；移送的对象是涉嫌职务犯罪的被调查人，以及监察机关制作的起诉意见书、案卷材料、证据等；移送的条件是经调查认为犯罪事实清楚，证据确实、充分；接受移送的主体是有管辖权的检察机关。对于监察机关的移送，应由检察机关作为公诉机关直接依法审查、提起公诉。

五是提出监察建议。监察建议是指监察机关依法根据监督、调查结果，针对监察机关所在单位廉政建设和履行职责存在的问题等，向相关单位和人员就其职责范围内的事项提出具有一定法律效力的建议。

六是撤销案件。监察机关在调查过程中，发现立案依据失实，或者没有证据证明存在违法犯罪行为的，应当及时终止调查，决定撤销案件，并将撤销案件的原因和决定通知被调查人及其所在单位，而且还要在一定范围内对被调查人予以澄清。对此作出明确规定，对于保护公职人员的合法权利，及时终止错误或者不当的调查行为，是十分必要的。[①]

以上六种监察机关履行处置职责的方式适用于所有公职人员，当然也包括司法工作人员。但有以下几点需要说明：

第一，"红红脸、出出汗"是"四种形态"中"第一种形态"的具体表现形式。《中国共产党纪律处分条例》第5条规定："运用监督执纪'四种形态'，经常开展批评和自我批评、约谈函询，让'红红脸、出出汗'成为常态……"因此，"第一种形态"是监察机关对司法工作人员苗头性、倾向性的职务违法问题进行常态化处理的方式，监察人员要善于通过谈心谈话、监督调研、专项检查、日常观察、指导民主生活会等日常监督方式，在防微杜渐、治"未病"上积极作为，防止小问题拖成大问题，小错误酿成大错误。"监督"与"处置"行为实际融为一体，这也符合将"第一种形态"常态化的要求。

第二，在问责中，对于不同身份的司法人员的处置依据应有不同。司法工作人员

---

① 中共中央纪律检查委员会法规室、中华人民共和国国家监察委员会法规室编写：《〈中华人民共和国监察法〉释义》，中国方正出版社2018年版，第205－208页。

中被问责的对象有些具有中国共产党党员的身份，有些则不具有中国共产党党员的身份。对于中国共产党党员，要根据《中国共产党问责条例》规定进行问责，同时根据《公职人员政务处分法》（2020 年 6 月 20 日第十三届全国人民代表大会常务委员会第十九次会议通过）第三条的规定处理，即"监察机关应当按照管理权限，加强对公职人员的监督，依法给予违法的公职人员政务处分"；对于没有中国共产党党员身份的司法人员，监察机关只对其进行政务监督和政务处分。

第三，处置方式的延伸。执法实践中，除了《监察法》规定的六种处置方式，部分做法也能实现防腐、反腐的作用。如监察机关派人参加接受调查的司法工作人员所在单位召开的警示教育会，宣布政务处分决定，以案释法、以案明法，代表组织对单位党委（党组）提出党风廉政建设的要求，做好案件查办的"后半篇文章"，逐步恢复受损的司法生态环境。

三、监察机关监督司法的机制改革

监察体制改革以来，监察机关对司法机关的监察注重将处理倾向性、苗头性问题与办理严重职务违法犯罪案件结合，司法机关的政治生态得到有效改善，监察成效显著。2018 年 12 月 13 日，习近平总书记在十九届中央政治局第十一次集体学习时强调，要在新的起点上深化国家监察体制改革。新起点也将遇到新问题。司法机关有其自身特殊性，如何深化监察机关对司法的监察，是改革进程中需要重点考虑的问题之一。

（一）监察权不能干预检察权、审判权

前文已述，从生效的裁判文书分析，司法机关的腐败问题主要发生于批准逮捕、提起公诉、审判等与诉讼相关的过程中。该特点在较长一段时间内不会发生根本性改变。监察机关应当根据司法机关腐败问题呈现出的特点，将监察聚焦于这些重点环节、重要事项。执法实践中，反映人按照《纪检监察机关处理检举控告工作规则》规定的检举控告方式向监察机关反映司法工作人员存在职务违法犯罪行为，监察机关按照干部管理权限处理问题线索。监察机关处置问题线索过程中，应当保证法院、检察院依照法律规定独立行使审判权、检察权。

一是监察人员特别是派驻监察机构的工作人员要熟悉司法活动、司法规律。从部分派驻司法机关的监察机构了解到，监察机构收到的关于司法机关特别是法院的问题线索数量较多，只要法院的裁判结果没有满足某一方的诉求，当事人就可能通过多种途径向派驻法院的监察机构反映审判人员存在职务违法犯罪行为。而派驻监察机构经过核查之后，查实存在职务违法犯罪行为的往往较少。部分当事人实际就是希望通过监察机构的介入，增加审判人员的压力，改变对自己"不利"的裁判结果。因此，派驻司法机关的监察人员应当对司法活动、司法规律有一定的了解，对反映的问题的真

实性有基本的判断力，对反映的无实质内容、重复检举控告的问题线索按照相关规定直接处理了结，避免"眉毛胡子一把抓"，分散监督力量；对有可查性的问题线索，要结合线索反映问题的严重性，精准地提出对线索的处置方式，采取必要的调查措施，防止产生监察活动干涉司法活动的现象。

二是监察活动应当立足于政治生态、司法环境的改善与修复。司法机关通过个案办理维护公平正义，这既是落实习近平总书记关于"努力让人民群众在每一个司法案件中都感受到公平正义"的指示，也是按照法律规定依法履职的表现。换言之，人民群众对司法的获得感与满意度是通过一个个案件累积起来的，而一个冤假错案就会降低人民群众对司法的获得感与满意度。因此，监察机关对司法机关依法履职、秉公用权等情况进行监督检查，其出发点不能仅仅局限于司法个案。目前，司法案件量大，案件办理专业性强，司法机关有一支专业化队伍可以办理各类案件。在这种情况下，如果监察机关将重心置于对司法个案的监督，且缺少熟悉司法的专业化监督力量，那么监察难以起到良好的效果。监察机关对司法机关的监察应立足于整体效应，要最大限度地将监察人员从处置反映个案的问题线索中解放出来，侧重于对司法机关政治生态与司法环境的改善与修复。司法机关形成风清气正的良好政治生态与司法环境之后，司法工作人员依法履职的意识会增强，司法个案的办理质量自然而然地也会更加公平公正。

（二）健全派驻司法机关监察机构的衔接机制

监察机关已经对司法机关实现了派驻监督全覆盖，其中设区的市级以上监察机关对同级法院、检察院单独派驻监察机构，在驻在单位办公，近距离履行监察职责。基层监察机关对政法单位实行综合派驻，同时监督同级的政法委、公安局、法院、检察院、司法局等政法单位。派驻基层政法单位的监察机构的监察人员一般为两人左右，受人员数量限制，派驻监察机构一般固定在某一政法单位（主要是政法委）办公，是该单位的党组成员，对法院、检察院等其他政法单位实行流动式监督，如参加"三重一大"会议、核查信访举报件、开展"四不两直"监督活动等，不会长期在该单位办公。

监察机关以派驻监察机构为触角，实现了对司法监督的全覆盖，但因司法机关性质等差异，在执法实践中也遭遇了一些障碍。

一是不同层级之间的派驻监察机构的关系问题。根据《宪法》规定，上下级监察委员会之间是领导与被领导的关系，上下级法院之间是监督与被监督的关系，上下级检察院之间是领导与被领导的关系。那么，不同层级的监察机关派驻司法机关的监察机构是什么关系呢？法律并没有明确两者的关系。我们从法理分析认为，派驻机构应当对派出它的机关负责，两者是领导与被领导的关系，即同级监察委员会与其派驻司法机关的监察机构是领导与被领导的关系。上下级监察委员会虽是领导与被领导的关系，但是上级监察委员会的派驻机构与下级监察委员会之间不是领导与被领导的关系，换言之，这种领导与被领导的关系是整体对整体的领导，而不是部分对整体的领导，更不是部分对部分的领导。协作程序应当以派出机关为"中转环节"，再向派驻机构传递。

上下级法院、检察院之间，无论是监督与被监督的关系，还是领导与被领导的关系，双方在业务上必然有交集，派驻监察机构对本级法院、检察院进行监察的过程中，有些事项难免涉及上下级法院、检察院，需要派驻该单位的监察机构协助。从执法实践来看，省以下地方法院、检察院的人财物实行统一管理之后，派驻司法机关的监察机构之间需要协助的事项增多，如数据统计与汇总、案件协查等。随着"政法队伍教育整顿"活动的推进，不同层级的派驻监察机构的协作频率也会增加。为了理顺派驻监察机构之间的关系，应当出台相关规定予以明确，让彼此之间的协作更加顺畅。

二是充实派驻区县（市）等基层政法单位监察机构的力量。从目前派驻各级司法机关的监察力量来看，派驻基层政法单位的监察力量最为薄弱。基层法院、检察院位于司法层级的底部，是基础，也是基石，如果基层司法工作人员在依法履职、秉公用权等方面出了问题，那么对司法机关、司法环境的负面影响是不可低估的。目前，监督基层政法单位的监察人员数量少，被监察单位数量多、被监察人员数量多，"两多一少"的状况导致监督效果并没有得到有效的彰显。一方面，要尽量充实监察力量，确保每一个政法单位都至少有一人负责该单位的监察工作，做到监察工作有人长期抓、有人抓长期；另一方面，要尽量少从派驻基层政法单位的监察机构抽调工作人员，确保监察人员长期在岗，实实在在地对驻在单位履行监察职责。

结　语

2020年11月16日，习近平总书记在全面依法治国会议上指出："党的十八大以来，党中央确定的一些重大改革事项，健全纪检监察机关、公安机关、检察机关、审判机关、司法行政机关各司其职，侦查权、检察权、审判权、执行权相互配合的体制机制等，要紧盯不放，真正一抓到底，抓出实效。"[①] 这说明了纪检监察机关与政法单位的关系。纪检监察机关监督司法，充分说明了政法机关在所有国家机关中同样受到监督，纪检监察机关的监督，也必将在政法单位执法司法监督中发挥独特的作用。

[①] 习近平：《习近平谈治国理政（第四卷）》，外文出版社2022年版，第295页。

第八章

人大对司法的监督

制约和监督权力是人大制度设计的原则和要求，加强对"一府一委两院"的监督是宪法赋予人大及其常委会的职责。人大对司法的监督是指，各级人民代表大会及其常务委员会以实现公正司法为目的对各级司法机关，包括行使审判权的人民法院和行使检察权的人民检察院的司法工作进行的监督。本章从人大对司法监督的历史演进、现实困境及完善路径三个维度，对加强人大对司法的监督进行探讨。

一、人大对司法监督的历史演进及其经验启示

人民代表大会作为国家的权力机关，履行宪法赋予的对司法机关的监督职权。中华人民共和国成立以来，我国从法律和实践两个层面不断探索人大对司法的监督。

（一）人大对司法监督的正式建立（1949—1956 年）

1949 年 9 月，《共同纲领》确立了人大对司法的监督权。在我国第一部《宪法》颁布以前，《共同纲领》代行宪法的职能。《共同纲领》以临时宪法的形式为新中国确立了国家的根本政治制度——人民代表大会制度。同时，《共同纲领》也初步规定了权力机关对司法机关的监督，这也是人大监督司法制度的起源。按照《共同纲领》的规定，各级人大和政府作为国家权力机关代表人民行使国家政权；全国人大召开前后，中国人民政治协商会议由代行全国人大职权的角色转变为建言献策的角色。[①]《中央人民政府组织法》（1949 年 9 月 27 日施行）规定，中央人民政府委员会组织最高人民法院和最高人民检察署；行使制定、解释国家法律，颁布法令，并监督其执行，以及任免最高人民法院、最高人民检察署正副职领导人及委员等职权。此外，还对最高人民法院和最高人民检察署的法律地位、职权、组成人员等进行了规定。[②]当时的各级人民政府相当于各级人民代表大会的常设机构，同属国家权力机关，扮演了现在人大常委会的角色，但是不同之处在于，当时的各级人民政府既是立法机关，也是执

---

① 《中国人民政治协商会议共同纲领》第 12 条、第 13 条。
② 《中央人民政府组织法》第 5 条、第 7 条第 1 项和第 9 项、第 26 条、第 27 条、第 28 条、第 29 条、第 30 条。

行机关，还是监督机关。当时，权力机关对司法机关的监督主要体现在司法机关法律、法令的执行情况，人员任免，以及预算和决算等方面。而且，在中华人民共和国成立早期，国家权力机关对司法的监督只是在法律文本上进行了规定和体现，实质性的监督工作并未开展，而且这种法律文本上的规定也只触及对中央层面司法机关的监督而未涉及地方层面。

1954 年《宪法》正式建立人大对司法的监督。1954 年，一届全国人大一次会议颁布了我国历史上第一部《宪法》，通过了《全国人民代表大会组织法》等 5 部法律。其中，还选举产生了全国人大常委会委员长、"两高"院（检察）长等。此次会议的召开还结束了政治协商会议代行国家权力的任务，标志着人民代表大会制度在全国范围内确立。1954 年《宪法》的颁布，实现了人民代表大会制度的组织建设走上正轨，确立了全国人大行使国家最高权力的唯一性，明确了全国人大常委会作为全国人大常设机关的法定地位，规定了全国自上而下的各级人民政府作为行政机关执行各级权力机关的决策，等等。① 这实现了国家最高立法权、行政权、司法权的分立。1954 年《宪法》也正式建立了人大监督司法的制度，明确了人大对司法的监督，规定全国人大常委会监督最高人民法院和最高人民检察院的工作②，并确认了人大监督司法的方式：

一是法律监督。1954 年《宪法》规定宪法的实施由全国人大负责监督，《地方各级人民代表大会和地方各级人民委员会组织法》规定县级以上的地方各级人大在本行政区域内保证法律、法令和上级人民代表大会决议的遵守和执行。③ 这就从法律层面要求人大对司法机关执行宪法等法律的情况、在司法活动中援引法律的情况，以及制定规章制度的情况进行监督检查。

二是任免司法人员。1954 年《宪法》规定，全国人大有权对最高人民法院院长、最高人民检察院检察长进行选举和罢免，全国人大常委会有权对最高人民法院副院长、最高人民检察院副检察长等进行任免，县级以上人大有权对本级人民法院院长进行选举和罢免。④ 除此之外，《人民法院组织法》（1954 年）还补充规定了全国人大常委会对最高人民法院各（副）庭长的任免权。⑤《人民检察院组织法》（1954 年）也补充规定了省、自治区和直辖市人民检察院（副）检察长等由最高人民检察院提请全国人大常委会批准任免的职权。⑥

---

① 《宪法》（1954 年）第 21 条、第 22 条、第 30 条、第 47 条、第 62 条。
② 《宪法》（1954 年）第 31 条。
③ 《宪法》（1954 年）第 27 条第 3 项，《地方各级人民代表大会和地方各级人民委员会组织法》（1954 年）第 6 条第 1 项。
④ 《宪法》（1954 年）第 27 条第 7 项和第 8 项、第 28 条第 4 项和第 5 项、第 31 条第 9 项和第 10 项、第 59 条第 2 款。
⑤ 《人民法院组织法》（1954 年）第 32 条第 4 款。
⑥ 《人民检察院组织法》（1954 年）第 21 条。

三是听取和审查工作报告。1954年《宪法》规定了人大听取和审查司法机关报告工作制度，即"两高"向全国人大及其常委会报告工作，地方人民法院向本级人大报告工作。① 但是，1954年《宪法》没有规定地方人民检察院向本级人大报告工作。

四是审查和批准预算与决算。1954年《宪法》规定全国人大审查和批准国家的预算和决算。② 司法机关的经费预算和决算包含在国家的预算和决算之中。这在一定程度上也对司法机关起到了间接监督的作用。

五是对特定问题进行调查。1954年《宪法》规定全国人大及其常委会认为必要时，可以组织启动对特定问题的调查。③ 其中，也包括对司法机关存在的特定问题进行调查。

1954年《宪法》及有关法律的颁布，从宪法文本及法理层面确立了人大监督司法制度的基本框架，标志着人大监督司法制度的正式建立。1954—1956年，初步建立起来的人民代表大会制度作用初显，人民代表大会各项工作比较活跃，人大监督司法工作也在不断地实践探索，包括多次听取"两高"的工作报告、依法任免司法人员，以及人大代表视察工作的尝试等。

（二）人大对司法监督的破坏中止（1957—1977年）

自1957年下半年开始，随着反右派斗争严重扩大化、人民公社化运动，人民代表大会制度逐渐遭到破坏，国家大政方针、政策不再由全国人大讨论通过，出现了以党代政、个人专断、破坏民主法制等倾向，影响了各级人民代表大会监督权的行使，人大对司法的监督工作也几近停滞。1958年以后，各级人民代表大会甚至难以保证按期召开会议，立法工作基本停顿，监督工作流于形式。1958—1963年，在一届全国人大五次会议、二届全国人大历次会议上，"两高"均未向大会作工作报告，人大听取和审议司法机关工作报告的监督方式戛然而止。虽然在二届、三届全国人大常委会召开的历次会议上，全国人大常委会"听取政府、法院和检察院的工作报告达90多次，但只是给常委会通气而已，没有起到多少作用。全国人大及其常委会在人民眼里逐渐成为走形式的'橡皮图章'"④。"文革"浩劫使得人民代表大会制度遭受了几乎毁灭性的打击，"地方各级人大直到1977年10月才在被取消12年之后开始逐步恢复活动"⑤。在此期间，各级公、检、法被砸烂，检察院被撤销，地方各级人大和政府被革命委员会所取代。自中央到地方各级人大监督司法的工作也完全中止。

---

① 《宪法》（1954年）第80条、第84条。
② 《宪法》（1954年）第27条第10项。
③ 《宪法》（1954年）第35条第1款。
④ 全国人大常委会办公厅研究室：《全国人大及其常委会大事记（1954—1987）》，法律出版社1987年版，第12页。
⑤ 全国人大常委会办公厅研究室编著：《人民代表大会制度建设四十年》，中国民主法制出版社1991年版，第141页。

1975 年 1 月 17 日，四届全国人大一次会议通过了新的《宪法》。该部《宪法》是"一部有严重缺陷的宪法"①，是人大监督司法制度的倒退。一是删除了全国人大常委会监督"两高"工作的相关条款。二是删除了全国人大及其常委会对"两高"特定问题组织调查的规定，废止了人大对司法机关特定问题进行调查的监督方式。三是规定"检察机关的职权由各级公安机关行使"②，将司法权置于行政权之下，严重破坏了司法的独立性。四是规定设立具备权力机关、行政机关和执行机关各项职能的超级权力机构——地方各级革命委员会。③ 虽然建立和完善了地方人大的常设机构，但是这又倒退回 1954 年之前地方政府既是权力机关又是执行机关的状态。五是虽然保留了各级人民法院对本级人大负责和报告的制度④，但是在实际工作中，直到 1978年五届全国人大一次会议之前，全国人大历次会议均未听取"两高"的工作报告，这种监督方式也失去了作用。

（三）人大对司法监督的恢复重建（1978—1984 年）

1976 年 10 月，随着"四人帮"的倒台，"文革"终于结束。这为国家各项工作拨乱反正、步入正轨创造了条件，特别是为人民代表大会制度的恢复和重建提供了契机，也重启了人大监督司法制度。

1978 年《宪法》标志着人大对司法监督的恢复和重建。1978 年 3 月 5 日，五届全国人大一次会议通过新的《宪法》，选举了全国人大常委会（副）委员长等，重新设立了最高人民检察院，选举了最高人民法院院长和最高人民检察院检察长等。1978 年《宪法》是对 1954 年《宪法》、1975 年《宪法》的继承和超越。1978年《宪法》第 25 条规定："全国人民代表大会常务委员会行使下列职权……（四）监督国务院、最高人民法院和最高人民检察院的工作……""从宪法规范文本层面全面恢复了人大对司法的监督权。"⑤ 同时，它也对人大监督司法的方式有所创新：一是加强了人大对检察机关的监督。1978 年《宪法》不仅重新恢复了被撤销的检察机关和全国人大及其常委会对其的监督，而且也加强了地方人大对本级检察机关的监督。1978 年《宪法》规定，地方各级人民代表大会选举并有权罢免本级人民检察院检察长，地方各级人民检察院对本级人民代表大会负责并报告工作。⑥ 二是增设了人大代表对司法机关提出质询的监督方式。1978 年《宪法》规定，全国人大代表有权质询"两高"，地方各级人大代表有权对本级"两院"质询，"两院"在受到质询之

---

① 全国人大常委会办公厅研究室编著：《人民代表大会制度建设四十年》，中国民主法制出版社 1991 年版，第 136 页。
② 《宪法》（1975 年）第 25 条第 2 款。
③ 《宪法》（1975 年）第 22 条第 1 款。
④ 《宪法》（1975 年）第 25 条第 1 款。
⑤ 谢小剑：《人大监督司法实施制度研究》，中国政法大学出版社 2014 年版，第 39 页。
⑥ 《宪法》（1978 年）第 36 条第 3 款、第 43 条第 3 款。

后必须负责答复。① 但不足的是，1978 年《宪法》未能恢复人大通过组织特定问题调查委员会，对司法机关范围内的特定问题进行调查的监督方式。

1978 年 12 月，党的十一届三中全会明确了发展社会主义民主和健全社会主义法制的重要目标，开启了我国立法工作发展新征程。邓小平指出："为了保障人民民主，必须加强法制。"② 为此，邓小平要求必须加强制定各种必要的法律，不断健全法律体系，实现"有法可依，有法必依，执法必严，违法必究"③。邓小平关于民主与法制的重要讲话是新中国法制建设的根本指南，也为人大监督司法提供了更加坚实的基础。

五届全国人大二次会议从实践和法理层面健全了人大对司法的监督。1979 年，五届全国人大二次会议在北京召开，通过了关于修正《宪法》的决议，并通过了包括《刑法》在内的 7 部法律，成为我国立法史上一次里程碑式的重要会议，推动我国法制建设向前迈出了一大步，为建设有法可依的法制新时代按下"加速键"。此次会议的召开，也进一步加强了人大监督司法制度的建设。一方面，在实践层面践行了人大监督司法制度。该会议历史性地重启了听取和审议最高人民法院和最高人民检察院工作报告的制度，自此，历届人大历次会议均做到了听取和审议"两院"工作报告，使得这项监督方式不再流于形式，成为常态。另一方面，在宪法文本和法理层面健全了地方人大监督司法的制度，为人大监督司法的经常化提供了法律支持和保障。

1982 年《宪法》奠定了当前人大对司法监督的制度框架。1982 年 12 月 4 日，五届全国人大五次会议通过了新的《宪法》，即 1982 年《宪法》，绘制了我国现行《宪法》的蓝本。1982 年《宪法》在很好地继承前几部《宪法》确立的人大监督司法制度的基础上，进一步丰富了人大监督司法的内容，实现了人大监督司法内容和方式的多样化，奠定了当前人大监督司法制度的根本框架。

一是充分肯定了人大对司法的监督地位。1982 年《宪法》在继承 1954 年《宪法》的基础上进一步明确了全国各级权力机关对司法机关的监督，规定国家司法机关由人大产生，对它负责，受它监督。④

二是恢复了人大的特定问题调查监督权。1982 年《宪法》在继承 1954 年《宪法》的基础上，将人大的特定问题调查监督权从一般法律层面再次恢复到宪法层面，并进行了完善。1954 年《宪法》规定了全国人大及其常委会"可以组织对于特定问题的调查委员会"，1975 年《宪法》删除了该规定，直到 1982 年《宪法》才恢复了

---

① 《宪法》（1978 年）第 28 条、第 36 条第 4 款。
② 邓小平：《邓小平文选（第二卷）》，人民出版社 1994 年版，第 146 页。
③ 邓小平：《邓小平文选（第二卷）》，人民出版社 1994 年版，第 147 页。
④ 《宪法》（1982 年）第 3 条第 3 款、第 128 条、第 133 条。

全国人大及其常委会组织关于特定问题的调查委员会的职权。① 而县级以上的地方各级人大及其常委会可以组织特定问题的调查委员会始于 1986 年修正的《地方各级人民代表大会和地方各级人民政府组织法》。②

三是扩大了人大对司法人员的任免范围。1982 年《宪法》在继承 1978 年《宪法》的基础上，扩大了人大对司法人员的任免范围，甚至超越了 1954 年《宪法》的任免范围。1982 年《宪法》规定，全国人大对"两高"院（检察）长有选举、罢免的职权；③ 县级以上的地方各级人大同样对本级"两院"院（检察）长有选举、罢免的职权，但是选举、罢免人民检察院检察长须报上级人民检察院检察长提请该级人大常委会批准。④ 这一提请及批准规定虽未被列入 1978 年《宪法》，但是 1979 年《地方各级人民代表大会和地方各级人民政府组织法》对此进行了规定。⑤ 1982 年《宪法》规定，全国人大常委会根据最高人民法（检察）院院（检察）长的提请，对"两高"的副院（检察）长、审判（检察）员、审判（检察）委员会委员以及军事法（检察）院院（检察）长有任免的职权；⑥ 县级以上的地方各级人大常委会依照规定对包括司法机关行政人员在内的国家机关工作人员有任免的职权。⑦ 此外，为了更好地发挥各级人大常委会的监督职责，1982 年《宪法》还规定，全国人大常委会以及县级以上的地方各级人大常委会的组成人员不得担任国家行政机关和"两院"的职务。⑧

四是删除了全国人大及其常委会对司法机关提出质询的职权，但未明确地方人大及其常委会是否有权对司法机关提出质询。1982 年《宪法》只规定了国务院或者国务院各部、各委员会作为全国人大及其常委会的质询对象，并未将司法机关列为质询对象。⑨ 但是，1979 年《地方各级人民代表大会和地方各级人民政府组织法》对地方人大对司法机关提出质询进行了规定，规定地方各级人大代表可以向司法机关提出质询，司法机关必须对质询作出答复。⑩ 1982 年修正的《地方各级人民代表大会和地方各级人民政府组织法》保留了这条规定。除此之外，1982 年《全国人民代表大会组织法》还确立了全国人大对司法机关进行询问的监督方式，规定全国人大代表有权询问包括司法机关在内的有关国家机关，被询问机关需针对被询问内容进行说明。⑪

---

① 《宪法》（1982 年）第 71 条。
② 《地方各级人民代表大会和地方各级人民政府组织法》（1986 年）第 26 条。
③ 《宪法》（1982 年）第 62 条第 7 项和第 8 项、第 63 条第 4 项和第 5 项。
④ 《宪法》（1982 年）第 101 条第 2 款。
⑤ 《地方各级人民代表大会和地方各级人民政府组织法》（1979 年）第 9 条。
⑥ 《宪法》（1982 年）第 67 条第 11 项和第 12 项。
⑦ 《宪法》（1982 年）第 104 条。
⑧ 《宪法》（1982 年）第 65 条第 4 款、第 103 条第 3 款。
⑨ 《宪法》（1982 年）第 73 条。
⑩ 《地方各级人民代表大会和地方各级人民政府组织法》（1979 年）第 18 条。
⑪ 《全国人民代表大会组织法》（1982 年）第 17 条。

此外，1982 年《宪法》只规定了全国各级"两院"要对本级人大及其常委会等产生它们的国家权力机关负责，删除了向其报告工作的规定。但是，1982 年修正的《地方各级人民代表大会和地方各级人民政府组织法》中仍然延续了县级以上的地方各级人大听取和审查本级"两院"工作报告的制度。①

至此，我国人大监督司法的制度框架从法律层面根本确立下来，为我国今后的人大监督司法实践提供了法律保障。1982 年以后，人大不断加强对"一府两院"的监督，各级人大也在不断探索加强监督过程中积累了丰富的经验，切实发挥了监督作用。但是，我们要清醒地认识到，当时的"监督工作仍然是一个薄弱环节，人民群众和人大代表不断对此提出批评。如何切实加强人大的监督功能，是一个需要认真研究解决的问题"②。

1983 年 6 月，六届全国人大一次会议在北京召开，进一步实践了人大监督司法制度。此次会议选举任命了"两高"院（检察）长，听取并审议了"两高"工作报告；同时，按照 1982 年《宪法》规定，通过决议成立了全国人民代表大会宪法和法律委员会。该委员会作为全国人大的专门委员会，通过合宪性检查、检查监督法律的实施情况、审议质询案等方式，协助人大加强对司法的监督。

（四）人大对司法监督的巩固和完善（1985—2006 年）

1985 年以后，人大对司法的监督从宪法理论走向实践，监督效能不断提高。我国人大在夯实法律保障的基础上，不断加强制度建设，推进监督实践，不断巩固和完善对司法的法律、工作和人事的监督。在此过程中，一个鲜明的特点是，在中央把握方向的基础上，地方人大监督实践先试先行，推动中央立法，进而在全国范围内推广。

1. *人大对司法的法律监督不断巩固和完善*

人大对司法的法律监督主要包括规范性文件监督和执法检查监督，有别于检察院的法律监督。人大对司法的规范性文件监督主要是人大常委会对司法机关制定的司法文件进行合法性监督。人大对司法的执法检查监督主要是人大常委会对司法机关执行宪法、法律等行为进行监督。③

第一，人大对司法的规范性文件监督的探索建立。这里的规范性文件主要包括司法机关制定的决议、决定、命令和司法解释等。全国人大常委会探索出了采用规范性文件备案审查的方式加强监督。为了更好地履行备案审查职责，2004 年全国人大常委会设立了法规备案审查室；2005 年，全国人大常委会通过了《司法解释备案审查工作

---

① 《地方各级人民代表大会和地方各级人民政府组织法》（1982 年）第 7 条第 10 项。
② 全国人大常委会办公厅研究室：《全国人大及其常委会大事记（1954—1987）》，法律出版社 1987 年版，第 28 页。
③ 刘政：《执法检查是法律监督的重要形式 人大监督工作探索之一》，《人大工作通讯》1996 第 22 期，第 15－18 页。

程序》，规定司法机关制定的司法解释应报送全国人大常委会备案，还就有关司法解释的报送和接收、审查工作的分工负责、被动审查和主动审查、纠正程序等作了具体规定。由此开启了我国人大对司法机关规范性文件进行监督的历史。美中不足的是，《司法解释备案审查工作程序》缺少对司法解释备案审查反馈机制的规定。此外，因为地方司法机关没有司法解释权，所以地方人大常委会对司法机关规范性文件监督的实践特别有限。从全国来看，在很长的一段时间里，因为种种原因，在实践层面依然存在着备案了却不审查的现象，这一制度长期流于形式。

第二，人大对司法的执法检查监督的探索实践。人大对司法机关的执法检查就是对司法机关在司法活动过程中运用和执行法律法规的情况进行监督检查，以保障法律法规切实有效实施。这种监督方式首先是由地方人大常委会在长期监督司法的过程中摸索建立的，从一开始就起到了很好的监督效果，后逐渐发展成为人大监督司法的主要手段和重要方式。据考证，这种监督方式的雏形最早可以追溯到 1983 年辽宁省沈阳市人大常委会开创的地方人大对司法执法检查的先例，当时重点是检查《宪法》的贯彻执行情况。与此同时，黑龙江、安徽、浙江、江苏、湖南、陕西等地也陆续开展了执法检查的探索。①

1988 年，七届全国人大常委会制定工作要点，对执法检查这一监督形式给予了肯定，并有计划地检查部分重要法律的实施情况，从此开启了全国人大的执法检查监督工作。这极大地推动了人大对司法的法律监督实践，较为典型的实践案例是发生于1989 年的全国人大依法实施法律监督，督促人民检察院积极纠正辽宁省台安县法律顾问处王百义等三律师错案。② 自 1990 年起，全国人大常委会审议执法检查报告制度逐步建立起来。1992 年，全国人大常委会办公厅发布了《关于全国人大常委会、各专门委员会执法检查工作安排的意见》。③ 1993 年 9 月，八届全国人大常委第三次会议通过《全国人民代表大会常务委员会关于加强对法律实施情况检查监督的若干规定》，对执法检查的对象、内容和程序作了具体规定④，从法律上为执法检查工作提供了依据，也表明各级人大常委会执法检查工作迈向规范化、法制化。1999 年 4 月，《关于改进全国人大常委会执法检查工作的几点意见》通过，进一步规范了执法检查工作。2001 年，时任全国人民代表大会常务委员会委员长李鹏指出："听取和审议国务院、最高人民法院、最高人民检察院的工作报告，开展执法检查，是常委会当前开展监督

① 谢慧：《人大执法检查制度的历史流变及其完善》，湖南师范大学 2008 年硕士学位论文。
② 郭阳、周长新、吴恒权：《全国人大依法实施法律监督 辽宁纠正一起逮捕律师错案 王百义等三人蒙冤四年终获平反》，《人民日报》1989 年 3 月 26 日，第 1 版。案情简介：1984 年，辽宁省台安县法律顾问处王百义、王力成、王志双三位律师，依法履行辩护职责反被指控犯有包庇罪，两次遭逮捕，蒙冤达 4 载。在全国人民代表大会及其常务委员会对执法机关实施的有效监督下，这一错案于 1989 年被纠正。
③ 梁国栋：《执法检查力刻法律刚性本色》，《中国人大》2014 年第 17 期，第 36 - 38 页。
④ 周鑫：《人大执法检查制度史话》，《法治与社会》2011 年第 5 期，第 60 - 62 页。

工作的两种主要的基本的方式。"① 对执法检查监督给予了充分肯定。1988 年至 2002 年相关数据显示，90 多部法律和相关问题决议的实施情况接受了全国人大常委会及其相关专门委员会的检查。② 2005 年，十届全国人大常委会办公厅制定了《全国人大常委会执法检查工作程序》，第一次从法律上完整地确立了执法检查制度。据统计，截至 2006 年，全国人大常委会已经对 53 部法律开展了 71 次执法检查，省级人大常委会则进行了超过千余次执法检查。③

2. 人大对司法的工作监督不断巩固和完善

人大对司法的工作监督主要通过听取和审议工作报告、提出质询案、组织特定问题调查委员会等常规监督方式开展，而且地方人大也在监督实践中逐步探索出个案监督、工作评议、述职评议、错案责任追究制等新的监督方式。1989 年 4 月，《全国人民代表大会议事规则》发布，进一步规范了人大对司法的人事和工作监督的程序和要求。

第一，在增强听取和审议工作报告的基础上，探索出听取专项报告的全新监督方式。各级人大将听取和审议"两院"工作报告作为常规监督方式，向来是对其工作报告给予肯定评价，几乎没有否决过。因此，在一定程度上，人大听取和审议"两院"工作报告的监督方式流于形式。直到 2001 年 2 月，辽宁省沈阳市中级人民法院的工作报告未通过沈阳市人大的审议轰动全国，这是新中国历史上第一次出现司法机关的工作报告未被人大通过，表明了人大对司法机关的工作不满意，这也给司法机关带来了有形的政治压力和监督压力。此后，出现越来越多司法机关的工作报告未获通过的情况。这说明在一定程度上，人大提高了听取和审议工作报告这种监督方式的效能。鉴于人大每年只能听取一次司法机关的工作报告，难以有效监督，人大常委会逐渐探索出听取司法机关专项报告这种新的监督方式。从全国人大常委会到地方人大常委会都对这种新的监督方式进行了探索和实践。1985 年，六届全国人大常委会分别听取了"两高"院（检察）长关于打击严重经济犯罪活动的专项报告。从此，人大常委会听取"两院"专项报告成为常态。

第二，恢复了全国人大常委会对"两高"的质询权，质询监督不断走向实践。1987 年 11 月，六届全国人大常委会审议通过《全国人民代表大会常务委员会议事规则》，把"两高"纳入了常委会质询范围，规定常委会组成人员在达到法定人数的情况下可以质询"两高"。④ 逐渐地，人大对司法机关进行质询的案例越来越多。如：

① 李鹏：《全国人民代表大会常务委员会工作报告——2001 年 3 月 9 日在第九届全国人民代表大会第四次会议上》，《中华人民共和国全国人民代表大会常务委员会公报》2001 年第 3 期，第 240 – 247 页。
② 尹世洪、朱开杨主编：《人民代表大会制度发展史》，江西人民出版社 2002 年版，第 326 页。
③ 张航：《人大执法检查：演进、嬗变与回归》，《人大研究》2019 年第 7 期，第 31 – 40 页。
④ 《全国人民代表大会常务委员会议事规则》（1987 年）第 25 条。

1987 年，陕西省人大代表提出了"关于省检察院处理'咸阳市秦都道哨卡'案中有法不依问题""关于陈强等 7 人流氓团伙"的质询案等。① 1989 年，黑龙江省逊克县人大常委会委员对县人民法院严重违反财经纪律、为政不廉的问题提出了质询案。② 1996 年，四川省 40 多位省人大代表对高级人民法院提出质询产生了全国性的影响。③

第三，组织特定问题调查委员会的实践从无到有。1986 年修正的《地方各级人民代表大会和地方各级人民政府组织法》首次对地方人大及其常委会组织特定问题调查委员会进行了简略规定，1995 年修正的《地方各级人民代表大会和地方各级人民政府组织法》对地方人大及其常委会组织特定问题调查委员会进行了详细规定。从 20 世纪 80 年代中后期开始，地方才出现了人大组织特定问题调查委员会的实践。如：1989 年 8 月，浙江省龙泉市人大常委会组织特定问题调查委员会依法纠正一起"山林纠纷案"④；1994 年，山东省菏泽市人大组织特定问题调查委员会调查并纠正了一起"放纵故意杀人案"；2000 年，安徽省合肥市人大组织特定问题调查委员会调查并纠正了"合肥市汪伦才案"；2003 年，辽宁省兴城市人大常委会组织特定调查委员会依法纠正了"红崖子粮库执行案"。⑤

第四，人大个案监督新方式的探索实践。全国人大最早介入司法机关具体案件的监督，是全国人大常委会对 1984 年辽宁省台安县"三律师案"的监督。⑥ 与中央相比，地方人大在个案监督实践中更加活跃。1988 年 3 月，七届全国人大一次会议决定设立内务司法委员会，协助依法开展内务司法方面的监督工作。逐渐地，地方人大也纷纷设立了内务司法委员会。从全国人大到地方人大设立内务司法委员会不仅加强了人大对司法的监督，更促进了个案监督在地方的广泛开展。针对人大个案监督过程中存在过分介入案件、妨碍司法机关独立行使职权的情况，全国人大常委会于 1988 年对人大个案监督进行了规范。一方面，要求人大在监督"两院"时不得直接干预具体的司法案件，可以通过质询和询问的方式对"两院"提出意见；另一方面，明确由"两院"依规纠正错案，若人大对案件有意见，可以采用听取"两院"工作报告、组织调查或者责令"两院"纠正错案。⑦ 虽然地方人大个案监督的实践不断深入，关于个案监督的地方性法规和规定纷纷颁布，但是中央制定个案监督相关法规的进程步履

① 刘子云：《省人大常委会设立 30 周年回顾之三：监督篇》，陕西人大网 2009 年 12 月 4 日，http：//www.sxrd.gov.cn/#/details？unid=086b99880b414b3387251faf2080953e，最后访问日期：2023 年 6 月 30 日。
② 全国人大常委会办公厅研究室编：《地方人大是怎样行使职权的》，中国民主法制出版社 1992 年版，第 209 页。
③ 谢小剑：《人大监督司法实施制度研究》，中国政法大学出版社 2014 年版，第 49 页。
④ 全国人大常委会办公厅研究室编：《地方人大是怎样行使职权的》，中国民主法制出版社 1992 年版，第 224 – 225 页。
⑤ 谢小剑：《人大监督司法实施制度研究》，中国政法大学出版社 2014 年版，第 150 – 152 页。
⑥ 蔡定剑：《人大个案监督的基本情况》，《人大研究》2004 年第 3 期，第 4 – 7 页。
⑦ 彭冲：《全国人民代表大会常务委员会工作报告——1989 年 3 月 28 日在第七届全国人民代表大会第二次会议上》，《人民日报》1989 年 4 月 8 日，第 3 版。

维艰，《关于对审判、检察工作中重大违法案件实施监督的决定（草案）》议案（该草案于1999年由内务司法委起草和提交）因存在广泛争议，在经过全国人大常委会两轮审议的情况下仍然没有通过，最终成为废案。

第五，人大对司法工作评议和述职评议监督方式的探索与发展。地方人大在长期实践中，探索和发展出工作评议和述职评议两种新的监督方式。人大对司法的工作评议侧重于，人大常委会按照一定程序，在充分调研的基础上，评价和审议本级司法机关的工作情况；人大对司法的述职评议侧重于，人大常委会在调研的基础上，听取本级司法人员的述职报告，并对其进行评价和审议，指出问题并提出整改意见。从20世纪80年代中期起，许多地方兴起了由人大常委会组织代表评议"一府两院"工作的热潮。据报刊所载，1985年辽宁省岫岩县开启了人大常委会组织代表评议司法工作的先河。[1] 1982年，黑龙江省肇源县人大常委会首创组织代表对"一府两院"干部述职进行评议，但并未在全国拓展开。[2] 刚开始出现时，这两种监督方式还处于自发状态，直至得到中央的肯定和支持后，才得以在全国推广开来。1992年，时任全国人大常委会副委员长兼秘书长彭冲指出，述职评议是"代表进行监督的一个重要途径"[3]。1995年，时任全国人大常委会副委员长田纪云表示："这（述职评议）是监督干部的一种好形式。"[4] 地方更是积极响应。1989年，浙江省"97个市、县、区中已有88个开展了述职评议"[5]。截至1994年，陕西省"全省95%以上的市、县开展了述职评议工作，对552名国家机关工作人员进行了评议"[6]。随着地方人大工作评议和述职评议监督实践的深入，许多地方人大纷纷制定了相关规定对其加以规范。据统计，截至2001年，已经有20个省、自治区、直辖市的人大制定了述职评议工作条例或工作评议条例；7个省级人大虽未制定相关条例，但是在监督工作条例中有所体现。[7] 然而，2006年颁布的《各级人民代表大会常务委员会监督法》（以下简称《监督法》）由于争议太大，未能将人大工作评议和述职评议写入其中，之后这种监督方式逐渐走向萧条，转而被另一种监督方式，即听取和审议专项工作报告所代替。

第六，建立错案责任追究制度。我国错案责任追究制度首先是由地方司法机关创立的。"各地方人大将之吸纳为人大监督公、检、法的一种方式。"[8] 初见端倪是在1988年，吉林省公主岭市人民法院制定了《人民法庭承包细则（试行）》，该细则规

---

① 刘政：《人民代表大会制度的历史足迹》，中国民主法制出版社2008年版，第291页。
② 人民代表大会制度研究所编：《地方人大常委会30年——重大事件回放与点评》，人民日报出版社2010年版，第59页。
③ 彭冲：《民主法制论集》，中国民主法制出版社1993年版，第177页。
④ 田纪云：《中国改革开放与民主法制建设》，中国民主法制出版社2000年版，第169－170页。
⑤ 刘政：《人民代表大会制度的历史足迹》，中国民主法制出版社2008年版，第292页。
⑥ 刘政：《人民代表大会制度的历史足迹》，中国民主法制出版社2008年版，第292页。
⑦ 袁卫东：《述职评议：地方人大监督权消长初探》，南京大学2013年硕士学位论文。
⑧ 林伯海：《人民代表大会监督制度的分析与构建》，中国社会科学出版社2004年版，第89页。

定了错案追究的相关条款。① 随后，"陕西、黑龙江、江西、河南等省的一些地方人大，纷纷建立起了错案责任追究制度"②。该制度首创于 1990 年，秦皇岛市海港区人民法院第一次系统地规定了错案责任追究制度，开启了我国错案责任追究制度的先河。1995 年，八届全国人大常委会会议通过了《法官法》，规定应当给予造成错案的法官处分直至追究刑事责任。③ 1997 年，党的十五大明确要求"建立冤案、错案责任追究制度"④。1998 年，《人民法院审判人员违法审判责任追究办法（试行）》《人民检察院错案责任追究条例（试行）》等文件颁布，标志着错案责任追究制度在我国正式确立下来，并在全国推行。"此后，其成为高悬的'达摩克利斯之剑'，也经常可以看到司法官因为错案而被追究责任。"⑤ 由此，这种通过督促司法机关内部监督实现人大监督司法的方式不断得到巩固和完善。

3. 人大对司法的人事监督不断巩固和完善

人大对司法的人事监督主要通过选举、罢免"两院"司法人员的方式进行。随着监督意识的增强，人大越来越重视这一监督方式。地方人大对此还进行了有益的探索和尝试。如在 1988 年 1 月召开的陕西省六届人大六次会议上，86 位代表提出了罢免时任陕西省人民检察院检察长的议案，虽然最终未能予以罢免，但是这表明人大对司法的人事监督足够重视。又如，1990 年，海南省人大常委会作出决定，宣布东方县违法选举法院院长无效。⑥

（五）人大对司法监督的创新发展（2007 年至今）

2006 年《监督法》表决通过以来，我国人大对司法的监督不断趋于制度化、规范化和程序化，监督方式随着时代的发展不断变化、创新，监督效能不断加强，持续促进司法公正，彰显司法正义。

1. 《监督法》的颁布极大地推动了人大监督司法的制度化、规范化和程序化

1986 年开始酝酿，历经 3 次草案、4 次草案审议，历时 20 年之久的《监督法》终于在 2006 年 8 月 27 日十届全国人大常委会第二十三次会议上被表决通过。《监督法》较为全面地规定了各级人大常委会监督司法的原则、方式和程序，规范和引导地方各级人大监督司法的实践等，极大地推进了人大监督司法工作的制度化、规范化和程序化。

---

① 夏红：《进退之间：法官责任制度研究——以 X 省为重点的考察》，《盛京法律评论》2018 年第 1 辑，第 79 - 95 页。
② 林伯海：《人民代表大会监督制度的分析与构建》，中国社会科学出版社 2004 年版，第 89 - 90 页。
③ 《法官法》（1995 年）第 30 条第 8 项、第 31 条。
④ 江泽民：《高举邓小平理论伟大旗帜，把建设有中国特色社会主义事业全面推向二十一世纪——在中国共产党第十五次全国代表大会上的报告》，《党建研究》1997 年第 10 期，第 2 - 23 页。
⑤ 谢小剑：《人大监督司法实施制度研究》，中国政法大学出版社 2014 年版，第 50 页。
⑥ 全国人大常委会办公厅研究室编：《地方人大是怎样行使职权的》，中国民主法制出版社 1992 年版，第 145 - 147 页。

一方面,《监督法》较为全面地规定了人大常委会监督司法的原则。一是坚持党的领导原则。《监督法》规定,各级人大常委会行使监督职权要坚持党的领导。① 坚持党的领导是人大监督司法必须遵循的首要政治原则。二是坚持依法监督原则。根据《监督法》规定,其制定的目的在于保障全国各级人大常委会依据宪法和有关法律的规定行使监督职权。② 三是坚持民主集中制原则。《监督法》规定,各级人大常委会按照民主集中制原则集体行使监督职权。③ 四是坚持接受人大监督原则。《监督法》规定,各级人大常委会必须向本级人大报告监督情况并接受监督。④ 五是坚持公开原则。《监督法》规定,各级人大常委会行使监督职权的情况向社会公开,而且人大常委会听取和审议本级"两院"专项工作报告和执法检查这两项的年度计划、内容、审议意见及"两院"的处理情况等均要向人大代表、常委会组成人员和社会公布。⑤

另一方面,《监督法》较为全面地规定了人大常委会监督司法的方式。《监督法》对听取和审议专项工作报告、规范性文件的备案审查、询问和质询、特定问题调查、撤职、执法检查等人大监督司法的有效方式给予了肯定,并对其程序进行了明确的规定。

此外,鉴于各级人大每年通常只召开一次全体会议,对司法机关起不到经常性的监督作用,只有人大常委会按照宪法规定才能对司法机关进行经常性的监督,以及当时各级人大主要考虑如何加强和完善人大常委会对司法机关的监督,《监督法》只对人大常委会进行了规定。值得注意的是,《监督法》并未将述职评议、个案监督这两种监督方式纳入其中加以规定,而是将它们纳入工作评议和专项工作报告中。究其原因,在于人大对如何处理好述职评议与党管干部、个案监督与司法机关独立行使职权之间的关系存在极大争议。具体来说,人大对司法监督的创新发展主要表现在以下几个方面:

第一,进行了从个案监督到类案监督的探索。《监督法》未将个案监督纳入其中,导致地方人大创造的这种监督司法方式也渐渐趋于萎缩。即使如此,地方人大在实践基础上探索出了另一种可以代替个案监督且更趋于科学合理的监督方式——类案监督。人大监督司法语境下的"类案监督"最早见诸 2006 年出版的《监督法辅导讲座》,书中认为人大对"两院"的工作评议监督也属于类案监督。⑥ 地方人大由此从实践和法理两方面进行了有益的探索。2019 年,淮北市人大常委会制定实施《司法类案监督工作规定》,这是为数不多的地方人大制定的类案监督规范之一。⑦ 但是,近年

---

① 《各级人民代表大会常务委员会监督法》第 3 条。
② 《各级人民代表大会常务委员会监督法》第 1 条、第 2 条第 1 款。
③ 《各级人民代表大会常务委员会监督法》第 4 条。
④ 《各级人民代表大会常务委员会监督法》第 6 条。
⑤ 《各级人民代表大会常务委员会监督法》第 7 条、第 8 条、第 14 条、第 23 条、第 27 条。
⑥ 全国人大常委会法工委组织编写:《监督法辅导讲座》,中国民主法制出版社 2006 年版,第 71 页。
⑦ 淮北市人大常委会研究室:《凝聚法治力量 助推依法治市》,淮北市人大网 2020 年 7 月 20 日,http://www.ahhbrd.gov.cn/content/detail/5f14f71245cb82a01e000000.html,最后访问日期:2023 年 3 月 27 日。

来，类案监督还只是在地方有所探索，并未引起全国人大的重视。因此，类案监督也未在全国范围内普及。

第二，专题询问监督实践由虚到实。询问作为人大监督司法的一种方式，最早出现在 1982 年的《全国人民代表大会组织法》中，其规定全国人大代表可以向包括司法机关在内的国家机关提出询问。① 而后，国家又先后赋予了地方人大和全国人大常委会询问的职权，但是在实践中一直未落实到位，流于形式。直到 2010 年，十一届全国人大常委会才真正地开展了专题询问监督。随之，地方人大常委会也陆续开展了专题询问，如上海市十三届人大常委会、湖北省十一届人大常委会等。② 截至 2014 年，专题询问已经在全国各省级人大常委会实现全覆盖。③ 2015 年 4 月，《关于改进完善专题询问工作的若干意见》出台，使得专题询问日趋制度化与常态化。之前人大常委会开展专题询问的监督对象并未涉及司法机关，直到 2018 年 10 月 25 日，十三届全国人大常委会审议"两高"专项工作报告，并专题询问了"两高"关于"执行难"工作、民事诉讼和执行活动法律监督工作的情况。这在全国人大常委会历史上还是第一次对"两高"工作开展专题询问，"是常委会开展监督工作的一次积极探索和实践创新"④。

2. 规范性文件备案审查工作进一步制度化、规范化

《监督法》对司法解释的备案审查制度进行了完善。一方面，规定了司法解释备案审查的反馈机制，明确了国家机关和社会团体、企事业组织以及公民可以对司法解释提出审查的要求或建议，由全国人大常委会工作机构或专门委员会进行审查、提出意见。⑤ 另一方面，限定了全国人大常委会司法解释备案审查的监督对象为"两高"。因为《监督法》规定只有"两高"拥有司法解释权，2015 年修正的《立法法》中进一步明文规定了"两高"以外的审判机关和检察机关不得作出法律解释。⑥ 值得注意的是，2014 年党的十八届四中全会提出，把所有规范性文件纳入备案审查范围，但是直到 2019 年人大才实现对地方"两院"制定的全部有关规范性文件进行备案审查。2017 年 12 月 24 日，全国人大常委会首次听取了备案审查工作报告。截至 2018 年 11 月底，全国人大常委会共接收报送备案现行有效行政法规、地方性法规、司法解释 12397 件，其中司法解释 710 件。基本实现了对司法解释的"有件必备"。⑦ 2019 年，

---

① 《全国人民代表大会组织法》（1982 年）第 21 条。
② 阿计：《询问权发力》，《楚天主人》2010 年第 11 期，第 10 – 11 页。
③ 沈倩雯：《中国省级人大专题询问的监督功能探究（2010—2017）》，南京大学 2018 年硕士学位论文。
④ 栗战书：《在第十三届全国人大常委会第六次会议上的讲话》，《中国人大》2018 年第 21 期，第 8 – 9 页。
⑤ 《各级人民代表大会常务委员会监督法》第 32 条。
⑥ 《立法法》（2015 年修正）第 104 条第 3 款。
⑦ 沈春耀：《全国人民代表大会常务委员会法制工作委员会关于 2018 年备案审查工作情况的报告——2018 年 12 月 24 日在第十三届全国人民代表大会常务委员会第七次会议上》，《中华人民共和国全国人民代表大会常务委员会公报》2019 年第 1 期，第 327 – 332 页。

全国人大常委会收到报送备案规范性文件 1485 件，其中司法解释 41 件。报备工作实现了制度化、规范化。2018 年以来，法工委着力推动将地方"两院"司法文件列为地方人大常委会备案审查对象。有 14 个省（区、市）将地方司法文件纳入备案审查范围，有 2 个省纳入依申请审查范围。① 2019 年 12 月 16 日，十三届全国人大常委会审议通过了《法规、司法解释备案审查工作办法》，表明全国人大常委会的备案审查工作更加制度化、规范化。

（六）人大监督司法的经验与启示

从人大监督司法的历史演进过程，可以得出以下几点经验与启示：

一是坚持党的领导。坚持党的领导是中国特色社会主义最本质的特征，是人大制度的根本遵循，是人大监督司法的根本政治原则。中国各族人民在党的领导下，不断完善我国社会主义的各项制度，其中也包括人大监督司法的制度。人大监督司法的实践充分证明，只有坚持党的领导，人大监督司法才能把握正确方向，保证平稳运行在法治轨道上，不断提升监督效能。但是，坚持党的领导，要反对以党代政，为人大监督司法提供充足的空间。

二是坚持以人民为中心。只有把握住了人民群众的呼声和要求，人大才能够正确地履行对司法的监督职权。人大及其常委会要始终把以人民为中心的发展思想贯穿监督司法的始终，始终把维护人民群众的合法权益、维护公平正义作为监督的根本目的。人大以听取司法机关的工作报告、提出质询案、询问、执法检查等方式监督司法机关，始终要遵循的原则就是紧紧围绕人民群众反映强烈的、集中的、普遍关注的诉求的问题。

三是坚持不干涉司法机关独立行使职权。"人大不代行司法机关的审判权、检察权，而是通过监督，启动司法机关内部的监督程序。"② 人大对司法的监督是存在界限的，这个界限就是不干涉也不能代行司法机关的审判权、检察权等司法权力，否则就是对司法机关独立行使职权的破坏。人大对司法的监督更多的是监督司法机关法律执行的情况、司法人员的履职及廉洁情况等，不能干涉和影响具体案件的办理过程，只能依照法定程序和手段督促和监督司法机关对存在问题的具体案件予以纠正和整改，实现外部监督促进内部监督。

四是坚持依法监督。人大监督司法必须在法定范围内按照法定程序来进行，并且其监督意见和建议具有法律强制力，司法机关必须服从或履行。此外，这也是对人大监督职权的约束，如果人大对司法机关提出的监督建议违宪或者违法，司法机关可以

① 沈春耀：《全国人民代表大会常务委员会法制工作委员会关于 2019 年备案审查工作情况的报告——2019 年 12 月 25 日在第十三届全国人民代表大会常务委员会第十五次会议上》，《中国人大》2020 年第 5 期，第 32 - 35 页。

② 朱大强：《李鹏强调要解放思想促进中国司法制度改革》，中新网 2000 年 10 月 27 日，https://www. chinanews. com/2000 -10 -27/26/52955. html，最后访问日期：2023 年 3 月 27 日。

采取适当的方式加以拒绝或者提请上级人大依法予以撤销。因此，全国人大需不断通过立法规范人大监督司法的程序、方式等，做到人大监督司法的有法可依、有法必依。

五是坚持集体监督。人大集体行使监督司法的职权是宪法的题中之义。坚持集体监督才能有效地杜绝人大代表或者常委会组成人员等个人干涉司法机关独立行使职权，防止人大监督变成个人监督，不然就失去了监督意义，也起不到制约权力的作用。因此，人大及其常委会在听取和审议"两院"工作报告、提出质询案、专题询问、罢免或撤职、特定问题调查、规范性文件审查等监督过程中，必须集体讨论、研判、决策等。

六是坚持公开监督。《监督法》规定了各级人大常委会要将行使监督职权的情况向社会公开，听取和审议本级"两院"专项工作报告和执法检查这两项的年度计划、内容、审议意见及"两院"的处理情况等均要向人大代表、常委会组成人员和社会公布。人大公开监督司法就是要实现监督过程、依据、行为、结果的公开，形成监督的再监督，杜绝人大滥用监督权和肆意干涉司法。坚持公开监督的一个很重要的原因是，人大作为国家权力机关，行使的是最高监督权，其他国家机关对于人大对司法的监督难以进行再监督，此时，只有人民群众才能够监督人大。为了更好地使人民群众监督人大对司法的监督，防止人大对司法滥用、乱用监督权，必须坚持公开监督。

二、人大对司法监督的现实困境

当前，人大对司法的监督基本实现了制度化、规范化和程序化，人大对司法的监督效能不断增强，司法公正不断彰显。但是，司法腐败的形势依然严峻，司法不公和司法权滥用、乱用等情况时有发生，监督司法仍需不断加强。人大对司法监督效能的增强有赖于监督方式的不断完善，但是，就当前人大对司法的监督实践来说，人大在实施各种监督过程中还存在着许多的现实困境，具体分析如下：

（一）听取和审议司法机关的工作报告

听取和审议司法机关的工作报告是人大行使监督权的基本形式之一，作为人大会议的固定环节，既是对司法机关工作的认可，也是查找问题并督促其加以整改的过程，更是推动实现司法公正的行之有效的途径。[①] 其监督效能的发挥主要表现在，人大代表在听取和审议司法机关的工作报告后，针对司法机关存在的问题提出意见和建议，甚至投出反对票。这可以极大地促进司法机关不断反思自己的工作，有针对性地改进工作，推进司法机关重点、难点问题的解决。但是，在实践过程中，这种监督方式仍然存在许多的现实困境制约着监督效能的发挥。一方面，法律层面并未对人大审

---

① 李建波：《论人大司法监督的性质、方式及法律后果》，《前沿》2004 年第 6 期，第 126 – 127 页。

议"两院"工作报告后不予通过的情况加以规定，也未提供有效解决路径。实践层面的主要做法是，责成"两院"整改后再次提交相应人大审议，这种做法有可取之处且操作性较强，但是较少涉及问责问题。① 在这种情况下，是否要追究司法机关的责任？该追究谁的责任？如何追究责任？这些问题都有待进一步明确和规范。另一方面，人大代表具备法律专业知识的有限性和获得信息的不对称性，导致有些代表听取和审议司法机关工作报告过程中存在形式化的倾向，对司法机关存在的深层次问题只是浅尝辄止，提不出建设性的意见和建议。

（二）听取和审议司法机关的专项工作报告

听取和审议司法机关的专项工作报告逐步实现了制度化、程序化和规范化，发挥了积极的监督作用，极大地增强了人大对司法的监督效能。这一监督方式的优势在于：第一，借鉴了地方人大常委会对司法机关进行工作评议、述职评议和个案监督的监督经验，并且加以规范统一。② 第二，"是常委会最经常使用的监督形式。这种监督形式具有经常性、及时性和针对性强等特点"③。但是在实践过程中，这一监督方式依然存在着一定的缺陷，有待完善和加强。一是人大常委会听取司法机关专项工作报告程序的公开性有待加强。实践中，人大常委会虽然将司法机关的专项工作报告的年度计划、报告内容、审议意见以及司法机关的研究处理情况或执行决议情况向人大代表通报并向社会公布，但是并未在制订年度计划、议题的选取等程序环节向社会征求意见，且听取和审议司法机关的专项工作报告的程序未向社会公布。这一监督方式只是实现了监督结果的公开，而未充分做到监督过程的公开。二是司法机关要求报告专项工作的主动性不强。《监督法》规定，司法机关可以向人大常委会要求报告专项工作，但是在实践中，基本上都是由人大常委会提出专项工作报告的议题，鲜有司法机关主动要求报告专项工作。三是存在一定的形式化现象。有的地方人大常委会在听取和审议专项工作报告时，赞同意见多、谈问题的少，不是假大空就是形式主义，导致监督流于形式。这与人大常委会组成人员缺乏一定的法律知识以及对司法机关后续整改的"回头看"不足有很大关系。

（三）对司法机关的质询

人大对司法的质询监督属于宪法赋予的一种刚性监督，带有一定的强制性。这种强制性主要体现在人大质询司法机关的监督程序上。人大对司法机关的质询要经过质询案的提出、决定、答复、表决，必要时还要进行追责等程序环节。在整个程序中，

---

① 倪胜源：《法院工作报告未通过人大审议的宪法学思考》，《商》2016 年第 5 期，第 230 – 231 页。
② 段鸿斌：《全国人大常委会专项工作监督的法律实效——以"听取和审议专项工作报告"为分析对象》，《人大研究》2018 年第 12 期，第 26 – 35 页。
③ 韩晓武：《监督法和全国人大常委会的监督工作》，中国人大网 2018 年 6 月 29 日，http：//www.npc.gov.cn/npc/c541/201806/5aca21025b464c61a0c2c9a7219919f9.shtml，最后访问日期：2023 年 3 月 27 日。

一旦被质询,司法机关必须作出答复。若答复被通过,司法机关必须尽快落实整改;若答复未被通过,司法机关有义务再次答复。答复不满意或者整改后仍不满意的,就会启动罢免、辞职等责任追究程序。但是在实践过程中,人大对司法机关进行质询的监督效果并不理想:一是人大质询司法机关的监督虚置化。1980—2008 年,全国共出现过 92 例质询案,全国人大有 2 例,其余 90 例均出现在地方各级人大。① 其中,人大质询司法机关的案例更是少之又少,可见现实中人大质询司法机关这一监督方式被虚置化,距离常态化还任重而道远。二是人大质询司法机关存在形式化现象。② 三是人为弱化刚性监督的质询,将其与询问监督相混淆。在实践过程中,一些人大代表把质询与询问等同起来,随意使用质询,导致质询监督的效能大打折扣。

(四) 对司法机关的特定问题调查

对司法机关的特定问题调查也是人大对司法的一种刚性监督。在加强人大对司法监督效能的现实要求下,这种监督方式不仅能树立人大权力机关的权威,而且能强化人大监督司法机关的实效。但是,从实践来看,人大对司法机关的特定问题调查基本处于搁置状态,运用极其有限。实践中,这种监督方式是人大所有监督方式中使用频率最低的,自下而上全国各级人大使用这种监督方式的频率依次递减。③ 此外,人大对司法机关的特定问题调查存在不规范、难度大等问题,主要表现在保障调查的强制力不够。法律虽然规定了有关组织和公民必须配合调查组进行调查,并向其提供必要的材料,但是未规定有关组织和公民不配合的情况下应该如何处理。而且对调查结果的公开与否存在争议,法律只规定了调查组应将对司法机关的特定问题的调查结果报告人大或者人大常委会,由它们对结果进行处理,未进一步规定是否应当向社会予以公布。

(五) 对司法机关的人事监督

人大对司法的人事监督主要通过选举、罢免或撤职"两院"司法人员的方式来进行。同时,近年来,地方人大一直没有停止对司法机关领导干部述职评议监督的创新探索,这对司法机关的人事监督进行了有益的补充。罢免、撤职手段是人大纠正司法人员违法失职行为并加强对司法机关人事监督的极具震慑力的强大武器,不仅能够发挥更有影响力的监督效果,使监督职能更为便利和有效地履行,也有利于形成稳定的监督惯例并孕育法治化的监督文化。④ 但是在实践过程中,有许多因素制约和阻碍着人大对司法机关的人事监督效能的发挥:一是人大对司法机关人事监督权与司法权独立行使之间的关系仍然未能厘清,存在争议,认为"根据纪委调查认定的事实,就可

---

① 刘伟:《我国人大质询制度的运行现状及对策研究》,南昌大学 2018 年硕士学位论文。
② 刘伟:《我国人大质询制度的运行现状及对策研究》,南昌大学 2018 年硕士学位论文。
③ 曾庆辉:《发挥特定问题调查权在人大监督中的作用》,《中国党政干部论坛》2017 年第 3 期,第 80 – 82 页。
④ 徐振光:《地方人大常委会撤职制度研究》,华东政法大学 2017 年硕士学位论文。

以讨论免去司法官职务，导致对司法职务的独立性保障不足"①。二是人大对司法机关实行罢免、撤职监督严重依赖其他机关或者部门的调查，究其原因，在于人大内部没有专门的调查组织机构，其不得不依赖于纪委、监察委甚至司法机关内部监督部门的调查结果，这必然会使人大对司法机关的人事监督效果大打折扣。三是人大监督的惯性思维，即人大重点是对事的监督，而忽视了对人的监督。大多数地方推行了错案责任追究制，人大实施个案监督过程中只纠错案，而不追究有关人员的责任，使监督力度减弱。四是人大对司法机关的人事监督更多的是被动监督，在实践中监督主动性不够。五是受到党管干部的制约，人大如果不能取得党委的支持，就很难对司法机关领导干部进行罢免或者撤职。

（六）对司法机关的执法检查

作为一种实效性极强的监督方式，对司法机关的执法检查得到了各级人大的认可，成为一种经常性的监督方式。执法检查是人大常委会对"两院"开展法律监督的形式之一，有利于促进"两院"公正司法和改进工作。②但是，当前人大常委会对司法机关进行执法检查监督实践中仍然存在一定的问题。一是执法检查的监督动力不足。《监督法》虽然规范了人大常委会对司法机关的执法检查制度，但是并没有进一步提出督促人大常委会切实履行执法检查监督责任的机制，使得人大常委会开展执法检查的积极主动性不够。同时，部分人大常委会虽然很好地开展了对司法机关的执法检查，也查找出了司法机关在执行法律上存在的问题，但是没有继续跟踪监督司法机关的整改落实，导致有些司法机关整改落实不到位，流于形式，极大地折损了执法检查的监督效能。二是执法检查的监督形式不够丰富。单一的监督形式容易导致执法检查流于形式，各地出现了诸多乱象。如：前期迎检筹备几个月，实地检查仅仅一两天；浮于表面的检查多，针砭时弊查找深层问题的少；"被安排"划定路线的检查多，自主检查、明察暗访的少；听取汇报的多，实地与一线人员交流得少；等等。执法检查过度依赖被检查部门，监督与被监督关系错位。三是执法检查不够公开透明。《监督法》只是规定将执法检查的报告、司法机关的研究处理情况向人大代表通报并向社会公布，却没有规定将人大常委会对司法机关进行执法检查的过程、手段、内容等进行公开，导致人民群众对人大常委会的执法检查缺乏了解，对人大常委会开展的执法检查活动形不成有力的监督。在外在监督压力不足的情况下，人大常委会对司法机关的执法检查监督也会事倍功半，起不到实际效果。

---

① 谢小剑：《人大监督司法实施制度研究》，中国政法大学出版社 2014 年版，第 173 页。
② 《关于改进全国人大常委会执法检查工作的几点意见》（1999 年 4 月 23 日九届全国人大常委会第十四次委员长会议通过），国家统计局网 2004 年 11 月 1 日，http://www.stats.gov.cn/zt_18555/tifz/2010qgtjzfdic/2004/202303/t20230307_1936489.html，最后访问日期：2023 年 3 月 27 日。

（七）对司法机关规范性文件的备案审查

这是人大对司法机关规范性文件进行监督的主要方式。人大对司法机关规范性文件进行备案和审查，"对于国家法制的统一、维护诉讼当事人权益、保障司法公正具有重要意义"①。2019 年，全国人大常委会法工委总结指出，整体看来规范性文件备案工作实现了制度化、常态化，但是备案审查工作做得还不到位，有待进一步提升。② 总结来看，不到位的地方主要集中于：一是人大常委会对地方"两院"规范性文件的备案审查还有待加强。据统计，截至 2019 年 12 月，共计有 14 个省（区、市）把司法规范性文件列为备案审查对象，有 2 个省将其列为依申请审查对象。③ 也就是说，还有一半以上的省（区、市）未将地方有关司法规范性文件纳入备案审查范围，这表明这些省（区、市）的人大常委会对本级司法规范性文件的监督不足，更不用谈省（区、市）以下人大常委会对本级的司法规范性文件的监督。二是有些人大常委会没有设置负责备案审查工作的专门组织或者机构，导致备案审查工作弱化。三是有些人大常委会负责备案审查工作的人员不足且专业素养不够，难以胜任备案审查工作。四是备案审查工作信息化建设有待进一步加强。当前，我国虽然已经建成了全国统一的备案审查信息平台，但是还未实现信息平台全覆盖，仍未延伸到有些县、市、区，且信息平台的使用仍然存在一定问题。五是人大常委会与"两院"在备案审查衔接联动方面有待加强。在司法实践中，"两院"有时会出现对同一法律问题解释不一致的情况，这时候就需要人大常委会及时对"两院"作出的不同解释进行统一协调，在这方面人大常委会监督还不到位。此外，人大常委会与"两院"在问题发现、研究、处置等方面的沟通交流机制还不够完善，有待加强。

三、人大对司法监督的完善路径

根据《宪法》，人民代表大会作为我国的权力机关，产生了司法机关并赋予其司法权，司法机关要对人民代表大会负责。为了维护统一的国家权力以及维护《宪法》的权威并行之有效，必须赋予人大立法权和监督权。④ 这就为人大监督司法提供了法律依据。

（一）人大监督与司法机关独立行使职权兼容并存

继承马克思主义经典作家赞成独立行使司法权的思想，我国《宪法》规定"两

① 谢小剑：《人大监督司法实施制度研究》，中国政法大学出版社 2014 年版，第 203 页。
② 沈春耀：《全国人民代表大会常务委员会法制工作委员会关于 2019 年备案审查工作情况的报告——2019 年 12 月 25 日在第十三届全国人民代表大会常务委员会第十五次会议上》，《中国人大》2020 年第 5 期，第 32 - 35 页。
③ 沈春耀：《全国人民代表大会常务委员会法制工作委员会关于 2019 年备案审查工作情况的报告——2019 年 12 月 25 日在第十三届全国人民代表大会常务委员会第十五次会议上》，《中国人大》2020 年第 5 期，第 32 - 35 页。
④ 万春：《论构建有中国特色的司法独立制度》，《法学家》2002 年第 3 期，第 70 - 80 页。

院"独立行使司法职权。三权分立制度下的司法独立，指的就是法院行使的审判权的独立。① 与西方国家不同的是，我国国家体制下的司法机关独立行使职权包括人民法院的审判独立和检察院的检察独立。② 但是，司法机关独立行使职权不是绝对的独立，否则容易造成司法权的滥用和腐败。因此，在我国必须坚持人大对司法的监督。人大对司法的监督是在不破坏司法机关独立行使职权的前提下的间接监督，人大监督与司法机关独立行使职权兼容并存。

实现两者的兼容并存关键看人大监督司法的方式。当前，人大监督司法的主要方式包括听取和审议法院、检察院工作报告和专项工作报告，质询，特定问题调查，任免法官、检察官等人员，执法检查，规范性文件备案审查，等等。这些监督方式大多是人大在宏观层面对司法机关进行的事后监督，能够很好地实现人大监督与司法机关独立行使职权的兼容并存。争议较大的是人大对司法机关的个案监督。有学者将人大个案监督方式分为转办、督办、查办、审办等。③ 其中，转办、督办这两种监督方式没有直接介入司法裁判，不会对个案的具体工作提出意见，仅是对参与人员起到提醒作用。因此，转办、督办的监督方式不会对司法机关独立行使职权造成破坏。但是，如果采用查办、审办的个案监督方式，人大就要亲力亲为对案件进行自主调查，并对案件的结果加以指摘，进而影响司法审判，这势必会对审判独立造成消极影响。④ 因此，人大应当在不破坏司法机关独立行使职权的前提下，通过转办、督办等方式对司法机关的个案进行监督，适时由人大外部监督转为法院、检察院的内部监督。只有这样，才能保证人大监督与司法机关独立行使职权的兼容并存。

（二）完善听取和审议司法机关工作报告制度

针对当前存在的人大听取和审议司法机关工作报告监督制度形式化以及司法机关工作报告未被通过的后续责任追究问题，应从以下两个方面不断加强和完善：

一是推动人大审议司法机关工作报告全程公开化。当前，我国人大听取司法机关工作报告基本实现了全程直播，但是，人大审议司法机关工作报告还未进行全程直播。按照程序，在人民代表大会上听取"两院"工作报告后，各代表小组分组审议"两院"工作报告。但是，各代表小组分组审议"两院"工作报告并未做到全程直播，各代表小组的审议情况只是片段式地被报道。如果这一审议环节实现了全程直播，能够在人民群众的监督下进行，那么势必会推动人大代表负责任地做好监督工作。

二是建立司法机关工作报告未被通过的责任追究机制。我国《宪法》和法律没有

---

① 万春：《论构建有中国特色的司法独立制度》，《法学家》2002年第3期，第70-80页。

② 《宪法》第131条规定："人民法院依照法律规定独立行使审判权，不受行政机关、社会团体和个人的干涉。"第136条规定："人民检察院依照法律规定独立行使检察权，不受行政机关、社会团体和个人的干涉。"

③ 蔡定剑：《人大个案监督的基本情况》，《人大研究》2004年第3期，第4-7页。

④ 李利：《审判独立：中国特色社会主义法治理论的构成语词》，《司法改革论评》2019年第1辑，第33-46页。

对"两院"工作报告未被人大通过后的程序以及责任追究进行规定。在实践中，当"两院"工作报告未被人大通过时，主要的做法是人大择期召开人民代表大会再次听取和审议整改后的"两院"工作报告。这种做法虽然可操作性强，但是缺乏一定的法律依据，而且对相关部门和责任人的责任追究不到位。因此，应当对司法机关工作报告未被通过后的程序以及责任追究进行立法规定，明确后续程序和责任追究，以期实现有法可依。同时，还要加强与人大监督司法其他方式的联动，一旦出现司法机关工作报告未被通过的情况，必要时可以采用询问、质询、特定问题调查等方式，对工作报告中存在的问题进行调查研究；需要追究相关责任人时，可以通过撤职、罢免等方式，追究相关责任人的责任，增强人大监督司法的实效。

（三）完善听取和审议司法机关专项工作报告制度

针对当前人大常委会听取和审议司法机关专项工作报告监督制度存在的形式化、主动性不强以及程序不够公开等问题，围绕人大常委会听取和审议司法机关专项工作报告的具体环节和程序，应从以下几个方面进行完善和强化：

一是科学合理制订专项工作报告的年度计划和议题。第一，坚持党的领导原则。结合党委政法委年度重点工作制订年度计划以及选取议题，党委政法委年度重点抓什么工作，人大常委会就应该重点监督什么工作。第二，坚持公开原则。注重顺民心、听民意，吸收群众集中反映的意见。群众集中反映司法领域的什么问题，人大常委会就应该更加关注什么问题，应进一步拓宽向社会公开征求专项工作报告议题的渠道，而不是仅仅向社会公布年度计划或者议题结果。第三，坚持程序原则。监督实效的提高有赖于程序的完备和遵守，人大常委会在制订年度计划和选取议题时要始终坚持程序规范，从前期调研、议题征集、意见征求、会议审议，到常委会研究通过、向社会公布等环节，都必须做到位。

二是求真务实开展调查研究。第一，坚决反对调研形式化。不预设调研路线，采取多样化调研手段和方式，明察和暗访相结合，座谈会、意见征求会、实地走访、现场调研、个别采访等方式配合使用，并且与被调研单位或部门良性沟通，加强交流。第二，科学选取调研人员。针对调研内容选取多层次、跨学科、具备一定专业知识的调研人员，包括人大常委会组成人员、人大专门机构人员、"两院"工作人员、人大代表甚至群众等，还要做好调研人员的调研培训工作。第三，为群众反映问题、征求群众意见提供多渠道、多平台，做好对反映问题群众的保密工作。第四，准确撰写调研报告。紧紧围绕调研主题撰写报告，不讲成绩，只讲现实工作、存在问题以及整改措施等。

三是公开听取和审议专项工作报告。第一，充分发挥多媒体、网络技术在常委会审议工作中的作用，采用文字、图像、影音、VR等立体化形式，破除单一的平面形式。[1]

---

[1] 必飞：《地方人大审议专项工作报告机制如何完善》，《法治与社会》2018年第10期，第27—29页。

逐步实现对听取和审议专项工作报告的全程公开，接受更广泛的人民群众的直接监督，而不仅仅是审议结果的公开。第二，严格落实听取和审议专项工作报告过程中的专题询问。按照《关于改进完善专题询问工作的若干意见》的要求，在召开人大常委会听取和审议专项工作报告时，"两院"院（检察）长或者相关人员要到会接受现场询问，这样才能更好地回应问题，直面监督，从而发挥人大专题询问的监督力度、权威和实效。

四是开展专项工作报告满意度的票决测评。实践中，很多地方人大常委会在听取和审议专项工作报告后，采取投票表决的方式对专项工作报告进行满意度测评，这是对被审议机关专项工作进行反馈和评价方式很好的探索，各级人大常委会在听取和审议专项工作报告时都可以运用票决测评。此外，还要充分考虑当出现对专项工作报告不满意的票决结果时如何处理，责任由谁来负，是否要启动追责机制，等等。

五是加强对审议意见执行情况的跟踪监督。实践中，许多地方人大常委会对审议意见的执行情况进行了跟踪监督或者再监督，具体做法是由人大常委会听取对审议意见的执行情况，必要时还要作出决议。除此之外，还可以对意见执行情况进行测评表决，倒逼司法机关履职尽责，切实抓好专项工作；将意见执行情况向人大代表及社会公开，接受广泛的人民群众的监督。

（四）完善对司法机关的质询制度

针对当前人大质询司法机关监督制度存在形式化、虚置化以及与询问相混淆的问题，结合实践，需从以下三个方面加以完善和整改：

一是完善法律法规，实现质询监督规范化。第一，修改相关法律，规定人大代表或者人大常委会组成人员可以个人名义提出对司法机关的质询案，打破原有的提出质询案的人大代表或者人大常委会组成人员法定人数的限制，同时也要更加严格地审核提出的质询案是否成立。第二，修改《宪法》及相关法律，将人民法院和人民检察院及"两院"院（检察）长纳入人大质询的对象范围。第三，修改相关法律，打破人大代表只能在人民代表大会召开期间才能提出质询案的规定，为人大代表对司法机关提出质询案提供更多的机会；此外，明确规定人大对被质询的司法机关的答复连续不满意时，有权对司法机关及负责人进行追责，启动追责机制，进而与特别问题调查、罢免、撤职等监督方式相衔接，提高监督实效。

二是坚持公开原则，实现质询监督公开化。完善相关法律法规，建立质询信息公开制度，将质询过程、内容、结果等向社会公开，接受最广泛的人民群众的监督。需要注意的是，公开过程中要区别好涉密内容和非涉密内容。

三是加强制度创新，实现专题询问和质询相衔接。在充分认识询问和质询差别的同时，不断加强制度创新，探索建立专题询问和质询的衔接机制，更好地综合运用人大监督司法的多种方式。一方面，通过完善相关法律法规，明确专题询问和质询衔接机制的合法性；另一方面，综合考虑专题询问和质询的程序环节，将专题询问的主题内容以及后续处置与质询的缘由衔接与融合。

（五）完善对司法机关特定问题的调查制度

针对当前人大对司法机关的特定问题调查基本处于搁置状态、运用极其有限以及不规范、难度大等问题，应从以下几个方面着手解决：

一是准确界定对司法机关"特定问题"的调查范畴。《监督法》对人大常委会调查司法机关"特定问题"的范畴进行了概括性的规定[1]，但是这种规定缺乏现实可操作性，需要结合实践加以具体化。总结来说，人大能够启动对司法机关进行调查的"特定问题"应当包括四个方面：第一，因司法机关及其工作人员严重违法、失职、渎职造成的冤假错案；第二，由人大选举或任命的司法机关领导干部出现严重违法违纪而被罢免、撤职的问题；第三，司法机关不能妥善处理、群众反映强烈、造成重大社会影响、需要人大居中协调处理的问题；第四，各级人大及其常委会行使职权需调查，或者通过听取报告、执法检查、询问和质询等监督手段仍未解决或不满意的重大问题。[2] 人大对司法机关进行调查的"特定问题"不应包括司法机关正在依法处理的个案，防止干涉司法机关独立行使职权。

二是明确限定对司法机关"特定问题"的调查时限。为了保证调查的顺利进行以及提高效率，应规定对司法机关"特定问题"调查的时限。但现实是，全国人大并未从国家层面对调查时限进行立法规定，只有地方人大制定的一些实施办法、条例等对调查时限进行了规定。值得注意的是，全国人大在统一限定调查时限时，要综合考虑调查问题的实际情况及难易程度，科学合理地设定调查时限，保证调查时限的灵活性和可操作性。

三是合理赋予对司法机关"特定问题"的调查权限。《宪法》及相关法律法规并未规定调查委员会在调查时可以采取的调查方法以及调查权限。实践中，有些地方人大对调查委员会的调查方法进行了规定，明确调查委员会可以采取听取汇报、调阅卷宗、询问、听证、论证、审计以及鉴定等手段进行调查。[3] 有些地方人大规定，如果在调查过程中遇到阻力，如机关、团体或者个人不配合调查，可以要求有关机关协助排除阻力。[4] 不同地方人大对调查委员会的调查手段以及权限有不同的规定。全国人

---

[1] 《各级人民代表大会常务委员会监督法》第39条规定："各级人民代表大会常务委员会对属于其职权范围内的事项，需要作出决议、决定，但有关重大事实不清的，可以组织关于特定问题的调查委员会。"

[2] 曾庆辉：《发挥特定问题调查权在人大监督中的作用》，《中国党政干部论坛》2017年第3期，第80–82页。

[3] 《湖北省实施〈中华人民共和国各级人大常委会监督法〉办法》第43条规定："特定问题调查委员会有权要求有关单位负责人汇报情况，调阅有关的案卷和材料，询问有关人员，组织听证、论证、专项审计和必要的鉴定。调查委员会对调查中涉及的国家秘密、商业秘密和个人隐私，应当依法保密。"

[4] 《昭通市人大常委会组织关于特定问题的调查委员会办法》第9条规定："调查委员会在开展调查工作中，如果遇到阻力或者受到非法干扰，可以要求有关机关协助予以排除，或者向市人大常委会报告，由市人大常委会要求有关机关协助排除阻力和干扰，直至依法追究相关责任人的责任。"

大可以在结合地方人大经验的基础上，统筹协调，将地方经验提升到国家立法层面。

四是切实提高对司法机关"特定问题"的调查透明度。应完善相关法律法规，建立健全"特定问题"调查公开机制，将调查的"特定问题"、调查委员会的组成、调查过程、调查内容、人大常委会的审议和决议、调查结果、被调查单位整改情况等适时地向社会公布，接受广大人民群众的监督。其间，还可以采用听证会的方式进行公开，既能听取被调查人员的陈述，也能切实听取人民群众的心声。

五是及时完善对司法机关"特定问题"的调查程序。当前，人大对司法机关"特定问题"调查监督不足，很大一个原因是这种监督方式的可操作性不强，关于"特定问题"调查的程序不够明确，各地人大"特定问题"调查的程序各有不同，这就急需从国家层面对人大对司法机关"特定问题"调查程序进行统一规定。应通过修改完善相关法律法规，增设人大开展"特定问题"调查的程序章节，以国家法律的形式明确调查程序。

六是密切跟踪对司法机关"特定问题"的调查结果。《监督法》第43条规定，人大常委会根据调查委员会提出的调查报告，可以作出相应的决议、决定。《监督法》中仅明确"可以"作出相应的决议、决定，并不是一定要作出决议或决定。使用"可以"字眼导致是否作出决议或决定具有可选择性，势必会减弱监督效果。因此，可进一步修改《监督法》，规定人大常委会必须作出决议、决定；人大常委会作出决议、决定，提出处理意见后，被调查机关必须在一定期限内完成整改，追究相关责任人的责任；人大常委会同步做好跟踪监督，在规定期限内，听取决议执行情况；等等。

七是加强对司法机关"特定问题"调查监督与其他监督方式的综合运用。人大采用对司法机关进行"特定问题"调查监督方式的时候，也要与其他监督方式相互配合，如质询、询问与调查相互转换使用，调查与撤职、罢免衔接使用等，充分发挥"特定问题"调查的监督功效。

（六）完善对司法机关的人事监督制度

针对当前人大对司法机关人事监督过程中存在的人事监督权与司法权独立行使之间的冲突、调查依赖性、被动监督以及党管干部的制约等问题，可以从以下三个方面着手改进与完善：

一是重视对司法机关人员的任前监督。把加强人大对司法机关的人事监督落到实处，首要的是监督好司法机关人员的选举和任命工作。在正式选举和任命司法机关人员之前，人大要严格例行任职资格的实质性审查，可以通过参与法官、检察官遴选委员会的遴选工作，也可以进行民主评议、听取被选举或任命的司法机关人员的自我陈述，还可以进行质询等，确保被选举或者任命的司法机关人员符合任职条件。

二是加强对司法机关人员的任中监督。在司法机关人员任职期间，人大也要做好监督工作，可以定期或者不定期地对他们的工作作风、履职情况等进行检查。具体来说，可以借鉴有些地方人大开展的述职评议、测评的监督方式，也可以参与法官、检察官考评委员会的考评工作；加强对司法公开制度的建设情况进行监督，使司法机关人员的工作履职情况、作风状况等接受社会的广泛监督；将人大对司法机关的人事监督与责任追究机制相衔接；做好对涉及司法机关人员的群众举报、投诉、来信、来访的处理工作；等等。

三是完善对司法机关人员的撤职、罢免监督。人大对司法机关人员的撤职、罢免作为重要的监督方式，极具刚性，因此，必须不断完善和加强。第一，《监督法》虽然规定了撤职案的主体、表决、审议、被撤职人员的权利、程序等，但是并未对提出撤职案的情形加以规定，需进一步修改完善《监督法》，对启动撤职案的情形加以规定。第二，加强人大对司法机关人员的撤职罢免监督与其他监督方式的联动与衔接。人大通过听取工作报告、质询、执法检查等监督后，需要对司法机关人员追究责任时，可以采用撤职、罢免监督方式；在采用撤职、罢免监督方式时，可以启动特定问题调查监督，对司法机关人员进行调查，为作出决议提供依据和参考。

（七）完善对司法机关的执法检查制度

针对当前该制度中存在的监督动力不足、监督形式不够丰富、公开不够透明以及形式化等问题，可围绕执法检查的"选题、检查、向人大常委会报告、专题询问、解决问题、听取反馈报告"①环节加以完善，具体如下：

一是选择议题以及制订年度计划要紧扣"监督法律、法规实施情况"的目标定位。一方面，要认识到执法检查是对司法机关在开展司法活动时执行法律法规情况的监督检查，而不是对司法机关实施国家政策情况的监督检查，更不是对司法活动甚至是具体案件的无差别检查，但是可以对已审结的或者存在较大争议的案件进行检查，检查案件办理是否符合法律程序和要求；另一方面，执法检查议题要围绕司法机关开展司法活动中的大局性问题、普遍性问题、高度关注性问题进行选取，具备问题意识，还要选取一些司法活动中执行法律法规遇到的共性问题。

二是不断加强执法检查组织实施的有效性。第一，科学合理组织执法检查组，除法律规定的组成人员外，适当增加法律专业人士、法学专家或学者参与检查，这样有利于发现非专业人士不容易发现的问题，增强检查效果。第二，严格区分检查主体和对象，应当避免被检查的相关司法机关人员参与检查，必要时可以按照检查组的要求提供协助。此外，非必要时尽量减少委托下一级人大常委会开展执法检查。第三，坚决反对检查的形式主义，在切实运用传统检查方式的前提下，对检查手段和方法进行大胆革新，如采用科学高效的田野调查法、切实有效的明察暗访、快速便捷的网上调查等。

---

① 田必耀：《新时代人大执法检查重大创新及实施对策研究》，《人大研究》2019 年第 9 期，第 4 - 11 页。

三是进一步增强执法检查的公开性和透明度。不仅要按照《监督法》的要求，将执法检查的年度计划、检查报告、审议意见以及被检查司法机关的研究处理情况向社会公布，接受人民群众的广泛监督，而且还要将执法检查的全过程做到公开透明，积极邀请媒体参与，实时报道，接受媒体监督、舆论监督乃至整个社会的监督。这样才能取得最广泛的人民群众对执法检查的支持，并增强监督效果。

四是加强对执法检查结果的跟踪监督以及与其他监督方式的联动协作。被检查的相关司法机关按照审议意见研究处理整改落实方案，并及时将研究处理情况反馈给人大常委会后，人大常委会仍需加强对研究处理情况的跟踪监督，及时开展"回头看"，及时督促执法检查结果的有效落实。

（八）完善对司法机关的规范性文件备案审查制度

针对当前人大常委会对司法机关规范性文件备案审查监督中存在的，对地方"两院"规范性文件备案审查不足、工作弱化、负责备案审查工作的专门人员素养不够、信息化建设有待加强、与"两院"备案审查衔接联动方面不足等问题，应从以下三个方面进行改进和完善：

一是继续推进地方司法机关规范性文件的备案审查制度建设。当前，人大在实践中不断推动加强地方司法机关规范性文件的备案审查制度建设。2019 年 12 月 16 日，《法规、司法解释备案审查工作办法》的出台为地方各级人大常委会对本级法院、检察院制定的规范性文件的备案审查提供了具体指导和参照依据。[①] 同时，全国人大常委会也在实际推动这项工作。截至 2019 年 12 月，共计有 14 个省（区、市）把司法规范性文件列为备案审查对象，有 2 个省将其列为依申请审查对象。[②] 但是，在实践中，还要注意三个问题：第一，修改完善《监督法》，规定地方人大常委会有权对"两院"的规范性文件进行备案审查，并赋予所有国家机关和社会团体、企事业组织和公民提请审查地方法院、检察院制定的规范性文件的权利。第二，明确界定对地方"两院"的规范性文件进行备案审查的范围。根据《法规、司法解释备案审查工作办法》的规定以及具体实践，目前只能将备案审查范围限定为涉及审判、检察工作，由地方"两院"颁布的规范性文件，而不应涵盖地方法院、检察院关于内部管理、人事、财务、外事等内容的规范性文件。第三，完善审查地方法院、检察院规范性文件的程序。在借鉴全国人大常委会审查"两高"规范性文件程序的基础上，结合地方"两院"实际，不断完善审查的启动、处理、问责等程序。

二是自上而下地加强人大常委会备案审查能力建设。第一，建立一支专业化、职

---

① 《法规、司法解释备案审查工作办法》第 55 条规定："地方各级人大常委会参照本办法对依法接受本级人大常委会监督的地方政府、监察委员会、人民法院、人民检察院等国家机关制定的有关规范性文件进行备案审查。"

② 沈春耀：《全国人民代表大会常务委员会法制工作委员会关于 2019 年备案审查工作情况的报告——2019 年 12 月 25 日在第十三届全国人民代表大会常务委员会第十五次会议上》，《中国人大》2020 年第 5 期，第 32 – 35 页。

业化的备案审查队伍，切实落实在人大常委会设置专门负责备案审查工作的部门或者机构，实行专人专责、专人专岗；第二，加快备案审查信息平台建设，实现省、市、县信息平台的全覆盖，特别要加大对市、县一级信息平台建设的投入；第三，加强与高校、科研院所在备案审查工作方面的合作，打造相关智库平台，加强相关制度研究；第四，建立健全备案审查工作报告制度和机制，及时掌握相关监督情况。

三是健全备案审查公开机制。一方面，人大常委会应及时将备案审查情况向社会公布，不仅仅是备案审查结果的公布，也应该包括备案审查过程的公开。另一方面，积极邀请公众参与到备案审查工作中。在保证公众有权提出对司法机关规范性文件进行审查的基础上，还应积极邀请公众参与备案审查过程，认真听取公众的意见建议并及时作出回应。

结　语

我国人大监督司法历经正式建立、破坏中止、恢复重建、巩固完善、创新发展等阶段，不断趋于制度化、规范化和程序化，监督效能不断加强。但是，我们还要清醒地认识到，当前人大监督司法还存在许多现实困境。人大监督司法只有进行时，没有完成时。下一步，做好新时代人大监督司法工作要着力于找准监督重点、难点，创新监督方式方法，加强对司法人员的监督以及强化监督的后续跟踪工作等，不断发挥人大监督司法的效能，切实维护人民群众的合法权益，切实保障公平正义，不断推进全面依法治国，为实现中华民族伟大复兴的中国梦作出更大贡献。

第三篇

司法权力之间的配合与制约关系

第九章
司法机关的配合与制约关系

1979 年，"配合与制约"原则写入法律，《刑事诉讼法》第 5 条表述为："人民法院、人民检察院和公安机关进行刑事诉讼，应当分工负责，互相配合，互相制约，以保证准确有效地执行法律。"1982 年，这一原则被写入《宪法》："人民法院、人民检察院和公安机关办理刑事案件，应当分工负责，互相配合，互相制约，以保证准确有效地执行法律。"《刑事诉讼法》条文与《宪法》条文中的表述稍有差异，即《宪法》将《刑事诉讼法》中的"进行刑事诉讼"表述为"办理刑事案件"。此后，多次修正的《宪法》和《刑事诉讼法》一直保留了这一原则，且分别维持了最初的表述。

2014 年，《中共中央关于全面推进依法治国若干重大问题的决定》提出："健全公安机关、检察机关、审判机关、司法行政机关各司其职，侦查权、检察权、审判权、执行权相互配合、相互制约的体制机制。"将配合与制约原则的主体从三机关扩展到四机关，即将司法行政机关增加为主体。这是对司法机关"配合与制约"原则的新发展，是对我国司法体制的重大改革和完善。

笔者认为，应当在坚持配合与制约原则的前提下，及时修改《宪法》和《刑事诉讼法》中关于这一原则的宣言式条款，调整司法行政机关的现有职权，以体现党的文件对这一原则的最新发展。

一、从三机关到四机关的配合与制约原则

三机关配合与制约原则产生于新中国成立初期，到 2014 年发展为四机关配合与制约原则，与中华人民共和国的历史一样，经历了曲折的历程。

（一）三机关配合与制约原则

公、检、法三机关互相配合、互相制约原则的提法，最早见于 1950 年前后中央

政法党组就建议批准最高人民检察署党组的报告给中央的信。① 三机关配合与制约原则源于苏联，但是苏联没有明确规定"互相配合、互相制约"原则，该原则是由哲学研究学者、时任彭真秘书长的李琪提出来的，"互相制约"一词借用了斯大林在《联共（布）党史》第四章辩证唯物主义和历史唯物主义中"关于事物之间互相联系、互相制约"②的提法。在新中国成立初期长时间的司法实践中，由李琪提出的"互相配合、互相制约"原则是我国公、检、法三机关"分工负责、互相配合、互相制约"原则的原始模型。

1951 年 9 月 3 日，中央人民政府委员会第十二次会议通过《各级地方人民检察署组织通则》，确立了"检察署同公安、司法机关的商洽制度"。1955 年 4 月 5 日，时任最高人民法院院长董必武在中国共产党全国代表会议上的发言指出："我们人民司法工作的锋芒，是通过各种审判活动，配合公安和检察工作。"③ 在那个特殊的时代，强调的是法院要配合公安和检察的工作，对高效打击犯罪发挥了极大作用，但显然也忽视了法院的监督和把关作用，法院的中立、独立地位和中心地位没有体现出来；相反，法院成了公安和检察的配合者和附庸。

1954 年，中共中央的一份文件也明确表示："检察机关和法院、公安机关、人民监察委员会之间，既要有明确的分工，又要在工作上互相配合，互相制约……"④ 这是较早明确提出"互相配合、互相制约"的中央文件。1956 年，刘少奇在《中国共产党中央委员会向第八次全国代表大会的政治报告》中指出："我们的一切国家机关都必须严格地遵守法律，而我们的公安机关、检察机关和法院，必须贯彻执行法制方面的分工负责和互相制约的制度。"⑤ 这是党的文件首次提出"分工负责和互相制约"。上述党的两个文件分别提出"互相配合、互相制约""分工负责和互相制约"，二者如果整合起来，就具有了"分工负责、互相配合、互相制约"的全部内容。

从 1957 年下半年开始，受反右派斗争严重扩大化的影响，检察机关的权力被迫"挂起来，备而待用"⑥。三机关所谓配合与制约失去了前提和主体，"三机关配合与制约"原则实际上已经废止。

---

① 王桂五：《王桂五论检察》，中国检察出版社 2008 年版，第 429 页。王桂五的文章没有对这份文件的具体年份进行说明，现无法查证。但是，1949 年 11 月 9 日，中共中央作出《关于在中央人民政府内设立中国共产党党组的决定》，据此，中共中央决定在最高人民法院及最高人民检察署成立联合党组，即中央政法党组。所以，时间应当大致在 1950 年。参见周尚君：《党管政法：党与政法关系的演进》，《法学研究》2017 年第 1 期，第 196 页。
② 王桂五：《王桂五论检察》，中国检察出版社 2008 年版，第 429 页。王桂五同志的文章没有对李琪同志提出这一说法的具体方式和年份进行说明，现无法查证。
③ 中共中央文献研究室编：《建国以来重要文献选编（第六册）》，中央文献出版社 1993 年版，第 138 页。
④ 中共中央文献研究室编：《建国以来重要文献选编（第五册）》，中央文献出版社 1993 年版，第 275 页。
⑤ 《刘少奇在中国共产党第八次全国代表大会上的政治报告》，共产党员网 2012 年 9 月 24 日，https：//fuwu. 12371. cn/2012/09/24/ARTI1348470262024755. shtml，最后访问日期：2023 年 7 月 1 日。
⑥ 甘雷、谢志强：《检察机关"一般监督权"的反思与重构》，《河北法学》2010 年第 4 期，第 192 页。

1978年3月5日，第五届全国人民代表大会第一次会议通过了新的《宪法》。1978年《宪法》虽然没有规定公、检、法三机关之间的关系，但叶剑英在1978年《宪法》修改报告中指出："……充分发挥公安机关、检察机关、人民法院这些专门机关的作用，使它们互相配合又互相制约，这对于保护人民，打击敌人，是很重要的。"① 这份修改报告用草案说明的形式强调了公、检、法三机关配合与制约的关系。

1979年，我国第一部《刑事诉讼法》第一次明确规定了三机关配合与制约原则。该法第5条规定："人民法院、人民检察院和公安机关进行刑事诉讼，应当分工负责，互相配合，互相制约，以保证准确有效地执行法律。"1982年，三机关"配合与制约"原则入宪，规定在第135条。之后，虽然《宪法》和《刑事诉讼法》经过多次修改，条文序号也发生了变化，但是这一内容都保留了下来，并且其表述没有任何变化。

（二）四机关配合与制约原则

2014年，《中共中央关于全面推进依法治国若干重大问题的决定》在三机关配合与制约原则的基础上提出："健全公安机关、检察机关、审判机关、司法行政机关各司其职，侦查权、检察权、审判权、执行权相互配合、相互制约的体制机制。"这一重要决定确立了司法行政机关在司法机关配合与制约中的地位，标志着司法四机关配合与制约原则的正式形成。

2014年至今，党和国家以及"两高"多次会议与文件提及司法机关配合与制约原则，重申了该原则的重要性，丰富了该原则的含义。2014年1月7日，习近平总书记在中央政法工作会议上的讲话中指出："要健全政法部门分工负责、互相配合、互相制约机制……加强对执法司法权的监督制约，最大限度减少权力出轨、个人寻租的机会。"② 2014年10月20日，习近平总书记在《关于〈中共中央关于全面推进依法治国若干重大问题的决定〉的说明》中明确指出："我国刑事诉讼法规定公检法三机关在刑事诉讼活动中各司其职、互相配合、互相制约，这是符合中国国情、具有中国特色的诉讼制度，必须坚持。"③ 随后，习近平总书记又在《加快建设社会主义法治国家》一文中指出："推进公正司法，要以优化司法职权配置为重点，健全司法权力机关分工负责、相互配合、相互制约的制度安排。"④ 2016年7月20日发布的《关于推进以审判为中心的刑事诉讼制度改革的意见》的第1条也明确规定："……人民法院、人民检察院和公安机关办理刑事案件，应当分工负责，互相配合，

① 叶剑英：《关于修改宪法的报告——一九七八年三月一日在中华人民共和国第五届全国人民代表大会第一次会议上的报告》，《人民日报》1978年3月8日，第1版。
② 中共中央文献研究室编：《习近平关于全面依法治国论述摘编》，中央文献出版社2015年版，第76页。
③ 中共中央文献研究室编：《习近平关于全面依法治国论述摘编》，中央文献出版社2015年版，第82页。
④ 中共中央文献研究室编：《习近平关于全面依法治国论述摘编》，中央文献出版社2015年版，第83页。

互相制约……"

此外，最高人民法院与最高人民检察院也要求让该原则在司法实践中发挥更大的作用。2018 年 6 月 11 日，在首席大检察官首次列席最高人民法院审判委员会上，周强指出："全国各级法院……自觉接受检察机关诉讼监督，在诉讼活动中坚持分工负责、互相配合、互相制约，确保严格公正司法。"张军也指出："在诉讼活动中，检察机关、审判机关是分工负责、互相配合、互相制约的关系。"[1] 时任司法部副部长郝赤勇也指出："十八届四中全会明确了优化司法职权配置的主要任务就是要健全公安机关、检察机关、审判机关、司法行政机关各司其职，侦查权、检察权、审判权、执行权相互配合、相互制约的体制机制。"[2] 司法机关领导人对配合与制约原则的反复强调，体现了其在刑事诉讼中的特殊意义。

2019 年 1 月 13 日起实施的《政法工作条例》第 6 条第 9 项规定："政法单位依法分工负责、互相配合、互相制约，确保正确履行职责、依法行使权力。"该条例第 3 条第 3 款规定了政法单位的含义："政法单位是党领导下从事政法工作的专门力量，主要包括审判机关、检察机关、公安机关、国家安全机关、司法行政机关等单位。"显然，政法单位包括我们通常所说的公、检、法、司四机关在内。2019 年 1 月 15 日，习近平总书记在中央政法工作会议上指出："要优化政法机关职权配置，构建各尽其职、配合有力、制约有效的工作体系。"[3] 习近平总书记的这次讲话是对司法机关"配合与制约"原则的再次强调，并对改革和完善这一原则提出了具体要求，即要分工负责还要尽责、要互相配合还要有力、要互相制约还要有效。

四机关配合与制约原则不仅是三机关配合与制约原则的拓展与延伸，也是新时代司法职权配置的改革要求与目标指向。

二、坚持和完善司法机关配合与制约原则

近年来，很多学者看到了司法机关配合与制约原则在运行中存在问题，如有人在 21 世纪之初就指出："这种权力配置方案却在我国的刑事司法实践中引发了公检法三机关关系的错位、扭曲与缺位。"[4] 很多学者质疑这一原则，主张对其完全废除或者部分废除。

完全废除说认为："'分工负责、互相配合、互相制约'原则与程序正义之间存在一种水火不容、此消彼长的矛盾关系。因此，要想使刑事诉讼法真正地成为宪法的保障法，使程序正义在刑事诉讼活动中占据一席之地，就不能不彻底摈弃分工负责、互

① 姜洪：《首席大检察官首次列席最高法审委会》，《检察日报》2018 年 6 月 12 日，第 1 版。
② 郝赤勇：《优化司法职权配置 完善司法行政制度》，《法制日报》2014 年 11 月 19 日，第 2 版。
③ 习近平：《论坚持全面依法治国》，中央文献出版社 2020 年版，第 248 页。
④ 谢佑平、万毅：《分工负责、互相配合、互相制约原则另论》，《法学论坛》2002 年第 4 期，第 101 页。

相配合、互相制约原则。"① 一些体现程序正义与法治精神的程序规则、证据规则与司法制度的构建或完善必须以废除分工负责、互相配合、互相制约原则为基本前提。② 这种看法认为，配合与制约原则应当彻底被摒弃，因为这一原则违背了程序正义和法治精神。

部分废除说认为，应当将配合与制约原则修改为"分工负责、互相制约"，即"分工与制约原则"。他们认为，搞好本职工作，即为配合，只要具备了"分工负责"，也就具备了"互相配合"，因此，无须在原则中对它进行专门表述。③ 这是一种折中的提法。

笔者认为，在司法改革中，应当在坚持这一原则的前提下发展与完善这一原则。具体理由包括以下几个方面：

（一）配合与制约原则符合司法规律

对于司法规律，习近平总书记有过深刻的论述，他将司法规律分为狭义的司法规律与广义的司法规律。对于狭义的司法规律，习近平总书记指出："司法活动具有特殊的性质和规律，司法权是对案件事实和法律的判断权和裁决权。"④ 狭义的司法权指的是判断权与裁决权合二为一的审判权，狭义的司法规律就是指审判规律。广义上的司法规律是指，公、检、法、司之间处理四家关系及其内部都应当共同遵守的执法司法规律，习近平总书记将广义的司法规律概括为"权责统一、权力制约、公开公正、尊重程序"⑤。配合与制约原则体现了广义的司法规律。

首先，"权责统一"与"分工负责""各司其职"相对应，"权责统一"是任何权力运行都应当遵循的规则，司法权的运行也不能例外。其次，"权力制约"与"相互制约"相对应。司法权应当遵循公权力的运行规律，行使司法权应当常怀"没有制约的权力必然走向腐败"的警惕，司法权的互相制约能够有效地防止司法腐败，减少冤假错案的发生。最后，"公开公正""尊重程序"是"配合与制约"的具体方式，即司法机关在法定权限和程序内行使权力。阳光是最好的防腐剂，公开让正义看得见，公开可以促公正，公正是司法活动的最高价值和最终目标。"尊重程序"是保障司法权威性的基础，如果"配合与制约"不以"尊重程序"为前提，则打击犯罪的合法性、合理性便无从谈起。

---

① 王超：《分工负责、互相配合、互相制约原则之反思——以程序正义为视角》，《法商研究》2005 年第 2 期，第 19 页。
② 朱立龙、瞿学林：《对刑诉法"分工负责、互相配合、互相制约"原则的反思》，北大法律信息网2015 年 11 月 17 日，https：//article. chinalawinfo. com/ArticleFullText. aspx？ ArticleId ＝93421，最后访问日期：2023 年 3 月 27 日。
③ 左卫民：《健全分工负责、互相配合、互相制约原则的思考》，《法制与社会发展》2016 年第 2 期，第 25 页。
④ 中共中央文献研究室编：《习近平关于全面依法治国论述摘编》，中央文献出版社 2015 年版，第 102 页。
⑤ 习近平：《习近平谈治国理政（第二卷）》，外文出版社 2017 年版，第 132 页。

配合与制约原则中,"配合"是不可缺少的。一方面,有些机关的配合,如侦查和起诉的配合是常态,在二者都属于"大控方"的概念前提下,其当然是紧密协作的关系。另一方面,也可以将"配合"理解为司法机关工作上的衔接关系。从这个意义上说,配合与制约是对司法应有状态和运行规律的反映。

(二) 配合与制约原则符合中国国情

互相配合符合中国的协商文化,配合中也体现了一种温和方式的制约,反映了中国司法实践的现状。

自20世纪90年代以来,在罗尔斯、哈贝马斯等著名政治哲学家的推动下,协商民主理论在西方政治学界兴起。协商民主理论的兴起是为了回应西方社会面临的诸多问题,特别是多元文化社会潜藏的深刻而持久的道德冲突产生的问题,这与中国的和谐文化不谋而合、殊途同归。"和合"是中华民族的文化精髓。如:孔子强调"礼之用,和为贵",提出"君子和而不同,小人同而不和",要"推己及人""克己复礼";孟子认为"天时不如地利,地利不如人和";儒家经典《中庸》称"和也者,天下之达道也"。和谐文化必然带来协商民主,协商民主早就成为中国文化的一部分。因此,"和合"的中华和谐文化是中国协商文化的基础,人们更愿意接受通过协商方式的制衡达到公正。

协商民主在我国的司法运行中得到了多方面的体现,如对其他诉讼参与者意见的充分听取、给他人充分说理的机会等,用协商的方式更能发现问题,听取不同的声音。协商本身体现了配合,也体现了制约。这就是习近平总书记认为"配合与制约"是"符合中国国情、具有中国特色的诉讼制度,必须坚持"[①] 的原因所在。

(三) 配合与制约原则具有统一性和开放性

当前,学术界对配合与制约原则的反对声音颇多,认为该原则与"以审判为中心"等司法原则相冲突。[②] 的确,在很长一段时间,公安一家独大的"侦查中心主义"局面与司法机关的过度配合,导致了一些冤假错案。但是,我们应当看到的是,过度配合的主要原因并非该原则本身,而是配合与制约原则出现了异化。

配合与制约原则在语言上具有统一性。在学术界,配合与制约原则往往被人为曲解,被强加了很多其本不具有的内容。有人认为,"以审判为中心"原则与"司法机关'配合与制约原则'"存在矛盾。[③] 笔者不同意这种观点。配合在语言上包含衔接的意思,不能将其恶意解释为"无条件认同";历史上有段时间,配合确实被歪曲,但不能把这种非常状态作为立法者的原意。事实上,也没有一个立法解释性文件表达过配合就是不要制约;相反,立法者将互相配合、互相制约放在一句话中恰恰表明,

---

① 中共中央文献研究室编:《习近平关于全面依法治国论述摘编》,中央文献出版社2015年版,第82页。
② 龙宗智:《"以审判为中心"的改革及其限度》,《中外法学》2015年第4期,第848页。
③ 龙宗智:《"以审判为中心"的改革及其限度》,《中外法学》2015年第4期,第848页。

二者是不矛盾的。司法机关关系的扭曲，并非这一原则导致。

　　配合与制约原则在内容上具有开放性，即原则本身是宣言式的、标语化的，其具体内容需要根据时代的变化进行解释和发展。也就是说，应当立足中国司法制度的历史和时代背景，切实落实宪法的精神和原则，并根据社会生活的变化，不断完善这一制度。① 没有内容永远不变的教条，这不仅是配合与制约原则的特点，也是所有的原则和规则都应当坚持的公理。

　　正是基于上述原因，在原则名称没有变化的情况下，《中共中央关于全面推进依法治国若干重大问题的决定》发展了配合与制约原则的具体内容：在主体上，增加了司法行政机关；在内容上，增加了以审判为中心的诉讼制度。党的文件对配合与制约原则的发展，体现了与时俱进，激发了这一原则新的活力。

三、司法机关配合与制约应当遵循的规则

　　根据十八届四中全会的会议精神以及最高人民法院的司法改革部署，司法机关配合与制约原则与新时代的重大司法改革措施存在交叉关系，很多其他的措施同时也是改革"配合与制约"关系应当遵循的规则。

（一）体现以审判为中心的诉讼理念

　　《中共中央关于全面推进依法治国若干重大问题的决定》强调："推进以审判为中心的诉讼制度改革，确保侦查、起诉的案件事实证据经得起法律的检验。"2016 年 7 月 20 日，最高人民法院、最高人民检察院、公安部、国家安全部、司法部联合印发《关于推进以审判为中心的刑事诉讼制度改革的意见》，其第 1 条重申了三机关配合与制约原则。② 配合与制约原则拥有坚实的政治、法律基础，是推动以审判为中心的诉讼制度改革、贯彻以审判为中心的诉讼理念所必须长期坚持的重要原则③，关键是把握好如何严格依法定程序进行分工、配合、制约。

　　首先，实现以审判为中心仍然需要以分工配合为基础。公、检、法三机关在刑事诉讼程序中分工尽责完成侦查、起诉、审判三种诉讼职能所赋予的任务。侦查、起诉由于其"大控方"的性质需强调配合，但是要按照审判的要求和标准进行④，即侦查、起诉和审判必须严格依照证据裁判原则，确保案件达到"事实清楚、证据确实充分"的证明标准，实现司法公正的价值目标。

---

① 韩大元、于文豪：《法院、检察院和公安机关的宪法关系》，《法学研究》2011 年第 3 期，第 20 页。
② 《关于推进以审判为中心的刑事诉讼制度改革的意见》第 1 条规定："……人民法院、人民检察院和公安机关办理刑事案件，应当分工负责，互相配合，互相制约，保证准确、及时地查明犯罪事实，正确应用法律，惩罚犯罪分子，保障无罪的人不受刑事追究。"
③ 樊崇义：《"以审判为中心"需正确理解"分工配合制约"原则》，《检察日报》2015 年 9 月 16 日，第 3 版。
④ 顾永忠：《"以审判为中心"是对"分工负责，互相配合，互相制约"的重大创新和发展》，《人民法院报》2015 年 9 月 2 日，第 5 版。

其次，以审判为中心的诉讼理念体现了新型制约关系。实践中，"以侦查为中心""卷宗中心主义"将公、检、法之间的相互制约体现为正向制约形式，是不符合司法规律要求的制约模式。因此，以审判为中心实际是要求将正向制约变为反向制约，即后一阶段的诉讼活动要制约前一阶段的诉讼活动，审判要对侦查、起诉把关。

最后，以审判为中心强调配合与制约原则中制约是重点。传统司法实践中，为维护社会治安和稳定大局，公、检、法三机关在刑事诉讼活动中必然以控制犯罪为指导，向"注重配合、忽视制约"倾斜。而以审判为中心的诉讼理念强调以程序正当为指引，突出庭审中心作用，强调人权保障，回归了司法规律和配合与制约原则的本义，从控制犯罪理念转向了程序正当理念。

（二）将司法行政机关扩充为配合与制约的主体

在四机关配合与制约的关系中，关于传统三机关配合与制约的具体表现，已经为人们所熟知，不再赘述，笔者在此只分析司法行政机关与传统三机关之间的配合与制约关系。

从分工负责来看，司法行政机关具有刑事执法职能（广义的司法职能）。从1949年12月20日实施的《中央人民政府司法部试行组织条例》规定司法部有"犯人改造羁押机关之设置与管理"的职权，到1982年重新获得监狱管理职权，再到2012年社区矫正制度的确立，司法行政机关的刑罚执行权逐渐扩大。[1] 执行权是刑事司法活动中的一环。另外，根据2016年7月5日由最高人民检察院、司法部联合发布实施的《人民监督员选任管理办法》[2] 和2018年4月27日第十三届全国人民代表大会常务委员会第二次会议通过的《人民陪审员法》[3]，司法行政机关有对人民监督员和人民陪审员选任和管理的职能。

从司法行政机关与公、检、法三机关的互相配合来看，在检察院和法院办案过程中，司法行政机关要为其选任和管理人民监督员和人民陪审员；在法院裁判生效后，司法行政机关要执行其大部分判决；在执行过程中，法院对司法行政机关提供的减刑、假释、暂予监外执行等证据进行审查并作出裁定。

从制约来看，一方面，司法行政机关能够制约检察院和法院。司法行政机关负责选拔、管理人民监督员与人民陪审员，这一做法有利于有效制约检察权和审判权，走的是一条专门化、专业化的管理道路[4]，目的是防止检察院和法院在选任中排斥自己不喜欢的人，使人员选任更加具有中立性，这样的制度设计符合权力制约的要求。此外，执行机关发现刑罚执行中的判决确有错误，应当转请检察院或者原判法院处理，

---

① 陈瑞华：《司法行政机关的职能定位》，《东方法学》2018年第1期，第159页。
② 《人民监督员选任管理办法》（2016年）第3条。2021年，《人民监督员选任管理办法》修订，仍保留该条款。
③ 《人民陪审员法》第9条、第10条。
④ 陈瑞华：《司法行政机关的职能定位》，《东方法学》2018年第1期，第168页。

这也是对公、检、法机关已有诉讼行为的监督与制约。另一方面，检察院与法院对执行机关的权力也有制约作用。检察院对监狱实行派驻检察和巡回检察监督，也对社区矫正执行权进行监督；法院通过对执行机关提出的减刑、假释建议书进行审查并作出裁定制约执行权。

过去，忽略司法行政机关在配合与制约原则中的地位，是一个重大缺陷。可以说，司法四机关之间配合与制约，既是现实，也是应当追求的目标。

（三）尊重检察机关在我国的特殊地位

我国检察机关的特殊地位是由我国权力构架模式所决定的。根据西方三权分立学说，以美国为代表的国家建立了平面化的权力结构模式，将立法权、行政权、司法权置于同一层级进行规范制约，三种权力最终形成动态平衡。[1] 而我国在权力构架方面属于一元分立的权力结构模式。

我国检察机关的法律监督权来源于《宪法》所确立的根本政治制度。制度不同则权力性质也不一样。西方的检察机关属于三权分立体制下行政分支的一部分；不同于西方的检察制度，我国的检察机关是法律监督机关，除了公诉权，还具有对所有其他司法机关和司法活动的诉讼监督权。在一元分立权力结构模式下的检察权，法律监督是其本质属性，在司法机关配合与制约原则中发挥了重要作用，确立了中国特色社会主义诉讼权力制约模式。

检察机关具有监督其他司法机关的诉讼监督权，诉讼监督和刑事追诉统一于检察权，又在检察权之下作出适度的分离，这是中国政治体制的特点。一旦检察机关的法律监督地位被弱化，内生型监督机制的监督能力必然弱化。尊重检察机关基于法律监督职能拥有特殊地位是防止司法权力腐败的必然要求，检察机关需要拥有更大的权能监督其他机关的诉讼权力。

检察机关充分发挥诉讼监督职能的现实基础在于：第一，有权力者容易滥用权力，司法领域亦无法避免，公安侦查、法庭审判、刑事执行等多个阶段，都是滥权行为发生、当事人权利受到侵害的危险阶段；第二，目前我国公民法治意识仍较为薄弱，法律至上、司法公正的观念尚未深入人心，"熟人社会"背景下，司法秩序容易遭到破坏，进而出现执法不公、司法腐败等问题。因此，强化检察机关的刑事诉讼监督职能，对有效监督执法行为、审判行为，有效制约其他司法权具有重要现实意义。

（四）建构符合中国国情的警检关系

警检关系是刑事审前程序的关键。大陆法系国家、英美法系国家、混合法系国家的警检关系存在明显差异，具体来看有以下三种模式：

---

[1] 樊崇义：《一元分立权力结构模式下的中国检察权》，《人民检察》2009 年第 3 期，第 5 页。

第一，检察主导式，也被称为警检一体式。该模式主要存在于以法国、德国为代表的大陆法系国家，这些国家在调查追诉过程中偏重对诉讼效率的追求，因而为了防止侦查机关出现离心倾向，往往将侦查指挥权、侦查监督权集中赋予检察机关，在其领导下由警察和检察官共同行使侦查权。① 在这种模式下，侦查由检察机关主导，法国、德国甚至规定检察机关即为侦查机关，侦查权是检察权的一部分。

第二，指导参与式，也被称为警检分离式。典型国家是美国，美国检察官享有侦查权，但只是其权力，不是义务；同时，检察官可以指导警察进行侦查或提出建议，但警察没有服从的义务。② 有学者指出，表面上美国的警检关系是松散的，但检察官对警察侦查取证的指导参与不容忽视。③ 在任何国家，完全分离的警检关系是不存在的，这是由警察和检察官同属于控方、具有共同的目的（追诉）而决定的。

第三，混合折中式。日本刑事诉讼法赋予了检察官一定的指示、指挥权。在日本，第一次侦查一般由司法警察负责，检察官只有在必要时才可以自行侦查、指挥司法警察协助其侦查或者作必要的一般指示。④ 也就是说，日本检察官具有公诉权、必要情况下的补充侦查权，同时还有对司法警察的一般性指示权与指挥权。

从我国法律规定来看，检察机关与公安机关之间的关系更多地体现在刑事诉讼活动中，以分工负责、相互配合、检察机关监督刑事警察侦查行为为主要特征。在实践中，警检关系以配合居多，监督不足的现状多受诟病，学术界也对此进行反思，对我国警检关系的改革提出了"警检一体说""检察监督警察说"。"警检一体说"以陈卫东⑤、郝银钟⑥、陈兴良⑦为代表，认为应当按照警检一体化原则，将刑事司法警察从公安机关中剥离出来，受检察机关节制；"检察监督警察说"以龙宗智为代表，他认为："'检警一体'在现存刑事司法体系中基本不存在，且损害刑事司法的合理性与效率，而当前检警关系调整的关键就在于加强对侦查活动的检察调控和监督。"⑧ 后一种观点更接近现实的侦查关系，更能反映警检关系中配合与制约原则的全部内涵。

公安机关和检察机关是司法机关配合与制约原则中极为重要且关系密切的两个机关，如何建立符合我国国情且更能发挥优越性的警检关系至关重要。综合国内外不同

---

① 陈卫东、郝银钟：《侦、检一体化模式研究——兼论我国刑事司法体制改革的必要性》，《法学研究》1999 年第 1 期，第 58 页。

② 高一飞等：《检察改革措施研究》，中国检察出版社 2007 年版，第 171 – 172 页。

③ 陈卫东、郝银钟：《侦、检一体化模式研究——兼论我国刑事司法体制改革的必要性》，《法学研究》1999 年第 1 期，第 59 页。

④ 陈卫东、郝银钟：《侦、检一体化模式研究——兼论我国刑事司法体制改革的必要性》，《法学研究》1999 年第 1 期，第 59 页。

⑤ 陈卫东：《侦检一体化与刑事审前程序的重构》，《国家检察官学院学报》2002 年第 1 期，第 90 页。

⑥ 郝银钟：《论法治国视野中的检警关系》，《中国人民大学学报》2002 年第 6 期，第 110 页。

⑦ 陈兴良：《诉讼结构的重塑与司法体制的改革》，《人民检察》1999 年第 1 期，第 48 页。

⑧ 龙宗智：《评"检警一体化"兼论我国的检警关系》，《法学研究》2000 年第 2 期，第 54 页。

情况，大陆法系国家虽然实行"警检一体"，但是侦查机关的独立性倾向在逐渐加强；英美法系国家虽然实行"警检分离"，但是警检又存在一定程度的配合。虽然大陆法系国家与英美法系国家的警检关系均具有借鉴意义，但是如果照搬照抄容易产生配合或者制约"极端化"。

从司法机关配合与制约原则的司法实践出发，我国建构新型警检关系需要走第四条道路——"检察引导侦查"。理由是，如果采用"警检一体说"，检察机关指挥侦查容易导致我国检察机关权力过大，而且我国并没有类似采用这一模式的大陆法系国家的预审法官制度来监督检察机关；如果采用英美法系的"警检分离"模式，则我国侦查权会因侦查机关缺乏英美法系国家的司法审查机制而处于没有第三方监督的状态，同时这也与我国检察机关作为法律监督机关的地位不符。"检察引导侦查"是中国警检关系的科学选择。

（五）体现对侦查权进行司法审查的国际趋势

批捕和起诉由人民检察院负责，是我国现行《宪法》和《刑事诉讼法》的要求。人民检察院批准逮捕，是指公安机关侦查的案件需要逮捕犯罪嫌疑人的，提请人民检察院审查批准；人民检察院决定逮捕，是指人民检察院自行侦查的案件需要逮捕犯罪嫌疑人的，由侦查部门提请批捕部门审查决定。

在西方国家，司法审查通常是法官享有的一项权力，也是审判权制约侦查权的一种重要手段。针对人身或者财物的强制性处分措施，都要接受预审法官、侦查法官或治安法官的司法审查。[1] 这里的"司法"是狭义的司法，即法院的审查和审判活动是指审判机关对强制性措施，通过审查其事实依据和法律依据来发布许可令状，实施司法授权。

联合国《公民权利和政治权利国际公约》第 9 条第 3 款中规定："任何因刑事指控被逮捕或拘禁的人，应被迅速带见审判官或其他经法律授权行使司法权力的官员。"即只有"行使司法权的官员"才能决定逮捕。[2] 我国学者强调，检察机关是具有司法性质的机关，因此由检察机关行使批捕权具有合理性。龙宗智认为，检察权源于行政权，又与司法权相结合，因此我国检察权也具有司法权与行政权的双重属性，但在法制上将检察权定位为司法权，将检察机关定位为司法机关，将检察官定位为司法官。[3]此外，最高人民检察院机关刊物《人民检察》在 2004 年分 4 期连载了时任最高人民检察院副检察长孙谦介绍台湾学者林钰雄《检察官论》的文章，即《维护司法的公平和正义是检察官的基本追求——〈检察官论〉评介》，认为检察官是侦查的主导者和法官裁判的把关者。孙谦指出，检察官不是法官，但要监督法官裁判，共同追求客观

---

[1]　陈瑞华：《检察机关法律职能的重新定位》，《中国法律评论》2017 年第 5 期，第 58 页。

[2]　高通：《批捕权归属的再思考》，《武陵学刊》2014 年第 1 期，第 63 页。

[3]　龙宗智：《理论反对实践》，法律出版社 2003 年版，第 274 页。

正确的裁判结果；检察官也不是警察，但要以司法的属性控制警察的侦查活动，确保侦查追诉活动的合法性。① 笔者并不赞同以上观点，在笔者看来，这里的检察机关具有"司法性质"主要是指其具有客观义务和维护司法公正方面，并不能认为检察机关就是"中立的司法机关"而有能力"以司法的属性控制警察的侦查活动"。恰恰相反，《联合国关于检察官作用的准则》（联合国第八届预防犯罪和罪犯待遇大会1990年9月7日通过）第10条要求"检察官的职责应与司法职能严格分开。"第11条规定："检察官应在刑事诉讼，包括提起诉讼和根据法律授权或当地惯例，在调查犯罪、监督调查的合法性、监督法院判决的执行和作为公众利益的代表行使其他职能中，发挥积极作用。"从国际规则来看，其虽然提到了检察机关的"监督"作用，但并没有提到它是中立的司法机关。根据《联合国关于检察官作用的准则》，"检察官的职责应与司法职能严格分开"，这是进行监督的前提，可见，这种监督权力并不是"中立及超然"的司法职权。

《公民权利和政治权利国际公约》规定："任何因刑事指控被逮捕或拘禁的人，应被迅速带见审判官或其他经法律授权行使司法权力的官员，并有权在合理的时间内接受审判或被释放。"其中，容易让人产生误会的是，"其他经法律授权行使司法权力的官员"似乎可以包括检察官。美国历史上也有过检察官签发令状的情况，但后来被认为是违宪的。② 考察当前世界主要法治发达国家和地区，采用检察机关行使批捕权模式的国家和地区非常少，大都采用法官令状主义原则。检察机关没有批准或决定强制性措施的权力，是国际趋势。

英国、美国等英美法系国家早就采用了对侦查的司法控制。在近10年的司法改革中，德国、法国等原本可以由检察机关行使强制措施批准权的国家都已经放弃了原来的做法，改由法官行使令状签发权。德国检察官拥有侦查权，指挥警察进行侦查，由法官行使逮捕权。2000年6月15日，法国创立"自由与羁押法官"，将羁押的决定权转交给该类法官。自由与羁押法官决定对被告人进行审前羁押及其延期，并在预审法官驳回被告人要求被释放的申请时作出裁定。③ 在有些国家，检察机关对轻微强制措施有一定的决定权，如法国检察官可以对24小时之内的"拘留"进行批准，而在英、美、德、意、日等国家，则连这一有限的批准权也由法官行使。综合各国审查批捕权制度的经验可以发现，审查批捕权应当是司法属性的国家权力，应当由独立和中立的机关行使，并能够实现对侦查权的制约控制。

① 孙谦：《维护司法的公平和正义是检察官的基本追求——〈检察官论〉评价（二）》，《人民检察》2004年第3期，第10页。
② 王兆鹏：《美国刑事诉讼法》，北京大学出版社2005年版，第97－101页。
③ 陈卫东、刘计划、程雷：《法国刑事诉讼法改革的新进展——中国人民大学诉讼制度与司法改革研究中心赴欧洲考察报告之一》，《人民检察》2004年第10期，第68页。

在我国的刑事诉讼体制下，法官并不参与审判阶段开启前的刑事诉讼活动，公、检两家形成的"大控方"完全主导了刑事程序开启前批捕等强制处分活动，行使带有"准司法权"性质的权力。在此现实情况下，检察机关又负责对其同一方公安机关的案件行使批捕职能，公正性难以保证，因此在改革配合与制约关系的时候，应当考虑引入对侦查权的司法控制，将批捕权转隶人民法院。

四、调整司法机关之间关系的主要具体措施

司法行政机关成为配合与制约原则的新增主体之后，我们还应当根据时代的要求，对其职权进行调整。具体来说，一是应当将看守所转隶司法行政机关；二是在"统一刑罚执行体制"改革中，应当将司法行政机关作为刑罚执行的统一、唯一主体。

（一）将看守所转隶司法行政机关

我国的审前羁押机构看守所由公安机关负责管理，公安机关既行使侦查权，又行使未决羁押权，"侦押合一"致使未决羁押权成为为公安机关侦查权服务的权力。

"侦押合一"带来的弊端十分明显：有些公安机关为实现打击犯罪的目标，利用管理看守所这一优势，以非法手段获取证据，还将"深挖余罪"作为看守所的功能之一。近年来，看守所被羁押人员"不合理"死亡事件时有发生，部分公众对于公安机关行使未决羁押权的合理性、合法性产生了诸多疑虑。

在西方国家，羁押场所在设置上具有中立性，它们将看守所设在侦查机关之外的地方，以防止其通过不恰当甚至非法的手段取得口供，侵犯犯罪嫌疑人或被告人的合法权利。西方国家未决羁押场所的设置主要有三种模式，即独立监狱模式、附设于法院看守所模式以及独立监狱与警察局内"代用监狱"并用模式，这些模式的共同特点是审前羁押场所独立于侦查机关。[①]

将看守所从公安系统剥离，转隶司法行政机关，其必要性和可行性在于：一方面，司法行政机关在审判前不办理刑事案件，负责审前羁押，地位超脱中立，能更好地对侦查机关进行监督，规范侦查行为，切实保障被羁押人员人权；另一方面，由于司法行政机关具有长期管理监狱的经验，由司法行政机关管理看守所，有利于提高执法水平，实现看守所和监狱管理标准和人权标准的统一。

（二）由司法行政机关统一执行刑罚

当前，我国形成了公安机关、人民法院和司法行政机关共同负责刑罚执行工作的管理体制。公安机关负责拘役、交付执行前剩余刑期为 3 个月以下有期徒刑、剥夺政治权利[②]

---

① 高一飞等：《看守所观察与研究》，中国民主法制出版社 2015 年版，第 294 - 297 页。
② 《刑法》第 43 条第 1 款，《刑事诉讼法》第 264 条第 2 款、第 270 条。

和驱逐出境①的刑罚执行工作。人民法院负责死刑（立即执行）、罚金、没收财产②的刑罚执行工作。司法行政机关主管的监狱负责剩余刑期为 3 个月以上有期徒刑、无期徒刑、死刑缓期 2 年执行的刑罚执行工作③，其社区矫正机构④负责被判处管制、宣告缓刑、裁定假释或者暂予监外执行的罪犯的刑罚执行工作⑤。可以看出，我国目前刑罚执行体制的突出特征是，执行主体多元、权力分散。

实践中，刑罚执行主体之间缺乏合力，降低了刑罚执行的整体效益；"侦执不分""审执不分"的现状降低了执行权对侦查权、审判权的制约能力，容易形成重打击、轻保护的局面；检察机关对分散的刑罚主体监管难度较大。

2014 年，《中共中央关于全面推进依法治国若干重大问题的决定》提出："完善刑罚执行制度，统一刑罚执行体制。"当前，我们急需依照《中共中央关于全面推进依法治国若干重大问题的决定》提出的改革要求和目标推进刑罚执行体制改革，以解决实践中存在的诸多问题。

从十八届四中全会决定要求"统一刑罚执行体制"的本意来看，其应当是指主体的统一，因为我国是单一制国家，刑罚执行体制只可能是一套，我们的刑罚执行体制本来就是统一的。所以，这里的"统一"一词，只能是相对于主体的"分散"而言的。

由司法行政机关统一刑罚执行工作，还有其逻辑上的理由：一是符合司法传统。中华人民共和国成立之初，本就确立了司法行政机关负责刑罚执行工作的地位，将来由司法行政机关统一执行刑罚，只是实现了历史的回归。二是符合司法行政机关职能的性质。从我国司法行政机关掌管的事务性质来看，其属于"宏观司法行政事务"⑥，将该类事务独立出来统一交由司法行政机关管理符合司法行政机关的职能定位。三是具有执行优势。司法机关已经承担了大部分刑罚执行职能，由司法行政机关统领刑罚执行既符合经济原则，又可以进一步整合刑罚执行资源，解决刑罚执行衔接不到位、信息沟通不畅等问题，有利于提高刑罚执行整体效益。

在司法行政机关统一刑罚执行之后，还应在具体的制度设计中考虑各类刑罚执行部门的职能划分，制定统一"刑事执行法"，进一步加强对刑罚执行活动的监督，通盘考虑、循序渐进，形成主体统一、综合配套的刑罚执行体制。

（三）加强检察机关对其他司法机关的诉讼监督

检察机关对其他司法机关的监督，也称为检察机关的诉讼监督，要着重做好以下

---

① 《最高人民法院、最高人民检察院、公安部、外交部、司法部、财政部关于强制外国人出境的执行办法的规定》第 2 条。
② 《刑事诉讼法》第 263 条、第 271 条、第 272 条。
③ 《刑事诉讼法》第 264 条第 2 款。
④ 《社区矫正实施办法》第 2 条第 1 款。
⑤ 《刑事诉讼法》第 269 条。
⑥ 陈瑞华：《司法行政体制改革的初步思考》，《中国法律评论》2017 年第 3 期，第 29 页。

几个方面：

第一，加强对侦查机关的监督。侦查机关拥有较大的权力，若缺乏对其办案活动的监督，则侦查阶段犯罪嫌疑人的基本权利难以保障，侦查阶段是侵权的重灾区。为适应最高人民检察院关于侦查机关活动监督的要求，目前各地检察院尝试推行驻侦检察室制度。[①] 在监督方式上，检察室定期或不定期依法监督派驻公安派出所的受案、调查取证等活动，并依据侦查机关的请求提前参与重大案件，指导、督促侦查人员正当取证，避免刑讯逼供等违法侦查行为。在监督效果上，强化了立案侦查监督职能，丰富了原有的立案侦查监督方式，协调了警检关系；规范了公安执法，提升了对侦查机关监督的整体效果。但试行中，也存在警检间协作配合不畅通、法律授权不明确、检察监督力量欠缺等问题。为进一步加强侦查监督，规范层面，检察机关应进一步出台实施细则，推行标准化工作；工作模式上，应建立刑事案件信息共享机制，实现对侦查情况的实时监督；警检关系上，继续完善侦查指导机制，及时介入侦查。真正实现检察机关对公安机关的"近距离"监督、办案一线监督，从根本上改变"公安独大""以侦查为中心"的刑事司法格局，确保检察机关的侦查监督实效。

第二，加强对审判活动的监督。检察机关依法履行对刑事诉讼的法律监督权能，有利于保障刑事诉讼的顺利进行以及国家刑罚权的实现。近年来，各级检察机关按照最高人民检察院的部署，除积极推进以审判为中心的诉讼制度改革外，还重视刑事审判监督部门的设立、设立派驻法院检察室以及检察长列席法院审判委员会制度[②]，使得庭审质量和效果得到明显提升，推动了刑事审判监督工作的制度化、规范化。但试点改革中也出现了审判监督能力不足、法院与检察院间的关系影响审判监督积极性及抗诉案件减少等问题，不利于检察机关履行监督职责，加大了审判监督的实施难度。因此，为进一步加强检察机关对审判活动的监督，应从三个方面继续完善：一是加强检察机构内部建设，提升审判监督质效；二是构建联动协调机制，健全检察机关内部协调机制；三是创新监督方式。

第三，加强对刑罚执行的监督。执行是诉讼的终局及"果实"，法律的生命在于执行。我国是分散型的刑罚执行体制，给刑罚执行检察监督带来了诸多困难，为进一步解决刑事执行难题、加强执行监督，最高人民检察院指导各地检察院进行改革试点：一是组建专门管辖刑事执行检察业务的特殊检察院，即刑事执行检察院；二是将监狱检察方式改"派驻"检察为"派驻"检察与"巡回"检察相结合；三是推进财产刑执行检察监督改革。这些改革措施在很大程度上巩固和提升了刑罚执行监督效果。但同时，由于检察方式较为单一、信息渠道不畅通、法律措施不完善等，改革中

---

① 彭波：《全国各级检察院年底前全面监督派出所侦查活动 重点监督违法动用刑事手段插手民事经济纠纷》，《人民日报》2017年3月30日，第11版。

② 戴佳、金鑫：《刑事审判监督敢啃"硬骨头"》，《检察日报》2017年11月13日，第2版。

也出现了刑罚执行监管不力、执行诉讼监督滞后等问题。为增强对刑罚执行监督的力度，检察机关要敢于监督、善于监督，更要突出监督主体，依法行使监督权，加强跟踪问效。应着重从以下四个方面加强执行监督：一是完善派驻检察制度，充分利用巡回检察的灵活性和机动性，与派驻检察的贴近性、经常性；二是加强被监管人人权保障，建立同步刑事执行监督制度；三是加强对刑罚执行程序的监督；四是进一步加强对财产刑执行的监督。

除了具体的执行检察监督方面，在未来的检察监督改革中，检察机关应根据时代要求，及时调整工作重心，聚焦监督问题，推动监督体系完善与发展；应在构建检察机关诉讼监督体系以及内设机构改革中合理设置诉讼监督部门两方面持续加码，不断提升刑罚执行检察监督效能。

（四）确立检察引导侦查的警检关系

要确立检察引导侦查的中国特色警检关系，需要解决如何引导的问题。"检察引导侦查"中的"引导"，包含了两层含义，即"监督"与"协作"，指检察机关及时介入重大、疑难、复杂案件的侦查活动，对侦查机关证据的收集、提取、固定及侦查取证的方向提出意见和建议，对侦查活动进行同步法律监督。[1] 从坚持其具有监督职能的特殊地位的角度出发引导公安机关，检察机关既能对其监督，又能与之合作。

检察引导侦查制度受到最高人民检察院的肯定，并在全国多个地区付诸实践，具有深厚的实践和理论背景。1999 年，河南省周口市检察院提出自侦案件的"三三制"，并将之拓展到公安机关，首次创设检察引导侦查机制。[2] 2000 年 9 月，最高人民检察院召开"全国检察机关第一次侦查监督会议"后，有关领导就记者采访时提到："要坚持事后监督，更要注重引导侦查。"2002 年 5 月，全国刑事检察工作会议上提出："坚持、巩固、完善'适时介入侦查、引导侦查取证、强化侦查监督'的工作机制。"[3] 从这一阶段的试点中可以看出"检察引导侦查"具有以下优势：一是有利于实现司法的正义价值；二是能够提升司法效率；三是能够切实保障检察机关侦查监督职能的实现。[4]

2012 年刑事诉讼法修改时讨论过检察引导侦查制度，并将其写入了刑事诉讼法最后一稿的草案里，但是在最终定稿的时候只增加了检察机关适时介入、捕后引导侦查等职能。[5] 2013 年 1 月 1 日起施行的《人民检察院刑事诉讼规则（试行）》第 381 条规定："人民检察院公诉部门对本院侦查部门移送审查起诉的案件审查后，认为犯罪

---

① 高一飞等：《检察改革措施研究》，中国检察出版社 2007 年版，第 149 页。

② 李广森：《周口模式：办案"三三制"》，《检察日报》2000 年 6 月 12 日，第 6 版。

③ 柴春元、张安平：《以改革推动"严打" 在"严打"中深化改革——全国刑事检察工作会议综述》，《人民检察》2002 年第 6 期，第 7 页。

④ 高一飞等：《检察改革措施研究》，中国检察出版社 2007 年版，第 155 – 158 页。

⑤ 刘炽主编：《构建新型检警、检审、检律关系机制研究》，中国检察出版社 2018 年版，第 34 页。

事实不清、证据不足或者遗漏罪行、遗漏同案犯罪嫌疑人等情形需要补充侦查的，应当向侦查部门提出补充侦查的书面意见，连同案卷材料一并退回侦查部门补充侦查；必要时也可以自行侦查，可以要求侦查部门予以协助。"这条规定实际上体现了检察引导侦查的具体内容和方式。2019 年 12 月 30 日，最高人民检察院发布实施新的《人民检察院刑事诉讼规则》，其中第 342 条同样对此进行了规定。

要在实践中实现检察引导侦查的初衷。首先，要确立检察引导侦查机制的主体为主办案件的检察官，其享有的引导权也需合理设定；其次，引导案件的范围应设定为"重大疑难案件"，并且检察机关对于有侦查职能的国安、监狱、军队保卫部门等也享有引导权；最后，检察引导侦查应通过侦查监督、引导取证等具体内容与途径实现。

（五）将检察机关批捕权转隶人民法院

将构建司法审查机制以体现司法审查这一司法规律顺应国际趋势，作为改革和发展司法机关配合与制约关系的依据是完全合理的。虽然捕诉合一改革已经是大势所趋，但是从法理上来看，检察机关刑事批捕权存在着诸多非议。一直以来，法学界要求将批捕权移交给法院行使的改革呼声从未中断①，将批捕职能转隶人民法院改革势在必行。

检察机关与侦查机关具有同属追诉机关的"兄弟关系"，检察机关不是"中立及超然"的，由其对逮捕进行批准，不具有合理性。此外，检察机关集批捕与公诉于一体，而捕诉属于不同性质的权力，批捕强调消极中立性，属于司法审查权，审查起诉则属于追诉性质的权力，要求积极引导侦查取证、满足公诉需要，放在同一机关行使容易引起职能冲突。② 2015 年 6 月 4 日，曹建明在全国检察机关第五次公诉工作会议上强调："要规范侦查行为，严格取证规则，着力构建新型诉侦关系。要研究完善检察机关提前介入侦查引导取证制度，促进侦查机关严格依法收集、固定、保存、审查和运用证据。"③ 由于法律赋予检察院提前介入侦查的职权，捕诉合一使检察官在审查批捕时的中立性难以保障。

《中共中央关于全面推进依法治国若干重大问题的决定》在"加强人权司法保障"中提出，要"完善对限制人身自由司法措施和侦查手段的司法监督"，为将来对

---

① 郝银钟：《论批捕权的优化配置》，《法学》1998 年第 6 期；郝银钟：《批捕权的法理与法理化的批捕权——再谈批捕权的优化配置及检察体制改革兼答刘国媛同志》，《法学》2000 年第 1 期；陈卫东、刘计划：《谁有权力逮捕你——试论我国逮捕制度的改革》（上），《中国律师》2000 年第 9 期；陈卫东、刘计划：《谁有权力逮捕你——试论我国逮捕制度的改革》（下），《中国律师》2000 年第 10 期；谢佑平、万毅：《分工负责、互相配合、互相制约原则另论》，《法学论坛》2002 年第 4 期；谢佑平：《论我国强制措施的完善》，《湖南社会科学》2004 年第 1 期；谢佑平、贺贤文：《论我国刑事强制措施的完善》，《法治研究》2010 年第 5 期；刘计划：《逮捕审查制度的中国模式及其改革》，《法学研究》2012 年第 2 期；等等。
② 谢小剑：《检察机关"捕诉合一"改革质疑》，《东方法学》2018 年第 6 期，第 103 页。
③ 王治国、郑赫南：《着力提升公诉理念 充分发挥公诉职能 维护国家安全稳定 促进严格公正司法》，《检察日报》2015 年 6 月 5 日，第 1 版。

强制措施和侦查行为进行司法审查提供了改革空间。针对党的十八届四中全会的前述要求，2016年9月最高人民检察院公布的"十三五"时期检察工作发展规划纲要提出，"围绕审查逮捕向司法审查转型，探索建立诉讼式审查机制"，将审查逮捕程序的诉讼化改革正式列入检察改革。但应当指出的是，检察机关认为审查逮捕程序的诉讼化就是党的十八届四中全会所说的"司法监督"，这仅仅是一种理解。党的十八届四中全会所说的"司法监督"，也可以是法院的监督。根据十八届四中全会精神，在不久的将来，将逮捕的审查权移交给法院，在法院设立"审查逮捕庭"行使批捕权，可以有效避免检察机关集逮捕权与公诉权于一身可能引起的弊端。

结　语

党的十八届四中全会提出四机关配合与制约原则，是党的文件对传统的配合与制约原则的重大发展。但遗憾的是，2018年新修正的《宪法》和《刑事诉讼法》并没有反映这一重大变化，二者均保留了原来三机关配合与制约原则的条文。在未来对《宪法》与《刑事诉讼法》的修改中，应当将相关条文修改为："公安机关、检察机关、审判机关、司法行政机关办理刑事案件，应当各司其职，建立侦查权、检察权、审判权、执行权相互配合、相互制约的体制机制，以保证准确有效地执行法律。"在其他相关规范中，也应当对这一变化予以体现。在这一原则的指导下，与时俱进对司法四机关的权力配置与相互关系进行调整。

第十章
检察机关司法制约监督机制

中华人民共和国成立初期，我国学习苏联建立了独立于行政机关的检察体制。1949 年 12 月 20 日，中央人民政府批准《中央人民政府最高人民检察署试行组织条例》，这是新中国成立后颁布的第一个检察法规。1951 年，中央人民政府实施了《中央人民政府最高人民检察署暂行组织条例》。以上法律确认了检察机关是法律监督机关，行使一般监督权、公诉权以及诉讼监督权。到今天，我国检察制度已经经历了 70 多年的发展历程。其间，检察机关的职权也发生了变化，最重要的变化是取消了一般监督权和免予起诉的权力、绝大部分职务犯罪侦查权已经转隶到监察委员会，确立了公益诉讼权。① 现在，制约和监督其他司法权力的公诉权、刑事诉讼监督权、民事诉讼监督权、行政诉讼监督权、对司法职务犯罪的侦查权，共同构成了检察机关司法制约监督机制。

一、检察机关司法制约监督机制的必要性

研究检察机关刑事诉讼监督改革，首先应把握我国诉讼监督的发展历程，并以此为基础，思考诉讼监督改革的必要性与整体改革思路。

自 1978 年重设检察机关，我国刑事诉讼监督变革迄今已有 40 多年。2018 年，《人民检察院组织法》进一步明确检察机关具有公诉权和诉讼监督权，特别是在第 21 条明确了监督的效力，要求对于检察机关诉讼监督的意见和建议，有关单位应当予以配合，并及时将采纳纠正意见、检察建议的情况书面回复人民检察院。通过检察机关制约和监督其他司法机关，具有特殊的必要性。

我国检察机关的特殊地位是由我国权力构架模式所决定的。根据西方三权分立学说，立法权、行政权、司法权被置于同一层级进行规范制约，三种权力最终形成动态

---

① 高一飞、陈恋：《新中国检察职权的演变与展望》，载孙谦主编：《检察论丛（第 24 卷）》，法律出版社 2020 年版，第 252 – 261 页。

衡平制约①，检察机关只是行政分支的一部分。不同于西方的检察制度，我国的检察机关是法律监督机关，拥有侦查权、公诉权和诉讼监督权，在司法机关配合与制约原则中发挥重要作用。检察机关具有监督其他司法机关的诉讼监督权，诉讼监督和刑事追诉统一于检察权。尊重检察机关基于法律监督职能拥有特殊地位是防止司法权力腐败的必然要求，需要检察机关拥有更大的权能去监督其他诉讼权力。

检察机关充分发挥诉讼监督职能的现实基础在于，"熟人社会"背景下，司法秩序容易遭到破坏，进而出现执法不公、司法腐败等问题。因此，强化检察机关刑事诉讼监督，对有效监督执法行为、审判行为，有效制约其他司法权具有重要现实意义。

二、检察机关司法制约监督机制的体系

刑事公诉、诉讼监督、自侦案件侦查等是检察机关的基本业务。虽然现在职务犯罪侦查权转隶监察委员会，但检察机关仍然保留了 14 种犯罪行为的侦查权。在新形势下，应不断完善传统检察职能，使检察机关充分发挥对其他司法机关的制约监督作用。

（一）刑事公诉权

刑事公诉权是各国检察机关享有的基本权力，也是我国检察机关的核心职能。1951 年，《中央人民政府最高人民检察署暂行组织条例》第 3 条规定，检察署行使"提起公诉""对各级审判机关之违法或不当裁判，提起抗诉""检察全国监所及犯人劳动改造机构之违法措施"的权力，确立了公诉权、批捕权和诉讼监督权，这三大权力在后来的法律中得到确认。中华人民共和国成立至今，检察机关以上三大职能一直没有发生实质性变化。虽然其中有段时期，公诉制度遭到破坏，但从 1978 年恢复重建人民检察院开始，检察公诉权得以恢复。1979 年，《刑事诉讼法》和《人民检察院组织法》明确了检察机关公诉权。1996 年、2012 年、2018 年修改的《刑事诉讼法》以及 2018 年修订的《人民检察院组织法》、2019 年修订的《检察官法》进一步完善了我国公诉制度。公诉权是伴随着检察制度而生的，刑事公诉是检察机关最基本的职能。检察机关的公诉职能起着"承前启后"的作用，合理、科学的公诉制度既能制约侦查权，也能制约审判权，能够保障整个刑事诉讼的良性发展。

为强化检察机关公诉职能，曹建明指出，要结合开展规范司法行为专项整治工作，认真查处和整治公诉环节存在的突出问题，完善公诉权行使的规范体系，严格落实办案责任制，推进检务公开，切实加强公诉环节司法规范化建设。② 随着"以审判

---

① 樊崇义：《一元分立权力结构模式下的中国检察权》，《人民检察》2009 年第 3 期，第 5 页。

② 王治国、郑赫南：《着力提升公诉理念 充分发挥公诉职能 维护国家安全稳定 促进严格公正司法》，《检察日报》2015 年 6 月 5 日，第 1 版。

为中心"的刑事诉讼制度改革的推进，公诉和批捕在审前程序中的主导地位日益凸显，构建新型诉侦、诉辩和诉审关系迫在眉睫。[①] 2018 年 3 月，检察系统开始公开讨论"捕诉合一"。捕诉合一改革持续推进的过程已经表明，这项改革的全面铺开已成必然。"捕诉合一"的批捕和公诉职能，是检察机关的基本职能和主业。《2018—2022年检察改革工作规划》要求，一体化之后的公诉、批捕在接下来的 5 年中要完善速裁程序、简易程序和普通程序相互衔接的多层次诉讼体系，形成"简易案件更加注重效率、疑难案件更加注重精准、敏感案件更加注重效果"的以"三个注重"为特征的公诉模式。

（二）刑事诉讼监督权

对刑事诉讼实行法律监督是人民检察院法律监督的重要内容。1980 年 1 月 1 日起施行的《人民检察院组织法》，第一次明确规定了检察机关为国家的法律监督机关。1982 年《宪法》确立了检察机关的法律监督性质。[②]

1996 年，《刑事诉讼法》第 8 条明确规定，人民检察院依法对刑事诉讼实行法律监督。2000 年 9 月，最高人民检察院初次要求建立以立案监督、侦查监督为主的诉讼监督格局。[③] 2002 年 5 月，全国刑事检察工作会议提出了"适时介入侦查、引导侦查取证、强化侦查监督"等改革措施。[④] 2005 年发布的《最高人民检察院关于进一步深化检察改革的三年实施意见》以及 2009 年实施的《关于深化检察改革 2009—2012 年工作规划》，均强调要强化法律监督职能，刑事诉讼监督是检察监督的重要内容。2012 年《刑事诉讼法》增加了刑事诉讼监督的相关内容，对监督范围、监督方式、监督效果、监督流程都进行了改革与完善。2015 年，《最高人民检察院关于深化检察改革的意见（2013—2017 年工作规划）》（2015 年修订版）明确提出，要完善侦查监督机制和刑事审判监督机制。2018 年，《人民检察院组织法》第 20 条进一步细化了检察机关对刑事诉讼进行监督的具体内容。总的来说，检察机关的刑事诉讼监督权包括以下三个方面：

第一，侦查监督。侦查监督包括对立案、审查逮捕、侦查活动三项侦查职能的全面监督。[⑤] 侦查监督既要纠正立案以及违法侦查活动，又要审查逮捕，承担着制约侦查权、保障人权的重要职责。建立对公安派出所刑事侦查活动监督机制，是《最高人民检察院关于深化检察改革的意见（2013—2017 年工作规划）》（2015 年修订版）提

---

① 季卫华、李强、王胜利：《新时代检察机关的职能优化》，《天津行政学院学报》2018 年第 6 期，第 28 页。

② 高一飞、陈恋：《检察改革 40 年的回顾与思考》，《四川理工学院学报（社会科学版）》2018 年第 6 期，第 2-3 页。

③ 高一飞、陈恋：《检察改革 40 年的回顾与思考》，《四川理工学院学报（社会科学版）》2018 年第 6 期，第 6 页。

④ 柴春元、张安平：《以改革推动"严打" 在"严打"中深化改革——全国刑事检察工作会议综述》，《人民检察》2002 年第 6 期，第 5-8 页。

⑤ 曹建明：《最高人民检察院关于加强侦查监督、维护司法公正情况的报告（摘要）——2016 年 11 月 5 日在第十二届全国人民代表大会常务委员会第二十四次会议上》，《检察日报》2016 年 11 月 7 日，第 2 版。

出完善侦查监督机制之后各地进行的侦查监督改革。2015 年至 2017 年，最高人民检察院选择了山西等 10 个省市进行试点。[①] 2017 年 3 月 29 日，最高人民检察院召开会议部署对公安派出所刑事侦查活动的监督工作，提出可以采取设立派驻公安派出所检察室或检察官等模式。[②] 2018 年 12 月，最高人民检察院印发《2018—2022 年检察改革工作规划》，明确了健全侦查监督制度是刑事检察改革任务的重要内容，其中提出要完善和规范派出、派驻机构管理。驻侦检察室的设置，规范了侦查机关的侦查权行使，提高了侦查机关的办案质量和执法水平。

逮捕是一种剥夺人身自由最严厉的强制措施，逮捕的必要性审查直接关系犯罪嫌疑人的基本人权。逮捕的批准机关要严格审查，既要保证打击犯罪，也要保障人权。2013 年以来，最高人民检察院要求加强侦查监督、维护司法公正。各级检察机关要做到，对是否应当逮捕存有疑问的案件，犯罪嫌疑人要求当面陈述的，要当面听取犯罪嫌疑人的供述和辩解。2016 年，天津、上海、湖北等地检察机关已实现审查逮捕阶段每案必讯问。2013—2016 年，检察机关对应当逮捕而未提请批捕、应当起诉而未移送起诉的，追加逮捕 98645 人，追加起诉 108463 人。[③] 检察机关通过严格审查逮捕条件，倒逼侦查机关严格执法，提高侦查质量，既能推进刑事诉讼活动顺利进行，也能做好人权保障工作。

第二，审判监督。刑事审判环节直接影响裁判结果走向，庭审是否公平公正，直接关系被告人的合法权益。庭审过程由法官主导。为规范庭审行为，防止法官滥用权力，《刑事诉讼法》第 209 条赋予了检察机关纠正庭审中违法违规行为的权力。2016 年 10 月 11 日，"两高三部"共同发布了《关于推进以审判为中心的刑事诉讼制度改革的意见》，要求完善人民检察院对刑事审判活动的监督机制。2017 年，曹建明强调，要构建以抗诉为核心的审判监督体系。[④] 现有的检察建议等监督手段在监督审判过程中所起作用有限，为提高监督质效，各地检察机关纷纷进行了试点改革。

一是设立刑事审判监督部。为提高刑事抗诉质量，强化审判监督效果，2016 年 6 月，北京市检察院第一分院带领辖区内检察院设立了刑事审判监督部，确立了"一审判决全面同步审查，诉判不一案件重点审查，诉判一致案件回头看审查"的监督思路。[⑤] 在这一监督思路指导下，刑事审判监督部真正履行了审判监督职责，倒逼人民法院提高庭审质量，确保了法律的正确实施，真正做到让人民群众在每一个案件中都

① 徐日丹：《今年底前全面铺开对公安派出所刑事侦查活动监督工作》，《检察日报》2017 年 3 月 30 日，第 1 版。
② 彭波：《全国各级检察院年底前全面监督派出所侦查活动 重点监督违法动用刑事手段插手民事经济纠纷》，《人民日报》2017 年 3 月 30 日，第 11 版。
③ 曹建明：《最高人民检察院关于加强侦查监督、维护司法公正情况的报告（摘要）——2016 年 11 月 5 日在第十二届全国人民代表大会常务委员会第二十四次会议上》，《检察日报》2016 年 11 月 7 日，第 2 版。
④ 王治国、王地、徐盈雁：《最高检：构建以抗诉为中心的刑事审判监督格局》，《检察日报》2017 年 1 月 15 日，第 2 版。
⑤ 戴佳、金鑫：《刑事审判监督敢啃"硬骨头"》，《检察日报》2017 年 11 月 13 日，第 2 版。

感受到公平正义。

二是设立派驻法院检察室。2017 年 4 月，湖北省当阳市检察院派驻市法院检察官办公室正式成立，标志着该院推动法律监督职能深入执法司法机关取得重大进展。派驻市法院检察官办公室工作人员由 1 名院领导和 3 名检察官组成，参与人民法院的审判和执行活动，支持人民法院依法独立公正行使审判权，并对人民法院的立案活动、调解活动、审判活动、执行活动以及裁判结果进行依法监督。[1] 2017 年 6 月，山东省东营市垦利区检察院在区法院挂牌成立了派驻法院检察室。公诉、民行、执检等多个部门参与检察室运行，进一步增强了检察机关对法院刑事、民事、行政审判以及执行活动的全面监督以及与其他司法机关工作的协调配合。[2] 多部门合作，助力检察机关将审判监督落到实处。

第三，执行监督。1954 年，最高人民检察院成立了第五厅，也称监所、劳动改造监督厅；1978 年，最高人民检察院恢复重建后，设立了监所检察厅，专门负责对监所检察业务的指导。最高人民检察院设立监所检察厅后，地方各级检察机关也相应成立了监所检察部门。"监所检察厅"这一称谓沿用了 30 多年。[3] 随着我国经济社会和法治建设的发展，特别是 2013 年修改后《刑事诉讼法》的实施和劳动教养制度的废止，监所检察部门承担的职责发生了重要变化，新增加了执行死刑临场监督、社区矫正监督、财产刑执行监督、指定居所监视居住执行监督、羁押必要性审查监督、强制医疗执行监督等职责。新增职责主要涉及刑罚执行监督、刑事强制措施执行监督、强制医疗执行监督三个方面，都属于刑事执行检察的范畴。

对于检察机关的刑事执行检察机构，如果再沿用"监所检察"作为部门的名称，则既不能准确反映该部门的工作性质，也不能涵盖该部门的职责范围，显然不够科学。有人提出，应将"监所检察"改为"刑事执行检察"。[4] "刑事执行检察"这一名称，能够全面准确地反映部门的工作性质和职责范围，体现部门名称、职责的一致性和法定性。2015 年 1 月，经报中央机构编制委员会办公室批复同意，最高人民检察院决定将内设机构"监所检察厅"更名为"刑事执行检察厅"。[5] 将"监所检察厅"更名为"刑事执行检察厅"，有利于最高人民检察院加强对全国检察机关刑事执行检察工作的统一领导、管理和协调，推进刑事执行检察业务更加全面深入开展。

2019 年，人民检察院主动融入国家治理体系和治理能力现代化进程，对内设机构

---

[1] 邹世军：《成立派驻法院检察官办公室》，《检察日报》2017 年 4 月 20 日，第 2 版。
[2] 徐鹏：《山东首家派驻法院检察室挂牌成立》，《法制日报》2017 年 6 月 29 日，第 3 版。
[3] 徐盈雁：《刑事执行检察的"前世今生"——最高人民检察院监所检察厅更名为刑事执行检察厅背后的故事》，《检察日报》2015 年 1 月 30 日，第 2 版。
[4] 张贵才：《监所检察宜改为刑事执行检察》，《人民检察》2013 年第 14 期，第 78 页。
[5] 徐盈雁：《刑事执行检察的"前世今生"——最高人民检察院监所检察厅更名为刑事执行检察厅背后的故事》，《检察日报》2015 年 1 月 30 日，第 2 版。

和检察业务进行了系统性、整体性、重塑性改革，形成了"四大检察""十大业务"的基本格局。2019年1月，最高人民检察院确立十大检察厅，形成十大业务，其中第五检察厅主要负责刑事执行检察、检察侦查等工作。① 在刑事执行检察方面，由于其业务范围涉及监所检察、执行死刑临场监督、社区矫正监督、财产刑执行监督、指定居所监视居住执行监督、羁押必要性审查监督、强制医疗执行监督七个方面，本书只选择其中的监所检察进行分析。

监所检察是指我国检察机关对监狱、看守所的检察监督，是我国检察制度的一部分。监所检察制度先后出现了三种形式：派驻检察、巡回检察、巡视检察。② 每一种形式都有其监督重点、操作流程，这三种形式相互配合，共同形成了中国特色的监所检察制度体系。其中，巡回检察和巡视检察都具有流动、不定期的特征，笔者将之统称为"流动性检察"。

派驻检察、巡回检察、巡视检察三种监所检察制度形式分别产生于新中国成立初期、2001年和2012年。

1954年9月，第一届全国人民代表大会第一次会议通过了《人民检察院组织法》，规定人民检察院对刑罚执行和劳动改造机关是否合法进行监督。③ 同年12月，最高人民检察院设立八个厅，第五厅专门负责刑事执行检察。1957年，中共中央提出"对劳动改造单位的检察工作要经常化"的指示，为贯彻这一指示，检察机关对大部分的监狱、看守所、劳教所实行派驻检察，对其中个别大型劳动改造机关建立了派出检察院。1962年7月，最高人民检察院内设三个业务厅和研究室，第二厅负责原来第五厅的工作，承担劳改、监所检察的职责。

"文革"时期，派驻检察制度的发展停滞不前，看守所被迫接受"军管"，1973年后"军管"的状态才被慢慢撤销。1979年我国对《人民检察院组织法》进行修改，最高人民检察院设立了监所检察厅，各级检察院也设立了监所检察院（科），驻所检察院逐渐增多。同年11月，最高人民检察院召开第一次全国监所劳改检察工作会议，提出要健全监所检察机构、明确监所检察工作职责。④ 1987年7月23日，《人民检察院劳教检察工作办法（试行）》发布，第35条规定："……在大型劳动教养场所或劳动教养场所比较集中的地方，建立派出检察院，担负劳教检察工作。"派驻看守所检察制度在确立初期"一波三折"，但是总的来说，确立了较为稳定的派驻检察制度，

① 陈菲：《新设十大检察厅！最高检内设机构迎来"重塑性"变革》，中国政府网2019年1月3日，https://www.gov.cn/xinwen/2019-01/03/content_5354609.htm，最后访问日期：2023年7月23日。
② 袁其国：《我国刑事执行检察的回顾与展望》，《人民检察》2016年第Z1期，第98页。
③ 《人民检察院组织法》（1954年）第18条："人民检察院监督刑事判决的执行，如果发现有违法的情况，应当通知执行机关给以纠正。人民检察院监督劳动改造机关的活动，如果发现有违法的情况，应当通知主管机关给以纠正。"
④ 袁其国：《我国刑事执行检察的回顾与展望》，《人民检察》2016年第Z1期，第98页。

为之后的发展打下坚实的基础。

2001 年，《最高人民检察院关于监所检察工作若干问题的规定》颁布，对派驻检察机构及其队伍进行了规范。[①] 2007 年，《最高人民检察院关于加强和改进监所检察工作的决定》第 20 条原则上取消了基层检察院派驻检察室，要求一般由市级人民检察院设立派驻检察机构。2011 年的《关于加强人民检察院派驻监管场所检察室建设的意见》重申了上述规定。派驻检察制度包含派出检察院或派驻检察室两种形式。截至2015 年年底，全国检察机关共在监管场所设置派出检察院 89 个、派驻检察室 3396个，承担 2659 个看守所和 668 个监狱的检察任务。[②] 派驻检察机构以派出机关名义开展监督工作，归属于某一检察院的刑事执行检察部门。

巡回检察已有 20 多年历史。2001 年 9 月 3 日，《最高人民检察院关于监所检察工作若干问题的规定》发布，第 5 条提出"监管场所常年在押人员较少的，应实行巡回检察或派驻专职检察员"。2007 年 3 月，《最高人民检察院关于加强和改进监所检察工作的决定》第 23 条中规定，"常年关押人数较少的小型监管场所，可以实行巡回检察"。在上述两个规定中，巡回检察是针对没有设置派驻检察院和派驻检察室的小型监狱的监督形式。因为当时劳教制度还未被废除，需要对劳教所进行检察监督，全国监所数量太多，普遍设立派驻检察室，可能浪费资源。2013 年，检察机关共对 3684个监管场所进行派驻检察，占全部监管场所的 94.8%；有 5.2% 的监所不设立派驻检察机构，而通过巡回检察来进行检察监督。[③] 2015 年 12 月颁布的《最高人民检察院关于全面加强和规范刑事执行检察工作的决定》第 12 条，对巡回检察内容进行了补充：一是扩大巡回检察的范围，将对社区矫正活动的监督包含在内；二是对巡回检察频次进行细化，规定巡回检察每周不得少于一次；三是程序设置更为规范，规定参加人员不得少于两人；四是规范巡回检察后的工作程序，规定每次巡回检察结束后应当制作检察记录、报告重大事项，以保证巡回检察的有效性。

巡视检察只有大概 10 年的历史。2012 年，最高人民检察院发布《关于上级人民检察院监所检察部门开展巡视检察工作的意见》。根据这一意见所确定的巡视检察制度具有如下特点：（1）检察体制是以上对下的双重监督，即地（市）级以上人民检察院监所检察部门对辖区内由下级人民检察院监督的监所执法进行检察，同时对该监所的派驻检察机构进行监督。（2）检察时间随机决定、临时进行。（3）检察内容全面详细，包括六大方面、二十多个子目。（4）检察方法形式多样。在合法前提下检察方法不拘一格。截至 2013 年 2 月，在该制度实行 1 年期间，全国检察机关监所检察部

① 周伟：《刑事执行检察：监所检察理论与实践的发展》，《国家检察官学院学报》2013 年第 4 期，第 66 页。
② 袁其国：《我国刑事执行检察的回顾与展望》，《人民检察》2016 年第 Z1 期，第 98 页。
③ 袁其国：《我国刑事执行检察的回顾与展望》，《人民检察》2016 年第 Z1 期，第 98 页。

门共对 400 余个监管场所及派驻检察室进行了巡视检察。① 2015 年 12 月，《最高人民检察院关于全面加强和规范刑事执行检察工作的决定》颁布，第 14 条对巡视检察再次予以规定，其对 2012 年《关于上级人民检察院监所检察部门开展巡视检察工作的意见》补充的主要内容包括：一是规定了巡视的数量，要求"市级以上人民检察院对辖区内的监管场所每年要确定一定的比例进行巡视检察"。二是规定了每次巡视的时间"原则上不得少于 3 天"。三是增加规定可以邀请司法机关以外的代表参加。巡视检察有利于强化"检察一体化"功能，是加强检察机关在执行监督工作领域上下级监督的特有方式。

进入新时代以来，最高人民检察院注意到了三种监所检察改革措施需要协调的问题，出台了整体性改革方案。

2018 年 5 月 28 日，最高人民检察院发布《检察机关对监狱实行巡回检察试点工作方案》，改革的初衷是"以派驻取代巡回"。但是，实践中，最高人民检察院改"派驻"为"巡回"的试点面临着改革成本与成效的双重质疑。② 改革的结果是，选择试点地区并没有以"巡回检察"取代"派驻检察"，而是采用了"派驻 + 巡回"的模式。这一改变顶层设计者的做法得到了最高人民检察院的默许和肯定，对监狱实行"派驻 + 巡回"的检察方式随之全面推开。③ 试点结束后，2018 年 12 月 25 日，最高人民检察院发布实施了《人民检察院监狱巡回检察规定》，规定在监狱实行巡回检察的同时实施派驻检察。至此，"派驻 + 巡回"模式在法律上得到了确认，监狱检察改革方案尘埃落定。

《人民检察院监狱巡回检察规定》新确立的巡回检察制度是吸收了中外流动性监督制度经验、集各种流动性监督制度优点的全新制度。在成员的组成上，吸收了巡视检察和社会巡视制度④的优点，人民检察院根据巡回检察工作需要可以邀请司法行政、安全生产监督管理、审计等部门人员参加，巡回检察组由本院和下级院的检察人员、司法行政人员、司法机构以外的专家组成；在巡回检察的方式上，吸收了 2012 年《关于上级人民检察院监所检察部门开展巡视检察工作的意见》中巡视检察制度的内容，将其"采取明察暗访、随机抽查、突击检查和不定期检查等方式"类型化为常规巡回检察、专门巡回检察、机动巡回检察、交叉巡回检察四种形式；在巡回检察效力方面，吸收了 2012 年《关于上级人民检察院监所检察部门开展巡视检察工作的意见》中巡视检察制度的内容；在巡回检察结果的公开上，吸收了西方国家巡视报告向社会公开⑤和《中国共

① 袁其国：《以监所检察工作为视角看巡视检察》，《检察日报》2013 年 2 月 25 日，第 3 版。
② 李奋飞、王怡然：《监狱检察的三种模式》，《国家检察官学院学报》2019 年第 3 期，第 100 – 115 页。
③ 向德超：《实行巡回检察是检察方式的重大变革》，《检察日报》2019 年 1 月 22 日，第 3 版。
④ 陈卫东：《羁押场所巡视制度研究报告》，《法学研究》2009 第 6 期，第 3 – 36 页。
⑤ 高一飞等著：《狱务公开基本原理》，中国检察出版社 2017 年版，第 151 页。

产党巡视工作条例》①的相关内容，如《人民检察院监狱巡回检察规定》第 23 条规定："巡回检察工作开展情况，应当以适当方式向社会公开，接受人民群众监督。"新的巡回检察制度是具有中国特色的、前所未有的监狱检察制度。

2021 年 12 月 8 日，最高人民检察院出台《人民检察院巡回检察工作规定》，并宣布实施了 3 年多的《人民检察院监狱巡回检察规定》同时废止。新的规定主要有四个方面的变化：

其一，新的巡回检察对象不仅包括监狱执行活动，还包括看守所和其他刑事执行活动。2021 年《人民检察院巡回检察工作规定》第 48 条第 1 款规定："对社区矫正等其他刑事执行活动进行巡回检察，参照本规定执行。"2018 年《人民检察院监狱巡回检察规定》是一个专门规范监狱巡回检察的文件，这是考虑到我国全面推行巡回检察的经验还不成熟，先从监狱开始，有试点先行、在探索中总结经验再全面推广的特点。"截至 2021 年 10 月，全国检察机关共开展监狱巡回检察 3856 次，发现监狱问题 30253 个，提出书面检察建议 4159 个，提出纠正违法 3105 个，已监督纠正 26653 个；发现职务犯罪案件线索 682 个，已立案查办职务犯罪 138 人；发现派驻检察存在的问题 1062 个。"②虽然 2018 年《人民检察院监狱巡回检察规定》没有将看守所纳入规范的范围，但是 2018 年修订的《人民检察院组织法》第 17 条第 1 款规定："人民检察院根据检察工作需要，可以在监狱、看守所等场所设立检察室，行使派出它的人民检察院的部分职权，也可以对上述场所进行巡回检察。"对看守所进行巡回检察具有充分的依据。为此，2021 年 4 月至 10 月，最高人民检察院"在 20 个省（区、市）部署开展看守所巡回检察试点工作，共发现看守所存在的问题 4230 个，发出纠正违法通知书 565 份，检察建议书 335 份；发现职务犯罪和违法违纪线索 62 件，已立案侦查 4 件 6 人，移送纪委监委线索 25 件；发现罪犯又犯罪线索 2 件；发现派驻检察存在的问题 763 个"③。半年看守所巡回检察试点工作，为制定 2021 年《人民检察院巡回检察工作规定》提供了充分的实践条件和试点经验。

其二，明确了各级检察院负责特定类型巡回检察的分工模式。2018 年《人民检察院监狱巡回检察规定》第 10 条第 2 款规定："常规、专门和机动巡回检察一般由对监狱负有监督职责的人民检察院组织，交叉巡回检察一般由省级人民检察院组织。"从条文字面含义来看，各级检察院都有常规、专门和机动巡回检察的权力。实际上，由于监狱是省属机构，基层检察机关一般没有对于监狱的检察监督权，其

---

① 《中国共产党巡视工作条例》第 32 条规定："巡视进驻、反馈、整改等情况，应当以适当方式公开，接受党员、干部和人民群众监督。"

② 于潇、单鸽：《最高检发布〈人民检察院巡回检察工作规定〉 健全刑事执行检察制度体系顶层设计》，《检察日报》2021 年 12 月 28 日，第 1 版。

③ 于潇、单鸽：《最高检发布〈人民检察院巡回检察工作规定〉 健全刑事执行检察制度体系顶层设计》，《检察日报》2021 年 12 月 28 日，第 1 版。

没有巡回检察的权力。而 2021 年《人民检察院巡回检察工作规定》第 9 条规定：设区的市级人民检察院或者刑事执行派出检察院负责组织实施对辖区内监狱、看守所的常规、专门、机动巡回检察，以及对看守所的交叉巡回检察；省级人民检察院负责组织实施对辖区内监狱、看守所的交叉巡回检察；最高人民检察院可以进行跨省交叉巡回检察。明确规定基层检察院没有巡回检察的权力，形成了不同检察院不同巡回检察职责的分工模式。另外，2021 年《人民检察院巡回检察工作规定》还补充和完善了各种巡回检察组的成员，实施巡回检察的频次、工作时长（现场检察时长）、程序、权限等内容。

其三，对派驻检察制度进行了修改。2021 年《人民检察院巡回检察工作规定》和 2018 年《人民检察院监狱巡回检察规定》一样，在名为"巡回检察"的规范中，顺便对派驻检察进行了重大修改。2018 年《人民检察院监狱巡回检察规定》第 8 条规定："人民检察院派驻监狱检察室应当配备不少于一名检察人员……派驻监狱检察室检察人员在检察室工作时间每周不少于两个工作日，每年应当轮换一次。"而 2021 年《人民检察院巡回检察工作规定》第 17 条第 2 款要求："派驻监狱、看守所检察室应当配备不少于二名检察人员，其中至少一人为检察官。派驻检察人员每月在检察室工作时间原则上不得少于十二个工作日，并保证每个工作日都要有检察人员在岗，每三年应当在刑事检察等部门之间轮岗交流一次。"将过去的"不少于一名检察人员"（不要求检察官）修改为"不少于二名检察人员，其中至少一人为检察官"；将过去的"每周不少于两个工作日"——这意味着在只有 1 名检察人员的情况下，派驻并非常驻，可能有 2/5 的时间没有人驻守在派驻场所——修改为"每个工作日都要有检察人员在岗"，体现了对派驻检察工作的加强和重视。

其四，首次明确了对派驻人员监督的用词为"检查"。2021 年《人民检察院巡回检察工作规定》第二章为"对监狱、看守所的检察"，其中第 8 条第 1 款规定："人民检察院对监狱进行巡回检察，重点监督……"第三章为"对派驻检察工作的检查"，第 16 条规定："人民检察院在巡回检察中，应当对派驻看守所检察履职情况进行同步检查……"可见，对检察机关自己的监督行为进行内部监督的，用的是"检查"一词。2018 年《人民检察院监狱巡回检察规定》第 9 条中，没有对两种检察行为进行各自表述，造成表述上的含糊、笼统，对不同工作的表述需要加主体和对象，造成了表述上的烦琐；对于对外监督和对内监督不作行为概念的区分，导致两种检察监督行为没有词语上的标识性。而 2021 年《人民检察院巡回检察工作规定》将对外的检察行为称为"监督"，对内的检察行为称为"检查"。"监督"一词在汉语中有第三者监视、督促的意思，"检查"在汉语中往往有内部工作检查的意思，符合约定俗成的表述习惯，选择这两个词区分两种情况的检察行为，是必要且适当的，有利于工作交流和学术交流。

"派驻＋巡回"是以问题为导向的监所检察新模式①，从其实践运行情况来看，确实取得了巨大的成绩，这是中国检察制度的重大创新。

（三）民事行政检察监督权

我国民事检察制度从设立到完善深受苏联民事检察制度的影响。1949 年，《中央人民政府最高人民检察署试行组织条例》规定，检察署有对各级司法机关之违法判决提起抗议等职权。② 1950 年，中央人民政府法制委员会草拟了《中华人民共和国诉讼程序试行通则（草案）》，该草案第 77 条、第 78 条、第 80 条规定了检察机关参与诉讼、调卷、抗诉等具体程序。1951 年，《中央人民政府最高人民检察署暂行组织条例》第 3 条规定，检察机关有权对各级审判机关之违法或不当裁判提起抗诉。1954 年，全国人民代表大会批准通过的《人民检察院组织法》第 4 条再次规定，人民检察院有权对人民法院的审判活动是否合法进行监督。这部法律从国家法的角度，规定了检察机关的民事检察权范围，奠定了民事检察制度的基础。③

"文革"结束之后，中国检察制度急需重建。受苏联民事诉讼检察监督制度和理论的影响，有学者呼吁在正式制定民事诉讼法时应当落实宪法所规定的法律监督。④ 1982 年，《民事诉讼法（试行）》第 12 条规定了人民检察院有权监督民事审判活动，但该法并没有明确检察监督的范围、方式以及具体程序，导致这一制度只留存于纸面。⑤ 1982 年 12 月 4 日，新的《宪法》发布，第 129 条确立了人民检察院法律监督机关的地位。此后，1991 年出台的《民事诉讼法》不仅原则上确立了检察机关的监督权，还将这一监督权细化为对生效裁判的事后监督。在当时的实践中，检察机关主要依靠"民事诉讼当事人申请检察机关抗诉这种被动方式启动检察监督"⑥，缺乏同步监督机制，更没有事后主动监督的程序和机制，民事检察监督在实践中摸索着前进。

2007 年，《民事诉讼法》第一次修改，进一步强化了人民检察院的民事监督权。其中，第 14 条明确了人民检察院有权对民事审判活动实行法律监督，第 179 条、第 187 条明确了应当提起抗诉的具体情形（人民检察院抗诉的条件和人民法院决定再审条件完全一致），第 188 条明确了接受抗诉的人民法院作出再审裁定的期限，第 189 条、第 190 条规定了检察机关在抗诉过程中的必要行为。

此后至 2012 年《民事诉讼法》第二次修改前，最高人民法院以及最高人民检察

---

① 《监狱巡回检察：完善制度设计激发监督活力》，《检察日报》2019 年 3 月 25 日，第 3 版。
② 庄永廉：《四部组织法：讲述新中国检察史》，《检察日报》2011 年 12 月 16 日，第 3 版。
③ 杨立新：《新中国民事行政检察发展前瞻》，《河南省政法管理干部学院学报》1999 年第 2 期，第 5 页。
④ 周洪江：《我国民事检察监督制度的变迁——以改革开放 40 年为主线》，《鲁东大学学报（哲学社会科学版）》2018 年第 6 期，第 70 页。
⑤ 张卫平：《民事诉讼检察监督实施策略研究》，《政法论坛》2015 年第 1 期，第 34 页。
⑥ 张卫平：《民事诉讼检察监督实施策略研究》，《政法论坛》2015 年第 1 期，第 34 页。

院通过司法解释的形式陆续完善了人民检察院的民事诉讼监督程序。2009 年，《最高人民检察院关于进一步加强对诉讼活动法律监督工作的意见》发布，对加强人民检察院的诉讼监督工作进行了全面部署。该意见强调，要完善民事抗诉案件的申诉审查机制，加大抗诉工作力度，研究检察机关对民事执行工作实施法律监督的范围和程序，对适用特别程序、督促程序、公示催告程序和企业破产程序的审判活动，探索采用抗诉等方式进行监督。2011 年 3 月 10 日，《最高人民法院 最高人民检察院关于对民事审判活动与行政诉讼实行法律监督的若干意见（试行）》发布，对我国民事审判监督范围、监督措施、监督效力作了进一步明确，突破了"已经发生法律效力的判决、裁定"的局限，将调解和审判中的违法情形列入了监督范围；并明确除抗诉外，还可以"再审检察建议"、普通"检察建议"等方式进行监督，拓展了检察机关对民事、行政审判活动监督的范围和方式；人民法院发现检察监督行为违法违纪的，也可以向人民检察院提出书面建议。根据该意见，检察机关可针对法院的超期放款、超期裁定、超期执行、执行已提供保证款物的被执行人以及严重损害国家和社会利益的执行行为等进行监督。同时规定，对于国家机关等特殊被执行主体，人民法院因受到干扰难以执行的，人民检察院应当向相关国家机关等提出检察建议。

2012 年，《民事诉讼法》第二次修改，认可了上述司法解释关于检察监督制度的相关规定，并且将之前规定的"人民检察院有权对民事审判活动实行法律监督"修改为"人民检察院有权对民事诉讼实行法律监督"，将检察监督从审判的事后监督扩展到覆盖整个诉讼活动的过程监督，并明确规定了人民检察院可以通过检察建议的方式实现过程监督。但该诉讼法关于检察监督的规定仍然过于原则化，没有具体规定执行监督和审判监督程序之外的监督程序，难以适应法律监督的需要；而且检察机关提出检察意见、发纠正违法通知等方式由于缺乏保障机制，也难以产生应有的效果。

为细化《民事诉讼法》关于诉讼监督的原则性规定，保障和规范人民检察院依法履行民事检察职责，2013 年 11 月 18 日，最高人民检察院发布了《人民检察院民事诉讼监督规则（试行）》。该规则对检察机关监督民事诉讼的程序、办案规则等进行了细化，便于检察人员行使监督权。为促进人民法院依法执行，规范人民检察院民事执行法律监督活动，2017 年 1 月 1 日，《最高人民法院、最高人民检察院关于民事执行活动法律监督若干问题的规定》发布。该规定对民事执行检察监督的原则、管辖、监督情形、监督方式等作了详细规定，回应了近年来民众强烈呼吁解决执行难问题的要求。

2017 年，《民事诉讼法》第三次修改，并没有对民事诉讼的法律监督进行修改，但确立了检察机关在公益诉讼中的法律地位，公益诉讼包括了民事公益诉讼和行政公益诉讼两种类型。

行政检察具有"一手托两家"的功能，承担着监督法院公正司法和促进行政机关依法行政的双重责任。[①] 1949 年，《共同纲领》第 19 条第 2 款规定："人民和人民团体有权向人民监察机关或人民司法机关控告任何国家机关和任何公务人员的违法失职行为。"但是，当时并没有建立相应的行政诉讼制度以落实人民的这项权利。1982 年，《民事诉讼法（试行）》第 3 条第 2 款规定："法律规定由人民法院审理的行政案件，适用本法规定。"可见，随着人民权利意识的不断增强，行政诉讼案件逐渐出现。在没有专门的行政诉讼法的情况下，只能按照民事诉讼的相关规定审理行政诉讼案件。行政诉讼制度的建立迫在眉睫。在行政诉讼法发布实施之前，人民法院于 1986 年开始陆续建立行政审判庭探索审理行政案件。[②] 1987 年，最高人民检察院成立民事行政检察厅，专门办理民事行政诉讼监督案件。[③] 1990 年 10 月，新中国第一部《行政诉讼法》开始施行，第 10 条规定了人民检察院有权对行政诉讼实行法律监督，这正式确立了检察机关的行政诉讼监督权。为保障人民检察院依法对民事审判活动和行政诉讼活动实行法律监督，2001 年 10 月 11 日，最高人民检察院发布《人民检察院民事行政抗诉案件办案规则》，对检察监督统一按照抗诉案件办理程序进行了规定，但并未区分民事诉讼和行政诉讼。2013 年 3 月，《最高人民检察院关于深入推进民事行政检察工作科学发展的意见》发布[④]，这是检察机关贯彻落实修改后的《民事诉讼法》和全国人大常委会审议《最高人民检察院关于民事行政检察工作情况报告》的意见，是全面加强和改进新形势下民事行政检察工作的重要举措。

2014 年 10 月，《中共中央关于全面推进依法治国若干重大问题的决定》明确提出"探索建立检察机关提起公益诉讼制度""行政违法行为检察监督""行政强制措施司法监督"等三项行政检察监督的改革举措，拓展了行政检察监督的内容。[⑤] 相应的监督方式也不限于对诉讼活动的监督，还可以对拥有行政职权的行政主体在公共行政过程中所发生的行政活动进行监督。[⑥] 2015 年 1 月 29 日，最高人民检察院印发《最高人民检察院关于贯彻落实〈中共中央关于全面推进依法治国若干重大问题的决定〉的意见》，要求认真执行修改后的《行政诉讼法》，加强对行政案件受理、审理、裁判、执行的监督，为行政检察监督确立了新的方向。

2015 年 5 月 1 日，新修正的《行政诉讼法》开始施行，第 91 条和 93 条细化了行政抗诉的条件和程序，扩大了抗诉的范围，增加了再审检察建议和其他检察建议的相关内容。而且，第 101 条明确规定了"人民检察院对行政案件受理、审理、裁判、执

---

① 贺卫：《新时代"做实行政检察"的实践探索》，《检察日报》2019 年 8 月 20 日，第 3 版。
② 杨解君：《中国特色的行政诉讼：发展与挑战》，《南京大学法律评论》2009 年第 2 辑，第 318 页。
③ 刘艺：《中国特色行政检察监督制度的嬗变与重构》，《人民检察》2018 年第 2 期，第 28 页。
④ 王丽丽：《切实尊重民事行政法律监督自身规律》，《检察日报》2013 年 3 月 29 日，第 1 版。
⑤ 刘艺：《中国特色行政检察监督制度的嬗变与重构》，《人民检察》2018 年第 2 期，第 28 页。
⑥ 朱立红、陈东妮：《检察监督的历史转捩：从行政诉讼监督到行政检察监督——以对行政违法行为的类型化监督为路径》，《上海法学研究》集刊（2019 年第 14 卷），第 362 页。

行的监督，本法没有规定的，适用《中华人民共和国民事诉讼法》的相关规定"。可以看出，行政诉讼监督程序仍不完善，必要时行政检察监督需要借助民事检察监督的程序规定。为了保障和规范人民检察院依法履行行政诉讼监督职责，2016 年 4 月 15 日，最高人民检察院发布《人民检察院行政诉讼监督规则（试行）》，对行政诉讼监督的原则、范围、对象、方式、手段和程序等内容作出全面规范，为检察机关全面正确落实行政诉讼法律监督提供了操作指南。

2017 年，《行政诉讼法》进行了第二次修正，将检察机关提起行政公益诉讼的制度纳入其中，并确定了检察机关拥有对行政违法行为行使监督权的职能。2018 年 10 月 26 日，新修订的《人民检察院组织法》发布，再次明确了检察机关有权对诉讼活动实行法律监督，对判决、裁定等生效法律文书的执行工作实行法律监督。但对于《中共中央关于全面推进依法治国若干重大问题的决定》提出的"行政违法行为检察监督"和"行政强制措施司法监督"，尚未涉及。

在法律不断修改完善的同时，我国民事行政检察工作也取得了较大的实践进展。2016 年，最高人民检察院民事行政检察厅下发了《关于在全国检察机关开展"基层民事行政检察工作推进年"专项活动的通知》，要求构筑夯实符合基层工作实际的案源发现、申诉受理、办案规范、内外协调、社会宣传等的各项具体工作机制，切实将活动成果有效转化为补齐基层工作短板、助推基层工作发展的长效机制。构建完善的工作机制，既能发挥检察机关在规范民事诉讼、行政诉讼过程中的监督作用，也能倒逼相关机关自觉规范其诉讼行为。2017 年 3 月 12 日，《最高人民检察院工作报告》披露，2016 年，民事行政诉讼监督得到强化，"认为确有错误的民事行政生效裁判、调解书提出抗诉 3282 件、再审检察建议 2851 件，对民事行政审判程序中的违法情形提出检察建议 13254 件，对民事执行活动提出检察建议 20505 件"[1]。2018 年 3 月 9 日，《最高人民法院工作报告》披露，2017 年，"对认为确有错误的民事行政生效裁判、调解书提出抗诉 2 万余件，人民法院已改判、调解、发回重审、和解撤诉 1.2 万件；提出再审检察建议 2.4 万件，人民法院已采纳 1.6 万件。对审判程序中的违法情形提出检察建议 8.3 万件，对民事执行活动提出检察建议 12.4 万件"[2]。2019 年 3 月 12 日，《最高人民法院工作报告》披露，2018 年，"共提出民事抗诉 3933 件，同比上升 25.1%，法院已审结 1982 件，其中改判、发回重审、调解、和解撤诉 1499 件；提出再审检察建议 4087 件，同比上升 32.1%，法院已启动再审程序 2132 件"，"对认为确有错误的行政判决、裁定提出抗诉 117 件，同比下降 15.8%；提出再审检察建议 90

① 曹建明：《最高人民检察院工作报告——2017 年 3 月 12 日在第十二届全国人民代表大会第五次会议上》，《人民日报》2017 年 3 月 20 日，第 4 版。
② 曹建明：《最高人民检察院工作报告——2018 年 3 月 9 日在第十三届全国人民代表大会第一次会议上》，《人民日报》2018 年 3 月 26 日，第 3 版。

件，同比上升50%"。① 检察机关充分发挥民事行政检察监督职能，维护司法公正。

民事行政检察监督成绩显著，但司法实践中仍然存在以下问题：

第一，案源渠道狭窄。目前，检察机关与被监督部门信息共享、配合联动机制还不健全，且检察机关内部各业务部门之间的线索发现与移送机制也不够完善②，导致民事行政监督案件来源大多依靠当事人及群众举报。狭隘的案源获取渠道导致检察机关监督案件数量较少，民事行政检察监督的效果不够理想。

第二，民事行政检察监督调查核实权运行不善。民事检察监督顺利、有效地实现，必须借助一定的手段和措施，否则法律赋予的权力便是空洞的。③ 调查核实权是检察机关履行民事行政检察监督的抓手，若检察机关无调查核实权，民事行政检察监督就只能是纸面上的监督，难以实现检察监督维护公平正义的职能设定。2012年《民事诉讼法》第210条（现行《民事诉讼法》第217条）赋予了检察机关监督民事诉讼活动的调查核实权。2013年《人民检察院民事诉讼监督规则（试行）》第65条（2021年《人民检察院民事诉讼监督规则》第62条）明确了检察机关行使调查核实权的具体情形。2015年1月30日，《最高人民法院关于适用〈中华人民共和国民事诉讼法〉的解释》发布，首次肯定了检察机关因行使民事检察监督调查核实权所取得证据的效力问题。但是，上述规范仍然过于原则化，难以全面、具体地指导实践。赋予检察机关调查核实权的目的在于，帮助其了解与生效裁判、审判程序以及执行活动有关的事实和证据，为提出检察建议、抗诉等监督活动提供依据。④ 然而，在实践中，检察监督调查核实权存在一定程度的异化。部分办案人员存在过度使用调查取证权的情形，可能会出现公权力介入帮助一方当事人的乱象，破坏诉讼平衡。此外，即使检察机关行使调查核实权，由于部门利益等容易发生抗拒调查的现象，⑤ 调查核实工作也难以展开。行政诉讼监督也存在同样的问题。

第三，民事行政检察监督资源投入不足。职务犯罪侦查权转隶后，检察机关主要将工作重心聚焦在公诉业务上，对检察监督工作虽有重视，但是资源投入明显不足。没有优秀的检察人员以及相应的资源保障，也是民事行政检察监督效果不佳的原因之一。

民事行政检察监督作为检察职能的重要内容，其监督效果直接影响检察机关监督职能的整体发挥。为完善检察机关民事行政检察监督机制，2015年6月1日，《最高人民检察关于深化检察改革的意见（2013—2017年工作规划）》（2015年修订版）发

① 张军：《最高人民检察院工作报告——二〇一九年三月十二日在第十三届全国人民代表大会第二次会议上》，《人民日报》2019年3月20日，第2版。
② 刘志勇：《基层民行检察及公益诉讼工作问题及对策》，《检察调研与指导》2018年第4期，第116页。
③ 常怡主编：《比较民事诉讼法》，中国政法大学出版社2002年版，第200页。
④ 买文毅、陈鹏飞：《民事检察调查核实权思考》，《上海政法学院学报（法治论丛）》2016年第2期，第75页。
⑤ 刘志勇：《基层民行检察及公益诉讼工作问题及对策》，《检察调研与指导》2018年第4期，第116页。

布，要求完善民事行政诉讼监督机制，并分别对完善民事诉讼与行政诉讼监督的相关程序作出了指示。2018 年 12 月 27 日，最高人民检察院发布《2018—2022 年检察改革工作规划》，提出健全以"精准化"为导向的民事、行政诉讼监督机制，具体对完善监督手段和办案流程、明确监督标准等作了详细要求，旨在增强监督的准确性和提高监督质效。针对民事行政检察监督存在的具体问题，根据最高人民检察院确定的改革路径，完善民行检察监督机制可以从以下几方面入手：

第一，加强相关部门沟通协作。检察机关既要整合内部资源，发挥检察机关监督的整体优势，又要构建完善的外部协作机制，积极加强与人大、法院、律协等的联系沟通[①]，扩大案源渠道以及检察监督影响的边际效应。同时，加强对民事行政检察监督的宣传，借助媒体扩大民事行政监督工作在群众中的影响力，增强群众举报的积极性。

第二，完善检察机关行使调查核实权的程序。其一，法律关于检察机关行使调查核实权的情形进行了兜底规定，给予了检察机关部分自由裁量权。实践中，检察机关依据兜底条款行使调查核实权时，应当充分考虑调查事项与监督内容的紧密关系以及调查核实是否为唯一必要的手段。其二，根据调查事项的影响力决定部门负责人和检察长的审批权限。部门负责人有权决定调查核实一般事项的审批，对于社会影响较大，涉及国家秘密、商业秘密，或者涉及审判人员有贪污受贿、徇私舞弊、枉法裁判等情形的，应当将审批权限上调至检察长。[②] 这样的审批权限设定，有助于检察机关合理有度地行使调查取证权。

第三，提高民事行政检察监督队伍的专业能力。检察机关业务以刑事为主，检察人才也是刑事司法人才居多，民事行政检察人才缺乏。2018 年 7 月 25 日，张军在深圳举办的大检察官研讨班上提出："适应人民群众司法需求，设立专门的民事检察、行政检察和公益诉讼检察机构或办案组。"[③] 民事行政检察专业化是检察机关强化监督职能的内在要求。专业化的民事行政检察监督是实现公平正义、保障司法权威、维护社会稳定不可或缺的力量。目前，检察系统正大力推进内设机构改革，检察机关可以此为契机建立专门的民事检察组和行政检查组，同时配备法学功底深厚、实践能力强的检察人员，为优秀的检察人员配套优质的检察资源，并定期开展培训，保证检察人员的素质和能力，做好人员储备工作。此外，还应当推动互联网、大数据、人工智能、办案辅助系统和民事行政检察工作深度融合，充分发挥信息技术在收集固定证据中的作用，提高检察监督质效。

---

① 曾于生、金湘华：《以大数据促进民事检察精准监督》，《检察日报》2018 年 11 月 12 日，第 3 版。
② 彭志刚、王稳：《民事检察调查权的范围与行使模式》，《天府新论》2014 年第 1 期，第 100 页。
③ 姜洪、郑赫南、史兆琨等：《贯彻落实全面深化司法体制改革推进部署 在转机中推动新时代检察工作创新发展》，《检察日报》2018 年 7 月 26 日，第 1 版。

三、检察机关司法制约监督机制的展望

检察职权的最后定型，是历史的产物、时代的选择，是经过了充分论证的制度设计，我们当然应当充分发挥检察职能，完成检察机关承担的时代使命。为此，要坚持和发展公诉、批捕和诉讼监督等检察机关的传统职能，同时还要探索公益诉讼等新职权的运行模式和办案机制，使检察职权全面、公正行使。

（一）推动新型公诉工作机制创新发展

刑事公诉职能是检察机关最为主要的职能，在强调检察机关"四大检察"发力的同时，应当顺应司法改革趋势，不断完善公诉职能，增强公诉职能的生命力。

第一，在以审判为中心的刑事诉讼制度改革中创新公诉职能。庭审实质化是以审判为中心的刑事诉讼制度改革的核心，要求强化控辩双方的对抗性，让双方围绕证据进行质证、辩论。控辩双方只有透彻研究证据规则与证明标准，才能发表有针对性的意见。为此，公诉部门要深入理解客观性证据审查模式，提升证据审查工作的质量和效果，以应对司法改革背景下公诉工作面临的新问题、新挑战。[①] 同时，应当在刑事诉讼分工与配合的原则下，确立公诉在审前程序中的主导地位，强化侦查服务公诉指控，构建"大控方"追诉格局。

第二，顺应多层次诉讼体系改革，创新公诉模式。普通程序、简易程序、速裁程序及认罪认罚从宽制度等多层次诉讼体系改革，对检察机关的公诉模式提出了新的要求。检察机关要探索建立"确保简易案件效率导向、疑难案件精准导向、敏感案件效果导向"的公诉模式。一是正确处理侦、捕、诉的关系，发挥检察机关审前主导案件分流的作用。一方面，要对重大、疑难、复杂案件进行证据固定，保证案件符合审判要求；另一方面，要发挥不起诉的裁量权作用，对于不需要进入审判环节的案件及时解决。二是根据案件繁简程度建立不同的出庭模式。对于认罪认罚案件，出庭公诉要讲求效率，要更加简化程序，做到"简者更简"；对于重大、疑难、复杂案件，被告人作无罪答辩的普通程序案件，出庭公诉要注重效果，体现"繁者更精"。[②] 三是正确理解处理检律关系，畅通检律沟通协商机制，重视律师意见，保障律师权利。辩护律师及时与公诉机关沟通辩护意见，能够帮助检察机关作出相应决策，同时也能及时保障犯罪嫌疑人、被告人合法权益。

第三，顺应捕诉合一改革，推进司法责任制严格落实。在捕诉合一模式下，批捕职能和公诉职能由检察机关同一部门、同一办案人员统一行使。这种模式有利有弊。

---

① 王渊：《顺应改革要求推动公诉工作创新发展——司改背景下刑事公诉面临的新问题、新挑战及对策研讨会述要》，《检察日报》2017年6月19日，第3版。
② 庄永廉、苗生明、黄京平等：《如何建立健全与多层次诉讼体系相适应的公诉模式》，《人民检察》2017年第1期，第48页。

一方面，公诉人员能够提前了解案情、全程引导、监督侦查。检察机关在批捕阶段对案件进行实质审查，可以统一检察机关内部的办案标准，避免不同部门办案对同一事实认定产生不同决断。另一方面，批捕和公诉由同一部门行使，批捕权缺少了权力制约，容易产生权力滥用的情形。检察机关要在捕诉合一改革下创新发展，需要采用更加多样化、更加有效的方式来强化内部监督制约。推行司法责任制其实就是一种更高层面、更加理性的内部监督制约方式。① 检察机关要严格落实司法责任制，从办案终身负责制出发，强化"谁办案谁负责、谁决定谁负责"意识，对发生问题的案件要按照司法责任制进行严格追责、问责。检察人员要强化责任意识，对每一个案件质量严格把关，确保案件经得起时间的检验。

（二）强化检察机关的诉讼监督职权

检察机关作为法律监督机关，对刑事、民事、行政诉讼进行监督是法律赋予的权力与职责。在大部分职务犯罪侦查权转隶监察委员会后，检察机关应当聚焦诉讼监督职能，使诉讼监督成为检察机关新的业务增长点。

第一，创新监督组织。前文已述，为推进诉讼监督工作，北京市设立了刑事执行检察院，北京市人民检察院第一分院创设了刑事审判监督部，湖北省当阳市检察院设立了派驻法院检察室。专门的监督部门、专业化的监督人员能够提高监督质量。最高人民检察院可以在综合考量这些监督组织之后，总结经验向全国推广。

第二，创新监督方式。习近平总书记强调："健全权力运行制约和监督体系，加强反腐败国家立法，加强反腐倡廉党内法规制度建设，深化腐败问题多发领域和环节的改革，确保国家机关按照法定权限和程序行使权力。"② 检察机关要创新监督方式，保障权力在阳光下运行。一是逮捕公开审查。逮捕是剥夺犯罪分子人身自由最彻底的强制措施，必须进行公开审查才能规范批捕机关行使权力，保障犯罪嫌疑人的合法权益。要积极推行逮捕案件公开审查制度，不断提升审查逮捕办案透明度，增强公信力。二是深化监狱巡回检察制度。2019 年 5 月，监狱巡回检察试点结束。最高人民检察院可以在总结试点经验教训的基础上完善巡回检察制度，并向全国推广。

第三，创新监督方法。2018 年 1 月，《最高人民检察院关于深化智慧检务建设的意见》发布，提出要升级完善以统一业务应用系统为基础的司法办案平台，强化办案全过程的智能辅助应用。各级检察机关要切实贯彻落实最高人民检察院《检察大数据行动指南（2017—2020 年）》，推动检察监督深入发展，鼓励各级检察机关研发特色应用，进一步推进人工智能辅助检察监督办案。③ 为响应最高人民检察院智慧检务号召，2018 年 7 月 5 日，"2018·全国检察机关科技装备展"在北京开幕。各检察院在

---

① 龙建文：《立足司法责任制构建捕诉合一模式》，《检察日报》2018 年 7 月 22 日，第 3 版。
② 习近平：《习近平谈治国理政（第一卷）》，外文出版社 2018 年版，第 388 页。
③ 林中明：《以智慧检务推动检察监督深入发展》，《检察日报》2017 年 7 月 1 日，第 1 版。

该次展会上纷纷献出了助力检察工作的高科技。其中，新会区检察院在该次展会上展出了警检数据共享平台，通过共享平台，实现案件材料电子文档在警检之间安全、准确和高效利用。由于平台内的证据材料均以扫描件或电子证据的形式进行保存，检察机关能够有效发现和防止侦办单位删改或隐瞒侦查不规范、不合法等办案细节，实现了了解案情和发现违法侦查行为一步到位，准确性大大提高。[①] 将现代信息技术用于诉讼监督之中，是智慧检务的重要内容，能够提高检察机关监督的整体水平。将大数据、人工智能转化为检察监督的手段，是未来检察机关智慧检务应当重点关注的。

（三）保留前提下完善司法职务侦查权

将职务犯罪侦查权从检察机关剥离，既是实现监察机关对公职人员全覆盖的题中之义，也是检察改革中检察机关回归《宪法》确定的法律监督机关定位的要求。在此背景下，检察机关急需内部调整以应对现有的司法现状。

第一，建议由市级检察机关集中侦查 14 种案件。2018 年 11 月，最高人民检察院印发《关于人民检察院立案侦查司法工作人员相关职务犯罪若干问题的规定》，对法定侦查权行使的检察机关级别进行了明确。该规定明确 14 种案件原则上由设区的市级人民检察院立案侦查，但又未取消基层人民检察院的立案侦查权。[②] 笔者认为，最高人民检察院的这一规定可操作性不强。因为侦查活动具有高效启动、过程秘密的特性，而且要求高度专业化，但反贪、反渎职能部门转隶后，检察机关已经基本失去了展开职务犯罪侦查活动所必需的专业侦查队伍和资源，[③] 而基层人民检察院的侦查能力、人员以及设施配备有限，且要承担诉讼监督等大量业务，由其承担 14 种案件立案侦查明显超出了基层人民检察院的承受能力。此外，反贪、反渎等部门、人员转隶后，为保证侦查权的有效行使，检察机关内部必须重新配备侦查人员和侦查设备，但若每个基层人民检察院都配备同样的侦查设备，可能出现为极少量案件耗费大量司法资源的现象，造成资源浪费。因此，笔者建议，可以直接取消基层人民检察院的侦查权，直接由设区的市级人民检察院集中管辖这类案件。基层人民检察院在诉讼监督过程中发现的案件线索直接移送设区的市级人民检察院立案侦查。这样，既可以利用有限的司法资源进行集中建设，以保证侦查质量，又避免了各个基层检察院重复建设造成的司法资源浪费。

第二，建议侦查级别普遍上提一级。针对 14 种案件的侦查，笔者认为其侦查权限可以普遍上提一级，由设区的市级人民检察院立案侦查基层犯罪行为；由省、自治

---

① 朱仑、韩雪：《谱写江门检察科技强检新篇章》，《江门日报》2019 年 1 月 14 日，第 4 版。

② 王建平、高翼飞：《〈关于人民检察院立案侦查司法工作人员相关职务犯罪若干问题的规定〉理解与适用》，《人民检察》2019 年第 4 期，第 57 页。

③ 吕晓刚：《保留检察机关部分职务犯罪侦查权的实践价值与有效实施》，《新疆师范大学学报（哲学社会科学版）》2019 年第 3 期，第 41 页。

区、直辖市人民检察院立案侦查市级犯罪行为；由最高人民检察院立案侦查省、自治区、直辖市犯罪行为。下级人民检察院在诉讼监督过程中发现的犯罪线索应当移交上级人民检察院立案侦查。基层人民检察院不享有该类案件立案侦查权正好呼应了这种级别设想。这样的级别设想主要是基于如下理由：首先，侦查级别上提一级，可以避免地方保护主义，保证侦查的公正性，同时也能够起到遏制地方侦查人员滥用职权、违法腐败的现象。其次，从司法公信力角度来看，侦查级别上提一级可以最大限度地免受外界干扰独立办案，推动执法公正。最后，加强上级人民检察院对下级人民检察院的监督仍然很有必要，侦查级别普遍上提一级就是上级监督下级的重要表现。

第三，建议单设侦查机构行使侦查权。目前，检察机关内部急需组建新的侦查队伍、配备新的侦查设备，以保证检察机关的侦查能力能够完成侦查任务。2018 年，张军透露，最高人民检察院决定以"内设机构改革"作为检察机关改革的切入点、突破口。[1] 以此为契机，在刑事检察方面，可以重新组建专业化刑事办案机构，统一履行侦查、审查逮捕、审查起诉、出庭支持公诉、刑事诉讼监督等职能。根据最高人民检察院《关于人民检察院立案侦查司法工作人员相关职务犯罪若干问题的规定》，由检察机关刑事检察工作的专门部门履行该部分侦查职能。《刑事诉讼法》第 19 条第 2 款规定，人民检察院除保留法定侦查权外，还享有机动侦查权。此外，根据《刑事诉讼法》第 170 条第 1 款以及第 175 条第 2 款规定，人民检察院还享有对监察机关以及公安机关移送审查起诉案件的补充侦查权。从检察机关现有的侦查权范围来看，虽然法定侦查权、机动侦查权与补充侦查权行使的阶段不同，但都属于侦查权范畴，三类侦查权的具体行使方式存在相同之处。因此，有学者认为可以专设侦查部作为检察机关行使这三类侦查权的内设机构。[2]

但是，这一提议并没有考虑到检察机关在履行公益诉讼职能时，实际上也要进行侦查。《最高人民法院、最高人民检察院关于检察公益诉讼案件适用法律若干问题的解释》中明确规定，人民检察院对履职过程中发现的损害国家利益或社会公共利益的行为，可以提起公益诉讼，在诉讼中检察机关应当提交被告行为已经损害社会公共利益的初步证明材料。证据是诉讼案件的基础，提供证明材料必然需要检察机关主动调查、收集证据，这与侦查行为有相似性。笔者认为，可以将刑事侦查与公益诉讼中涉及的证据收集工作交由同一部门执行，即在刑事检察、民事检察、行政检察和公益诉讼检察机构之外，单设侦查机构承担整个检察机关的侦查（调查）职能。

第四，加强人民监督员的监督。虽然检察机关只保留了部分侦查权，但是仍然构成了检察机关自己侦查、审查起诉以及提起公诉的框架，即使具体环节的职能部门不

---

[1] 郑赫南、闫晶晶、姜洪：《首席大检察官释放哪些创新发展新信号——张军检察长在大检察官研讨班上的讲话解读》，《检察日报》2018 年 7 月 26 日，第 1 版。

[2] 万毅：《检察机关内设机构改革的基本理论问题》，《政法论坛》2018 年第 5 期，第 14 页。

同，但都隶属于检察机关。加之，在监察体制改革之前，检察机关拥有职务犯罪侦查权，其内部存在较为明显的"自侦中心主义"倾向。[①] 因此，检察机关若不合理制约其侦查权，检察机关内部的审查逮捕、起诉等难以起到审查案件质量的作用。检察机关应防范"自侦中心主义"的复活。[②] 为此，检察机关应当理性看待人民监督员的作用，绝不能因人民监督员是对检察机关的监督而加以抵制或者漠视。

人民监督员制度产生之初就是为了解决检察机关职务犯罪侦查的监督问题。但职务犯罪侦查权转隶后，人民监督员制度也就丧失了其存在的主要基础。[③] 2018 年修订的《人民检察院组织法》第 27 条与《关于人民检察院立案侦查司法工作人员相关职务犯罪案件若干问题的规定》，明确了人民监督员有权监督检察机关办案活动。上述规定为人民监督员制度继续存在并监督检察机关侦查活动提供了法律基础。

2019 年，《人民检察院办案活动接受人民监督员监督的规定》第 19 条第 1 款明确规定，人民检察院应当认真研究人民监督员的监督意见，依法作出处理。但是，这一规定并没有保证人民监督员的监督刚性。因此，有学者建议，对于检察机关保留侦查的 14 种案件，可以赋予人民监督员刚性监督的权力。[④] 为发挥人民监督员的监督作用，必须通过法律规定约束检察机关对待监督意见的随意性。陈卫东等对此提出了具体建议：当人民监督员意见与检察机关决定不一致时，人民检察院必须重新审查案件，并将结果反馈给人民监督员。人民监督员内部以少数服从多数的方式确定表决结果。若表决结果与检察机关决定一致，便根据该决定执行；若不一致，人民监督员可要求复议。检察机关收到复议要求后，应当另行选定检察官审查案件，并将审查意见报检察长或检察委员会讨论形成最终决定。[⑤] 这种制度设计既不会干扰检察机关的办案流程，同时也能够平衡侦查的专业性与人民监督员监督所要求的公开性，能够使监督发挥实质作用。

结　语

中国检察机关职权经历了几十年的探索和变迁，到今天，已经形成了四大检察并重，公诉和诉讼监督并驾齐驱的中国特色检察权，具有侦查、公诉、诉讼监督、公益诉讼四大权力的检察职权模式。以上职权在 2018 年修订的《人民检察院组织法》中得到确认。在将来，这些职权也许会随着时代的变化而调整，但在调整之前，我们要积极探索这些权力运行的体制和机制，以便让这些权力得到全面、公正的行使。

---

① 孙皓：《论检察权配置的自缚性》，《环球法律评论》2016 年第 6 期，第 63 页。
② 李奋飞：《检察机关的"新"自侦权研究》，《中国刑事法杂志》2019 年第 1 期，第 17 页。
③ 高一飞：《国家监察体制改革背景下人民监督员制度的出路》，《中州学刊》2018 年第 2 期，第 63 页。
④ 李奋飞：《检察机关的"新"自侦权研究》，《中国刑事法杂志》2019 年第 1 期，第 25 页。
⑤ 陈卫东、胡晴晴、崔永存：《新时代人民监督员制度的发展与完善》，《法学》2019 年第 3 期，第 16 页。

《2018—2022年检察改革工作规划》对检察机关的诉讼监督职能提出了新的要求：全面、协调、平衡发展检察机关各项法律监督职能，提升法律监督能力和水平。要想实现这一目标，应当坚持人民检察院是我国法律监督机关的宪法定位，逐步实现监督精细化、审查和特定侦查程序正当化以及公诉专业化的改革目标，加强和发展检察机关法律监督职权，让检察机关在司法制约监督中作出独特的贡献。

第十一章
以审判为中心的诉讼制度改革

　　"审判中心"是现代刑事司法的重要理念，也是各国追求的法治目标。这种理念源于何处，历经了怎样的神秘过程，是探索法治发展的重要议题。我国学者早就看到："日本、韩国等东亚国家的诉讼制度，也经历了推进和确立'以审判为中心'的改革历程，特别是'审判中心主义'这一术语就源于日本的诉讼理论。"① 更有学者直接指出："'审判中心主义'一词就来源于日本刑事诉讼。"②

　　同时，还有学者进一步认识到："在欧美的法律文本里或者诉讼法理著述中，搜罗不到'审判中心论'这一术语，但他们特别强调法庭及法官的重心功能。"③ 陈光中、步洋洋也指出："'审判中心'这一概念并非舶来品，我们在西方法治国家的法律规范中无处可寻，英文表达中也没有审判中心的专门术语。"④ 确实，欧美法律术语中并没有"trial-centered"或者"trial-centralism"一词，如德国只有主程序（hauptverfahren）、美国只有程序化审判（proceduring trial）等强调审判程序中心地位的类似术语。

一、只存在于东亚地区的概念

　　欧美国家为何有此理念却没有此术语呢？日本学者松尾浩也在论及"起诉状一本主义"时提出："起诉状一本主义是日本法中产生的概念，很难找到相对应的外语。如果把起诉状一本主义的基本原理译成英文，可为 the principle of unitary information（乔治教授），美国法之所以没有该用语，是因为起诉一本主义在美国是理所当然的事情。"⑤ 同理，我们也可以得出相似的结论，在欧美刑事诉讼中，"审判中心"是理所当然的事，根本不需要再造一个类似"审判中心"的宏观术语。相反，恰恰是侦查主

---

① 卞建林、谢澍：《"以审判为中心"：域外经验与本土建构》，《思想战线》2016 年第 4 期，第 113 页。
② 张建伟：《审判中心主义的实质内涵与实现途径》，《中外法学》2015 年第 4 期，第 872 页。
③ 王新环：《以审判为中心与司法最终处理原则》，《中国律师》2015 年第 12 期，第 84 页。
④ 陈光中、步洋洋：《审判中心与相关诉讼制度改革初探》，《政法论坛》2015 年第 2 期，第 120 页。
⑤ ［日］松尾浩也：《刑事诉讼法（下）》，弘文堂 1999 年版，第 362 页。

导审判、部分庭审流于形式的东亚地区急切渴望审判能够成为诉讼的中心。因此，在法律移植和学术交流过程中，为了让这一欧美国家看来"理所当然的事情"被本国国民所理解，需要结合本国文化和文字进行造词，这样就产生了"审判中心"。当然，其表述的形式可以是"公判中心""一审中心""庭审中心""以审判为中心""审判中心主义""公判集中主义"。在东亚地区，日本最先对欧美国家诉讼制度进行移植，因而体现其本质特征的"审判中心"一词也最初由日本学者发明。

首先，有必要说明为什么"审判中心"在欧美国家是理所当然的事情。

欧洲的刑事诉讼模式大约历经了弹劾诉讼（罗马帝国灭亡到 13 世纪）—纠问诉讼与对抗式诉讼（13 世纪到 19 世纪）—职权主义与当事人主义（19 世纪以后）的发展历程。[1] 大约 12 世纪，欧陆法国家在刑事诉讼中就产生了"不告不理、法官居中裁判"的弹劾诉讼模式（procédure accusatoire）。这是早期资产阶级法学家总结人类诉讼史，并根据当时的案件情况进行的理论升华，可以说是"审判中心"理念的最初样态。

13 世纪前后，欧洲进入封建时代，传统弹劾诉讼模式在不同政治体制的国家发生了新的变化。集中表现为，以法国为代表的纠问式诉讼（procédure inquisitoire）和以英国为代表的对抗式诉讼（adversary system）。1776 年，美国成立，在法律传统上，美国法律源于英国普通法，其刑事诉讼虽有自己的特色，但整体上属于英美法系的对抗式诉讼模式。在对抗式诉讼模式下，控辩双方可以平等收集证据，案件的事实认定及证据调查需在法庭上进行，审判仍处于中心地位。但是，在纠问式诉讼模式下，法院既是控诉主体，也是裁判主体，预审成为刑事诉讼的中心，庭审已经被虚置。我国学者也将对抗式诉讼模式和纠问式诉讼模式分别称为"以审判为中心的模式"和"以侦查为中心的模式"。[2] 因此，在这段时期（13 世纪至 19 世纪），两大法系的刑事诉讼理念形成了巨大反差，即"审判中心"的理念在欧陆法国家已经被架空，但在英美法国家得到了渐进发展。

19 世纪后，欧洲国家相继爆发了资产阶级民主革命，这对刑事诉讼的发展产生了至关重要的影响。特别是大陆法系的刑事诉讼理念开始从"侦查中心"走向"审判中心"。如法国最先建立了弹劾审判与预审制度相结合的混合程序（procédure mixed），形成了侦、控、审相对分立的诉讼体制。以上变化的原因在于：一是"审判中心"的理念开始与分权制衡理论及审判独立原则融合；二是两大诉讼模式在"审判中心"的思想源流上形成了交汇。正如日本学者所言："作为与职权主义相对的概念，当事人主义是法国大革命在近代刑事诉讼中产生的理想化目标。虽说该经验来自英国刑事诉

---

① 孙锐：《中西方刑事诉讼模式理论之比较》，《湖北社会科学》2011 年第 11 期，第 154 页。
② 何家弘：《从侦查中心转向审判中心——中国刑事诉讼制度的改良》，《中国高校社会科学》2015 年第 2 期，第 131 页。

讼法，但是思想来源于法国大革命的自由主义和民权主义。"① 当时的"审判中心"理念，体现在基本确立了以直接言词、公开审理为原则，强调法庭调查及出示的证据是裁判的唯一基础，并在不同诉讼模式下采用了陪审员参审制或陪审团制。因此，近代欧美国家进入资本主义社会后，其刑事诉讼在本质上理所当然是以审判为中心的。

1868 年，日本开始明治维新，进入了全面学习西方近代法律制度的新时代。1871 年 12 月至 1873 年 10 月，日本岩仓具视使团（100 人）对欧美 12 个先进国家进行了长达 22 个月的访问。② 1880 年，日本效仿法国制定了《治罪法》；1890 年，日本参照德国法制定了《明治刑事诉讼法》；1922 年，日本以德国法为主、英美法系为辅制定了《大正刑事诉讼法》。日本考察并学习西方刑事诉讼制度的这段历史，刚好也是欧美国家"审判中心"理念形成的关键时期。特别是《大正刑事诉讼法》，深受西方"当事人主义""直接审理主义""弹劾主义"等近代刑事诉讼理论的影响。③ 因此，当亚洲绝大部分地区还处在由封建社会向近代社会过渡阶段时，日本法学界已经意识到"审判中心"是近代西方刑事诉讼的基本特征，并在 20 世纪 20 年代对这一现象进行了理论总结，产生了"审判中心主义"一词。后来传播到韩国和我国台湾地区。④

概言之，在欧美实质上已经形成"审判中心"的诉讼模式的时候，亚洲国家仍然在使用侦、控、审合一的行政与司法不分的审判模式。对于新引进的欧美刑事诉讼，需要以概括性、原则性的名词来与本国刑事诉讼进行区分。日本学者起初引进"审判中心"理念也只是对西方近代刑事诉讼的抽象化概括。从这个意义上来看，"审判中心"一词，只是对具备控审分离、审判独立、直接言词原则、庭审实质化等特征的近代刑事诉讼本来样态的描述，并没有在这种刑事诉讼模式上增加新的内容。

我国"审判中心"理念的形成比前述国家和地区稍晚，而且前述国家和地区有美国因素的直接介入，在现代化的过程中也更为便捷。改革开放后，我国民主法制建设得到了新发展，学术探讨和法律移植的步伐不断加快。1985 年，陈光中等 6 位学者赴日专门考察了日本的侦查程序、起诉程序、审判程序以及证据制度。⑤ 学者们的广泛活动与探讨，特别是一些案件的发生，促使"审判中心"的理念得到重视。而且，在发展的过程中，法律界围绕"审判中心主义"话题展开了多次研讨，形成了不同时期、不同认识的"审判中心"用语。

---

① ［日］小野清一郎：《刑事诉讼法讲义全订》（第 3 版），有斐阁 1933 年版，第 143 页。
② 柴松霞：《论日本明治时期出洋考察对法律变革的影响》，载里赞主编：《法律史评论（总第 7 卷）》，法律出版社 2015 年版，第 146 页。
③ 汪振林：《日本刑事诉讼模式变迁研究》，四川大学出版社 2011 年版，第 101 页。
④ 高一飞：《"审判中心"的观念史》，《国家检察官学院学报》2018 年第 4 期，第 126 页。
⑤ 陈光中、徐益初、严端等：《日本的刑事诉讼法——赴日考察报告》，《法学研究》1985 年第 6 期，第 88 - 94 页。

二、作为批判对象的审判中心

20 世纪 80 年代中期至 90 年代中期，我国开始了审判方式的启蒙改革。这一时期的改革主要是改变超职权主义的庭审模式，强调当事人的举证、质证和开庭辩论，充分发挥庭审的功能。[①] 试图通过改革庭审方式来树立法官权威，摆脱司法"泛行政化"的思维。"当时的改革者们提出了'证在法庭、辩在法庭、判在法庭'。"[②] 这一主张，率先在改革话语中触及了"审判中心"的理念，同时也奠定了我国庭审改革的基本思路。

不过，该主张并不等同于学术上的"审判中心主义"，其主旨是庭审方式本身的改革，更接近于之后的"庭审中心主义"，且这一主张并没有得到有效落实。另外，这一时期的相关文件，如 1991 年 12 月发布的《最高人民法院关于进一步加强人民法院参与社会治安综合治理工作的意见》等，提到"以审判工作为中心"，显然是指，相对于法院自身其他工作而言，审判是法院的中心工作。这一名词，相对于本章提到的侦查、审查起诉、审判三个阶段要体现"审判中心"这一理念而言，角度和比较的因素完全不同。虽然其有"审判"和"中心"两个词语，但与本章讨论的"以审判为中心"没有本质联系。

虽然改革者提出了相当有价值的观点，但也有学者提出了不同的讨论。周士敏旗帜鲜明地提出，"审判中心说"不适合我国的诉讼模式，应当坚持"阶段诉讼说"，并进行了大量批判性分析。[③] 他主要从三个方面对"审判中心说"的观点进行了否定：第一，在认识基点上，他认为"审判中心说"是狭义刑事诉讼概念下的产物，其实质是实现国家刑罚权，这容易导致侦查、起诉、执行等审判前或者审判后的活动都不是单独的诉讼程序。第二，在制度缺陷上，他认为"审判中心说"容易忽视警察和检察的作用，忽视程序意义，公安机关有较多强制处分权，检察机关有起诉裁量权都会导致"审判中心"难以实现。而且，对于审判前的违法行为，法院只能事后以程序违法和证据无效加以制止，难以保护法制和保障人权。第三，他还对"审判中心说""审判决定说""实体核心说"等有关"审判中心"的概念进行了分析，最终得出"审判中心说"必然被"诉讼阶段论"取而代之的观点。

上述观点，立足于传统审判中心主义的理论，进行了许多经验性分析，率先将"审判中心"一词以学术语言表达出来，具有重要的理论价值。不过以侦查、起诉的重要性来否定审判，这在认识论上就存在一定问题。"审判中心"并不是否定其

---

① 李学尧：《转型社会与道德真空：司法改革中的法律职业蓝图》，《中国法学》2012 年第 3 期，第 64 页。

② 蒋惠岭：《重提"庭审中心主义"》，《人民法院报》2014 年 4 月 18 日，第 5 版。

③ 周士敏：《刑事诉讼法学发展的必由之路——由审判中心说到诉讼阶段说》，《中央检察官管理学院学报》1993 年第 2 期，第 49 – 54 页。

他诉讼阶段的工作,其核心要义在于各个阶段要各司其职,防止违法侦查和滥用起诉裁量权,每一道程序都要面向审判、服务审判。而且,从现代各国刑事诉讼的发展趋势以及各个诉讼阶段的深层次关系来看,审判的司法裁判功能始终居于中心地位。

综上,从改革话语的最先触及,再到学者的抨击,"审判中心"的理念在变革声与批判声中应运而生。虽然个别学者对该理念存在偏见,但是该理念顺应了改革者的要求,为之后的学术研究以及修法活动提供了思想源泉和持续性探讨的课题。

三、为审判中心探寻中国道路

1996 年,我国《刑事诉讼法》进行了第一次修正,提高了犯罪嫌疑人和被告人的地位,确立了刑事被害人为当事人,重点改革了庭审制度和案卷移送制度,吸收了无罪推定的思想,使刑事诉讼的构造不断朝当事人主义模式靠拢。在此背景下,徐静村[①]、孙长永[②]、陈瑞华[③]等学者对"诉讼阶段论"进行了批评,从理论上论证了"审判中心"理念的基本范畴和意义。

其中,孙长永从理论高度系统介绍了审判中心主义的概念、依据、影响及其在我国的实现路径。他认为,审判中心主义就是:(1)审判是决定被告人有罪无罪最重要的阶段,未经审,任何人不得被认为是罪犯。(2)一审程序是审判的核心。其还指出,我国要全面贯彻"审判中心"的理念就应当实现法院独立审判,废除检察院对法院的审判监督,严格选择传闻证据,建立预审法官制度。[④] 孙长永的这篇文章除提到10 多年后由党的十八届四中全会确立的以审判为中心的诉讼制度的主要内容外,还提到了侦查阶段要以审判为中心的主要表现是法院对强制措施和侦查行为进行司法审查。

从学者们的论述来看,此时的"审判中心"理念已经得到了有效检讨,学者们不仅认识到"审判中心"的有益价值,也认识到实际推行中存在的问题并给出了相应的解决方案。学者们还认识到,实现"审判中心"的关键是确立以一审为中心,为之后的理论深入和庭审实质化改革提供了学术指导,为"审判中心"理念的正本清源和有效贯彻做好了理论先导。

不过,几年后,孙长永的博士生李长城对中国如何推行"审判中心"进行了批判性反思,认为学术界过分强调"审判中心"思想,容易导致认识片面化。为了克服这

---

① 徐静村主编:《刑事诉讼法学》(上),法律出版社 1997 年版,第 247 页。
② 孙长永:《审判中心主义及其对刑事程序的影响》,《现代法学》1999 年第 4 期,第 93 – 97 页。
③ 陈瑞华:《刑事诉讼的前沿问题》,中国人民大学出版社 2000 年版,第 66 – 67 页。
④ 孙长永:《审判中心主义及其对刑事程序的影响》,《现代法学》1999 年第 4 期,第 93 页。

种认识误区，必须实现"审判中心"向"整体中心"、"一元论"向"多元论"转变。他认为，"审判中心"理念存在固有缺陷：一是大量案件适用辩诉交易、程序简化或者不起诉，根本不需要启动审判；二是侦查、起诉不是审判的准备阶段，具有独立决定案件终结的功能；三是庭前程序过度膨胀，"审判中心"其实已经前移。他也提出，我国要确立审判的中心地位就必须对侦查权进行司法审查，赋予律师调查取证权，建立科学的证据开示制度以及详细的裁判理由说明制度。[①] 该观点抓住了问题之症，并提出了有力对策，但是其"整体论"或者"多元论"的观点值得商榷。无论辩诉交易，还是不起诉，并非与"审判中心"的理念相对立，这是诉讼效率要求的权宜做法。这些前置性措施是为了其他案件能够实现平等对抗，发挥审判的决定性作用。虽然这些程序有可能与"审判中心"理念存在紧张关系，但只要规范好、限制好这些程序，就能最大限度地凸显审判在诉讼程序中的中心地位。

此外，对于"审判中心"难以实现的原因，龙宗智认为主要集中在三个方面：一是我国刑事诉讼构造的双重性，且其线性构造仍有强化，导致侦查决定论的趋势未改且更为明显；二是庭审功能弱化，庭下功能强化，法官难以独立，行政化色彩较重；三是审级体制中对一审重视不够，纵向关系浓厚。针对以上问题，他还提出了四个方面的对策：一是区分案件性质和任务，分步推进；二是要限制审前活动，阻断侦审关系，强化证据法则，强化控、辩、审三角结构；三是发挥庭审对事实认定的决定性作用；四是重视一审，实现一审中心。[②] 龙宗智教授的观点具有很强的实际意义，尤其是从难到易、分步推进的路径具有可操作性，既秉承了"审判中心"的规则根基，也考虑了司法实际。可以说，之后的许多改革都与上述主张密切相关。

以上论述，从理论、问题、对策等多个视角对"审判中心"理念进行了反思，为实现该理念给出了学术愿景并提供了具体对策，仅从问题意识以及实现路径来看，具有积极意义。尤其是龙宗智教授对如何实现"审判中心"给出了充足的建设性意见。可以说，学术思想对立法和司法提出了更高的期待。

四、庭审中心主义的实践

庭审中心主义的理念由来已久，自 20 世纪 90 年代被提出后，我国学术界就对其展开了不同程度的探讨。1996 年，我国《刑事诉讼法》修改时重点回应了这个问题，将原来的全案移送改为部分移送，以防止法官形成预断。但是，基于当时的改革条

---

① 李长城：《对审判中心主义的再思考》，《中国法学会刑事诉讼法学研究会 2007 年年会论文集》2007 年 9 月 20 日，第 139 - 142 页。
② 龙宗智：《论建立以一审庭审为中心的事实认定机制》，《中国法学》2010 年第 2 期，第 143 - 157 页。

件，此次修法的效果并不理想，有些地方甚至变相恢复了全案移送制度。究其原因，主要是司法权威性不足，庭前公诉审查仅为程序性审查，并缺乏有效的庭前准备程序。

2012 年，我国修改后的《刑事诉讼法》调整了思路，一方面恢复了案卷移送制度，另一方面又完善了相关配套措施。如新增庭前会议制度、非法证据排除制度，强化了证人、鉴定人出庭作证制度。对于 2012 年修法，学界的认识也存在差异。有人认为，恢复案卷移送制度容易导致"未审先判"。[①] 有人认为，这是发挥庭前功能的重要方式，两者不存在必然联系，并举出德国的例证。[②] 综合来看，两次修法各有利弊。1996 年修法，确立了对抗式诉讼模式的重大目标，在理论上具有合理性，但是没有吸收对抗式诉讼的精髓，没有充分考虑我国的司法实际。2012 年修法，出台了几项重要措施，强化了庭前准备程序，但本质上只是用部分与审判中心相关的制度触及了庭审中心主义。

在此基础上，最高人民法院因势利导，于 2013 年 10 月 9 日发布了《关于建立健全防范刑事冤假错案工作机制的意见》，指出了庭审中心主义对于防范冤假错案的重要性。第 11 条规定："审判案件应当以庭审为中心。事实证据调查在法庭，定罪量刑辩论在法庭，裁判结果形成于法庭。"2013 年 10 月 14 日召开的第六次全国刑事审判工作会议文件采用了相同的提法，并在同一语段中增加了"全面落实直接言词原则、严格执行非法证据排除制度"的要求。应该说，这一提法是对传统刑事审判方式改革的进一步发展，学界将其概括为"庭审中心主义"。如果说之前的"证在法庭、辩在法庭、判在法庭"是庭审中心主义的 1.0 初级版，那么"事实证据调查在法庭、定罪量刑辩论在法庭、裁判结果形成于法庭"就是庭审中心主义的 2.0 升级版。[③] 毋庸置疑，庭审中心主义已成为指导我国当下刑事司法改革的价值目标和基本理念。

基于此，有学者也迅速回应，重点阐述了庭审中心主义的相关原则、产生原因以及实现方式。顾永忠认为，庭审中心主义产生的现实原因是中国还不具备提出审判中心主义的客观基础和法律依据，直接原因是系列冤假错案的纠正和党的十八大以来的司法改革以及相关指导性文件的出台为其提供了思想支撑和实践依据。在实现方式上，他提出了三个基本观点：一是在一审中推进以审判为中心；二是适用案件范围为重大复杂、被告人拒不认罪的案件；三是保障被告人获得律师帮助的权利。在概念内涵上，他认为审判中心主义与庭审中心主义既有联系又有区别：前者注重的是外部关系，后者注重的是内部关系；前者的范围更广，后者是前者正当性和权威性得以实现

① 程雷：《审判公开背景下刑事庭审实质化的进路》，《法律适用》2014 年第 12 期，第 3 页。
② 刘静坤：《"庭审中心主义"改革的历程和路径探索》，《法制资讯》2014 年第 6 期，第 58—59 页。
③ 秦策、许克军：《庭审中心主义的理念阐释与实现路径》，《江苏行政学院学报》2015 年第 4 期，第 125 页。

的主要途径。最后得出结论："庭审中心主义的确立和巩固，为审判中心主义奠定了基础。从长远的观点看，庭审中心主义势必走向审判中心主义。"[①] 顾永忠教授从我国司法现状出发，解释了庭审中心主义提出的原因以及审判中心主义欠缺的条件，并认识到了两者概念上的异同以及发展上的渐进关系。这不仅从学术上澄清了改革中的相关话语，也对我国如何实现的问题给出了可行性方案，实现了学术与政策的有效衔接，是贯彻"审判中心"理念最关键的一步。

五、构建以审判为中心的诉讼制度

2014 年 10 月 20 日，习近平总书记在《关于〈中共中央关于全面推进依法治国若干重大问题的决定〉的说明》中指出："全会决定提出推进以审判为中心的诉讼制度改革，目的是促使办案人员树立办案必须经得起法律检验的理念，确保侦查、审查起诉的案件事实证据经得起法律检验，保证庭审在查明事实、认定证据、保护诉权、公正裁判中发挥决定性作用。这项改革有利于促使办案人员增强责任意识，通过法庭审判的程序公正实现案件裁判的实体公正，有效防范冤假错案产生。"[②] 深入推进以审判为中心的刑事诉讼制度改革，就是优化刑事司法职权配置，将公、检、法互相配合、互相制约的原则落到实处，充分发挥审判，特别是庭审的作用，尊重审判程序，确保案件处理质量和司法公正。在党的文件中充分肯定审判的中心地位，代表了执政者革除司法痼疾的意志与决心。如果说落实庭审中心主义是推进"审判中心"理念最为关键的一步，那么通过党的文件决定全面推进以审判为中心的诉讼制度改革应当是决定性的一步。

不过，也有学者对以审判为中心的诉讼制度改革提出了不同的看法。张建伟从改革的目的出发指出，以审判为中心其实等同于庭审实质化，在之前的庭审改革中就已经存在，并不是学术味较浓的审判中心主义。[③] 还有学者也同样指出，该理念其实是改革决策层针对冤假错案、办案质量不高、司法公信力低下，为了推进严格司法而提出的统括性术语，与学者提炼的审判中心主义的理论术语具有一定区别。这种区别主要表现在，以审判为中心没有司法体制和诉讼模式的转变，只是技术层面的微观调控。因此，这种变动是有限的、温和的，仍是对原有制度的进一步落实，既没有涉及刑事诉讼法的修改，也没有预设对刑事诉讼构造或者诉讼程序的大调整。[④] 这对以审判为中心的诉讼制度改革进行了"冷思考"，进一步反思了此次改革的目的及其限度，有利于防止"审判中心"的理念出现偏差。

① 顾永忠：《试论庭审中心主义》，《法律适用》2014 年第 12 期，第 11 页。
② 习近平：《论坚持全面依法治国》，中央文献出版社 2020 年版，第 101 – 102 页。
③ 张建伟：《审判中心主义的实质内涵与实现途径》，《中外法学》2015 年第 4 期，第 863 页。
④ 樊传明：《审判中心论的话语体系分歧及其解决》，《法学研究》2017 年第 5 期，第 203 页。

综上所述，我国"审判中心"的理念在改革领域曾有三次重大变化，即庭审中心主义的 1.0 初级版、庭审中心主义的 2.0 升级版、以审判为中心的诉讼制度改革。"以审判为中心"的基本路径已经确立，即以一审为中心，以庭审实质化为当前重要的推进方向。在学术上，从以诉讼阶段说为由对其否定到形成肯定以审判为中心的学术共识，从理论反思到给出实现方案再到学术与政策的逐渐融合，学术思想更加成熟、更为理性。为了更加直观地了解这一变化，表 4、表 5 分别对"审判中心"的相关术语以及相关政策进行了统计。

表 4 知网论文数据库有关"审判中心"的使用情况统计（1993—2017 年）

（单位：次）

相关术语	1993 年及以前	1994—2000 年	2001—2009 年	2010—2014 年	2015—2017 年
审判中心	1	3	57	65	458
庭审中心	0	0	17	25	127
以审判为中心	0	0	30	54	1449
总计	1	3	104	144	2034

注：本表数据来源于知网数据库，包括所有期刊、硕博论文中关键词、摘要以及文中直接出现的内容。

从表 4 来看，"审判中心"一词作为学术命题被提出是在 1993 年。自此之后到 2000 年，学术界继续以"审判中心"为研究对象，对之前的学术观点进行了有力回应。同时，从仅有的学术成果也可以看出，庭审方式改革（20 世纪 90 年代）和《刑事诉讼法》修改（1996 年）并没有完成"审判中心"理念的全面学术化并上升为政策指导，而只是该理念由萌芽到觉醒再到提出学术愿景的初步阶段。

从 2001 年开始，随着司法改革的步伐不断迈进，有关"审判中心"的研究开始步入新阶段。研究主体开始大众化，研究领域开始精细化，学术成果更为丰硕。学者更加注重理论反思和塑造中国式的"审判中心模式"。尤其是 2012 年《刑事诉讼法》再次修正以及 2013 年最高人民法院出台了防范刑事冤假错案的工作机制后，学术界、实务界对这一理念探讨的热情开始高涨，学术成果开始朝批量化、规模化的态势发展。更值得提出的是，党的十八届四中全会后，以审判为中心的诉讼制度改革成为我国刑事诉讼的当然话语。截至 2017 年年底，有关"审判中心"的学术成果已达 2000 余篇。

以上时间脉络和具体数据，也反映出各个阶段的研究成果与学术倡导、司法改革相呼应。"审判中心"的成果从无到有、从有到多、从多到优的过程，不仅生动展现了其在我国发展的基本脉络，也进一步印证了前文观点及结论的客观性。

表5 有关"审判中心"政策性文件的统计（1991—2017 年）

发布时间	文件名称	内　容	理　念
1991 年 12 月 12 日	《关于进一步加强人民法院参与社会治安综合治理工作的意见》	以审判工作为中心	以审判工作为中心
1999 年 10 月 20 日	《人民法院五年改革纲要》	以加强审判工作为中心	
2007 年 3 月 1 日	《最高人民法院关于进一步发挥诉讼调解在构建社会主义和谐社会中积极作用的若干意见》	以审判工作为中心	
2009 年 3 月 17 日	《人民法院第三个五年改革纲要（2009—2013）》	以审判和执行工作为中心	
2011 年 1 月 28 日	《关于新形势下进一步加强人民法院基层基础建设的若干意见》	以审判工作为中心	
2013 年 10 月 9 日	《关于建立健全防范刑事冤假错案工作机制的意见》	以庭审为中心	以庭审为中心
2013 年 12 月 27 日	《最高人民法院关于加强新时期人民法院刑事审判工作的意见》	突出庭审的中心地位	
2014 年 10 月 23 日	《中共中央关于全面推进依法治国若干重大问题的决定》	以审判为中心	
2015 年 2 月 4 日	《最高人民法院关于全面深化人民法院改革的意见——人民法院第四个五年改革纲要（2014—2018）》	突出审判在诉讼制度中的中心地位	
2016 年 7 月 20 日	《关于推进以审判为中心的刑事诉讼制度改革的意见》	以审判为中心	以审判为中心
2017 年 2 月 17 日	《最高人民法院关于全面推进以审判为中心的刑事诉讼制度改革的实施意见》		
2017 年 11 月 27 日	《人民法院办理刑事案件庭前会议规程（试行）》《人民法院办理刑事案件排除非法证据规程（试行）》《人民法院办理刑事案件第一审普通程序法庭调查规程（试行）》		

从表5可知，"审判中心"的政策性话语可分为，以审判工作为中心、以庭审为中心和以审判为中心。可以看出，作为学术话语的"审判中心主义"或者"庭审中心主义"并没有出现在政策性文件中。在相当长的时间内，最高人民法院都是高呼"以审判工作为中心"。此处的"中心"，一方面是相对于法院自身的其他工作而言的，如社会治安、信访调解；另一方面是相对于立案、侦查、起诉、执行等诉讼程序而言的，并且针对的范围较广，不只是刑事诉讼，还包括民事诉讼、行政诉讼。

2013 年，最高人民法院为了防范冤假错案，提出以庭审为中心。这既是对先前改革的正面回应，也指导了我国当下的刑事司法改革。2014 年，在《中共中央关于全面推进依法治国若干重大问题的决定》的指引下，最高人民法院相继出台的多个规范性文件都提及以审判为中心的诉讼制度改革。可以说，"审判中心"的理念已是我国司法改革的基本遵循，也是我国刑事诉讼未来集中攻克的方向。

六、以审判为中心诉讼制度改革的展望

"审判中心"一词是日本学术界对西方刑事诉讼理念的概括与总结。从日本传入东亚其他地区，该词不仅在词语构成上遵循了汉字文化圈的表达习惯，在理念流传中也保持了一贯性和连续性。作为东亚地区特有的诉讼概念，主流学说也认为，侦查、起诉都是审判的准备阶段，事实认定与定罪量刑都要形成于法庭，审判才是决定被告人有罪与否的最终阶段。[①] 当然，东亚地区对"审判中心"的理解既受西方的启发，也考虑了本地区的诉讼文化和司法实际。尽管与西方法治国家的理念、实质做法还存在差距，但在长达百年的理念探索中，从日本"原产"到其他地区的"深加工、再处理"，"审判中心"已经在东亚地区产生了深刻影响。因此，有必要对该理念的形成原因、实际效果、发展趋势进行归纳，为我国以审判为中心的诉讼制度改革查找不足，提供参考。

（一）"审判中心"在东亚地区产生的原因

"审判中心"能被东亚地区所接受，主要原因在于东亚各地有着共同的司法遭遇（冤假错案），存在着共同的法文化传统和类似的诉讼方式。

东亚地区都深受儒家文化"礼""仁""和"等思想的影响，家长制观念浓厚，强调义务本位，注重社会权威。[②] 这种法文化传统已经深深根植于东亚地区的刑事司法，并体现在国家的政治体制、职能安排中。在相当长的时期内，东亚地区的司法权与行政权并没有严格区分，司法的行政化色彩浓厚，审判也难以抵御外部因素的干预。这种特殊的文化背景容易引发金钱案、人情案等。要建立现代刑事诉讼制度，就必须从源头上对这种法文化传统进行针对性反思，确保审判能够公正、独立，而"审判中心"的理念恰好能弥补这一空缺，是改进东亚地区传统法文化基础的正当性根据。

同时，东亚地区同属传统职权主义诉讼模式，法官在审判中居于主导地位，但是法官往往对警察或者检察官所做的侦查笔录保持信赖。在这种审判模式的引导下，被

[①]　［日］青柳文雄：《公判中心主义的课题》，《法曹时报》1960 年第 4 期；［韩］李相暾：《调书主义与公判中心主义》，《考试界》2005 年第 6 期；樊崇义：《解读"以审判为中心"的诉讼制度改革》，《中国司法》2015 年第 2 期，第 22 - 27 页。

[②]　方旭：《东亚法律文化的历史发展及特性》，《湘潭师范学院学报（社会科学版）》2009 年第 6 期，第 27 页。

告人的权利（辩护权）实质被削弱，庭审往往只是侦查或者起诉的确认场所。而且，东亚地区长期存在重实体、重口供的司法陋习，审判并不能对侦查和起诉进行有效制约，也没有监督和制约的动力，最终容易造成案件不公平。"审判中心"理念产生及其贯彻，与冤假错案的推动有着密切关系。如日本的"木村事件""东电白领被害事件"、我国的"聂树斌案"等，都引起了执政者、学术界以及民众广泛而深刻的讨论，直接或者间接促成了相关规定的出台。这是"审判中心"理念受到重视的直接原因，也是该理念立于东亚地区的现实根据。

在上述原因的作用下，东亚地区的政治家和学者们都认识到，"审判中心"的建立必然会"牵一发而动全身"，引起侦查程序、起诉程序的规范化发展，从而树立审判的权威性和终局地位，最终推动实现个案正义和司法公正。可以说，"审判中心"是各地司法改革抓一点而及全部的抓手。也正因为这样，在我国，"以审判为中心"是作为司法改革的重要政治策略而提出来的一项制度。

（二）"审判中心"在东亚地区的实施效果

在东亚法治近代化的百年实践中，日本最先学习西方并完成了制度转型。"审判中心"一词从在新闻报道中首次出现，再到日本学者的理论化，并不断上升为立法规定和刑事政策。20 世纪中后期，"审判中心"及其理念相继被东亚其他地区所接受，并作为司法改革目标逐步推进，出台了系列政策规定，使各地区的刑事诉讼不断朝着当事人主义的方向发展。那么，在这样的转型过程中，"审判中心"的理念究竟对东亚地区的刑事诉讼产生了何种作用，可以从以下两个方面作出评价：

第一，侦查权走向法治化。日本及我国台湾地区的学者主张建立弹劾式侦查，以破除完全依靠自白为中心的讯问式侦查，将侦查定位为起诉和审判的准备活动。[①] 韩国学者也认为，侦查中的强制处分是为法院将来顺利审判而为之必要结果，并严格受到法官令状主义的司法审查。[②] 我国台湾地区学者还提出，犯罪嫌疑人并非侦查机关的讯问客体，其与侦查机关处于平等地位，享有充分的辩护权、沉默权等防御性权利。[③] 以上主张，实质是以规范侦查权为核心，促使侦查逐步向审判靠拢，尽量避免"带病证据"进入审判环节，确保侦查结果经得起审判的检验。

从立法表现来看，日本、韩国和我国台湾地区都规定了令状主义、沉默权制度、法律援助辩护和审讯录音录像制度，对侦查权进行了有效规制，为构建正常化的侦审关系提供了制度保障。从司法实践来看，日本、韩国和我国台湾地区无罪率远低于欧美发达国家。换言之，侦查结论大部分被法官采纳。但是，这些地区并没有人（当事

---

① ［日］三井诚：《侦查之构造》，《法学教室》1999 年第 157 期，第 89 页。
② ［韩］金柄权：《韩国刑事诉讼制度简介（上）》，载陈光中、江伟主编：《诉讼法论丛（第 4 卷）》，法律出版社 2000 年版，第 252 页。
③ 陈运财：《侦讯之法律性质及其规范》，《东海大学法学研究》1999 年第 11 期，第 148 页。

人及其辩护律师）认为庭审是走过场。① 当然，这也说明，欧美高标准的无罪率并不是东亚地区贯彻"审判中心"理念的可行做法。东亚地区的诉讼体制决定了侦查在审判中的前提性作用不会动摇，侦查服务于审判的关系只会加强，侦查质量的实质性提高才是破除"侦查决定论"的最好诠释，也只有这样才能推进"审判中心"理念不断向前。

于我国而言，我国在规范侦查程序，提高侦查质量上也付出了艰辛努力。关于"审判中心"的各个规范性文件都对侦查工作提出了新的要求，完善了证据收集程序、侦查人员作证程序和非法证据排除规则。党的十八届四中全会以来，各级法院纠正了一系列冤假错案，对违法侦查行为、刑讯逼供者的严厉追责也倒逼侦查人员行为更加规范。这些改变和措施，保障了犯罪嫌疑人在侦查程序中的权利，强化了侦查人员的证据意识，是以审判为中心的诉讼制度改革的必然内容和重要成果。

第二，诉讼机制更加完善。"以审判为中心"是一个综合性概念，贯穿刑事诉讼整个过程，需要庭审以外的诉讼机制来共同完善。就日本、韩国和我国台湾地区来说，其在多次刑事诉讼法的修改中已经建立了传闻法则、自白任意性原则、非法证据排除规则，形成了较为成熟的证据规则体系；为了防止法官提前接触证据、形成预断，还规定了起诉状一本主义。此外，日、韩两国和我国台湾地区早就致力于案件分流建设，根据案件类型建立了较为科学的简易程序和协商性司法机制。以上种种措施，都是构建审判中心主义的必要条件。可以说，没有成熟的证据规则体系、恰当的起诉方式、案件的合理分流，就不可能有实质化的审判。

日、韩两国和我国台湾地区已经形成了集中审理、口头辩论和直接言词原则的庭审规则，已经或正在推行参审制，进一步推进了庭审实质化的步伐。为了摆脱过度依赖犯罪嫌疑人、被告人的口供和书面言词证据，日本还加大了对证人的保护力度和强制出庭作证的法定刑。② 轰动一时的"江歌案"③ 中，证人刘鑫以视频连线的方式出庭作证，有利于帮助法庭查明犯罪事实和促进庭审活动的实质化。以上变化，紧紧围绕"审判中心"理念展开，增强了审判的公平性和独立性。

如前文所述，就我国来说，最高人民法院围绕以审判为中心的诉讼制度改革已经颁布了多个诉讼规则（见表3）。不仅对侦查机关、起诉阶段提出了新的要求，还在审判阶段对庭前会议、庭审程序和证据排除形成了"三个规程"，以审判为中心的诉讼制度改革推动形成了符合司法规律的诉讼规则体系。但是，也应该认识到，我国在

① 钟朝阳：《"以审判为中心"新解及司改路径的调整》，《中国人民公安大学学报（社会科学版）》2018年第1期，第84页。
② 闻志强：《日本〈刑事诉讼法〉2016年修改动态》，《国家检察官学院学报》2016年第6期，第165－166页。
③ 2017年12月11日至18日，东京地方法院公开开庭审理了被告人陈世峰犯故意杀人罪、恐吓罪一案。该案由3名法官与6名裁判员共同组成合议庭。2017年12月20日，被告人陈世峰被判处有期徒刑20年。

贯彻"审判中心"理念的基础性工作上还存在巨大潜能。2014 年 10 月，党的十八届四中全会决定实施以审判为中心的诉讼制度改革之后，具体落实的规则迟迟没有出台。直到 2016 年 7 月，最高人民法院、最高人民检察院、公安部、国家安全部、司法部才联合出台《关于推进以审判为中心的刑事诉讼制度改革的意见》；2017 年 2 月，最高人民法院才出台实施意见。公安部、最高人民检察院至今没有出台实施意见，或许可以认为以审判为中心的诉讼制度改革在侦查、起诉机关遇到了一定的困难。

"审判中心"理念的倡导改变了东亚地区传统的刑事诉讼模式，侦查、起诉以及审判之间的关系更趋合理，更加符合司法规律。但是，东亚地区由于域情体制、法治发展水平不一，"审判中心"的践行程度和实施效果也存在一定差异。无论是学习欧美，还是东亚各地区互相借鉴，都要将他国的经验与本国的实践结合起来进行改革。

（三）我国借鉴东亚"审判中心"改革中的问题

"审判中心"已是东亚地区刑事司法改革的共同目标，各地已经形成政策与学术的有效对话。但是，在我国以审判为中心的司法改革中，如何借鉴东亚其他地区的经验，这是一个艰难的话题，在此，我们选择其中的两个问题加以论述：

第一，案卷移送主义与起诉状一本主义的关系。日、韩两国已经在立法上明确规定了起诉状一本主义。问题的重点在于，起诉状一本主义是否现实有效，案卷移送主义是否还有存在的余地。

从日本 2004 年修法的情况来看，其已将起诉状一本主义置于一端，强化了庭前证据开示和庭前准备程序。[1] 因为起诉状一本主义也存在固有弊端，即法官很难抓住争议焦点，被告一方由于庭前不能充分了解证据，庭审容易中断、拖延，法院难以进行集中审理。[2] 我国最高人民法院于 2017 年 11 月 27 日印发《人民法院办理刑事案件庭前会议规程（试行）》，也是为了保证法庭持续集中审理、提高审判的质量与效果而作出的新变化，但是并没有采纳起诉状一本主义。

那么，在日本的起诉状一本主义发生变化的背景下，中国应当如何改革案卷移送制度是急需解决的问题。我国有学者认为，要彻底解决法庭审判流于形式的问题，就必须废止案卷移送制度，避免法官在开庭前接触、查阅任何案卷笔录和证据材料，从而彻底割断侦查与法庭审判程序。[3] 我国台湾地区学者进一步提出，案卷移送的问题不是制度本身而是移送的内容，应当以证据清单的形式（非实体证据）进行移送并告知被告人及其辩护人，以保证后续程序开启的正当性和被告防御权的周延性。[4] 但是

---

① 顾永忠：《试论庭审中心主义》，《法律适用》2014 年第 12 期，第 9 页。
② 姚莉、詹建虹：《公诉设计应充分考虑与审判制度衔接》，《检察日报》2005 年 3 月 14 日。
③ 陈瑞华：《案卷移送制度的演变与反思》，《政法论坛》2012 年第 5 期，第 24 页。
④ 柯耀程：《起诉卷证并不并送的迷思》，《军法专刊》2017 年第 4 期，第 55 - 56 页。

应当看到的是，我国 1996 年修正的《刑事诉讼法》试验过这一做法，最后却沦落为案卷复印主义。在东亚地区，因为没有引进陪审团制度，专业的法官对于开庭前预先看到过的材料能够理性对待，不会形成预断，而预先阅卷又有能够为指挥庭审作准备的特殊作用，案卷移送与否对是否形成庭审中心地位和避免庭审走过场，影响不大。权衡利弊，在我国，案卷移送制度应当保持 2012 年《刑事诉讼法》确立的全案移送的现状。

第二，如何改革现有的侦、控、审关系。确立审判的中心地位，重点在于建立合理的刑事诉讼构造。日本、韩国和我国台湾地区都实行司法组织上的审检分立和诉讼职能上的控审分离，以防止法检联手，确保法官中立和诉辩之间的分庭抗礼。但是，司法实践中也存在控审错位、检察官过分运用起诉裁量权、法官超出公诉事实裁判或者任意变更罪名的情形。[①] 鉴于上述侦诉、诉审关系，在"审判中心"理念的强力指引下，侦查应由司法警察进行（特殊犯罪除外），检察官仅作证据审查和筛选[②]，使警检之间保持一种良性互动的关系。检察官在坚守应有的客观义务之上，应重点致力于起诉裁量权的合理运用和提高庭审举证、质证的能力。

就我国来说，刑事诉讼遵循的是公、检、法三机关"分工负责、互相配合、互相制约"的宪法原则。长期以来，我国在诉讼格局上采用的是流水作业式的阶段论，公、检、法各管一段，除检察能对侦查、审判进行有限制约外，审判与侦查并无直接联系。基于这样的职权安排，也就必须对以审判为中心与三机关"分工负责、互相配合、互相制约"的关系进行梳理。但问题是，三机关关系中出现的问题，是不是"分工负责、互相配合、互相制约"这一提法本身造成的呢？对其是否应当废除或者修改呢？

为了实现以审判为中心，有的人主张要彻底废除"分工负责、互相配合、互相制约"原则。这种观点认为："分工负责、互相配合、互相制约原则与程序正义之间存在一种水火不容、此消彼长的矛盾关系。因此，要想使刑事诉讼法真正地成为宪法的保障法，使程序正义在刑事诉讼活动中占据一席之地，就不能不彻底摈弃分工负责、互相配合、互相制约原则。"[③] 还有的人主张删除"互相配合"的表述，修改为"分工负责、互相制约"原则。这种观点认为，科学的配合关系主要体现在权力分工问题上，搞好本职工作，即为配合，只要具备了"分工负责"也就具备了"互相配合"，因此，无须在原则中对其进行专门表述。[④]

① ［日］井上正仁、酒卷匡编：《刑事诉讼法的争点》，有斐阁 2013 年版，第 130－131 页。
② 陈运财：《检警关系定位问题之研究——从贯彻检察官控诉原则的立场》，《月旦法学杂志》2004 年第 108 期，第 76－77 页。
③ 王超：《分工负责、互相配合、互相制约原则之反思——以程序正义为视角》，《法商研究》2005 年第 2 期，第 24 页。
④ 左卫民：《健全分工负责、互相配合、互相制约原则的思考》，《法制与社会发展》2016 年第 2 期，第 25 页。

笔者认为，不应当废除或者修改配合与制约原则，因为这一原则从整体上抽象地反映了公、检、法三机关关系的本质特征，而且极具概括性，也经得起时间的考验，在不同时期可以对其注入新的内容，进行新的诠释。"以审判为中心"不会改变"分工负责、互相配合、互相制约"的诉讼流程和原则，而是要对该原则的内容进行重新解读。

对这一原则诟病最多的是"相互配合"这一内容。其实，这一内容是非常重要的，因为公、检、法三机关的关系非常特殊，在刑事诉讼中，其工作对象相同、程序前后衔接；公、检两机关还存在利益一致，工作紧密配合、互相协调的"大控方"关系。所以，这里的"配合"事实上存在两种不同而积极的含义。这里的"配合"不是可有可无的，是对三机关关系必要的、适当的概括。①

2016 年 7 月 20 日，最高人民法院、最高人民检察院、公安部、国家安全部、司法部联合印发《关于推进以审判为中心的刑事诉讼制度改革的意见》。该意见第 1 条就重申："……人民法院、人民检察院和公安机关办理刑事案件，应当分工负责，互相配合，互相制约，保证准确、及时地查明犯罪事实，正确应用法律，惩罚犯罪分子，保障无罪的人不受刑事追究。"这进一步说明，配合与制约原则与以审判为中心的诉讼机制并不矛盾，而是以审判为中心诉讼机制的一部分。

我国应当牢牢把握司法实际，重点从职权配置、侦控审关系进行改革，逐步促进具体诉讼机制的整体完善。其中，最根本的两个方面在于：一是从外部破除"侦查中心"，包括加强法官对侦查、起诉的引导和制约，加强犯罪嫌疑人获得律师帮助的权利，摒除对口供或者案卷笔录的直接采用；二是从内部打造"庭审中心"，以证据规则和参审制为突破口，确保诉讼证据出示在法庭、案件事实查明在法庭、诉辩意见发表在法庭、裁判结果形成在法庭。

结 语

中国是从日本引进"审判中心"一词，并推进以审判为中心的诉讼制度改革的，但这并不意味着应当亦步亦趋走他人的路。正如习近平总书记所说："进行文明相互学习借鉴，要坚持从本国本民族实际出发，坚持取长补短、择善而从，讲求兼收并蓄，但兼收并蓄不是囫囵吞枣、莫衷一是，而是要去粗取精、去伪存真。"②尽管东亚文化有很多相似之处，但是我国有自己的特殊国情，将来的路怎么走，必须结合我国实际国情。总体来说，党的十八届四中全会所设计的关于"以审判为中心"

---

① 高一飞：《刑事司法研究中的话语误解》，《中国法律评论》2017 年第 2 期，第 175 页。
② 习近平：《习近平著作选读（第一卷）》，人民出版社 2023 年版，第 281 页。

的诉讼制度是我们看准了的事,《中共中央关于全面推进依法治国若干重大问题的决定》中确立的三个阶段"要以审判阶段为中心、要体现证据裁判原则、要实现庭审实质化"是改革的基本方向,我们应当在这样的顶层设计之下,进一步探索未来的改革道路。

第四篇

司法机关内部制约监督机制

第十二章
公安机关内部制约监督机制

公安机关作为国家暴力机器，是我国的治安保卫机关，担负着维护人民民主专政的社会主义制度的使命。我国公安机关的工作职责包括行政执法和刑事执法，本章的研究限制在刑事执法领域，包括刑事立案、侦查、羁押，也包括部分刑罚执行，如交付执行刑罚前余刑为 3 个月以下的有期徒刑、拘役在看守所执行，剥夺政治权利和管制刑也由公安机关执行。[①] 绝对的权力导致绝对的腐败，公安机关作为我国政法系统的重要组成部分，其公权力的实施应当受到监督。

本章梳理了长期以来我国公安机关内部制约监督机制的运行现状及问题，分析了问题产生的原因，以期能够提出建设性的意见或建议，完善构建我国公安机关内部制约监督机制。

一、我国公安机关内部制约监督机制的发展历程

新中国成立初期，我国警察的主要任务是肃清敌特反革命分子，巩固新生政权。随着肃清敌特反革命分子中心任务的推进和实现，社会需求发生了变化，民主、公正和法制成了社会发展的迫切需求。在此背景下，公安队伍的建设在全国范围内得到了前所未有的重视，我国统一的警察体制开始逐步建立，公安机关内部监督思想也由此逐步发展起来，最终形成了较为系统、完整的公安机关内部制约监督机制。从我国公安机关内部制约监督机制的发展历程来看，以党的十一届三中全会、十八届三中全会为界，可以分为萌芽时期、恢复和发展时期以及深入推进时期。

（一）萌芽时期（1949—1978 年）

1950 年 9 月，中央人民政府公安部召开了全国首次治安行政会议，此次会议就如何建设一支有高度政治觉悟和熟悉业务的公安队伍作出了重要指示，会议提出应当从整顿组织、教育训练和群众监督三个方面逐步展开。这一时期，我国公安机关监督思想逐渐深入公安工作当中。1952 年，第五次全国公安会议明确"实施监督"是公安

---

① 高一飞、吴刚：《阳光司法视域下警务公开的限度》，《政法学刊》2018 年第 4 期，第 82 页。

机关政治工作部门的重要职能。此后几年，公安部又陆续开展了多次全国公安政治工作会议，以加强对公安队伍的政治思想教育。

1954 年，我国第一部《宪法》颁布实施，正式将"监督"写入宪法条文，明确规定包括公安机关在内的国家机关应当积极听取群众意见、接受群众监督。时任公安部部长罗瑞卿从四个方面对公安机关的监督制度进行了概括，明确指出公安机关监督工作应当包含党的监督、群众的监督、国家法律的监督、自上而下和自下而上的监督四个方面。1954 年《宪法》的颁布施行，极大地促进了我国公安机关内部监督思想的形成，为后来逐步形成系统的内部监督机制提供了助力。

1957 年 6 月，全国人民代表大会常务委员会通过了《人民警察条例》，把人民警察要接受人民群众的监督纳入了国家法律之中，将长期以来形成的人民警察监督思想第一次以规范化、制度化的形式固定下来。1963 年，中共中央检察委员会向公安部派驻了监察组，这是中华人民共和国成立后，公安机关第一个专门的内部监督机构。自此，公安机关的内部监督机构不再由政工部门行使，公安机关内部监督机制逐步向专业化、体系化的方向发展。

1966 年之后，公安机关工作遭受到了强烈打击，内部监督难以有效运转。新中国成立初期，社会形势纷繁复杂，公安机关的工作重心在于加强基本职能发挥和重建，任务繁重。这一时期，公安机关内部监督机制的发展停滞下来。

（二）恢复和发展时期（1979—2012 年）

党的十一届三中全会之后，国家的工作重心转移到社会主义现代化建设上来，公安机关开始逐步恢复正常工作。1983 年 4 月，中央纪律检查委员会向公安部派驻纪律检查组；1984 年，公安部在第五次全国公安政治工作会议上强调，要坚决贯彻从严治警的方针；1987 年，政府设监察部，公安机关也相应建立监察局与审计室。

1990 年 4 月，全国公安法制工作会议首次在北京召开，会议认为，公安机关执法监督工作要想向经常化、制度化转变，前提是要健全完善公安机关内部的执法监督机制；在监督机构的构建上，会议还要求县（市）级以上的公安机关均应当设立专门的法制工作机构。[1] 1994 年，国务院办公厅印发《公安部职能配置、内设机构和人员编制方案》，将公安部法制司的职能进一步细化，除一般的行政职能外，还明确规定了法制司的重要职能是"指导、监督、检查公安机关执法情况"[2]。

1991 年，《中共中央关于加强公安工作的决定》发布，强调"规范执法行为"和"强化执法监督"两个重要方面，这也是确保国家法律法规有效执行的强有力保障。同年，时任公安部部长陶驷驹作了题为《为保卫社会主义现代化建设第二步战略目标

---

[1] 公安部办公厅：《全国公安法制工作会议》，载《中国法律年鉴》编辑部编：《中国法律年鉴（1991）》，中国法律年鉴社 1991 年版，第 809 - 812 页。

[2] 《公安部职能配置、内设机构和人员编制方案》（国办发〔1994〕45 号）第 2 条。

的顺利实现而奋斗》的报告，强调要"健全公安内部的执法监督机制"①，将强化内部监督机制列为重点工作内容。1995年2月28日，《警察法》正式施行，将第十八次全国公安会议所提出的健全公安内部执法监督机制的规划以法律规范的形式确定下来，并首次确定了督察制度。② 此后，《公安机关督察条例》《公安机关警务督察队工作规定》《公安机关督察条例实施办法》等法律文件相继公布施行，警务督察队伍迅速在我国各级公安机关队伍中建立起来。警务督察制度的构建在我国公安机关内部制约监督机制的改革历程中具有里程碑意义，使得我国公安机关内部制约监督机制的改革向更加专业化的方向迈进。

1999年，我国出台了第一部专门的公安机关内部监督文件——《公安机关内部执法监督工作规定》，将公安机关内部监督主管部门明确为公安机关法制部门，其监督职能主要包括对公安机关及其人民警察的执法活动进行组织、实施、协调和指导。在此背景下，我国公安机关内部制约监督机制包括两个方面的监督：一是纵向监督，即公安机关内部上下级之间的制约监督；二是横向监督，即形成了以法制工作部门主管监督工作，警务督察、信访、审计协同开展监督的监督网络。这一时期，我国公安机关内部制约监督机制逐步完善，具有系统化、多元化、全方位监督的特点。

（三）深入推进时期（2013年至今）

党的十八届三中全会是至关重要的一次会议，开启了全面深化改革的新篇章，作出了"强化权力运行制约和监督体系"的重大部署，将我国公安机关内部制约监督机制的完善和改革推向了又一高潮。党的十八届三中全会提到了"民主监督""法律监督""舆论监督""互联网监督"等监督方式，这一时期，我国司法行政机关监督方式更加多元化，迎合了时代发展的需求。

2015年，中央办公厅、国务院办公厅印发《关于全面深化公安改革若干重大问题的框架意见》，明确新时代全面深化改革的总目标之一是建设与中国特色社会主义法治体系相适应的现代警务运行机制和公安机关执法权力运行机制，并从权力制约和监督的角度，提出了完善公安机关执法责任制、健全公安机关执法过错纠正和责任追究制度等。2019年5月7日至8日，习近平总书记出席全国公安工作会议并发表重要讲话，提出了坚持"政治建警、改革强警、科技兴警、从严治警"的16字方针，强调对公安工作中存在的违法违纪现象要持"零容忍"的态度，不论是涉黑、涉恶等违法犯罪活动的"保护伞"，还是公安执法工作中的腐败违法，都要依法依规给予严肃的

---

① 陶驷驹：《为保卫社会主义现代化建设第二步战略目标的顺利实现而奋斗——在第十八次全国公安会议上的报告》，载中国法律年鉴编辑部编：《中国法律年鉴（1992）》，中国法律年鉴社1992年版，第638-650页。
② 《人民警察法》第47条规定："公安机关建立督察制度，对公安机关的人民警察执行法律、法规、遵守纪律的情况进行监督。"

处置，决不姑息。① 让人民群众在每一个案件中都感受到公平正义，就应当树立新的执法标准，提高执法要求，从严治警，保证公正执法。

2021 年 3 月 12 日，赵克志在公安部直属机关干部大会上强调要坚决贯彻党中央的决策部署，深化执法监督管理机制改革，完善执法权力运行机制，将严格规范公正文明执法要求落到实处。可见，随着时代的发展，国家对于完善公安机关内部制约监督机制的方针策略不再局限于建议和倡导层面，而是逐步细化具体的实施政策，这更有利于深入推进我国公安机关内部制约监督机制的健全和完善。

二、横向监督：公安机关内部监督部门的监督

公安机关监督机构属于公安机关组织机构，根据不同的标准可进行不同的划分。下面主要从各监督机构的监督职能角度进行介绍。

（一）纪律检查监督

公安机关纪律检查监督机构是为了完成党章赋予的纪律检查任务而设立的监督机构，主要针对公安机关内党组织及全体党员的执法守纪情况进行监督。在执行监督工作的过程中，可以依照《中国共产党纪律处分条例》《中国共产党党内监督条例》《中国共产党问责条例》等党内法规实施检查、立案、调查、建议、处分等监督。通常情况下，公安机关纪律检查监督工作的开展主要包括以下几种形式：一是通过召开组织生活会，开展批评与自我批评和评议党员活动，从中发现是否存在违法违纪现象；二是通过落实党的各项制度，高标准实现党的要求，在落实党的制度过程中，监督是否有党员存在违法违纪情形；三是通过调查、检查等方式进行监督；四是通过获取信访、举报、申诉等信息对有关人员进行监督；等等。②

（二）政治工作部门监督

公安机关政治工作部门的主要职责包括：负责公安机关队伍管理和政治思想工作；负责政工系统信息化建设及绩效管理工作；按干部管理权限管理干部；负责公安机关人事、机构编制、工资福利、表彰奖励等工作；组织、指导公安机关开展思想政治教育、警察文化建设和内部宣传工作；组织、指导公安机关教育培训和人才工作；组织、指导公安机关离退休人员管理与服务工作；指导工会、共青团、体协、文联、民警抚助基金会工作。③ 由于公安机关政治工作部门承担着公安机关的各项政治工作，其在工作过程中也会依据《公务员法》对公安机关及其人民警察进行评价，包括实施

---

① 张洋：《坚持政治建警改革强警科技兴警从严治警 履行好党和人民赋予的新时代职责使命》，《人民日报》2019 年 5 月 9 日，第 1 版。
② 杜晋丰：《公安机关监督工作的理论与实践》，中国人民公安大学出版社 2002 年版，第 62 - 63 页。
③ 《北京市公安局内设机构和所属机构职责》，北京市公安局网 2020 年 1 月 2 日，http：//gaj. beijing. gov. cn/zfxxgk/jgzn/202001/t20200102_ 1554557. html，最后访问日期：2023 年 3 月 27 日。

对被监督人员的考核、任免、奖惩、辞退等队伍管理和训练工作，承担了内部监督的一定职能，只不过这种监督职能不具有专职性。

（三）法制部门监督

《公安机关内部执法监督工作规定》明确将公安机关法制工作部门确定为公安内部监督工作的主管部门，负责组织、实施、协调和指导公安机关执法监督工作。从监督对象上来看，法制部门的监督对象为公安机关全体人民警察，具有全面监督的特点。从职能上来看，公安机关法制部门具有法律监督职能和行政管理职能。法制部门主要工作依据有《公安机关内部执法监督工作规定》《公安机关人民警察执法过错责任追究规定》《公安机关执法质量考核评议规定》《公安机关法制部门工作规范》等，对于人民警察在执法过程中出现的违法违纪行为，公安机关法制工作部门有开展案件审核、执法检查、专项调查、执法过错责任追究等权力。[①] 概括来说，我国公安机关法制部门的监督权限主要包括审核权、检查权、调查权以及纠错权等。

（四）警务督察监督

警务督察部门是公安系统内的专职监督部门，依照《公安机关督察条例》的规定对本级和下级公安机关及其人民警察履行监督职能，对上一级公安督察部门和本级公安机关首长负责。警务督察部门履行监督职能的特点是专业化和职业化，重点针对公安机关及其人民警察事前、事中的执法守纪行为进行监督检查，纠正违法违纪行为，对于需要进行处理的违法违纪行为，可以通过下发《督察建议书》《督察通知书》《督察决定书》等法律文书的形式督促有关部门及其人民警察进行整改，对于违法违纪情形严重的，警务督察部门有权采取停止执行职务、禁闭等措施。[②] 司法实践中，警务督察部门通常通过参与警务活动、派出督察员和下达督察指令、开展警务评议等方式履行监督职能。对违法违纪行为，警务督察部门有权依法受理检举和控告，提出建议和意见，撤销或变更错误决定、命令，或将责任人移送司法。

（五）信访部门监督

长期以来，信访监督都是我国公安机关内部制约监督的重要组成部分。信访部门的具体职能是"处理来访、接待来访，倾听人民群众的意见"，其监督范围主要是事中和事后监督，即在公安机关工作人员执法过程中或执法后，对人民群众检举揭发的公安机关人民警察违法违纪行为进行监督。实践中，信访部门依据《信访工作条例》《公安机关信访工作规定》对人民群众的检举揭发进行甄别，反馈至有关部门，从而达到监督的效果。信访部门所受理的信访事项，涉及执法过错案件的检查和认定的，向法制工作部门反馈；涉及党员违法违纪的，向纪律检查部门、监察部门反馈；涉及

---

① 张立刚：《公安内部执法监督机构的产生、发展与改革》，《辽宁警察学院学报》2020年第1期，第2页。
② 张祝华：《有效整合公安机关内部监督力量 进一步加强对公安机关执法权力的监督》，《公安研究》2004年第8期，第10页。

贪污腐败、经济性违法的，除向有关部门反映外，还应当向审计部门反映。信访部门的监督作用较局限于举报、申诉信息的获取，因而其监督不具有强制效力，是公安机关内部制约监督的必要补充。

三、纵向监督：公安机关案件审核制度

案件审核制度是我国公安机关侦查权的内部控制机制，大致经历了预审部门审核时期和法制部门审核时期。公安机关的预审是指，公安侦查部门的专门人员对犯罪嫌疑人进行讯问和调查，决定是否移送起诉的侦查活动。预审仅发生在公安机关刑事案件立案之后，与侦查活动紧密相连，相较于侦查活动而言，预审更注重对案件所收集的证据与待证事实之间关联性的审查，起着侦查终结和公诉准备的作用。[①] 随着社会需求的转变，司法对公安机关的执法效率提出了更高的要求，公安机关实施了由"侦审分离"到"侦审一体化"的改革，形成了目前司法实践中以法制部门为中心的案件审核制度。

目前，我国公安机关内部实行的以法制部门为中心的案件审核制度是不断发展演变而来的。1998年，《公安机关办理刑事案件程序规定》中首次规范了公安机关内部的案件审核制度，明确公安机关执行拘留、逮捕等强制性措施时，须县级以上公安机关负责人的批准并签发《拘留证》或《提请批准逮捕证》，或者向人民检察院提请批准逮捕。此时，公安机关内部审批程序为"办案人员申请 + 县级以上公安机关负责人批准"的二级审核模式。2004年，部分地区将法制部门审核环节嵌入公安机关负责人批准环节之前，实践中公安机关案件审核模式转变为"三级审核"。为了加强公安机关执法监督管理，纠正执法偏差，全国各地开始实施法制员制度。2010年，《公安部关于县级公安机关建立完善法制员制度的意见》发布，要求各地公安机关应当设立法制员，法制员承担案件审核、执法监督和法律服务等职责，由此，公安机关的案件审核制度被改造为"四级审核"模式，也是目前各地公安机关最为基础和常态的案件审核模式。考虑到拘留、逮捕措施是《刑事诉讼法》所规定的最为严厉的刑事强制措施，拘留、逮捕措施的执行要求也相对更加严格。除一般的"四级审核"模式之外，拘留、逮捕措施的执行还需法制部门的领导人进行审核，审核层级为"五级审核"模式，即"公安机关办案人员申请 + 办案部门法制员审核 + 办案部门负责人审核 + 法制部门审核 + 局领导审批"。"五级审核"模式遵循固定的审核顺序，后一级审核必须以前一级审核为前提，且遵循"金字塔"模式，后一级审核人员有权否定前一级的审核意见，审核的权力随着层级的推进不断增强。

---

① 洪浩：《从"侦查权"到"审查权"——我国刑事预审制度改革的一种进路》，《法律科学》2018年第1期，第170－171页。

　　实行"侦审合一"之后的法制部门案件审核制度与预审部门案件审核制度相比，存在以下特点：一是"侦审一体化"的改革使得公安机关的侦查权行使呈现出"一办到底"的特点，即从刑事案件的立案到拘留、逮捕措施等刑事强制权的实施，再到移送审查起诉，均由侦查机关进行；二是以往公安机关内部的侦查、预审部门之间的制约监督机制被以法制部门为核心的制约监督机制所替代。诚然，在以法制部门为核心的上下级审批制度中，法制部门不介入案件的具体侦查活动，具有相对的独立性和中立性，因而强化了公安机关案件审核制度的内部制约监督属性，但"金字塔"式的案件审核制度模式有时也容易导致案件的上下级审批流于形式，难以实现案件审批的监督效果。

　　相较于公安机关内部监督机构的监督，公安机关上下级案件审批制度的监督贯穿侦查活动全程，可以及时、充分地掌握案件信息。侦查活动实施之前，可就案件的事实和证据进行严格审核，决定是否展开侦查活动，防止侦查权力的滥用；侦查活动开始后，可就刑事强制措施的采用进行审查和监督；侦查活动结束后，则可综合全案情况，对是否移送审查起诉进行审核监督。充分发挥公安机关案件审核制度的内部制约功能，是保障公安机关侦查权力不滥用、内部制约监督机制更加系统完善的根本性前提，因而，健全和完善公安机关的案件审核制度是完善公安机关内部制约监督机制的重要内容。

四、公安机关内部制约监督机制的运行困境

（一）监督主体欠缺独立性

　　根据分权制衡的思想，为充分发挥我国公安机关内部监督权力的应有效果，在制度设计上应当考虑两个方面：一方面，公安机关内部制约监督机构的权力与公安机关的决策权和执行权应基本对等，权力大小应基本相当，防止因权力过小而达不到监督质效；另一方面，要注重对监督工作的决策权和执行权的分离与制约。公安机关内部监督的本质是对权力的制约，权力制约的效果受多重因素影响，其中最重要的因素就是监督主体是否具备完全独立性。实践中，我国公安机关内部监督工作中仍存在监督主体地位低于监督对象的现象，致使监督质效无法充分发挥，甚至监督工作难以顺利实施，其本质原因在于我国公安机关内部监督机构的领导机制不科学、不合理。

　　公安机关内部监督机构既要受其上级业务部门的直接领导，又要受同级党委和政府的领导，这种双重领导机制容易使监督主体在履职过程中缺乏独立性和权威性，存在不敢监督、监督无用的消极心理，打击监督人员的积极性。监督主体在监督工作上无法充分发挥监督工作的自主性，在公安系统内处于依附地位。双重领导体制之下的公安机关内部监督机构独立性欠缺，监督权威性降低，监督效率不高。

（二）监督部门职权交叉严重

党的十一届三中全会之后，我国公安机关内部逐步建立了系统多元的监督体系，各内部监督机构的工作范围基本覆盖公安工作的方方面面，但由此也带来了多重监督、职权交叉的问题。

公安内部监督机构的职能规定分散在《关于公安机关监督制约机制建设的意见》《公安机关督察条例》《公安内部审计工作规定》等行政法规以及其他规范性文件当中，没有一个专门的法律文件对公安机关内部各监督机构的具体职能作出明确界定。此外，由于相关的法律法规规章较多，效力层级不同，各监督机构在进行监督工作时，只能依据自己所在业务部门的相关规范。但不同规范的内容多有重复，造成了一定的职责交叉问题，形成了各监督机构"要么抢着监督，要么不监督"的乱象，也导致了"多头投诉""多渠道上访"的现象。

公安机关法制部门主管我国公安机关内部执法监督工作。然而，一方面，由于公安机关及其人民警察的执法工作具有现场性和流动性，法制部门的监督工作存在一定的被动性，难以及时有效地进行监督；另一方面，警务督察部门的监督虽然可以实现全程性、现场性与及时性，但由于其监督职能被法制部门所分解，监督独立性和权威性大打折扣，监督质效难以保证。如何充分发挥公安机关内部各监督部门的合力，是急需解决的问题。

（三）重事后追惩而轻事前审查

我国公安机关的内部监督机构及监督形式呈现出多元化的特点，但是各监督机构分属不同系统，相互独立，各自在自己的职能范围内履行监督职能，缺乏联动机制和信息交换机制，容易造成监督"真空带"现象。同时，由于大部分监督主体不注重日常监督、轻事前监督，我国公安机关内部制约监督机制难以实现全方位、无死角的监督，降低了监督效率。

监督的目的是对违法乱纪行为在事前、事中阶段进行预防和纠正，在事后阶段进行评价和打击，以阻止公安机关及其人民警察滥用权力，促使其养成自觉接受监督、自觉遵纪守法的习惯，进而营造良好的执法司法氛围。然而，在实践中，监督机构往往采取集中监督的方式进行监督，不注重日常监督，通常只在年末组织一次执法质量考评，导致很多公安人民警察在年末最忙的时候还要花费大量时间整理材料。[1] 警务督察部门在进行日常监督的时候往往也是通过组织专项督察行动的方式，公安机关及其内部执法人员的日常执法行为得不到有效监督。

除了不注重日常监督，公安机关内部监督机构在开展监督工作的时候往往也只注重事后监督，即惩罚性监督，而忽视事前和事中监督。这样带来的后果就是，只有在

---

[1]　王静月：《我国公安机关内部执法监督机制研究》，中国地质大学（北京）2010 年硕士学位论文，第 15 - 19 页。

违法乱纪行为发生之后，监督机构才能够真正地发挥作用。但在通常情况下，事后监督的开启依赖于群众的举报或投诉线索，监督作用的发挥具有被动性和局限性。相较于事前、事中监督，事后监督对保障公民权利和维护公安机关执法司法公信力的作用较小。只有事前、事中和事后监督并行，才能够真正实现监督目的，最大限度地发挥监督效果，保护公民权利，塑造良好的公安机关形象。

（四）监督意识薄弱

实践中，公安机关监督意识薄弱一般表现为两个方面：监督人员监督的积极性与主动性不够；被监督人员主动接受监督的自觉性较低。

任何内部监督都可能出现监督人员监督的主动性和积极性不高的问题，这是内部监督运行机制设计不完善所致。公安机关监督人员依附于公安机关而存在，其财物、任职受公安机关管理。自身的依附性决定了监督人员在进行监督的时候易出现不敢监督的心理障碍，在监督工作中存在畏难情绪。在这种消极情绪的影响之下，监督人员的监督就可能流于形式，要么在一段时间内集中监督，要么在实施监督考评之前先"通风"，让被监督的对象"早做准备"，导致监督的效果与预期效果相去甚远。此外，公安机关内部被监督对象主动接受监督的意识比较薄弱。一些被监督的单位和人民警察认为，公安机关的内部监督制度形同虚设；还有部分被监督人员认为，监督会使自己在执法司法的过程中畏首畏尾，影响办案效率，因而对监督机构和人员产生抵触情绪，逃避监督。

正是由于公安机关内部存在监督人员不主动积极监督、监督工作流于形式以及被监督人员主动接受监督意识不强等问题，我国公安机关内部制约监督机制难以正常落实，内部监督制度形同虚设。只有从根本上树立正确的监督观，才能保障公安机关内部监督制度正常运转。

（五）科层制背景下案件审核监督易流于形式

如前文所述，目前公安机关对于案件审核采取的是"五级审核"模式，即"公安机关办案人员申请＋办案部门法制员审核＋办案部门负责人审核＋法制部门审核＋局领导审批"[①]。但在司法实践中，这种审核模式在发挥内部制约监督作用的时候却存在以下问题：

一是审核监督整体上中立性不足，监督效果被弱化。在刑事案件处理中，公安机关办案人员、法制员、办案部门负责人、法制部门、局领导分别处在不同的职位，承担了各自不同的职能，在审核案件时所考虑的因素也存在不同之处，易导致案件审核存在多种标准。公安机关法制员是法制部门为加强基层公安机关法制建设而设立的，

---

① 唐雪莲：《公安机关刑事案件审核制度实证研究：以侦查权力的控制为视角》，北京大学出版社 2015 年版，第 144 – 171 页。

其对案件审核的目的是加强基层法制建设。公安机关办案部门负责人和局领导与办案人员自始至终处于同一组织体系之中，每当发生犯罪，公安机关作为国家的治安保卫机关，其首要职责是尽快查清犯罪事实并查获犯罪嫌疑人，给国家和社会一个交代。在相同的工作理念下，监督主体与被监督对象具有一定同质性，这会影响办案部门负责人和局领导在案件审核工作中的中立地位。相对而言，法制部门不属于公安机关的侦查部门，不参与侦查活动的开展，法制部门的监督成为"五级审核"模式下最为中立、专业的审核监督环节。但不可忽视的是，在科层式的侦查权力结构中，法制部门的权威性较低，其审核意见可以在下一审核环节被局领导否决，法制部门案件审核对侦查权的控制在一定程度上被弱化。

二是随着审核层级的递进，审核的内容更加抽象。公安机关的案件审核是通过书面方式进行的，卷宗成为决策的主要依据。在侦查活动中，侦查人员通过直接参与侦查环节对案件的事实形成了各种主客观的材料，但法制部门在对案件进行审核的时候更多倾向于客观性的证据和事实，集中审查申请材料是否完备，文书是否规范以及是否符合拘留、逮捕的条件等，当案件审核向下一层级递进时，局领导主要针对法制部门的办案意见进行审查，即主要根据法制部门所签字的申请报告进行审核。可见，"五级审核"模式之下，随着审核层级的递进，书面审核的资料往往是上一审核层级整理消化后传递下去的，且下一层级的审核意见在很大程度上取决于上一审核层级的审核意见，"卷宗"的抽象程度越来越高，审核内容也愈加抽象。

五、公安机关内部制约监督机制的完善

完善公安机关内部制约监督机制，对提升公安机关执法司法形象、促进公安机关执法司法工作顺利进行起着关键作用。当前，世界变革潮流更趋强劲，中国社会经济发展迅速，公安机关在经济全球化、信息全球化的社会环境中，更要积极承担责任，展现我国政法领域机关的"大将风范"。笔者以构建公安机关内部"大督察"型制约监督机制为落脚点，分别从构建公安机关内部"大督察"型制约监督机制、完善侦查责任追究机制、健全公安机关内部监督质效评估机制等方面进行论述。

（一）构建公安机关内部"大督察"型制约监督机制

当前，公安机关内部制约监督机制存在职能分散、权责交叉等问题，多头监督如果能够做到协调一致、密切配合，将会产生巨大的威力。关于如何整合公安机关内部制约监督力量形成监督合力，目前存在四种观点，分别为"大法制"型制约监督模式、"大督察"型制约监督模式、"统一执法监督机构"型制约监督模式以及"建立综合执法监督平台"型制约监督模式。笔者认为，应当建立"大督察"型制约监督模式，即以警务督察部门为核心，整合其他部门的监督力量，建立联动监督机制。

1. 以警务督察部门为核心，建立监督联动机制

公安机关法制部门是公安机关内设的重要法律监督机构，负责组织、实施、协调和指导公安执法活动。法制部门除了是公安机关的内部监督机构，还承担着研究有关公安机关工作的方针、政策，设计公安机关法制工作的总体规划，组织、协调、起草公安机关的法律文件等工作内容，其职能权限繁多复杂，且在履行监督职责时具有被动性，因而以法制部门为核心的公安机关内部制约监督机制无法真正发挥作用。"统一执法监督机构"型和"建立综合执法监督平台"型的内部制约监督模式均并没有真正解决多头监督的问题，也容易出现各自为战的现象。

警务督察制度设计的初衷就是对公安机关及其人民警察执行法律、法规，遵守纪律的情况进行监督，其天然具有公安机关内部监督机构属性。以警务督察部门为核心，建立公安机关内部"大督察"型制约监督机制主要出于以下两个方面的考虑：

第一，基于公安机关工作性质的考虑。公安机关及其人民警察的工作流动性很大，因此对其进行监督应区别于其他行政执法机构，要充分考虑公安机关工作的特点。公安机关内部党的纪检监察监督、法制部门的监督以及审计监督等都主要侧重事后的、静态的监督，难以对公安机关的执法司法工作进行全过程、动态的监督；警务督察监督则能够弥补这些传统监督方式的不足。

第二，基于督察制度特点的考虑。警务督察具有全面、及时和积极主动的特点。首先，根据《公安机关督察条例》，警务督察除对公安机关和人民警察履行职责的行为进行监督之外，也要监督公安机关队伍建设、组织管理人民警察等行为，其监督范围"全方位""无死角"；其次，在公安机关及其人民警察进行违法乱纪活动时，警务督察人员可以深入现场，对正在进行的警务活动进行同步监督和检查，将问题及时解决；最后，警务督察除了被动地获取监督信息，还可以主动指派督察人员进行督察，其监督具有积极主动性，有利于及时掌握公安机关重要的部署和组织实施情况，进行有效监督。

建立以督察部门为核心的"大督察"型内部制约监督机制并不意味着否定其他监督机构的监督作用，而是应该充分利用不同的监督方式强化内部监督的效果。在构成"大督察"型内部制约监督模式之后，应进一步梳理并重构公安机关内部监督权限划分，加强各监督机构之间的信息交流，利用大数据应用技术构建统一的公安机关内部执法监督办案平台，由各个监督机构上传监督信息，明确职责分工，避免权责交叉的情形。此外，应定期召开各监督机构之间联席会议，共享监督心得，由各监督机构提出意见建议，优化整合监督效能。在规范层面，《公安机关内部执法监督工作规定》及相关规范性文件应当赋予警务督察部门监督主管权，同时制定"公安机关内部执法监督权限细则"，明晰各监督机构职能，从制度上保障公安机关内部"大督察"型制约监督机制的落实。

2. 构建统一的监督主体权责清单制度

公安机关内部监督权作为制约公安机关及其人民警察执法权的权力，其本身也应当受到法律的监督。司法实践中，监督主体在实施监督时容易出现滥用监督权力或空白监督的情形。滥用监督权力，指监督主体不依法监督，利用在监督过程中掌握的被监督人员信息，对被监督人员进行敲诈勒索等其他不法行为的现象；空白监督，指监督主体在监督过程中不履行监督职责，包庇、纵容公安机关及其人民警察违法乱纪行为的现象。针对上述两种常见的问题，首先应当在公安机关建立一套完整、科学的监督主体权责清单制度，明确监督人员的监督权限和责任，使监督人员恪守权责边界，保证公安机关内部制约监督机制高效实施。

应建立公安机关内部监督主体的权责清单制度，对内部监督机构的权力类型、范围、数量、运行程序、适用条件等进行梳理，通过清单目录的方式进行规范，并将内部监督机构权力清单全面公开，确保监督主体履职有据。① 具体而言，制定公安机关监督主体权责清单需要为权力划定清晰的界限，明确督察部门、法制部门、信访部门、审计部门、纪检监察部门等监督机构的监督权限和范围。同时，应当明确各监督机构的权力运行流程，优化各内部监督机构的监督程序，最大限度地避免权限交叉。此外，公安机关监督主体权力清单应当作为公安机关信息公开的重要内容，促进公安机关监督主体的权力在阳光下运行。

完善的权责清单制度对解决公安机关内部制约监督机制的现存问题大有裨益。与此同时，相关的配套措施也应当施展开来，如设计监督人员监督执法绩效考评机制，对各个监督机构的工作进行评估。对严重不履行监督职责且绩效考评不合格的警察，采用重新培训上岗的方法；对培训后重新上岗仍然不合格的警察，采用淘汰制度。在推行执法监督绩效考评机制的过程中，考评人员还应坚持实事求是，遵循常态化考评原则，不应当使这种执法监督绩效考评机制脱离实际，形式主义化。

3. 提高警务督察部门的监督地位和权威性

从域外国家和地区的警察监督机制来看，美国警察组织的内部调查直接由最高行政首长——警察局长负责，大型、中型组织内负责内部调查事务的监察官或专门的内部调查机构直接向本组织的警察局长负责；日本则由上级警察机关派遣监督人员对下级警察机关进行监督，且监督人员的人、财、物关系不受下级警察机关的限制，监督主体的独立性和权威性较高。② 我国应当从国外的警察内部监督制度中汲取有益的经验，并结合自身实际建立符合中国特色的公安机关内部制约监督机制。

我国公安机关内部监督机构的领导体制决定了我国无法完全照搬西方的垂直监督

---

① 赵勇：《大城市政府权力清单制度研究》，人民出版社 2018 年版，第 34 – 78 页。
② 梁长初：《我国公安大部门内部监督体制研究》，湖南大学 2009 年硕士学位论文，第 43 – 49 页。

机制。一方面，我国长期以来实行信访举报制度，公安机关信访部门、法制部门等内部监督机构受理的举报、投诉意见成为我国实施监督的重要信息来源，即使在"大督察"型内部制约监督模式的构建背景之下，也不可能将法制部门和信访部门的监督职能完全剥离出来；另一方面，新中国成立以来，我国逐步形成的多元化监督网络既是劣势也是优势，各监督机构长期以来积累了较为丰富的监督经验，只有对各监督机构的优势进行整合，充分利用多头监督的有益之处，才能够使我国公安机关内部制约监督机制的运行事半功倍。

在"大督察"型制约监督模式的构建背景之下，对提高监督主体地位、增强监督主体权威性可进行如下设计：警务督察部门仅对上级警务督察部门负责；警务督察部门的监督人员在财物关系上不受同级公安机关控制；警务督察部门主管人员的行政级别比同级公安机关最高行政首长只低一级，且不能由同级公安机关最高行政首长兼任督察长。同时，公安机关其他内部监督机构应依法履行各自的监督职能，并与警务督察部门共享监督信息。在监督职能方面，由警务督察部门主管、指导、协调其他公安机关内部监督机构履行监督职能，各监督机构分工配合。这样的制度设计既能解决监督主体地位不高，权威性不强的问题，也能充分发挥各内部监督机构长期以来形成的监督优势。在制度构建的细节问题上，仍然要结合实际，通过实证调研或试点的方式验证其有效性。

（二）完善侦查责任追究机制

为保障公安机关内部制约监督机制的有效运行，完善公安机关刑事侦查权执法过错责任追究机制十分关键。

1. 确立统一的公安机关案件审核标准

落实和完善公安机关执法过错责任追究机制，是充分发挥公安机关案件审核制约监督功能的重要内容。完善公安机关执法过错责任追究机制的实质是，将案件处理结果与办案人员、审核人员的具体利益捆绑在一起，以案件在诉讼流程中的处理结果来决定上述人员是否承担过错责任。[①] 从公安机关案件审核制度的设计来看，执法过错责任追究主要分为对审核主体的责任追究和对办案人员的责任追究。

在司法责任制改革背景下，2016 年公安部发布的《公安机关人民警察执法过错责任追究规定》中列举了办案人员应当承担责任的情形，并根据办案人员、审核人、审批人的过错对责任划分进行了详细规定。司法实践中，尽管对于审核主体的追责秉承了"谁审核谁负责"的原则，但审核主体因审核错误被追责的情形并不多。原因在于，审核主体对审核过程中发现的问题，会及时与办案人员沟通并进行纠正，这使审

---

① 唐雪莲：《公安机关刑事案件审核制度实证研究：以侦查权力的控制为视角》，北京大学出版社 2015 年版，第 124 页。

核主体与被监督对象之间不仅存在制约监督关系，也有合作关系。这种正向的互动有利于规范公安机关的执法行为，故而也是案件审核制度的功能之所在。但是，对于何为"执法过错"，实践中存在不同的标准，这主要表现为案件审核的规范性不够。各地的案件受理程序、分配模式、审核模式和审核内容没有统一的标准，存在较大差异，导致对"执法过程"的认定标准不一，不利于建立全国统一、完善的公安机关执法过错责任追究机制。因此，探索建立统一的公安机关案件审核标准，加强对公安机关执法过错责任的追究，是当前强化公安机关案件审核机制对侦查权制约监督功能的重要任务。

2. 构建以警务督察部门为主的执法过错责任追究制度

侦查机关工作的开展遵循"秘密侦查"的原则。[①] 这样的制度设计主要是为了防止犯罪嫌疑人获知侦查信息而妨碍诉讼，保障侦查活动的顺利进行。然而，现代社会中，公开是权力行使的基本要求和必然属性，没有公开和透明，权力的权威性也得不到保障。除涉及国家安全、国家秘密等特殊情况，侦查不公开使得侦查权的行使具有不可预见性，但是在公开的同时又可能会出现犯罪嫌疑人人权得不到保障和舆论干扰侦查权行使的情形。为了解决这一矛盾，应当在法律限度内寻求侦查的有限公开和相对公开。

相较公安机关其他内部监督机构对侦查权的监督而言，警务督察部门监督属于广义上的"外部监督"，但同时也是公安机关内部监督机制的重要组成部分。警务督察部门可以推行刑事督察制度，由一批业务熟练、专业性高的督察人员组成刑事督察小组，专门针对公安机关内部侦查权的行使进行监督，并恪守保密原则。对于督察过程中发现的侦查权滥用情形，按照谁审批谁负责、谁审核谁负责、谁办理谁负责的原则，强化侦查责任，充分发挥督察人员的现场督察优势，有效遏制侦查人员的职务犯罪和违纪行为。

（三）健全公安机关内部监督质效评估机制

制度规范和实践规范是现代法治国家对公权力进行规制的两个层面，对公安机关监督工作的质量进行考核评价是督促监督人员依法行使监督权，确保监督权顺利实施的重要手段，能够进一步强化公安机关及其人民警察工作的合法性和正当性，保障公民权利不受侵犯。

1. 成立专门的法律监督考评机构

公安机关监督质效评估机制的本质是对公安机关监督主体进行监督。一方面，制约监督主体，避免监督人员滥用监督权力；另一方面，从监督质效评估报告的情况观测现行公安机关监督体系所存在的问题，并及时完善和纠正。在建立"大督察"型内

---

① 赵爱华：《论侦查秘密性原则与侦查公开措施》，《江苏警官学院学报》2003年第2期，第30-31页。

部制约监督模式背景下，可将法律监督考评分为对一般监督人员的考评和对监督领导人的考评。

对一般公安机关内部监督人员的考评，纵向上，应采用上级警务督察部门评估下级警务督察部门的监督模式，上级监督下级的模式要注重平时的监督，如听取警务督察部门监督报告，抽查警务督察部门日常工作等；横向上，应由警务督察领导人员对公安机关其他内部监督机构的监督质效进行评估，并将评估报告交由本级公安机关最高行政首长查看后给予相应的奖惩，同时于每年年中举办监督人员综合素质中期考试，采取积分量化的形式，对不及格人员加强培训。对监督领导人的考评，应由上级公安机关督察长、上级公安机关行政首长进行，还应邀请中立的人大代表和政协委员，通过定期举办监督质询会，听取公安机关内部监督领导人员的监督工作报告，并对其监督工作的质量和效果进行评价，对不足之处提出整改意见，对严重失职行为进行处罚，对先进的监督单位进行表彰。

2. 明确具体的法律监督考评内容

法律监督评估要对监督人员素养与实际监督工作的客观情况一并考查。对监督人员素养的考评包括监督人员的法律素质、政策敏锐性、业务能力、抗压能力、纪律作风等方面，对实际监督工作的考评包括监督人员的工作绩效和工作心得、实施监督的过程是否合法、是否存在滥用监督权力或怠于履行监督权力、对于违法乱纪人民警察的处理结果是否符合正当性原则、证据的收集和采信是否依法实施等。法律监督的考评内容越精细，据此所作的评估报告就越具有科学性和权威性。但是，在考评的过程中应当强调，"考评"不是目的，只是一种手段，要重点考察监督活动的实施是否符合规范、是否达到标准，即应注重实质考评，弱化"量"和"率"的硬性规定，使公安机关内部监督质效评估机制的功能由控制违法乱纪行为转变为实现程序与实体的公正。

3. 制定科学的法律监督考评方式

对监督工作的考评应当是一个连续和常态化的工作。应当遵循公安机关内部监督的基本规律和要求，建立动态监督考评方式，适时对监督人员的监督过程进行动态监管。利用大数据建立公安机关内部执法监督办案平台，由监督人员将个人监督信息加密上传，并加盖区块链时间戳，以便考评机构及时掌握监督人员的工作情况，了解监督进度，形成阶段性的监督报告。公安机关督察领导人可每隔一段时间进行一次抽查，对监督成效进行全面分析，找出存在的问题，并提出相应的完善建议，以促进监督工作的展开。为确保考核的准确性，可采取不定期抽查或执法检查的方式进行。

对公安机关监督人员进行集中考评。由上级公安机关督察长、上级公安机关行政首长、中立的人大代表或政协委员组成监督考评小组，定期对本级公安机关监督领导人和一般监督人员进行静态集中考评。对监督领导人的考评侧重上级对下级监督的实效，采用听取工作报告和进行报告质询的形式；对一般监督人员的考评侧重监督是否合乎实体和程序法律规范以及个人的综合素质，采用纸质或电子化的试卷考核形式。

4. 完善公安机关特邀监督员制度

公安机关特邀监督员，是公安机关从各社会团体或组织中聘请的专门针对公安机关及其人民警察执法执勤情况进行监督的人员，是对公安机关及其人民警察的外部监督。在司法实践中，我国公安机关的特邀监督员主要从人大代表、政协委员以及工会、共青团、妇联等社会团体或新闻单位中聘请，负责对人民警察履行职责、执法执勤和遵纪守法的情况实施监督，也负责反映群众意见和要求，传递群众对公安违法违纪行为的检举和控告等。这一制度对公安机关党风廉政建设、密切警民关系、更好地完成公安工作任务都有一定的积极促进作用，但同时也存在选任模式不合理、特邀监督员信息公开制度缺乏、监督方式守旧和制约性不强等问题。

完善公安机关特邀监督员制度，应当从以下几个方面展开：第一，特邀监督员的产生方式不应局限于单位推荐，应同时采用个人申报的方式，并建立特邀监督员产生的程序机制，选举任命具有群众基础、能够反映群众意见和建议的人；第二，为了方便收集群众意见和建议，可以将特邀监督员的名字、单位、职位、电子邮箱等信息在公安机关官网上公布，方便群众与特邀监督员及时交流沟通；第三，特邀监督员代表民众对公安机关进行监督，也应当对民众负责，应建立特邀监督员工作报告和公示制度，以强化特邀监督员的责任感，加强民众对特邀监督员的监督。

六、公安机关内部制约监督机制的综合配套机制

（一）健全公安机关监督人员的选拔培育机制

公安监督人员是指从事公安监督活动，负有一定的监督职责，拥有相应的监督职权，并能通过公安监督活动影响被监督者行使权力活动的工作人员。[①] 这里所提到的公安机关监督人员主要指狭义的专门从事公安机关监督工作的人员，不包括公安机关领导人。公安机关监督工作能否顺利进行，以及监督工作实施的效果如何，很大程度上取决于监督人员专业素质和思想道德素质的高低，只有高素质的公安监督队伍才能承担得起任务繁重的监督工作。判断一支公安机关监督队伍是否合格，可以从个性和共性两个角度进行分析，既要有高素质的监督人员，也要有高效率的监督队伍。

提高公安机关监督人员的个体素质，应当提高选拔人才的要求。一是选拔具有较高法律素养的公安机关监督人员。公安机关内部监督工作必须依法进行，监督机构的设置、权限划分、责任承担都必须遵守法律。因此，公安机关监督人员应当具备良好的法律素质，熟悉内部监督的有关法律规范，了解监督程序，以确保监督工作合法有

---

① 杜晋丰：《公安机关监督工作的理论与实践》，中国人民公安大学出版社 2002 年版，第 152 – 160 页。

序进行。二是选拔具有较高政策敏锐度的公安机关监督人员。法律规范具有滞后性，无法穷尽一切应当进行监督的情形，因而监督人员在实施监督的时候应当灵活变通，这就要求公安机关监督人员具有较高的政策敏锐性。党和国家有关公安机关工作的政策是公安机关监督工作的重要指导，公安机关监督人员在遵守法律的情况下，也要注重落实党和国家的有关政策，配合完成特定阶段党和国家的中心任务。三是选拔具有较高抗压能力的公安机关监督人员。公安机关监督工作是一项针对同单位人员的"挑刺"工作，是对同事违法乱纪、滥用权力的行为进行检举揭发、追责处罚的工作。监督人员与被监督者之间存在冲突，这种情况下公安机关监督人员的内心会承受巨大的压力和孤独感，如朋友的人情，被监督人员的不配合、不理解，甚至不明所以的报复。如果监督人员不具备良好的抗压能力，一来不利于监督工作的高效开展，二来可能会出现滥用监督权和空白监督的情况。四是选拔业务精熟的公安机关监督人员。以警务督察为例，由于警务督察通常在公安机关及其人民警察的执法活动中进行实时监督，判断人民警察是否依法执法，因此警务督察人员除必须了解法律规范之外，还应当精通执法业务，这样才能更好地施展监督工作。因而，公安机关监督人员应当具备丰富的业务知识和工作经验、较强的洞察力和判断力、较强的调查研究和获取信息能力、优秀的人际交往和表达能力。

加强对公安监督队伍的建设，是公安机关监督工作质效提升的基本保障。除监督人员本身素质过硬之外，公安监督队伍的建设工作更是影响着公安机关工作全局的发展。因此，还应当加强对公安监督队伍的建设。一般而言，加强对公安监督队伍的建设可以通过加强监督教育培训来实现。我国公安机关教育培训体制正在不断完善，公安机关监督人员可以到警校或在本机关接受监督教育培训，包括上岗前培训、在职培训和脱产培训等多种方式。在接受培训的过程中，公安机关监督人员要注意把握理论联系实际原则、学以致用原则和讲求实效原则。此外，监督机构应当组织监督人员认真学习警务科技手段，保证监督人员的工作能力能够顺应时代的需求，落实监督效能。

（二）健全公安机关内部监督的经费保障制度

公安机关经费保障机制包括与公安经费保障相关的法律、制度、措施，以及能够使公安经费保障长期处于良性运行态势的结构、功能和运作原理。[①]公安机关开展监督工作是否能够得到有效的经费保障，是法律监督权能否顺利实施的重要问题。内部监督工作只有得到充分的经费支持，再加上监督人员过硬的素质，才能促进公安机关内部监督权廉洁公正地开展。健全公安机关内部监督经费保障制度要以完善健全公安

---

① 樊鹏：《社会转型与国家强制：改革时期中国公安警察制度研究》，中国社会科学出版社 2017 年版，第 243 – 250 页。

机关经费保障制度为前提，应当结合公安工作实际，建立与我国财政体制相适应的公安经费保障模式，坚持事权、财权相统一的原则，完善制定公安机关经费保障标准，明确地方经费管理制度，建立责任追究制度，明确非税收入的执收划缴管理，等等。

（三）健全公安机关内部监督的职业保障制度

我国公安机关内部监督的职业保障制度散见于《公安机关组织管理条例》《人民警察法》等法律规范当中，是以国家、政府为主体，以公安机关内部监督人员为保障对象，通过加强监督人员的任职、履职保障等规范监督人员的执法行为，确保监督人员不滥用监督权力、依法行使职权的制度。[1] 对于公安机关内部监督人员的职业保障制度，应当从公安机关内部监督人员的身份保障、执法权益保障和福利保障三个方面来加强和完善。具体而言，应当包括强化和构建监督人员的教育培训、职业选拔、职业保护、分类管理及其他人事管理有关制度。

强化公安机关内部监督人员的职业身份保障制度，应制定人民警察分类管理的相关法律规定，以事权与财权相结合的方式，根据内部监督职能划归相应的分类，充分体现监督人员的特殊职能，对其进行专门的人事管理，从监督人员的薪酬待遇、职业晋升条件以及权利义务等方面进行规范和保障；针对公安机关内部监督人员的执法权益保障，应通过强化内部监督机构及人员的权责清单制度，赋予监督人员较高的权威性和监督地位，保障监督人员执法权力顺利进行，对拒绝接受内部监督或阻挠监督的行为完善加强相应的惩戒机制，在公安内部建立监督的权威地位；此外，还应当完善监督人员的福利保障制度，对在监督过程中受伤、牺牲的个人和家庭进行救助，关注监督人员的身心健康，推行符合监督人员特性的退休制度。

（四）加强信息化监督的技术装备保障

近年来，科技在警务活动中运用得越来越广泛。公安工作的发展和战斗力的提升在很大程度上得益于对新技术的掌握和了解，科技保障是现代警务保障的鲜明特点。加强公安机关内部监督的技术装备保障，要求充分运用移动互联、人工智能、大数据应用技术、区块链技术等，为公安机关工作提供技术支持和理念指导。

首先，要加强警用科技的基础信息建设。具体来说，包括公安通信网络建设、功能基础资源库建设，利用大数据加强现代警务建设、基础信息化建设。以公安机关内部监督为例，建立公安机关内部监督信息库，利用区块链技术完成保密设置。其次，"科技强警"需依托现代化的办公应用系统，包括执法办案系统、警务督察系统、警务视频监控平台等。当然，系统的设置也应当尽量避免功能的重叠，同时要注意及时更新数据，及时维护系统设备。[2] 最后，还应当建立智慧警务保障机制，依托现代化

---

[1] 王晴：《职业化视域下警察职业保障的法治化进路》，《河北法学》2020 年第 6 期，第 181 页。
[2] 安康：《论现代警务保障的制度完善与机制建构》，中国人民公安大学 2019 年硕士学位论文，第 27 - 29 页。

技术，整合警务数字资源，针对财务审批、资产管理、装备管理等现实问题，构建常态化的需求反馈，达到供需精准对接。同时，还可以通过程序优化，对设备审批、采购环节进行有效制约。

结　语

公安机关内部制约监督机制是司法监督的重要组成部分，是国家法治化的需要，也是社会法治化的客观反映，发挥着治吏清明和服务社会的功能。随着时代的发展，人民当家作主意识高涨，对于司法监督的要求也随之提高。相较于外部监督，公安机关内部的制约监督机制有着及时监督、直接监督和动态调整的优势。在深入推进司法体制综合配套改革背景下，充分发挥公安机关内部制约监督的功能价值，改革完善公安机关内部制约监督机制成为重要改革主题。

现代法律监督体制之下，单一的监督形式难以提升监督质效，但多种监督方式并存，各监督机构的职能也并不十分分明，容易出现"权力"冲撞，导致司法资源浪费。此外，监督客体的复杂性、多元性以及内部监督运行机制中监督主体地位不高等因素，都影响着内部制约监督机制是否能够真正发挥作用。因此，公安机关内部监督是一个需要长期探索的复杂主题。

第十三章
检察机关内部制约监督机制

检察机关作为国家法律监督机关，拥有广泛的法律监督权，但也面临着权力被滥用的风险。谁来监督检察机关的问题一直备受关注。在司法责任制改革、国家监察体制改革、检察机关内设机构改革叠加的新背景下，在"捕诉一体"全面铺开的新形势下，完善检察权制约监督机制与强化检察机关法律监督同等重要。对检察权的制约监督包括内部和外部两个方面，其中内部制约监督对防止检察权力失控、检察决策失误和检察行为失范具有特殊价值。

一、检察机关内部制约监督机制的运行模式

检察机关内部制约监督机制是指，以权力制衡为基础，在检察系统中形成的规范权力运行的工作机制。内部监督包括上级检察院对下级检察院的监督、同一个检察院内不同职权主体之间的监督。内部制约是指，通过将检察权力分配给不同的检察官或职能部门，在彼此之间形成牵制。

（一）检察机关内部制约监督的主体与职责

检察机关内部的监督主体可以分为四个层级：第一，上级检察机关的制约监督；第二，检察委员会、检察长、副检察长、部门负责人的制约监督；第三，办案检察官的制约监督；第四，不同职能部门之间扁平化的制约监督。

一是上级检察机关的制约监督。上级检察机关对下级检察机关的监督是"检察一体"的根本体现。[1] 上级检察机关的检察长、副检察长、部门负责人有权对下级检察机关对口部门的执法办案情况进行监督，上级检察机关有权对下级检察机关领导班子执行党的路线方针政策和重大决策部署等情况进行监督。上级检察机关对下级检察机关的监督包括队伍建设、执法办案、廉洁自律等方面，主要是宏观性、指导性的监督。

二是检察委员会的制约监督。检察委员会对办案流程、案件质量和检察机关内部

---

① 钟琦：《司法改革视野下我国检察权内部监督制约机制的重构》，《法治论坛》2012年第2期，第131页。

重大业务事项进行讨论、决策，对检察官的执法办案情况进行监督，是检察机关内部不可或缺的一类监督。

三是检察长、副检察长的制约监督。检察长和副检察长是检察院内部的主要负责人，负责对本院的检察业务、行政工作、队伍建设实施监督。具体包括对上级检察机关的决策和违规干预本院检察工作的情况进行监督检举、对本院其他领导班子成员和部门负责人的履职情况进行监督、对本院办案部门和下级检察机关的办案活动进行监督。

四是部门负责人的制约监督。部门负责人主要对本部门和下级检察机关对口部门进行监督，监督职权包括明确部门岗位职责、制定办案工作制度与纪律要求、对本部门和下级对口部门的执法办案情况进行监督。同时，部门负责人还可以对上级检察机关对口部门的指导情况进行监督，对本院领导班子成员的指导、决策进行监督。

五是办案检察官的制约监督。办案检察官作为案件的直接承办人，可以对本院其他办案组成员的履职行为进行制约监督，也有监督本院领导班子和上级对口部门负责人的决策、检举其违规干预办案行为的权力。

六是不同职能部门之间的制约监督。检察机关内部设立案件管理部门作为执法办案业务监督部门，对案件质量进行评查、对案件办理情况进行监控；设立检务督察委员会作为综合执法监督部门，对办案程序和纪律的遵守情况、各项规章制度的执行情况与检察队伍党纪风貌等事项进行全面监督，体现了权力制衡。

（二）检察机关内部制约监督的主要内容

检察机关内部制约监督的具体内容可以分为三大类：一是监督检察机关落实党的路线、方针、政策和执行上级检察院决策部署、有关法律文件；二是监督检察人员执法办案；三是监督检察队伍的党风廉政建设。目前，主要集中于对执法办案的监督。

第一，对党的路线、方针、政策贯彻落实和上级检察院决策部署、决议决定、规章制度执行情况的监督，是上级检察机关对下级检察机关监督的重点，对于促进检察机关正确履职十分重要。

第二，执法办案监督主要依据《人民检察院组织法》《检察官法》《人民检察院执法办案内部监督暂行规定》等，对检察人员的履职行为、办案水平进行监督，考察检察权行使是否合法合理，是否符合实体正义和程序正义的基本要求。执法办案监督可以分为实体监督和程序监督。实体监督是通过案件质量评查等方式，考察检察权的行使结果是否符合公平正义和法律要求。程序监督则是对检察官执法办案是否符合法定流程进行监督，从统一业务应用系统的使用、案件信息公开的情况等方面进行督查检查。

第三，检容检纪监督主要依据《检察机关党风廉政建设责任制实施办法》《中国共产党纪律处分条例》《中国共产党政法工作条例》等，对检察队伍的廉洁自律情况进行检查监督，对检察人员在执法办案等日常检察工作中是否遵守党纪法规、检察纪律、组织纪律等进行监督，以确保检察队伍的公正廉洁。

二、加强检察机关内部制约监督的改革历程

2020 年 5 月 29 日，中央司法体制改革领导小组会议对健全司法机关内部制约监督提出了全新的、更高的要求，指出："健全法官检察官绩效考核和惩戒追责有关机制，完善法律统一适用机制，尽快建立与新型司法权运行机制相适应的内部监督管理模式。"① 检察机关内部的制约监督作为规范检察权力运行的重要方式，近年来一直是司法改革的重点，党和国家对此给予了特别关注，提出了许多改革良策。

（一）第一轮司法改革中的检察机关内部制约监督（1997—2006 年）

1997 年 9 月，党的十五大提出了"完善监督法制，建立健全依法行使权力的制约机制"的改革目标，为检察机关指明了改革方向。此后，各级检察院纷纷探索与检察权运行特点相符的管理体制和工作机制，并逐步完善与之对应的制约监督机制。

1998 年 10 月 21 日，《最高人民检察院关于完善人民检察院侦查工作内部制约机制的若干规定》发布，要求侦查、审查决定逮捕、起诉、申诉由不同机构负责，要求分管侦查工作的检察长不能同时分管侦查监督和公诉工作等，通过权力制衡的方式强化了检察机关内部横向与纵向制约监督。2000 年 1 月 10 日，最高人民检察院审议通过《检察改革三年实施意见》（人民检察院第一个三年改革意见），提出了强化法律监督、加强上级检察机关对下级检察机关的领导、改革检察机关内部和外部制约监督机制等六项改革目标。

2004 年 6 月 24 日，在总结上述经验的基础上，《最高人民检察院关于人民检察院办理直接受理立案侦查案件实行内部制约的若干规定》出台，要求侦查工作中的各项处理决定分别由不同部门分享权力，规定了各部门相互制约的程序。

（二）第二轮司法改革中的检察机关内部制约监督（2007—2012 年）

2007 年 10 月，党的十七大会议提出了深化司法体制改革的目标。为贯彻落实党的十七大会议精神，最高人民检察院于 2009 年 3 月印发《关于深化检察改革 2009—2012 年工作规划》（检察改革第三个三年改革意见）指出，优化检察职权配置、改革和完善检察组织体系和干部管理制度，明确了强化法律监督和自身监督仍是之后一段时期检察改革的重点环节。为深入推进改革，《关于强化上级人民检察院对下级人民检察院执法办案活动监督的若干意见》和《关于加强检察机关执法办案风险评估预警工作的意见》等法律文件陆续出台。这一时期，检察机关内部制约监督的改革措施主

---

① 《中央政法委：推进政法领域全面深化改革走深走实》，中国长安网 2020 年 5 月 30 日，http：//www. chinapeace. gov. cn/chinapeace/c100007/2020 – 05/30/content_12354983. shtml，最后访问日期：2023 年 3 月 27 日。

要包括以下三个方面：

第一，细化制约监督的具体要求。2008 年 1 月 24 日，最高人民检察院发布《人民检察院执法办案内部监督暂行规定》，从监督依据、领导体制、重点内容、职权主体和监督方式等方面，对检察机关办案执法的内部监督事项作出了具体规定。在此基础上，2011 年 11 月 28 日，《最高人民检察院关于加强检察机关内部监督工作的意见》发布，明确了加强内部监督的基本原则、工作要求及深刻意义，对内部监督的具体方式和重点内容进行了详细列举。该意见详细部署了检察机关内部监督工作，为之后一段时期检察机关强化内部制约监督机制提供了规范指引。

第二，建立案件管理办公室。张军在大检察官研讨班讲话时总结了检察机关案件管理工作的定位和目标，指出"案件管理是检察权监督管理的重中之重"，案件管理部门的任务是"支持、帮助业务部门更加优质高效办案"。[①] 2011 年 9 月 10 日，最高人民检察院发布《"十二五"时期检察工作发展规划纲要（摘要）》，其中提到："构建统一受案、全程管理、动态监督、案后评查、综合考评的执法办案管理新机制。在地市级以上检察院和有条件的基层检察院设置案件管理机构。"2011 年 10 月，最高人民检察院正式成立案件管理办公室。2012 年年初，《最高人民检察院案件管理暂行办法》发布，将案件管理办公室定义为专门负责案件管理，承担案件管理、监督、服务、参谋，对所办案件实行综合业务考评的主体。这对案件管理部门的性质和职能进行了明确定位，其中，监督职能主要是通过监控办案程序和定期开展案件质量评查，预防和纠正违法办案。案件管理办公室的建立意味着检察机关内部对所办案件实行统一受理、全程管理的新监督体系正逐步建成，也是对原有监督方式的补充与完善。[②]

第三，加强检察机关内部廉政建设。党风廉政建设一直是检察机关重点关注的领域，在第一轮司法改革中，最高人民检察院就已出台《检察机关党风廉政建设责任制实施办法》等文件。2011 年 11 月 28 日，最高人民检察院发布新修订的《检察机关党风廉政建设责任制实施办法》，明确了党风廉政建设的指导思想、领导体制、工作机制与目标要求，并总结了检察机关的相关实践经验，对于加强检察机关内部工作人员的检容检纪和廉洁自律而言，可操作性和约束力均有所增强。

（三）第三轮司法改革中的检察机关内部制约监督（2013 年至今）

2013 年 11 月，党的十八届三中全会提出，要确保依法独立公正行使审判权和检察权、优化司法职权配置、加强对司法活动的监督等。2014 年 10 月，党的十八届四中全会要求："明确司法机关内部各层级权限，健全内部制约监督机制。"两次会议都肯定了加强检察机关内部制约监督机制建设对全面依法治国和全面从严治党的重要性。

---

① 姜洪：《张军在大检察官研讨班总结讲话要求　下半年检察工作重在落实》，《检察日报》2019 年 7 月 22 日，第 1 版。

② 吴常青：《检察侦查权监督制约机制研究》，法律出版社 2017 年版，第 105 - 106 页。

为贯彻落实党的十八大精神，2014年7月，《最高人民检察院关于加强执法办案活动内部监督防止说情等干扰的若干规定》发布，要求各级检察机关进一步加强检察机关执法办案活动内部监督。2015年2月，《最高人民检察院关于深化检察改革的意见（2013—2017年工作规划）》（2015年修订版）发布，要求"探索建立社会监督转化为内部监督的工作机制"，强化对检察权运行的制约监督。最高人民检察院紧抓本轮改革关于司法责任制的落实情况，革新了一系列内部制约监督的举措。

第一，落实检察责任制，建立检察权力清单。2015年9月，《最高人民检察院关于完善人民检察院司法责任制的若干意见》发布，要求建立与检察权运行相匹配的责任承担与监督体系，明确了各类检察人员的职责权限，要求省级检察院制定辖区内各级检察院检察官权力清单。权力清单作为检察权运行机制改革的重要环节，是实现内部制约监督的关键要素。为建立切实可行的权力清单制度，2017年3月，《最高人民检察院关于完善检察官权力清单的指导意见》发布，通过明确检察系统内部人员的分工和责任承担，使权力边界更明晰，制约监督更有效。

第二，优化办案监督机制。为了使制约监督机制能够跟上改革步伐，进一步实现有效监督，《最高人民检察院关于完善人民检察院司法责任制的若干意见》构建了从上到下、从内到外的监督机制：在上下级关系上，明确了上级检察院对下级检察院监督与领导的程序规则，下级检察院向上级检察院请示应遵循的程序规则；自内形成了检察长、检察委员会及纪检监督机构等对独任检察官和检察官办案组的监督，主任检察官对组内检察官的监督，完善了案件承办确定机制、案件管理机制、业绩评价机制及办案质量评价机制等配套制度，从检察机关内部规制检察官办案权力的行使。此后，2015年12月，《最高人民检察院关于对检察机关办案部门和办案人员违法行使职权行为纠正、记录、通报及责任追究的规定》发布，明确了各类检察人员的监督责任。2019年12月，最高人民检察院通过《人民检察院刑事诉讼规则》，再次细化了检察长、部门负责人的监督管理职权和行使程序，以期实现放权与监督约束的平衡。

第三，改革检务督察。2018年12月，最高人民检察院进一步推进内设机构改革，经中央批准撤销了人民检察院监察局，新设检务督察局。检务督察局享有巡视巡察、执法督察、追责惩戒、内部审计的职能。[①] 2019年6月，最高人民检察院发布《人民检察院检务督察工作条例》，细化规定了检务督察工作方式。新检务督察部门具有司法责任追究、惩戒和内部巡察、审计等主要职能，对检察人员在司法办案中的履职情况和其他行使公权力过程中遵纪守法的情况进行监督，是为适应改革变化而整合设立的权力部门。

---

① 最高人民检察院检务督察局课题组：《完善检察官办案内部监督机制研究——以强化检务督察职能为视角》，《国家检察官学院学报》2019年第5期，第73页。

三、加强检察机关内部制约监督的必要性

世界各国只有社会主义国家将检察机关定位为法律监督机关，这是由社会主义国家的特殊政治体制决定的。[①] 这决定了检察机关比其他国家机关更加需要制约监督，尤其是在近年来检察改革不断深化、因违法违规被查处的检察人员不断增加的现状下，更应充分认识并发挥检察机关内部制约监督的优势，防止检察权滥用。

（一）检察权的性质与结构决定了内部监督特别重要

2018 年，《宪法》修改后，我国"一府两院"的格局演变为"一府一委两院"，但检察机关的宪法定位并没有发生改变，仍是行使检察权的法律监督机关。我国的"一府一委两院"由人民代表大会产生，对其负责，并受其监督。这种权力构造具有中国特色，也是非常必要的。

检察机关面临着如何防范自身权力滥用的问题，完善其自身制约监督机制也是检察机关的重点任务。对检察机关的监督，既需要人民监督员制度和检务公开制度等外部制约监督机制，也需要检察机关内部的制约监督机制。在内部制约监督方面，各级人民检察院已经构建起纵横交错的内部监管格局，通过制度加强监督。

检察机关具有侦查监督、批准逮捕、审查起诉等不同权力，且这些权力的行使比较集中，无法形成有效的制约监督。同一检察院的各部门之间、上下级检察院之间，都存在"上命下从"的关系，检察机关的领导和监督呈行政化趋势，内部配合有余而监督不足。这样的权力性质与结构决定了加强对检察机关的制约监督，必须改变内部监督疲软的状况，加快建立更有效的内部制约监督机制。

（二）检察机关权力运行现状需要加强自身监督

近年来，检察机关推行了多项改革，对检察权力运行机制进行了多项调整，权力运行状况发生了明显改变。司法责任制改革后，各省按照最高人民检察院的要求制定辖区内三级检察院的检察官权力清单，将大部分的办案职权交由检察官行使。[②] 全面推行"捕诉一体"改革后，批准逮捕和审查起诉的职权将集中于同一检察官手中，这意味着检察机关执法办案的权力增大了，但制约监督环节减少了。2018 年，监察体制改革后，检察机关原有的纪检监察由内部监督变为外部监督，内部监督的手段有所缩减。[③] 同时，"大部制"改革对检察官的综合素质与业务能力提出了更高的要求，与之对应的制约监督也应有所增强。

近几年的《最高人民检察院工作报告》显示，2019 年，"包括最高人民检察院机

[①] 高一飞：《检察机关内部双向制约机制的价值与局限》，《长白学刊》2011 年第 3 期，第 84 页。
[②] 王玄玮：《检察官权力清单制度实施状况与完善》，《人民检察》2018 年第 9 期，第 23 页。
[③] 最高人民检察院检务督察局课题组：《完善检察官办案内部监督机制研究——以强化检务督察职能为视角》，《国家检察官学院学报》2019 年第 5 期，第 74 页。

关和事业单位 6 人在内的 1290 名检察人员因违纪违法被立案查处，同比上升 66.7%，54 人被追究刑事责任"；2020 年，"1318 名检察人员因违纪违法被立案查处，同比上升 2.2%。其中，移送追究刑事责任 142 人，同比上升 20.3%"；2021 年，"2800 名检察人员被依纪依法查处，是 2020 年的 2 倍，其中移送追究刑事责任 202 人"。① 对比这些数据可以直观地看出，检察人员因违法违纪被查处的比率不降反升，一方面反映出党和国家对违法违纪公职人员的查处力度明显增强，另一方面也间接暴露了检察机关内部的制约监督机制不够成熟、不够完善。

新的改革形势下，如何优化制约监督方式、规范检察权力行使和维护检察形象，都直接指向完善检察机关内部制约监督机制。健全内部制约监督是检察机关审视自身执法新变化的客观需要，检察机关只有在其内部建立起科学的制约监督机制，才能更好地树立起公正廉洁的检察形象，使检察职权更具有公信力。

（三）检察机关内部制约监督机制具有特殊优势

检察机关内部监督属于自律性监督，各基层检察院可以在遵循法律法规和上级检察院指示的基础上，根据实际工作需要，自主制定适宜的制约监督制度。不可否认，检察机关内部制约监督的对抗性弱于外部监督，但与外部制约监督相比，也具有特殊优势。

一方面，内部监督更有针对性。检察工作具有很强的法律专业性，在执法办案时，既需要基于证据情况作出事实判断，也需要平衡各种权益作出价值评判，如当决定是否起诉时，检察机关需要综合考虑国家利益、被告人情况、被害人情况等多种因素。检察机关内部的监督是内行对内行的监督，更准确、更到位。

另一方面，内部监督不会影响正常工作。外部监督看似全面，实则因为缺乏专业能力往往无从下手，存在效率较低、事中发现较难的问题。检察机关内部监督是专业人员的监督，更容易监督到位、快速纠错。

四、检察机关内部制约监督机制存在的问题

近年来，从最高人民检察院到各地基层人民检察院，都对内部制约监督机制的完善提出了一些新思路，但仍有一些深层次的问题没有得到解决。其一，不论是上级监督还是同级监督都存在意识薄弱、行政化态势明显的问题，监督效果不佳。其二，内部制约监督机制的配套措施还存在较大不足，不论是监督人员的监督素质、监督制度的设计，抑或智能化监督水平，都急需提升。

（一）上级监督功能虚化

《宪法》第 137 条规定，我国上下级检察机关之间是领导与被领导的关系，上级

① 数据来源于 2020—2022 年《最高人民检察院工作报告》，最高人民检察院网，https://www.spp.gov.cn/gzbg/，最后访问日期：2023 年 3 月 27 日。

检察机关有权监督下级检察机关。一直以来，我国检察机关在职能设置、检察制度和人事管理等方面，都是按照行政机关的管理模式和运行机制进行的。[①] 这样的做法虽有利于检察机关独立行使职权，但也存在监督积极性和主动性不高的问题，制约和监督功能被虚化，效果不佳。

从监督范围上看，监督的全面性不够。按照《人民检察院刑事诉讼规则》的规定，上级检察机关监督下级检察机关全部的检察工作情况。从实际来看，这一规定并没有得到良好的落实。其一，上级检察机关对下级检察机关的监督意识较为薄弱，一般仅就下级主动请示的案件进行监督，或针对某一个具体的案件进行检查监督，无法形成长效性制约监督机制。其二，上级检察机关对下级检察机关的监督大多集中于执法办案情况，对下级检察机关的廉政建设、检容检纪监督较少。

从监督手段上看，方式比较单一。理论上，上级检察院可以通过实地考察、随机抽查、听取汇报、业绩考评等方式对下级检察院进行监督，但实际运用情况并不理想。实践中，上级的监督多限于备案、答复下级检察院请示的案件、抽取少部分案件进行评查，[②] 鲜有主动到下级检察机关进行走访调查。由于上级检察院如何对下级检察院不同业务进行监督缺乏相应的程序指引，监督不当的责任也未明确，有些上级检察院对下级检察院的监督方式较为随意，很多整改意见都是口头传达。这样的方式虽具有一定的便捷性，但不成文的监督指导也容易导致下级检察机关执行与整改效果有限。

（二）同级制约监督制度异化

第一，内部监督与被监督意识淡薄。一方面，同一检察院内的监督主体也属于单位内部人员，有时会出于单位整体利益考虑或碍于情面，使监督浮于表面，甚至有的监督者过于看重自身权力而忽视了义务，影响了制约监督的顺利施行。按照规定，检察官可以对检察长（副检察长）、部门负责人的决策和廉政情况进行监督，但由于缺少完备的监督保护机制，许多人担心会遭到打击报复而不愿监督或害怕监督。另一方面，受传统思想影响，大多数检察人员对监督者存在排斥与抗拒心理，认为监督是对自己办案能力及人品的怀疑，易产生消极的工作情绪。

第二，职能不清，衔接不畅。目前，普遍存在的问题是检察委员会、检察长（副检察长）、部门负责人的监督管理职权不明晰。其中，检察委员会制度在实际运作过程中存在的问题比较突出。检察委员会主要通过听取案件承办人的汇报来获取案件信息，对前期办案程序的实质审查较少，影响和制约了决策的正确性。此外，检察委员会还存在讨论与决定案件和事项范围不明确、工作运转程序不规范、办案效果和实际

---

① 魏建文：《检察权运行内部监督制约机制的构建》，《中国刑事法杂志》2012 年第 4 期，第 98 页。
② 朱玉、金石、黄涛：《检察官办案监督情况实证分析》，《人民检察》2019 年第 6 期，第 7 页。

要求存在差距等问题。另外，检察机关各职能部门间没有实现有效的沟通衔接，检务督察部门、案件管理部门与办案部门之间的衔接不顺畅，制约监督机制的数据资源有待整合。① 案件管理部门主要负责对执法办案情况进行监督，对案件进行监管评查，容易被办案部门视为"找麻烦"，部门之间的配合度很低。案件管理部门和检务督察部门都具有对办案的实体与程序事项进行监督的权能，权力各有侧重但也存在明显重合，这也容易导致在开展工作时，两部门出现监督不明、相互推诿的情况。

（三）制约监督配套措施弱化

检察院内部制约监督机制的健全与完善，需要依靠体系化的处理机制与之协调，然而现实中存在的问题是，部分监督主体不专业、制度不规范、监督方式不科学等。配套措施不完善对整个制约监督机制的影响是巨大的，直接阻碍了制约监督的长效化与制度化发展，具体来说包括以下三个方面：

第一，监督队伍的专业素养需要进一步加强。专业化的队伍建设事关制约监督机制建设全局，监督人员的监督能力更是直接影响着制约监督的权威性，但目前所暴露的问题是部分相关人员的监管水平不够、专业素养需要提升。例如，检察机关内部监督部门部分办案人员将主要的监管精力放在案件的实体办理上，对案件质量管理工作全局的重要性、必要性认识不足，责任观念不强。② 检察官作为办案的直接责任人，对违规办案和干预案件的情况最为了解，但受限于办案任务繁重和监督素养不足，其监督作用往往被弱化。

第二，制约监督制度需要进一步规范。检察机关内部制约监督制度主要以最高人民检察院颁布的指导意见为指南，各检察院再根据自身工作情况进行调整。这就使得各地检察院在制约监督的职能设置上，各有所异。这些监督模式由于未经过顶层设计，或顶层设计模糊，很多情况下内部监督可操作性不强，也难以避免监督中的盲点。③ 此外，还有部分监督机制缺乏规范的操作程序和统一的判断标准。如：对如何开展案件质量评查工作没有明确的标准，实践中往往各行其是；案件管理部门负责对办案检察官的案卷材料进行评查，但并未有相关文件载明文书写作应具备的要素，加之监督者认可的标准存在差异，容易使监督产生不同标准。

第三，制约监督的方式需要进一步升级。如今，利用人工智能和大数据技术进行司法改革是信息时代的发展需求。实践中，已有很多检察机关推行了"智慧检务"，检察权的运行变得更加有迹可循。但目前，多数检察院仅仅依靠智能手段机械办案，

---

① 沈曙昆、张福全、贾永强：《检察机关内部监督机制的运行与完善》，《人民检察》2013 年第 6 期，第 16 页。
② 刘华敏、沈琳梅、叶怡沁：《完善案件管理体系现代化建设 提升新时代检察监督能力》，《上海法学研究》集刊（2020 年第 20 卷），第 139 页。
③ 天津市南开区人民检察院课题组：《检察机关内部监督制约机制的法律完善》，《天津法学》2018 年第 1 期，第 84 页。

大数据共享平台仍未得到普及,重视技术革新的同时忽视了对自我观念的更新,智慧检务的功能得不到最大体现,对加强制约监督所起到的效果微乎其微。[1] 在健全检察机关内部制约监督机制时,必须充分利用智慧检务的优势,及时更新检务督察观念,形成高效的全程监督。

总的来看,检察机关内部形成了纵横交错、全程联动的制约监督格局。应以检察责任制改革和检察机关内设机构改革为主线,不断提升检察人员的职业良知与专业素养,通过进一步明确检察权力清单强化其办案责任要求;优化整合内部制约监督形式,提高不同监督举措之间的有机衔接,推动新时代制约监督方式创新发展。

五、强化检察人员办案责任制

当前检察机关内部监督存在监督与被监督意识不强、职能定位不清、监督标准不统一等问题。为此,应当设计不同层级的职责分工,健全上下级监督机制;强化检察机关领导班子的监督管理职责,引领检察人员遵守各项纪律规定;完善顶层设计,促进检察机关内部监督的高效运行,积极开展检察系统内部的监督工作。

(一)提升检察队伍职业素养

其一,严格把控检察官入额门槛。一支专业化的检察队伍是推动内部制约监督顺利开展的重要保障。随着司法改革的不断深入,检察机关对其工作人员的职业良知和业务水平都有了更高的要求。严格把控检察官的遴选和入额条件,能够从源头上预防权力滥用和司法腐败。通过制定科学的标准、严格的流程,择优遴选入额检察官,把优质人才纳入检察队伍,最大限度地规范检察权运行。具体来说,检察机关在遴选检察官时,应以高尚的职业良知和专业的执法能力为根本,具体考察其思想道德是否坚定、法学功底是否扎实、办案经验是否丰富等方面。

其二,对检察人员的职业素养提出更高的要求。检察人员应当提升监督与被监督的意识,摒弃"人情"袒护思想,敢于监督并坚决指出不合法、不合理的用权行为,也要敢于接受别人的监督。检察官尤其是享有监督管理职能的检察官,要主动提高自身综合办案能力与制约监督职业素养。

(二)深入推进检察权力清单制度

检察权力清单是指,"检察机关以目录清单的形式,在内部不同层级办案主体之间划分办案职权,以明确检察长、检委会、检察官等各类办案主体的职权界限"[2]。《最高人民检察院关于完善检察官权力清单的指导意见》详细列举了检察机关内部各

① 张亚军、黄华:《机遇与挑战:我国智慧检务建设的发展隐忧与平衡路径》,《河北法学》2021 年第 2 期,第 193 页。
② 杨晓:《检察官权力清单的配置与完善》,载黄河主编:《深化依法治国实践背景下的检察权运行:第十四届国家高级检察官论坛论文集》,中国检察出版社 2018 年版,第 12 页。

职能主体的办案决定事项，为明晰检察主体权责提供了规范指引。各级检察机关在细化权力清单时，仍需进一步明确不同检察人员、职能部门的监管主体地位和职权划分，防止权力相互推诿、衔接不畅。

其一，突出检察长及办案部门负责人的宏观把控职能。应从严限制检察长和办案部门负责人对个案的干预，将检察长和办案部门负责人对办案情况的监督限定为宏观指导，确保办案检察官拥有自主决定权。但对于重大疑难案件或者有理由认为检察官违反办案规定时，检察长或办案部门负责人可以要求其进行汇报，并采取相关措施。明确检察长和办案部门负责人对检察官的监督职权与范围，包括定期检查或随机抽查其办案工作情况、要求办案检察官对其负责的某一案件或某一时期内的办案情况进行述职汇报等。

其二，优化检察委员会的职能。检察委员会在检察机关中位于司法决策的顶层位置，肩负统率、指导、监督司法办案的重任。[①]《最高人民检察院关于完善人民检察院司法责任制的若干意见》提出，要充分发挥检察委员会对重大案件的监督与指导功能。因此，在完善检察权力清单时，要充分考虑检察委员会的职权定位。一是要明确检察委员会的履职事项，凡属于检察委员会职能范围的事项，都应由其审议决定。二是规范检察委员会的监督程序，细化提交检察委员会的事项、提交程序和监督方式。三是明确工作重点与工作方式，由个案讨论向制度化指导转变。

（三）落实司法责任认定和追究机制

加大监督追责工作力度、运行好检察院惩戒机制，将有利于实现守好内部监督后防线的目的。《最高人民检察院关于完善人民检察院司法责任制的若干意见》为严格责任认定与追究机制提供了框架性指导，提出了检察人员在职责范围内对办案质量终身负责的原则性要求，并划分了三种司法责任类型。2015 年，《最高人民检察院关于对检察机关办案部门和办案人员违法行使职权行为纠正、记录、通报及责任追究的规定》出台，成为惩治违法检察人员的重要依据。其中，第 12 条第 3 款规定，"对办案部门和办案人员违法行使职权的责任追究适用《关于完善人民检察院司法责任制的若干意见》等有关规定"，进一步丰富了责任追究机制的内容。2016 年，最高人民法院、最高人民检察院印发《关于建立法官、检察官惩戒制度的意见（试行）》，就惩戒委员会的设立标准、人员结构、工作职责作了细化规定，对检察官惩戒的程序和适用范围作了具体要求，构建了检察官惩戒制度。我国《检察官法》第 6 章也规定了检察官惩戒的标准、运行程序及检察官惩戒委员会人员组成，使检察官惩戒制度得到进一步巩固。

---

① 天津市武清区人民检察院课题组：《检察机关内部监督制约的具体途径》，《中国检察官》2018 年第 7 期，第 38 页。

检察官在职责范围内对办案质量终身负责，是司法责任制改革对办案检察官的具体要求。在健全检察机关内部制约监督机制时，惩戒因故意或重大过失怠于行使或不当行使监督管理权的检察人员是其中重要环节，能激励检察人员依法严明执法，激励负有监督职责的人员依法严格履职。当前，检察机关对违法违规人员的惩戒已涉及制度层面，作为内部制约监督机制的重要组成部分，检察官惩戒机制也应得到充分利用，并与其他制约监督方式有机衔接。

六、优化整合内部监督方式

在检察机关内部各项改革叠加的背景下，检察权运行已经发生了重大变化，尤其是"捕诉合一"改革，使得检察官的办案职权进一步扩大，对检察机关内部制约监督机制带来不小的冲击。仅依靠传统监督模式难以适应新的工作需要，急需构建和完善检察机关内部制约监督新模式，以适应新时代司法体制改革、"捕诉合一"改革和监察体制改革等大环境。整体上，应优化整合案件质量评查机制，运用业务数据分析、办案流程监控等技术手段对检察执法的全流程进行同步监督。

（一）改进检察机关内部评查办法

检察业务考评既是客观全面衡量执法办案质量的有效途径，也是上下级监督的有力保障。[①] 目前，已有部分基层检察院将评查结果与绩效考核衔接。[②] 对检察机关内部评查办法进行改善的核心要义是，扩大评查队伍，拟定规范的考评标准，采取合理的考评方式，制定科学合理、切实可行的绩效考评机制。

第一，扩大评查队伍。为使内部评查更加高效，除充分调动案件管理部门的专职评查员外，还应进一步扩充本院内部案件质量评查精英库，相关人员的组成应充分考虑制约监督的原则，主要从各业务部门进行挑选。将评查队伍扩大，一来可以弥补评查力量不足的短板，二来能缓解案件管理部门对案件质量监督不深入的困境。第二，规范评查标准。现阶段对检察官的考评主要依托对案件质量的评查，但评查的标准十分模糊。为解决这一问题，应科学制定评查标准，并与业绩考核、惩戒机制等形成联动。第三，丰富评查方式。案件质量评查具有一定的滞后性，需要探索个案同步审核机制。此外，还应积极探索打破地域管辖界限的交叉案件评查机制，由省级检察机关随机安排各基层检察机关进行交叉监督，并将监督整改情况记录到该检察院的业绩考评中。

（二）创新内部制约监督手段

当下，大数据的运用越来越广泛，智慧检务的推行也逐渐深入。2018年1月，

---

① 李勇：《公诉考核应遵循科学发展的规律》，《人民检察》2011年第24期，第58页。
② 侯银萍、卓凯：《刑事检察权内部监督新论》，《辽宁大学学报（哲学社会科学版）》2020年第5期，第117页。

《最高人民检察院关于深化智慧检务建设的意见》印发，提出建立统一业务办案平台，强化办案全过程的智能辅助应用。在检察改革过程中，充分利用科技智能手段已是时代所趋。检察机关在完善内部制约监督机制时，也应积极顺应科技发展的浪潮，探索更多高质量的智能化监督手段。

浙江省海盐县研发了"案件码"，根据不同颜色的"案件码"，采取不同措施进行动态管控，让科技融入检务发展。[①] 这一经验值得推广，各地检察院在革新内部制约监督机制时，也应积极运用案件流程监管、网上巡查等智能手段，将已收集的大数据进行充分整合，研发符合检察机关实际需要的案件信息监督管理平台。最高人民检察院应作为牵头者，研发覆盖四级检察院的智慧监督信息系统，提升检察机关发现办案不规范、不廉洁行为的能力，实现对检察权运行监督的全覆盖。

（三）建立全程制约监督制度

检察办案全程监督是整个检察院内部制约监督的重要抓手，也是联结事前、事中和事后制约监督的润滑剂。具体而言，检察办案全程监督包括对检察人员的全程制约监督和对案件的全程监督两类。

第一，对检察人员的全程制约监督。首先，狠抓检容检纪，对存在道德品质问题、职业良知较低的人，坚决不纳入检察队伍。此外，要发挥检察长对检容检纪监督的宏观指导功能，强化主体责任，引领检察人员重视遵守各项纪律规定，完善制度设计，使检察工作高效有序运行。[②] 其次，结合检察官司法责任制要求，统一司法标准，从严限制检察长对个案办理的干预，要求检察官报告案件办理情况。最后，完善检察官绩效考核办法，把办案质量、廉洁自律等情况载入检察官个人司法业绩档案，作为评优、奖励及员额退出的重要依据，激励检察人员依法执法。

第二，对案件的全程监督，应建立办案流程监管平台，对已办案件要求做到追溯、查询、还原的可视化管理。[③] 具体来说，一是完善案件办理分配制度，以随机分案为主、指定办案为辅，推进办案工作制度化、规范化，对检察官的办案活动及时准确进行记录。二是细化每一项权力的运行流程，通过设定严格的程序与时限要求，提升检察官办案质量。

（四）探索检务督察新模式

检务督察是检察机关内部监督的常态化手段，也是减少检察人员违法违纪行为的重要举措。在最高人民检察院有关规定的宏观指引下，各地检察院可以根据工作及司

---

① 《全国检察机关首批检察改革典型案例》，最高人民检察院网上发布厅 2021 年 1 月 14 日，https：//www.spp. gov. cn/xwfbh/wsfbt/202101/t20210114_506475. shtml#2，最后访问日期：2023 年 3 月 27 日。

② 杨征军、蒋家棣：《检察机关内部监督机制优化整合研究——检察官办案责任制改革背景下的思考》，《人民检察》2015 年第 21 期，第 40 页。

③ 杨春艳、刘杰、刘元见：《严管厚爱语境下检察机关内部监督问题探究》，《广西法治日报》2020 年 12 月 15 日，第 B03 版。

法办案需求，制定检务督察方案，成立督察小组。如，陕西省以"检务督导面对面"为抓手，通过强化中心工作"聚焦式"选题、视频会议"面对面"问询、实地调研指导"点对点"督察、党组研究"实打实"通报等举措，扎实推进检察工作的高质量发展。[①]"检务督导面对面"的内部制约监督模式效果显著，成为最高人民检察院公布的全国检察机关首批检察改革典型案例，对其他地区的检务督察改革具有极大的借鉴意义。

第一，建立自上而下的连贯式检务督察体系，由省级检察院牵头，建立一体化的督察模式。可以先通过问询的方式，初步了解检察机关人员的执法办案和检容检纪情况；发现问题后，应由省级检察院及时成立专人小组对问题进行分析、调研，并将考察结论全面、真实地汇报给上级组织；最后对问询情况、调查结论与整改措施进行全面通报，并要求有关检察院汇报整改情况，让错误的办案方式成为其他检察机关的警示器。第二，将科学技术与检察工作有机结合，通过视频会议、数据共享等创新技术，使调查、座谈等传统手段向智能化方式转变，推动智慧检务与检务督察深度融合发展。第三，提升检务督察实效，将督察结果与各级检察院及其内部部门的绩效考评挂钩，作为表彰和选拔任用的重要参考依据。对问题较大或出现问题后整改不到位的情况，应在检察系统内部进行通报批评，并追究有关人员责任，记入个人司法档案。

结　语

纵观司法改革历程，不难发现，检察机关对自身内部制约监督机制的探索从未停止，在遵循每一轮司法改革要求的基础上，不断革新内部制约监督方式。在最高人民检察院的统筹部署下，我国已基本建立起了覆盖检察权运行过程的纵横交错的内部监督网络。[②]但随着检察改革的持续深入，与之相配套的制约监督机制也应有所调整。我们应总结经验，增强检察机关内部制约监督的系统性、整体性与协同性。

第一轮司法改革中，最高人民检察院对制约监督提出了新的发展思路，检察机关内部制约监督机制初步建立，通过权力分化，在不同办案主体之间形成了有效制约。但由于检察机关内部没有专门的监督部门，滥用职权、越权办案、执法不规范的问题始终存在。第二轮司法改革在继续推进上一轮司法改革的基础上，进一步明确了检察机关内部制约监督的具体要求，对检察机关内部廉政建设提出更高的标准，形成了内部制约监督新格局。第三轮司法改革在前两轮司法改革的成果之上，吸取改革的经验与教训，将司法责任制作为改革重点，强调落实检察官办案责任制，并建立起权力清

---

① 《全国检察机关首批检察改革典型案例》，最高人民检察院网上发布厅 2021 年 1 月 14 日，https：//www.spp. gov. cn/xwfbh/wsfbt/202101/t20210114_506475. shtml#2，最后访问日期：2023 年 3 月 27 日。

② 向泽选：《检察机关内部监督机制的改革》，《人民检察》2014 年第 2 期，第 7－8 页。

单制度。以此为契机，检察机关对多项制约监督方式进行了革新，取得了良好成效。但是，第三轮司法改革中同样存在突出问题，应注重新的改革背景下内部制约监督机制的调整，推进信息化、智慧化与司法体制改革的深度融合。

在过去的改革中，对检察机关取得的改革成绩应充分肯定。现阶段，需要全面梳理检察机关内部制约监督状况，结合司法改革与检察机关内设机构改革的特征与现存不足，有针对性地强化内部制约监督机制制度。

第十四章
人民法院内部制约监督机制

我国法院内部制约监督机制是横纵向一体化，贯穿整个审判活动的约束机制，包括上下级法院的监督和法院内部各个机构和人员之间的监督。

一、法院内部制约监督的原则

法院内部制约监督应当坚持"控权"与"放权"平衡的原则，厘清有效监督与法官独立审判之间的关系，推动实现事先预防和事后纠错相互补充，建立监督主体和监督对象间的双向监督。

（一）适度原则

适度原则要求法院内部制约监督法官工作时掌握适当的尺度，不得监督无力，也不得监督过度。监督无力无法达到制约不当行为、防止错误判决的效果，而监督过度则可能阻碍主审法官独立行使审判权。独立行使审判权要求法官不受任何行政机构、社会团体和个人的干涉，独立进行案件的审理和裁判。以专业法官会议制度为例，该会议的设立目标是为办案法官提供办理疑难、重大、复杂案件的专业建议，以降低案件处理难度，减少错案发生的可能性。但是，专业法官会议得出的结果仅仅是参考性的，最后的案件裁判结果依然由合议庭决定，合议庭成员对裁判结果终身负责。

过度的监督还可能会打击法官工作的积极性。当法官的行为被另一个主体约束和否定，决定随时有被推翻的可能时，法官易怠于履行职责而一味顺应他人的想法。而且，过度监督会导致正常的审判程序被延误或干扰，降低司法效率。完善法院制约监督机制要做到有序有度，既要避免高压掌控而挤压法官独立审判的空间，打击其工作积极性，又要防止过度松懈而导致监督缺位。

（二）事先预防与事后纠错相结合

严密的制约监督机制大体有两个途径：一是预先防止错误发生，二是及时纠正错误。事先预防是一种防范性措施，指在案件审理程序进行中、判决作出前或者判决生效前，采取相关措施防止造成司法损害。事后纠错则是在客观损害结果既存的前提下对损害进行补救，并经过审查、评定、惩戒等措施纠正既定错误，恢复被破坏的法律关系，减轻错案对当事人和司法公信力的不利影响。审判业务包括了立案、审理、裁判、执行等多个主要阶段，事先预防主要体现在监督立案、为审理法官提供专业意见以减少法官不法行为等方面。

事后纠错主要体现在对法官违法审判的约束上。为加强规范法官行为、减少错判，最高人民法院出台了《人民法院审判人员违法审判责任追究办法（试行）》《人民法院工作人员处分条例》等多个司法解释性文件。这些司法解释性文件细化了法官违法行为的条件，并制定了具体的错案评定标准，为进一步向法官追责提供了规范依据。不断完善的制度也使得监督更具操作性。

应以事先预防为主，结合事后纠错，在最大限度减少损害结果的前提下监督审判活动。降低司法成本最好的方法就是杜绝司法损害结果的出现，因为要使错误判决对当事人造成的损害完全恢复到原始状态是几乎不可能的，当事人的心理创伤、由此产生的对法律信任的裂痕难以修复。但是，对错误进行必要补救、重新作出正确的司法决定、惩罚违法裁判的法官更是恢复司法公信力的重要手段，因此两种制约监督手段相互结合才能起到切实可靠的作用。

（三）交互性原则

交互性原则的内在含义包括两个方面：第一，上级主体监督下级主体审判工作的同时，对方也可以对其相应的工作内容进行制约监督。其中的上下层级既包括行政管理关系中的上下层级，也包括审判流程中的上下层级。院庭长若认为法官作出的裁判存在错误，可以依法提交审判委员会进行讨论；若认为主审法官存在违法审判行为，可以告知纪检监察部门，由该部门依据相关法律追究法官责任。同时，其他法官或者普通部门的工作人员也可以监督院庭长担任主审法官审理案件时的情况，以及其在日常生活中是否存在违法乱纪的行为。以审判流程划分，立案庭的工作人员可以监督审理、裁判、执行等阶段的案件处理情况；执行庭的法官对判决的正确性具有监督义务，执行过程中若发现存在事实认定和法律适用错误，可将案件提交审判监督庭。

第二，监督对象在接受监督时，也可以质疑监督行为的合法性、公正性和正当性。[1] 在一方制约监督另一方的行为时，监督对象相对地也可以监督对方是否在法律授权范围内、以法定程序为一定监督行为。监督对象可以利用法律维护自己的合法权益，如果监督主体的行为不符合法定程序或超越法律授权，监督对象可以向相关机构投诉。不符合法律规定的监督行为自始就不具有合法性，所以该监督主体的监督意见不仅无效，还应当受到追责。

坚持交互性原则有利于在法院工作人员间形成一个完整闭合的监督循环，不仅使每一个法院工作人员和所有的审判流程都处于监督体系的覆盖之下，而且可以保证所

---

[1] 李可：《法院内部监督问题研究》，《江苏社会科学》2014 年第 5 期，第 127 页。

有的监督主体在行使制约监督职权时也处于一种被监督的状态，进而实现法院内部监督权力行之有据、为之合理。

二、法院内部制约监督的体系

（一）审级监督

审级监督是指，依照我国诉讼法规定的审级程序对案件裁判情况进行的监督。[①]我国实行两审终审制，一个案件经过两级法院审理结束后可宣告终结，并产生法律效力。根据我国《宪法》和《人民法院组织法》的相关规定，上级法院和下级法院之间是监督与被监督的关系[②]，上级法院可依法监督下级法院的审判工作。

根据诉讼法规定，上级法院可以通过二审程序和审判监督程序对下级法院作出的裁判进行监督，也可以指导下级法院的审判工作。第一，当事人不满法院作出的第一审裁判，可以向上级法院提起上诉；检察院发现同级法院作出的第一审裁判存在错误，应当向上级法院提起抗诉。第二，当上级法院发现下级法院已经发生法律效力的裁判存在错误，有权提审或者要求下级法院再审。第三，上级法院认为必要时，可以审判属于下级法院管辖的一审案件；下级法院认为案情重大、复杂，也可以请求将案件移送上级法院审判。上级法院对当事人上诉案件和检察院抗诉案件启动二审程序，判断是否存在案件质量问题。上级法院对已生效但确有错误的裁判主动启动审判监督程序，重新审理案件，可以纠正下级法院作出的错误裁判。上级法院改变审级管辖，审理重大疑难案件，可以防止下级法院审理与其审判水平不相符的案件，保证案件审理质量。

传统的官僚主义文化在我国司法体制中形成了上级把控下级、下级服从上级的习惯性思维，有些情况下，上级法院会在二审程序和再审程序之前插手下级法院正在审理的具体案件，要求下级法院报告案件的审理情况；下级法院法官在审判工作中遇到重大、疑难案件时，也会向上级法院请求指导和帮助。为完善我国审级监督机制，必须杜绝案件审理过程中的请示审批现象，要求上级法院严格遵守法定程序，不得提前介入下级法院的案件审理。

（二）专业法官会议制度

2015年9月，《最高人民法院关于完善人民法院司法责任制的若干意见》印发，首次在正式司法文件中规定了"专业法官会议"制度。2018年11月，最高人民法院印发《关于健全完善人民法院主审法官会议工作机制的指导意见（试行）》。2020年7月，《最高人民法院关于深化司法责任制综合配套改革的实施意见》发布，也提出了

---

① 骆红毅：《法治视角下的法院内部监督》，《中山大学学报论丛》2007年第11期，第20页。
② 《宪法》第132条第2款，《人民法院组织法》第10条第2款。

专业法官会议研究咨询案件的要求。2021 年 1 月，最高人民法院发布实施了《关于完善人民法院专业法官会议工作机制的指导意见》，优化调整了 2015 年《最高人民法院关于完善人民法院司法责任制的若干意见》和 2018 年《关于健全完善人民法院主审法官会议工作机制的指导意见（试行）》部分规定。该指导意见印发后，2018 年《关于健全完善人民法院主审法官会议工作机制的指导意见（试行）》同时废止，这一文件的部分内容被修改完善后纳入新的指导意见，更加全面地规范了专业法官会议工作机制。

根据 2021 年最高人民法院《关于完善人民法院专业法官会议工作机制的指导意见》，专业法官会议具有以下特点：

一是咨询性。早在《最高人民法院关于完善人民法院司法责任制的若干意见》第 8 条就指出，专业法官会议"为合议庭正确理解和适用法律提供咨询意见"，"讨论意见供合议庭复议时参考，采纳与否由合议庭决定"。《关于健全完善人民法院主审法官会议工作机制的指导意见（试行）》第 8 条也规定："审理案件的合议庭或者独任法官独立决定是否采纳主审法官会议讨论形成的意见，并对案件最终处理结果负责。"以上两个文件都指明了其咨询机构的性质。2021 年最高人民法院《关于完善人民法院专业法官会议工作机制的指导意见》第 1 条就明确指出："专业法官会议是人民法院向审判组织和院庭长（含审判委员会专职委员，下同）履行法定职责提供咨询意见的内部工作机制。"由此可知，我国的专业法官会议，是中国特色的法院内部专业咨询机构，以提供参考性意见为直接目的，但也起到了间接监督的作用。

二是保密性。与正在推进的审判委员会改革意见公开相反，专业法官会议的意见是不对外公开的。理由在于，审判委员会是有裁决权的审判组织之一，公开其意见，体现了"让审理者裁判、由裁判者负责"的监督机制。2019 年 8 月 2 日，《最高人民法院关于健全完善人民法院审判委员会工作机制的意见》发布，重申了 2018 年修订的《人民法院组织法》第 39 条第 3 款的规定，明确要求除法律规定的情形之外，审判委员会讨论案件的决定及其理由应当在裁判文书中公开。而专业法官会议只是一个咨询机构，公开其意见会影响裁判的权威性，因为裁判后，当事人或社会各界可能会以与裁判意见相反的咨询意见为由，拒不服从裁判或评论裁判的合理性，影响司法公信力。2021 年《关于完善人民法院专业法官会议工作机制的指导意见》第 13 条规定："参加、列席专业法官会议的人员和会务人员应当严格遵守保密工作纪律，不得向无关人员泄露会议议题、案件信息和讨论情况等审判工作秘密；因泄密造成严重后果的，依纪依法追究纪律责任直至刑事责任。"在涉诉上访仍然频繁、社会和媒体高度关注法院裁判的背景下，公开专业法官的咨询性意见，可能造成舆论审判，从而影响审判秩序。

三是枢纽性。2015 年《最高人民法院关于完善人民法院司法责任制的若干意见》

和 2018 年《关于健全完善人民法院主审法官会议工作机制的指导意见（试行）》，没有涉及专业法官会议讨论与审判委员会讨论案件的关系。2019 年 8 月 2 日，《最高人民法院关于健全完善人民法院审判委员会工作机制的意见》第 11 条第 1 款要求："拟提请审判委员会讨论决定的案件，应当有专业（主审）法官会议研究讨论的意见。"专业法官会议讨论是审判委员会讨论决定案件的必经程序，旨在为审判委员会过滤案件。2021 年《关于完善人民法院专业法官会议工作机制的指导意见》第 12 条规定："拟提交审判委员会讨论决定的案件，应当由专业法官会议先行讨论。但存在下列情形之一的，可以直接提交审判委员会讨论决定……"可见，《关于完善人民法院专业法官会议工作机制的指导意见》作了折中处理，即对于特定案件可不以专业法官会议讨论为审判委员会讨论的前提。

四是专业性。2015 年《最高人民法院关于完善人民法院司法责任制的若干意见》规定，专业法官会议由"法官组成"。2018 年《关于健全完善人民法院主审法官会议工作机制的指导意见（试行）》第 3 条规定："主审法官会议由本院员额法官组成……可以邀请专家学者、人大代表、政协委员等其他相关专业人员参加会议并发表意见。"2021 年《关于完善人民法院专业法官会议工作机制的指导意见》第 3 条规定："专业法官会议由法官组成……专业法官会议主持人可以根据议题性质和实际需要，邀请法官助理、综合业务部门工作人员等其他人员列席会议并参与讨论。"可见，2021 年《关于完善人民法院专业法官会议工作机制的指导意见》没有再明确规定可以邀请本院以外的人员参加专业法官会议，但对于其他人员并没有限制范围，"其他人员"当然可以包括人民陪审员、专家学者等。但应当强调的是，专业法官会议的主要任务不是监督，而是提供专业咨询，对于不熟悉所讨论问题的人员不应当邀请，这与人民陪审员可以依靠朴素经验参与案件审判的要求是完全不同的。由于专业法官会议以讨论待决案件为主，涉及审判工作秘密，列席人员也应当严格遵守保密纪律。

五是广泛性。2015 年《最高人民法院关于完善人民法院司法责任制的若干意见》规定："合议庭认为所审理的案件因重大、疑难、复杂而存在法律适用标准不统一的，可以将法律适用问题提交专业法官会议研究讨论。"将专业法官会议讨论的案件范围限于法律适用问题。2018 年《关于健全完善人民法院主审法官会议工作机制的指导意见（试行）》第 4 条，除列举了法律适用问题的具体内容之外，还将"属于新类型、疑难、复杂、社会影响重大的""合议庭成员意见分歧较大的""持少数意见的承办法官认为需要提请讨论的"等可能属于事实问题的讨论也纳入专业法官会议的讨论范围，没有要求只讨论"法律适用问题"。2021 年《关于完善人民法院专业法官会议工作机制的指导意见》第 4 条规定了，专业法官会议讨论案件的范围是"法律适用问题或者与事实认定高度关联的证据规则适用问题，必要时也可以讨论其他事项"，"其他事项"实际上包括了事实问题。三个文件的变化历程，体现了规范制定者尊重裁判亲历性的努力。但是，应当看到的是，专业法官会议毕竟只是咨询机构，并不是裁判机构，原则上对与审判相关的问题都应当可以讨论。另外，从认识规律来看，即使是对已有证据和事实问题的分析和判断，也需要逻辑规则和司法经验。在重大、疑难、复杂案件中，依靠参加专业法官会议人员的讨论，可以在逻辑和经验上发挥集体智慧，有助于审判法官认识事实和证据。

六是程序性。2015 年《最高人民法院关于完善人民法院司法责任制的若干意见》没有规定专业法官会议研究讨论案件的程序。2018 年《关于健全完善人民法院主审法官会议工作机制的指导意见（试行）》要求，参加会议的法官可以按照法官等级和资历由低到高依次发表意见，也可以由熟悉案件所涉专业知识的法官先发表意见，但主持人应当最后发表意见；会议结束时，主持人应当总结归纳意见，记入会议纪要；会议纪要应当在案卷和办案平台上全程留痕……简要地规定了专业法官会议的程序。2021 年《关于完善人民法院专业法官会议工作机制的指导意见》全面规定了专业法官会议的程序，增加或补充了以下内容：确定了主持人的要求，规定根据参加会议人员的情况分别由院长或其委托的副院长、审判委员会专职委员、庭长、资深法官主持。主持人应当在会前审查会议材料并决定是否召开专业法官会议。承办案件的独任庭、合议庭应当在会议召开前简明扼要准备报告，并在报告中明确拟提交讨论的焦点问题；案件涉及统一法律适用问题的，应当说明类案检索情况，确有必要的应当制作类案检索报告。全体参加人员应当在会前认真阅读会议材料、做好发言准备。主持人应当指定专人负责会务工作。

2021 年《关于完善人民法院专业法官会议工作机制的指导意见》还详细规定了专业法官会议组织讨论的具体规则：（1）独任庭或者合议庭作简要介绍；（2）参加人员进行询问；（3）列席人员发言；（4）参加人员按照法官等级等由低到高发表意见；（5）主持人视情况组织后续轮次讨论；（6）主持人最后发表意见；（7）主持人总结归纳讨论情况，形成讨论意见。这样的组织讨论规则，体现了专业法官会议不同于一般会议的特点：针对性，即会议是在充分了解讨论对象的基础上进行的；民主性，即根据参会人员地位的主次，发言顺序为从次要的人到重要的人，最后由主持人发表意见、进行总结；充分性，即参加人员可以就有关问题进行询问，讨论可以有多个轮次。《关于完善人民法院专业法官会议工作机制的指导意见》要求确保会议全程留痕、内容入卷，也有利于会议成果的转化。

专业法官会议制度作为司法改革的一项重要辅助性制度，有其存在的必要性和合理性。专业法官会议作为我国法院内部组成的一部分，不仅为合议庭审判案件提供咨询意见，而且对我国全面深化司法改革起到重要的推动作用。随着社会的不断发展和科技的不断进步，案件也会变得复杂，这就相应地对法官自身的知识储备和业务能力提出了更高的要求。

在审判实践中，不同地区的经济发展水平不同，不同的法官也存在着知识和业务能力的差异，再加之个人价值观念的不同，在审判案件和适用法律方面可能会出现差异化的理解，从而导致"同案不同判"现象。而专业法官会议可以集多数人的智慧解决争议焦点，弥补独任法官或者合议庭因知识能力等不足而可能出现的审判失误或者错误。而且，由于专业法官会议的决定仅具有参考性，不具有强制执行力，故在解决了案件疑难问题的同时，最大限度地保障了承办法官审理案件的独立性，也避免了"审者不判、判者不审"的问题。

（三）院庭长审判监督管理机制

在审判权独立行使与加强院庭长审判监督管理之间取得平衡，是一个难题。2015年9月21日发布的《最高人民法院关于完善人民法院司法责任制的若干意见》，明确了院庭长审判监督管理的基本原则、政策依据和制度框架、监督管理职责。[①] 2017年4月12日发布的《最高人民法院关于落实司法责任制完善审判监督管理机制的意见（试行）》将上述规则进一步细化。

长期以来，"要不要院庭长审判监督管理"这一问题在理论界探讨较多，肯定论和否定论[②]针锋相对，存在监督制约说[③]、修正说[④]、合理界定说[⑤]、司法自治说[⑥]等多种观点。从目前来看，肯定论是主流，也是改革者采纳了的学说。笔者认为加强院庭长对审判权的监督和管理是必要的，理由如下：

第一，从历史的经验和教训来看，需要院庭长审判监督管理。《人民法院五年改革纲要》要求院庭长不再签发裁判文书，但缺乏相关制度配套，这项改革未获得成功。《人民法院第二个五年改革纲要（2004—2008）》提出完善法院审判管理制度，院庭长审判监督管理职能逐步强化。直到2011年，院庭长审判监督管理职能发展形成了全员管理、全程管理、全面管理的格局。[⑦] 取消院庭长监督和管理，可能会导致法官个人专权的灾难性后果。西方国家也越来越认识到法院审判监督和管理的重要性，20世纪，美国出现了司法管理运动，英国出现了民审判管理流程制度改革。[⑧] 不过，西方国家审判管理强调的是协调、服务和监督，不干预审判权独立运行。在我国，如何理顺审判权和院庭长审判监督管理权的关系，是急需解决的问题。

① 万毅：《对院庭长审判监督权的若干思考》，《人民法院报》2016年5月25日，第5版。
② 孙海龙编著：《深化审判管理》，人民法院出版社2013年版，第2—4页。
③ 张瑞雪：《周强：将新时期人民法院审判管理工作全面推向深入》，《人民法院报》2013年12月26日，第1版。
④ 重庆市高级人民法院课题组：《审判管理制度转型研究》，《中国法学》2014年第4期，第98—102页。
⑤ 龙宗智：《审判管理：功效、局限及界限把握》，《法学研究》2011年第4期，第32—39页。
⑥ 谭世贵、梁三利：《构建自治型司法管理体制的思考——我国地方化司法管理的问题与出路》，《北方法学》2009年第3期，第76—79页。
⑦ 龙宗智：《审判管理：功效、局限及界限把握》，《法学研究》2011年第4期，第28—29页。
⑧ 崔永东主编：《审判管理研究》，人民出版社2015年版，第5页。

第二，从权力运行规律来看，需要院庭长审判监督管理。"绝对的权力导致绝对的腐败"，为防止出现法官擅权，需要院庭长进行审判监督管理。当然，院庭长审判监督管理不应不妨碍法官独立行使裁判权[①]，要防止监督管理变成审批案件，在监督管理和防止干预法官办案之间取得平衡。

以《最高人民法院关于落实司法责任制完善审判监督管理机制的意见（试行）》的发布为改革起点，我国人民法院院庭长审判监督管理机制改革取得的成绩是有目共睹的，主要表现在以下几个方面：

一是废除了院庭长审签裁判文书的权力。在过去，刑事案件经过独任法官或合议庭开庭审理和集体评议后还需要交由分管院长决定签发。《最高人民法院关于落实司法责任制完善审判监督管理机制的意见（试行）》第1条明确废止了院庭长审签裁判文书制度。根据该试行意见第2条的要求，院庭长监督管理方式发生了根本性变化：第一，监督管理手段从秘密化走向公开化；第二，监督管理内容从实体化走向程序化；第三，监督管理方式从全程化走向节点化。院庭长不再要求对案件裁判的全过程进行监督管理，只对关键节点如立案审查、移交、排期、开庭、裁判、签发、结案、执行、归档、评查等环节进行监管，内容明确、具体。

二是特定类型个案监督走向程序化。2015年9月21日发布的《最高人民法院关于完善人民法院司法责任制的若干意见》、2018年12月4日出台的《最高人民法院关于进一步全面落实司法责任制的实施意见》、2020年8月4日发布的《最高人民法院关于深化司法责任制综合配套改革的实施意见》，都对"四类案件"进行了规定。现在人民法院要求探索"四类案件"的自动化识别、智能化监管。

最高人民法院以"四类案件"为整体对其识别与监管进行了统一规定。《最高人民法院关于完善人民法院司法责任制的若干意见》框定了"四类案件"的基本范畴，但该范围较为宏观，且将细化"四类案件"标准的权力下放至各地法院。虽有利于各地法院结合本院审级与审判情况合理确立"四类案件"标准，但也会使各地识别"四类案件"的标准存在差异，产生类案不同判的问题。《最高人民法院关于深化司法责任制综合配套改革的实施意见》提出，要加强识别、引入信息化手段强化监管等，但缺少程序性指引，实践中对此"四类案件"的识别与监管仍存在很大的问题。重大、疑难、复杂案件作为"四类案件"之一，其监管应当受到更多的重视。

一方面，重大、疑难、复杂案件的审理难度大，媒体和社会公众对此关注度高，一旦出现不公正的审判，将严重损毁司法公信力；另一方面，《最高人民法院关于加强各级人民法院院庭长办理案件工作的意见（试行）》要求，院庭长重点审理重大、

[①] 刘澍：《中国法院审判管理改革的结构性调整》，《北京社会科学》2016年第3期，第10页。

疑难、复杂案件。2019 年，天津市第一中级人民法院就全面推行院庭长办理重大、疑难、复杂案件机制，让业务骨干重回审判第一线。① 这样做的初衷是使重大、疑难、复杂案件得到更好的审判，具有可取性。但也应注意到，院庭长既是重大、疑难、复杂案件的监管者，也是主要承办者，因而对重大、疑难、复杂案件进行监管具有重要意义，对增强对院庭长监管权的制约监督也需要深入探索。

2021 年 11 月 4 日，最高人民法院发布的《关于进一步完善"四类案件"监督管理工作机制的指导意见》第 10 条规定："院庭长应当根据《中华人民共和国法官法》第 9 条的规定，针对'四类案件'审理中需要关注和解决的问题，按照职务权限采取以下监督管理措施：（一）按权限调整分案；（二）要求合议庭报告案件进展、评议结果；（三）要求合议庭提供类案裁判文书或者制作类案检索报告；（四）审阅案件庭审提纲、审理报告；（五）调阅卷宗、旁听庭审；（六）要求合议庭复议并报告复议结果，但同一案件一般不得超过两次；（七）决定将案件提交专业法官会议讨论；（八）决定按照工作程序将案件提交审判委员会讨论；（九）决定按程序报请上一级人民法院审理；（十）其他与其职务相适应的必要监督管理措施。院庭长在分管领域、职务权限范围内，按工作程序采取上述监督管理措施，或者对下级人民法院审理的'四类案件'依法履行监督指导职责，不属于违反规定干预过问案件。"

第 11 条规定："院庭长对'四类案件'履行监督管理职责时，应当在办案平台全程留痕，或者形成书面记录入卷备查。院庭长对'四类案件'的处理意见，应当在专业法官会议或者审判委员会会议上发表，并记入会议记录，签字确认后在办案平台或者案卷中留痕。院庭长对合议庭拟作出的裁判结果有异议的，有权要求复议，也可以按照工作程序将案件提交专业法官会议、审判委员会讨论。院庭长非经法定程序，不得直接改变合议庭意见。"

上述规定是对《最高人民法院关于加强各级人民法院院庭长办理案件工作的意见（试行）》的补充修订，增加了院庭长的要求复议权，实质上是对不当裁判的否决权，体现了院庭长对"四类案件"更加严格、直接的监督。

针对重大、疑难、复杂案件，人民法院已逐步建立起了以院庭长办理与监管、专业法官会议与审判会委员会讨论决议为基本框架的监管模式，但需要解决的问题仍有很多。第一，最高人民法院仅将重大、疑难、复杂案件置于"四类案件"的范畴下，要求各地法院加强审判监督，但何为重大、疑难、复杂案件需要进一步明确。第二，如何把控重大、疑难、复杂案件的识别程序，要求建立高效的识别机制。第三，现有的法律规范对如何实现对监督者的监督尚不明确，如何避免"放权"走向"放任"，

① 张夏婷：《不忘初心：市一中院推进院庭长办理重大疑难复杂案件机制》，天津广播电视台网 2019 年 8 月 8 日，http://tjtv.enorth.com.cn/system/2019/08/08/037564046.shtml。

对重大、疑难、复杂案件实行有效监督，又如何保障赋予监管者的权力不被滥用，同样需要思索。

（四）审判委员会制度

2013 年 10 月，《最高人民法院关于审判权运行机制改革试点方案》发布，将落实审判委员会办案责任制、完善审判委员会运行机制列为审判权运行机制改革的具体改革目标，并就审判委员会制度改革作出具体规定，提出严格限制审判委员会讨论案件的范围，且仅限于法律适用问题。2013 年 11 月，党的十八届三中全会报告中明确提出改革审判委员会制度。2015 年 9 月发布的《最高人民法院关于完善人民法院司法责任制的若干意见》和 2017 年 4 月发布的《最高人民法院关于落实司法责任制完善审判监督管理机制的意见（试行）》，都明确审判委员会只讨论涉及国家外交、安全和社会稳定的重大复杂案件的事实与法律问题，以及重大、疑难、复杂案件的法律适用问题。2018 年，《人民法院组织法》第 37 条将审判委员会的个案讨论功能限定于"讨论决定重大、疑难、复杂案件的法律适用"和"讨论决定本院已经发生法律效力的判决、裁定、调解书是否应当再审"，不再讨论个案的事实与证据问题。2019 年 2 月，《五五改革纲要》继续强调审判委员会制度改革，提出从强化审判委员会宏观指导职能与健全审判委员会讨论个案法律适用问题机制两个方面着力完善。2019 年 8 月，《最高人民法院关于健全完善人民法院审判委员会工作机制的意见》出台，从职能定位、组织构成、运行机制及监督措施等方面对审判委员会工作机制进行了健全与完善，明确审判委员会主要职能为总结审判工作经验，讨论决定重大、疑难、复杂案件的法律适用，讨论决定本院已经发生法律效力的判决、裁定、调解书是否应当再审等，极大地规范了审判委员会对具体个案行使讨论决定权。

结合改革历程及实践经验，有学者将审判委员会改革方向归纳为"还权赋能"，即在将审判委员会的案件审判权放还给合议庭或者独任法官的同时，加强其对审判工作的宏观指导职能。[1] 这是落实司法责任制的重要内容，也是促进审判权依法独立公正行使的重要保障。但目前，改革措施的具体实施面临诸多难点。其中，最突出的问题是，审判委员会讨论决定的"重大、疑难、复杂案件"的概念十分模糊。尽管最高人民法院一直努力厘清进入审判委员会讨论的案件类型或案件范围，在《最高人民法院关于健全完善人民法院审判委员会工作机制的意见》等文件中作出列举性规定，但有学者指出，这种对"重大、疑难、复杂"案件所进行的类型化尝试是失败的，其并未明确案件具体范围，只是重点强调了几种类型。[2] 从司法实践来看，明确划定审判委员会讨论案件范围既不现实，也无必要。[3] 通过完善审判委员会工作机制来规范其

---

① 徐向华课题组：《审判委员会制度改革路径实证研究》，《中国法学》2018 年第 2 期，第 28 – 55 页。
② 曾新华：《审判委员会讨论决定权的法教义学阐释》，《法学杂志》2019 年第 11 期，第 130 – 140 页。
③ 方乐：《审判委员会制度改革的类型化方案》，《法学》2018 年第 4 期，第 97 – 116 页。

对具体案件的讨论与决定，是更加现实可行的路径：一方面，应推进审判委员会议事规则的完善，充分发挥类案检索、专业法官会议等制度对上会案件的前置过滤作用；另一方面，应加强审判委员会个案讨论活动的公开，完善审判委员会讨论案件的决定及理由依法在裁判文书中公开机制。

（五）执行机构内部监督

执行内部监督是指，法院对本院执行行为的合法性、合理性进行监视和督促的一种机制。广义的执行内部监督包括三种形式：第一种是执行机构内部监督；第二种是法院对执行行为的监督；第三种是上级法院对下级法院强制执行权的监督。以下以民事审判为例，讨论执行机构内部监督。

民事诉讼的目标是定分止争，确定双方的权利义务关系，实现债权人的债权，最后达到司法公正的效果。若法官作出的司法裁判无法实现，或者不能完全、有效地执行，那么司法的公正价值便无法实现。"审执分离"改革后，案件的审判权和执行权彻底分离，改变了由同一个承办法官包揽从立案到执行"一条龙"服务的传统审判模式，由专门的执行机构——执行局来负责执行生效的法律文书。在传统民事执行权力配置模式中，民事执行的裁判权和实施权归属于同一主体，执行权高度集中又缺乏必要的监督和制约，久而久之就容易产生令人诟病的"执行难"和"执行乱"现象。为解决这些问题，需要合理配置执行权，将执行裁判权和执行实施权切割分配给不同机构，再由不同的工作人员分别行使。

除了令人担忧的执行现状，执行权的内在性质和价值定位同样决定了必须对执行权进行分离配置。"权力的性质决定权力载体的组织构造和运作方式"[1]，执行权同时具备司法权和行政权属性[2]，在不同阶段显示出不同的国家权力属性，相互配合形成了强制执行力。由此，执行权自然可以区别阶段属性，被分立为不同类型的权力，由不同主体实行单独的职能。执行权的双重性质也是许多学者建议将执行权进行内部分离的原因。此外，与审判权追求公平公正不同，执行权的价值导向是效率。执行的目的就是实现生效法律文书中确定的债权人权利，以最快的速度使债务人履行债务。为了提高执行效力，改变执行权所有职能归属同一个主体的现状是必然要求。

学术界关于执行权内部分权构造的观点主要有"两权分离说""三权分离说""四权分离说"。"两权分离说"是将执行权分为执行裁判权和执行实施权。执行裁判权以公正为价值追求，反映了司法权的根本性质。执行裁判权是对执行过程中产生的实体争议和程序争议作出裁决的权利，如对案外人异议的处理等。而采取如处分、交付、罚款、拘留等具体措施实现生效法律文书的就是执行实施权。"三权分离说"是

---

① 张志铭：《法理思考的印迹》，中国政法大学出版社 2003 年版，第 422 页。

② 高执办：《论执行机构内部的分权与制约》，《人民司法》2001 年第 6 期，第 24 页；尚彦卿：《论分权制衡机制之下执行机构的设置———从民事执行权配置的视角出发》，《法律适用》2013 年第 12 期，第 103 页。

在两权分离的基础上增加了一个执行命令权。执行命令权是指发布采取执行措施和调查措施命令的权力。在"四权分离说"中，执行权包括执行裁判权、执行实施权、执行命令权和执行调查权。执行调查权是查清执行中具体事项的权力。

"两权分离说"已然成为学术界的主流观点，最高人民法院 2009 年 7 月发布的《关于进一步加强和规范执行工作的若干意见》和 2011 年 10 月发布的《关于执行权合理配置和科学运行的若干意见》，都采取了该学说。

将执行裁判权和执行实施权相分离，在执行局内设执行裁判庭（这是一般做法，有的地方由民一庭承担执行裁判权）、执行实施庭，分别行使执行裁判权和执行实施权。两个权力分属不同的机构和人员，改变了过去由同一个承办法官包揽全局的模式，体现了民事执行对效率的追求。同时，民事执行裁判事务和具体实施事务分别由不同的司法人员负责，既可以保证裁判公正，又可以快速、正确地实现当事人的权利。此外，执行权的合理配置还有利于实现执行机构内部的制约与监督。裁判执行争议的人员与具体实施人员相分离，二者之间可以形成相互制约监督的良性循环，进而降低司法腐败的可能性。

（六）审判监督庭

1999 年 10 月，最高人民法院在第一个五年改革纲要中提出了"立审分立、审执分立、审监分立"的改革方针，在此方针指导下，各地方法院逐渐改革原来的告诉申诉审判庭，从中分立出立案庭和审判监督庭。审判监督庭是法院内设的监督机构，负责监督案件审判流程和案件质量。

我国法院的裁判在经过一审、二审程序后即发生法律效力，没有法定事由并经过法定程序，不得推翻。提起审判监督程序就是纠正已生效错误裁判的法定途径，审判监督庭就是纠正错误判决、裁定的审判监督机构。审判监督是一种补充性的救济程序，以救济当事人权利为主，监督为辅。[1] 可以说审判监督庭是法院内部的纠错机构，对法院作出的生效裁判进行监督，对当事人实施救济。当事人、检察院、法院都是启动审判监督程序的主体，[2] 审判监督庭会对当事人提出的申诉进行审查并组织听证，认为已生效的判决、裁定确有错误的，报院长提交审判委员会讨论，并审理再审案件。也有学者认为，审判监督庭并不能成为法院内部监督机制的一环，因为其无权提起改判，只能通过院长提交审判委员会讨论决定再审，并且其不符合"不得存在法官之上的法官"这一最低的审判独立标准。[3] 审判监督庭虽然不得直接改变裁判，但的确能在判决、裁定存在错误的情况下，对案件重新进行审理，作出新裁判，推翻已生效的错误裁判。审判监督庭对错案的改判是法院内部的自我监督，能够及时预防、及

---

① 江必新：《论民事审判监督制度之完善》，《中国法学》2011 年第 5 期，第 130 页。

② 《民事诉讼法》第 205 条法院决定再审，第 206 条当事人申请再审，第 215 检察院抗诉。

③ 毕东升：《论法院内部监督》，《法律适用》2000 年第 9 期，第 36 页。

时发现并且及时纠正错误的裁判结果，阻止已生效的错误裁判损害当事人合法权益。

目前，审判监督庭监督制度还存在很多不足，其中主要表现为再审启动渠道广泛，易造成司法拥挤和浪费。根据《民事诉讼法》和《刑事诉讼法》的相关规定，当事人申请、检察院抗诉和法院依职权再审，都是启动再审程序的渠道。在现实生活中，当事人往往存在"双重保险"的心理，会同时向法院和检察院申请再审，导致同一案件的再审申请被不同主体同时处理，造成程序混乱并浪费原本就紧张的司法资源。因此，要完善审判监督庭的监督范围和方式，以实现内部专门审判监督机构的长效运行，促进法院内部自我纠错、自我防御机制的发展。

（七）人民法院纪检监察部门

1989 年 7 月，《最高人民法院、国家机构编制委员会关于设立各级人民法院监察机构的通知》发布，最高人民法院设立监察室，与党组纪检组构成"一套班子两块牌子"。为了加强人民法院内部监察工作，加强人民法院内部纪律监督、反腐倡廉，维护司法公正，最高人民法院参照《行政监察法》的体例和内容，在 2008 年制定了《人民法院监察工作条例》，并于 2013 年对其进行修订。《人民法院监察工作条例》对人民法院监察部门的性质、人员、职责、权限等作了详细规定，各级法院可以根据级别设置监察部门、配备专职监察员。法院监察部门是监督法院及其内部法官和其他工作人员日常行为和工作审判业务行为的专门机构。纪检监察部门则是监察法院和党员执行党的路线方针情况，监察法官和其他工作人员执行法律、法规、纪律情况，受理有关违法违纪的检举控告并进行调查处理的专门监督机构。[1]

监察部门的实质是院长领导下的行政监督机构，要受到上级法院监察部门和本级法院院长的双重领导。坚持中国共产党的领导是中国特色社会主义最本质的特征，党员在法官队伍内所占比重不断扩大，对党员法官的党纪行为进行监督十分必要。纪检监察部门对法院法官和其他工作人员的相关审判行为、违法违纪行为和生活作风等进行监察，可以有效地防止司法腐败，并推动法院内的廉政建设。纪检监察部门的监督对象主要是法官和其他工作人员的审判业务行为和日常作风，并不针对判决本身进行监督。中央纪委驻最高人民法院纪检组主要领导列席审判委员会会议，各审判业务庭室廉政监察员可以列席专业法官会议、合议庭合议。[2] 纪检监察人员列席审判委员会会议、专业法官会议、合议庭会议，可通过参与案件讨论监督其他列会人员的言行有无违法之处。由于纪委派驻的纪检组没有编制和定员，因此纪检监察部门的具体事项都由法院内部监察部门执行。法院监察部门监察审判权运行、惩处违法违纪行为时，对于符合特定条件的，还要启动纪检监察程序。法院监察部门需要在本院院长和上级

① 秦前红、刘怡达：《国家监察体制改革背景下人民法院监察制度述要》，《现代法学》2018 年第 4 期，第 5 页。
② 《最高人民法院司法责任制实施意见（试行）》第 61 条。

法院监察部门的授权下进行监察工作，向本院院长和上级监察部门报告检查状况，并根据具体情况提出纪律处分意见和监察建议。监察部门无权直接对违纪人员进行法律处分，只能向院长提出处分意见，经院长批准后，才能正式下达处分意见，执行处分决定。

纪检监察部门在及时发现法官和其他法院工作人员的违法违纪行为、维护司法权力良性运转、促进党员贯彻落实党的方针和政策等方面，发挥着重要作用。纪检监察部门通过监督法官的审判行为、生活作风等，达到加强党风廉政建设、强化司法责任追究机制、保证司法公正的目的。

三、健全法院内部制约监督机制

健全法院内部制约监督机制，要从完善机制本身出发，发挥其制约监督审判权力运行的作用。同时，还要推进司法责任制改革，贯彻落实让"裁判者负责"这一重要原则。目前，我国法院内部监督还存在一些问题，主要表现在以下三个方面：

第一，部分流程监督缺位。目前，法院内部制约监督机制的监督范围不够全面，无法覆盖审判权力运行的各个方面。法院内部制约监督机制的各部分监督侧重点不同，各环节的监督对象也不一致，容易造成制约监督失衡的局面。

现有机制过分强调监督审判结果而忽视了审判流程。专业法官会议、审判委员会设置在作出裁判前的阶段，主要目的是处理疑难、复杂案件或者解决案件的法律适用问题。专业法官会议讨论案件后，向合议庭提供咨询性建议，而经审判委员会评议后得出的结论，无论合议庭成员是否同意该结论的内容，都必须执行。两者都是在裁判"前夕"，以咨询性建议或者强制性决定的方式制约裁判结果。法院内部更加重视对案件审判的"实体监督"。对审判流程的监督机制相对缺乏。现阶段，法院一般通过立案庭和院庭长对审判事项的审批来实现对审判程序的监督。立案庭对审判的各个环节和节点进行监控，起到了"警示灯"的作用，有利于防止超过审限拖延进度，提高了案件审理的质效。但院庭长对审判流程的监督缺乏主动发现机制，难以及时发现审判流程中的程序错误。重裁判结果而轻审判程序的内部监督现状，导致审判程序缺乏有效的规制，剥离程序正义而单独谈论实体正义，不是法治社会所追求的司法正义。

第二，监督缺乏双向性。除了审判监督庭保持单向性监督形式，其他监督者和被监督者之间的监督模式都应该是双向性的，即被监督者可以质疑监督者的行为是否严格依据法定权限、通过法定程序来实现。现在，法院的内部监督以单向监督为主，被监督者没有反馈监督者行使职权状况的渠道。法官办理案件的一举一动都暴露在聚光灯下，他们的业务行为和所办理案件的结果几乎是整个法院内部制约监督的监督对象。但法官缺乏反向的监督导致法院内部监督无法形成一个良性的循环。除了保证法院内部监督权力的正常运行，更要确保该监督行为本身具有正当性，否则，监督机制运行的最终后果很可能歪曲原本正确的审判业务行为和裁判结果，造成冤假错案。

第三，内部监督衔接不畅。法院内部制约监督机构之间的监督职权经常会出现重叠，例如专业法官会议、审判委员会和院庭长都可以监督审判结果形成，审判监督庭和上级法院都负有监督案件是否存在错误的义务，立案庭和院庭长都会监督案件的审理流程。现行的法院内部制约监督机制重视制约监督案件结果而忽视审判程序，导致多个监督主体经常同时对一个对象发起监督程序，不一致的监督意见可能会影响案件的处理方向和法官的判断。同时，监督权力分散于各个部门，部门之间缺乏联系和配合也会影响法院内部制约监督机制的运行。理想的制约监督机制应严格区分各个监督部门的职责，在分别履行职权的情况下，若发现其他不法行为或现象应及时向分管监督部门报告，并向其提供初步线索，提供必要帮助和协助。在实践中，许多不公裁判的形成往往由审判人员违法违纪行为所致，而查处违法违纪行为也经常以揭露具体个案错误为结局，这表明法院内部对"人"的监督和对"事"的监督总是相互交织的。如何划分监督部门各自的监督范围并使其进行有效承接互助、提高监督的效率和质量，达到"两手都要抓"的效果，始终是个难题。①

针对上述问题，法院内部制约监督机制需要从以下方面进行完善：

（一）构建权力运行全覆盖的制约监督体系

理想化的法院内部制约监督体系是以案件审判为重心，贯穿整个审判流程，以实现事前监督和事后监督相结合，监督裁判结果和监督审判流程相辅相成。要实现对法院内部审判工作的全面监督，各个监督部门要履行好自己的本职工作，同时相互配合，形成一股合力，建立横纵相接的监督网络。

第一，以事先预防为主，充分发挥专业法官会议提供咨询意见、审判委员会讨论决定疑难案件和院庭长监督个案的职能。三者都是在案件裁判形成前发挥制约功能，属于法院事前监督。事前监督应成为重点制约监督方式，因为减少伤害最好的方法就是从源头将危险消灭。专业法官会议制度、审判委员会制度和院庭长对个案的监督就是通过提供意见，保证疑难案件在经过法院内部集体讨论后得出一个最优解决方案，进而提高裁判结果正确性，从源头降低错案产生的可能性。

第二，完善事后监督机制。执行庭和审判监督庭都是针对生效裁判进行监督，不同之处在于，执行庭的职责是保障裁判结果快速实现，而审判监督庭则关注已生效裁判是否存在错误。执行局应通过完善内部权力配置将执行中的裁判权与实施权分离，实现职能分工明确、平衡，防止执行工作紊乱、职能不清、效率低下，保证已生效的裁判内容得到快速、准确的落实。完善审判监督庭工作机制，应当增加案件质量抽查的数量，提高抽查频率，及时发现已生效裁判中事实不清或证据不足的状况，迅速组

---

① 骆红毅：《法治视角下的法院内部监督》，《中山大学学报论丛》2017 年第 11 期，第 22 页。

成合议庭重新审理案件并作出新裁判，实现法院内部的自我纠正。执行庭在执行裁判过程中，若发现案件裁判结果确实存在事实不清或证据不足的问题，可以主动向审判监督庭提供线索，审判监督庭进行具体甄别之后决定是否提交院长。审判监督庭在监督案件质量的同时，也可以加强对审判流程和执行程序正当性的监督。

第三，加强流程监督。司法正义不仅仅在于追求裁判结果的公平正义，还要求整个审判程序符合法律规定。院庭长应通过监督法官行为、审批重大审判事项和决定审判行政事务，实现重点把控重要节点、贯穿整个审判流程的跟踪监督形式。通过加强制约法院工作人员在各个审判业务阶段的遵纪守法行为和把关各个重大审判事项，可以间接地规制审判活动流程，保证程序正当性。

各个制约监督部门应各司其职、相互合作，互相通报在各自监督范围内发现的不法现象，建立健全法院内部制约监督机构的沟通互助方式。要坚持以事前预防为主、事后保障纠错为辅，结合全流程定点监督，形成一个涉及审判业务行为和案件质量、审判起点到终点完整闭合的内部制约监督体系。

（二）完善专业法官会议和审判委员会的衔接机制

2017年，为避免法律适用标准不统一，《最高人民法院司法责任制实施意见（试行）》第39条、第40条要求，承办法官在办理案件时，借助各个网络信息平台对已审结或正在审理的类案和关联案件进行全面检索，制作类案与关联案件检索报告；若合议庭拟作出的裁判结果将改变本院同类生效案件的裁判尺度或者形成新的裁判尺度，承办法官应当将案件提交专业法官会议讨论，再根据具体情况由院长提交审判委员会讨论。2020年7月，《最高人民法院关于深化司法责任制综合配套改革的实施意见》发布，进一步提出了科学构建"类案检索初步过滤、专业法官会议研究咨询、审判委员会讨论决定"的审判权力运行制度框架。

加强专业法官会议制度和审判委员会制度之间的衔接，应充分发挥专业法官会议案件过滤器的功能，大量筛减进入审判委员会讨论的案件数量，推进审判委员会职能向总结审判经验、讨论决定审判工作重大事项转变。完善"四类案件"的识别和发现机制，合议庭成员在发现案件符合"四类案件"的情形时应该向院庭长报告，院庭长可以要求独任庭和合议庭报告案件进展。独任庭、合议庭将案件提交专业法官会议讨论后，应及时复议专业法官会议对"四类案件"的讨论结果，若独任庭和合议庭与专业法官会议的讨论建议无法达成一致，则应该报请院长提交审判委员会讨论决定。同时，应明确进入专业法官会议的案件范围，并严格限制。要求所有案件在提交审判委员会讨论前一律先进入专业法官会议不具有现实性，过量案件的同时涌入很可能导致制度运行崩溃。如拟判处死刑、人民检察院抗诉等必须由审判委员会讨论但合议庭不存在分歧的案件，可不经专业法官会议而直接进入审判委员会。另外，加强案件进入专业法官会议后的识别功能，在独任庭、合议庭与院庭长之间不存在分歧和专业法官会议组成人员与审判委员会委员重合度较高的情况下，可以直接将案件转入审判委员会，减少流转环节，提升审判效率。

疑难复杂案件从独任庭、合议庭向专业法官会议和审判委员会流转，必须通过两个制度之间的合理紧密衔接来提高案件处理效率和水平。这中间也同样需要院庭长合理履行其审判监督管理职能，对案件是否提交专业法官会议或审判委员会作出专业的判断。

（三）完善重大、疑难、复杂案件识别监管机制

在以司法责任制为改革目标的大背景下，各级人民法院应当细化重大、疑难、复杂案件的标准及其识别机制，明确有关主体在办理和监管重大、疑难、复杂案件时的具体职责，建立全程留痕的监管模式并引入智能化监管手段，以实现制约监督效果最优。

1. 细化重大、疑难、复杂案件的标准

明确重大、疑难、复杂案件的认定标准，是实行有效监管的重要前提。尤其是最高人民法院应对此进行细化，制定有关重大、疑难、复杂案件认定标准的参考指南，避免各地出现较大差异。在细化重大、疑难、复杂案件的标准时，应有限度，不宜将其内涵和外延扩大，更不能过度限缩，否则容易引发监管泛化或监管不到位的问题。

重大案件可以从以下三个角度判断：一是案件类型，例如非法集资等涉众型犯罪、数额巨大影响恶劣的贪污贿赂犯罪、造成严重危害结果的暴力犯罪、危害国家安全的恐怖组织犯罪等；二是刑罚等级，譬如可能判处 10 年以上有期徒刑、无期徒刑，甚至死刑的案件等；三是媒体和社会公众的关注程度，如社会影响重大或引起公众高度关注的案件等，均可以列入重大案件的范畴。

疑难案件应指向由于法律规定本身所引发的裁判困难案件。[1] 主要表现为法律适用存在困难或冲突：一是法律规则未覆盖的案件；[2] 二是合议庭意见不统一导致类似案件在法律适用上处于不确定状态的案件。

复杂案件多指证据繁多、涉案时间长、审理期限长等导致事实难以认定的案件。

2. 完善重大、疑难、复杂案件的识别机制

重大、疑难、复杂案件的识别应以人工为主、智能技术化平台为辅，建立从立案到结案全流程的识别机制。重大、疑难、复杂案件中，大多数案件存在类型新颖、法律适用不明等问题，必须由法官综合案情、社会影响等多种因素后进行定性，因而需要以人工为主；也有部分案件虽属于重大、疑难、复杂的范畴，但案件信息较为明晰，则可以信息化平台为辅助，通过识别规则检索的方式自动识别，减少因人工甄别

---

[1] 孙海波：《走向不确定法律状态下的司法裁判——论疑难案件裁判的经验与方法》，《西部法学评论》2013 年第 4 期，第 93 - 103 页。

[2] 陈坤：《疑难案件、司法判决与实质权衡》，《法律科学》2012 年第 1 期，第 3 - 12 页。

的主观性与滞后性产生的影响。以此构建从立案到结案全流程的识别机制，能充分发挥各职责主体与相关部门的联动作用，使重大、疑难、复杂案件不被遗漏。

第一，采用人工为主、智能机器为辅的方式。应加强人工智能的深度运用，由计算机自主研读数据，在丰富完善具体识别规则的基础上构建"识别规则库"。当法院收到案件时，应先在此规则库对案件的关键信息进行检索，并根据案由、审级等要素直接标识是否属于重大、疑难、复杂案件。另外，对于一些新类型、法律适用不明等人工智能平台根本无法自动识别或辅助识别的案件，应由人工综合案情、社会影响等因素，基于经验决定是否标识为重大、疑难、复杂案件，必要时可以提交至部门负责人层报至院庭长处，再由院庭长提交至专业法官会议讨论决定。

第二，从立案到结案全流程识别。首先，立案部门根据案件信息和识别规则对案件进行甄别，并将可能是重大、疑难、复杂的案件合理分案后，将案件信息同步推送至院庭长处。其次，发挥办案法官在办案过程中须掌握案件性质的优势，对承办的案件进行二次甄别，对于立案阶段未发现的重大、疑难、复杂案件，及时标识并报告至院庭长处。再次，院庭长收到相关信息或报告后，认为不属于重大、疑难、复杂案件的，应及时取消相关标识；对认定属于重大、疑难、复杂案件的，应及时纳入监管，并根据案件进展情况提出监管措施。[①] 此外，院庭长在对法官办案监管过程中主动发现可能属于重大、疑难、复杂案件的，应及时提交专业法官会议、审判委员会讨论；对确属重大、疑难、复杂案件的，应加强监管。最后，审判管理部门在对案件审查过程中发现实属重大、疑难、复杂案件的，或在负责日常监督中发现属于重大、疑难、复杂案件的，应当标识出，并提醒办案法官报告至院庭长处；新闻宣传部门发现、案件审理过程中触发舆情或有重大舆情隐患的，应及时反馈给院庭长。

3. 明确监管职责与职权

重大、疑难、复杂案件所涵盖的具体案件类型众多，监管难度较大，需要通过合理的权限划分明确监督管理的范围，避免监管不到位，也防止监管过度。

第一，明确院庭长在重大、疑难、复杂案件中的角色定位。当院庭长作为重大、疑难、复杂案件的承办法官行使审判权时，他们所拥有的权力和其他法官并无区别，同样应受到制约监督。在案件合议过程中，还需避免因其行政地位影响其他法官的中立判断。[②] 当院庭长作为法院内部的行政长官行使审判监督权时，他们所拥有的监督权应仅限于对不当审判行为的制止与纠正，而不能对案件发表实质性看法或作出任何干扰、指示。

第二，明确设立院庭长监管重大、疑难、复杂案件的权力清单。为使重大、疑

---

① 杨甜甜：《"四类案件"发现机制的完善路径》，《人民法院报》2021年1月21日，第8版。
② 陈丹、娄必县：《法院院庭长权力角色冲突及解决》，《四川师范大学学报（社会科学版）》2018年第1期，第86页。

难、复杂案件的监管并然有序，应设立院庭长监管的正面与负面权力清单。正面权力清单应包括监督重大、疑难、复杂案件在立案、审理、执行过程中，法官依法独立公正行使权力的情况；提请专业法官会议、审判委员会讨论有关案件；对社会公众关于重大、疑难、复杂案件审理的舆情进行监督；等等。负面权力清单主要是院庭长监管重大、疑难、复杂案件的禁止行为。如：院庭长不得超越法定权限，擅自干预、过问案件情况或者审判进展；不得超越权限对案件提出倾向性意见或者具体要求；等等。通过建立院庭长的权力清单，提升其监管效能。

第三，规范专业法官会议与审判委员会讨论重大、疑难、复杂案件的制度，发挥其制约监督的效果。一是要优化人员组成，应当突出真正的专家法官参与。二是要确立职位从低到高的发言顺序，避免出现"领导定调、别人跟风"的状况，使会议制度对重大、疑难、复杂案件的讨论流于形式。

4. 实现监管全程留痕

根据《最高人民法院关于深化司法责任制综合配套改革的实施意见》第 5 条，各级人民法院应当结合审级职能定位和审判工作实际，提高审判监督管理的信息化、专业化、规范化水平。加强审判流程标准化建设，推动院庭长监督管理案件融入信息化办案平台建设。[①] 要使院庭长的监督有迹可循，必须做到监督全程留痕，使每个环节在监督平台留痕或者有书面监督材料在卷备查，确保合法合规监督，避免以监督为名越权干预案件。

5. 实现监管智能化

周强指出，要推进新时代人民法院工作不断发展，加快智慧法院建设，推动现代科技与法院工作深度融合。[②] 为应对当前法院内部在监督重大、疑难、复杂案件时，监督管理与信息系统深度融合不足、智能化监管水平较低等问题，应不断深化信息技术运用以增强监督管理效果，推进重大、疑难、复杂案件类案检索强制化以增强裁判结果的信服力。

第一，建立重大、疑难、复杂案件识别规则数据库。不仅如此，监管者还应完成角色转变，由原来的自发启动监管转变为系统提醒启动监管，促使法官从原来的主动发现，转变为从系统中剔除不符合条件的重大、疑难、复杂案件或增加属于重大、疑难、复杂的案件，以此减轻工作难度，提升法官参与监管的积极性。

第二，借助信息化手段，实现监管高效落实。所谓信息化手段，即逐步探索将司

① 姜欣、李振凡：《院庭长监督管理"四类案件"边界清单与运行机制完善——以法院的可视化管理为视角》，载马世忠主编：《司法体制综合配套改革中重大风险防范与化解——全国法院第 31 届学术讨论会获奖论文集》（上），人民法院出版社 2020 年版，第 255－269 页。
② 罗书臻：《坚持中国特色社会主义审判制度 推进新时代人民法院工作不断发展》，《人民法院报》2018 年 5 月 10 日，第 1 版。

法统计、案件评查等监督管理工作纳入审判管理监督平台。

第三，充分发挥类案检索统一裁判尺度的重要价值，推进重大、疑难、复杂案件的强制检索。信息技术与司法活动的融合发展使先例参考活动趋于智能化，类案检索逐渐成为人民法院高效的办案辅助措施和监督管理措施。[①] 尤其是对于重大、疑难、复杂案件，更要将智能化的类案检索机制适用于审理与监管过程中。

（四）健全法官审判责任追究制度

自党的十八届三中全会以来，以习近平同志为核心的党中央从全局出发，以全面推进依法治国的顶层设计为依托，不断深化司法责任制改革。特别是确立案件质量终身负责制以来，完善法官审判责任追究机制，实现法院内部制约监督的最终保障显得愈发重要。尽管《法官法》《最高人民法院关于完善人民法院司法责任制的若干意见》《人民法院监察工作条例》等法律文件对追究法官审判责任的条件、方式、程序作出了规定，但为了精准确定审判责任归属并对法官进行必要惩戒，必须为该制度高效、准确地运行扫清道路障碍。

第一，以行为和后果为重点进行错案认定。根据现有法律规定，在进行错案认定时，要坚持主观过错和客观行为相结合的原则。错案的认定标准有两种模式，一是"故意＋行为"，二是"重大过失＋行为＋严重后果"。然而，在司法实践中，错案认定标准十分严格，认定当事法官主观故意的难度较大，难以对法官就其因疏忽大意却尚未造成严重后果的案件进行追责，追责存在空缺。质量瑕疵就是司法公正的缺陷，除非将瑕疵去除，否则司法公正不可能圆满。在坚持主观和客观相统一的原则下，侧重对违法审判行为和严重后果的认定，在行为和后果达到相关的认定标准时，适当放宽主观过错程度的认定标准，将会对规制法官审判行为产生很大的帮助。

第二，坚持权责一致原则，保证审判独立。审判责任追究制度的作用在于对违法审判的法官进行惩戒，以此威慑其他法官，督促他们遵守审判规则，公正行使审判权。充分发挥审判责任追究制度的作用，必须保证被追究的责任主体是正确的。若是对非案件裁判者进行追责，让不存在违法审判行为的法官承担责任，那该制度就丧失了意义，因为这可能是另一种形式的冤假错案。在法院内部工作机制中，上级法院、院庭长和审判委员会都可能影响法官独立行使审判权，成为隐性的"裁判者"。这种情况下，让作为审理者的办案法官承担责任，显然是不合理的。应当明确院庭长的监督范围和职权行使方式，防止院庭长以其他方式间接操纵案件结果，保证审理者和裁判者的实质统一，保证责任追究主体准确。另外，还要完善审判委员会的错案责任追究方式，坚持权责一致原则，落实委员意见责任制。

---

① 高一飞、王佳星：《裁判文书写明类案检索情况研究》，《四川轻化工大学学报（社会科学版）》2021年第3期，第32－41页。

第三，厘清法院监察部门和法官惩戒委员会的关系。法院监察部门对法官是否存在违法裁判行为进行调查，并将需要追责的情况报送法官惩戒委员会进行审议，高级人民法院的监察部门还承担对当事法官的审判行为和过错进行举证的责任。应该理顺法院监察部门和法官惩戒委员会的关系，完善追究法官审判责任程序，确保每一个违反审判规则的法官都受到应有的惩罚。其一，增强法院监察部门和法官惩戒委员会组成人员的专业性。为确保监察人员和法官惩戒委员会成员在调查法官违法审判行为时具备必需的专业判断能力，需要明确法院监察岗位和法官惩戒委员会岗位的任职资格，要求相关人员具备专业法律能力。其二，适度扩大惩戒对象的范围，将人民陪审员和审判辅助人员的违法审判行为纳入监督惩戒范围。人民陪审员参与合议庭审判案件时，可对案件的事实认定和法律适用问题独立发表意见并进行表决，而审判辅助人员不可避免地会介入案件的实质处理部分，他们同样在一定程度上影响判决结果，所以也可能成为违法裁判的主体。监察部门若发现人民陪审员和审判辅助人员在履行相关职务时存在违法行为，则在进行初步调查确认后，可提交法官惩戒委员会审议并提出相关惩罚意见。

结 语

我国法院内部制约监督制度机制已经初步建成框架体系，随着司法责任制改革不断推进，法院内部制约监督机制的理论研究与实践发展也逐渐成熟。与法院外部监督相比，法院内部制约监督具有突出优势：一是专业性。法院内部制约监督主体进行监督工作具有天然的专业性优势，因为内部人员本身就隶属法院，与审判人员共事，了解法院的工作特点或特定法官的审判模式等现实情况。具有专业审判知识的制约监督者，可以敏锐地发现法官在作出裁判过程中是否存在违法行为、其作出的裁判是否有事实或法律上的错误，并且提出科学、有效的建议。

二是及时性。受制于时间和空间客观阻碍，法院外部监督可能难以及时发现审判活动异常。在发现法官的违法审判行为或错误裁判后，外部监督者进行监督还必须遵循合法性原则，依据法律规范，遵守特定程序履行职责。外部制约监督程序一般需要经历"提出—受理—审查—确认"四个法定步骤，烦琐的法律程序会消耗大量的宝贵时间，影响监督效率。而法院内部制约监督能够抓住最早的时机发现法官的非法行为或与案件有关的错误判断，并及时转交追责机构，最大限度地提高效率。

第十五章
司法行政机关执法内部制约监督机制

　　传统上，"我国的司法行政机关，是政府管理司法行政活动的职能部门，是人民民主专政国家机构的重要组成部分之一"①。司法行政机关的传统定义强调了其"人民民主专政国家机构"的性质。1949 年中央人民政府司法部成立以来，我国司法行政机关共出现过三种定位，"即国家司法行政机关、法院司法行政机关和行使部分司法行政权的国家司法行政机关"②。但司法行政机关的基本职能没有发生较大变化，"1983 年以来，司法部的行政职能基本稳定在监狱劳教管理、律师公证管理、法制宣传教育、基层及人民调解、院校及科研管理、司法协助与外事管理及参与有关立法工作等，在此基础上有一些增减变化"③。回顾我国司法行政机关职能权限的改革历程，可以发现其基本规律，即"凡是公检法三机关在管理方面出现问题和缺陷的司法行政事务，都可以被纳入司法行政机关管理的范围"④。不同于大陆法系国家的大司法行政模式，也有别于英美法系的司法行政兼理检察业务模式，我国司法行政机关属于一种宏观上的司法行政管理机关。公、检、法三机关掌管的诸多"专门性司法行政事务"，正逐渐向"宏观司法行政事务"转化，"这些事务可以包括统一法律服务管理职能、生效裁判执行职能以及司法保障职能"⑤。

　　2018 年 3 月，中央全面依法治国委员会组建，其办公室设在司法部。重新组建的司法部实现了立法、执法、司法、守法普法各环节职责一体、全面贯通。司法部作为国家机关具有三重性质：首先，是政治机关。中央全面依法治国委员会是坚持党对全面依法治国集中统一领导的具体组织形式，是党的依法治国机关。将中央依法治国办公室设在司法部，那么司法部便站在了依法治国工作的前沿位置，其工作具有很强的政治性，必须强化其政治担当。⑥ 其次，是行政机关。司法部是国务院的组成部门，

---

① 宫晓冰：《司法行政机关在法制建设中的作用》，《河北法学》1983 年第 3 期，第 22 页。

② 高通：《我国司法行政机关定位的历史变迁与反思》，《山东大学学报（哲学社会科学版）》2012 年第 2 期，第 120 页。

③ 张迎涛：《司法部"三定"规定沿革综述》，《中国司法》2013 年第 9 期，第 21 页。

④ 陈瑞华：《司法体制改革导论》，法律出版社 2018 年版，第 147 页。

⑤ 陈瑞华：《司法行政机关的职能定位》，《东方法学》2018 年第 1 期，第 156 页。

⑥ 袁曙宏：《坚定不移把司法部建设成为牢固树立"四个意识"的政治机关》，《中国司法》2019 年第 1 期，第 10 页。

因而属于行政机关。中央依法治国办公室设立在司法部，实现了党政机关合并设立和职能优化。最后，是广义司法机关。2019 年 1 月 13 日起实施的《中国共产党政法工作条例》第 3 条规定，"政法单位是党领导下从事政法工作的专门力量，主要包括审判机关、检察机关、公安机关、国家安全机关、司法行政机关等单位"，明确了司法行政机关的政法单位性质。政法单位最大的特点是具有诉讼办案职能，而司法行政机关管理宏观司法事务，具有广义上的司法性质，因而其也是广义的司法机关。因此，司法行政机关兼有政治机关、行政机关、司法机关性质。

党的十八届四中全会首次确立了司法四权力"各司其职、相互配合、相互制约"的原则，在侦查权、检察权、审判权配合制约原则的基础上增加了执行权，配合与制约的主体由公、检、法三机关拓展为公、检、法、司四机关。从分工负责的关系来看，司法行政机关具有广义的司法职能中的刑事执法职能。从 1949 年 12 月 20 日发布的《中央人民政府司法部试行组织条例》规定司法部具有"犯人改造羁押机关之设置与管理"的职权，到 1982 年重新获得监狱管理职权，再到 2012 年社区矫正制度确立，司法行政机关作为管理者，享有的刑罚执行权逐渐扩大。本章所说的司法行政机关执法内部制约监督机制，正是指其刑罚执行权，即监狱执法权和社区矫正执法权的内部制约监督机制。

一、监狱执法内部制约监督机制

新中国成立以来，我国对监狱执法工作一直非常重视，因为监狱是实现人民民主专政的重要国家机器。党的十一届三中全会以后，国家对监狱刑罚执行制约监督机制进行了改革和完善。加强执法内部监督不仅是刑罚执行监督适应世界刑事执行发展趋势的需要，也有利于增强我国监狱的执法水平和警察队伍建设。监狱人民警察担负着执行刑罚和改造罪犯的神圣职责，他们的执法水平不仅是衡量我国法治建设水平的一个重要指标，还直接关系到整个社会的稳定和安宁。切实加强对监狱人民警察执法活动的内部制约监督，及时阻止权力的滥用，纠正各种违法现象，有利于提高党和政府在社会上的形象和人民心目中的地位，维护社会稳定。

（一）监狱执法内部制约监督机制的内容

随着我国监狱硬件设施的更新，监狱人民警察的执法理念也发生了一系列变化，先进设施节省警力资源的同时，也令不少狱警惰性滋生，队伍中逐渐出现执法不严格、执法不公正、执法不文明、执法不作为等现象。[①] 目前，我国监狱系统的内部执法制约监督机制已基本形成，具体的监督形式可以分为三大类：

第一，上级对下级的监督，指监狱的上级机关对下级机关的监督，本单位、本部

---

① 陈颖：《论监狱人民警察执法监督机制及其完善》，华中师范大学 2017 年硕士学位论文，第 3 页。

门领导对下属人民警察的监督。在我国，监狱隶属于司法部，司法部监狱管理局具体负责对全国监狱工作的管理和领导。对于基层监狱来讲，各级司法行政机关及其下设的监狱管理局都可以称为上级。①《人民警察法》第 43 条规定："人民警察的上级机关对下级机关的执法活动进行监督，发现其作出的处理或者决定有错误的，应当予以撤销或者变更。"自上而下的监督形式主要有：一是通过请示报告制度实行监督。请示报告制度是监狱一项十分重要的工作制度，也是一条重要的工作纪律。上级机关从下级机关的请示报告中了解情况、发现问题，进行监督。二是通过部署重大任务实行监督。下级机关在执行重大任务时，是在上级机关的监督和指导的范围内进行的。三是实行统计监督，即通过统计报表制度和重点调查、典型调查、抽样调查等发现问题，实行监督。四是通过党的纪律检查委员会对人民警察中党员执行法律、法规和纪律的情况进行检查监督。

第二，下级对上级的监督，指监狱系统的下级机关对上级机关的监督，人民警察对本单位、本部门领导的监督。监狱的下级机关或人民警察对上级机关或领导的指示、批复、决议、决定、决策等，认为有不当或错误时，可以提出意见或建议；对领导的官僚主义和不正之风，人民警察有权抵制，并提出意见；对于领导人员的严重违法违纪行为，人民警察还可以通过控告、检举的形式向上级有关机关或部门进行揭发。

第三，警务督察大队的监督。警务督察大队是由监狱内部人员组成的监督队伍，大队中的成员大多是具有较为丰富执法经验并且生活作风良好的人民警察。《人民警察法》第 47 条规定："公安机关建立督察制度，对公安机关的人民警察执行法律、法规、遵守纪律的情况进行监督。"监狱警务督察部门的主要职责是"对监狱执法和重要警务执行、重要工作部署和重大工作事项的组织实施情况进行督察；对民警警容风纪、内务管理，警用器械、警用标志的管理和使用进行督察"②。

对人民警察执法的内部监督和外部监督都不可缺少。但相比外部监督，内部监督有着得天独厚的优势：一是直接性。对监狱人民警察在执法活动中出现的违法违纪现象，内部有关机构可以直接发现问题、直接现场取证后进行处理，而外部监督则需要更加复杂的程序才能起到监督作用。二是及时性。警务督察机构的人员是由监狱人民警察组成的，他们了解监狱人民警察的职责和任务，懂得有关法律规定和执法的程序。警务督察人员在内部巡视过程中可以及时发现其他人民警察的不规范行为，并可以及时记录、及时提出、及时纠正、及时制止，避免工作遭受更大损失。

长期以来，我国监狱机关为了加强人民警察队伍建设、提高执法水平、充分发挥自身的职能作用，十分重视对执法活动的内部监督。

---

① 任永安、卢显洋：《中国特色司法行政制度新论》，中国政法大学出版社 2014 年版，第 55 页。
② 《警务监督处》，四川省监狱管理局网 2022 年 7 月 11 日，http：//jyglj. sc. gov. cn/scjyglj/newnsjg/2022/7/11/0f3b7 cb8ca63422787d72e25bfb0e2aa. shtml，最后访问日期：2023 年 7 月 3 日。

（二）监狱执法内部制约监督机制的完善

第一，实现内部监督对执法环节的全覆盖。对监狱进行执法监督时，我国往往把监督的重点放在监狱刑罚执行方面，监督力量只集中于某些执法环节，没有形成系统性的执法监督体系。而监狱执法工作是一个系统性的工作体系，实际上影响执法公正的因素很多，监督范围过于狭小则会出现监督的"真空地带"。为此，应当建立内部监督主体对应的监督清单，根据法律和党内法规对各监督主体进行授权，为每一个主体制定相应的对监狱执法进行监督的权力清单，使监督措施覆盖执法工作各个环节；要突出重点，对要害部门、关键岗位、薄弱环节监督到位，增强监督范围的针对性和全面性。

第二，重点整治违规减刑问题。我国虽然近年来已经开始重视监狱内部执法监督工作，但实践中仍然存在着一些违规多次减刑的问题，这意味着不管是外部监督还是内部监督，都还有提高和改善的空间。减刑、假释、暂予监外执行体现了我国宽严相济的刑事政策，其存在能最大限度地发挥我国刑罚的作用。但同时，这些刑事执行制度也很容易被一些犯罪分子利用，甚至出现监狱工作人员与犯罪分子进行钱权交易的问题。在 2020 年开始的政法队伍教育整顿中，黑龙江省呼兰、松滨 2 所试点监狱及四川省宜宾市所在的 5 所省属监狱，专门对"减、假、暂"案件倒查 20 年，发现了多次减刑、"踩点减刑"、编写虚假病情鉴定等问题，排查案件 8 万余件，确认并整改违规违法问题 307 个。①

监狱刑罚执行是"大墙内"的执法，执法行为发生在相对封闭独立的空间，容易出现监督不办的问题，因此监狱执行应当成为倒查和监督的重点。对于"减、假、暂"案件，监狱内部各部门应当严格把关悔改、立功以及重大立功的界定标准，严格根据法律规定提请减刑幅度和保外就医。在交由有管辖权的法院依法裁定之前，监狱应当先对罪犯的计分考核以及病情鉴定材料做好核实工作。对于罪犯及其家属的举报线索，纪检监察机关应当认真查证、及时发现并纠正监狱工作人员的违法违规行为，进而预防并减少违规"减、假、暂"问题的发生。

第三，进一步完善狱务公开制度。狱务公开是指，为切实接受罪犯及其家属的监督，监狱将有关执法工作的依据、程序和结果通过各种信息渠道向社会公开。狱务公开的程度可以反映一个国家的法治化进度，狱务公开是改善狱务管理的必要条件，也是实现依法治国的必然要求。2015 年 4 月，我国出台《司法部关于进一步深化狱务公开的意见》，要求监狱对罪犯、罪犯的近亲属、社会公众、检察机关四类不同的对象采取不同的公开方式，特别强调对社会公众应当以门户网站、政务微博等网络方式公开。虽然现阶段我国狱务公开取得了不错的成绩，狱务公开的内容、范围、方式和程

---

① 李灵娜：《纸面服刑倒查 20 年》，《中国纪检监察报》2020 年 12 月 6 日，第 1 版。

序都有了明确规定，但仍需要看到的是，我国狱务公开的法律依据并不完善。目前，狱务公开的内容、范围和程序是由《监狱法》《刑法》《刑事诉讼法》和司法部出台的相关规范所规定的，我国尚没有统一的信息公开立法对狱务公开进行规定。当然，由于信息公开涉及范围较广、内容庞杂，制定一部关于信息公开的法律需要一个过程，因此，比较可行的办法是将狱务公开写进《监狱法》，使狱务公开的内容、范围、方式和程序有更加明确的规定，提高狱务公开的法律位阶，以更好地规范监狱管理机关及其工作人员的执法行为。此外，监狱管理机关在推行狱务公开的过程中要坚持"最大限度公开"原则，在公开的内容上要满足社会公众的真实需要，在公开的方式上要正当化和多样化，真正规范监狱执法行为，提高监狱的执法公信力。[①]

二、社区矫正执法内部制约监督机制

根据《社区矫正实施办法》第2条的规定，我国从法律上确立了社区矫正实施过程的监督主体是检察机关，因此学者们在研究社区矫正的监督机制时也更多地选择从外部监督即检察院的角度进行，对社区矫正的内部监督较少提及。

事实上，早在社区矫正在我国开展试点工作时，就已经有地方关注到内部监督的问题。浙江省台州市在2012年开展正风肃纪活动，规范社区矫正工作者执业行为与执业纪律时，率先提出要加强社区矫正的内部监督，为实现矫正执法的公平正义多设"一道保障的门"，并且在2012年7月出台了《台州市社区矫正工作者行为准则》。2013年9月，该市为进一步完善内部监督，开始在各县（区）司法局内部设立法制监督部门并配备法制员，对社区矫正执法人员的一系列执法活动进行内部监督。2014年，该市顺利完成在各县（区）配备法制员的任务，实现了专编专人负责社区矫正的执法监督工作。[②] 对社区矫正进行内部监督具有独特的优势，即具有监督的专业性、全面性以及有效性。从目前具有建设性和可行性的内部监督来看，除了日常的纪检监督、上级对下级的监督，以下三项措施特别值得推广：

（一）增设社区矫正法制员（法制部门）

2013年9月，台州市出台《进一步加强社区矫正法制监督的若干意见》，在各县（市、区）司法局内部设立法制监督部门，配备法制员，对社区矫正提请治安处罚、申请收监执行、申请减刑等执法环节进行内部监督，进一步完善社区矫正执法监督体系。随后，各县（市、区）均积极配备法制员，并组织其参加浙江省统一的法制员培训，玉环等县（市、区）率先成立了法制科，专人专编负责社区矫正执法监督工作。

[①] 高一飞等：《狱务公开基本原理》，中国检察出版社2017年版，第36页。
[②] 蒋晓军、周孟龙、袁昕炜：《创建社区矫正县乡村三级监管机制》，《中国司法》2014年第3期，第52-55页。

无论是设立法制员还是法制科，都是通过内部权力的分离与制约，达到内部监督的目的。法制员、法制科的具体职能是法制审查，即对社区矫正部门在各执法环节作出决定时所涉及的法律问题进行审查，包括适用法律是否正确、是否适当。法制员、法制科的设置起到了在法律上把关的作用，吸收了公安机关、其他政府机关设立法制部门的经验，是加强社区矫正执法内部监督的重要创新，这一地方试点经验值得推广。

（二）建立社区矫正执行案件监督管理部门

2017 年，时任司法部副部长熊选国在两会期间介绍："我国社区矫正工作经过2003 年试点、2005 年扩大试点和 2009 年全面试行阶段后，2014 年全面推进。2013 年以来累计接收社区服刑人员 189.6 万人，累计解除 174.5 万人，现有社区服刑人员突破 70 万人。"[1] 2016 年，全国新接收社区服刑人员 48 万人，办理解除矫正 49 万人，现有社区服刑人员 70 万人；截至 2016 年年底，全国共成立矫正小组 67.8 万个，建立教育基地 9353 个，社区服务基地 25204 个，就业基地 8216 个。[2] 社区矫正制度在我国发展迅速，服刑人数不断增长，但社区矫正工作中的问题也逐渐显现，特别是社区矫正执行中案件管理存在的问题尤为突出。

目前，我国社区矫正执行中案件管理体制不成熟。其一，没有设立专门的案件管理人员。实践中的案件管理都是由执法人员兼任，这种兼任管理的模式不具有专一性，而且人员配置比例不足，给社区矫正的案件管理工作造成了一定的不良影响。其二，社区矫正执行机构设置不规范，管理机构不独立，案件管理不统一。当前，我国主要的社区矫正案件管理工作都是由司法局社区矫正科和司法所负责，社区矫正的案件管理缺乏统一的管理机构。面对庞大的社区矫正群体，司法行政机关却没有一个案件管理机构对案件进行统一规范管理，造成案件信息交流不对称、案件管理不及时、"管""执"不分离、"异地监管""脱管""漏管"等问题时有发生，这给社区的矫正执行工作以及检察机关的监督工作带来了很大的困难。因此，社区矫正案件管理模式需要进行改革，需要建立管理统一、流程规范、制度完备的案件管理制度。

在案件管理部门的组织结构、具体职能方面，可以参照公安机关案件监督管理部门的模式，设立社区矫正案件管理中心，实现社区矫正案件管理的精细化、专业化。建立社区矫正案件管理中心，能够对执行案件的监管方式、执行地点及执行方式进行统一管理，使案件管理流程更清晰、案件监管更严谨。同时，可以将社区矫

① 《司法部副部长：深入推进司法行政改革 迎接党的十九大》，中央人民政府网 2017 年 3 月 6 日，https://www.gov.cn/xinwen/2017-03/06/content_5174113.htm#3，最后访问日期：2023 年 7 月 3 日。
② 《熊选国：2016 年全国新接收社区服刑人员 48 万人》，司法部网 2017 年 3 月 9 日，http://www.moj.gov.cn/pub/sfbgw/zlk/201712/t20171227_173740.html，最后访问日期：2023 年 7 月 3 日。

正案件管理中心与公安机关、检察院、人民法院案件管理中心相互对接,实现案件信息共享。

（三）推进矫务公开制度

2014年10月23日,《中共中央关于全面推进依法治国若干重大问题的决定》要求:"构建开放、动态、透明、便民的阳光司法机制,推进审判公开、检务公开、警务公开、狱务公开,依法及时公开执法司法依据、程序、流程、结果和生效法律文书,杜绝暗箱操作。加强法律文书释法说理,建立生效法律文书统一上网和公开查询制度。"把构建阳光司法（司法公开）机制作为依法治国的重要内容,而这里的司法公开包括"审判公开、检务公开、警务公开、狱务公开"四大公开。

2019年1月13日起实施的《中国共产党政法工作条例》第31条规定:"政法单位党组（党委）应当依法依规将政法工作情况纳入党务政务公开范围,依法有序推进审判执行公开、检务公开、警务公开、司法行政公开、狱（所）务公开,完善政法单位之间监督制约机制,确保政法工作在依法有效监督和约束环境下推进。"这一文件将"司法行政公开、狱（所）务公开"纳入其所称的"党务政务公开范围",这是落实党的十八届四中全会精神,对"构建开放、动态、透明、便民的阳光司法机制"的补充与发展。根据这一文件,社区矫正执法公开即矫务公开属于"司法行政公开"的范围。2019年修订的《政府信息公开条例》第5条要求:"行政机关公开政府信息,应当坚持以公开为常态、不公开为例外,遵循公正、公平、合法、便民的原则。"可见,社区矫正执法公开,是阳光政务和阳光司法不能忽视的方面。

《社区矫正法》颁布实施后,2021年6月21日,司法部发布《社区矫正中心建设规范》（SF/T 0087—2021）,创新地提出了"矫务公开"理念。根据这一理念,各地积极开展实践探索,例如丽水市及时建立市县矫务公开工作领导小组,细化了矫务公开的实施办法,分阶段组织召开社区矫正矫务公开推进会,按照执行标准化、运行规范化要求,建立形成审核机制,通过完善信息要素、准确发布信息,不断提高矫务公开质量,实行"三公开、四公示"等要求。通过制定完善《社区矫正工作实务手册》,建立完善社区矫正全流程公开制度,出台《丽水市社区矫正矫务公开工作方案》《丽水市社区矫正检察监督工作机制》等文件,对案件办理情况查询、公开答复、工作情况汇报和通报、"两代表一委员"常态化联络等工作进行规范。在建立案件移交（移送）或结案办理、执法公开、信息公开、舆情管理等公开条目的同时,还依据主动公开、依申请公开和不予公开对内容进行分类。以《社区矫正机构刑事执行权责清单》为基础,划定市级、县级、司法所三级社区矫正工作单位的权力内容与边界,梳理出市级社区矫正机构权责5项、县级社区矫正机构权责22项、司法所权责14项,明确公开责任范围,规范了权力运行程序,并以此为依据,科学设置执法公开的权力清单和社区矫正对象义务清单,将涉及国家秘密、工作秘密、个人隐私等内容纳入不予公开类别。① 丽水市建立了适合本地执法公开实际的矫务公开范围、程序和机制，是在执法公开领域的重要理论创新和实践创新。

司法部可以总结丽水等地的矫务公开经验，参照狱务公开，建立内容明确、程序合理的矫务公开体系和机制。

结　语

2018 年 2 月 28 日，党的第十九届中央委员会第三次全体会议通过《中共中央关于深化党和国家机构改革的决定》，要求完善党政机构布局。该决定将司法部和国务院法制办公室的职责整合，重新组建司法部，司法行政机关形成了"一个统筹、四大职能"的工作布局。而司法行政机关多重职能的特点，使其内部各个部门之间实际上权力相对独立、条块分离，相互间的权力制约机制难以形成，内部权力之间的制约乏力，因此，司法行政机关的内部制约监督主要依靠各大职能权力单独形成的内部监督体系，具有专业化、细致化的特点。而这一特点需要我们探索一种不同于公、检、法机关的内部监督机制，特别需要加强内部上下级监督、考评监督的作用，从而形成更有效的司法行政机关执法内部制约监督机制。

---

① 彭磊、张增富、雷王露：《社区矫正"矫务公开"多元路径的实践探索——以浙江省丽水市社区矫正工作为例》，《中国司法》2022 年第 11 期，第 87 – 88 页。

第五篇

人民参与和监督司法

第十六章
构建阳光司法机制

在中国，司法公开最初出现于 2005 年人民法院的文件中，在此之前，人民法院只有审判公开的提法。

审判公开是现代诉讼制度中一项重要的司法原则，我国不仅在《宪法》中有关于审判公开的规定，三大诉讼法总则中也都明确规定了审判公开原则，即除了不公开审理的部分情形，所有案件的审理均应公开进行。

1999 年 3 月 8 日，《最高人民法院关于严格执行公开审判制度的若干规定》发布实施，专门就公开审判问题进行了规范，但公开的范围限制在庭审公开。1999 年 10 月 20 日，《人民法院五年改革纲要》发布，规定了审判公开的内容，要求全面落实审判公开制度，并增加了"公开裁判文书"的要求，提出："通过裁判文书，不仅记录裁判过程，而且公开裁判理由，使裁判文书成为向社会公众展示司法公正形象的载体，进行法制教育的生动教材。"该阶段在庭审公开的基础上，增加了裁判文书公开的内容。

2005 年 10 月 26 日，最高人民法院发布《人民法院第二个五年改革纲要（2004—2008）》，提出"进一步落实依法公开审判原则，采取司法公开的新措施"。这是首次在官方文件中出现"司法公开"一词，其含义是指法院审判公开及与审判相关事务的信息公开。同时，该文件提出"通过公开执行信息，加强对执行工作的管理与监督，确保执行公正"，确立了执行公开规则。

2007 年 6 月 4 日，《最高人民法院关于加强人民法院审判公开工作的若干意见》发布，提出"依法公开、及时公开、全面公开"三原则，要求"按照法律规定，在案件审理过程中做到公开开庭，公开举证、质证，公开宣判；根据审判工作需要，公开与保护当事人权利有关的人民法院审判工作各重要环节的有效信息"。公开的内容远远超过了庭审公开。2009 年 3 月 17 日，最高人民法院发布《人民法院第三个五年改革纲要（2009—2013）》，提出了"庭审公开、执行公开、听证公开、裁判文书公开"，将法院信息公开确立为四个方面。

2009 年 12 月 8 日，最高人民法院发布《关于司法公开的六项规定》，进一步将司法公开确定为"立案公开、庭审公开、执行公开、听证公开、文书公开、审务公开"六大内容。

"司法公开"一词，在其提出之初，是法院信息公开的专用名词。它的提出旨在表明，法院公开的信息不仅包括庭审、审判，而且还包括与审判相关的其他信息，如最高人民法院《关于司法公开的六项规定》的内容，以及以后可能拓展的法院信息，如法院人事信息、行政信息等。

从党的十八大开始，"司法公开"又被赋予了新的时代内涵，即不仅包括法院司法信息的公开，而且还包括与诉讼相关的执法司法信息的公开。2012 年 11 月 8 日，党的十八大报告提出："推进权力运行公开化、规范化，完善党务公开、政务公开、司法公开和各领域办事公开制度。"2013 年 11 月 12 日，党的十八届三中全会通过《中共中央关于全面深化改革若干重大问题的决定》，进一步提出要"推进审判公开、检务公开，录制并保留全程庭审资料"。这一文件在党的十八大报告已经使用了"司法公开"的背景下，没有将"司法公开、检务公开"并提，而是将"审判公开、检务公开"并提，可见，它认可并解释了党的十八大报告中广义司法公开的提法，认为司法公开包括了"审判公开、检务公开"等内容。

新的司法公开概念确立以后，在多次领导人讲话和多个文件中继续得到重申和确认。2014 年 3 月 14 日，第十二届全国人民代表大会第二次会议上，时任最高人民检察院检察长曹建明提出"深化司法公开，推进阳光检察"，将检务公开（阳光检察）视为司法公开的一部分。

2014 年 10 月 23 日，党的十八届四中全会通过《中共中央关于全面推进依法治国若干重大问题的决定》，其中"保证公正司法，提高司法公信力"部分指出："构建开放、动态、透明、便民的阳光司法机制，推进审判公开、检务公开、警务公开、狱务公开，依法及时公开执法司法依据、程序、流程、结果和生效法律文书，杜绝暗箱操作。加强法律文书释法说理，建立生效法律文书统一上网和公开查询制度。"把构建阳光司法（司法公开）机制作为依法治国的重要内容，而这里的司法公开包括"审判公开、检务公开、警务公开、狱务公开"四大公开。

由此可以看出，党的十八大以后的"审判公开"，实为法院司法公开的另一种表述，目的是用"司法公开"一词统括四大与诉讼有关的执法司法公开。这一表述符合我国对广义"司法"概念约定俗成的理解，又能够对"与诉讼有关的执法司法信息公开"进行简约概括，可以说是合理借用了法院系统的发明。所以，应当明确的是，党的十八大以后的法院的审判公开，就是法院的司法公开。

法院的司法就是大家公认的狭义的司法，而且狭义司法的含义也得到了习近平总书记的认可，他指出："司法活动具有特殊的性质和规律，司法权是对案件事实和法律的判断权和裁决权。"① 另外，司法公开的发明权属于最高人民法院，在很长一段时间内，司法公开都是指法院的司法公开。基于以上两个原因，我们可以在特定语境下或者事前说明的前提下，将人民法院的信息公开称为司法公开，而在其他情况下，司法公开则包括了"审判公开、检务公开、警务公开、狱务公开"四大公开。

习近平总书记怀着对人民的深厚感情和对人民高度负责的精神，对作为阳光司法机制的各类司法公开都非常重视，并作了一系列重要论述，提出了很多关于司法信息公开的原则性、系统性、预见性、创造性的观点。我们应当认真学习、深刻领会。

一、司法公开的原因

我国是人民当家作主的国家，党的十八大报告中提出："坚持用制度管权管事管人，保障人民知情权、参与权、表达权、监督权，是权力正确运行的重要保证。"知情权是现代社会一种重要的民主权利，与其相对应的是广义政府和其他公共机构的信息公开义务。

（一）出发点是保障人民知情权

党的十八大报告多次谈到信息公开，在提到"完善基层民主制度"时指出："要健全基层党组织领导的充满活力的基层群众自治机制，以扩大有序参与、推进信息公开、加强议事协商、强化权力监督为重点，拓宽范围和途径，丰富内容和形式，保障人民享有更多更切实的民主权利。"把信息公开作为保障人民享有更多更切实的民主权利的重要内容。在提到"深化干部人事制度改革，建设高素质执政骨干队伍"时，又提出要"全面准确贯彻民主、公开、竞争、择优方针"。此外，还要求"推进权力运行公开化、规范化，完善党务公开、政务公开、司法公开和各领域办事公开制度，健全质询、问责、经济责任审计、引咎辞职、罢免等制度，加强党内监督、民主监督、法律监督、舆论监督，让人民监督权力，让权力在阳光下运行"。特别是在列举了"党务公开、政务公开、司法公开"之后，还增加了"各领域办事公开制度"，这是一项重要的创举。我国信息公开的主体范围在实践推进中正越来越广泛，在信息主体范围的扩展这一特定方面，与信息公开制度的国际发展趋势相吻合。

习近平总书记坚持和发展了党的十八大报告的信息公开理论。2013 年 2 月 23 日，习近平总书记在主持中央政治局全面推进依法治国第四次集体学习时要求："司法工作者要密切联系群众，规范司法行为，加大司法公开力度，回应人民群众对司法公正公开的关注和期待。"② 2015 年 3 月 24 日，习近平总书记指出："法官、检察官要有审案判案的权力，也要加强对他们的监督制约，把对司法权的法律监督、社会监督、

① 中共中央文献研究室编：《习近平关于全面依法治国论述摘编》，中央文献出版社 2015 年版，第 102 页。
② 习近平：《习近平谈治国理政（第一卷）》，外文出版社 2018 年版，第 145 页。

舆论监督等落实到位，保证法官、检察官做到'以至公无私之心，行正大光明之事'，把司法权关进制度的笼子。"① 2015 年 4 月 28 日，习近平重申了四大权利，指出："我们一定要发展社会主义民主，切实保障和不断发展工人阶级和广大劳动群众的民主权利……更加有效地落实职工群众的知情权、参与权、表达权、监督权。"②

司法改革要以人民为中心。"司法体制改革必须为了人民、依靠人民、造福人民。司法体制改革成效如何，说一千道一万，要由人民来评判，归根到底要看司法公信力是不是提高了。"③ 司法是维护社会公平正义的最后一道防线，深化司法体制改革，要广泛听取人民群众的意见，把解决了多少问题、人民群众对问题解决的满意度作为评判改革成效的标准。

以人民为中心，首先要让人民知道他们的仆人做了什么，这就需要信息公开。只有信息公开了，人民知道了他们应当知道的情况，才能进一步行使参与权、表达权、监督权。四大权利中，人民的知情权对应公共机构的信息公开义务。阳光是最好的防腐剂，让权力在阳光下运行，是现代民主政治的题中应有之义。

（二）直接目的是让权力在阳光下运行

阳光是最好的防腐剂，公开对权力具有最好的监督作用，这是习近平总书记反复提到的重要论断。

早在 2007 年，习近平担任浙江省委书记的时候，就提到阳光是最好的防腐剂。他在《追求"慎独"的高境界》一文中提出，党员干部要"慎独"，"要办事公开透明。党员干部也是普通的人，难免存在各种弱点，会犯各种错误，而阳光是最好的防腐剂，只要办事讲民主、讲程序、讲纪律，避免暗箱操作、上下其手，就能减少各种诱惑的'渗透力'，防腐拒变才不会成为一句空话"④。

担任总书记后，习近平多次提到要"让权力在阳光下运行""杜绝各种暗箱操作"。2013 年 1 月 22 日，从党要管党、全面从严治党的角度，他提出要"依纪依法严惩腐败，着力解决群众反映强烈的突出问题"，并指出："'权力导致腐败，绝对权力导致绝对腐败。'如果权力没有约束，结果必然是这样。"⑤ "健全权力运行制约和监督体系，加强反腐败国家立法，加强反腐倡廉党内法规制度建设，深化腐败问题多发领域和环节的改革，确保国家机关按照法定权限和程序行使权力。要加强对权力运行的制约和监督，把权力关进制度的笼子里，形成不敢腐的惩戒机制、不能腐的防范机

① 习近平：《习近平谈治国理政（第二卷）》，外文出版社 2017 年版，第 131 页。
② 习近平：《在庆祝"五一"国际劳动节暨表彰全国劳动模范和先进工作者大会上的讲话》，《人民日报》2015 年 4 月 29 日，第 2 版。
③ 习近平：《习近平谈治国理政（第二卷）》，外文出版社 2017 年版，第 131 页。
④ 习近平：《之江新语》，浙江人民出版社 2007 年版，第 272 页。
⑤ 中共中央文献研究室编：《十八大以来重要文献选编（上）》，中央文献出版社 2014 年版，第 136 页。

制、不易腐的保障机制。"①

　　2013 年 2 月 28 日，在中共十八届二中全会第二次全体会议上，习近平总书记再一次提出："只有让人民监督权力、让权力在阳光下运行，做到依法行政，才能更好把政府职能转变过来。要推进法治政府建设，坚持用制度管权管事管人，完善政务公开制度，做到有权必有责、用权受监督、违法要追究。"② 把政务公开制度作为转变政府职能的重要标志。

　　2013 年 4 月 19 日，习近平总书记在中共中央政治局第五次集体学习时指出："全党同志一定要从这样的政治高度来认识这个问题……坚定不移转变作风，坚定不移反对腐败，切实做到踏石留印、抓铁有痕，不断以反腐倡廉的新进展新成效取信于民。""制度问题更带有根本性、全局性、稳定性、长期性。关键是要健全权力运行制约和监督体系，让人民监督权力，让权力在阳光下运行，把权力关进制度的笼子里。"只有这样，才能"更加科学有效地防治腐败，全面推进惩治和预防腐败体系建设，提高反腐败法律制度执行力，让法律制度刚性运行"③。

　　2014 年 9 月 5 日，习近平在庆祝全国人民代表大会成立 60 周年大会上的讲话中指出："要坚持用制度管权管事管人，抓紧形成不想腐、不能腐、不敢腐的有效机制，让人民监督权力，让权力在阳光下运行，把权力关进制度的笼子里。"④

　　2014 年 9 月 21 日，习近平在庆祝中国人民政治协商会议成立 65 周年大会上的讲话中再次指出："要推进权力运行公开化、规范化，完善党务公开、政务公开、司法公开和各领域办事公开制度，让人民监督权力，让权力在阳光下运行。"⑤ 这次讲话重申了党的十八大报告提出的各项公开制度。

　　2015 年 6 月 26 日，习近平在党的十八届中央政治局第二十四次集体学习时的讲话中又指出："反腐倡廉法规制度建设，关键是制约和监督权力……反腐倡廉法规制度建设要围绕授权、用权、制权等环节，合理确定权利归属，划清权力边界，厘清权力清单，明确什么权能用、什么权不能用，强化权力流程控制，压缩自由裁量空间，杜绝各种暗箱操作，把权力运行置于党组织和人民群众监督之下，最大限度减少权力寻租的空间。"⑥ 该讲话指出只有"杜绝各种暗箱操作"，才能让人民进行监督，减少权力寻租的空间。在这一段论述中，前半部分是谈划清权力边界的，后半部分是谈监督权力的，体现的是权力确立与监督的一般规律，但是他又将"杜绝各种暗箱操作"作为党组织和人民群众监督权力的基本前提。

---

① 习近平：《习近平谈治国理政（第一卷）》，外文出版社 2018 年版，第 388 页。
② 习近平：《论坚持全面深化改革》，中央文献出版社 2018 年版，第 15 页。
③ 习近平：《习近平谈治国理政（第一卷）》，外文出版社 2018 年版，第 391 – 392 页。
④ 习近平：《论坚持全面依法治国》，中央文献出版社 2020 年版，第 75 页。
⑤ 习近平：《习近平谈治国理政（第二卷）》，外文出版社 2017 年版，第 298 页。
⑥ 习近平：《论坚持全面依法治国》，中央文献出版社 2020 年版，第 151 – 152 页。

"在人民眼皮底下运行""在聚光灯下工作""在阳光下运行"都是同一个含义，指信息要公开，不能暗箱操作。习近平总书记用不同的比喻反复再三强调，充分体现了他对权力运行规律的深刻认识。

2013 年 11 月 12 日，《中共中央关于全面深化改革若干重大问题的决定》提出："坚持用制度管权管事管人，让人民监督权力，让权力在阳光下运行，是把权力关进制度笼子的根本之策。"2017 年 10 月 18 日，党的十九大报告再一次重申了"让人民监督权力，让权力在阳光下运行"的理念，要求"健全党和国家监督体系。增强党自我净化能力，根本靠强化党的自我监督和群众监督。要加强对权力运行的制约和监督，让人民监督权力，让权力在阳光下运行，把权力关进制度的笼子"①。2018 年 2 月 28 日，党的十九届三中全会《中共中央关于深化党和国家机构改革的决定》又指出："全面推行政府部门权责清单制度，实现权责清单同'三定'规定有机衔接，规范和约束履职行为，让权力在阳光下运行。"

（三）最终目的是以公开促公正

公正是司法活动的最高价值和最终目标。习近平总书记指出："我们提出要努力让人民群众在每一个司法案件中都感受到公平正义，所有司法机关都要紧紧围绕这个目标来改进工作，重点解决影响司法公正和制约司法能力的深层次问题。"② 这些"需要做的工作"在实践中逐渐得到落实，采取的措施也很多，其中最根本的就是公开与透明。

习近平强调："要靠制度来保障，在执法办案各个环节都设置隔离墙、通上高压线，谁违反制度就要给予最严厉的处罚，构成犯罪的要依法追究刑事责任。要坚持以公开促公正、以透明保廉洁，增强主动公开、主动接受监督的意识，让暗箱操作没有空间，让司法腐败无法藏身。"③ 司法不公开、不透明，就会为暗箱操作留下空间。"法律要发挥作用，需要全社会信仰法律。卢梭说，一切法律中最重要的法律，既不是刻在大理石上，也不是刻在铜表上，而是铭刻在公民的内心里。我国是个人情社会，人们的社会联系广泛，上下级、亲戚朋友、老战友、老同事、老同学关系比较融洽，逢事喜欢讲个熟门熟道，但如果人情介入了法律和权力领域，就会带来问题，甚至带来严重问题。"④ 只有司法公开，才能让正义以看得见的方式实现，才能让人民群众实实在在地在每一个司法案件中都感受到公平正义；只有司法公开，让人民群众了解司法是如何运行的，才能使司法有密切联系群众的机会，发现司法行为中的问题；只有司法公开，才能实现司法案件让人民参与、受人民监督、由人民评判，提高司法

---

① 习近平：《习近平谈治国理政（第三卷）》，外文出版社 2020 年版，第 52 页。
② 习近平：《习近平谈治国理政（第一卷）》，外文出版社 2018 年版，第 145 页。
③ 习近平：《习近平谈治国理政（第一卷）》，外文出版社 2018 年版，第 149 页。
④ 习近平：《论坚持全面依法治国》，中央文献出版社 2020 年版，第 50 页。

公信力。

司法公开也是审判机关、检察机关依法独立公正行使审判权、检察权的基本要求。因为独立不是独断，它是以公正为前提的，只有公开才能监督，监督才能防止独立行使的司法权力不会被滥用。对于公正而言，实体公正要以事实和证据为依据，程序公正要看是否保障了公民的权利、遵守了法定的程序，这些并不神秘，都是可以看得见的。门难进、脸难看、事难办，这在形式上就不公正；立案难、诉讼难、执行难，实体公正就无法兑现。

就司法腐败而言，金钱案、人情案、权力案是其具体表现形式。《中共中央关于全面推进依法治国若干重大问题的决定》要求："坚决破除各种潜规则，绝不允许法外开恩，绝不允许办关系案、人情案、金钱案。坚决反对和克服特权思想、衙门作风、霸道作风，坚决反对和惩治粗暴执法、野蛮执法行为。对司法领域的腐败零容忍，坚决清除害群之马。"这些都是以严格的司法监督为前提的，而司法监督以人民知情权的实现为基础，人民不了解司法的运行情况，就无法监督、无法评判，人民的司法民主权利就无法实现。司法公开也是提高司法公信力、让人民群众信任司法的途径和方式。

习近平总书记指出："司法体制改革必须同我国根本政治制度、基本政治制度和经济社会发展水平相适应，保持我们自己的特色和优势。我们要借鉴国外法治有益成果，但不能照搬照抄国外司法制度。完善司法制度、深化司法体制改革，要遵循司法活动的客观规律，体现权责统一、权力制约、公开公正、尊重程序的要求。"[①] 人民监督司法活动，对司法工作是否规范进行监督并提出纠正意见，有助于提高司法工作人员规范行为的意识。加强监督也符合司法规律"权责统一、权力制约、公开公正、尊重程序"的要求。

二、司法公开的原则和标准

习近平总书记不仅对司法公开的意义和作用作了深刻论述，还对司法公开的原则和标准提出了具体的要求，为司法公开的顶层设计指明了方向，提供了方法论。

（一）公开原则：一般都要公开

2014 年 1 月 7 日，习近平在中央政法工作会议上讲话时强调："阳光是最好的防腐剂。权力运行不见阳光，或有选择地见阳光，公信力就无法树立。执法司法越公开，就越有权威和公信力。涉及老百姓利益的案件，有多少需要保密的？除法律规定的情形外，一般都要公开。要坚持以公开促公正、以透明保廉洁。要增强主动公开、主动接受监督的意识，完善机制、创新方式、畅通渠道，依法及时公开执法司法依

---

① 习近平：《论坚持全面深化改革》，中央文献出版社 2018 年版，第 159 页。

据、程序、流程、结果和裁判文书。"①

"一般都要公开"这一通俗的说法，正是国际通行的"最大限度公开原则"。国际非政府组织"第19条组织"②在《公众的知情权：信息自由立法的原则》中提出了最大限度公开原则。该原则要求："信息自由权立法必须以最大限度公开原则为指导。正如前文所示，最大限度公开原则也许直接出自对信息权的基本保障。这一原则概括了信息权的核心意义。在众多的国家法中，这一观点都被明确地陈述为一个目标。最大限度公开原则意味着信息权的范畴必须广泛，既关系到相关信息和机构的范围和种类，也关系到可能提出维权要求的个人。"③

为落实习近平总书记"一般都要公开"的观点，我国最高司法机关领导人先后提出了"公开是原则、不公开是例外"的理念。为推进司法公开的全面有效进行，深化司法公开的范围，让人民群众在每一个案件中都能感受到公平正义，2013年6月，时任最高人民检察院检察长曹建明在最高人民检察院举行的第六次"检察开放日"活动上表示，要"坚持'公开是原则、不公开是例外'，对执法依据、执法程序、办案过程、执法结果等都要向社会公开，不断拓展公开的范围"④。2013年7月，时任最高人民法院院长周强在全国高级法院院长座谈会开幕式后接受采访表示："通过每一个案件的审理，来积累司法机关的公信力，来维护和实现社会的公平正义。以司法公开促进公正，我们强调的是依照法律的规定公开，公开是原则，不公开是例外。"⑤"公开是原则、不公开是例外"，遵循了司法公开的普遍规律，体现了坚持最大限度公开的决心和信心。警务公开和狱务公开在建立自己独特的例外规则的前提下，同样也应当坚持"一般都要公开"的最大限度公开原则。

当然，最大限度的公开不代表无限公开，司法公开的过程中还应当注意对国家秘密、商业秘密、个人隐私以及审判秘密的保护。只有通过明确的公开范围、确定的限制例外、规范可行的"公开"与"例外"标准，才能实现司法信息的最大限度公开，才是实现司法透明的有效途径。

（二）公开标准：开放、动态、透明、便民

在公开的具体内容上，习近平总书记首先提出了内容（权力清单）和流程的公开。他指出："要强化公开，依法公开权力运行流程，让广大干部群众在公开中监督，

---

① 习近平：《论坚持全面依法治国》，中央文献出版社2020年版，第49页。

② "第19条组织"是一个致力于保护和提高表达自由水平的民间国际组织，该组织因主张符合《世界人权宣言》第19条"为表达自由"而得名。该组织通过系统、和平的工作在世界范围内维护公民的言论自由，其所制定的维护言论自由的相关原则和规定，为世界大多数国家借鉴和接受。

③ 托比·曼德尔：《信息自由：多国法律比较》，龚文庠等译，社会科学文献出版社2011年版，第41页。

④ 熊红祥：《曹建明：检务公开是原则 不公开是例外》，新华网2013年7月1日，http://news. xinhuanet. com/politics/2013−07/01/c_124932601. htm，最后访问日期：2022年3月10日。

⑤ 《推进公正司法 维护公平正义——周强院长接受媒体集中采访答问实录》，《人民法院报》2013年7月5日，第1版。

保证权力正确行使。"①

习近平总书记提出了开放、动态、透明、便民四大公开标准。2015 年，习近平在《加快建设社会主义法治国家》一文中，对行政执法和司法提出了要解决"不透明"的问题，要求："推进严格执法，重点是解决执法不规范、不严格、不透明、不文明以及不作为、乱作为等突出问题……要全面推进政务公开，强化对行政权力的制约和监督，建立权责统一、权威高效的依法行政体制。""司法人员要刚正不阿，勇于担当，敢于依法排除来自司法机关内部和外部的干扰，坚守公正司法的底线。要坚持以公开促公正、树公信，构建开放、动态、透明、便民的阳光司法机制，杜绝暗箱操作，坚决遏制司法腐败。"② 这是对公开新的要求，也符合建立透明政府的大趋势。

《中共中央关于全面推进依法治国若干重大问题的决定》将习近平提出的司法公开"开放、动态、透明、便民"的标准和要求写入其中，进一步体现了人民主体地位和对满足人民知情权的重视，也反映了"杜绝暗箱操作"的要求。在公开的内容和方式上，要求"依法及时公开执法司法依据、程序、流程、结果和生效法律文书……加强法律文书释法说理，建立生效法律文书统一上网和公开查询制度"。这些内容和方式本身已经体现了"开放、动态、透明、便民"的基本要求，但是在实践中，还应当进一步探索符合这一要求的具体内容，如在审判公开、检务公开、警务公开、狱务公开中，具体有哪些司法依据、程序、流程、结果和生效法律文书是应当公开的，同时还要制定和出台"开放、动态、透明、便民"的具体标准。所谓"开放、动态、透明、便民"，其实是一个统一、完整的体系。开放，要求破除司法工作的神秘化，体现主动公开，对人民群众申请和要求公开的内容要积极回应。动态，要求司法公开及时、连续，永远在路上，只有起点，没有终点。透明，是最大限度公开的另一种表达方式，体现的是公开的内容要最大化。便民，是指司法公开的方式要方便当事人和其他诉讼参与人，简单实用，方便快捷，如能够通过网络办理的，就不要让人民群众多跑路，直接进行网上查询与答复，或者通过网络传递诉讼资料。互联网法院就是便民程度最大化的最好例证。

习近平总书记的讲话中和《中共中央关于全面推进依法治国若干重大问题的决定》中所提到的"公开"与"透明"不是简单的重复，公开是指主动公开，而透明是从知情权的角度，也即从人民群众感受到公开的角度来说的，是人民群众对司法机关由外向里观察到的公开，它体现的是人民主体地位和人民要求公开的权利。

---

① 《强化反腐败体制机制创新和制度保障 深入推进党风廉政建设和反腐败斗争》，《人民日报》2014 年 1 月 15 日，第 1 版。
② 习近平：《加快建设社会主义法治国家》，《求是》2015 年第 1 期，第 3－8 页。

三、我国司法公开取得的成绩

构建阳光司法机制作为推进全面依法治国、深化司法改革的重要内容，是促进司法公正的基础，也是保障公民司法知情权的体现。中国所推行的一系列前所未有的司法公开举措，是对世界人权事业的伟大贡献。

（一）审判公开

2009 年 12 月，最高人民法院印发《关于司法公开的六项规定》，提出了立案公开、庭审公开、执行公开、听证公开、文书公开、审务公开六大公开。2010 年 8 月 16 日，最高人民法院《关于庭审活动录音录像的若干规定》发布实施。2013 年，审判公开制度建设再次迎来新高峰，《最高人民法院关于公布失信被执行人名单信息的若干规定》《最高人民法院关于推进司法公开三大平台建设的若干意见》《最高人民法院关于人民法院在互联网公布裁判文书的规定》先后发布，对执行信息、审判流程、裁判文书等核心环节的信息公开提供了明确的规范指导，统一了公开标准，促进全国司法公开工作协调均衡发展。其中，《最高人民法院关于推进司法公开三大平台建设的若干意见》，就人民法院如何全面推进审判流程公开、裁判文书公开和执行信息公开三大平台建设提出了具体要求，明确了工作机制。建立统一的司法公开平台，有利于实现司法信息公开的集约化，方便公众快捷查询信息。

2017 年 3 月 1 日，《最高人民法院关于人民法院庭审录音录像的若干规定》施行，该文件是对 2010 年 8 月 16 日最高人民法院《关于庭审活动录音录像的若干规定》的补充。《最高人民法院关于人民法院庭审录音录像的若干规定》，注重适应互联网时代对司法公开的多元化需求，要求庭审活动全程同步录音录像，建设透明法庭，并借助诉讼服务平台为依法查阅庭审录音录像提供便利，开辟庭审公开新路径，同时注重发挥信息技术的优势，为提升审判质效助力。

2018 年 3 月 4 日，《最高人民法院关于人民法院通过互联网公开审判流程信息的规定》发布，这一规定于 2018 年 9 月 1 日起实施。根据这一规定，案件基本情况、审判组织情况、案件进展情况等审判流程信息要全面通过互联网对当事人公开。除涉及国家秘密以及法律、司法解释规定应当保密或者限制获取的审判流程信息以外，人民法院审判刑事、民事、行政、国家赔偿案件过程中产生的程序性信息、处理诉讼事项的流程信息、诉讼文书、笔录等四大类审判流程信息，均应当通过互联网向参加诉讼的当事人及其法定代理人、诉讼代理人、辩护人公开。诉讼文书、笔录随案"通过互联网向当事人及其法定代理人、诉讼代理人、辩护人公开"的做法，使当事人不必再等到案件审结后以申请查阅归档卷宗方式获得。公开内容由节点信息向实体材料进一步延伸，促进了审判流程信息公开更趋实质化。

2018 年 11 月 20 日，《最高人民法院关于进一步深化司法公开的意见》发布，对人民法院进一步深化司法公开提出了新的更高要求。为了推动开放、动态、透明、便民的阳光司法机制更加成熟定型，该意见提出了 31 条具体举措。概括起来，包括三大方面：一是建立完善司法公开内容动态调整制度，推进司法公开规范化、标准化建设，全方位拓展司法公开范围；二是健全司法公开形式，畅通当事人和律师获取司法信息的渠道；三是加强人民法院白皮书工作，加强人民法院政务网站建设管理，深化司法公开四大平台建设，发挥现代信息技术作用，增强司法公开平台服务群众和对外宣传功能，加强与新闻媒体良性互动，加强法院自有媒体建设和新闻宣传工作，巩固拓展司法公开平台载体，促进规范管理与功能优化。

2020 年 3 月，最高人民法院提出进一步深度运用司法公开"四大平台"。经过努力，开放、动态、透明、便民的阳光司法机制已经形成。[①]

推进审判流程公开。2014 年 11 月，中国审判流程信息公开网正式开通。截至 2022 年 7 月 31 日，中国审判流程信息公开网公开案件 7173.7 万件，公开率为 99.76%，公开信息项数量 45.44 亿个，网站访问量 7.4 亿次，共推送短信 4 亿余条，全国法院共发布公众栏目信息数量 538.5 万个。

推进庭审活动公开。2013 年 12 月 11 日，中国法院庭审直播网开通。截至 2022 年 7 月 31 日，全国各级人民法院依托中国庭审公开网，累计直播庭审已突破 1990 万场，网站总访问量突破 50 亿人次。

推进裁判文书公开。2013 年 7 月，最高人民法院开通中国裁判文书网，建立全国统一的裁判文书公开平台。2014 年 1 月 1 日起，各级人民法院的生效裁判文书陆续在中国裁判文书网公布。截至 2022 年 7 月 31 日，中国裁判文书网访问量 926.3 亿人次，用户覆盖 210 个国家和地区，超过 5.2 亿人次的访问量来自海外。

推进执行信息公开。2014 年 11 月，最高人民法院中国执行信息公开网开通。截至 2022 年 8 月，中国执行信息公开网累计公布失信被执行人 2448.26 万人次。

推进企业破产信息公开。2016 年 8 月，最高人民法院开通全国企业破产重整案件信息网。截至 2022 年 8 月，通过全国企业破产重整案件信息网公开的破产案件达 19.8 万件。

拓展司法公开的广度和深度。最高人民法院定期出版《最高人民法院公报》，发布知识产权司法保护、海事审判、环境资源审判、行政审判、司法改革、司法公开等白皮书，面向国内外公开司法文件、重大案件和法院工作情况。各级人民法院通过建设法院政务网站、法院微博微信、移动新闻客户端、院长信箱、代表委员联络平台、主题开放日活动等，进一步深化司法公开。2014 年 12 月 31 日，最高人民法院开通诉

---

① 中华人民共和国最高人民法院编：《中国法院的司法改革（2013—2022）》，人民法院出版社 2023 年版，第 40 页。

讼服务网。2013 年起，最高人民法院开通官方微博，截至 2022 年 8 月，新浪微博订阅用户总数达 1837.6 万余人，发布微博 11 万条。2013 年 11 月，最高人民法院官方微信公众号正式上线，截至 2021 年年底，订阅用户 315 万人。2015 年 1 月起，全国法院推行新闻发布例会制度。2013 年至 2022 年 8 月，最高人民法院召开新闻发布会 250 场，发布典型案例 2000 余个。[①]

我国的审判公开，覆盖法院工作各领域、各环节。开通审判流程、庭审活动、裁判文书、执行信息四大公开平台，在满足当事人知情权、参与权的同时，自觉接受监督，倒逼法官提升司法能力，让人民群众以看得见的方式感受公平正义，在国内外产生了广泛影响。

（二）检务公开

为了保障人民群众对司法工作的知情权、参与权和监督权，增强执法工作的透明度，规范执法办案行为，相关部门出台了很多文件来规范检务信息公开，形成了我国现有的检务公开规范制度。

1998 年 10 月，最高人民检察院下发了《关于在全国检察机关实行"检务公开"的决定》，通过 7 个条文，部署了全国检察机关的检务公开工作，是我国检务公开制度的开端。1999 年 1 月 4 日，《最高人民检察院关于"检务公开"具体实施办法》发布，要求检察人员在执行公务时必须履行告知义务，保障当事人对检务信息的知情权。之后，最高人民检察院下发了一些文件专门规定了信息通报制度和新闻发言人制度，如 2006 年 6 月最高人民检察院颁布的《关于进一步深化人民检察院"检务公开"的意见》，拓宽了检务公开的渠道，要求完善定期通报和新闻发言人制度。

为扩大检务工作公开审查的范围，2001 年 3 月 5 日，最高人民检察院公诉厅印发了《人民检察院办理不起诉案件公开审查规则（试行）》，要求对存在较大争议且在当地有较大社会影响的不起诉案件进行公开审查。2012 年 1 月 11 日最高人民检察院出台《人民检察院刑事申诉案件公开审查程序规定》，2013 年 3 月 22 日《最高人民检察院关于加强和改进刑事申诉检察工作的意见》发布，两个文件都对严格落实刑事申诉案件公开审查制度进行了规定。

此外，最高人民检察院还将检务公开的内容作为检察改革的重要组成部分纳入检察改革的规划运行之中。如 2000 年 2 月发布实施的《检察改革三年实施意见》（第一个检察改革规划）第 5 部分第 23 条、2005 年 9 月发布实施的《最高人民检察院关于进一步深化检察改革的三年实施意见》（第二个检察改革规划）第 16 条、2009 年 3 月最高人民检察院印发的《关于深化检察改革 2009—2012 年工作规划》（第三个检察

[①] 中华人民共和国最高人民法院编：《中国法院的司法改革（2013—2022）》，人民法院出版社 2023 年版，第 40 – 43 页。

改革规划），以及 2013 年 12 月 10 日最高人民检察院公布的《2014—2018 年基层人民检察院建设规划》，都将检务公开的内容作为检察改革的重要任务，对检务公开工作作出全面规划。

党的十八大以后，以习近平司法公开理念为指导，我国检务公开进入了新时代。2014 年 10 月 1 日起开始施行的《人民检察院案件信息公开工作规定（试行）》，是党的十八届三中全会以后我国全面深化检察改革的重要成果，主要规定了全面推行案件程序性信息网上查询、健全重要案件信息发布机制、加大法律文书公开力度三个方面的内容。2015 年 2 月 28 日出台的《最高人民检察院关于全面推进检务公开工作的意见》是较为全面的直接规定检务公开的重要文件。在这个文件中，除了要求公开检察机关流程信息、终结性法律文书，还要求公开发布检察政务信息、检察队伍信息、重要案件信息，这是前所未有的进步。

2021 年 9 月，最高人民检察院公布实施《人民检察院案件信息公开工作规定》，该规定共 7 章 27 条，旨在进一步规范检察机关案件信息公开工作，切实增强检察机关司法办案的透明度。首先，该规定进一步扩大了检察机关公开案件信息的范围，在原有的检察机关主动向社会发布刑事案件相关信息的基础上，增加了向社会发布关注度高、影响较大的民事检察、行政检察、公益诉讼案件办理情况的规定，实现了检察机关"四大检察"办案情况主动向社会公开的全覆盖。其次，扩大了法律文书公开的种类。在原有公开文书种类的基础上，将法律文书公开种类扩大到刑事案件起诉书、抗诉书、不起诉决定书、刑事申诉结果通知书，民事抗诉书、再审检察建议书、不支持监督申请决定书、复查决定书、终结审查决定书等民事检察法律文书，行政抗诉书、再审检察建议书、不支持监督申请决定书、终结审查决定书等行政检察法律文书，民事公益诉讼起诉书、行政公益诉讼起诉书。再次，在努力加强案件信息公开工作的同时，更加注重对于涉案人民群众隐私权的保护。《人民检察院案件信息公开工作规定》强调："侵害未成年人犯罪的案件信息，一般不予公开，确有必要公开的，应当依法对相关信息进行屏蔽、隐名等处理。"最后，《人民检察院案件信息公开工作规定》还新增"业务数据发布"章节，明确对于检察机关的数据信息应当通过多种渠道、方式主动向社会发布。

根据 2018 年 3 月的《最高人民检察院工作报告》，自党的十八大至 2017 年，全国四级检察机关 3662 个检察院已实现"六个全覆盖"：一是案件信息公开系统全覆盖，二是电子卷宗系统全覆盖，三是远程视频接访全覆盖，四是微博、微信、新闻客户端全覆盖，五是新闻发言人全覆盖，六是检察开放日活动全覆盖。[①] 检务公开形式

[①]　《全国四级检察机关 3662 个检察院已实现"六个全覆盖"》，最高人民检察院网 2017 年 11 月 1 日，https://www.spp.gov.cn/zdgz/201711/t20171101_203920_shtml，最后访问日期：2022 年 3 月 10 日。

多样化，体现了开放主动的公开立场，实际上创设了向全社会公开（如通过网络平台）、向特定民意代表（人民监督员、执法监督员）公开、向诉讼参与人（当事人及其辩护人、代理人）公开等多种形式，将刑事执法机关信息最大限度公开，是世界各国执法信息公开的典范。

2014 年 10 月，最高人民检察院案件信息公开网上线运行，网站设有案件程序性信息查询、重要案件信息发布、法律文书公开和辩护与代理预约申请等平台。2019 年 9 月 11 日 22 点，该网站关闭，所涉及的业务迁移到"12309 中国检察网"。"12309 中国检察网"是一个由案件信息公开、网上信访、代表委员联络、办事指南、中国检察听证网等多个模块组成的网站，点击"案件信息公开"模块，可以进入查询案件程序性信息、重要案件信息和法律文书，辩护人、诉讼代理人还可以通过该页面申请阅卷、会见，申请变更或解除强制措施，申请收集调取或提供证据材料，要求听取意见等，形成了大量的案件信息。

我国检察机关是法律监督机关，也是刑事执法机关，要保证检察机关自觉接受人民群众和社会各界的监督，保证检察机关公正司法，其检务信息应当向社会公开。我国检察机关看到了这个问题，独创性地通过"检务公开"制度，将检务信息向社会公开，体现了我国检察机关重视检察民主、对人民高度负责的精神。

（三）警务公开

1979 年《刑事诉讼法》确立的"不立案告知制度"拉开了公安机关警务公开改革的序幕，历经 40 余年的发展，警务公开已经发生了质的转变：一是警务公开的信息范围从格式信息向非格式信息转变[①]；二是警务公开的阶段从立案阶段向立案、侦查阶段转变。

1998 年 5 月，公安部发布《公安机关办理刑事案件程序规定》，第 156 条、第 159 条、第 162 条及第 164 条规定，公安机关应根据不同情形制作《接受案件登记表》《刑事案件报告书》《不予立案通知书》《不立案理由说明书》，并且必须将后两类文书告知控告人。上述规定是我国警务公开改革的雏形，公开的执法信息特别是非格式信息集中于立案阶段，包括控告人在内的特定对象有权知悉刑事案件是否已经被立案及不立案的理由。

1999 年 6 月，公安部发出了《关于在全国公安机关普遍实行警务公开制度的通知》，决定在全国公安机关普遍实行警务公开制度。该通知明确规定公安机关应当向社会公布执法依据、程序、律师及诉讼参与人的权利与义务，并提出要建立和完善新

---

① 公安机关公开的立案信息分为格式信息与非格式信息。格式信息包括公安机关的执法依据、程序以及诉讼参与人的权利、义务等，非格式信息主要指公安机关是否立案、不立案的理由、案件进展信息、办案民警信息等。参见高一飞、高建：《论公安机关刑事立案公开之改革》，《中国人民公安大学学报（社会科学版）》 2012 年第 5 期，第 42 - 52 页。

闻发言人制度、群众评议制度，及时向社会发布、通报警务工作。令人遗憾的是，该通知所强调的是向社会发布格式信息，并未提及应当向诉讼参与人告知非格式信息，而这恰恰是最为关键和重要的。

2005年7月，公安部刑侦局下发的《关于实行"办案公开制度"的通知》作出了一些突破，明确公安机关在办理刑事案件过程中应主动或配合公布的信息范围，其中不乏侦查阶段的非格式信息。与第一阶段的改革成果相比，本阶段的进步之处在于：其一，格式信息应当全面公开。立案阶段与侦查阶段的格式信息都应当及时告知，如此，在有法可依的前提下，公众才能明晰公安机关是否依法办事。其二，有限度地公开非格式信息。破案回告和命案进展回告机制的设立将执法公开推进至侦查阶段，健全了公安机关执法公开体系。其三，遵循信息公开的比例原则。

2012年8月，公安部颁布了第一部全面规范公安机关执法公开工作的规范性文件《公安机关执法公开规定》，全力推进警务公开改革。在吸收和发展《关于实行"办案公开制度"的通知》合理内容的基础上，《公安机关执法公开规定》从信息公开主体、信息公开对象、信息公开内容、信息公开方式、信息公开时限、信息公开监督、信息公开责任、信息公开例外8个方面规范了警务信息的公开程序。[①] 与前述文件相比，这8个方面都有自己的进步之处，如公开对象日益多元化、公开方式越发多样化等。

2015年2月，中央审议通过《关于全面深化公安改革若干重大问题的框架意见》，总结了深化公安改革7个方面的主要任务、100多项改革措施，例如完善执法权力运行机制、将警务公开改革向纵深推进等。

2018年8月，公安部发布新修订的《公安机关执法公开规定》，新的规定于2018年12月1日起执行，修改的内容有：明确规定公安机关所有的执法信息（包括行政和刑事执法信息）公开都适用《政府信息公开条例》、将通过互联网向社会和特定办事人员公开执法信息规定为法定义务、规定了一系列防止不当公开的措施和程序等。这一文件，回应了实践中刑事执法公开是否应当适用《政府信息公开条例》、是否可以对公安机关刑事执法信息公开提起行政诉讼、通过互联网公开执法信息是否应当成为公安机关新的义务和责任等重大问题，对公安机关执法公开提出了新的任务和要求，是中国信息公开立法历史上的一个重大事件。

警务公开是一个体系化的公开，涉及公开主体、公开内容、公开方式、公开对象等诸多事项，经过长时间的自我革新，《关于在全国公安机关普遍实行警务公开制度的通知》《关于实行"办案公开制度"的通知》《公安机关执法公开规定》等规范性

---

① 如《公安机关执法公开规定》第8条、第9条、第10条规定了信息公开的内容，第13条规定了公开的方式，第14条规定了公开的主体。

文件已经构筑了警务公开的基本框架。但为了更好地回应人民群众的期待，践行全面深化公安机关改革的要求，警务公开框架还有一定的完善空间。

2008 年至今，公安部每年都公布上一年度的信息公开情况。根据《公安部政府信息公开工作年度报告（2017 年度）》①，自 2017 年 1 月 1 日起至 2017 年 12 月 31 日止，"公安部共主动公开政府信息 33827 条。其中，规范性文件 26 项，行政执法流程、进展、结果和网上公开办事 14 项，便民措施及解读 10 条，行政审批改革和行政决策、管理、许可 11 项，干部招录任免信息 7 项，重要工作和专项行动信息 33466 条，国际警务执法合作协定 4 项，公共财政资金信息 282 项，公安统计数据 7 项"。依申请公开政府信息和不予公开政府信息方面，"2017 年，公安部共收到政府信息公开申请 725 件。其中，涉及人事信息和机构设置 8 件，纪检工作 4 件，督察工作 17 件，经侦工作 9 件，治安管理 33 件，刑侦工作 9 件，出入境管理 7 件，消防管理 5 件，网络管理 117 件，监所管理 1 项，交通管理 30 件，法制工作 46 件，信访工作 372 件，公共财政资金 7 件，禁毒管理 2 件，科技信息化管理 4 件，个案咨询等其他方面 54 件"。

当然，《公安机关执法公开规定》的内容尽管符合司法公开的潮流，但非格式信息公开可能成为公安机关的一项权力而非义务，特定对象可能无法如期获知非格式信息。虽然《公安机关执法公开规定》要求公安机关向社会公众和特定对象公开范围广泛的执法信息，但当这项权利受到执法机关侵犯时，在现有文本框架内，实现公众尤其是特定对象刑事执法信息知情权更多地有赖于执法者的自律能力。

（四）狱务公开

党的十八届四中全会第一次将狱务公开写进了党的文件，但事实上，在这之前狱务公开实践早已存在了 20 多年。在 1988 年，河南省第一监狱在罪犯减刑、假释工作中推行了"三公开、一推荐"制度，该制度在全国引起较大反响，并逐渐在全国全面推广。不过，那个时期的狱务公开尚属于地方监狱做法，没有形成制度规定，在内容上也并不系统、全面，仅涉及部分狱务信息的公开。

到 1998 年年初，浙江省监狱系统在乔司监狱、第二监狱、第五监狱开始狱务公开试点，浙江省监狱系统形成了一套完整的狱务公开制度。同样在 1998 年年初，北京市监狱系统开始向罪犯公开监狱执行刑罚的办事制度、办事程序、办事结果。1998年年底，山西省监狱局向社会公布"山西省监狱系统文明执法向社会公开承诺的十项内容"。1999 年 3 月，内蒙古自治区监狱系统举行新闻发布会，就文明管理、热情服务、公正执法等方面向社会作出 15 条承诺，决心在推行狱务公开的过程中，严格信守诺言，忠实履行职责，不断提高执法水平。

---

① 《公安部政府信息公开工作年度报告（2017 年度）》，公安部政府信息公开网 2018 年 3 月 30 日，http：//app. mps. gov. cn/gdnps/pc/content. jsp? id = 7460409，最后访问日期：2022 年 3 月 20 日。

经过了 10 年实践和经验总结，1999 年 7 月，司法部下发了《监狱系统在执行刑罚过程中实行"两公开、一监督"的规定（试行）》，这是我国第一个要求监狱系统执行刑罚过程实行公开的规范性文件，其明确规定了 7 项需要公开的内容，对公开的形式也作出了具体的列举。

随着我国法治建设的推进，狱务公开的必要性和重要性也逐渐突显出来。2001 年 8 月 8 日至 11 日，司法部在武汉市召开了全国监狱系统狱务公开工作会议，时任司法部副部长范方平在会上指出，狱务公开就是监狱执法的主要依据、程序和结果，通过一定的形式，向罪犯及其亲属和社会公众公布并接受广泛监督的一种执法活动。

2001 年 10 月 12 日，《司法部关于在监狱系统推行狱务公开的实施意见》下发，该文件首次把狱务公开以法律的形式确定下来，为我国各级监狱机关广泛开展狱务公开工作提供了法律支持。

党的十八届四中全会以来，党和国家越来越重视阳光司法机制，为进一步增强监狱执法的透明度，2015 年 4 月 1 日，《司法部关于进一步深化狱务公开的意见》下发，对狱务公开的原则、内容、方式和方法进行了全面部署，使狱务公开更为细致化、规范化和科学化。该意见将公开对象分为三种，即罪犯、罪犯近亲属、社会公众，按照不同对象对公开内容作出了细化规定，同时按照公开对象、内容的不同对公开方式作出了区别规定。除此以外，由于我国存在不同于其他国家的监狱检察制度，检察机关成为狱务公开的第四种对象。

狱务公开作为阳光司法机制的内容之一，是我国司法公开的重要组成部分。尽管到目前为止，同警务公开一样，狱务公开没有相关专门法进行规范，而是由《司法部关于进一步深化狱务公开的意见》来规定的，但是狱务公开所取得的成绩是有目共睹的，其伟大的机制创新，尤其是我国的监狱检察制度，为世界监狱制度贡献了中国智慧和中国方案。

中国的监狱检察制度，即监狱信息向检察机关公开的制度，与国外仅仅依靠特定时间的巡视监督相比，具有对监狱监督的特殊优势。检察机关监督意味着，监狱警察在执法的同时，也受法律同行的监督。党的十八届四中全会通过的《中共中央关于全面推进依法治国若干重大问题的决定》，首次提出"健全公安机关、检察机关、审判机关、司法行政机关各司其职，侦查权、检察权、审判权、执行权相互配合、相互制约的体制机制"，将原来的"三机关配合与制约原则"发展为"四机关配合与制约原则"，对检察机关与司法行政机关（包括监狱）的关系作了全新的概括。目前，我国的监狱检察制度已经形成了成熟的体制机制，在实践中也取得了良好的效果。检察机关监督监狱的体制及其实践经验和成就，是中国对世界司法人权事业的贡献。加强对监狱的检察监督，也是将来我国检察权改革的方向。

2016 年 5 月 17 日，习近平总书记在哲学社会科学工作座谈会上发表重要讲话，他指出："当代中国的伟大社会变革，不是简单延续我国历史文化的母版，不是简单套用马克思主义经典作家设想的模板，不是其他国家社会主义实践的再版，也不是国外现代化发展的翻版，不可能找到现成的教科书。我国哲学社会科学应该以我们正在做的事情为中心，从我国改革发展的实践中挖掘新材料、发现新问题、提出新观点、构建新理论。"① 狱务公开正是在当代中国的伟大社会变革中产生、发展的司法改革创举，是监督监狱执法权力、保障罪犯人权的中国方案和中国智慧。

党的十八大以来，全国监狱系统根据社会公众、罪犯近亲属和罪犯等公开对象的不同需求，不断深化狱务公开内容。对社会公众主要公开监狱执法、管理过程中的条件和程序，以及监狱罪犯减刑、假释、暂予监外执行结果等 22 项社会关注度较高的监狱执法领域的重点内容；对罪犯近亲属，除向社会公众公开的内容外，还依法公开监狱对罪犯实行分级处遇、考评、奖惩等 10 项具体涉及罪犯权利义务的信息；对罪犯，除向社会公众和罪犯近亲属公开的内容外，还以监区或分监区为单位，向罪犯依法公开监狱执行刑罚和管理过程中的法律依据、程序、结果，以及对结果不服或者有异议的处理方式等执法管理信息。与此同时，各地监狱还创新运用信息查询终端、电子显示屏、手机短信、政务微博、微信公众平台、服务热线等新媒体、新手段，拓宽公开渠道，使罪犯近亲属和社会公众能够更加方便、快捷、及时地获得公开信息。

全国监狱系统采取多种措施，不断探索完善狱务公开工作制度。例如：各地普遍实行罪犯权利义务告知制度，监狱在罪犯入监后，通过发放罪犯服刑指导或罪犯权利义务告知书等方式告知其相关权利义务；强化公示制度，监狱严格依法对罪犯计分考评、分级处遇等信息进行公示，及时处理相关异议；健全完善执法监督员聘任制度，邀请执法监督员列席在社会上有重大影响等案件评审会议，或参与旁听罪犯减刑、假释案件的开庭审理；建立完善门户网站和执法办案平台工作制度，各省级监狱管理机关设立门户网站，除公开监狱提请罪犯减刑、假释建议书和暂予监外执行决定书外，其他向社会公开的信息都在门户网站上公开发布；等等。

（五）中国司法公开的经验和展望

中国的司法公开体现了主动公开和积极公开。中国的执法司法机关与其他国家相比，体现了更多的主动性和积极性。如在庭审公开方面，英国和美国的司法系统主张法院庭审要公开举行，但是法院要与媒体保持距离来保障司法的独立性。虽然允许媒体代表到场报道，但是一般不会主动发布庭审现场的图文信息和录音录像。中国的法院则是通过自己的审判管理人员专门组织庭审直播，有的案件在庭审中通过微博发布书记员的庭审记录和部分现场录像，有的直接通过视频全面直播。由法院官方组织的这种直播与西方国家允许媒体记者发布庭审现场信息的方式相比，更加及时、全面、

---

① 习近平：《习近平著作选读（第一卷）》，人民出版社 2023 年版，第 484 页。

准确和权威。例如，法院在适当延时的情况下，经现场审查把关，通过微博发布书记员的现场记录，这是任何记者的记录都无法相比的。

中国的司法公开体现了信息化、电子化、数据化特征。司法机关通过新闻发布会、政务网站、微博、微信、新闻客户端等，创新了司法公开的形式和内容。第一，司法公开方式实现跨界融合。各级人民法院以建设"智慧法院""电子法院"为契机，大力推动司法公开与"互联网＋"的跨界融合，以实时、迅捷、海量、互动、体验为核心的互联网思维推进司法公开工作。第二，司法公开信息实现深度应用。司法公开与诉讼服务实现全面对接，依托信息化手段，提升人民群众获取司法信息、了解司法动态、参与司法过程、监督司法活动、反馈司法评价的便捷性和有效性；依靠大数据和云计算技术，对相关数据进行抓取和分析，统计类型化案件的司法规律，了解社会司法认知和评价，分析公众司法需求和期待。

公开司法信息应当全面落实"公开为原则、不公开为例外"的基本准则。除涉及国家秘密、商业秘密及个人隐私的信息外，应当主动、全面地公开司法执法信息。此外，也应当认识到，"公开为原则、不公开为例外"不等于选择性公开，人为地"屏蔽"负面消息显然与该原则的宗旨不符。今后，人民法院在宣扬正面信息时，也应主动公开负面信息，如法院审判人员和工作人员违法违纪处理情况等。目前，只有检察机关要求司法政务与队伍建设信息公开，其他机关没有对这两方面进行规定。但遗憾的是，在检察机关的报告和网络中，政务信息公开也不完全、不充分。目前，迫切需要将刑事执法机关的执法信息与政务信息区分，政务信息公开是任何广义政府机关都应当承担的义务，不应当与执法信息混同，政务信息应当被纳入《政府信息公开条例》①的范围，而且应当及时公开并在年度报告中公开。

要规范窗口建设，解决司法机关"门难进"的问题。我国司法机关通过窗口建设和司法公开大厅建设已经让政法机关向民众开放，方便了群众办事和近距离监督。现在，就连长期不为人熟知的监狱，也在司法公开的浪潮中"敞开了大门"，通过组织开放日活动，接待社会各界人士。早在 2009 年 12 月，最高人民法院发布的《关于进一步加强人民法院"立案信访窗口"建设的若干意见（试行）》，就指出"立案信访窗口"是人民群众表达诉求、参与诉讼、解决纠纷的重要场所，也是人民法院了解社情民意、服务涉诉群众、联系社会各界的桥梁纽带，并规定立案信访窗口有 8 项具体功能，同时对立案信访窗口的基础设施、工作制度、岗位要求、行为规范、接待用语

---

① 《政府信息公开条例》第 54 条规定："法律、法规授权的具有管理公共事务职能的组织公开政府信息的活动，适用本条例。"第 55 条第 1 款规定："教育、卫生健康、供水、供电、供气、供热、环境保护、公共交通等与人民群众利益密切相关的公共企事业单位，公开在提供社会公共服务过程中制作、获取的信息，依照相关法律、法规和国务院有关主管部门或者机构的规定执行。全国政府信息公开工作主管部门根据实际需要可以制定专门的规定。"由此可见，司法机关如人民法院、检察院等反而不在《政府信息公开条例》的适用主体之列。

作了规定，甚至附录了"立案信访窗口文明用语"和"立案信访窗口禁用语"的具体内容。人民法院场所公开的做法，值得检察机关、公安机关和监狱在窗口建设中予以借鉴。四大司法机关都应当根据各自的特点，颁行大厅建设方案和管理规则，实现场所公开，方便群众办事和监督，更好地解决"进门难"的问题。

司法机关在主动公开之外，还应当"主动接受监督"，对没有公开但是人民群众提出公开要求的，应当认真审查，慎重作出是否公开的决定。既要有主动公开，也要接受依申请的公开。主动接受监督的前提之一是，司法信息应当全面、充分公开，否则，人民群众依然需要向信息发布机关索取信息，结果主动监督变成了被动监督。如人民法院通过裁判文书网发布裁判文书时偏重事实论述，弱化证据分析与论证，看完裁判文书后，除裁判结果，人民群众依然不明白裁判理由。因此，应当尽可能地向社会公开全面、充分的司法信息，让公开的信息直接发挥答疑解惑的作用。

一种无法诉诸法律保护的权利，实际上就不是法律权利。当前，实现公众尤其是特定对象的司法信息知情权更多地依赖司法者的自律能力。而司法公开权利的救济仍存在因司法公开的规范性文件效力等级偏低而难以发挥强制性作用、没有将行政复议和行政诉讼列为权利救济途径以及权利救济成效不明显等问题。今后，我国应出台统一的"信息公开法"，将司法信息列为信息公开范围，并规定对司法机关不公开司法执法信息的行为可以提起行政复议或行政诉讼，增强公民知情权的可救济性。

结　语

中国的司法公开，与我国司法为民的理念和党的群众路线紧密相连。在中国，要实现全面司法公正，是一个庞大的系统工程。对司法权力进行监督，防止司法腐败和司法不公，既要通过将司法权力关进制度的笼子，又要通过将司法权力放在阳光下运行来实现。相对于权力运行机制改革，司法公开改革触及的利益和问题相对间接，但收效最快。司法公开是司法权力运行机制改革的前提和基础，将司法公开作为司法改革的前沿性任务，是明智务实之举。

中国的司法公开，充分体现了中国特色和制度优势，体现了司法公开以人民为中心，与时俱进满足人民的期待和要求。在国际上，中国司法公开的成绩是中国对世界人权事业和司法文明的贡献，其经验值得域外国家和地区借鉴。但中国全面推进司法公开的道路还很长，应当在习近平新时代中国特色社会主义思想的指引下，不断拓展司法公开的广度、深度和力度。

第十七章
人民监督员制度

　　人民检察院是我国的公诉机关，也是我国《宪法》规定的法律监督机关，监督其他司法机关的诉讼活动。对于人民检察院侦查的职务犯罪案件，检察机关既负责侦查，也负责批捕、审查起诉和侦查监督，"谁来监督检察机关"的问题在实践中并未得到良好的解决。如果公权力运作的过程不公开、不透明，缺少其自身以外的力量进行限制，就容易滋生腐败。① 为了加强对人民检察院的外部监督，切实防止和纠正检察机关在查办职务犯罪的工作中出现执法不公等问题，2003 年 8 月 29 日，时任最高人民检察院检察长贾春旺在"人民监督员试点工作会议"上说："必须正视查办职务犯罪工作中存在的问题，认真回答'谁来监督检察机关'的问题。"② 以这次"人民监督员试点工作会议"为标志，一项旨在监督人民检察院职务犯罪案件办案活动的新制度——人民监督员制度正式诞生。

　　人民监督员制度自诞生起，共经历了先期试点、扩大试点、全面实施、深化改革四个发展阶段，最高人民检察院分别在 2003 年、2010 年、2015 年和 2019 年出台了四个规定。在 2019 年改革以前的三次改革中，人民监督员只监督检察机关自行侦查的职务犯罪案件，监督范围集中在刑事案件领域。

一、人民监督员制度的改革历程

（一）先期试点阶段："三类案件""五种情形"

　　2003 年 10 月 15 日，《最高人民检察院关于人民检察院直接受理侦查案件实行人民监督员制度的规定（试行）》③ 发布，决定在 10 个省、自治区、直辖市的检察机关开展人民监督员试点工作。全国共有 10 个省级院、105 个地市级院、510 个区县院，共 625 个检察院试点人民监督员制度，这是对人民监督员监督的第一次探索。

---

① 黄凤兰、甫玉龙：《论加强公民权遏制公权力腐败的法律完善》，《理论前沿》2006 年第 17 期，第 22 页。
② 谢文英：《人民监督员制度：十年探索，回答谁来监督检察机关》，《检察日报》2013 年 3 月 4 日，第 6 版。
③ 2004 年，最高人民检察院第十届检察委员会第二十三次会议对该文件进行了修订，文件名称发生了变化，正式发布的文件为《最高人民检察院关于实行人民监督员制度的规定（试行）》。

《最高人民检察院关于人民检察院直接受理侦查案件实行人民监督员制度的规定（试行）》将人民监督员监督范围规定为人民检察院查办职务犯罪案件过程中的"三类案件"①"五种情形"②。以监督效力分类，前者为刚性监督，后者为柔性监督。从监督的种类与范围上看，主要集中在司法实践中争议较大、问题较多、容易造成司法不公的案件。设置以上"三类案件""五种情形"的原因如下：

第一，解决职务犯罪案件办理中权力过度集中的问题。刑事案件的检察权由对职务犯罪的侦查权、公诉权、诉讼监督权（包括执行监督权）三项具体职权组成。《宪法》和《刑事诉讼法》都要求公、检、法三机关在办理刑事案件中要分工负责、相互配合、相互制约。但在职务犯罪中，检察机关集职务犯罪侦查权、批准逮捕权、提起公诉权、侦查监督权于一身（自侦、自捕、自诉、自我监督），这导致检察机关在办理该类案件时的权力过于集中。虽然检察机关内部由不同的部门行使上述四大权力，但各部门毕竟属于同一机关，在"检察一体化"的情况下，难以解决权力制衡的问题。

检察机关在职务犯罪案件中拥有的权力越大，其滥用权力的可能性就越大。权力制约是宪法固有的价值之一，但在职务犯罪领域，由于权力对权力直接制约的缺位，发挥人民监督员监督权力的制约作用就具有特别重要的意义。③ 人民监督属于人民的代表，其虽不是专业的司法人员，但可以从不同的角度分析案件，将检察官的法律专业评判同公众的内心良知有机结合，客观上限制了检察官的自由裁量空间④，回应了社会上"谁来监督监督者"的问题。

第二，对检察机关自侦案件中的重大决定权更应当加强监督。"三类案件"针对的是，人民检察院在自侦案件中行使逮捕权、撤销案件权、不起诉权的情形。检察机关的逮捕权具有司法权的性质，在侦查机关和被追诉方之间充当第三者的角色，需要独立、中立地行使这一权力。⑤ 但在检察机关自侦案件中，检察机关的批捕部门对本单位的侦查部门行使批捕权，难以做到中立和独立，其审查批捕程序容易流于形式。而撤销案件权和不起诉权是终结性的处理权，决定一旦作出，追诉就已经结束，一旦

---

① "三类案件"是指人民检察院在查办职务犯罪过程中遇到的三种情况：（1）人民检察院对于犯罪嫌疑人作出的逮捕决定，犯罪嫌疑人不服从的；（2）人民检察院作为侦查机关时，拟撤销案件的；（3）人民检察院作为公诉机关时，拟不起诉的。

② "五种情形"是指人民监督员发现人民检察院在查办职务犯罪案件中具有的五种情形：（1）应当立案而不立案或者不应当立案而立案的；（2）超期羁押的；（3）违法搜查、扣押、冻结的；（4）应当给予刑事赔偿而不依法予以确认或者不执行刑事赔偿决定的；（5）检察人员在办案中有徇私舞弊、贪赃枉法、刑讯逼供、暴力取证等违法情况的。

③ 韩大元、王晓滨：《人民监督员制度的宪法学思考》，《国家检察官学院学报》2005年第1期，第65页。

④ 石世安：《人民监督制度设置的法理基础及现实需要》，《检察实践》2004年第4期，第14页。

⑤ 高一飞：《从部门本位回归到基本理性——对检察机关职权配置的思考》，《山西大学学报（哲学社会科学版）》2008年第6期，第87页。

终结追诉，案件进行再追诉时就容易产生证据消失、再取证困难等问题。由同一机关行使这一权力，容易导致滥用职权放弃追诉，形成司法腐败。因此，检察机关以上三种权力容易造成暗箱操作、司法不公，需要加强监督。

第三，对检察机关自侦案件的关键环节应当加强监督。检察机关自侦案件中哪些环节容易出问题，是一个现实的、中国化的问题。五种情形针对的内容是，立案中当立不立，超期羁押，违法搜查、扣押、冻结，应赔不赔，检察人员违法办案。以上情形都是当时在职务犯罪案件中容易出现问题、引起人民群众强烈不满的环节，应当有针对性地加强监督。

为解决上述问题，检察机关建立了内部制约监督机制。其内部监督主要有三个方面：一是上下级检察机关之间的层级监督；二是通过制定规章制度来规范各部门；三是检察机关内部立案、侦查、批捕、起诉几大环节之间的职权分工。然而，在"检察一体化"的体制下，监督只是其中一个方面，上下一体、左右联动的一体化合作才是主流关系，内部监督效果有限。民众参与检察，是克服检察权在产生之初就具有的天然优势的一个有效途径。① 我国检察机关本来就存在广泛的外部监督，包括党的监督、人大监督、政协的民主监督、群众监督、舆论监督等，但是这些都是事后监督，缺乏对办案过程的外部监督。由人民监督员监督检察机关具体办案活动，具有其他外部监督及内部监督所不具备的功能，改变了检察机关在直接办理侦查案件过程中缺乏有效外部监督的格局。

（二）扩大试点阶段："七种情形"

从 2003 年 9 月启动人民监督员制度试点到 2010 年 10 月，经过 7 年探索实践，经中央同意，最高人民检察院决定在检察机关全面推行人民监督员制度。② 2010 年 10 月 29 日，《最高人民检察院关于实行人民监督员制度的规定》发布，要求各级检察机关全面推行人民监督员制度。该规定的发布，标志着人民监督员制度进入"全面推行"阶段。

《最高人民检察院关于实行人民监督员制度的规定》将人民监督员的监督范围扩大到检察机关查办职务犯罪案件工作中具有终局性决定权的主要环节，调整后的监督范围主要包括"七种情形"。③ 该规定与 2003 年《最高人民检察院关于人民检察院直接受理侦查案件实行人民监督员制度的规定（试行）》相比，具有如下特点：

---

① 高一飞：《人民监督员制度的正当性探讨》，《贵州民族学院学报（哲学社会科学版）》2005 年第 1 期，第 58 页。
② 徐盈雁：《高检院部署全面推行人民监督员制度》，《检察日报》2010 年 10 月 29 日，第 1 版。
③ "七种情形"是指人民监督员对人民检察院办理直接受理立案侦查案件的七种情形实施监督：（1）应当立案而不立案或者不应当立案而立案的；（2）超期羁押或者检察机关延长羁押期限决定不正确的；（3）违法搜查、扣押、冻结或者违法处理扣押、冻结款物的；（4）拟撤销案件的；（5）拟不起诉的；（6）应当给予刑事赔偿而不依法予以赔偿的；（7）检察人员在办案中有徇私舞弊、贪赃枉法、刑讯逼供、暴力取证等违法违纪情况的。

第一，人民监督员对检察机关的监督力度有所加强。2003 年《最高人民检察院关于人民检察院直接受理侦查案件实行人民监督员制度的规定（试行）》将人民监督员的监督范围规定为"三类案件""五种情形"，而 2010 年《最高人民检察院关于实行人民监督员制度的规定》统一为"七种情形"。前者之所以将监督范围分为两个方面，是为了对监督力度进行更好的区分。对"三类案件"的监督属于刚性监督，即只要出现"三类案件"的情形，人民监督员就应当进行监督。而"五种情形"则不属于刚性监督，人民监督员可以"提出意见"，也可以"不提出意见"，这就可能会造成在实践中对"五种情形"监督不足的问题。2010 年《最高人民检察院关于实行人民监督员制度的规定》将"五种情形"全部纳入刚性监督的范围，统一合并规定为"七种情形"，只要出现规定的情形，人民监督员就应当进行监督。

第二，对人民监督员监督范围的规定更加全面和完善。2010 年《最高人民检察院关于实行人民监督员制度的规定》与 2003 年《最高人民检察院关于人民检察院直接受理侦查案件实行人民监督员制度的规定（试行）》相比，在监督范围上更加全面和完善，并对部分内容进行了修改，涉及"超期羁押""违法搜查、扣押、冻结"两个内容：在调整之前，人民监督员可以对超期羁押进行监督；调整之后，人民监督员还可以对犯罪嫌疑人不服检察机关延长羁押期限决定进行监督。以前只规定人民监督员可以对人民检察院采取的违法搜查、扣押、冻结这一行为进行监督；调整后人民监督员不仅可以对上述行为进行监督，还可以对违法处理扣押、冻结款物的行为进行监督。其监督范围几乎涵盖了人民检察院在职务犯罪侦查过程中的所有关键环节。

第三，取消对逮捕决定的监督。2010 年《最高人民检察院关于实行人民监督员制度的规定》取消了"三类案件"中"人民检察院对于犯罪嫌疑人作出的逮捕决定，犯罪嫌疑人不服从的"这一情形，这是此次监督范围调整中一个比较突出的变化。这样改革的动因，最高人民检察院有关负责人有过明确的解释，主要是因为 2009 年 9 月人民检察院进行了对自侦案件的批捕权上提一级的改革①，"审查逮捕权上提一级有效解决了犯罪嫌疑人不服逮捕决定案件的监督问题。若再保留，意义不大，还可能增加办案时限压力"②。所以，这一内容的取消主要是从必要性角度来考虑的，同时考虑了效率问题。

（三）全面实施阶段："十一种情形"

党的十八届四中全会提出："完善人民监督员制度，重点监督检察机关查办职务犯罪的立案、羁押、扣押冻结财物、起诉等环节的执法活动。"2014 年 9 月，为贯彻

---

① 2009 年 9 月 2 日，最高人民检察院发布了《关于省级以下人民检察院立案侦查的案件由上一级人民检察院审查决定逮捕的规定（试行）》。
② 赵阳：《我国全面推行人民监督员制度 统一选任打破人民监督员熟人化瓶颈》，《法制日报》2011 年 2 月 15 日，第 5 版。

落实党的十八届三中、四中全会关于人民监督员制度改革的有关精神，最高人民检察院联合司法部在北京等 10 个省级地区部署开展了人民监督员选任管理方式改革试点工作。2014 年 9 月 5 日，最高人民检察院下发《人民监督员监督范围和监督程序改革试点工作方案》①，同年 9 月 10 日，最高人民检察院、司法部印发《关于人民监督员选任管理方式改革试点工作的意见》。2015 年 2 月，习近平总书记主持召开中央深化改革领导小组第十次会议时强调："要认真总结人民监督员监督范围、监督程序试点和人民监督员选任管理方式改革试点经验做法，在人民监督员选任方式、监督范围、监督程序、知情权保障等方面深化改革。"② 改革人民监督员制度成为新一轮司法改革的重要内容。自 2014 年 9 月至 2015 年，10 个试点省级地区共完成选任新一届人民监督员 5300 余名，其中省级院人民监督员 853 名、市级院人民监督员 4450 余名，选任管理职能移交工作基本完成。10 个试点省份已经按照新的改革精神组织案件监督 1179 件，其中启动对"犯罪嫌疑人不服逮捕决定"等新增的 4 种监督情形监督 19 件、复议 1 件。③

在几个月试点的基础上，2015 年 3 月 7 日，最高人民检察院、司法部印发《深化人民监督员制度改革方案》。2016 年 7 月 5 日，《最高人民检察院关于人民监督员监督工作的规定》发布，这一规定贯彻落实了党的十八届三中、四中全会关于人民监督员制度改革的要求，充分吸收了人民监督员制度实行以来的工作经验。这一阶段的人民监督员制度改革，在监督范围上，恢复"犯罪嫌疑人不服逮捕决定的"情形，增加"采取指定居所监视居住强制措施违法的""阻碍律师或者其他诉讼参与人依法行使诉讼权利的""应当退还取保候审保证金而不退还的"三种情形，监督案件的范围扩展到十一种情形。④ 总的来说，人民监督员制度主要发生了如下变化：

第一，整体上增加了对当事人权利保障责任的监督。此次恢复和增加的四种情形，其中三种情形属于人民检察院采取强制措施的范畴，即监视居住、退还取保候审保证金以及逮捕。这些都是人民检察院在采取强制措施时可能存在违法行为的情形，因为由人民检察院内部决定，缺乏第三方监督，所以应当重点监督。同时，人民检察院查办职务犯罪具有更高程度的秘密性，人民检察院常以此为由拒绝当事

---

① 该方案确定自 2014 年 10 月至 2015 年 6 月，在北京、吉林、浙江、安徽、福建、山东、湖北、广西、重庆、宁夏 10 个省、自治区、直辖市的检察机关，开展人民监督员监督范围和监督程序改革试点工作。

② 《科学统筹突出重点对准焦距 让人民对改革有更多获得感》，《人民日报》2015 年 2 月 28 日，第 1 版。

③ 周斌：《试点 10 省份选出 5300 余名人民监督员》，最高人民检察院网 2015 年 7 月 7 日，https：//www. spp. gov. cn/spp/zdgz/201507/t20150707_100906. shtml，最后访问日期：2023 年 6 月 29 日。

④ 根据《深化人民监督员制度改革方案》，"人民监督员对人民检察院办理直接受理立案侦查案件的下列情形实施监督：1. 应当立案而不立案或者不应当立案而立案的；2. 超期羁押或者检察机关延长羁押期限决定不正确的；3. 违法搜查、扣押、冻结或者违法处理扣押、冻结款物的；4. 拟撤销案件的；5. 拟不起诉的；6. 应当给予刑事赔偿而不依法予以赔偿的；7. 检察人员在办案中有徇私舞弊、贪赃枉法、刑讯逼供、暴力取证等违法违纪情况的；8. 犯罪嫌疑人不服逮捕决定的；9. 采取指定居所监视居住强制措施违法的；10. 阻碍律师或其他诉讼参与人依法行使诉讼权利的；11. 应当退还取保候审保证金而不退还的"。其中，第 8—11 种为恢复和增加的监督情形。

人、辩护人、诉讼代理人依法行使会见、通信、阅卷等权利。将这种情形纳入人民监督员的监督范围，其目的是与 2012 年修正的《刑事诉讼法》中关于保障律师会见权、规范取保候审保证金的收取和返还程序的规定相衔接，有利于加强人权司法保障。

第二，恢复对逮捕决定的监督完全有必要。《最高人民检察院关于人民监督员监督工作的规定》将被删除的"职务犯罪嫌疑人不服逮捕决定的"情形再次纳入监督范围，主要是考虑到逮捕是最严厉的强制措施。[①] 2009 年 9 月 2 日，最高人民检察院发布了《关于省级以下人民检察院立案侦查的案件由上一级人民检察院审查决定逮捕的规定（试行）》，这项改革旨在强化检察机关自身监督制约，但实践证明，这一改革也存在自身的局限。因为在"检察一体化"的前提下，上下级之间仍然是利益共同体，这种监督仍然是一种效果有限的内部监督。[②] 因此，重新恢复人民监督员对逮捕决定的监督是完全必要的。

第三，对指定居所监视居住违法的情形需要特别监督。指定居所监视居住是 2012 年修正的《刑事诉讼法》第 73 条对涉嫌危害国家安全犯罪、恐怖活动犯罪、特别重大贿赂犯罪规定的特殊监视居住制度。检察机关在职务犯罪侦查中适用这一措施比较多。指定居所监视居住虽然在适用条件、适用内容及法律后果等方面均与其他强制措施存在重大差异，但事实上已经成为法定的五种强制措施之外的第六种强制措施，在适用公平性方面存在隐忧。[③] 侦查机关有可能把指定监视居住场所变成"第二看守所"，但其又没有看守所的正规化设施和制度化监督。正因如此，有的学者指出，指定监视居住在合宪性方面存在一定的问题，潜藏着许多可能的危险。[④] 人民监督员对指定居所监视居住违法情况的监督，正是预防这种隐忧和危险变成现实的措施之一，体现了人民监督员制度设计者对这一新的强制措施形态可能出现的问题具有清醒的认识。人民监督员对指定居所监视居住可能出现的违法情形的监督，可以倒逼办案机关在适用这一措施时严格依法进行，也可以对出现的问题及时发现、及时查处。

需要注意的是，2010 年《最高人民检察院关于实行人民监督员制度的规定》中的"七种情形"全部为刚性监督，而 2016 年《最高人民检察院关于人民监督员监督工作的规定》中的"十一种情形"发生了变化，从"应该实施监督"变为"可以对

[①] 高一飞、苗海丽：《人民监督员制度试点的观察与反思》，《四川理工学院学报（社会科学版）》2016 年第 3 期，第 3 页。
[②] 高一飞、陈恋：《新中国检察职权的演变与展望》，载孙谦主编：《检察论丛（第 24 卷）》，法律出版社 2020 年版，第 262 页。
[③] 左卫民：《指定监视居住的制度性思考》，《法商研究》2012 年第 3 期，第 33 页。
[④] 周长军：《从基本权干预原理指定居所监视居住——兼评新〈刑事诉讼法〉第 73 条》，《山东社会科学》2013 年第 4 期，第 5 页。

此进行监督",人民监督员监督的刚性有所减弱,体现了设计者在对人民监督员监督职务犯罪案件立场上的矛盾和犹疑。

(四)深化改革阶段:"十种方式"

《最高人民检察院关于人民监督员监督工作的规定》从 2016 年 7 月 5 日起开始实施,正在人民监督员制度作为一项解决检察机关自侦案件的重要制度全面进入深化改革阶段的时候,其改革的基础发生重大变化。

2016 年 10 月,党的第十八届中央委员会第六次全体会议提出中国要改革政治体制,建立国家监察机关。2016 年 12 月 25 日,《全国人民代表大会常务委员会关于在北京市、山西省、浙江省开展国家监察体制改革试点工作的决定》发布,将职务犯罪侦查权转隶国家监察委员会。2017 年 10 月 29 日,中共中央办公厅印发《关于在全国各地推开国家监察体制改革试点方案》。人民监督员制度急需根据监察体制改革后,检察机关职务犯罪侦查主要职能转隶而作出调整。

2019 年 8 月 27 日,最高人民检察院发布《人民检察院办案活动接受人民监督员监督的规定》,第 8 条将人民监督员的监督范围扩大到了"四大检察"的各个方面,包括 9 种情况:案件公开审查、公开听证;检察官出庭支持公诉;巡回检察;检察建议的研究提出、督促落实等相关工作;法律文书宣告送达;案件质量评查;司法规范化检查;检察工作情况通报;其他相关司法办案工作。第 17 条规定:"人民监督员通过其他方式对检察办案活动提出意见建议的,人民检察院人民监督员工作机构应当受理审查,及时转交办理案件的检察官办案组或者独任检察官审查处理。"由此形成了人民监督员监督方式的"9 + 1"模式。截至 2020 年 10 月,全国共有人民监督员 2.2万余人。"2019 年 8 月至 2020 年 8 月,全国检察机关共邀请了 21165 位人民监督员监督检察办案活动 14298 件次。"[①] 人民监督制度的发展已经出现了新的高潮。

二、不同国家的人民参与检察制度

(一)美国大陪审团制度

在美国的司法体系中,有两种类型的陪审团:一种是大陪审团(Grand Jury),一般由 16 ~ 23 人组成,主要用于刑事案件的审查起诉;另一种是小陪审团(Petit Jury),一般由 12 人组成,就是我们通常所说的陪审团。[②] 后者已为公众所熟知,但大陪审团则相对比较陌生。历史上,英国、加拿大、澳大利亚都曾不同程度地使用过大陪审团制度,后又在不同的历史时期将其废除。目前,世界范围内真正意义上还在

---

① 孙风娟、刘亭亭:《广度 + 深度:2.2 万人民监督员的"刚性"监督》,澎湃新闻 2020 年 10 月 27 日,https://www.thepaper.cn/newsDetail_forward_9730271,最后访问日期:2023 年 6 月 29 日。

② 宋英辉、孙长永、朴宗根等:《外国刑事诉讼法》,北京大学出版社 2011 年版,第 82 页。

继续使用大陪审团的国家只有美国。①

1164 年，亨利二世颁布《克拉灵顿宪章》，规定法官在审理土地纠纷和重大刑事案件时应找 12 名了解案情的当地居民担任陪审员。② 1166 年，亨利二世颁布《克拉灵顿诏令》，规定重大刑事案件指控必须由陪审团提起。③ 1176 年，亨利二世又颁布《北安普顿诏令》，强化了陪审团的起诉职能。这就是起诉陪审团即大陪审团的来源。17 世纪初，伴随着英国的殖民统治，大陪审团制度传入美国。④ 1789 年，大陪审团制度被写入美国宪法第五修正案。该修正案规定："非经大陪审团提起公诉，人民不受死罪和不名誉罪的审判……"其后，美国各州在制定州宪法的过程中，也都相继确立了大陪审团起诉的制度。⑤ 目前，全美仅有 4 个州要求所有的犯罪案件，15 个州要求所有重罪案件必须经过大陪审团提起公诉。其余的绝大多数州，都不再要求大陪审团起诉。⑥ 大陪审团制度在美国的发展开始由盛转衰。

美国大陪审团有三种类型：一是起诉大陪审团，主要的职能是提起公诉，在检察官提交的起诉建议书上签署"准予起诉"或者"不予起诉"的决定。二是调查大陪审团，主要调查政治舞弊、敲诈勒索、贿赂等特殊类型的案件。⑦ 三是公民大陪审团，可以对政府的公务行为、公务支出以及市政状况等进行监督，并提出报告。联邦层级大陪审团的此项权力在 1946 年《联邦刑事诉讼规则》颁布后被废除。⑧ 不过仍有许多州继续保留了大陪审团监督公共事务的权力，最常见的就是检查地方监狱情况。⑨

大陪审团由美国当地有选举权并符合一定条件的居民组成。在联邦系统，根据《联邦刑事诉讼规则》第 6 条的规定，大陪审团的组成要多于 16 人且少于 23 人。各州的大陪审团组成人数相当不固定，具体的操作主要依当地的司法习惯而定。⑩ 大陪审团的任期是不固定的，一般是 1 个月、3 个月、6 个月，甚至是 1 年不等。

---

① See G. D. Woods QC, *A History of Criminal Law in New South Wales: The Colonial Period, 1788 – 1900*, Federation Press, 2002, p. 56 – 59; Greg Taylor, "The Grand Jury of South Australia", *American Journal of Legal History*, Vol. 45, Issue 4, October 2001, p. 468 – 516.

② 何家弘：《陪审制度纵横论》，《法学家》1999 年第 3 期，第 41 页。

③ See Kathryn E. White, "What Have You Done with My Lawyer: The Grand Jury Witness's Right to Consult with Counsel", *Loyola of Los Angeles Law Review*, Vol. 32, Issue 3, April 1999, p. 914.

④ 王禄生、张昕：《转型中的美国大陪审团制度——由弗格森枪击案谈起》，《中国党政干部论坛》2015 年第 1 期，第 89 页。

⑤ See Hurtado v. California, 110 U. S. 516, 538 (1884).

⑥ 王禄生、张昕：《转型中的美国大陪审团制度——由弗格森枪击案谈起》，《中国党政干部论坛》2005 年第 1 期，第 89 页。

⑦ 甄贞、王丽：《美国大陪审团与人民监督员制度比较》，《人民检察》2007 年第 9 期，第 61 页。

⑧ See Susan W. Brenner, "The Voice of the Community: A Case for Grand Jury Independence", *Virginia Journal of Social Policy & the Law*, Vol. 3, Issue 1, Fall 1995, p. 116.

⑨ See, e. g., Ala. Code § 12—16—191 (1986).

⑩ See Susan W. Brenner, "The Voice of the Community: A Case for Grand Jury Independence", *Virginia Journal of Social Policy & the Law*, Vol. 3, Issue 1, Fall 1995, p. 82 – 83.

　　审议程序是美国大陪审团制度的核心和关键。其特点是：大陪审团工作内容对外保密；大陪审团会议的频率不固定；投票的大陪审员无须出席每次会议；大陪审团的起诉决定原则上具有终局效力，但大陪审团拒绝起诉的决定无终局效力，如果第一个大陪审团没有作出起诉的决定，法院可召集另一个大陪审团，检察官也可以另起一份起诉书进行起诉。

　　美国的大陪审团制度也存在很多局限。具体表现在以下四个方面：一是检察官只向大陪审团提交控诉证据；二是检察官可以不提交有利于被告的证据；三是被告极少出席大陪审团会议且获得律师帮助的权利非常有限；四是调查程序不受证据规则的限制。目前，美国大陪审团的"调查性"传统正在弱化，被调查对象的权利保障有所加强。大陪审团制度在美国虽遭遇重重挑战，但作为"自由的堡垒"，不会被轻易废除。

（二）日本检察审查会制度

　　1945 年 10 月，美国驻日盟军总司令部对日本发出保障人权"五大改革指令"，要求日本"应当实行检察官公选制度和大陪审团制度"[1]。1948 年 7 月，日本《检察审查会法》正式通过，检察审查委员会（以下简称"检察审查会"）正式推行。

　　日本检察审查会的主要职责是对检察官的不起诉决定是否合理、正当进行审查。从 1948 年到 2000 年，检察审查会监督检察官的不起诉裁量权，但突出的问题是：第一，检察审查会的决议没有法律拘束力；[2] 第二，民众参与的积极性不高。为此，日本法务省提出"应当赋予检察审查会决议法律拘束力"[3] 的改革。

　　1948 年至 2004 年，日本《检察审查会法》共历经 9 次小规模的修改，但制度体系并无变化。2004 年改革主要集中在强制起诉制度、审查辅助员制度、指定辩护律师制度。另外，小幅度修改了审查会议程序以及检察审查员的任职条件、薪酬待遇和责任。除上述改革内容外，检察审查会的特点在于：常设机构设立于中立的司法机关（法院）；职权独立且不受被监督者控制；人员采用随机抽选且实行交替任期制；人员选任程序规范且衔接性强；[4] 审查程序不公开，采用表决制。

　　2004 年改革最引人注目的是两大制度改革：一是强制起诉制度，指检察审查会对于检察官的不起诉案件，认为应当起诉而检察官接受决议后仍坚持不起诉的，检察审查会作出第二次起诉决议后，应当通知地方法院指定辩护律师[5]代为提起公诉的制度；

①　日本最高人民法院事务总局刑事局：《检察审查会 50 年史》，法曹会 1998 年版，第 13－14 页。
②　［日］篠仓满：《日本的检察审查会和美国的大陪审团》，《法学家》1973 年第 544 号。
③　最高人民检察院法律政策研究室组织编译：《支撑 21 世纪日本的司法制度——日本司法制度改革审议会意见书》，中国检察出版社 2003 年版，第 43 页。
④　《检察审查法》第 13 条第 1 款规定："检察审查会事务局局长必须以抽签方式在每年 12 月 28 日之前从第 1 分群候补检察审查员中各选 5 名、3 月 31 日之前从第 2 分群候补检察审查员中各选 6 名、6 月 30 日之前从第 3 分群候补检察审查员中各选 5 名、9 月 30 日之前从第 4 分群候补检察审查员中各选 6 名检察审查员及补充员。"
⑤　由于"指定辩护律师"的职能是代替检察官行使公诉权，所以下文称为"公诉律师"。"指定辩护律师制度"，不仅包括指定辩护律师之后由其代为行使公诉权，还包括之前的系列指定程序。

二是审查辅助员制度，主要针对重大复杂和社会关注度高的案件，在每个案件中需要而且只能委托一名在律师协会登记 3 年或者有 7 年以上工作经验的律师作为检察审查会的审查辅助员。

在 1955 年之前，检察审查会实施效果并不理想。如 1949 年检察审查会的案件受理量只有 367 件。① 1955 年至 1965 年，年均受案量上升到 1600 件左右。1966 年至 1985 年，年均受理量约 2200 件。1986 年至 2000 年，年均受案量只有 1482 件，②低于 1955 年至 1965 年的水平。但是，自 2001 年司法改革文本重申检察审查会的功能之后，案件的年均受理量回升到 2300 件左右，制度重焕生机。

日本检察审查会的未来走向应当始终抓住"公诉权的行使能够反映民意"这个根本，目的是防止检察官滥用公诉权，使检察审查会对起诉权的制约机制不断细化，也促使其他制度的体系性完善。

（三）英国皇家检察审查会制度

英国的皇家检察审查会（Crown Prosecution Service Inspectorate），其设立的目的是对英国皇家检察署进行监督。英国皇家检察署成立于 1986 年，检察审查会成立于 1996 年。

1985 年，英国颁布了《犯罪起诉法》。1986 年，皇家检察署成立，皇家检察署共划分为 31 个区域，每个区设立若干独立的分支机构负责起诉。③ 31 个区皇家检察署由首席检察长领导并通过向总检察长报告工作而对议会负责。④ 至此，大部分刑事案件的起诉权由警察移交给皇家检察署。

1996 年，皇家检察署在内部设立皇家检察审查会，其目的是通过审查皇家检察署来评估其工作质量，并提供改进建议。检察审查会主席及其工作人员也都来自皇家检察署，皇家检察审查会要对皇家检察署检察长负责。⑤ 其体现的是内部监督。

为了进一步提高皇家检察署的效率，增强社会公众对公共服务的信心，1997 年，伊恩·格莱德维尔（Iain Glidewell）爵士受英国政府委托对皇家检察署进行审查。1998 年 6 月，时任总检察长约翰·莫里斯（John Morris）向议会提交了《皇家检察署审查报告》，该报告对皇家检察审查会的改革作出了如下建议：（1）继续保留皇家检察审查会并增强其作用；（2）皇家检察审查会应有 1 名独立的兼职主席和 2～3 名来自皇家检察署之外的工作团队；（3）皇家检察审查会主席应由总检察长任命，主席及其工作人员向首席检察长负责；（4）将皇家检察署内务财务审计情况和绩效情况纳入

① ［日］辻辰三郎：《检察审查会有必要吗？》，《时的法令》1953 年第 144 号。
② 1993 年检察审查会受理了 41515 件，但驳回申请 31467 件，此为特殊情况，不具有直接参考性。
③ ［英］约翰·斯普莱克：《英国刑事诉讼程序》，徐美君、杨立涛译，中国人民大学出版社 2006 年版，第 79 页。
④ 李启欣：《当代英国检察制度》，《外国法制史研究》1990 年卷，第 190 页。
⑤ Crown Prosecution Service Inspectorate Bill H. L, Deb 30 November 1999, https://api.parliament.uk/historic-hansard/lords/1999/nov/30/crown-prosecution-service-inspectorate，最后访问日期：2019 年 7 月 25 日。

审查范围；（5）皇家检察审查会对区检察主任负责，审查报告不应公布，但建议公布年度报告；（6）应当保证皇家检察审查会更加独立。[①]

2000 年 10 月，英国颁布了《皇家检察审查会法》，规定皇家检察审查会向下议院司法委员会[②]负责，预算来自库务署。至此，皇家检察审查会的人事和财政不再依附于皇家检察署，保证了皇家检察审查会的独立性，使其成为一个独立的监督机构。

1999 年，皇家检察署重整为 42 个区域，正好与英格兰及威尔士的 42 个警区相对应，每个区域设立若干分支机构。因为这样会使地方检察机关享有更大的权力并承担更多的职责，使得皇家检察官更专注起诉工作，还可以加强与警方的密切关系，减少起诉的拖延。[③] 皇家检察审查会也于 1999 年将审查团队重组为 3 个审查小组，分别负责英格兰北部、英格兰中部及威尔士、英格兰南部地区，每个审查小组由副主席领导（该职位于 2017 年被撤销），每个小组配备 4 名法律审查员（Legal Inspector）、2 名案件审查员（Casework Inspector）和 1 名业务管理审查员（Business Inspector）。

皇家检察审查会的具体职能包括三个方面：（1）审查公诉质量。对起诉案件按区域进行审查的对象是皇家检察署起诉的具体案件。（2）发布专题评论。皇家检察审查会对全国的检察领域或者检察业务进行专题审查并发布专题评论。[④] 检察审查会主席会把专题评论发给皇家检察署首席检察长及行政长官和区检察主任，并公开发表。[⑤]（3）提交年度报告。皇家检察审查会每年还要就这一年中的工作情况撰写一份年度报告交总检察长，年度报告由总检察长提请议会审议。截至 2019 年，独立后的英国皇家检察审查会一共发布了 16 份年度报告，主要内容包括审查活动概述、对皇家检察署的总体评价、联合监督、皇家检察审查会自身的发展等。

在防范检察机关滥用权力方面，英国发展出了一套不同于其他国家的检察监督制度。比较英国皇家检察审查会与具有代表性的其他国家监督制度（如日本检察审查会制度和美国大陪审团制度），笔者发现，其具有如下特点：

一是审查标准的指数化。2004 年，皇家检察审查会根据"公共审查十原则"制定了整体性能评估框架，并将评估结果分为优秀、良好、及格、较差 4 个等级。在整体工作表现评估中，确定了 14 个表现方面，其中 5 个为关键表现。[⑥] 这有利于皇家检察审查会将审查重心放在皇家检察署需要改进的地方，进一步提高检控服务质量。

[①] The Review of the Crown Prosecution Service: Summary of the Main Report with the Conclusions and Recommendations, Report of the Attorney General, June 1998, chatper 13.

[②] 下议院司法委员会是英国的一个非部长级政府机构，为大部分中央政府部门提供法律服务，后更名为政府法律部。

[③] 王晋、刘生荣主编：《英国刑事审判与检察制度》，中国方正出版社 1999 年版，第 83 – 85 页。

[④] Crown Prosecution Service Inspectorate Annual Report 1999 – 2000, Annex 4 para. 3.

[⑤] Crown Prosecution Service Inspectorate Annual Report 1999 – 2000, Annex 4 para. 11.

[⑥] HM Chief Inspector's Annual Report 2004—2005, Report of the HM Chief Inspector of the Crown Prosecution Service, 2005, p. 15.

二是监督意见的公开性。公开性是英国皇家检察审查会审查案件的特点之一。皇家检察审查会通过与检察官、法官、警察甚至律师访谈，旁听法院审判等方式评估皇家检察署的办案质量。而且，皇家检察审查会会对皇家检察署公开自己的审查人员、审查原则、审查方法等。皇家检察审查会也会公开自己对案件预期标准审查的原则，确保评估标准与检察机关适用的标准是一致的。2005 年，皇家检察署和皇家检察审查会共同举办了联合研讨会，讨论未来的方向。双方制定了工作框架，确保最大限度发挥审查效益。① 2000 年，英国议会通过《信息自由法》，赋予了公民可以向公共机构获取相关信息的权利。公民可以通过出版的审查报告和官方网站获取相关信息，也可以向皇家检察审查会申请获取相关信息。

三是监督意见的建议性和宏观性。英国皇家检察审查会主动对已处理案件进行评估并提出建议，但不会提出起诉或者不起诉的意见或决定，其无法改变检察官作出的决定，因此具有社会监督属性。同时，其监督意见是关于检察工作的宏观改进意见，作为检察机关改进工作的参考。

（四）人民参与检察制度的比较

很多国家设立了专门机构以防范检察机关的公权力滥用。美国设立了大陪审团以制约起诉裁量权，防止侵犯人权[2]；日本设立了检察审查会[3]，以防止不当不起诉；英国设立了皇家检察审查会，对英国的皇家检察署进行监督。

综合来看，中国、美国、日本、英国 4 国人民参与检察制度的差别体现在以下两个方面：

第一，参与者意见的效力不同。在 4 个国家中，我国人民监督员和英国检察审查会意见的效力是建议性的，而美国大陪审团和日本的检察审查会意见具有强制性。美国大陪审团主要功能是决定起诉，美国有 4 个州要求所有的犯罪案件，美国联邦及 15 个州要求所有重罪案件必须经过大陪审团提起公诉。[4] 美国大陪审团具有重罪案件的起诉决定权。在 2004 年之前，日本的检察审查会只有"建议"的作用。2004 年，日本第 62 号法律对《检察审查会法》进行了重大修改[5]，赋予检察审查会的第二次起诉决议有启动律师代替检察官进行强制起诉的效力。英国的检察审查会只有宏观建议功能，不审查具体案件的决定。我国人民监督员的意见也只是建议性的。

---

① HM Chief Inspector's Annual Report 2004—2005, Report of the HM Chief Inspector of the Crown Prosecution Service, 2005, p. 21.
② 高一飞：《上帝的声音：陪审团法理》，中国民主法制出版社 2016 年版，第 211 页。
③ 高一飞、尹治湘：《日本检察审查会制度改革及其对我国的借鉴意义》，《中国应用法学》2018 年第 4 期，第 153 – 173 页。
④ 王禄生、张昕：《转型中的美国大陪审团制度——由弗格森枪击案谈起》，《中国党政干部论坛》2005 年第 1 期，第 89 页。
⑤ 宋英辉：《日本刑事诉讼制度最新改革评析》，《河北法学》2007 年第 1 期，第 31 页。

第二，审查情况过程和结果的公开程度不同。日本检察审查会会议不公开进行，包括评议过程绝对不公开和结果相对不公开。[①] 美国大陪审团没有法官主持调查，甚至犯罪嫌疑人都不能在场，调查资料应当封存。[②] 当然，大陪审团的秘密性也有例外，美国《联邦刑事诉讼规则》第 6 条（e）规定了 8 种例外情形。[③] 日本检察审查会的审查结论和美国大陪审团的工作结论，即是否同意起诉，是公开的。虽然公开的内容不同，但工作结果向社会公开，这是两个国家人民参与检察监督的共同特征。

英国的检察审查过程也不向社会公开，但审查结果即检察审查会的专题评论和检察审查会年度报告都向社会公开，公开其监督活动和自身的工作情况。我国检察机关推行的检务公开，是我国检察制度的优势和特色。2015 年，《最高人民检察院关于全面推进检务公开工作的意见》将检务公开的内容从原有的案件信息扩大到"检察案件信息""检察政务信息""检察队伍信息"三个方面，为司法执法信息公开确立了中国样本。但是，我国人民监督员制度情况主要通过《最高人民检察院工作报告》和不定期的新闻发布向社会公开。通过"人民监督员制度运行情况年度报告"或者检察院每年向人大所作的检察工作报告向社会公开人民监督员制度的情况是完全有必要的。

三、人民监督员制度转型的背景和内容

2013 年 11 月 12 日，十八届三中全会通过的《中共中央关于全面深化改革若干重大问题的决定》要求："广泛实行人民陪审员、人民监督员制度，拓宽人民群众有序参与司法渠道。"2019 年 1 月 1 日起实施的《人民检察院组织法》第 27 条规定："人民监督员依照规定对人民检察院的办案活动实行监督。"这是关于人民监督员制度的首个立法条文，抽象地确定了人民监督员监督对象是"人民检察院的办案活动"，但没有规定人民监督员制度的其他具体内容。2019 年 8 月，《人民检察院办案活动接受人民监督员监督的规定》发布，将人民监督员的监督范围覆盖到检察机关办理的所有案件类型。

（一）人民监督员制度转型的背景

人民监督员制度转型的主要原因有以下几个方面：

一是人民监督员的原有监督对象已经基本不存在。检察机关职务犯罪侦查权大部分已经转隶监察委员会，但转隶并不彻底。2018 年 10 月 26 日，新修正的《刑事诉讼法》发布，第 19 条规定了 14 种司法职务犯罪案件仍然可以由检察机关侦查。最高人

① 高一飞、尹治湘：《日本检察审查会制度改革及其对我国的借鉴意义》，《中国应用法学》2018 年第 4 期，第 166 页。
② 胡岩：《大陪审团：制约公诉权的司法民主制度》，《法律适用》2016 年第 6 期，第 58 页。
③ 可概括为两类：（1）相关材料用于调查其他犯罪；（2）需要得到法官的批准，主要用于其他诉讼程序。参见高一飞：《上帝的声音：陪审团法理》，中国民主法制出版社 2016 年版，第 224 页。

民检察院随后于 2018 年 11 月 24 日出台了《关于人民检察院立案侦查司法工作人员相关职务犯罪案件若干问题的规定》，对检察机关行使 14 种司法职务犯罪立案侦查权的管辖和办案程序等问题进行了规定。原有的监督检察机关侦查权，解决检察机关在自侦案件中自侦、自捕、自诉、自我监督的问题已经基本不存在。

二是人民监督员不应当监督侦查（调查）过程。侦查活动要求专业、秘密、高效，这使得侦查过程不宜也难以接受"外行"的监督。美国大陪审团制度、日本检察审查委员会制度和英国的检察审查会制度，都是对检察机关公诉权的监督，均不涉及对侦查权的民众参与式监督，这是由侦查的权力运行规律决定的。侦查中，外行人监督可能会泄露侦查秘密；而且对高度专业化的侦查活动，外行人也难以看到实质，监督容易流于形式。2019 年，《人民检察院办案活动接受人民监督员监督的规定》取消人民监督员监督侦查的规定，是符合侦查规律的正确选择。

三是扩大人民监督员监督范围符合我国检察体制。我国检察机关承担部分案件的侦查和所有公诉案件的起诉职能，但同时也是法律监督机关，对侦查机关、审判机关、刑罚执行机关进行诉讼监督。权力越大，滥用权力的可能性就越大，检察机关面对"谁来监督监督者"的质疑。我国人民监督员制度不必套用西方国家民众参与检察只监督公诉权的做法，人民监督员可以监督除侦查以外的所有检察职权。

（二）人民监督员制度转型的内容

关于人民监督员制度，与 2016 年《最高人民检察院关于人民监督员监督工作的规定》相配套的"组织法"是最高人民检察院、司法部于 2016 年 7 月发布的《人民监督员选任管理办法》。2019 年《人民检察院办案活动接受人民监督员监督的规定》对人民监督员监督对象、工作机制等（实体法、程序法）方面进行了规范；2021 年最高人民检察院、司法部修订了与其配套的"人民监督员组织法"，即《人民监督员选任管理办法》。

2019 年《人民检察院办案活动接受人民监督员监督的规定》和 2021 年修订的《人民监督员选任管理办法》，两个文件共同构成了当前我国人民监督员制度的主要依据。根据这两个文件，当前我国的人民监督员制度具有如下特征：

1. 通过修订《人民监督员选任管理办法》改革遴选程序

与先前人民监督员选任的相关规范相比，2021 年修订的《人民监督员选任管理办法》特点主要是（详见表 6）：

第一，在人民监督员的选任条件上，体现了广泛的代表性。2003 年，《最高人民检察院关于人民检察院直接受理侦查案件实行人民监督员制度的规定（试行）》规定了人民监督员应具备的条件之一是，"公道正派，有一定的文化水平和政策、法律知识"；2010 年，《最高人民检察院关于实行人民监督制度的规定》将人民监督员应当具备的条件改为"公道正派，有一定的文化水平"，取消了"政策、法律知识"的要求；2015 年，《深化人民监督员制度改革方案》将这一条件调整为"具有高中以上文化程度，具有较高的政治素质、广泛的代表性和扎实的群众基础"。而 2021 年修订的《人民监督员选任管理办法》第 8 条，关于人民监督员的基本要求是"年满 23 周岁、具有高中以上文化学历"，没有关于"政策与法律知识"的要求。年满 23 周岁、具有高中以上学历的守法公民是选任人民监督员的基本条件，体现了广泛的代表性。

第二，在推荐方式上，体现了"自荐为主、推荐为辅"。2003 年《最高人民检察院关于人民检察院直接受理侦查案件实行人民监督员制度的规定（试行）》没有规定自荐；2010 年《最高人民检察院关于实行人民监督员制度的规定》第 9 条将推荐放在前面，自荐放在后面，体现"推荐为主、自荐为辅"；而 2021 年修订的《人民监督员选任管理办法》第 13 条则将个人申请置于前，单位和组织推荐置于后，体现了"自荐为主、推荐为辅"。

第三，在选任的主体上，体现了遴选主体的中立第三方特征。2003 年《最高人民检察院关于人民检察院直接受理侦查案件实行人民监督员制度的规定（试行）》和 2010 年《最高人民检察院关于实行人民监督员制度的规定》，都是由检察机关选任人民监督员；而 2021 年的《人民监督员选任管理办法》第 4 条规定，由司法行政机关负责选任、管理人民监督员，更加具有中立性。

表 6　人民监督员遴选程序发展对比

规范依据	担任人民监督员的条件	选任方式	任期
《最高人民检察院关于人民检察院直接受理侦查案件实行人民监督员制度的规定（试行）》（2003 年）	年满 23 岁的守法公民，具有"政策、法律知识"（第 5 条）	由同级检察院选任管理（第 4 条）推荐（第 8 条）	3 年（第 9 条）
《最高人民检察院关于实行人民监督员制度的规定》（2010 年）	年满 23 周岁的守法公民，取消了具有"政策、法律知识"的要求（第 4 条）	省级以下，上级检察院选任（第 7 条）推荐为主、自荐为辅（第 9 条）	5 年，连任不超过两届（第 13 条）
《人民监督员选任管理办法》（2016 年）	年满 23 周岁的守法公民，具有高中以上文化学历（第 8 条）	由省级和设区的市级司法行政机关选任管理（第 4 条）自荐为主、推荐为辅（第 10 条）	5 年，连任不超过两届（第 6 条）
《人民监督员选任管理办法》（2021 年）	年满 23 周岁的守法公民，具有高中以上文化学历（第 8 条）	由省级和设区的市级司法行政机关选任管理（第 4 条）自荐为主、推荐为辅（第 13 条）	5 年，连任不超过两届（第 6 条）

2. 形成了四种监督模式

第一，共同参加模式。2019 年《人民检察院办案活动接受人民监督员监督的规定》确立了人民监督员与检察人员共同参加办案活动的监督模式。该规定的第 9 条、第 11—15 条规定了检察机关 6 种办案活动应当或者可以邀请人民监督员参加，听取人民监督员的意见建议。可以将其概括为"共同参加模式"。共同参加模式中，区分了"应当邀请"和"可以邀请"人民监督员参加的两种情形，这两种情形都提供了人民监督员共同参加检察机关某些办案活动的可能性，但对检察机关是否邀请人民监督员参加的强制性有所不同。随着实践的发展，如果发现某些办案活动有邀请人民监督员参加的特别必要性，检察机关可以将"可以邀请"改为"应当邀请"，扩大检察机关强制性义务的范围。

第二，旁听观察模式。2019 年《人民检察院办案活动接受人民监督员监督的规定》第 10 条规定："人民检察院对检察官出席法庭的公开审理案件，可以协调人民法院安排人民监督员旁听，对检察官的出庭活动进行监督……"人民监督员旁听庭审还可以督促检察机关监督审判活动。虽然庭审由人民法院主导，公诉人应当在法官指挥下进行公诉，但检察机关作为法律监督机关，还有监督法官审判行为的职责。人民监督员参加旁听，可以督促人民检察院监督审判行为，提高检察机关的审判监督质量。

第三，听取通报模式。2019 年《人民检察院办案活动接受人民监督员监督的规定》第 16 条规定："人民检察院应当建立健全检察工作通报机制，向人民监督员通报重大工作部署、司法办案总体情况以及开展检察建议、案件质量评查、巡回检察等工作情况，听取人民监督员的意见建议。"该条文中用了"应当"二字，"根据本条要求，向人民监督员通报检察工作情况是检察机关的义务，必须要做"[①]。人民监督员只有了解情况才能监督办案活动，听取检察工作情况通报是人民监督员获取监督线索的常规方式。

第四，主动建议模式。2019 年《人民检察院办案活动接受人民监督员监督的规定》第 17 条规定："人民监督通过其他方式对检察办案活动提出意见建议的，人民检察院人民监督员工作机构应当受理审查，及时转交办理案件的检察官办案组或者独任检察官审查处理。"这一兜底式条款为人民监督员选择三种监督模式之外的其他模式提供了空间。

3. 改革了人民监督员的工作机制

最高人民检察院案管办负责人谈到，《人民检察院办案活动接受人民监督员监督的规定》既明确了人民监督员的监督方式、程序等，同时又只作原则性规定，以便为

---

① 董桂文：《〈人民检察院办案活动接受人民监督员监督的规定〉理解与适用》，《人民检察》2019 年第 21 期，第 53 页。

各地开展工作留有创新发展的空间。[①] 与过去的三个规定[②]相比，2019 年《人民检察院办案活动接受人民监督员监督的规定》的原则性规定有其独特的内容，在此我们进行简单的比较分析。

首先，人民监督员的组织程序。在抽选人民监督员的数量上，过去的三个规定都要求有 3 名或者 5 名以上单数人民监督员参加监督，详见表 7。2019 年，《人民检察院办案活动接受人民监督员的规定》第 20 条规定："人民检察院邀请人民监督员监督办案活动的，应当根据具体情况确定人民监督员的人数。"不管是"应当邀请"还是"可以邀请"人民监督员参加监督的案件，人民检察院都可以根据案件情况确定人民监督员人数，这给了检察机关较大的自由裁量权。有些监督活动不一定需要形成多数意见，检察机关根据具体监督情形，可以少于 3 人，也可以多于 5 人，因为发表的意见是建议性的，不需要受单数双数的限制。

表 7　参与案件监督的人民监督员数量对比

规范依据	具体条款	主要内容
《最高人民检察院关于人民检察院直接受理侦查案件实行人民监督员制度的规定（试行）》（2003 年）	第 21 条、第 22 条	同级检察院自己组织。确定 3 名以上、总人数为单数的人民监督员参加案件监督工作
《最高人民检察院关于实行人民监督员制度的规定》（2010 年）	第 21 条、第 26 条	省级以下，上级组织（但省级统一选任的，本院组织）；省级以上，本院组织。3 名或者 5 名以上单数的人民监督员参加
《最高人民检察院关于人民监督员监督工作的规定》（2016 年）	第 6 条、第 14 条	省级以下，上级组织；省级以上，本院组织。应当有 3 名或者 5 名以上单数的人民监督员参加
《人民检察院办案活动接受人民监督员监督的规定》（2019 年）	第 20 条、第 21 条	省级和设区的市级院，本院组织；基层院或者直辖市分院，上级组织。灵活确定人数

在组织人民监督员的方式上，过去的三个规定中，2003 年《最高人民检察院关于人民检察院直接受理侦查案件实行人民监督员制度的规定（试行）》是由本院组织人民监督员进行监督，2010 年《最高人民检察院关于实行人民监督员制度的规定》和 2016 年《最高人民检察院关于人民监督员监督工作的规定》都体现了省级以下检察

---

① 《人民监督员制度：优化检察监督的重要方式 规范检察权行使的重要保障》，最高人民检察院网上发布厅 2019 年 9 月 2 日，https://www.spp.gov.cn/spp/xwfbh/wsfbt/201909/t20190902_ 430837. shtml#3，最后访问日期：2023 年 3 月 27 日。

② 过去的三个规定指，2003 年《最高人民检察院关于人民检察院直接受理侦查案件实行人民监督员制度的规定（试行）》、2016 年《最高人民检察院关于实行人民监督员制度的规定》、2016 年《最高人民检察院关于人民监督员监督工作的规定》。

院由上级检察院组织人民监督员监督的特点。而根据 2019 年《人民检察院办案活动接受人民监督员监督的规定》第 21 条，对设区的市级人民检察院办案活动的监督，不再要求上提一级，即由省级人民检察院抽选人民监督员，而是由本院组织人民监督员进行。这主要考虑到三个方面的原因：一是我国地域辽阔，由省级检察院具体组织市级检察院的人民监督员监督活动，需要巨大的人力物力；二是过去的做法到今天应当因时而变，因为过去人民监督员监督案件的数量不多，而在 2019 年的《人民检察院办案活动接受人民监督员监督的规定》扩大人民监督员监督范围后，市级检察院每次监督都由省级检察院组织不再具有现实可行性；三是经过多年的实践，各级人民检察院管理人民监督员的经验已经比较丰富，市级人民检察院有能力自己做好人民监督员的组织工作。因此，2019 年《人民检察院办案活动接受人民监督员监督的规定》所确立的人民监督员组织程序具有便利性和可行性。

其次，人民监督员的参与程序。人民监督员监督检察办案活动，有权依法独立发表监督意见。"独立发表意见权"，是人民监督员发挥作用的根本。[1] 2015 年，《深化人民监督员制度改革方案》明确了人民监督员由司法行政机关负责选任，解决了此前人民监督员由检察机关选任造成的自己选任监督者的问题，人民监督员的独立性增强。人民监督员来源于社会大众，是人民群众的代表，本身就是独立于检察机关的外部监督组织。

2019 年的《人民检察院办案活动接受人民监督员监督的规定》与之前的《关于人民检察院直接受理侦查案件实行人民监督员制度的规定（试行）》《最高人民检察院关于实行人民监督员制度的规定》《最高人民检察院关于人民监督员监督工作的规定》相比（详见表 8），具有以下三个特点：

一是针对不同的监督内容规定了不同的监督程序。已经形成了共同参加、旁听观察、听取通报、主动建议四种监督模式。针对不同的监督内容设置不同的监督程序，体现了监督程序的多样化和针对性。

二是取消了旁听侦查过程的规定。对此，已经在前面的论述中提到，不再赘述。

三是增加规定了人民监督员的监督意见应当记录在案、列入检察案卷的要求。2019 年《人民检察院办案活动接受人民监督员监督的规定》第 18 条要求，对人民监督员的监督意见，"人民检察院应当如实记录在案，列入检察案卷"。这是过去的三个规定没有的，如实记录人民监督员的监督意见并列入检察案卷，不仅仅是人民监督员参加监督的见证，也是将来审查案件的重要依据，是人民监督员监督意见更具刚性的表现。

---

① 叶俊：《独立性是人民监督员制度的根本》，《民主与法制时报》2015 年 5 月 16 日，第 2 版。

表8　人民监督员参与案件监督的程序对比

文件名称	具体条款	主要内容
《最高人民检察院关于人民检察院直接受理侦查案件实行人民监督员制度的规定（试行）》（2003年）	第24条	通过听取介绍说明、旁听办案过程了解情况；评议并无记名表决，形成多数意见
《最高人民检察院关于实行人民监督员制度的规定》（2010年）	第28—30条	通过听取介绍说明、阅读资料、观看视听资料；评议并表决，没有要求形成多数意见
《最高人民检察院关于人民监督员监督工作的规定》（2016年）	第15—17条	同上
《人民检察院办案活动接受人民监督员监督的规定》（2019年）	第9—18条	通过四种不同监督模式了解情况，发表意见，不进行表决。对人民监督员的意见，记录在案，列入检察案卷

再次，人民监督员的监督效力。人民监督员认真履行监督职责，通过前述四种模式了解检察活动情况，并提出意见、建议。人民监督员也有权了解意见、建议的采纳情况，即知晓其监督是否产生应有的效果。《最高人民检察院关于实行人民监督员制度的规定》第34条以及《深化人民监督员制度改革方案》重点任务第四部分第3条，均规定了检察机关应当将人民监督员意见的采纳情况告知人民监督员。此外，《深化人民监督员制度改革方案》重点任务第四部分第4条还规定了复议程序。

2019年《人民检察院办案活动接受人民监督员监督的规定》第19条明确规定："人民检察院应当认真研究人民监督员的监督意见，依法作出处理。监督意见的采纳情况应当及时告知人民监督员。人民检察院经研究未采纳监督意见的，应当向人民监督员作出解释说明。人民监督员对于解释说明仍有异议的，相关部门或者检察官办案组、独任检察官应当报请检察长决定。"其与2003年、2010年和2016年的相关规定相比（详见表9），没有规定本院研究监督意见的具体程序，取消了需上级院提请复核、向本院提请复议的程序。原因在于：随着人民监督员监督范围的扩大和监督机制灵活性的增强，如果事事都可以通过这么复杂的程序来回应人民监督员的监督，工作量太大；严格的内部研究程序和检察长决定程序已经能够保障人民监督员意见得到充分的重视。

表9　人民监督员监督意见的效力对比

规范依据	具体条款	主要内容
《最高人民检察院关于人民检察院直接受理侦查案件实行人民监督员制度的规定（试行）》（2003年）	第25条、第26条	研究监督意见的主体包括检察长、检察委员会，有提请上一级人民检察院复核的程序

（续表）

规范依据	具体条款	主要内容
《最高人民检察院关于实行人民监督员制度的规定》（2010 年）	第 33 条、第 34 条	研究监督意见的主体包括检察长、检察委员会，取消了提请上一级人民检察院复核的程序
《最高人民检察院关于人民监督员监督工作的规定》（2016 年）	第 19—23 条	没有规定研究监督意见的具体主体，增加了向本院提出复议的程序
《人民检察院办案活动接受人民监督员监督的规定》（2019 年）	第 19 条	没有规定研究监督意见的具体程序，取消了需上级院提请复核、向本院提请复议的程序

最后，人民监督员的工作保障机制。人民监督员开展监督工作需要检察机关给予配合。2019 年《人民检察院办案活动接受人民监督员监督的规定》第 22—27 条关于检察机关对人民监督员保障责任的条款可以概括为"六个保障"：参与机会保障、选任保障、独立监督保障、工作场所保障、信息技术保障、经费保障。这是对过去的 3 个规定的继承与肯定，为人民监督员开展监督工作提供了全面的保障。2019 年《人民检察院办案活动接受人民监督员监督的规定》与过去的 3 个规定关于人民监督员保障机制的特点具体如表 10 所示。

表 10 人民监督员工作保障机制对比

规范依据	具体条款	主要内容
《最高人民检察院关于人民检察院直接受理侦查案件实行人民监督员制度的规定（试行）》（2003 年）	第 29—34 条	程序保障和相关保障融在一起进行规定，包括：参与机会保障、知情权保障、独立性保障、经济保障
《最高人民检察院关于实行人民监督员制度的规定》（2010 年）	第 36—41 条	同上
《最高人民检察院关于人民监督员监督工作的规定》（2016 年）	第 27—35 条	增加了信息台账制度
《人民检察院办案活动接受人民监督员监督的规定》（2019 年）	第 22—27 条	取消了信息台账制度，增加了信息技术保障规定

2019 年《人民检察院办案活动接受人民监督员监督的规定》主要的变化是取消了信息台账制度，增加了信息技术保障规定。信息台账制度是 2016 年《最高人民检察院关于人民监督员监督工作的规定》第 28 条增设的，要求人民检察院对所有自己侦查案件的立案、侦查情况等程序性信息建立台账，供人民监督员查阅。这一做法在当时被给予很高的评价，认为其"便于人民监督员了解案件办理情况，更好地发现监督线索，为启动监督程序创造条件"[1]。不仅在查办案件过程中邀请人民监督员参加，

---

[1] 彭波：《让人民监督员更有代表性——最高检、司法部有关部门负责人答记者问》，《人民日报》2016 年 7 月 14 日，第 9 版。

在案件办理结束之后，检察机关也要开展职务犯罪案件跟踪回访，全面监督人民检察院立案侦查的案件。① 但是，这样做的问题是：第一，涉及的信息量过于庞大。人民检察院所有直接受理立案侦查案件的案件信息人民监督员都有权查阅，看似人民监督员有广泛的知情权，实际上人民监督员无从下手，其知情权最终易流于形式。第二，人民监督员以查阅台账的方式了解案件情况，其保密责任难以保障。取消这一制度是完全必要的。在取消信息台账制度以后，2019 年，《人民检察院办案活动接受人民监督员监督的规定》第 26 条要求："人民检察院应当加强人民监督员监督工作信息化建设，为人民监督员实时了解相关司法办案信息提供技术支持。"这意味着人民监督员根据法定方式和程序有权了解相关案件信息，检察机关应当充分发挥信息技术和智慧检察的作用，以方便、快捷的方式向人民监督员提供信息。

四、人民监督员制度的完善方向

人民监督员制度已经被写入《人民检察院组织法》，其根本原因在于人民监督员制度具有特殊的监督性质，即它是一种程序化的、参与式的监督方式，与人民陪审员制度具有相同的性质，不是一般的社会监督，而是一种参与式监督，是人民参与检察的一种方式。人民监督员监督权的性质是对检察权的参与式监督，其监督的方式是程序式监督，因此，人民监督员的产生、参与方式和参与效力都应当具有不同于普通公民的特点。2019 年《人民检察院办案活动接受人民监督员监督的规定》在以下几个方面应当加以完善，以改变人民监督员监督趋同于社会监督的趋势：

（一）体现人民监督员的参与式监督地位

一是应当赋予人民监督员在公开听证中的听证员地位。2020 年 9 月 14 日，最高人民检察院发布实施的《人民检察院审查案件听证工作规定》第 7 条第 1 款规定："人民检察院可以邀请与案件没有利害关系并同时具备下列条件的社会人士作为听证员……"第 16 条规定："听证员的意见是人民检察院依法处理案件的重要参考。拟不采纳听证员多数意见的，应当向检察长报告并获同意后作出决定。"这意味着人民群众通过听证监督检察工作有两种方式：一是直接作为听证员进行听证；二是旁听听证。

2019 年《人民检察院办案活动接受人民监督员监督的规定》第 9 条规定了人民监督员参加部分案件的公开审查和公开听证的权利。这里"参加"的含义是不明确的。但人民监督员不同于普通民众，在参加听证的方式和程序上，人民监督员应当成为听证员，与检察人员一起听取各方意见，立法对此应当予以明确。

---

① 高一飞、苗海丽：《人民监督员制度试点的观察与反思》，《四川理工学院学报（社会科学版）》2016 年第 3 期，第 15 页。

二是人民检察院应当与法院联合确立人民监督员优先旁听权。2019 年《人民检察院办案活动接受人民监督员监督的规定》第 10 条规定,人民检察院"可以协调人民法院安排人民监督员旁听"。公开审理的案件,人民监督员作为普通公民就有权旁听。但若要以人民监督员身份旁听,获得优先旁听的机会,应当由检察机关协调法院根据庭审规则进行安排,因为只有法院才有权进行庭审安排。从现有规定看,人民监督员没有优先旁听权,法院也没有安排义务。为此,人民检察院与人民法院应当联合发文,确立人民监督员优先旁听权。

(二) 强化人民监督员的监督重点

一是应当邀请人民监督员监督所有不起诉案件。2019 年《人民检察院办案活动接受人民监督员监督的规定》与过去的 3 个规定相比,对拟不起诉案件的监督范围进行了缩减,限定在公开审查环节。这样的规定导致检察机关可以通过决定不公开审查,达到排斥人民监督员监督的目的。不起诉是人民检察院一项重要的权力,也是自由裁量权较大的环节,各国都把防止滥用起诉裁量权当作对检察机关监督的重点。我们应当将所有不起诉案件纳入人民监督员监督范围,这样才能实现人民监督员监督办案活动的根本目的,而且不起诉案件数量少,人民监督员监督所有拟不起诉案件,具有可行性。

二是扩大人民监督员参加公开审查和听证的范围。2019 年《人民检察院办案活动接受人民监督员监督的规定》第 9 条规定了邀请人民监督员参加刑事申诉案件的公开审查。但是,将刑事申诉案件和民事、行政申诉案件区别对待有重刑轻民(行)的嫌疑。另外,《人民检察院办案活动接受人民监督员监督的规定》要求应当邀请人民监督员参加有重大影响的行政诉讼监督案件公开听证。但是,同样让人难以理解的是,该规定没有同时规定人民监督员参加民事诉讼监督案件公开听证,对民事、行政诉讼监督案件公开听证区别对待。建议将该规定中第 9 条相关内容修改为:人民检察院对不服检察机关处理决定的刑事、民事、行政申诉案件公开审查的,应当邀请人民监督员参加审查。对民事、行政诉讼监督案件进行公开听证的,应当邀请人民监督员参加听证。

(三) 完善人民监督员的工作机制

2019 年《人民检察院办案活动接受人民监督员监督的规定》明确规定了人民监督员监督的具体机制[1],人民监督员的监督机制和程序整体上是完备的。但是,该规定对人民监督员的监督方式、程序只作了原则性规定,需要进一步细化、完善。

要分类确定人民监督员参加人数和程序。《人民检察院办案活动接受人民监督员监督的规定》第 20 条要求,邀请人民监督员参加监督时,"应当根据具体情况确定人

---

[1] 黄凤兰、甫玉龙:《论加强公民权遏制公权力腐败的法律完善》,《理论前沿》2006 年第 17 期,第 22 页。

民监督员的人数"。这一规定整体上是科学的，适用人民监督员的多种监督方式。有些监督方式无法确定最低人数，如第 17 条规定的"主动建议模式"，一个人就可以提出建议。因此，上述规定有利于人民监督员监督方式多样化、经常化。

但是，这一规定也有漏洞，对于人民监督员参加听证，如果不限定最低人数，如只有一个人参加，就缺乏代表性和说服力。2016 年《最高人民检察院关于人民监督员监督工作的规定》第 14 条规定："监督评议案件，应当有三名以上单数的人民监督员参加。重大案件或者在当地有重大影响的案件，应当有五名以上单数的人民监督员参加案件监督评议工作。"这体现了听证的规律。为此，在维持一般情况下灵活确定人民监督员人数的前提下，应当对人民监督员参加听证的人数特别规定：对于人民监督员参加公开听证的，应当有三名以上单数的人民监督员参加。

结　语

人民监督员制度是我国充分吸收国外人民参与司法的经验，结合中国国情创制的人民参与检察制度，对检察工作质量的提高以及人民检察院公信力的提高都起到了促进作用。经过多年的实践，现在已经更趋成熟。但是，《人民检察院组织法》关于这一重要制度的规定过于简单，人民监督员制度的运行主要依靠最高人民检察院的司法文件来进行规范。随着实践经验的成熟，制定"人民监督员法"全面规范人民监督员的地位、选任和管理、监督对象和程序的时机已经成熟，有必要尽快将"人民监督员法"纳入立法规划并促成其早日发布实施。

第十八章
人民陪审员制度

陪审制度作为一项极具鲜明特征的司法制度，被多国以立法形式确定为司法审判体系的重要组成部分。陪审制度经过长期的实践与发展，当前主要有两种模式，即陪审团制度和陪审员参审制度。

陪审团制度是英美司法体系下诞生的产物，该模式注重审判过程中"事实审"与"法律审"的分离，由陪审团对案件事实负责并进行裁定，法官则进行法律适用。在刑事案件中，陪审团只对是否有罪作出裁判，在裁判有罪后，再由职业法官进行量刑。[①] 然而，较之陪审团制度，陪审员参审制度要求职业法官和非职业法官共同对案件事实的认定以及法律的适用负责。采用该模式的主要有法国、德国等大陆法系国家。

中国现行的人民陪审员制度实际上属于陪审员参审制度，但是又不同于其他国家的陪审员参审制度，其不同之处在于 7 人合议庭中事实问题与法律问题的决定权相分离。中国式的陪审制度，是中国传统文化、政治体制、社会环境等多方面因素共同作用的结果。

一、我国人民陪审员制度的历程

以时间为线索对人民陪审员制度进行梳理和总结，深入挖掘历史进程中制度演化所带来的经验教训，有利于找寻人民陪审员制度的未来改革之路。

（一）中华人民共和国成立前的人民陪审制度（1932—1948 年）

20 世纪 30 年代，从共产党领导下的中央政府适用陪审制度起，现代意义上的中国人民陪审员制度才算得上真正开始。[②] 在学习和借鉴当时苏联陪审制度经验的基础上[③]，民主地区尝试允许陪审员参与到审判活动中，服务于当时区域民主政权建设。

---

① 高一飞：《陪审团的价值预设与实践障碍》，《北方法学》2018 年第 4 期，第 103 页。
② 钟莉：《价值·规则·实践：人民陪审员制度研究》，上海人民出版社 2011 年版，第 27 页。
③ 张希坡主编：《革命根据地法制史》，法律出版社 1994 年版，第 298 页。

　　1932 年颁布的《中华苏维埃共和国裁判部暂行组织及裁判条例》，对人民陪审制度作出了详细规定，并被广泛应用于当时苏维埃地区的审判活动。这一条例施行之后，因其可行性与有用性，得到其他革命根据地司法审判的广泛认可和适用。红色政权也先后发布了各项关于人民陪审制的规范性文件，具体如表 11 所示。

表 11　1931—1948 年关于人民陪审制的规范性文件

文件名称	发布机关	发布时间
《处理反革命案件和建立司法机关的暂行程序》	中华苏维埃共和国中央执行委员会	1931 年 12 月
《裁判部的暂行组织及裁判条例》	中华苏维埃共和国中央执行委员会	1932 年 6 月
《中华苏维埃共和国军事裁判所暂行组织条例》	中华苏维埃共和国中央执行委员会	1932 年 2 月
《山东省陪审暂行办法》	山东革命根据地	1946 年 4 月
《晋察冀边区陪审制暂行办法》	晋察冀边区政府	1940 年 5 月
《晋西北陪审暂行办法》	晋西北革命根据地	1942 年 4 月
《苏中区处理诉讼案件暂行办法》	苏中区革命根据地	1944 年
《陕甘宁边区自治宪法草案》	陕甘宁边区政府	1946 年 10 月
《陕甘宁边区人民法庭办事规则》	陕甘宁边区政府	不详
《陕甘宁边区人民法庭组织条例》	陕甘宁边区政府	不详
《淮海区人民代表陪审条例（草案）》	淮海区革命根据地	不详

注：此表根据张希坡著作《革命根据地法制史》（法律出版社 1994 年版）各章的内容整理而成。

　　在共产党政权领导下的人民陪审制，是人民民主与群众路线的产物。当时，基本国情决定了中国革命要走"农村包围城市、武装夺取政权"之路，因此，农村地区人民群众对革命的广泛支持是根据地建设的重心所在。而人民陪审制度天然具有推进人民民主的功能和作用，是当时稳固政权、获得民心的重要政治工具之一。通过陪审制度，人民群众以陪审员的身份参与到案件审判活动中，切实参与到地区的政治和法制建设中，并监督审判权力的行使。在这一时期，人民陪审制有助于人民群众为保护自身发展利益而参与地方性管理、稳定地方发展，有助于共产党从其他统治集团手中夺取政权，可以说，人民陪审制度发挥了间接辅助夺取政权的作用。

　　从抗日战争到解放战争时期，人民陪审制在红色政权地区被广泛适用，并获得了人民群众的普遍认可和欢迎。

（二）改革开放前的人民陪审员制度（1949—1977 年）

中华人民共和国成立后，1954 年 9 月 20 日，第一届全国人民代表大会第一次会议通过的我国第一部《宪法》以根本法的形式确立了人民陪审员制度，其中第 75 条规定"人民法院审判案件依照法律实行人民陪审员制度"，为人民陪审员制度的建立提供了宪法依据。随后，1954 年 9 月 21 日颁布的《人民法院组织法》进一步对人民陪审员参与陪审的案件范围作出了明确划分，规定人民陪审员制度仅适用于人民法院审理的第一审案件，但是简单的民事案件、轻微的刑事案件和法律另有规定的案件除外。[①] 第 9 条第 2 款再次强调，除了这 3 种例外情况，其他人民法院一审案件都需有人民陪审员参与。这一法律要求使人民陪审员制度在新中国各地区法院司法审判中全面而广泛地铺展开来。针对制度实施过程中存在的问题，司法部发布了《关于人民陪审员的名额、任期和产生办法的指示》，最高人民法院也发布了一系列文件，不断完善人民陪审员制度总体运行框架。中华人民共和国成立初期的 20 世纪 50 年代，是我国人民陪审员制度繁荣发展的辉煌时期。[②]

1966—1976 年，国家法制建设遭受严重破坏，包括人民陪审员制度在内的司法体制的发展更是面临被中止甚至消失的危险。当时，出现了以实行群众路线之名，以政治思维审判案件等不正常现象。这种斗争式的"人民陪审制"不仅没能进一步完善与发展人民陪审员制度，而且摧毁了初具形态的人民陪审员制度模式。

（三）改革开放初期的人民陪审员制度（1978—1996 年）

1978 年，国家政治和社会生活逐渐步入正轨，中国迫切需要恢复全面有效的法律制度来维护国家和社会的稳定有序运行。作为司法审判体制中重要组成部分的人民陪审员制度，再次被 1978 年《宪法》所确认，使其重新回归到司法审判的正常工作中来。但在此之后，随着 1982 年《宪法》的发布，人民陪审员制度进入了另一发展方向。

1978 年《宪法》重新确立人民陪审员制度后，国家相继颁布《人民法院组织法》《刑事诉讼法》等法律法规，延续了人民陪审员制度的旧有规定。但在人民陪审员制度有序开展之际，1982 年《宪法》删除了有关人民陪审员制度的内容，只在第 2 条第 3 款中原则性地规定，人民有权通过各种途径和形式参与国家管理。至今，经过多次修正，《宪法》也并未将人民陪审员制度有关规定重新写入其中。虽然 1982 年《宪法》颁布后，人民陪审员制度变成选择性适用制度，但从当时的法律规范上看，在加强社会主义法制体系建设的背景之下，与人民陪审员制度有关的法律法规却有所丰富，共制定、修改了 11 部中央法律文件（如表 12 所示）、4 部地方性规范、3 份地方

---

① 《人民法院组织法》（1954 年）第 8 条。
② 李昌道、董茂云：《陪审制度比较研究》，《比较法研究》2003 年第 1 期，第 57 页。

性司法文件以及 1 份地方工作文件等。

表 12　1978—1997 年国家层面关于人民陪审员制度的法律文件

文件名称	发布时间	相关条文
《宪法》	1978 年 3 月	人民法院审判案件，依照法律的规定实行群众代表陪审的制度。对于重大的反革命案件和刑事案件，要发动群众讨论和提出处理意见（第 41 条第 2 款）
《刑事诉讼法》	1979 年 7 月	人民法院审判案件，依照本法实行人民陪审员陪审的制度（第 9 条）
《人民法院法庭规则（试行）》	1979 年 12 月	人民法院审判案件由审判员和人民陪审员或者若干审判员组成合议庭进行 ……（第 2 条）
《司法部关于人民陪审员可否担任辩护人的答复》	1981 年 3 月	为了避免在群众中引起误解，人民陪审员一般不宜担任辩护人。如果人民陪审员确系被告人的近亲属或监护人，而又必须为被告人辩护时，可以作为特殊情况，允许他以个人身份担任辩护人出庭辩护
《最高人民法院关于定期宣判的案件人民陪审员因故不能参加宣判时可否由审判员开庭宣判问题的批复》	1981 年 8 月	当合议庭组成人员中某一人民陪审员因故不能参加宣判时，可由审判员和其他人民陪审员开庭宣判；人民陪审员都因故不能参加宣判时，可由审判员独自开庭宣判。判决书仍应由合议庭全体组成人员署名
《民事诉讼法（试行）》	1982 年 3 月	人民法院审判第一审民事案件，由审判员，陪审员共同组成合议庭或者由审判员组成合议庭。合议庭的成员，必须是单数（第 35 条第 1 款）
《宪法》	1982 年 12 月	人民依照法律规定，通过各种途径和形式，管理国家事务，管理经济和文化事业，管理社会事务（第 2 条第 3 款）
《司法部关于司法助理员不宜担任人民陪审员的复函》	1984 年 3 月	司法助理员是管理、指导人民调解委员会工作的司法行政工作人员，经常参与调解疑难纠纷，如果兼任人民陪审员审理案件，容易引起群众的误解，故不宜担任人民陪审员
《人民法院组织法》	1983 年 9 月	人民法院审判第一审案件，由审判员组成合议庭或者由审判员和人民陪审员组成合议庭进行；简单的民事案件、轻微的刑事案件和法律另有规定的案件，可以由审判员一人独任审判（第 10 条第 2 款）
《行政诉讼法》	1989 年 4 月	人民法院审理行政案件，由审判员组成合议庭，或者由审判员、陪审员组成合议庭。合议庭的成员，应当是三人以上的单数（第 46 条）
《民事诉讼法》	1991 年 4 月	人民法院审理第一审民事案件，由审判员、陪审员共同组成合议庭或者由审判员组成合议庭。合议庭的成员人数，必须是单数（第 40 条第 1 款）

1982 年《宪法》没有将人民陪审员制度确定为宪法的内容。1983 年，修订后的《人民法院组织法》中关于人民陪审员的规定也发生了重大改变，该法删除了 1979 年《人民法院组织法》第 9 条关于在人民法院一审案件中实行人民陪审员制度的规定，并对其第 10 条第 2 款进行了修改。1983 年《人民法院组织法》第 10 条第 2 款规定①表明，人民陪审员制度已经不再是人民法院一审案件必须普遍适用的审判基本原则，人民法院可以根据案件具体情况确定合议庭的审判人员构成以及是否由合议庭审理。人民陪审员制度从人民法院强制适用到可选择性适用，在国家立法层面展现出了该制度的衰退。

（四）第一轮司法改革中的人民陪审员制度（1997—2006 年）

第一轮司法改革的时间从 1997 年党的十五大提出推进司法改革开始，至 2007 年党的十七大召开之前结束。1998 年，李鹏在最高人民法院和最高人民检察院工作报告会上，指出了人民陪审员制度对于促进司法公正的重要性。之后，国家也越来越重视人民陪审员制度作用的发挥，在实践中不断对其加以完善。为贯彻落实党的十五大提出的改革要求，最高人民法院于 1999 年发布《人民法院五年改革纲要》，提出了完善人民陪审员制度的要求。人民陪审员制度在沉寂多年后终得"苏醒"。

2004 年 8 月，《全国人民代表大会常务委员会关于完善人民陪审员制度的决定》（以下简称《关于完善人民陪审员制度的决定》）通过审议，这是关于人民陪审员制度的第一部单行立法。《关于完善人民陪审员制度的决定》对我国人民陪审员制度的改革方向作出了指引，同时也是司法审判制度变革的一大突破点，其颁布与实施标志着人民陪审员制度进入了一个新的发展时期。《关于完善人民陪审员制度的决定》详细规定了人民陪审员参与审理的案件范围、担任陪审员的条件、任命程序、权利义务以及日常管理方式、补助经费等，为人民陪审员制度的重新发展提供了法律基础。

首先，《关于完善人民陪审员制度的决定》明确规定了人民陪审员参审案件范围。其第 2 条具体规定了由人民陪审员与法官共同组成合议庭审判的两种情形。② 根据该条规定，适用人民陪审员制度的案件范围被限缩为两大类案件，在此范围之外的案件无须人民陪审员参与。

其次，《关于完善人民陪审员制度的决定》明确规定了担任人民陪审员所应具备条件。其第 4 条规定了包括年满 23 岁、一般应当具有大学专科以上文化程度在内的 5

---

① 《人民法院组织法》（1983 年）第 10 条第 2 款规定："人民法院审判第一审案件，由审判员组成合议庭或者由审判员和人民陪审员组成合议庭进行；简单的民事案件、轻微的刑事案件和法律另有规定的案件，可以由审判员一人独任审判。"

② 《全国人民代表大会常务委员会关于完善人民陪审员制度的决定》第 2 条规定："人民法院审判下列第一审案件，由人民陪审员和法官组成合议庭进行，适用简易程序审理的案件和法律另有规定的案件除外：（一）社会影响较大的刑事、民事、行政案件；（二）刑事案件被告人、民事案件原告或者被告、行政案件原告申请由人民陪审员参加合议庭审判的案件。"

项应具备的条件。① 该条规定对人民陪审员的学历提出了更高的要求，有利于人民陪审员素质的提升。

再次，《关于完善人民陪审员制度的决定》对人民陪审员的权利和义务进行了明确规定，主要集中在第 1 条、第 2 条、第 11 条、第 13 条。其中，第 1 条直接规定人民陪审员除不得担任审判长以外，和法官享有同等的权利。② 第 11 条第 1 款还特别规定，人民陪审员对于案件审理过程中出现的事实认定问题和法律适用问题均享有表决权。③ 这极大地提高了人民陪审员的地位，增强了其作用的发挥。

最后，《关于完善人民陪审员制度的决定》明确规定了具体案件中人民陪审员的选择程序。其第 14 条明确了人民陪审员的随机抽取原则④，即人民法院在选择具体人民陪审员组成合议庭时，须在人民陪审员名单中以随机抽取的方式确定人选，以保证人民陪审员选择的程序公正性和机会平等性。

为更好地执行《关于完善人民陪审员制度的决定》，2004 年 12 月，最高人民法院和司法部发布了《关于人民陪审员选任、培训、考核工作的实施意见》，对人民陪审员制度的实施提供了更加具体化的指导意见。2005 年 10 月，《人民法院第二个五年改革纲要（2004—2008）》出台，将制度改革的重心转向了"人民陪审员的管理"上。2005 年 3 月，肖扬在《最高人民法院工作报告》中指出，司法工作面临着少数案件庭审不够规范，法律适用不够准确；少数法官办关系案、人情案，甚至贪赃枉法；少数法官缺乏职业道德；少数案件存在执行失范四个方面的问题。⑤ 而完善人民陪审员制度可以有效解决上述出现的前三个方面的问题。

1997—2006 年第一轮司法改革中，为了规范人民陪审员制度的规范运行，除上述提到的文件外，国家还出台了多个司法解释性文件和规范性文件，如《最高人民法院关于人民陪审员管理办法（试行）》（2005 年 1 月 6 日）、《司法部办公厅关于明确指导人民陪审员工作机构的通知》（2005 年 4 月 1 日）、《财政部、最高人民法院关于人民陪审员经费管理有关问题的通知》（2005 年 4 月 15 日）、《最高人民法院政治部关

---

① 《全国人民代表大会常务委员会关于完善人民陪审员制度的决定》第 4 条规定："公民担任人民陪审员，应当具备下列条件：（一）拥护中华人民共和国宪法；（二）年满二十三周岁；（三）品行良好、公道正派；（四）身体健康。担任人民陪审员，一般应当具有大学专科以上文化程度。"

② 《全国人民代表大会常务委员会关于完善人民陪审员制度的决定》第 1 条规定："人民陪审员依照本决定产生，依法参加人民法院的审判活动，除不得担任审判长外，同法官有同等权利。"

③ 《全国人民代表大会常务委员会关于完善人民陪审员制度的决定》第 11 条第 1 款规定："人民陪审员参加合议庭审判案件，对事实认定、法律适用独立行使表决权。"

④ 《全国人民代表大会常务委员会关于完善人民陪审员制度的决定》第 14 条规定："基层人民法院审判案件依法应当由人民陪审员参加合议庭审判的，应当在人民陪审员名单中随机抽取确定。中级人民法院、高级人民法院审判案件依法应当由人民陪审员参加合议庭审判的，在其所在城市的基层人民法院的人民陪审员名单中随机抽取确定。"

⑤ 肖扬：《最高人民法院工作报告——2005 年 3 月 9 日在第十届全国人民代表大会第三次会议上》，《中华人民共和国最高人民法院公报》2005 年第 4 期，第 7 - 13 页。

于人民陪审员选任工作若干问题的答复》（2005 年 6 月 1 日）等。

（五）第二轮司法改革中的人民陪审员制度（2007—2012 年）

第二轮司法改革始于 2007 年党的十七大的胜利召开。胡锦涛在党的十七大报告中指出，要"深化司法体制改革，优化司法职权配置，规范司法行为，建设公正高效权威的社会主义司法制度"。为此，2009 年 3 月，最高人民法院发布了《人民法院第三个五年改革纲要（2009—2013）》，进一步细化了人民法院司法改革的重点和方向，其中还从任职资格、参审范围以及参审规范三个方面对人民陪审员制度提出了完善要求。

2004 年制定的《关于完善人民陪审员制度的决定》中规定的人民陪审员参审案件包括社会影响大和当事人申请两类，2010 年发布的《最高人民法院关于人民陪审员参加审判活动若干问题的规定》重申了这一条件。这一时期发布的全国性的关于人民陪审员制度的规范文件不多，只有 2010 年发布的《最高人民法院政治部关于人民陪审员工作若干问题的答复》。这一文件在人民陪审员的选任程序上增加了电脑随机抽取的规定，推动选任程序更加科学、公平、公正。

这一阶段的人民陪审员制度的实践也有了很大的发展，自《关于完善人民陪审员制度的决定》实施后至 2012 年的 8 年中，"全国人民陪审员参加审理案件共计 803.4 万人次，其中 2012 年参加审理案件人次是 2006 年的 3.8 倍。全国人民陪审员参加审理案件总数共计 628.9 万件，其中刑事案件 176.4 万件、民事案件 429.8 万件、行政案件 22.7 万件。全国人民陪审员参加审理的案件比例逐年提高，今年上半年全国法院审理的一审普通程序案件陪审率已达 71.7%，比 2006 年提高 52%"。8 年中，人民陪审员队伍逐年扩大，2013 年各地已有"人民陪审员 8.7 万人，比 2006 年增加 3.1 万人，增长幅度为 55%，人民陪审员总数已超过基层人民法院法官的二分之一"。① 与域外日益收缩的陪审制适用不同，我国人民陪审员制度在案件中的适用急速增长。《最高人民法院关于人民陪审员决定执行和人民陪审员工作情况的报告》指出，人民陪审员制度在司法审判中适用的增长，是其本质属性的体现。而这一时期司法改革着重解决的恰是司法行为不规范、司法监督缺位以及司法腐败等问题。人民陪审员制度的适用，在对国家审判权力制约监督的同时，也在一定程度上促进了人民民主深入人心，是对当时改革重心从法制建设转向法治建设大背景的体现。② 总之，这一阶段虽然没有法律法规就人民陪审员制度进行进一步完善和调整，但其在人民法院审判工作中的增加适用，将为之后的制度改革提供实践依据与经验。

---

① 周强：《最高人民法院关于人民陪审员决定执行和人民陪审员工作情况的报告——2013 年 10 月 22 日在第十二届全国人民代表大会常务委员会第五次会议上》，中国人大网 2013 年 10 月 22 日，http://www.npc.gov.cn/zgrdw/npc/xinwen/2013-10/22/content_1810630.htm，最后访问日期：2023 年 7 月 1 日。
② 谢天星：《从法制到法治的递进和速度》，《中国审判》2013 年第 7 期，第 63 页。

（六）第三轮司法改革中的人民陪审员制度（2013 年至今）

第三轮司法改革以 2013 年党的十八届三中全会的召开为标志。2013 年 11 月 12 日，党的十八届三中全会通过的《中共中央关于全面深化改革若干重大问题的决定》要求："广泛实行人民陪审员、人民监督员制度，拓宽人民群众有序参与司法渠道。"2014 年 10 月 23 日，党的十八届四中全会通过的《中共中央关于全面推进依法治国若干重大问题的决定》要求："保障公民陪审权利，扩大参审范围，完善随机抽选方式，提高人民陪审制度公信度，逐步实行人民陪审员不再审理法律适用问题，只参与审理事实认定问题。"中央对此轮司法改革中人民陪审员制度完善的重视程度前所未有，并且就制度体系提出了不同于以往的调整方案。

为贯彻《中共中央关于全面深化改革若干重大问题的决定》关于人民陪审员制度改革的要求，2015 年 4 月，《全国人民代表大会常务委员会关于授权在部分地区开展人民陪审员制度改革试点工作的决定》发布并实施，要求在全国 50 个法院开展人民陪审员制度改革试点工作。人民陪审员制度试点改革在原有期限延长 1 年后正式结束。2018 年 4 月 27 日，我国《人民陪审员法》正式通过，标志着人民陪审员制度迎来了又一个全新发展时期。

为贯彻落实《人民陪审员法》中有关制度要求，2019 年 4 月，《最高人民法院 司法部人民陪审员培训、考核、奖惩工作办法》（以下简称《人民陪审员培训、考核、奖惩工作办法》）、《最高人民法院关于适用〈中华人民共和国人民陪审员法〉若干问题的解释》（以下简称《关于适用人民陪审员法的司法解释》）同步发布。

新发布的《人民陪审员法》就制度适用的案件范围、人民陪审员权利义务、选任程序以及管理方式等方面进行了一般性规定。但较之前人民陪审员制度的规范要求相比，现行的人民陪审员制度内容在三个方面有着突出改变：

首先，在担任人民陪审员的条件方面，年龄要求上升为年满 28 周岁，但在学历上下降至高中以上文化程度。[①] 就学历问题，陈永生认为，下一步应将人民陪审员的学历标准下调至初中以上，以充分展现人民陪审员制度的司法民主属性。[②]

其次，在人民陪审员制度适用的案件类型上，《人民陪审员法》规定了三大类：其一，第 15 条规定："人民法院审判第一审刑事、民事、行政案件，有下列情形之一的，由人民陪审员和法官组成合议庭进行：（一）涉及群体利益、公共利益的；（二）人民群众广泛关注或者其他社会影响较大的；（三）案情复杂或者有其他情形，需要由人民陪审员参加审判的。人民法院审判前款规定的案件，法律规定由法官独任审理

[①] 《人民陪审员法》第 5 条："公民担任人民陪审员，应当具备下列条件：（一）拥护中华人民共和国宪法；（二）年满二十八周岁；（三）遵纪守法、品行良好、公道正派；（四）具有正常履行职责的身体条件。担任人民陪审员，一般应当具有高中以上文化程度。"

[②] 杜茂林、赵梓惟：《人民陪审员法实施 3 年 还有哪些做法待改进?》，《南方周末》2021 年 4 月 22 日，第 1 版。

或者由法官组成合议庭审理的，从其规定。"其二，第 16 条规定："人民法院审判下列第一审案件，由人民陪审员和法官组成七人合议庭进行：（一）可能判处十年以上有期徒刑、无期徒刑、死刑，社会影响重大的刑事案件；（二）根据民事诉讼法、行政诉讼法提起的公益诉讼案件；（三）涉及征地拆迁、生态环境保护、食品药品安全，社会影响重大的案件；（四）其他社会影响重大的案件。"其三，第 17 规定："第一审刑事案件被告人、民事案件原告或者被告、行政案件原告申请由人民陪审员参加合议庭审判的，人民法院可以决定由人民陪审员和法官组成合议庭审判。"应当注意的是，对于第 16 条规定的适用 7 人合议庭的情形，条文中"可以"二字，说明这类情形一律由人民陪审员和法官组成 7 人合议庭进行审理，法官在此问题上没有自由裁量权。

最后，当人民陪审员所参与案件合议庭人数不同时，其所享有的审判权也不同。《人民陪审员法》第 21 条规定："人民陪审员参加三人合议庭审判案件，对事实认定、法律适用，独立发表意见，行使表决权。"第 22 条规定："人民陪审员参加七人合议庭审判案件，对事实认定，独立发表意见，并与法官共同表决；对法律适用，可以发表意见，但不参加表决。"对陪审员审判权限的立法，何兵认为，当下我国人民陪审员制度应学习北欧将事实与法律问题同权的做法，让陪审员与法官之间平权。[1] 现在人民陪审员制度所采用的权力配置模式是立法者出于担忧实践而采取的折中做法[2]，其所存在的实质性问题是今后制度改革的核心。

《人民陪审员培训、考核、奖惩工作办法》是对人民陪审员制度中有关培训、考核、奖惩等工作内容的细化，包括：人民陪审员具体的培训方式、时间、主体；人民陪审员考核的内容、方式以及显著成绩或者其他突出事迹认定；人民陪审员职务的免除、惩戒；等等。以上规范针对人民陪审员队伍壮大而产生的问题加强了可操作性的完善，为《人民陪审员法》的有效实施提供了保障。[3]

《关于适用人民陪审员法的司法解释》主要围绕五个方面展开，包括对当事人的告知程序和义务、人民陪审员不参加审判的案件范围、参加庭审活动规则以及合议庭评议规则和履职活动的进一步规范。该司法解释的施行为《人民陪审员法》更有效地服务于司法审判工作，进而实现立法意图提供了支持。

2018 年 10 月 26 日，修改后的《人民法院组织法》发布。其中，第 30 条第 1 款与第 34 条同人民陪审员参与审理直接相关。第 30 条第 1 款规定："合议庭由法官组成，或者由法官和人民陪审员组成，成员为三人以上单数。"这一规定维持了 1983 年

---

[1] 杜茂林、赵梓惟：《人民陪审员法实施 3 年 还有哪些做法待改进?》，《南方周末》2021 年 4 月 22 日，第 1 版。

[2] 陆华清：《论裁判权的配置方式——评人民陪审制度设计》，《重庆理工大学学报（社会科学）》2021 年第 1 期，第 100 页。

[3] 最高人民法院政治部法官管理部：《〈人民陪审员培训、考核、奖惩工作办法〉的理解与适用》，《人民司法》2020 年第 4 期，第 27 页。

《人民法院组织法》选择性适用人民陪审制度的规则，人民法院可以依据具体情况具体适用程序类型。第34条"人民陪审员依照法律规定参加合议庭审理案件"属于概括性规定，人民陪审员参与审理的具体要求以现行法律要求为准。

这一时期，随着国家对其重视程度的提高，人民陪审员制度得到快速发展。在规范层面，从2013年开始，我国相继发布实施了11个全国性法律文件，具体如表13所示。

表13　2013—2020年关于人民陪审员制度的全国性文件

文件名称	发布机关	发布时间
《全国人民代表大会常务委员会关于授权在部分地区开展人民陪审员制度改革试点工作的决定》	全国人民代表大会常务委员会	2015年4月
《人民陪审员制度改革试点方案》	最高人民法院、司法部	2015年4月
《人民陪审员宣誓规定（试行）》	最高人民法院、司法部	2015年5月
《人民陪审员制度改革试点工作实施办法》	最高人民法院、司法部	2015年5月
《全国人民代表大会常务委员会关于延长人民陪审员制度改革试点期限的决定》	全国人民代表大会常务委员会	2017年4月
《人民陪审员法》	全国人民代表大会常务委员会	2018年4月
《最高人民法院关于深入贯彻落实〈中华人民共和国人民陪审员法〉的通知》	最高人民法院	2018年4月
《人民陪审员选任办法》	司法部、最高人民法院、公安部	2018年8月
《最高人民法院关于适用〈中华人民共和国人民陪审员法〉若干问题的解释》	最高人民法院	2019年4月
《最高人民法院 司法部人民陪审员培训、考核、奖惩工作办法》	最高人民法院、司法部	2019年4月
《〈中华人民共和国人民陪审员法〉实施中若干问题的答复》	最高人民法院、司法部	2020年8月

就人民陪审员制度实践层面，分析历年《最高人民法院工作报告》中相关数据可以发现，我国人民陪审员数量基本处于稳步增长中，人民陪审员参审案件数量同样基本稳步增长。截至2022年，"全国人民陪审员共计33.2万余人，比2013年增加2.8倍。人民陪审员广泛性、代表性进一步增强，队伍素质、参审质效逐步提升，人民陪审员制度的影响力和公信力不断提高"[①]。

二、人民陪审员制度的中国价值

2016年，周强在《最高人民法院工作报告》中指出，完善人民陪审员制度，充

---

① 中华人民共和国最高人民法院编：《中国法院的司法改革（2013—2022）》，人民法院出版社2023年版，第43页。

分发挥人民陪审员作用，对于推进司法民主、促进司法公正、提高司法公信力具有重要意义。2018 年，我国《人民陪审员法》第 1 条更是直接表明了人民陪审员制度的价值追求。①

（一）推进司法民主

"民主是对深深期望得到体面对待的人的回应。民主是人类出自天然本性的期望，期望人人对他们各自的命运都有发言权。"② 但是，在现代社会的代议制民主制度之下，不是每个人都有直接处理国家事务的机会，而陪审员作为普通公民直接参与国家审判活动，则是一种例外。

托克维尔（Tocqueville）曾经对美国的陪审团制度给予高度评价，他认为这种制度教导所有人尊重裁判的事实，养成权利观念。在谈到陪审制度的政治作用时，托克维尔把有陪审员参加的法庭看成免费的学校，"这个学校向人民传授治国的艺术，培养公民的守法精神"③。陪审制是一项重要的政治制度，具有独特的价值。"陪审制度以迫使人们去做与己无关的其他事情的办法去克服个人的自私自利，而这种自私自利则是社会的积垢。"陪审员"经常同上层阶级最有教养和最有知识的人士接触，学习运用法律的技术，并依靠律师的帮助、法官的指点甚至良心的责问，而使自己精通了法律"。④

陪审团制度通过人民分享司法审判权，以权力制约权力，保障公民自由。陪审团在达成一致意见时，其评议过程是一种典型的直接民主而不是间接民主，是参与式民主而不是代议制民主。⑤ 现代民主政治的根本特征就是一切权力属于人民。但现代国家由于地域辽阔、人口众多、政治与经济相分离等，民主都是间接民主或代议制民主，即人们不直接地、经常地行使自己的权力，而是选举自己的代表直接管理国家和社会公共事务。这意味着政治权力的所有者与政治权力的行使主体之间存在某种分离。这种分离可能失控，即政治权力不是按照权力所有者的整体意志，而是凭着权力行使者的意志和情绪运行，以致出现政治异化——政治权力在运行中发生异变，权力的行使不利于权力所有者或者偏袒部分所有者。国家正是权力的行使者，为防止政治权力失控，需要建立各项制度或机制，以制约权力行使者，有效保障人民的自由权。

我国是人民民主专政的社会主义国家，人民是国家的主人，也是国家权力的行使者。人民通过权力赋予的形式，使国家机关享有管理和治理国家事务的权力。人民作为陪审员参与法院的司法审判活动，是其直接行使管理国家权力的方式之一。⑥ 人民

---

① 《人民陪审员法》第 1 条规定："为了保障公民依法参加审判活动，促进司法公正，提升司法公信，制定本法。"
② 刘军宁编：《民主与民主化》，李柏光等译，商务印书馆 1999 年版，第 42 页。
③ ［法］托克维尔：《论美国的民主》（上卷），董果良译，商务印书馆 1988 年版，第 316 页。
④ ［法］托克维尔：《论美国的民主》（上卷），董果良译，商务印书馆 1988 年版，第 317 页。
⑤ 郭光东：《陪审团的历史与价值》，华东政法学院 2004 年博士学位论文，第 2 页。
⑥ 高一飞：《陪审团的价值预设与实践障碍》，《北方法学》2018 年第 4 期，第 103 页。

陪审员制度使得人民在参与法院司法审判活动中，可以根据自己的理解和分析就案件相关问题阐述自己的观点和看法，可以说，其是公民表达自身意愿想法的途径，是国家与社会沟通的桥梁，[①] 是人民民主原则在司法审判领域的体现，是实现人民参与国家治理的重要形式。

（二）促进司法公正

司法公正既包括实体公正，也包括程序公正。在司法审判中，人民法院应当保证每一具体案件都适用公正的法律程序、相应的法律规范以及获得公正合理的裁判。而人民陪审员依法参与到人民法院案件审判中，能以司法参与者和监督者的身份维护与促进司法公正。

人民陪审员制度促进司法公正具体表现为以下三个方面：

第一，陪审员能促进独立审判。在有陪审员参与的审判中，审判责任被分散给专业法官和陪审员，由陪审员与法官一起承担审判的后果，不满审判的个人或者机关往往对参与审判的陪审员难以指责。因而，在有陪审员参与的审判活动中，法院更加能抵制非法干涉和舆论审判，独立地进行依法审判。

第二，陪审员能为法官的职业化思维提供补充。社会法律关系纷繁复杂，立法很多情况下不得不给法官在司法审判（尤其是民事案件审判）中留下一定的自由裁量权。而人民陪审员制度是精英司法的有益补充，可以避免法官的职业思维定式。[②] 人民陪审员以普通民众日常生活中形成的问题思考模式去衡量某一具体案件，能够打破法官过多依靠审判经验而产生的固化思维，促使其在法律规定的判决幅度内作出真正合乎情理的裁判。裁判不仅需要合法，还要合乎社会主义主流价值观，如此才能为人民群众所接受和认可，才能发挥司法审判结果所带来的教育指导作用。

第三，陪审员能监督职业法官。陪审员来自民众，与法官一起审理案件，对于可能存在的人情案、金钱案、权力案等，可以亲自观察、现场监督。

（三）提高司法公信

人民对于司法审判的不信任源于公众透过案件审判暴露出的问题，怀疑法院在审判过程中存在暗箱操作、权力滥用或者受贿包庇等不法行为。而陪审制度在最大限度上保留了司法中的道德因素，在法律与道德中间架起了桥梁。[③] 人民陪审员制度满足了"司法"与"社会"间因断层而急需建立实质交流关系的需求，使案件审判得以反映公众意志，更具人性化。[④] 人民陪审员参与司法审判，使法院更容易作出符合大众传统价值观的裁判，更容易得到人民的认可与信任，进而提高司法公信力。

---

① 钟莉：《价值·规则·实践：人民陪审员制度研究》，上海人民出版社 2011 年版，第 61 页。
② 施鹏鹏：《人民陪审员制度：宪法民主精神的载体》，《人民法院报》2020 年 12 月 7 日，第 2 版。
③ 高一飞：《陪审团的价值预设与实践障碍》，《北方法学》2018 年第 4 期，第 115 页。
④ 施鹏鹏：《人民陪审员制度：宪法民主精神的载体》，《人民法院报》2020 年 12 月 7 日，第 2 版。

三、人民陪审员制度存在的问题

《人民陪审员法》的颁布促使人民陪审员制度的改革进入了一个新的阶段。不同于域外陪审制适用逐渐停滞，我国人民陪审员制度的适用正在快速发展，但实践中也出现了不少问题。

（一）当事人要求陪审员审判的权利难以得到保障

我国在立法上明确规定了当事人有要求陪审员审判的权利。《人民陪审员法》第17条规定，第一审刑事案件被告人、民事案件原告或者被告、行政案件原告有申请人民陪审员审判的权利。对于案件是否需要适用人民陪审员制度，立法上规定了"应当适用"和"依申请适用"两种方式，当事人可以对《人民陪审员法》第15条①、第16条②规定以外的一审案件提出要求人民陪审员参与审判的申请，由人民法院最终决定是否适用。《关于适用人民陪审员法的司法解释》也进一步明确了人民法院对当事人申请人民陪审员参加审判权利的告知义务："对于人民陪审员法第十五条、第十六条规定之外的第一审普通程序案件，人民法院应当告知刑事案件被告人、民事案件原告和被告、行政案件原告，在收到通知五日内有权申请由人民陪审员参加合议庭审判案件。"但以上规定也带来了当事人要求陪审员参加审判的权利难以得到保障的问题。

首先，我国当事人享有的要求陪审员参加审判的程序选择权并不充分。美国法律中将当事人接受陪审团审判的权利视为刑事被告人基本的宪法权利，刑事被告人可以选择适用或放弃这项权利，从而选择对自己最有利的程序方式。③ 与之不同，虽然我国在《人民陪审员法》中规定了当事人申请人民陪审员审判的权利，但是否适用，由法院裁量确定，而且对于法院的决定，当事人必须服从，没有救济权。此外，《人民陪审员法》第15条、第16条规定对法定人民陪审员参审案件范围采用了"其他社会影响较大的""案情复杂或者有其他情形""其他社会影响重大的案件"等弹性描述，具体其他案件是否属于这些情形同样要由法官进行裁量解释。一旦法官作出不适用人民陪审员制度的决定，当事人要求陪审员审判的权利就很难得到实现。

其次，当事人很少申请陪审员参加审判。我国对当事人要求陪审员审判的权利只

---

① 《人民陪审员法》第15条规定："人民法院审判第一审刑事、民事、行政案件，有下列情形之一的，由人民陪审员和法官组成合议庭进行：（一）涉及群体利益、公共利益的；（二）人民群众广泛关注或者其他社会影响较大的；（三）案情复杂或者有其他情形，需要由人民陪审员参加审判的。"

② 《人民陪审员法》第16条规定："人民法院审判下列第一审案件，由人民陪审员和法官组成七人合议庭进行：（一）可能判处十年以上有期徒刑、无期徒刑、死刑，社会影响重大的刑事案件；（二）根据民事诉讼法、行政诉讼法提起的公益诉讼案件；（三）涉及征地拆迁、生态环境保护、食品药品安全，社会影响重大的案件；（四）其他社会影响重大的案件。"

③ 施鹏鹏：《"新职权主义"与中国刑事诉讼改革的基本路径》，《比较法研究》2020年第2期，第72页。

是笼统地在立法上规定了申请权，没有更加确切的保障措施，导致庭审中当事人对这一权利了解不多、认识不足，主动申请陪审员参加合议庭审判的当事人并不多，权利的设定没有达到预期效果。

最后，法律规定人民陪审员只能参与一审案件，而在二审和再审过程中可能会推翻之前对事实审的判定，导致陪审员的作用实际并没有在案件中得到发挥。

（二）人民陪审员选任的广泛性和代表性难以保障

我国陪审制度的初衷就是要选出能够真正代表人民群众的人民陪审员，充分保障人民群众参与司法的权利。《人民陪审员法》对人民陪审员的选任规定了"一升一降"和"三次随机"①，同时考虑到部分地方选任上的实际困难，仍然保留个人申请和组织推荐产生人民陪审员的方式。《人民陪审员选任办法》第 8 条规定，人民陪审员的选任要保证 80% 以上的人民陪审员是随机抽选方式产生的，通过个人申请和组织推荐的方式选出的陪审员在陪审员总额中不得超过 20%。虽然新一轮改革为人民陪审员制度的发展提供了很多新的机制和思路，但实际上将制度落实的过程中，仍然存在很多困难和问题。

一方面，在很多地广人稀的地区，人民陪审员分布于各个乡镇，但是人民陪审员的选取多采取就近、便民原则，很难将人民陪审员的选择覆盖该地区的所有社区。

另一方面，通过随机抽取方式选任的人民陪审员一般都有固定的职业，自身事务本身就很繁忙，因此出现了选任报名时积极参与，陪审时以各种理由推脱、迟延到庭或拒不到庭的现象。② 当这种情况发生时，法院既不能强制陪审员出庭，也很难在短时间内进行临时抽取，严重影响了审判程序的顺利进行。这种现象不仅破坏了案件审理的正常秩序，也打击了法院对随机抽选实施的积极性。

长此以往，为了保证案件审理程序的顺利开展，固定联系、时间充裕、能按时参加庭审的人民陪审员和法官较熟悉的人民陪审员成了实践中多数情况下的选择，而其他的人民陪审员则成了"名存实亡"的存在。这也使得"一案一随机"的制度不断被虚化，导致意在保障陪审员选任广泛性和代表性而设立的随机抽取制度变为法官和"特定人员"的搭配，同时还会进一步导致为了弥补人手不足，"特定人员"成为"驻庭陪审员""编外法官"的现象。

另外，现有的选任制度仍存在条件过高的问题，导致很多学历不足但参审意愿强烈的人民群众被拒之门外。人民陪审员需要的是能够广泛而充分地代表人民群众的心

---

① "一升"是指将人民陪审员的参选年龄由 23 周岁提升至 28 周岁；"一降"是指对人民陪审员的学历要求由原来的大专以上学历下降到高中以上学历。"三次随机"，是指随机抽选人民陪审员候选人、随机抽选确定人民陪审员人选、随机抽取人民陪审员参与审理个案。

② 万紫千：《年龄学历"一升一降" 选任程序"两个随机"——人民陪审员制度改革试点工作综述》，《人民法院报》2018 年 4 月 26 日，第 4 版。

声，表达朴素的社会观念。对此，有学者认为："人民陪审员不需要太高学历，只要具备语言沟通和表达能力即可。"①

（三）人民陪审员的作用没有得到充分发挥

为解决"陪而不审、审而不议"问题，《人民陪审员法》合理地界定人民陪审员参审案件范围，妥善区分事实审和法律审，同时加大审判长对人民陪审员的指引、提示力度。虽然人民陪审员在参审中的一些问题得到改善，但实践中依旧存在很多问题。

首先，"陪而不审、审而不议"的问题。虽然《人民陪审员法》明确规定公民有依法担任人民陪审员的权利和义务，但在实践过程中依旧存在"陪而不审、审而不议"问题。主要原因有二：第一，对人民陪审员违背义务的后果缺乏规定。很多陪审员并没有深刻理解陪审义务，只是将陪审看作一种工作或者社会荣誉的象征，没有认识到自己作为人民群众的代表而应承担的责任和义务。他们积极报名、消极参审，虽然到场参审，却消极地履行义务，且不需要承担相应责任。第二，人民陪审员主观信心不强且对人民陪审员制度认识不足。人民陪审员来自各个行业，陪审工作并不是其熟悉的专业领域和主体工作，所以在案件庭审过程中，有些陪审员在具有专业法律知识的法官面前，有强烈的依附感，不敢发表自己的言论，在合议案件的过程中，只是对法官的审判意见进行简单附和。

其次，事实审和法律审的区分存在困难。《人民陪审员法》对 3 人合议庭中人民陪审员的事实审和法律审职权作了相关规定，对 7 人合议庭中的人民陪审员则从之前的"同职同权"转变为"同职同权"与"分职分权"并行的参审模式。事实审主要是通过运用证据规则对案件的起因、地点、行为人等因素进行判断来还原案件的审查过程，不仅包括对原被告事实陈述的审理，也包括对证据证明力的审理。而法律审解决的主要是案件审判过程中的法律适用问题。

事实上，事实审和法律审是难以严格区分的，尤其在刑事审判过程中，比如在判断行为人的行为是否构成正当防卫的问题上，不仅需要通过证据来证明行为人没有想要伤害的主观故意，而是出于防卫心理，同时还需要通过刑法理论来明确正当防卫的界限。所以，事实认定往往是伴随法律分析和法律评价一起的，即使人民陪审员仅对事实问题作出认定，也需要符合法律上的诉讼程序和证据规则，而法律的适用也是基于正确的事实认定。有学者在调研中发现：很多陪审员对法的理论和实务并没有足够的了解，导致在复杂案件的事实认定方面举步维艰；为了提高办案质量和效率，职业法官在庭审过程中对人民陪审员"不当引导"，使人民陪审员在事实审中的作用减损。②

---

① 党振兴：《人民陪审员制度的现实困境与完善路径》，《西南石油大学学报（社会科学版）》2020 年第 4 期，第 74 页。

② 刘仁琦：《人民陪审员参审职权改革的实体与程序基础——以庭审实质化的推进为切入点》，《法学》2020 年第 6 期，第 97 页。

最后，在法官指示问题上，我国兼采大陆法系国家的问题列表制度和英美法系国家的陪审团指示制度，审判前通过问题列表方式指示、审判中通过口头方式进行法律指示、评议前同时向陪审员展示问题列表并进行口头指示，既有问题列表这样的书面指示，也有口头指示。但在实践过程中，仍然存在以下问题：（1）相关规定缺乏对指示不当的救济措施，且不能对法官的职权进行充分约束，导致法官的自由裁量权扩大。（2）指示效力由于无强制性不能充分约束人民陪审员。有学者在对 A 市法院的调研中发现，受访的法官认为陪审员愿意接受指示制度的仅占 51.61%，"指而不从"的现象也导致指示效用难以发挥。① （3）《人民陪审员法》第 20 条②规定主要将法律指引适用于案件评议过程中，评议时间过于滞后，而且由于合议庭的私密要求缺乏对法官指引的有效监督，容易出现不公正指引的现象。（4）我国兼采问题列表与法官指示的做法，充分考虑了陪审员作为外行人对法律不理解可能带来的审判困难，这符合我国公民参与司法不够深入的现实，值得肯定和坚持。但是，对于庭审过程中，只规定"应当提示人民陪审员围绕案件争议焦点进行发问"，没有规定陪审员对法律问题不清楚时法官是否可以指示；《人民陪审员法》中"不得妨碍人民陪审员对案件的独立判断"的内容在立法和司法解释中并无具体保障性措施。

四、人民陪审员制度的改革展望

人民陪审员制度是否符合中国国情，要看其是否行得通、真管用、有效率。习近平总书记指出："衡量一个社会制度是否科学、是否先进，主要看是否符合国情、是否有效管用、是否得到人民拥护。"③ 针对改革中已经出现的问题，我国的人民陪审员制度需要进行如下改革：

（一）保障当事人由陪审员参与法庭审判的权利

陪审团审判的权利（the Right to Trial by Jury）是一项重要的程序权利。在英国，如果被指控者答辩无罪，那么除非控方选择不提供证据，否则必须通过陪审团来审判案件。英国有关陪审团的规定主要体现在 1974 年《陪审团法》中。在美国，自从联邦最高法院在"丹肯诉路易斯安那案"（Duncan v. Louisiana）④ 中作出判决，认定美国宪法第十四修正案正当程序条款合并第六修正案后，陪审团审判就开始适用于各州和联邦的诉讼。但陪审团审判从未被解释为适用于所有的刑事案件，美国联邦最高法

---

① 唐红、匡佐民：《陪审何以实质化：审判长指示陪审员制度系统建构之进路——以〈人民陪审员法〉第 20 条规定为视角展开》，《山东法官培训学院学报》2019 年第 4 期，第 170 页。

② 《人民陪审员法》第 20 条："审判长应当履行与案件审判相关的指引、提示义务，但不得妨碍人民陪审员对案件的独立判断。合议庭评议案件，审判长应当对本案中涉及的事实认定、证据规则、法律规定等事项及应当注意的问题，向人民陪审员进行必要的解释和说明。"

③ 习近平：《论坚持全面依法治国》，中央文献出版社 2020 年版，第 265 页。

④ 391 U. S. 145（1968）.

院沿用轻微/严重犯罪的区分为适用陪审团审判的重要分界线。① 在确定何种犯罪是陪审团审判意义上的"轻微"时，联邦最高法院从调查犯罪的性质转向"社会认为犯罪所具有的严重程度的客观表现"。② "轻微"关键的客观表现是，该罪的最高刑罚是否超过6个月。也就是说，在超过6个月刑罚的情况下，被告人有要求陪审团审判的权利。当然，这一权利也是可以放弃的。

另外，在美国，由于陪审团有对死刑量刑情节的决定权，被告人有权选择陪审团来决定死刑的量刑事实。美国联邦最高法院在2002年"瑞恩案"（Ring v. Arizona）中确立了一项规则，即"死刑被告人有权要求陪审团（而非法官）对加重情节的事实是否存在进行认定"③。因此，在2016年"赫斯特案"（Hurst v. Florida）中，联邦最高法院认定："佛罗里达州的死刑裁判制度允许法官（而非陪审团）对加重情节是否存在之事实进行认定的做法，违反了宪法第六修正案，这种做法是不允许的。"④

在法国，重罪案件由陪审员参加审理实际上是不能选择、不能放弃的。因为传统上，法国重罪法庭一般情况下由3名人员组成，1名审判长和2名陪审员；重罪陪审庭由9名陪审员和3名法官组成；上诉陪审庭由12名陪审员和3名法官组成。2011年8月10日的改革将一审"9+3"形式的参审团改为"6+3"形式，核心目的是减少司法资源损耗。依此改革，自2012年1月1日起，一审参审员的人数为6名，上诉审为9名。⑤ 可以说，法国在保障当事人适用参审员参审的法庭规则是：当事人不能选择和放弃，法官没有裁量权。从立法上保障了公民由陪审员审判的权利。

我们可以结合国外相关制度来完善对当事人陪审员审判权的保障措施，使当事人真正享有由陪审员审判的权利。

其一，要进一步提高当事人要求陪审员陪审权利在法律体系中的地位。可以借鉴英美法，将当事人申请陪审员参审的权利规定在《宪法》中，切实保护当事人的程序选择权。在《人民陪审员法》中增加特定案件类型必须适用陪审员参加审判，除非当事人放弃这一权利，以此保障当事人可以充分选择有利于自己的审判程序。

其二，对于一审适用陪审员审判的案件，其上诉审时可以借鉴法国方式，即由另一个陪审法庭来审理上诉案件。西方国家在处理有陪审团参与的一审案件与二审案件关系的问题上，主要有两种方式：一种是英美等国家坚持的"事实审一次性"规定，使二审以上的审判没有事实审理的权力，维护陪审团裁决的绝对效力。另一种则是规定由另一个陪审法庭来审理上诉案件，并且人数上要等于或大于一审陪审

① Duncan v. Louisiana, 391 U. S. 145, 159 – 62 (1968).
② Frank v. United States, 395 U. S 147, 148 (1969).
③ Ring v. Arizona, 536 U. S. 584 (2002).
④ Hurst v. Florida, 577 U. S. (2016).
⑤ 法国《刑事诉讼法典》第296条规定："重罪法庭一审审理案件时，审判陪审团由9名陪审员组成，作为上诉审审理案件时，审判陪审团由12名陪审员组成。"

合议庭的人数。[1] 结合我国国情，笔者建议可以引入第二种方式，保障当事人选择陪审员参与的审判不因二审而被推翻。

（二）完善陪审员的选任机制

我国完善陪审员的选任机制可以从以下几个方面出发：

第一，细化陪审员选择中常住人口的确认机制。我国存在广大的农村地区，外出农民工户籍仍在农村，但工作、居住在乡镇地域外。国家统计局发布的《2019年农民工监测调查报告》显示，2019年农民工总量达到29077万人，外出务工农民17425万人，其中跨省流动农民工达到7508万人。[2] 在我国城乡二元户籍制度的背景下，存在的问题是，城镇实行常住人口登记，农村没有常住人口登记制度。为了实现"从辖区内的常住居民名单中随机抽选"的目的，一方面，要充分发挥基层群众自治制度的优势，借助农村基层组织的力量确认常年居住在本辖区内的农村居民名单，避免人民代表大会常务委员会将在外地打工、常住打工地的人员任命为当地人民陪审员候选人；另一方面，要充分利用城镇常住人口登记制度，将常年在外务工的农民登记进入当地常住居民名单，让农民工有机会成为打工地城市的人民陪审员。

第二，坚持以本人同意为前提确定陪审员名单。我国陪审员选任充分尊重公民本人的意愿。《人民陪审员法》第9条及《人民陪审员选任办法》第16条规定，随机抽选人民陪审员需要征求候选人意见，组织推荐人民陪审员需以征得公民本人同意为前提，故我国人民陪审员的选任充分尊重人民的意志，保证了公民担任陪审员的自愿性。这与英、美两国将担任陪审员作为公民强制性义务的做法截然不同，符合我国国情。在我国，人民陪审员"工陪矛盾"较为明显，拒绝担任人民陪审员的比例较高。[3] 可以想象，在我国公民参与国家事务积极性不高的社会背景下，如果不经本人自荐或者本人同意，将参加陪审作为公民的强制性义务，必然导致陪审员参与审判的现实障碍。因此，我国现有的陪审员选任方式才是行得通、有效率的方式，如果照搬英美法系国家的方式，必然产生行不通、效率低的形式主义后果。

第三，根据案情选择专业人员参审。一些专业性较强的案件，在审判过程中往往涉及要对一些较专业的行为作出事实认定，而选择有相关专业知识背景的人来担任陪审员，可以使其通过运用专业知识更好地帮助法官还原事实，以弥补法官对专业技术认识不足而导致的判断偏差。[4] 专业性较强的案件种类很多，例如专门法院的案件以及普通法院中涉及医疗、网络、工程技术等专业知识的案件。在专业陪审员的选任

---

① 卞建林、孙卫华：《通向司法民主：人民陪审员法的功能定位及其优化路径》，《浙江工商大学学报》2019年第4期，第44页。

② 《2019年农民工监测调查报告》，国家统计局网2020年4月30日，https://www.stats.gov.cn/sj/zxfb/202302/t20230203_1900710.html，最后访问日期：2023年7月1日。

③ 张璁、王比学：《改革试点取得阶段性成效 人民陪审员公信度提高》，《人民日报》2016年7月1日，第3版。

④ 廖永安、蒋凤鸣：《人民陪审制功能定位的再思考》，《人民法院报》2020年3月19日，第5版。

上，可以根据案情对专业型人员的需要，选择相关专业的人民陪审员参审，但不应采取固定指派的方式，专业陪审员的选任和参审也要遵守随机抽取的原则。

第四，适当放宽陪审员的年龄限制和学历条件。为了使更多的群众可以参与司法审判活动，提高我国选择人民陪审员的广泛性和代表性，可以在借鉴英、美两国有益经验的基础上，结合我国国情，从两个方面进行完善：第一，降低担任人民陪审员的年龄限制，将最低年龄降低至18周岁。同时，规定最高年龄原则上为75周岁。对于超过最高年龄但对陪审工作有经验、有热情且能充分发挥作用，经体检认定其身体状况良好的人，地方可根据当地客观实际酌情考虑其担任人民陪审员。降低最低年龄限制以及对最高年龄作原则性规定，扩大了参选人员范围，丰富了参选人员类型。第二，取消文化学历要求的限制。文化学历要求成为我国目前文化层次较低群体参选人民陪审员的障碍，取消学历限制具有合理性和科学性。

第五，制定科学的任期和更替比例。提高人民陪审员的广泛性和代表性也体现在让更多的人民群众参与到人民陪审员制度中。另外，法官员额制改革后，"案多人少"的现实使法院趋向于扩大陪审人员规模。[1] 目前，我国人民陪审员制度规定的人民陪审员任期为5年，将来可以考虑适当缩短任期，并规定更高的更替比例。

（三）完善陪审员的管理机制

最高人民法院、司法部出台了《人民陪审员培训、考核、奖惩工作办法》，对人民陪审员的管理作出进一步的细化规定，但在落实人民陪审员制度时，也要结合法院所在地的地方特点，制定相应的选任和管理办法，综合考虑参选人员的文化程度、知识水平、特长优势，进一步完善随机抽取的方式，在保障司法公正的同时高效完成办案任务。

首先，加大对人民陪审员的培训力度。为防止陪审员因为"不知法"而出现消极陪审现象，应建立全面的人民陪审员体系，不仅要提高陪审员的责任意识，还要让陪审员了解和学习基础的司法程序和法律知识。在学习形式上，应该采取线上线下案例交流、庭审观摩等多种方式；在学习时间上，应该灵活安排在人民陪审员任期中的各个阶段。此外，在培训过程中，要注意发挥指导案例的作用。由于在区分事实审和法律审问题上没有明确的界限，所以指导案例对人民陪审员了解职权范围和认定事实十分重要，在培训过程中应当适当增加对优秀指导案例的解读。

其次，完善考核评议机制，增设人民陪审员工作的评议信息记录。对人民陪审员履职过程中参与案件审理和对接的情况进行登记，真实反映履职状态，方便奖惩工作的开展。

最后，制定适当的退出机制。一方面，对于任期届满以及不积极履行职责的人民

---

[1] 杨艺红：《人民陪审员参审职权改革：实证分析与路径选择》，《时代法学》2019年第5期，第75页。

陪审员，及时办理免除手续。通过对人民陪审员的考核评议、定期抽查等方式，及时清理队伍中的"问题人员"，保障人民陪审员制度有效运行。另一方面，对陪审人员的选任和退出都要做好社会公示程序，保障人民群众的知情权。

（四）完善法官对陪审员的指示制度

对于目前法官指示机制存在的相关问题，可以在立足我国国情的同时，结合英美陪审团制度的经验，从以下两个方面进行完善：

1. 增加庭审前和庭审中的口头指示

在我国，开庭前"应当制作事实认定问题清单"，没有明确规定可以进行口头法律指示；而在庭审中，法官"应当提示人民陪审员围绕案件争议焦点进行发问"，可以认为这仅仅是一个法庭指挥条款，并不包括法律指示。为了使陪审员更好地理解法律，作出合理认定或裁判，我国应当明确规定法官在庭审前、庭审中有口头法律指示的权力。当然，这也是法官的责任和义务。

首先，关于开庭前指示，除现在已经规定的陪审员问题列表之外，还应当规定，针对陪审员就问题列表提出的问题，法官可以进行口头法律指示。事实上，在实践中，陪审员就问题列表中不清楚的问题，一般会提出疑问，法官也会进行回答，立法应当肯定实践中的这一做法。

其次，在庭审过程中，法官可以根据所审案件的情况，就实体法和审判程序以及证据等与案件相关的法律规则，向人民陪审员作出指示。如当辩方提出证据排除的申请时，法官应当根据《刑事诉讼法》和相关司法解释，说明"证据能力先行调查"原则的程序和制度。

对于在法庭上的法律指示，法官可以根据陪审员的提问情况主动作出，也可以根据陪审员的要求回答有关法律问题。但是，庭审中的法律指示应当在法庭公开作出，让诉讼各方都能了解，以避免法官对陪审员进行不当引导，影响其独立判断。

2. 对法官法律指示记录在案并允许异议

法律指示的受众主要有陪审员、律师、上诉法院。在英美法系国家，陪审团需要依据法律独立认定案件事实，律师往往通过举证使法官向陪审团提供对己方有利的法律指示，上诉法院需要审查错误的法律指示是否对陪审团有罪裁定造成实质影响。但是，在我国，人民陪审员的立法与司法解释并不允许律师了解法官指示的内容。我国有学者建议，通过限定指示的内容为法官指示设定边界，保障人民陪审员独立参与审判。[①] 也有学者认为，就法官对人民陪审员的指示错误，应当根据故意的指示错误、过失的指示错误和无指示的错误三种情形进行审查和评估。[②] 还有人提出，对于我国

———————————————

① 唐力：《法官释法：陪审员认定事实的制度保障》，《比较法研究》2017 年第 6 期，第 1 页。
② 刘梅湘、孙明泽：《刑事陪审团指示制度研究——论中国刑事诉讼人民陪审员指示的完善》，《重庆大学学报（社会科学版）》2019 年第 2 期，第 134 页。

当前的法官指示，不能进行模糊立法，而应当将法律条文和证据规则作为法官指示的内容。① 上述学者对法官指引责任的研究，只是针对指示内容进行了阐述，并没有从发现法官指示错误的角度进行。

实际上，法官有很多微妙的方法可以对陪审员独立裁判进行影响，特别是法官作出口头指示时，律师有能力与动力发现和判断这样的影响。所以，我国应当借鉴英美法系国家的做法，规定：律师在场时，应当公开进行法律指示；无论律师是否在场，法官指示内容都应当记录在案供律师查阅；错误的指示应当成为上诉和改判的理由；对于法官故意发布错误指示，影响陪审员独立裁判的，法官应当承担司法责任。

结　语

我国人民陪审员制度已经有很长的历史，但法官主导意识根深蒂固，想真正地解决人民陪审员"陪而不审"以及"编外法官"等问题，还需要增强全社会的法律意识。不仅要让人民陪审员意识到自己的责任，还要增加人民群众对人民陪审员的认同感，明确人民陪审员制度是保障司法公正的有效举措。只有人民群众真正理解了人民陪审员工作的性质，人民陪审员才能有效发挥其作用。为此，在日常普法活动中，需要加大对人民陪审员的宣传力度，营造良好的社会氛围。在自媒体发达的当今社会，可以通过多种平台向人民群众进行普法教育，鼓励相关媒体多宣传人民陪审员制度，提高人民群众对该制度的认知，激发群众的参审热情，让更多人参与到陪审活动中来。

---

① 步洋洋：《中国式陪审制度的溯源与重构》，《中国刑事法杂志》2018 年第 5 期，第 88 页。

第十九章
媒体与司法的关系

在民主社会，审判独立与表达自由都是不可缺少的。媒体是实现表达自由的重要载体，但是媒体对司法报道具有两面性：一方面，媒体对司法案件的报道满足了公众的知情权，是传递司法信息的一种方法；另一方面，某些报道又可能对法官、陪审员和证人等造成不良影响。因而，媒体与司法是一种复杂的关系。审判独立与表达自由都是民主社会的重要价值，但新闻自由的重要性始终不能成为否认审判独立的理由。那么，如何避免非此即彼，使新闻自由和审判独立更好地相互协调呢？1994年1月18—20日，39名来自23个国家的杰出法学家和媒体代表，在西班牙的马德里研讨媒体与审判独立的关系，最后形成了《媒体与司法独立关系的马德里准则》（the Madrid Principle on the Relationship between the Media and Judicial Independent，以下简称《马德里准则》），该规则是在对国际公约中关于审判独立和新闻自由内容总结分析的基础上提出的协调媒体与司法关系的规则。

司法机关向媒体公开有关信息，也是公民知情权的要求。在国际上，《世界人权宣言》第19条、《公民权利和政治权利国际公约》第19条、《美洲人权公约》第13条、《非洲人权和民族权宪章》第9条，都规定了人们拥有"寻求、获取和传递信息"的权利。《欧洲人权宪章》第10条也有"获取和传递信息"权利的规定。

2008年2月27—29日，来自全球40个国家的信息公开团体的125位成员，相聚于佐治亚州亚特兰大市，在卡特中心的主持下，形成了《关于推进知情权的亚特兰大宣言与行动计划》（以下简称《亚特兰大知情权宣言》）。① 这是将国际公约关于公民知情权的内容具体化的一个重要国际规则，是关于知情权的国际标准。

《亚特兰大知情权宣言》指出："认可知情权是公民参与、良好治理、行政效率、问责制和打击腐败、新闻媒体和新闻调查、人类发展、社会包容及实现其他社会经济和公民政治权利的基础；赞同知情权可以促进市场效率、商业投资、政府事务竞争、

---

① 《关于推进知情权的亚特兰大宣言与行动计划》，此处引用内容为2008年3月1日卡特中心提供的官方中文版本，https：//www.cartercenter.com/documents/nondatabase/atlantadeclaration.pdf，March 1，2008。

公平行政，和人们对法规之遵守；确信对知情权的政治承诺有利于知情权立法和相关措施的充分采纳以及彻底执行；强调尽管知情权在过去十年中已取得很大进步，但诸如国家立法缺位、执法程度不一、持续的政治阻力等挑战依然存在。"该宣言还要求："知情权应深植于国际和区域性文书，以及国家和地方法律之中，并应遵循以下原则：a. 信息公开应成为准则，保密应被视为例外；b. 知情权适用于政府所有分支（包括执法、司法和立法部门，以及自治机构），所有层级（联邦、中央、区域和地方），以及上述国际组织的所有下属机构……h. 不公开信息的举证责任归于信息持有者。"公安机关、检察机关及法院，都是广义政府的信息公开义务主体。

本章以《公民权利和政治权利国际公约》、《马德里准则》、《亚特兰大知情权宣言》及其他国际法文件为基础来探讨媒体与司法关系的规则。

一、审判独立与新闻自由的国际标准

公众依靠媒体了解案件信息，并对其中存在的问题加以评论。媒体关注的往往是那些大案、要案，因为这些案件对公众具有吸引力。但媒体夸张和有选择的报道可能会对法官、证人、陪审员以及社会公众等产生不良影响，影响公正审判。媒体和司法的矛盾就这样产生了。为了避免这种矛盾，司法方面总是企图限制司法过程的公开。司法和媒体之间的关系存在某种程度上的对抗和紧张。

那么，在司法的具体过程中到底应当如何把握这种对抗的关系呢？《马德里准则》指出，司法不能剥夺《公民权利和政治权利国际公约》规定的公民言论自由权，"规则只有根据1984年对于公民权利与政治权利国际公约限制与抑制的锡拉库萨原则，才能对公民权利与政治权利国际公约的规定有背离"。而对言论自由进行限制与克减的《锡拉库萨原则》针对的是威胁到国家生存的社会紧急状态情形。

（一）审前程序中

在审前程序中，媒体与司法的关注点往往不同。媒体的兴趣主要在于刚刚发生的案件本身，因为新闻具有时效性，时间的流逝会使案事件本身的新闻价值大幅下降。而司法则不同，司法强调的是在开庭前如何能更多、更好地收集证据，以为庭审做好准备。

《马德里准则》第4条规定："基本准则并不排除在调查犯罪过程中依法保密，即使调查是司法程序的一部分。这种情况下，秘密保守必须主要是为了被怀疑或被控告的人的利益，并维护无罪推定。它不应限制任何此类人员向新闻界传达有关官方调查结论和调查情况信息。"总的来说，《马德里准则》要求，在审前程序中，要对公众的知情权进行一定的限制，以免造成审判尚未开始，民众即已经产生民意审判的结论，防止公众对犯罪嫌疑人无罪推定权利的侵犯。

具体来说，在这一阶段，媒体可以从事以下活动：

第一，"基本准则并不排除在调查犯罪过程中依法保密，即使调查是司法程序的一部分"，但是又"不应限制任何此类人员向新闻界传达有关官方调查结论和调查情况的信息"。这一规定的含义是指，对于官方调查的具体内容在审前阶段是可以保密的，但是官方的调查结论，即官方调查后认为犯罪嫌疑人是否有犯罪嫌疑、所涉嫌的罪名是什么，应当公布；调查情况的信息，应当理解为整体的进展情况，如一个案件中犯罪嫌疑人是否已经被抓获、是否正在进行调查等，所以这里的"调查情况"是与"调查结论"这一实体情况相对应的程序进展情况。公布调查结论和调查的程序进展情况是司法侦查机关的义务，也是民众知情权的要求，媒体有权对这些内容进行报道。审判前的司法信息分为警察机关信息和检察机关信息。

第二，"这种情况下，秘密保守必须主要是为了被怀疑或被控告的人的利益，并维护无罪推定"。其含义是指，对调查的具体内容在审前阶段保密，除了保障司法调查，也是为了避免形成对犯罪嫌疑人的舆论审判，导致有罪推定。相反，对犯罪嫌疑人权利保护方面的程序是可以被媒体公开报道的，例如审前阶段的听证程序。

第三，"审前信息的秘密性并不能限制犯罪嫌疑人的言论自由权。他可以将自己受到虐待的情况公之于众"[①]。警察是否有虐待行为、受贿行为是审前程序中公开报道的重要内容，对于保护犯罪嫌疑人权利具有重要作用。刑事追诉中，很多情况下采取强制措施是不可避免的，但必须遵守比例原则和法定程序。犯罪嫌疑人对于过度的强制措施和侵犯个人权利的其他情况都可以提出自己的意见，媒体对于这些内容当然是可以报道的。

以上内容以无罪推定且不妨害和泄露官方调查信息为基础，是保护犯罪嫌疑人人权的基本要求。

（二）庭审过程中

审判开始后，媒体与司法的互动就变得更加直接。在庭审过程中，一般情况下，公众和媒体有权参加旁听。根据国际规则，庭审过程中媒体与司法的关系应当遵循以下规则：

第一，一般情况下审判要公开，但对于是否可以录音、录像，国际规则没有特别的要求。《马德里准则》第5条规定："基本准则并不排除对因私人原因而进行的调解与协商过程的录音、录像。"第6条规定："基本准则并不要求有对庭审过程现场直播或者现场录像的权利。如果允许这样做，基本准则应继续适用。"由于法庭的严肃性以及避免录音、录像对诉讼参与人心理上的不良影响，此类规定是符合审判的基本规律的。但国家机关在不损害当事人利益和公正审判的前提下，应当允许录音、录像。

[①]　Mona Rishmawi, Peter Wilborn & Cynthia Belcber, "The Relationship between the Media and Judiciary", *CIJL Yearbook*, Vol. Ⅳ, December 1995, p. 13－17.

第二，哪些情况下不能公开审理，必须遵循"法律先定"的原则。《马德里准则》第 7 条规定："任何对基本准则的限制必须由法律事先作出规定。如果有授权自由裁量，这种权力只能授予法官。"《马德里准则》第 9—11 条规定："为了保护未成年人和其他需要特殊保护的群体成员，法律可以授权在民主社会中对基本准则进行必要的限制。""在民主社会中，为了司法公正，法律可以在必要的范围内对基本准则中有关刑事诉讼的规则进行限制：（a）防止对被告人造成严重损害；（b）防止对证人、陪审团成员或受害人造成严重伤害或施加不适当的压力。""如果以国家安全为由要求限制基本原则，不应损害当事方的权利，包括辩护方的权利。辩护方和媒体应有权在最大程度上了解寻求限制的理由（如有必要，在实施限制的情况下，应遵守保密义务），并有权对这种限制提出异议。"在法律先定之后，要防止法官在解释这些法律时滥用权力任意扩大不公开审理的范围。

（三）审后程序中

审判后，媒体的作用主要表现为对司法裁判进行评论。这时，当事人双方的纠纷已经解决，司法与媒体的关系也变得相对简单，要解决的问题主要是在司法权威和言论自由之间求得平衡。《马德里准则》第 3 条指出，评论司法的权利不能受到任何特别的限制。也就是说，对司法的评论和对其他公共事务的评论一样，不应当因为涉及"审判独立"而有多于对其他公共事务评论的限制。

但是也有人认为，事后的批评对事前的裁判会有影响，因为裁判时法官将会担心裁判后的批评，这在一定程度上也影响了司法审判的独立。[①] 法国法律认为对法官的批评和不信任是对司法独立的损害；但是英国法认为事后的批评无法形成对法庭的藐视，因为法庭审理已经结束。[②] 这是两种完全不同的立场。但从国际公约的规定来看，英国的做法更加合适。原因有二：一是评论对司法总是有影响的，但是不能因为这种影响而因噎废食、牺牲言论自由；二是司法人员也是民众的一员，司法过程中一定程度上考虑民意并不是坏事，这是民众监督司法的表现。

裁判后，媒体评论司法的界限是不煽动对抗法律的执行。从各国的情况来看，不同国家的法律对裁判后媒体评论司法的限制只有对于言论自由的一般性限制，没有附加特别的限制。

二、媒体与司法关系国际准则的基本内容

上述关于媒体与司法关系的国际标准容易给人造成这样的误会：司法不能对媒体

① Justice P. N. Bhagwati, "The Pressures on and Obstacles to the Independence of the Judiciary", *CIJL Bull.*, Vol. 23, 1989, p. 25.
② Justice P. N. Bhagwati, "The Pressures on and Obstacles to the Independence of the Judiciary", *CIJL Bull.*, Vol. 23, 1989, p. 25.

进行"任何特别的限制"。这似乎意味着司法对防止媒体审判和民众激情无所作为。其实，国际准则主张媒体的新闻自由高于审判独立，并不意味着各国应当放弃司法避免媒体不良影响的努力。

在不限制媒体新闻自由的前提下，国家在防止可能出现的"媒体审判"问题上还大有可为，可以通过规范参与诉讼的个人和单位对社会和媒体的信息释放行为实现这一目的。媒体与司法关系规则的基本范畴或者主要内容就是，司法机关及其成员、其他诉讼参与者和参与报道、评论的媒体的权利和义务。在国际准则中，主要包括以下几个方面：

（一）媒体接近司法权的国际准则

公开审判是人们获得公正审判的基本要求。世界上，很多国际公约对公开审判进行了规定。《世界人权宣言》第 10 条规定："人人完全平等地有权由一个独立而无偏倚的法庭进行公正的和公开的审讯，以确定他的权利和义务并判定对他提出的任何刑事指控。"《公民权利和政治权利国际公约》第 14 条第 1 项确认："人人有资格由一个依法设立的合格的、独立的和无偏倚的法庭进行公正的和公开的审讯。"根据《欧洲人权公约》第 6 条第 1 款的规定，一般情况下，法院庭审应该公开进行。因此，公开审判被视为审判程序的一个重要方面。

但是，公开审判不是绝对的，特殊情况下可以进行必要的限制。《公民权利和政治权利国际公约》第 14 条规定，案件可因"民主社会中的道德的、公共秩序的或国家安全的理由，或当诉讼当事人的私生活的利益有此需要时，或在特殊情况下法庭认为公开审判会损害司法利益因而严格需要的限度下"，不公开审判。《欧洲人权公约》第 6 条第 1 款中规定，"基于民主社会的道德、公共秩序或国家安全，或者为了青少年的利益或需要对当事人的私生活进行保护，或者在严格适用范围内，于某些特殊的情况下，就法院看来相关公开行为可能会损害司法利益的时候"，可以秘密听审。

公开审判不适用于未成年人犯罪案件，目的在于保护未成年人的利益。《联合国少年司法最低限度标准规则》（北京规则）第 8 条规定，有关司法机构"应在各个阶段尊重少年犯享有隐私的权利，以避免由于不适当的宣传或加以点名而对其造成伤害。原则上不应公布可能会使人认出某一少年犯的资料"。第 21 条规定："对少年犯的档案应当严格保密，不得让第三方利用。应仅限于与处理手头上的案件直接有关的人员或者其他经正式授权的人员才可以接触这些档案。少年罪犯的档案不得在其后的成人诉讼案中加以引用。"

在国际准则中，对庭审过程录音录像并不是一项基本的要求。世界刑法协会第十五届代表大会通过的《关于刑事诉讼法中的人权问题的决议》第 15 条规定："公众传媒对法庭审判的报道，必须避免产生预先定罪或者形成感性审判的效果。如果预期可能产生这种影响，可以限制或者禁止无线电台和电视台播送审判情形。"《马德里准则》第 5 条规定："基本准则并不排除对因私人原因而进行的调解与协商过程的录音、录像。"第 6 条规定："基本准则并不要求有对庭审过程现场直播或者现场录像的权利。"

以上规定体现了国际公约对审判公开的基本要求是：公开是常态、不公开是例外，公开的审判是否允许录音、录像应当根据案件的情况而定。

（二）法官个人与媒体关系的国际准则

法官不同于普通公民，"为了能够令人满意地履行司法职务，法官就必须接受对其公民权利的限制。没有人是被迫成为法官的，但是，如果一个人决定接受司法任命并愿意长期做法官，他就必须接受对其公民权利的某些限制"[1]。1985 年 8 月 26 日至 9 月 6 日，在意大利米兰召开的第七届联合国预防犯罪和罪犯待遇大会通过了《关于司法机关独立的基本原则》。该基本原则后经联合国大会 1985 年 11 月 29 日第 40/32 号决议和 1985 年 12 月 13 日第 40/146 号决议核可，其指出："根据人权宣言，司法机构成员像其他公民一样享受言论、信仰、结社、集会自由的权利。但是，法官在行使上述权利时应当注意方式，要能够维护司法尊严、司法公正和司法独立性。"

2001 年，80 多个国家的首席大法官在印度班加罗尔制定了《班加罗尔司法行为原则》。2007 年，《班加罗尔司法行为原则》被联合国经济及社会理事会的《加强司法行为基本原则》（2007 年 7 月 26 日第 45 次全体会议通过）加以确认，并要求："会员国在与本国法律制度一致的情况下，继续鼓励本国司法机关在审查或制定关于司法机关成员职业和道德行为的规则时考虑本决议附件所载《班加罗尔司法行为原则》。"[2]《班加罗尔司法行为原则》有 4 个条款对法官个人的言论进行了规定：

> 2.4. 在法官负责审理或将会负责审理之法律程序中，如他明知评语在他合理预期中将会影响判决结果或损害法律程序的公正性，法官不得作出有关评语。在公开或其他场合，法官亦不得作出对任何人的公平审讯或论据造成影响之评语。
>
> 4.6. 法官与普通公民无异，均可享有言论、信仰、结社及集会自由，唯于行使权利时，法官的行为应始终与司法官职的尊严相符，亦须维持司法机关公正无私及独立性。
>
> 4.10. 法官以法官身份取得的机密资料，不得用作与法官的司法职责无关的用途，亦不得为与法官的司法职责无关之目的披露机密资料。
>
> 4.11. 在正当执行司法职责时，法官可：

---

① 怀效锋主编：《法院与媒体》，法律出版社 2006 年版，第 225 页。

② 《加强司法行为基本原则》，https://www.unodc.org/documents/corruption/bangalore_c.pdf，最后访问日期：2023 年 7 月 18 日。

（a）编写与法律、法律制度、执行司法工作或相关事务的著作，讲学及教授上述有关事务，以及参加上述有关活动；

…………

可见，国际准则要求法官对媒体发言应当谨慎，而且其言论还要注意维护司法尊严、司法公正和审判独立性，并不得泄密。

（三）侦查机关、检察机关与媒体关系的国际准则

如前所述，国际准则要求人类拥有"寻求、获取和传递信息"的权利，各国政府应当保证公众有效的知情权。《亚特兰大知情权宣言》指出："知情权适用于政府所有分支（包括执法、司法和立法部门，以及自治机构），所有层级（联邦、中央、区域和地方），以及上述国际组织的所有下属机构。"所以，侦查机关、检察机关也是司法信息公开的主体。

另外，国际社会《马德里准则》第 4 条对侦查公开可能存在的例外及其适用条件作出了规定，"基本准则并不排除在调查犯罪过程中依法保密，即使调查是司法程序的一部分"，但"不应限制任何此类人员向新闻界传达有关官方调查结论和调查情况的信息"。

国际准则从政府信息公开义务的角度要求侦查机关与检察机关公开相关信息。公开应成为准则，保密应被视为例外。各国可以根据执法规律，在执法信息公开与打击犯罪、防止预断、保护人权等价值之间取得平衡，在这样的前提下制定侦查、检察机关与媒体关系的规则。

（四）律师与媒体关系的国际准则

国际规则中的律师言论限制主要体现在国际规则关于律师言论自由的"但书"中。《关于律师作用的基本原则》（1990 年 9 月 7 日，联合国第八届预防犯罪和罪犯待遇大会通过）第 23 条专门规定了"言论和结社自由"，该部分指出："与其他公民一样，律师也享有言论、信仰、结社和集会的自由。特别是，他们应有权参加有关法律、司法以及促进和保护人权等问题的公开讨论，并有权加入或筹组地方的、全国的或国际性的组织和出席这些组织的会议而不致由于他们的合法行为或成为某一合法组织的成员而受到专业的限制。律师在行使这些权利时，应始终遵照法律和公认准则以及按照律师的职业道德行事。"

律师的言论自由本来就不是一个问题，关键在于"遵照法律和公认准则以及按照律师的职业道德行事"的含义是什么，应该作出怎样的限制。对此，国际规则并没有具体的规定。但是，可以肯定的是，律师并不同于普通的公民，其在具体的诉讼中有与普通公民不同的权利，如会见犯罪嫌疑人（或者被告人）、查阅并复制案卷、调查和参与庭审、要求司法机关回答有关案情的问题等权利，如果将其等同于媒体记者或者普通公民，显然是不合适的。所以，应遵照法律和公认准则以及按照律师的职业道德，对律师言论自由进行必要的限制，尤其要限制律师提供自己获得的信息和评论案件的权利。

（五）记者拒绝作证权的国际准则

在国际公约中，只有言论自由条款，对记者拒绝作证权没有直接的规定。但欧洲人权法院的判例和国际组织的文件对记者拒绝作证权有明确规定。

欧洲法院认为，如果记者被迫披露其消息来源，媒体的公共监督职能可能会因为这些披露对信息的自由流动所产生的影响而受到严重损害。[①] 法院认为，披露消息来源的命令是不符合《欧洲人权公约》第 10 条的，除非存在压倒一切的公共利益要求识别该来源。[②] 国际新闻工作者联合会 1954 年通过的《记者行为基本原则宣言》第 6 条规定："记者应当严守职业机密，保护秘密获得的新闻来源。"

记者拒绝作证权的确立是新闻自由与司法打击犯罪两种价值之间相互平衡的结果，是司法真相向新闻自由作出的必要让步。但一个国家是否采纳这一原则，要根据该国家的犯罪状况、文化传统、人民对正义的期待标准等综合因素来决定。

三、国际准则处理媒体与司法关系的基本策略

（一）鼓励对言论自由优先保护

在媒体与司法的关系上，国际规则采纳了对言论自由优先保护的策略。《马德里准则》在导言中提出："媒体自由是表达自由的一部分，是民主社会实行法治的基础。法官的责任是承认和实现言论自由，适用法律时作有利于言论自由的解释。只能根据《公民权利和政治权利国际公约》明示授权才能对媒体表达自由予以限制。"第 14 条规定："即使对准则规定的权利加以限制，也只能以实现其目的最低的程度和最短的时间，可以用较低限度的方法达到目的时，不能使用较高限度的方法……"关于司法与媒体的关系，言论自由处于优先的地位。

美国联邦最高法院大法官本杰明·卡多佐（Benjamin Cardozo）对言论自由与其他权利和自由的关系有一个很形象的比喻，即言论自由是"母体，是几乎一切其他形式的自由所不可缺少的条件"[③]。《马德里准则》在导言中指出："准则只是规定了言论自由的最低标准，它并不妨碍更高标准的确立。"也就是说，国际公约只是规定了保护言论自由的最低标准，各国可以在这个基础上使媒体有更多的言论自由，但不能更少，这为各国的立法提供了基本准则。

---

① ［英］萨利·斯皮尔伯利：《媒体法》，周文译，武汉大学出版社 2004 年版，第 19 页。

② Goodwin v. UK（1996）22 EHRR 123.

③ Melvin Urofsky：《人民的权利——个人自由与权利法案》，http://www.doc88.com/p-0758740344728.html，最后访问日期：2020 年 3 月 21 日。

（二）鼓励司法与执法机关向媒体提供信息

《马德里准则》在附录部分"实施的策略"中指出："法官应当接受有关处理媒体事务的规定。应当鼓励法官提供牵涉到公共事务案件裁判文书的简写本或者以其他形式向媒体提供信息。尽管对于法官回答媒体的问题，可以通过立法作出合理的规定，但法官不应当被禁止回答公众提出的与司法有关的问题。上述规定可以就法官与媒体交流的方式作出。"这一规定是关于司法与媒体协调机制的内容，包括了以下规则：

第一，法律"不能禁止法官回答公众提出的与司法有关的问题"。法官回答媒体或公众的问题，是其作为国家公职人员的义务，是国家保障公众知情权的一种方式。"不能禁止"的表述也表明，考虑到法官应当保持中立的立场和超然的形象，法官也可以拒绝回答媒体或公众提出的问题。

第二，"法官应当接受有关处理媒体事务的规定。应当鼓励法官提供牵涉到公共事务案件裁判文书的简写本或者以其他形式向媒体提供信息。"法院发布书面材料，更有利于媒体的报道，这种方式是"应当鼓励"的，与上述"不能禁止"在表达上有差别。因为这种情况下，不需要法官直接接触媒体，对法官"深居简出"的形象影响不大。

第三，"上述规定可以就法官与媒体交流的方式作出"，即对于法官回答媒体的问题，各国的立法可以就法官与媒体的交流方式作出具体规定。实践中，各国司法机关可以通过建立新闻发言人制度来实现。现在我国法院和检察院都已经建立了新闻发言人制度，及时公布社会热点案件，与公众保持畅通的信息交流。

（三）媒体通过自律体现对司法的尊重和理解

《马德里准则》在"实施的策略"中还指出："司法权力与言论自由、特殊人群（特别是未成年人和其他需要提供特殊保护的人）的权利之间的平衡，是非常难以取得的。所以，对于与此相关的个人或者群体，必然采用下列的一种或者多种方法加以应对：立法解决、媒体协商、媒体联合会、由媒体行业内部制定的媒体职业道德准则。"媒体通过自律体现对司法的尊重和理解，是解决媒体与司法冲突的重要方式。

新闻职业守则，最初在 20 世纪 20 年代初期开始系统编纂。各国的新闻职业守则在形式和范围上大不相同。很多国家已经成立了媒体委员会，以对媒体形成必要的自律。各国的新闻从业人员也都有自律信条，如美国新闻界的自律信条（Creed of Journalism Ethics）。不管国情如何，这类的约束信条，其中都有最起码的一条：要作真实的报道。新闻人员应有新闻自由，但绝无错误报道的自由。①

在媒体的职业道德制约方面，《马德里准则》没有具体内容。国际法学家协会有

---

① Beloff, "Fair Trail—Free Press? Reporting Restrictions in Law and Practice", *Public Law*, Spring 1992, p. 98.

人认为，各国媒体内部的职业道德准则一般应包括以下内容：（1）公正地进行批评性报道，有责任纠正错误，不能发布误导事实的图片。（2）对批评性的报道和评论提供回答的机会。（3）对事实进行现场而真实的报道。（4）尊重隐私。（5）应当区分事实与评论。（6）不能因种族、国籍、宗教、性别而产生歧视和挑起仇恨。（7）不能以不诚实的方式获取信息。（8）不能对他人造成危险。（9）应当具有通常的庄重姿态和鉴赏标准。（10）不能泄露秘密的消息来源。（11）不能对被告人进行有罪预断，对于已经解除起诉或者被判无罪的人，不能发表关于其以前受到控告与有罪判决的资料。①

鼓励媒体通过自律体现对司法尊重和理解的重要方式还包括司法机关与媒体签订"特别约定"。如我国台湾地区，自1997年"白晓燕案"后，台湾地区新闻记者协会、台湾地区媒体观察教育基金会、媒体改造学社、公民参与媒体改造联盟、民间司改会等共同讨论后，于2005年年底完成了《绑架新闻报道及采访公约》，并推动各大媒体共同签署遵行。

（四）确立媒体与司法机关的冲突协调机制

媒体（包括公民个人的言论自由）与司法存在矛盾，如何对这些矛盾进行协调，国际公约给各国提出了指导准则。

国际公约早就考虑到，由于立法和立法解释等，掌握信息的人对信息公开范围会有较大的自由裁量权，所以设想了通过程序救济实现信息的公开。《亚特兰大知情权宣言》要求，国家"对法律的实施进行定期监测和报告"，"由立法机构和主要审查机构对执法和守法情况进行审查"。

《马德里准则》第11—14条规定："辩方和媒体有权利在最大程度上知悉进行限制的理由（如果必要，对此理由有保密的义务），并有权对这些限制提出抗辩。""在民事案件中，如果有法律授权，可以为了保护私人合法利益而对规则加以限制。""不能以专断和歧视的方法对规则权利加以限制。""即使对准则规定的权利加以限制，也只能以实现其目的最低的程度和最短的时间，可以用较低限度的方法达到目的时，不能使用较高限度的方法。"这一内容是关于法院在裁量具体案件不公开审理时的程序，体现了以下几层含义：

一是根据《公民权利和政治权利国际公约》第14条的逻辑，有些案件不能进行公开报道，参与审判的当事人、律师和证人不能对外谈论案情。但是，媒体有权知道进行限制的理由，法院也有义务将理由告知媒体。

二是对于限制媒体报道的情况须有法律明确规定。《马德里规则》第12条规定："在民事案件中，如果有法律授权，可以为了保护私人合法利益而对规则加以

---

① Beloff, "Fair Trail—Free Press? Reporting Restrictions in Law and Practice", *Public Law*, Spring 1992, p. 98.

限制。"如果涉及比公众的知情权更重要的利益，法官可以根据法律授权限制媒体的报道。

但是，拥有第四种权力的媒体还有不同于当事人意愿的一些特权，其中最重要的表现是，在有的案件里，媒体可以对当事人要求不公开审理的行为提出疑问，要求法院公开审理。因为案件审判不光是当事人之间的事情，审判是一种以公法为依据的国家行为，刑事案件更加如此。1986 年，美国"科罗拉多报业集团诉州法院案"①〔Press enterprise v. Superior court, 478 U. S. 1（1986）〕中，美国联邦最高法院同意了媒体的观点，认为州法院违背了宪法第一修正案的言论自由权。因为将当事人的权利与民众的知情权平衡考虑之后，联邦最高法院认为媒体的报道不会对公正审判造成妨害。而且，不能以当事人的意愿决定案件是否公开审理，当事人意愿只是法院考虑的各种因素之一，而公开报道有利于建立公众对司法的信心。联邦最高法院最后决定案件审理向社会和媒体公开。因此，如果法院综合平衡考虑，认为公开审判不会影响当事人的权益，则即使当事人要求不公开审理，法院也应当公开审理。

三是法官在有自由裁量权时，不能以专断和歧视限制案件公开审理，应当尽可能将案件公开审理，且应当最大限度地公开。

法院对媒体进行必要的限制总是难免的，但问题的关键是这种权力容易被滥用，如何防止不公开例外的扩大化。总的来说，这些例外不能损害保护权利的目的和本质。即使是适用于特别时期的《锡拉萨库原则》，其提出的一个基本要求是：这些限制必须为了保护权利的目的而严格进行解释，必须是适当且必要的，而不是专断和歧视的。对其滥用可以提出异议和补救。对于司法机关决定不公开审理的案件，媒体有权要求采取对于"禁止报道"的补救措施。《马德里准则》第 8 条规定："只要法官实施对准则规定的权利的限制，媒体就有权利要求听证和进行上诉。"关于补救措施，不同国家往往有不同的规定。在英国，曾有一起毒品犯罪案件没有公开审理，但后来欧洲人权法院对该案进行了公开审理，理由是这类案件并不涉及公众利益，公开审理不会影响公正审判。②

处理媒体与司法关系的国际准则，牵涉很多重要的国际文件。这些文件中，包括国际公约、建议性准则和国际会议文件。对于我国加入的国际条约，我们应当遵守。对于其他国际准则，我们应当认真研究并参照其进行立法。在《国家人权行动计划（2009—2010 年）》中，我国政府向世界宣布"遵循《世界人权宣言》和国际人权条约的基本精神"，要"从中国的国情出发，本着务实的精神，确保设定的目标和措施切实可行，科学推进中国人权事业的发展"。这一立场也可以作为我国对待媒体与司

---

① Kamisar, *Advanced Criminal Procedure*, Thomson West, 2002, p. 1420.

② The Sunday Times Case (27 October 1978) Series A, No. 30 Handbook at 175 – 177 (Eur. Court H. R.).

法关系国际准则的立场。中国既要遵循国际准则的基本精神，又要从国情出发，选择适合中国的媒体与司法关系模式，构建具有中国特色的媒体与司法关系规则。

四、媒体与司法关系的三种模式

关于世界各国处理媒体与司法关系的规则模式，学界有不同的概括。意大利巴里大学教授吉奥尔吉奥·靳斯特（Giorgio Resta）将世界各国处理媒体与司法关系的规则划分为三种模式：美国的保护言论自由模式、英国的保护司法模式、大陆法系国家的保护个人模式。[①] 他认为，英美法系传统更多关注的是新闻自由和公正审判之间的冲突，而低估了媒体对犯罪嫌疑人个人生活偏见性的报道可能产生的影响。相比之下，大陆法系国家较少考虑审判的公正性，而是更多地关注个人隐私的保护，将个人隐私视为最高人性尊严的特殊宪法原则。

他认为，以上三种模式中，言论自由都有可能受到各种限制。虽然不同国家会通过立法或司法规则制定出针对媒体报道的事前限制措施和事后惩罚性制裁措施，但是这些措施的价值会随着时代的变化而变化。一方面，诸如针对诉讼参加人员的禁止令、整顿命令以及损害赔偿等民事救济措施的作用会越来越有价值。另一方面，变更审判地点之类的平衡性措施在实践中会逐渐减少适用，其价值不断消减。[②]

我国台湾学者陈新民从各国限制媒体报道的措施入手，将媒体与司法关系的规则概括为四种模式：中国台湾地区的"不得评论"制度、德国的"不提供信息"制度、英国的防止舆论裁判之方式[③]和美国的诉讼发表规则（Trail Publicity Rule）模式。[④]

一是中国台湾地区的"不得评论"制度。我国台湾地区对"不得评论"事项的明确主要体现在其所谓"出版法"第33条。根据该条的规定，有三项内容媒体和相关人员不得评论或登载：（1）正在侦查或审判中的诉讼案件，不能评论。（2）对于承办案件之司法人员及与该案件有关之诉讼关系人，不能评论。（3）禁止公开诉讼事件之辩论，不能登载。但现在看来，这样的条款实施起来必然非常困难，因为这显然有悖于言论自由，也不符合我国台湾民众自由评论案件的现状。其只是一个提倡性条款。

二是德国的"不提供信息"制度。德国在经过纳粹政权限制新闻自由，并将新闻媒体作为国家愚民、战争宣传的工具之后，1949年公布的《德国基本法》特别重视

---

① Giorgio Resta, "Trying Cases in the Media：A Comparative Overview", *Law & Contemp. probs*, Vol. 71, Autumn 2008，p. 31.

② Giorgio Resta, "Trying Cases in the Media：A Comparative Overview", *Law & Contemp. probs*, Vol. 71, Autumn 2008，p. 31.

③ 此处为陈新民教授的原话，按大陆的语言习惯，可以将"裁判方式"称为"司法规制方式"。

④ 陈新民：《新闻自由与司法独立——一个比较法制上的观察与分析》，《台大法学论丛》2000年第3期，第89 – 134页。

新闻自由，禁止实行新闻审查制度，认为新闻自由不仅仅包括对已发生或将要发生事件加以"报道的自由"，也包括"评论的自由"。如此一来，德国防止媒体审判的目的只能依赖国家司法机关"不提供信息"而达到。

三是英国的司法规制方式。英国规制媒体与司法关系的具体措施包括通过司法缄口令进行事先的报道限制、对违反报道限制可追究其藐视法庭的罪责、作为审判程序违法而构成当然的上诉理由等三大类。

四是美国的诉讼发表规则模式。与前述国家和地区不同的是，美国通过程序更新或者后延，限制诉讼参与人如检察官、律师、当事人的言论达到防止媒体审判的目的。为了避免直接攻击媒体这个能够形成公共舆论的"怪兽"，美国司法一般对检察官或律师的言论进行限制。因为在法庭内作为"攻""防"双方的检察官及律师，已经通过自己的职务行为了解了案情，他们的言论有时会成为舆论裁判的"帮凶"，因此要进行适当的限制。如此一来，就形成了美国法官对检察官及律师发布缄口令的制度（Gag Order），也称为"诉讼发表规则"，同时附带有禁止评论规则（No Comment Rules）。[1] 这些规则都通过法院的判例给予了确认。[2] 这样做，可以避免侵犯广大媒体的新闻自由，仅限制人数极少的检察官和律师的言论，将对言论自由的"侵害"降到最低。

上述陈新民教授概括模式的特点是，把各国各地区防止媒体对司法不良影响的主要或者根本措施作为模式的名称。这确实能够反映一个国家或地区关于媒体与司法关系处理规则的突出特点，但不够全面，容易忽略该国家或地区关于处理媒体与司法关系的其他重要规则。也有人曾经把处理媒体与司法关系的各国规则概括为三种模式：英国的通过缄口令直接限制媒体模式、美国的司法自我约束模式、大陆法系国家的放任模式。[3] 但是，这一分类方法忽略了大陆法系国家实际上采取了对案件信息进行严格控制的特点，所以，我们可以借鉴陈新民教授"不提供信息制度"的提法，将这一模式概括为"信息控制模式"。由此，具体的模式种类有：

（一）通过缄口令直接限制媒体模式

在媒体与司法关系的问题上，英国采用的是"司法限制媒体模式"。英国一向以其司法独立、司法制度的优越而自豪，因此对于新闻自由可能造成的舆论裁判后果，是从"后果挽救"的角度来着手的。[4]

对司法报道的限制除了根本就不公开审理的某些案件，法院还可发布命令要求媒

---

① Mark R. Stabile, "Free Press—Fair Trial: Can They Be Reconciled in a Highly Publicized Criminal Case?", *Georgetown Law Journal*, December 1990, p. 337.

② See 435 F. 2d 1059 (7th Cir. 1970); 522 F. 2d 242 (7th Cir. 1975).

③ 高一飞：《媒体与司法关系规则的三种模式》，《时代法学》2010 年第 1 期，第 9 – 17 页。

④ 陈新民：《新闻自由与司法独立——一个比较法制上的观察与分析》，《台大法学论丛》2000 年第 3 期，第 89 – 134 页。

体对某些案件的报道予以推迟。① 这一内容主要体现在英国 1981 年《藐视法庭法》中，该法第四节第 2 款规定："关于正在进行的诉讼程序或任何其他处于未决或迫近状态下的诉讼程序，当似乎有必要采取措施以避免对相关司法程序造成损害的时候，法院可以命令，在其认为有必要的一段时间之内，推迟对相关诉讼程序或诉讼程序的某一部分所作的报道。"这种制度被称为"缄口令"制度。

但"缄口令"也不是任意发布的，法院对报道的限制必须符合以下条件：（1）此类推迟必须以法院令的形式作出，仅靠司法请求是不够的。② （2）损害的风险必须针对的是正在进行的诉讼程序或其他迫近的或未决的诉讼程序。③ （3）法院令着眼于推迟针对整个诉讼程序或其一部分所作的报道，但非无限期地推迟。相关延迟期间必须是法院认为为了避免损害的实质性风险而必需的。（4）相关法院令的发布必须是必要的。④

（二）司法自我约束模式

"司法自我约束模式"是美国现在采用的模式。在美国，法官有相当大的权力，法官向媒体发布缄口令是普通法上早已有之的做法⑤，且在 1966 年"谢泼德案"（Sheppard v. Maxwell）⑥ 中被强化。此案中，美国联邦最高法院指责地方法院在审判时存在"新闻媒体导致公众存有偏见的报道方式"，将该案发回地方法院重审。

"埃斯蒂斯案"（Estes v. Texas）⑦ 和"谢泼德案"都是以媒体报道影响公正审判发回重审，而且成功取得无罪判决的著名案件。⑧ 在上述"谢泼德诉马克斯韦尔案"判决中，克拉克法官列出了法院为确保公正应该考虑的 9 种方法⑨：（1）依辩方动议变更审判地。（2）无辩方动议而变更审判地。（3）陪审团召集令的变更。（4）诉讼延期。（5）分别审理（在被告人为多数的审判中）。（6）陪审团选任。通过回避程序免除陪审团中由于审前宣传而真正产生偏见的所有人。（7）警告或隔离陪审员。（8）免除陪审员资格。（9）如果上述的所有措施都失败了，进行一次新的审理。美国记者新闻自由委员会（The Reporters Committee for Freedom of the Press）保存了从 1967 年到 1975 年法官发布的保护性命令的记录。这证明了法院在 174 起案件中发布过这种命

---

① ［英］萨利·斯皮尔伯利：《媒体法》，周文译，武汉大学出版社 2004 年版，第 353 - 354 页。
② AG v. Leveller Magazine（1979）AC 440 473.
③ AG v. English（1982）2A11ER，903.
④ Rean Inquiry under Company Securities（Insider Dealing）Act 1985（1988）AC 660, per Lord Griffiths, 704.
⑤ ［美］唐纳德·M. 吉尔摩、杰罗姆·A. 巴龙、托德·F. 西蒙：《美国大众传播法：判例评析（第六版）》，梁宁等译，清华大学出版社 2002 年版，第 365 - 367 页。
⑥ Sheppard v. Maxwell, 384 U. S. 333（1966）.
⑦ Estes v. Texas, 381 U. S. 532（1965）.
⑧ ［美］伟恩·R. 拉费弗、杰罗德·H. 伊斯雷尔、南西·J. 金等：《刑事诉讼法》，卞建林、沙丽金等译，中国政法大学出版社 2003 年版，第 1185 页。
⑨ ［美］唐纳德·M. 吉尔摩、杰罗姆·A. 巴龙、托德·F. 西蒙：《美国大众传播法：判例评析（第六版）》，梁宁等译，清华大学出版社 2002 年版，第 355 - 358 页。

令，其中包括63项禁止法庭参加者（证人、陪审员、律师和检察官）发表声明，61项对新闻媒体、公众封闭法庭程序或记录的命令，以及50项直接对媒体进行事前限制的命令。①

但是，之后美国联邦最高法院对法院向媒体发布"缄口令"的态度发生了根本性的变化。1976年，美国联邦最高法院公布了"内布拉斯州新闻协会案"（Nebraska Press Association v. Stuart）②，在判决中，联邦最高法院推翻了向媒体发布"缄口令"的传统做法③，缄口令"在1976年遭到联邦最高人民法院以违反宪法增修条文第1条为理由而废弃"④。在没有事前限制媒体对司法进行报道和评论的情况下，美国通过法院自我约束和完备的程序规则来防止媒体影响司法。虽然美国联邦最高法院并没有明文禁止法院发布对媒体的任何禁止命令，但是"联邦最高法院一贯认为对言论的事先禁止应该首先被推定为是违反宪法而无效的。只有当司法机构能够证明所涉及的言论对所保护的利益具有明显而现实的危险性，或者具有严重而迫切的威胁"时，事先禁止才是合法的。"事先禁止必须被控制在狭小的范围内，而且如果存在其他对第一修正案的损害更小的替代方法的话，也不能进行事先禁止。"⑤

（三）信息控制模式

大陆法系国家没有司法对媒体进行事先限制的传统，其在这个问题上采用的是"司法向媒体开放模式"。

在德国，1949年的《德国基本法》比较重视新闻自由，其第5条第1项规定："任何人都有以文字、图片以及书画等发表意见的权利，并享有不受限制地获得资讯的权利。"⑥ 德国法律中没有规定藐视法庭罪的内容，也没有对媒体的司法报道作特别的限制。德国虽然不发布禁令限制媒体的报道，但在提供媒体信息时对法院进行了限制。如德国巴登邦的《巴登邦新闻法》第4条规定："当资讯的提供会造成现行未定的程序加快、困难、迟误或危害时，或抵触保密规定，侵犯重大公益或值得保护的私人利益时，或已达到过分的程度时，相关人员可以拒绝提供。"

在法国，1994年生效的《法国刑法典》第434条虽规定有藐视法庭罪，但规定该罪是为了维持法庭秩序，针对的对象是诉讼参与人，并不针对媒体报道。

---

① ［美］韦恩·奥弗贝克：《媒介法原理》，周庆山等译，北京大学出版社2011年版，第327页。
② Nebraska Press Association v. Stuart，247 U. S. 539（1976）.
③ ［美］唐纳德·M. 吉尔摩、杰罗姆·A. 巴龙、托德·F. 西蒙：《美国大众传播法：判例评析（第六版）》，梁宁等译，清华大学出版社2002年版，第362页。
④ ［美］唐纳德·M. 吉尔摩、杰罗姆·A. 巴龙、托德·F. 西蒙：《美国大众传播法：判例评析（第六版）》，梁宁等译，清华大学出版社2002年版，第367页。
⑤ ［美］唐纳德·M. 吉尔摩、杰罗姆·A. 巴龙、托德·F. 西蒙：《美国大众传播法：判例评析（第六版）》，梁宁等译，清华大学出版社2002年版，第372页。
⑥ 陈新民：《新闻自由与司法独立——一个比较法制上的观察与分析》，《台大法学论丛》2000年第3期，第120页。

很多大陆法系国家为了对司法信息进行控制，制定了一些审前保密规则，但是实践与理论存在很大差距。一方面是由于大部分审前保密规则的适用范围过于狭窄，其很难得到有效实施。例如：《法国刑事诉讼法》第 11 条并不是直接约束记者的。《德国刑法典》第 353 条 d 款的规定虽然适用于媒体，但只是防止将官方全部或部分文件一字不漏地刊登出来，并不禁止受官方文件的启发而撰写的评论文章的发表。在许多情况下，非法发布的信息主要是由检察官和警察提供的。因而，司法过程中官方并没有强烈的动机来实际起诉这些违反审前保密规则的行为。而且，那些允许记者可以对其信息来源不加披露的规定也为这些规则的有效实施增加了困难。①

另一方面，审前保密的政策支持正在失去社会的认可，已经变得不合时宜。信息控制模式基本的假设是：尽管主要的审判过程应当完全向公众开放，但是证据的搜集和公诉的准备等预备阶段应当保密。然而，较之审判阶段，审前阶段充满了神秘和悬念，具有极高的新闻价值，因而人们对审前预备阶段的公开更加感兴趣。

事实上，互联网时代，在由媒体主导的社会环境中，要想对审前预备阶段完全保密，进行封闭的信息控制，是不现实的。因此，学者呼吁提供更多审前预备阶段信息的变革，一些国家也已经进行了这方面的立法改革。如法国 2000 年 6 月 15 日的"2000 - 516"号法律修改了《法国刑事诉讼法》第 11 条的内容，新的规定一改往日审前保密原则的严厉性，规定，"判决前的保密是为了维护审前信息的完整性和准确性，检察官可以根据法庭的要求、当事人的申请或者自己的想法公布相关信息"，对司法信息的控制进行了适度放开。

由于资料的限制，笔者只能对各个国家的经验进行上述简要介绍，但是，我们可以回顾一下《欧盟委员会部长委员会建议书》中"有关媒体在刑事诉讼程序中的信息规定"②。该建议书规定了信息的平等获得原则，强调非歧视原则和备受关注的案件中普通信息的重要性。原则 4 规定："如果有记者在刑事诉讼中已经合法地从司法或者警察机构那里获得相关信息，那么这些机构就应当毫无歧视地让所有作出或者已经作出同样请求的记者获得相关信息。"关于那些备受关注的案件，"司法或警察机构应当将其必要的行为告知媒体，只要这样做无损于调查部门和警察机构的相关保密要求，或是推延或阻碍程序结果的产生"。总之，建议这些信息条款中规定的合法的信息披露应当由"经授权的官员或其他机构通过新闻发布会的形式"发布。③ 这份建议书不具有强制约束力，但它的价值是不容置疑的，其提出了对信息控制的限制问题。

① Giorgio Resta, "Trying Cases in the Media: A Comparative Overview", *Law & Contemp. Probs.*, Vol. 71, Autumn 2008, p. 31.

② Council of Europe, Recommendation REC (2003) 13 of the Committee of Ministers to Member States on the Provision of Information through the Media in Relation to Criminal Proceedings (adopted July 10, 2003).

③ Council of Europe, Recommendation REC (2003) 13 of the Committee of Ministers to Member States on the Provision of Information through the Media in Relation to Criminal Proceedings, at Principle 5.

第一个重要的限制是，不得妨害无罪推定。该建议书中的原则 2 规定："有关正在进行中刑事诉讼程序的观点和信息只有在不损害犯罪嫌疑人或被告人无罪推定原则的情况下才得以公布或者传播。"根据欧洲人权法院的判例，违反这条原则，将导致针对国家提起的损害赔偿之诉。① 而且，原则 10 规定："在刑事诉讼程序中，尤其是涉及陪审团或是非法律专业的法官时，司法和警察机构不得公开提供那些存在严重有害于审判公正性的信息。"这与欧洲人权法院判例法也是一致的。②

第二个重要的限制在于，保护审判参加者的个人隐私。审判要特别注意避免披露证人的身份，"除非征得证人的事先同意，或者证人的身份是一个公共问题，又或是证人证言已经公开"③。

不容忽视的是，信息控制模式存在一定的弊端，其可能会使公民的司法知情权受到不适当的限制。自 1945 年知情权的概念被提出后，知情权开始在更为广阔的领域受到关注，并很快成为一个具有国际影响的权利概念。1946 年，联合国通过第 59 号决议宣布："信息自由原为基本人权之一，且为联合国所致力维护之一切自由之关键。"这承认了属于信息自由范畴的知情权为基本人权。④ 1948 年 12 月 10 日，联合国大会通过的《世界人权宣言》又将"人人享有言论和信仰自由并免于恐惧和匮乏"宣布为普通人民的最高愿望。其后 1966 年，联合国大会通过了《公民权利和政治权利国际公约》，第 19 条第 2 款同样宣称："人人有自由发表意见的权利；此项权利包括寻求、接收和传递各种消息和思想的自由……"显然，该公约中提到的寻求、接收消息和思想的自由，就是我们所说的公民知情权。

国际公约和国际组织文件对公民知情权的规定和倡导，无疑极大地促进了司法领域公民知情权在世界范围内的传播与发展，"最大限度公开""及时公开"等原则早已成为国际社会的共识，传统的司法信息控制的做法显然已不合时宜。如，根据《德国版权法》的相关规定，基于个人肖像权的特别保护规定，不管是重大犯罪还是轻微犯罪，都不得公布犯罪嫌疑人的照片。但法国斯特拉斯堡法院认为，这种做法与《欧洲人权公约》第 10 条规定的言论表达自由不相符。⑤ 因此，立法对司法信息的限制应当慎重，对于司法信息应当适用公开推定规则，即只要没有立法上的不公开依据，就推定为应当向社会公开。

---

① Allenet de Ribemont v. France，App. No. 15175/89，Eur. Ct. H. R. at 35 – 36.

② Buscemi v. Italy，App. No. 29569/95，Eur. Ct. H. R. at 68.

③ Council of Europe，Recommendation REC（2003）13 of the Committee of Ministers to Member States on the Provision of Information through the Media in Relation to Criminal Proceedings，at Principle 16.

④ 林爱珺：《论知情权的法律保障——新闻传播学的视角》，复旦大学 2007 年博士学位论文，第 25 页。

⑤ 关于这样的案例并非一起，如 2007 年一个从奥地利上诉到欧洲人权法院的案件，参见 Verlagsgruppe News GmbH v. Austria（No. 2），App. No. 10520/02，Eur. Ct. H. R.（Mar. 14，2007）.

五、中国处理媒体与司法关系的要求

2014 年 1 月 7 日，中央政法工作会议上，习近平总书记全面论述了"媒体与司法关系"这一前沿而现实的问题，他指出：

> 现在，人人都有摄像机，人人都是麦克风，人人都可发消息，执法司法活动时刻处在公众视野里、媒体聚光灯下。一个时期以来，网上负面的政法舆情比较多，这其中既有执法司法工作本身的问题，也有一些媒体和当事人为了影响案件判决、炒作个案的问题。政法机关要自觉接受媒体监督，以正确方式及时告知公众执法司法工作情况，有针对性地加强舆论引导。新闻媒体要加强对执法司法工作的监督，但对执法司法部门的正确行动，要予以支持，加强解疑释惑，进行理性引导，不要人云亦云，更不要在不明就里的情况下横挑鼻子竖挑眼。要处理好监督和干预的关系，坚持社会效果第一，避免炒作渲染，防止在社会上造成恐慌，特别是要防止为不法分子提供效仿样本。前几年发生的暴力伤害幼儿园儿童和中小学学生的案件，去年发生的福建厦门公共汽车纵火案、首都机场爆炸案等，经一些媒体渲染炒作后，有的引发了连锁反应。对司法机关尚未或正在办理的案件，媒体可以报道，但不要连篇累牍发表应该怎么判、判多少年等评论，防止形成"舆论审判"，以便为执法司法机关行使职权营造良好舆论环境。①

在习近平总书记关于媒体与司法关系的论述中，涉及媒体与司法关系规则的很多方面，概括起来：一是"执法司法活动时刻处在公众视野里、媒体聚光灯下"是新媒体时代的舆论特征；二是司法机关要及时回应社会关切；三是媒体要为执法司法机关行使职权营造良好的舆论环境。

2014 年 10 月 23 日，《中共中央关于全面推进依法治国若干重大问题的决定》将媒体与司法关系问题写入了党的文件："司法机关要及时回应社会关切。规范媒体对案件的报道，防止舆论影响司法公正。"其内容正表现为，现代自媒体时代背景下，司法如何对待媒体监督、媒体如何报道司法两个方面。

（一）媒体与司法面临自媒体时代新环境

网络时代，媒体与司法的关系发生了新变化。互联网的出现，使得媒体对司法的影响远远超过过去以报纸、电视为主的年代。习近平总书记分析了网络舆论的特点，他说："互联网是一个社会信息大平台，亿万网民在上面获得信息、交流信息，这会

---

① 习近平：《论坚持全面依法治国》，中央文献出版社 2020 年版，第 53 页。

对他们的求知途径、思维方式、价值观念产生重要影响，特别是会对他们对国家、对社会、对工作、对人生的看法产生重要影响。"① 可以毫不夸张地说，今天的司法机关较以往承受着更为巨大的舆论压力。2013 年 5 月，周强在全国法院新闻宣传工作会议上强调："媒体的迅猛发展活跃了民主法治建设的舆论环境"，"新技术的变革导致媒体格局发生深刻变革，新媒体格局的变革使人民法院新闻宣传工作面临着前所未有的新环境"。② 可见，新媒体环境对司法的深刻影响越来越受到重视。

在过去，传统媒体垄断着信息供应，而今天，"自媒体"以及随之而来的亿万"公民记者"的涌现打破了这种垄断。各级党政机关和群团组织等积极运用微博、微信、新闻客户端"两微一端"等新媒体，发布政务信息，回应社会关切，推动协同治理，不断提升地方政府信息公开化、服务线上化水平。习近平总书记所说的"人人都有摄像机，人人都是麦克风，人人都可发消息"的本质是"人人都是记者"，中国的舆论生态正在走向多元化。

司法系统受到了自媒体和公民记者的巨大影响。在言论自由与公正审判的平衡中，言论自由的地位正在提高。言论自由中派生出了"互联网上的言论自由"或者"互联网自由"。2007 年 2 月 15—16 日，联合国教科文组织在巴黎举行了电子媒体与新闻自由国际研讨会，教科文组织言明新闻自由是基本人权。在这次会议上，各国代表对电子媒体的出现与促进新闻自由的关系进行了深入探讨，并提出了新的看法。③ 2010 年，"互联网自由"的概念开始出现在美国政府的电子期刊上。④ 2010 年 6 月 8 日，中国国务院新闻办公室发布《中国互联网状况》白皮书指出："中国政府鼓励和支持发展网络新闻传播事业，为人们提供了丰富的新闻信息，同时依法保障公民在互联网上的言论自由，保障公众的知情权、参与权、表达权和监督权。"⑤ "互联网上的言论自由"即"互联网自由"的概念被提出。互联网自由的兴起也意味着对言论自由的要求日益上升到一个更高的标准。

自媒体对司法的监督更加直观、及时，但是，网络民意容易对司法产生误解，也容易被人利用，从而容易导致干扰司法和舆论审判。新媒体需要新思维、新方法去对待，"今天，宣传思想工作的社会条件已大不一样了，我们有些做法过去有效，现在未必有效；有些过去不合时宜，现在却势在必行；有些过去不可逾越，现在则需要突破。'不日新者必日退。''明者因时而变，知者随事而制。'做好宣传思想工作，比

① 习近平：《习近平谈治国理政（第二卷）》，外文出版社 2017 年版，第 335 页。
② 王比学、徐隽：《在新媒体环境下奏响公正司法的时代强音》，《人民日报》2013 年 5 月 29 日，第 11 版。
③ 《教科文组织寄望电子媒体促进新闻自由》，联合国官网 2007 年 2 月 16 日，https：//news. un. org/zh/story/2007/02/70472，最后访问日期：2020 年 3 月 22 日。
④ 美国国务院：《电子期刊》2010 年第 6 期，第 3 页。
⑤ 中华人民共和国国务院新闻办公室：《中国互联网状况》，《人民日报》2010 年 6 月 9 日，第 14 版。

以往任何时候都更加需要创新"①。"很多人特别是年轻人基本不看主流媒体,大部分信息都从网上获取。必须正视这个事实,加大力量投入,尽快掌握这个舆论战场上的主动权,不能被边缘化了。"② 在自媒体时代,我们应当尊重新闻舆论的规律,确立起符合时代要求的媒体与司法关系规则。

(二) 司法机关要及时回应社会关切

十八届四中全会提出了"司法机关要及时回应社会关切"的要求。习近平总书记早在 2014 年 1 月 7 日中央政法工作会议上的讲话中就对此作了详细的论述。

1. 政法机关要自觉接受媒体监督

2013 年 1 月 7 日,全国政法工作电视电话会议召开,习近平总书记就做好新形势下政法工作作出重要指示,要求"以能力建设为重点,着力提升做好新形势下群众工作能力,着力提升维护社会公平正义能力,着力提升新媒体时代社会沟通能力,着力提升科技信息化应用能力,着力提升政法队伍拒腐防变能力"③。五个"着力"中,有两个与司法公开的方式有关,即新媒体和科技信息化也可以成为司法公开的手段和方式。

司法机关要"学会通过网络走群众路线"。习近平总书记说:"古人说:'知屋漏者在宇下,知政失者在草野。'很多网民称自己为'草根',那网络就是现在的一个'草野'。网民来自老百姓,老百姓上了网,民意也就上了网。群众在哪儿,我们的领导干部就要到哪儿去,不然怎么联系群众呢? 各级党政机关和领导干部要学会通过网络走群众路线,经常上网看看,潜潜水、聊聊天、发发声,了解群众所思所愿,收集好想法好建议,积极回应网民关切、解疑释惑。善于运用网络了解民意、开展工作,是新形势下领导干部做好工作的基本功。各级干部特别是领导干部一定要不断提高这项本领。"④ 司法机关虽然需要独立办案,不能迁就民意,但是也需要加强民意沟通,听取合理的声音。

对待网络舆论要多一些包容和耐心。网络民意有其自身的特定性,要继续拓展网络民意的收集渠道、加强网络民意收集窗口建设、加强网络民意收集的主动性和及时性。要完善网络民意的引导与分析机制,网络民意回应机制、反馈与评价机制,以及司法回应网络民意的监督机制。习近平总书记对如何对待网络舆论,提出了"六个及时"的要求。他说:"网民大多数是普通群众,来自四面八方,各自经历不同,观点和想法肯定是五花八门的,不能要求他们对所有问题都看得那么准、说得那么对。要

---

① 中共中央文献研究室编:《习近平关于全面深化改革论述摘编》,中央文献出版社 2014 年版,第 84 页。
② 中共中央文献研究室编:《习近平关于全面深化改革论述摘编》,中央文献出版社 2014 年版,第 83 页。
③ 彭波:《顺应人民对公共安全司法公正权益保障的新期待 全力推进平安中国法治中国过硬队伍建设》,《人民日报》2013 年 1 月 8 日,第 1 版。
④ 习近平:《习近平谈治国理政(第二卷)》,外文出版社 2017 年版,第 335 - 336 页。

多一些包容和耐心，对建设性意见要及时吸纳，对困难要及时帮助，对不了解情况的要及时宣介，对模糊认识要及时廓清，对怨气怨言要及时化解，对错误看法要及时引导和纠正，让互联网成为我们同群众交流沟通的新平台，成为了解群众、贴近群众、为群众排忧解难的新途径，成为发扬人民民主、接受人民监督的新渠道。"① 这六个"及时"中，后四个"及时"的本质是通过信息公开回应民众、引导舆论，为司法公开的针对性提供了指导。

2. 以正确方式及时告知公众执法司法工作情况

所谓"及时告知公众执法司法工作情况"，指的就是司法公开。2014 年 1 月 7 日，习近平总书记在中央政法工作会议上发表重要讲话时强调："要靠制度来保障，在执法办案各个环节都设置隔离墙、通上高压线，谁违反制度就要给予最严厉的处罚，构成犯罪的要依法追究刑事责任。要坚持以公开促公正、以透明保廉洁，增强主动公开、主动接受监督的意识，让暗箱操作没有空间，让司法腐败无法藏身。"② 司法公开当然包括了向媒体公开。2015 年 3 月 24 日，习近平总书记在中共十八届中央政治局第二十一次集体学习时指出："法官、检察官要有审案判案的权力，也要加强对他们的监督制约，把对司法权的法律监督、社会监督、舆论监督等落实到位，保证法官、检察官做到'以至公无私之心，行正大光明之事'，把司法权关进制度的笼子。"③ 这里特别提到了"舆论监督"对司法的作用。其实，广义的舆论监督可以包括在社会监督之内，将其与社会监督并列，体现了舆论监督的特殊作用与独特地位。司法之所以要接受媒体的报道、评论和监督，是因为司法只有向公众公开，才能让正义以看得见的方式实现，才能让人民群众实实在在地在每一个司法案件中都感受到公平正义；才能有密切联系群众的机会，发现司法行为中的问题；才能实现司法案件让人民参与、受人民监督、由人民评判，提高司法公信力。

在现代社会，司法公开要走信息化的道路。2016 年 2 月 19 日，习近平总书记在党的新闻舆论工作座谈会上发表重要讲话时指出："随着形势发展，党的新闻舆论工作必须创新理念、内容、体裁、形式、方法、手段、业态、体制、机制，增强针对性和实效性。要适应分众化、差异化传播趋势，加快构建舆论引导新格局。"④ 2016 年 4 月 19 日，习近平总书记在网络安全和信息化工作座谈会上指出："打通信息壁垒，构建全国信息资源共享体系，更好用信息化手段感知社会态势、畅通沟通渠道、辅助科学决策。"⑤ 习近平总书记对于信息化的现代化提出的一系列要求，同样适用于司法公

---

① 习近平：《习近平谈治国理政（第二卷）》，外文出版社 2017 年版，第 336 页。
② 习近平：《习近平谈治国理政（第一卷）》，外文出版社 2018 年版，第 149 页。
③ 习近平：《习近平谈治国理政（第二卷）》，外文出版社 2017 年版，第 131 页。
④ 习近平：《习近平谈治国理政（第二卷）》，外文出版社 2017 年版，第 333 页。
⑤ 习近平：《在网络安全和信息化工作座谈会上的讲话（2016 年 4 月 19 日）》，《人民日报》2016 年 4 月 26 日，第 2 版。

开。司法机关要主动及时向民众公开司法信息。信息化时代，信息爆炸式增长，网络已经发展成为民众获取信息最便捷、最有效的途径。在现代信息社会，没有网络形式的信息公开，在很多情况下与不公开没有区别。只有通过网络进行信息公开，才能扩大信息公开的辐射面，提高信息公开的透明度，从而保证权力在阳光下运行。国际社会普遍已经认识到这一点，以网络形式进行信息公开已经成为世界各国政府、司法机关及其他公共机构应当履行的新义务。我国司法机关通过官方网站、司法公开专门网络信息平台和微博、微信等新媒体平台公开司法信息也已经成为常态。

当然，司法机关回应社会关切时，要以"正确的方式"进行，遵守基本底线。司法机关披露信息、发布回应，必须遵守诉讼法的规定以及媒体与司法关系的基本规则。如公安机关、检察机关必须恪守无罪推定原则，对工作过程信息不公开、侦查方法不公开、证据一般不公开、被害人隐私信息一般不公开（被害人同意的可以公开）、未成年犯罪嫌疑人或者被告人真实身份不公开。

以其中的证据一般不公开为例，公安机关在刑事执法过程中，针对的是已经发生或者正在发生的犯罪活动，犯罪行为具有社会危害性，犯罪嫌疑人具有严重的社会危险性，可能逃跑、隐藏、销毁证据或者妨害证人作证，或继续实施犯罪；同案犯可能基于证据的公开而串供或潜逃；犯罪嫌疑人的家属也可能窝藏、包庇犯罪嫌疑人。公开公安机关侦查阶段所收集的证据，存在为上述人员的违法犯罪活动提供信息便利的风险，妨碍诉讼活动的顺利进行。需要注意的是，公安机关对于证据的信息并非一律不公开，在特殊情况下，为实现特殊执法目的、平息特殊舆情，可以对证据进行有限度的公开。部分重大案件的发生，往往伴随着各类虚假信息的酝酿和传播，容易形成不利于办案机关的舆论导向，干扰案件的正常侦办。以"郭文贵案"为例，郭文贵负案逃往美国，态度恶劣，不断通过社交媒体对中国进行政治诽谤，制造他"什么秘密都知道、什么真话都敢说"的荒唐悬念，把自己打造成"落难但不屈的反腐英雄"，蒙骗世人。之后网上公开了马建①、宋军②证实郭文贵犯罪的言词证据，终止了其混淆视听的闹剧，彰显了国家打击犯罪的决心。对重大、敏感案件证据进行适时、有限的公开，从某种层面而言已经超越了刑事诉讼的意义，具有更高的政治和社会公共管理层面的价值。

与侦查、起诉机关类似，审判机关在案件审理过程中、裁判确定前，必须遵守基本底线和法律规定公开相关内容，不得对媒体发表"未审先判"式的意见。

在处理媒体与司法关系的方法上，要防止出现司法机关与社会对立的局面，因为这不仅有损司法尊严，也不利于正确导向。司法机关与媒体应当理性沟通、忠诚交

---

① 《国家安全部原副部长马建受贿、强迫交易、内幕交易案一审宣判》，中国共产党新闻网 2018 年 12 月 27 日，http：//fanfu. people. com. cn/n1/2018/1227/c64371 - 30491691. html，最后访问日期：2023 年 11 月 3 日。

② 《郭文贵海航"爆料"真相调查》，《人民日报》2017 年 7 月 10 日，第 9 版。

流，对媒体进行正确引导。

3. 有针对性地加强舆论引导

政法干警要增强利用新媒体做好工作的意识和能力。"新媒体时代，政法干警既要有智商、情商，又要有媒商，善于以主动坦诚姿态与社会沟通，以开放包容心态面对新媒体，养成在新媒体监督下执法办案的习惯，增强利用新媒体做好工作的意识和能力，建设良好公共关系。"① "媒商"是一个新概念，其含义是政法干警既要以开放包容心态接受媒体监督，又要利用媒体做好工作，公开信息、获得民众的理解和支持、回应民意、增强公信力。习近平总书记多次谈到了运用新媒体的能力，他说："要解决好'本领恐慌'问题，真正成为运用现代传媒新手段新方法的行家里手。要深入开展网上舆论斗争，严密防范和抑制网上攻击渗透行为，组织力量对错误思想观点进行批驳。"② 他还具体谈到在引导舆论的技术问题上要注意时、度、效，他说："做好网上舆论工作是一项长期任务，要创新改进网上宣传，运用网络传播规律，弘扬主旋律，激发正能量，大力培育和践行社会主义核心价值观，把握好网上舆论引导的时、度、效，使网络空间清朗起来。"③ 如前所述，网络传播有自身的规律，不能简单地靠封锁消息来解决问题，也不能因为自身实际上没有问题，就让网络舆论随意发酵，放任不管，而是要根据习近平总书记所说的"六个及时"回应舆论。

实现党的十八届四中全会决定中提到的"防止舆论影响司法公正"，司法机关应当主动地引导民意。让公众接受裁判的基本前提是要满足公众的知情权，司法机关应该与公众进行充分的沟通交流，通过信息交换、不同观点的碰撞，实现司法与民意的良性互动。一方面，需要提高办案过程透明度，让公众了解案件的进展，让群众不再"不明真相"；另一方面，对媒体的误解和疑问要及时回应。司法机关"作为引导者不能居高临下，更不能观望和等待，而应该积极参与舆论互动，依赖于所表达的意见本身的说服力，以及说服的技巧，公开回应舆论疑问"④。可以说，对民意的回应事实上也在将民意引向理性。目前，司法机关自媒体运用水平不高，往往求助于权力以删除不同意见，这种方法简单粗暴。理性回应要求司法机关提高自媒体管理、运用能力。陈一新就创新和加强新时代政法宣传舆论工作开展调研座谈时提出，做强新媒体，要着力提升"五个能力"。其中，包括"提升政法新媒体的话题设置能力，充分运用政法话语资源打造高端话题、特色话题、热点话题，牢牢掌握新媒体舆论场的主导权、

① 张子扬：《中央政法委：新时代政法干警要有智商、情商、媒商》，中国新闻社 2018 年 1 月 24 日，https：//www.chinanews.com.cn/gn/2018/01-24/8431949.shtml，最后访问日期：2023 年 3 月 23 日。
② 中共中央文献研究室编：《习近平关于全面深化改革论述摘编》，中央文献出版社 2014 年版，第 83 - 84 页。
③ 习近平：《习近平谈治国理政（第一卷）》，外文出版社 2018 年版，第 198 页。
④ 何静：《理性对待刑事司法过程中的民意》，《中国刑事法杂志》2010 年第 6 期，第 71 - 72 页。

话语权；提升政法新媒体的'引关圈粉'能力，把越来越多网民变为'粉丝'"①。此外，政法机关还可以通过培养专业化的新闻宣传人士、颁布媒体与司法关系规则等举措来全面提升自身的传播能力。

（三） 媒体要为执法司法营造良好舆论环境

1. 新闻媒体要加强对执法司法工作的监督

舆论监督是人民当家作主的表现，是新闻出版自由和表达权的表现。2006 年 10 月 11 日，《中共中央关于构建社会主义和谐社会若干重大问题的决定》要求"依法保障公民的知情权、参与权、表达权、监督权"，首次提出四大"民主监督"权利。此后，党的十七大、党的十八大、党的十九大报告都重申了这一内容。其中的表达权，是我国《宪法》第 35 条规定的"言论、出版、集会、结社、游行、示威"六大自由的概括性表达。新闻媒体是实现表达权的最重要的形式。2014 年 10 月 23 日，《中共中央关于全面推进依法治国若干重大问题的决定》指出："公正是法治的生命线。司法公正对社会公正具有重要引领作用，司法不公对社会公正具有致命破坏作用。必须完善司法管理体制和司法权力运行机制，规范司法行为，加强对司法活动的监督，努力让人民群众在每一个司法案件中感受到公平正义。"在现代社会，新闻媒体对司法的监督，具有其他监督形式不可替代的作用。

2016 年，习近平总书记在党的新闻舆论工作座谈会上指出："舆论监督和正面宣传是统一的。新闻媒体要直面工作中存在的问题，直面社会丑恶现象，激浊扬清、针砭时弊，同时发表批评性报道要事实准确、分析客观。"② 在我国，媒体的积极作用使多起重大刑事冤假错案得到纠正：福建省高级人民法院依法审理"念斌投放危险物质案"，并宣告无罪；内蒙古自治区高级人民法院依法再审"呼格吉勒图案"，改判呼格吉勒图无罪。其中，媒体作用不可忽视。以"呼格吉勒图案"为例，新华社内蒙古分社高级记者汤计写了 5 篇内参推动此案进展③；微博、微信用户出现后，网民的围观使长期以来拖延平反的司法机关最终重审此案，宣告呼格吉勒图无罪。这尽管应当归功于十八大以来依法治国大环境，但媒体监督起到了积极的推动作用。

2. 要处理好监督和干预的关系，防止形成"舆论审判"

习近平总书记要求媒体在司法报道中要"防止形成'舆论审判'"，"避免炒作渲染"。党的十九大报告提出："高度重视传播手段建设和创新，提高新闻舆论传播力、引导力、影响力、公信力。加强互联网内容建设，建立网络综合治理体系，营造清朗

---

① 《陈一新在政法宣传舆论工作调研座谈会上提出政法新媒体"三四五六"创新举措》，最高人民检察院网 2018 年 5 月 24 日，https://www.spp.gov.cn/zdgz/201805/t20180524_379688.shtml，最后访问日期：2023 年 3 月 27 日。

② 习近平：《习近平谈治国理政（第二卷）》，外文出版社 2017 年版，第 333 页。

③ 怀若谷：《新华社记者 5 篇内参助呼格吉勒图翻案》，新华网 2014 年 12 月 16 日，http://news.sina.com.cn/c/p/2014-12-16/025931288582.shtml，最后访问日期：2023 年 3 月 27。

的网络空间。落实意识形态工作责任制，加强阵地建设和管理，注意区分政治原则问题、思想认识问题、学术观点问题，旗帜鲜明反对和抵制各种错误观点。"新媒体传播具有同步性、即时性和匿名性的特点。① 同时，由于网络的触角已延伸至几乎每个角落，每个人都可以在指尖轻松地获得和传播来自四面八方的信息。网络空间的虚拟性，使其更容易出现不良信息。因此，媒体在报道和评论执法司法时，要有良好的职业道德，加强行业自律，厘清监督和干预的边界，防止形成"舆论审判"。

媒体报道司法还要坚守法律底线。对于涉及违法犯罪的，通过网络执法过滤或删除违法的司法报道，并对媒体的不当报道行为追究法律责任。习近平总书记指出："网络空间是亿万民众共同的精神家园。网络空间天朗气清、生态良好，符合人民利益。网络空间乌烟瘴气、生态恶化，不符合人民利益。谁都不愿生活在一个充斥着虚假、诈骗、攻击、谩骂、恐怖、色情、暴力的空间。互联网不是法外之地。利用网络鼓吹推翻国家政权，煽动宗教极端主义，宣扬民族分裂思想，教唆暴力恐怖活动，等等，这样的行为要坚决制止和打击，决不能任其大行其道。利用网络进行欺诈活动，散布色情材料，进行人身攻击，兜售非法物品，等等，这样的言行也要坚决管控，决不能任其大行其道。没有哪个国家会允许这样的行为泛滥开来。"② 我国规范媒体报道行为的立法或规则较为广泛，有法律、行政法规的规定，最高人民法院的司法解释或司法文件，也有行业准则。对媒体报道的违法犯罪行为，可以依法追究刑事、民事、行政责任，也要通过行业自律进行规范。

（四）践行习近平关于媒体与司法关系的论述

以全国人大通过的三个诉讼法为基本法依据，我国司法机关在处理媒体与司法关系的问题上已经形成了比较完整的制度。

2009 年，最高人民法院发布了《关于人民法院接受新闻媒体舆论监督的若干规定》，人民法院对新闻媒体的开放程度和接受监督的主动性有了质的飞跃。关于媒体与司法关系，该规定"给出了全新的阐释，可谓开创了媒体与司法良性互动的新纪元"③。该规定实体内容共 9 条。第 1—8 条可以概括为司法信息向媒体公开、接受媒体监督的方式和机制。第 9 条列举了媒体不当报道的五种情形：损害国家安全和社会公共利益的，泄露国家秘密、商业秘密的；对正在审理的案件报道严重失实或者恶意进行倾向性报道，损害司法权威、影响公正审判的；以侮辱、诽谤等方式损害法官名誉，或者损害当事人名誉权等人格权，侵犯诉讼参与人的隐私和安全的；接受一方当事人请托，歪曲事实，恶意炒作，干扰人民法院审判、执行活动，造成严重不良影响

---

① 龙飞：《新媒体时代司法公开面临的挑战和机遇（上）——如何利用新媒体实现司法公开》，《中国广播》2014 年第 1 期，第 34－36 页。
② 习近平：《习近平谈治国理政（第二卷）》，外文出版社 2017 年版，第 336－337 页。
③ 蒋惠岭、龙飞：《展望媒体与司法良性互动新纪元》，《人民法院报》2010 年 1 月 8 日，第 5 版。

的；其他严重损害司法权威、影响司法公正的。人民法院发现上述情形之一的，可以向新闻主管部门、新闻记者自律组织或者新闻单位等通报情况并提出建议；违反法律规定的，依法追究相应责任。

有人质疑《关于人民法院接受新闻媒体舆论监督的若干规定》第9条的规定，认为"专就媒体报道司法活动予以约束。由于其措辞严厉，又预留了很大的自由裁量空间，被网友戏称为'第九条军规'"，"很可能最终异化为司法借权力之便压制媒体的一个借口"。[①] 笔者认为，该规定的第9条，不是禁令也不是对法院追究媒体的授权，没有创设法律，五项内容有些可以从民法、刑法中直接找到法律依据，有些则要求新闻自律解决。"违反法律规定的，依法追究相应责任"只是对法律条款的重申。该规定是一个以规定司法机关接受媒体监督的义务为主的文件，内容涉及了司法与媒体关系的本质、符合中国国情。

2016年5月1日起实施的《人民法院法庭规则》第3条第3款规定："有新闻媒体旁听或报道时，旁听区可以设置专门的媒体记者席。"记者是民意代表和法庭审判传播者，对其特殊关照，符合审判公开目的。这一内容，也是法院与媒体关系规则的一部分。

在人民检察院，2014年6月初，《最高人民检察院新闻发布会实施办法》出台，对新闻发布的方式和内容进行了细化，为检务新闻发布指明了方向。《人民检察院案件信息公开工作规定（试行）》（已失效）第24条规定："各级人民检察院新闻宣传部门或者其他指定部门，应当全面收集、研判案件信息公开工作引发的社会舆情，并会同相关部门及时处理。"2015年，《最高人民检察院关于全面推进检务公开工作的意见》要求"加强新媒体公开平台建设"，主动通过新媒体公开信息。

2014年10月1日起施行的《人民检察院案件信息公开工作规定（试行）》中，我国检察机关在西方国家所谓"公众人物犯罪""严重犯罪"案件之外独创了一个新名词，即"重要案件"。对于这类案件，其信息备受关注，人民有知情的期待和要求，应当公开。由于在坚持允许报道公众人物的同时，我们发现，"公众人物"的含义很难把握，因此我国检察机关对"公众人物"一词加以改造和完善，用"重要案件"代替"公众人物犯罪"案件，并明确了其具体内涵，这是对信息公开的制度创新和重要贡献。这一机制应当加以坚持与完善，要规范重要案件信息的内容构成和更新、建立重要案件信息发布双向交流机制、建立监督与救济互补的双重保障机制。

2012年发布实施的《公安机关执法公开规定》第13条要求："公安机关向社会公开执法信息，可以通过公安部公报、政府网站、新闻发布会，以及报刊、广播、电视等便于公众知晓的方式公布。"这一规定本身没有问题，但是，其内容并没有要求

---

① 韩永：《最高法博弈舆论监督困境》，《中国新闻周刊》2010年第2期，第42页。

必须使用网络公开，公安机关可以选择自己认为"便于公众知晓的方式"。然而，无论最初使用何种方式，最后都应当形成网络文件或者音频、视频，因为以网络形式向社会公众公布信息是现代电子政务的基本要求。2018 年，公安部修订了《公安机关执法公开规定》，该规定于 2018 年 12 月 1 日起施行。2018 年修订的《公安机关执法公开规定》第 18 条要求："向社会公开执法信息，应当通过互联网政府公开平台进行，同时可以通过公报、发布会、官方微博、移动客户端、自助终端，以及报刊、广播、电视等便于公众知晓的方式公布。"通过互联网公开是法定义务，在存在电子信息公开法的国家，这一义务早已成为互联网时代政府新的责任，但是我国各种信息公开文件长期以来并无在互联网公开的强制义务，这一立法规范是重大的突破。另外，2018年《公安机关执法公开规定》还在"可以"采用的公开方式中特别增加了"官方微博、移动客户端、自助终端"的内容，体现了强烈的时代特征。

在侦查机关与媒体关系方面，对于防止舆论审判，我国《公安机关执法公开规定》没有直接规定，但是其可以间接地被包含在 2018 年《公安机关执法公开规定》第 20 条中："公安机关发现可能影响社会稳定、扰乱社会管理秩序的虚假或者不完整信息，应当在职责范围内及时发布准确信息予以澄清。"也就是说，当民众对公安机关执法活动存在误解，可能形成舆论审判时，公安机关有及时回应的义务。

《司法部关于进一步深化狱务公开的意见》第 9 条要求："在继续坚持和完善借助新闻媒体、运用狱内宣传手段、开展狱务咨询、印发《狱务公开手册》等传统公开方式的同时，积极利用现代信息技术创新公开的方式方法，拓宽公开的渠道，使罪犯近亲属和社会公众能够更加方便、快捷地获得公开信息。"全国监狱在狱务信息向社会公开的方式和程序上作了大量的积极探索，取得了一些成就。监狱管理机关还通过新闻发布会、媒体报道的方式公开狱务信息，提高监狱工作的透明度，进而实现社会监督的目的。在狱务公开初期，监狱管理机关就认识到新闻媒体的重要性，就要求各地监狱管理机关通过新闻媒体向社会公众公开监狱执法行为。如：2011 年 10 月 25 日，河南省豫北监狱发生越狱事件；10 月 27 日，河南省监狱管理局就通过新闻媒体对此事件进行通报；10 月 30 日晚，河南省司法厅通过新闻媒体向社会发布相关抓捕工作的通稿。[①] 监狱管理机关要重视媒体与司法关系，要通过媒体公开监狱信息、回应舆情，这是将来进一步完善和发展狱务公开的方向。

结 语

媒体监督司法，最终目的是实现司法公正，"我们提出要努力让人民群众在每一

---

① 赵靖：《10·25 河南豫北监狱越狱事件舆情报告》，凤凰网 2011 年 11 月 4 日，http://finance.ifeng.com/roll/20111104/4993618.shtml，最后访问日期：2020 年 3 月 22 日。

个司法案件中都感受到公平正义，所有司法机关都要紧紧围绕这个目标来改进工作，重点解决影响司法公正和制约司法能力的深层次问题"①。要解决影响司法公正和制约司法能力的深层次问题，可以采取的措施有很多，其中最根本的措施就是公开与透明。当今社会，人民关注、评论司法最重要的渠道是媒体。司法机关应当顺应时代的需要，以习近平总书记关于媒体与司法关系的讲话为指导，进一步制定和修改媒体与司法关系的规则，为实现党的十八届四中全会关于司法机关"回应社会关切"与"防止舆论影响司法公正"的双重目标提供规范依据，并在实践中真正做到通过网络走群众路线，主动接受和回应媒体监督；媒体也应当以习近平新闻思想为指导，在新闻工作中实现与司法的良性互动。

---

① 习近平：《习近平谈治国理政（第一卷）》，外文出版社 2018 年版，第 145 页。

第二十章
律师对司法的监督

　　律师是指通过法律职业资格考试并依法取得律师执业证书，接受委托或者指定，为当事人提供诉讼代理、辩护、法律顾问等业务的法律服务人员，是对司法进行社会监督最有影响力的主体之一。具备过硬的法律专业能力是律师执业的根基，是律师开展业务的基础条件。在执业过程中，律师可以利用其专业知识和实务经验维护当事人合法权益，对司法进行有效监督，相较于其他非法律专业群体，具有较高的司法监督制约效率。从 1979 年中国律师制度的恢复与重建，到新时代以来律师业的全面发展，我国律师制度在其管理制度、律师执业权利、法律援助、律师队伍建设等方面取得了巨大的成就。我们可以从律师立法、律师队伍建设等方面了解我国律师监督司法的性质、方式和效果。

一、《律师法》的立法历史

　　从 1996 年 5 月颁布至今，《律师法》已经历四修。2016 年，中共中央办公厅和国务院办公厅印发《关于深化律师制度改革的意见》，对深化律师制度改革进行了全面部署。2018 年，《十三届全国人大常委会立法规划》将"律师法（修改）"归属于"条件成熟时提请审议的法律草案"。2020 年，司法部发布《2020 年司法行政改革任务清单》，明确接下来要"推动《中华人民共和国律师法》修订"。①

（一）《律师法》前身：《律师暂行条例》

　　1978 年 10 月，十一届三中全会对民主与法制问题进行了认真讨论，决定把立法工作摆到全国人大及其常委会的重要议程上来。1979 年 7 月，五届全国人大二次会议一次性通过了 7 部法律，其中《刑事诉讼法》和《人民法院组织法》明确规定了犯罪嫌疑人、被告人的辩护权。为配合相关法律实施，1979 年 12 月，司法部在《刑事诉讼法》和《人民法院组织法》正式生效前夕发布《关于律师工作的通知》，明确要求

---

① 司法部全面深化司法行政改革领导小组办公室：《助力全面建成小康社会 在更高起点上谋划推进 2020 年司法行政改革工作》，《中国司法》2020 年第 4 期，第 6 - 8 页。

抓紧时间把大中城市的法律顾问处建立起来，迅速开展工作，这标志着律师制度正式恢复。①

在上述背景之下，1980 年 8 月 26 日，五届全国人大常委会第十五次会议通过了《律师暂行条例》，对律师的性质、任务、义务、权利、资格、工作机构和律协等七个方面作出了规定。《律师暂行条例》是一部纯粹的"律师行业管理法"，全文总计 21 条，其中仅有 3 条对律师依法执行职务受法律保护权、拒绝辩护权、阅卷权、调查取证权、会见通信权等作了笼统规定，其余均为律师行业管理方面的内容。我国早期对律师行业采取的是行政型管理体制，具体体现在以下方面：第一，律师的性质是"国家的法律工作者"（《律师暂行条例》第 1 条）；第二，律师的工作单位是法律顾问处，而法律顾问处是"事业单位，受国家司法行政机关的组织领导和业务监督"（《律师暂行条例》第 13 条）；第三，律协性质不明，在实践中大多与司法行政部门是"一套人马，两块牌子"，且仅有"维护律师合法权益，交流工作经验，促进律师工作开展，增进国内外法律工作者联系"（《律师暂行条例》第 19 条）这样的协调功能，缺乏行业规制功能。

（二）《律师法》颁布

《律师暂行条例》颁布后，为使律师制度与社会改革相协调，尤其是与社会主义市场经济体制变革相呼应，国家在律师资格授予、执业机构设置等方面进行了大量改革。1986 年推行的全国律师资格考试，标志着律师考试选拔制度正式建立。同年，中华全国律师协会（以下简称"全国律协"）正式成立，司法行政机关的行政管理和律师协会（以下简称"律协"）行业管理相结合的"两结合"行业管理体制初见眉目。1988 年 6 月，司法部着手开展合作律师事务所试点工作，并发布了首批合作律师事务所名单。1992 年到 1993 年，司法部发布了《律师惩戒规则》、《司法部关于深化律师工作改革的方案》和《律师职业道德和执业纪律规范》。其中，《司法部关于深化律师工作改革的方案》在总结律师行业改革经验的基础上，对律师行业思想建设、组织建设、队伍建设等方面作了明确要求。

随着律师行业的迅速发展，《律师暂行条例》作为改革开放初期颁布的过渡性行政法规，具有一定的滞后性和局限性。一方面，随着改革开放深入推进，律师队伍不断扩充，律师业务范围扩大，律师执业中产生的问题也越来越多②，然而《律师暂行条例》对此缺乏翔实规定；另一方面，1982 年后律师制度改革试点所取得的成功经验

---

① 刘子阳：《风雨兼程 40 载 迎风远航再出发——律师制度恢复重建 40 周年综述》，《法制日报》2019 年 5 月 6 日，第 1 版。

② 肖扬：《关于〈中华人民共和国律师法（草案）〉的说明——1995 年 10 月 23 日在第八届全国人民代表大会常务委员会第十六次会议上》，《中华人民共和国全国人民代表大会常务委员会公报》1996 年第 4 期，第 60 - 64 页。

未能上升为法律规定。"律师法"的制定迫在眉睫。

中华人民共和国第一部《律师法》于1997年1月1日正式实施。相比《律师暂行条例》，该法在立法思想和立法内容上进步明显。

首先，在立法定位上，该法具有律师行业管理法和权利保障法双重性质。其关于律师执业权利保障的条文从《律师暂行条例》时期的3条增加到6条，同时，该法赋予了律师辩论权，并规定"律师在执业活动中的人身权利不受侵犯"（1996年《律师法》第32条）。但该法在对律师权利的规定上，依旧过于笼统，缺乏实操性。

其次，在行业管理体制上，《律师法》摒弃了《律师暂行条例》所确立的行政型管理体制，以立法的形式正式确立了"两结合"管理体制。具体表现为：明确了律协的性质为"社会团体法人"（1996年《律师法》第37条第1款），司法行政部门与律协的关系为"监督、指导"（1996年《律师法》第4条），从而正式确立了律协的独立地位；赋予了律协"进行律师职业道德和执业纪律的教育、检查和监督"和"按照章程对律师给予奖励或处分"的行业规制权（1996年《律师法》第40条），使其拥有行业管理职权；新增了与律师责任相关的内容，为司法行政机关和律协制定律师执业行为规范提供了指导。尽管初步确立了律师行业"两结合"管理体制，但1996年《律师法》未能明确司法行政机关和律协两者的职能分工，使得律协在实践中一直作为司法行政机关的"附属"而存在。[①]"两结合"管理体制的预期效果未能实现。

最后，《律师法》新增了符合中国市场经济体制改革趋势的新内容。第一，在《律师暂行条例》的基础上新增了合作律师事务所和合伙律师事务所两种"不占国家编制和经费的自律性律师事务所"[②]，承认了基于市场经济产生的新兴律师执业机构的合法性；第二，明确了律师的性质为"为社会提供服务的执业人员"（1996年《律师法》第2条），以立法的形式承认了在市场经济中"自给自足、自负盈亏"的律师的合法地位。

（三）《律师法》的四次修改

自《律师法》制定以来，其历经2001年、2007年、2012年和2017年四次修改。其中，自1996年到2006年的10年间，除2001年为确立国家统一司法考试制度而作小幅调整外，《律师法》未作更多调整。在21世纪初，随着社会发展，律师人数迅速增多，律师纪律混乱和权利保障不足的痼疾愈发严重，律师行业管理松散、素质参差不齐等新问题层出不穷，《律师法》急需修改。2005年，司法部根据党的十六大关于"拓展和规范法律服务"和中央司法体制改革领导小组关于改革和完善律师制度的要求，在总结旧法实施情况的基础上，起草了新的《律师法》草案，并于2005年6月

---

① 王进喜：《律师法实施与再修改问题研究》，知识产权出版社2020年版，第91页。
② 《司法部关于深化律师工作改革的方案》，《中国律师》1994年第2期，第4-6页。

提请国务院审议。2007 年 10 月 28 日，新《律师法》由十届全国大会常委会第三十次会议通过，这次修订是较为全面的一次修订。修订后的《律师法》总计 60 条，其修改内容主要有：

第一，在立法技术上对旧法作了改善。立法结构上，2007 年时我国已先后颁布《行政诉讼法》、《行政复议法》和《法律援助条例》，这三部法律对行政诉讼、行政复议和法律援助三大领域作了完善规定，故新法对旧法中的相关内容进行了精简，以"律师、律师事务所应当按照国家规定履行法律援助义务"（2007 年《律师法》第 42 条）的准用性条款替代了旧法中的"法律援助"章节，并删除了与行政复议和行政诉讼相关的内容。立法内容上，新法在旧法的基础上消除了很多法律用语不统一的问题，例如，因 2005 年《公务员法》的颁布，新《律师法》第 11 条第 1 项将"国家机关现职工作人员"修改为"公务员"，即"公务员不得兼任执业律师"，从而更合理。

第二，重新明确了律师性质。中国加入世界贸易组织后，经济迅速发展，律师职业愈发体现出政治性和商业性双重属性。一方面，律师服务大多属于商业服务而具有商业性；另一方面，律师又承担着维护法律的正确实施和维护社会公平正义的职能而具有强烈的政治性。[1] 为顺应形势，新法将律师的性质明确为"为当事人提供法律服务的执业人员"，同时对律师提出了"维护法律正确实施，维护社会公平正义"的要求，从而为 2007 年的大修奠定了基调。

第三，在律师执业权利保障上前进了一大步。一方面，新法对律师原有重大执业权利的行使方式作出了详细规定。以阅卷权为例，新法将阅卷权行使的时间和范围进一步明确为"自案件审查起诉之日起，有权查阅、摘抄和复制与案件有关的诉讼文书及案卷材料……自案件被人民法院受理之日起，有权查阅、摘抄和复制与案件有关的所有材料"（2007 年《律师法》第 34 条）。另一方面，新法首次确认了律师执业豁免权这一新权利。早在 1990 年，联合国《关于律师作用的基本原则》第 20 条就明确规定了律师的刑事和民事豁免权[2]，但因法制建设起步较晚，我国一直未能将该条款的精神引入国内相关立法中。2007 年《律师法》填补了此处空白，赋予了律师有限的执业豁免权，其第 37 条第 2 款规定："律师在法庭上发表的代理、辩护意见不受法律追究。但是，发表危害国家安全、恶意诽谤他人、严重扰乱法庭秩序的言论除外。"

第四，进一步推动了"两结合"律师行业管理体制的完善。为进一步提升律协行业自律作用，新法赋予了律协更多的职权，包括地方律协章程设立权、行业规范和惩戒规则制定权及申请律师执业人员实习的组织和考核权。然而，由于新法仍未明确律

[1] 张福森：《律师制度的改革与完善》，《中国法律评论》2014 年第 3 期，25 – 31 页。
[2] 联合国《关于律师作用的基本原则》第 20 条规定："律师对于其书面或者口头辩护时所发表的有关言论或者作为职责任务出现于某一法院、法庭或者其他法律或者行政当局之前所发表的有关言论，应享有民事和刑事豁免权。"

协和司法行政部门的权限分工，此次修订依旧未能从根本上解决问题，司法行政部门什么都管、律协形同虚设的现象依旧存在。

第五，在社会主义市场经济与律师制度相结合的领域开展了进一步探索。这一点主要体现在对律师事务所组织形式的规定上。新法删除了"合作律师事务所"这一在现实中已经退出历史舞台的组织形式，增设了"特殊、普通合伙律师事务所"和"个人律师事务所"两种新的组织形式，使律师既可以通过特殊、普通合伙形式成立大型律师事务所参与更高端的市场竞争，也可以通过成立运营成本较低的个人律师事务所为民众提供平价法律服务。这标志着我国形成了特殊合伙所、普通合伙所、个人所和国资所四足鼎立的良好市场环境。

总之，2007 年《律师法》在律师权利保护和律师行业管理体制等方面取得了跨越式进步，有力保障了律师执业权利，促进了律师行业发展，但该法亦产生了新的问题，即与当时依旧生效的 1996 年《刑事诉讼法》产生了较大冲突。以律师调查取证权为例，1996 年《刑事诉讼法》第 37 条要求，律师须经"证人或者其他有关单位和个人同意"才可向其收集相关证据或材料，甚至要求律师向被害人或其近亲属以及被害人提供的证人收集材料时须经人民法院或检察院许可；而 2007 年《律师法》第 35 条规定，律师可自由调查取证。为解决此类规范冲突，2012 年我国先后对《刑事诉讼法》与《律师法》进行了修正，两部法律中与律师相关的规范就此统一。2017 年，为配合国家统一法律职业资格考试在全国展开，《律师法》再次作了小幅调整，将与"司法考试"相关的内容替换为"国家统一法律职业资格考试"。

二、《律师法》的立法成就

（一）确立了符合时代要求的律师性质定位

律师性质定位是律师制度中的根本性问题之一，制约着律师的地位、权利、义务、作用和律师制度的发展方向。[1] 从《律师暂行条例》到《律师法》，我国不断根据社会发展状况适时调整律师定位。新中国刚成立时，我国借鉴苏联模式将律师定位为"国家司法干部"。[2] 1980 年，《律师暂行条例》基本沿用上述模式，规定律师为"国家法律工作者"。这一符合时宜的规定一方面纠正了民众自"文革"以来对律师的偏见[3]；另一方面赋予了律师国家干部身份，以公权力为律师的执业行为做背书，在改革开放初期有利于律师执行职务。

随着社会发展，律师"国家法律工作者"的定位逐渐不再符合时代要求。首先，

[1] 王进喜：《律师法实施与再修改问题研究》，知识产权出版社 2020 年版，第 49 页。
[2] 孙文胜：《论我国律师的角色定位》，《河北法学》2005 年第 4 期，第 104 – 108 页。
[3] 许身健：《法律职业伦理》，中国政法大学出版社 2019 年版，第 95 页。

这一定位导致民众甚至主流媒体将律师与检察官、法官混同。如1985年《人民日报》曾将一名律师作为行业典范进行了报道，其报道的内容竟是该律师"严肃、耐心教育被告知罪认罪，走坦白从宽道路，终于使被告在法庭上认罪伏法"[①]。其次，1993年《司法部关于深化律师工作改革的方案》明确提出，要大力发展"不占国家编制和经费的自律性律师事务所"，此后律师行业出现有国家编制的律师和无国家编制的律师共存的状况，而"国家法律工作者"的定位与当时社会状况不符。最后，这一定位与传统上律师职业的自治性和独立性相悖，对我国对外开放事业造成了一定阻碍，外商质疑中国是否具有能够维护其合法利益的独立律师和适宜投资的法治环境。

1980年至1996年，学界和实务界对律师性质的讨论从未停止。1996年《律师法》在博采众长之基础上，将律师定位为"为社会提供法律服务的执业人员"。这一修改首先赋予了律师职业更多的独立性和社会性，使我国律师行业与世界开始接轨；其次，赋予"自给自足"型律师合法地位，有利于律师队伍壮大；最后，为"两结合"管理体制奠定了基础。但上述定位同样存在缺陷，即存在"矫枉过正"倾向：律师兼具商业性和政治性，但上述定位更关注律师的商业性，却忽略了律师的政治属性。这表明我国对律师性质的认知依旧存在偏差。

中国加入世界贸易组织后，经济快速发展，律师一方面在社会中重要性凸显，另一方面也承接了更多的国家公共事务。国家深刻认识到了律师职业的两面性，故在2007年《律师法》修订时对律师的职业定位进行了重新规定，规定律师是"为当事人提供法律服务的执业人员"，同时要求"律师应当维护当事人合法权益，维护法律正确实施，维护社会公平正义"。这一修订不但强调了律师的商业性，也强调了律师的政治性，为律师承接更多国家公共事务奠定了基础。

（二）确立了律师的核心执业权利

律师肩负维护公民合法权益、实现社会正义的使命，为此应为其提供必要的"权利武装"。联合国《关于律师作用的基本原则》中"保障律师履行职责和措施"部分对律师在所有执业活动中的核心权利作了规定，内容包括律师依法执行职务受法律保护权、出庭权、执业豁免权、阅卷权、与委托人联络和磋商的保密权；而其中的"刑事司法事件中的特别保障"部分则对律师在办理刑事案件中应享受的核心权利作了特别规定，包括会见权和通信权。我国现行《律师法》和三大诉讼法及其司法解释共同从律师的"执业人身权和工作权"两方面规定了多项律师执业权利[②]，其中，除律师出庭权和保密权外，《律师法》对联合国《关于律师作用的基本原则》中提到的律师核心执业权利均作了直接规定。

---

① 杨立民：《中国共产党领导律师职业建设的政策立场及其演进逻辑——基于〈人民日报〉报道的实证考察》，《政治与法律》2022年第2期，第100–112页。

② 陈卫东主编：《中国律师学》（第4版），中国人民大学出版社2014年版，第29页。

《律师法》虽未直接规定出庭权，但第 36 条规定律师享有充分的辩论权、辩护权，而法庭上的辩论和辩护是律师行使其辩论权、辩护权的重要环节，故这一条款间接规定了律师的出庭权。同时，《律师法》虽未直接规定律师保密权，但第 38 条第 2 款规定了律师的保密义务，这一义务兼具对当事人是保密的义务、对司法机关是拒绝作证的权利的双重性质。此外，《律师法》还规定了律师拒绝辩护权和调查取证权，以确保律师执业过程的合法性、流畅性。《律师法》的立法过程就是律师执业权利不断得到扩充和保障的过程，促进了我国律师制度的发展。

（三）确立了完备的"律师行为规范－责任"体系

律师职业伦理是指律师在执业过程中应该遵守的人际关系规范以及应当遵守的职业道德准则。[①] 律师职业伦理由律师职业道德准则、执业行为规范和职业责任三部分构成。其中，律师职业道德准则主要发挥劝诫、引导和提升品性的功能；律师执业行为规范起着规范和约束律师执业行为，调整律师执业关系、管理关系的作用，是追究律师执业责任的前提；律师执业责任则通过惩戒的方式维护职业伦理。[②] 在律师执业伦理体系中，律师职业道德准则发挥非强制作用，发挥实质性作用的是由律师执业行为规范和律师职业责任共同组成的具有外部强制力的"律师行为规范－责任"体系。

1980 年《律师暂行条例》颁布时，将律师定位为"国家的法律工作者"，律师的身份与国家公务人员并无本质区别，对其行为的规范自然与国家公务人员总体上一致。[③] 因此，《律师暂行条例》并未对律师执业行为规范和惩戒作详尽规定。尤其是对律师惩戒，仅在其第 20 条一笔带过。这种将律师当作普通公务员进行管理的方式忽略了律师职业的专业性和律师行业问题的特殊性。此后 10 年，司法部未出台任何关于律师行为规范和惩戒的规范性法律文件。20 世纪 90 年代初，经济迅速发展扩大了律师队伍规模，由此也产生了律师素质良莠不齐、不讲职业道德和执业纪律等问题。为规范律师行为，司法部于 1990 年发布了《律师十要十不准》。该文件虽对律师执业行为规范作了要求，但是内容过于原则，且缺乏配套惩戒规范，效果欠佳。后司法部又分别于 1992 年和 1993 年发布了《律师惩戒规则》和《律师职业道德和执业纪律规范》。其中，《律师职业道德和执业纪律规范》第 4 条规定："各级司法行政机关和律师协会应当根据各自的职责监督律师执业活动，对不遵守职业道德和违反执业纪律的律师进行教育，情节严重的，根据《律师惩戒规则》给予惩戒。"但这两个文件未能形成完善的"律师行为规范－责任"体系，突出表现为《律师职业道德和执业纪律规范》中所列明的部分律师违纪行为并未列入《律师惩戒规则》的惩戒范围。

1996 年，《律师法》在总结《律师惩戒规则》和《律师职业道德和执业纪律规

---

① 王新清主编：《法律职业伦理》，法律出版社 2021 年版，第 176 页。
② 王新清主编：《法律职业伦理》，法律出版社 2021 年版，第 177－178 页。
③ 吴洪淇：《律师职业伦理规范建设的回顾与前瞻》，《交大法学》2018 年第 2 期，第 25－37 页。

范》的基础上，对律师执业行为规范作了详细规定，并为之配备了"五类两档"① 惩戒措施，既使每条行为规范都有了相应的惩戒措施，还根据违纪行为的轻重，实现了惩戒措施上的"梯次配置"。此后，司法部和全国律协又颁布了系列文件对《律师法》的相关规定予以细化。

2007 年《律师法》修订时对旧法在律师执业行为规范和惩戒规范上都进行了完善。在律师执业行为规范上，2007 年《律师法》根据实际情况扩充了律师行为规范体系，并辅之以相应惩戒措施。在惩戒规则上，一是将惩戒措施从原有的"五类两档"细化为"六类三档"②；二是明确了各级司法机关在行政处罚中的权责；三是加大了对律师违纪的处罚力度，突出表现在 2007 年《律师法》规定可处以"吊销律师执业资格"的违法行为数量，由三种情况③增加到了九种情况④，是旧法的三倍。2007 年《律师法》的完善，伴随而来的是司法部和全国律协对以《律师法》为指导的规范性文件的完善，这一系列文件的完善共同推动了以《律师法》为核心的"律师行为规范 – 责任"体系的发展，以外部强制力的方式为律师执业行为画定了"红线"，对规范律师执业行为发挥了实质性作用。

（四）确立了"两结合"律师行业管理体制

1980 年颁布的《律师暂行条例》对律师行业采用了行政型管理体制，这种管理体制一方面符合计划经济时代的要求，另一方面通过赋予律师国家编制，推动了大批法官和高校教师加入律师行列，使律师队伍迅速恢复壮大。但随着市场经济发展，这种行业管理体制的弊端渐显。首先，行政型管理体制限制了律师队伍规模的扩张。市场经济下不断产生的法律服务需求对律师队伍规模提出了更高的要求，但在行政型律师管理体制下，国家有限的编制无法满足这种要求。其次，行政管理体制限制了律师业务的发展，律师行业过于死板的管理方式无法适应市场经济下灵活多变的社会需求。再次，行政型管理体制不利于发挥律师的主观能动性。健全的市场经济是保证人们在经济领域最大限度地发挥主观能动性的基本条件。⑤ 律师职业具有商业性，在市场经济环境驱动下，律师能更好地发挥主观能动性、拓展业务范围和强化业务水平，为社会提供更好的法律服务。但行政型管理体制却将律师关进了行政编制的"牢笼"，对律师按照级别发放较为固定的薪酬，扼杀了律师的积极性。

---

① 1996 年《律师法》第 44 条、第 45 条。《律师法》对律师违背执业行为规范的惩戒措施总计为五类，包括"警告""停止执业""没收违法所得""吊销律师执业证书""追究刑事责任"，同时《律师法》将对律师的具体惩戒内容依据其违法行为的轻重分为两档。2001 年《律师法》未改变。
② 2007 年《律师法》第 47—49 条。《律师法》对律师违背执业行为规范的惩戒措施总计为六类，包括"警告""罚款""停止执业""没收违法所得""吊销律师执业证书""追究刑事责任"，同时《律师法》将对律师的具体惩戒内容依据其违法行为的轻重分为三档。
③ 1996 年《律师法》第 45 条。2001 年《律师法》未改变。
④ 2007 年《律师法》第 49 条。
⑤ 何怀远：《社会主义市场经济体制与人的主观能动性》，《南京政治学院学报》1993 年第 Z1 期，第 56 – 58 页。

　　为适应社会主义市场经济需要，司法部于 1993 年在《关于深化律师工作改革的方案》中明确提出"要逐步向司法行政机关宏观管理下的律师协会行业管理体制过渡"。1996 年，《律师法》正式确立了"两结合"行业管理体制。该管理体制有效解决了行政型管理体制之弊端，一方面，该体制允许不占编制、自给自足的律师存在，解决了律师队伍扩张与国家编制不足的矛盾；另一方面，这种体制将律师从高度行政化中解放出来，让律师能够参与到市场竞争中去，赋予其更高的独立性，提升其主观能动性。2007 年《律师法》在旧法基础上，通过赋予律协更多的行业管理职能，再次完善了"两结合"行业管理体制。

　　新中国律师行业管理体制的变革过程，是不断适应社会发展的过程，而这一适应过程又通过《律师法》的立修表现出来。当前《律师法》确立了较为完善的"两结合"行业管理体制，同时也为后续律师行业管理制度的发展确立了基本方向。

三、新时代律师队伍建设的成就

　　习近平总书记高度重视律师队伍的建设，他在 2014 年指出"律师队伍是依法治国的一支重要力量"①，明确了律师队伍在推进全面依法治国中的价值定位和重要作用。作为社会主义法治工作者，律师不仅有偿地为当事人提供法律服务，而且肩负着推进法治国家、法治政府、法治社会建设的责任。习近平总书记还建议"从律师和法学专家中公开选拔立法工作者、法官、检察官"②。十八大以来，我国律师队伍日益壮大、制度逐步健全、作用充分发挥，取得了重大成就。

（一）律师队伍不断发展壮大

　　新时代以来，党和国家始终把律师工作摆在全面依法治国的重要位置统筹推进，律师队伍得到了前所未有的壮大，律师职能不断得以充分发挥。据统计，截至 2012 年年底，我国律师数量约为 23 万人，律师事务所数量（不含港澳台地区）约为 1.9 万家。③而司法部发布的《2022 年度律师、基层法律服务工作统计分析》的数据显示，截至 2022 年年底，全国共有执业律师 65.16 万多人，律师事务所 3.86 万多家。④由此可见，从 2012 年到 2022 年，我国律师人数增长了 1.8 倍多，平均每年增长 4.2 万人；律师事务所增长了 1 倍多，平均每年增加 1960 多家。律师和律师事务所的数量稳步增加，为律师工作提供了人才保障和组织基础，为全面依法治国作出了应有贡献。

---

① 习近平：《习近平谈治国理政（第二卷）》，外文出版社 2017 年版，第 123 页。
② 《推动改革举措精准对焦协同发力 形成落实新发展理念的体制机制》，《人民日报》2016 年 3 月 23 日，第 1 版。
③ 崔清新：《我国目前每 1 万人口平均拥有 1.6 名律师》，人民网 2013 年 8 月 27 日，http：//politics.people.com.cn/n/2013/0827/c70731-22713194.html，最后访问日期：2023 年 7 月 5 日。
④ 《2022 年度律师、基层法律服务工作统计分析》，司法部网 2023 年 6 月 14 日，http：//www.moj.gov.cn/pub/sfbgw/zwxxgk/fdzdgknr/fdzdgknrtjxx/202306/t20230614_480740.html，最后访问日期：2023 年 6 月 29 日。

建设一支高素质涉外律师人才队伍是适应当前我国高水平对外开放的需要。《法治中国建设规划（2020—2025年）》要求："完善高等学校涉外法学专业学科设置。加大涉外法治人才培养力度，创新涉外法治人才培养模式。"这为加快培养高素质涉外律师人才队伍提供了方向和指南。新时代以来，除了常规律师队伍的壮大，涉外律师队伍也实现了加速发展。

一是充分发挥高校作为涉外律师人才培养的第一阵地作用，不断完善涉外法学专业学科设置，打造涉外法律人才培养基地。为此，从2021年开始，我国实施法律硕士专业学位（涉外律师）研究生培养项目，在15所试点高校首批招录了500名硕士研究生。①

二是多方合作，联合培养涉外律师人才。习近平总书记强调："要打破高校和社会之间的体制壁垒，将实际工作部门的优质实践教学资源引进高校，加强校企、校地、校所合作，发挥政府、法院、检察院、律师事务所、企业等在法治人才培养中的积极作用。"② 高校、政府部门、律协、律师事务所以及国际组织之间要加强全方位合作，联合培养涉外律师人才。为此，司法部牵头组织实施涉外公职律师、公司律师培养计划，截至2021年10月，举办了8期培训班，培训了800名涉外律师；举办全国涉外法律服务高级研修班和11期"涉外法律服务大讲堂"，培训近3000名涉外律师。③

三是建立了涉外律师领军人才库。早在2012年，司法部就研究制定了涉外律师领军人才培养计划，建立了全国律协涉外律师领军人才库。2017年3月，司法部召开学习贯彻《司法部、外交部、商务部、国务院法制办公室关于发展涉外法律服务业的意见》座谈会指出：要将涉外法律服务人才引进和培养纳入国家重大人才工程；完善涉外律师人才库；打造涉外领军人才培养计划升级版；等等。④ 2022年，司法部建立了全国千名涉外律师人才名单，指导全国律协组建涉外律师领军人才库，入库律师人数达到633名；指导各省（区、市）建立本地区涉外律师人才库，已有20多个省市建立了本地区涉外律师人才库。⑤

（二）律师在全面依法治国中的作用充分发挥

新时代以来，律师队伍充分发挥职能优势，为全面依法治国作出了应有贡献，为政府、社会和公民个人全方位提供了公共法律服务。2019年1月15日，习近平总书

---

① 《教育部：在15所高校招500名这类法律硕士》，中国法学创新网2021年3月25日，http://fxcxw.mzyfz.com/dyna/content.php?id=18653，最后访问日期：2023年7月5日。
② 习近平：《论坚持全面依法治国》，中央文献出版社2020版，第177页。
③ 蔡长春、张晨、刘耀堂：《深入学习贯彻习近平法治思想 奋力谱写律师事业发展新篇章 党的十八大以来我国律师事业发展综述》，《中国律师》2021第11期，第10—17页。
④ 张晨：《努力提升涉外法律服务能力和水平》，《法治日报》2021年10月25日，第1版。
⑤ 刘志强：《健全涉外法律服务体系 提升涉外法律服务能力》，《民主与法制周刊》2022年第18期。

记就深化公共法律服务体系建设提出，要"加快整合律师、公证、司法鉴定、仲裁、司法所、人民调解等法律服务资源"①。而深化公共法律服务体系建设要实现法律服务资源一体化。2019 年 7 月 10 日，中共中央办公厅、国务院办公厅发布的《关于加快推进公共法律服务体系建设的意见》认为，法律服务队伍的作用主要表现在：一是保障城乡基本公共法律服务资源均衡；二是提高欠发达地区公共法律服务建设；三是加强对特殊群体法律权益的保障；四是推动经济高质量发展；五是促进党政机关依法全面履行职能；六是促进司法公正和社会正义，加强法律值班律师工作，引导律师参与涉法信访工作，探索推进再审案件律师代理制度、律师调解制度等；七是为国家重大经贸活动和全方位对外开放提供法律服务。在以上作用中，习近平总书记特别论述了律师队伍在维护公民和法人合法权益、助推依法行政和法治政府建设两方面的作用。

律师队伍为维护公民和法人合法权益发挥了重要作用。律师队伍始终坚持以人民为中心的发展思想，坚持人民主体地位，把维护公民和法人合法权益作为自身的职责和使命。《中共中央关于全面深化改革若干重大问题的决定》明确提出，律师是维护公民和法人合法利益的重要群体。② 2021 年，全国律师办理诉讼案件，包括刑事、民事、行政等诉讼案件，有 811.6 万多件，办理法律援助案件 103 万多件。③ 我国刑事案件律师辩护全覆盖试点工作从 2017 年开始，截至 2020 年，共有 2368 个县（市、区）开展深化刑事案件律师辩护"全覆盖"试点工作，除了正常的委托辩护，各地因开展试点扩大通知辩护法律援助案件达 59.1 万件。④ 努力实现让每一个刑事案件都有律师辩护或法律援助。此外，法律服务队伍还积极为弱势群体提供免费法律服务，且积极性、主动性以及能力不断增强，努力让弱势群体享受到法治阳光，促进了司法公正和社会公正。

律师队伍在促进依法行政和法治政府建设中发挥了重要作用。习近平总书记在党的二十大报告中指出："法治政府建设是全面依法治国的重点任务和主体工程。"⑤ 建设法治国家的关键和重点是法治政府的建设，而律师队伍是做好法治政府的法律参谋助手。《中共中央关于全面推进依法治国若干重大问题的决定》要求："各级党政机关和人民团体普遍设立公职律师。"⑥ 习近平总书记要求："积极推行政府法律顾问制

---

① 习近平：《习近平谈治国理政（第三卷）》，外文出版社 2020 年版，第 354 页。
② 中共中央文献研究室编：《十八大以来重要文献选编（上）》，中央文献出版社 2014 年版，第 531 页。
③ 《2021 年度律师、基层法律服务工作统计分析》，司法部网 2022 年 8 月 15 日，http：//www.moj.gov.cn/pub/sfbgw/zwxxgk/fdzdgknr/fdzdgknrtjxx/202208/t20220815_461680.html，最后访问日期：2023 年 6 月 29 日。
④ 《司法部 2020 年法治政府建设年度报告》，司法部网 2021 年 3 月 26 日，http：//www.moj.gov.cn/pub/sfbgw/gwxw/xwyw/202103/t20210326_351597.html，最后访问日期：2023 年 6 月 29 日。
⑤ 习近平：《高举中国特色社会主义伟大旗帜 为全面建设社会主义现代化国家而团结奋斗——在中国共产党第二十次全国代表大会上的报告（2022 年 10 月 16 日）》，《人民日报》2022 年 10 月 26 日，第 1 版。
⑥ 中共中央文献研究室编：《十八大以来重要文献选编（中）》，中央文献出版社 2016 年版，第 176 页。

度。"① 2016 年 3 月 22 日，习近平总书记提出："在党政机关、人民团体、国有企事业单位普遍建立法律顾问制度和公职律师、公司律师制度。"② 我国 2017 年，公职律师 1.8 万多人，7500 多家党政机关、人民团体开展了公职律师工作；2018 年，公职律师 3.1 万多人，1.2 万多家党政机关、人民团体开展了公职律师工作；2019 年，公职律师 4.33 万多人，1.5 万多家党政机关、人民团体开展了公职律师工作；2020 年，公职律师 5.91 万多人，2.93 万多家党政机关、人民团体开展了公职律师工作。2021 年，公职律师 7.26 万多人，另外，全国基层法律服务工作者 5.8 万多人，参与人民调解 20.9 万多件，参与接待和处理信访案件 5.2 万多件，还为 13.4 万多个村（居）担任法律顾问。③ 截至 2022 年年底，全国 3.3 万家党政机关开展了公职律师工作，公职律师达到 9.4 万名。④ 我国公职律师数量逐年稳步增长，律师队伍为助推依法行政和法治政府建设作出了巨大贡献。

（三）律师队伍政治建设和道德建设得到全面加强

党的十八大以来，随着依法治国的全面推进，党中央对我国律师的政治素质提出了更高的要求。2014 年，《中共中央关于全面推进依法治国若干重大问题的决定》首先将"四个忠于"⑤ 作为所有法治工作队伍的共同要求；另外，提出将"两个拥护"⑥ 作为法律服务队伍的基本要求。2020 年 2 月 5 日，中央全面依法治国委员会第三次会议在北京召开，习近平总书记在会上也对包括法律服务队伍在内的所有法治工作队伍提出了"四个忠于"的要求。⑦ 后来又在 2021 年 12 月 6 日，中共中央政治局第三十五次集体学习时强调了对律师队伍"四个忠于""两个拥护"的要求。⑧ 因此，"四个忠于""两个拥护"是律师队伍的政治标准。对于律师特别需要遵守的"两个拥护"要求，司法部也采取了很多有效措施进行落实。

一是拥护中国共产党的领导。我国律师队伍是在中国共产党领导下的社会主义法治工作队伍的重要一部分，必须毫不动摇地坚持和加强党的全面领导。《中共中央关于全面推进依法治国若干重大问题的决定》要求："加强律师行业党的建设，扩大党的工作覆盖面，切实发挥律师事务所党组织的政治核心作用。"⑨ 司法部积极贯彻落实

① 习近平：《习近平谈治国理政（第二卷）》，外文出版社 2017 年版，第 121 页。
② 《推动改革举措精准对焦协同发力 形成落实新发展理念的体制机制》，《人民日报》2016 年 3 月 23 日，第 1 版。
③ 以上数据资料均来源于司法部网，http：//www.moj.gov.cn/pub/sfbgw/zwxxgk/fdzdgknr/fdzdgknrtjxx/，由司法部统计。
④ 白阳：《我国逾 14 万家党政机关配备法律顾问》，中央人民政府网 2023 年 3 月 22 日，https：//www.gov.cn/xinwen/2023-03/22/content_ 5747907.htm，最后访问日期：2023 年 7 月 5 日。
⑤ 这里的"四个忠于"指的是忠于党、忠于国家、忠于人民、忠于法律。
⑥ 这里的"两个拥护"指的是拥护中国共产党领导、拥护社会主义法治。
⑦ 习近平：《论坚持全面依法治国》，中央文献出版社 2020 版，第 274 页。
⑧ 习近平：《习近平谈治国理政（第四卷）》，外文出版社 2022 年版，第 303 页。
⑨ 中共中央文献研究室编：《十八大以来重要文献选编（中）》，中央文献出版社 2016 年版，第 175－176 页。

党中央的决策部署，加强律师行业的党建工作，夯实维护党的领导的组织基础。早在 2017 年 10 月，经中共中央组织部批准，司法部成立了全国律师行业党委，由其负责指导律师行业党建工作。司法部和全国律师行业党委领导开展登记核查党组织和党员的基本信息，按照"应建尽建"的原则促进律师事务所党组织建设，有 3 名以上党员的律师事务所独立设立党组织，不足 3 人的律师事务所建立联合党支部，无党员的律师事务所要配备党建工作指导员，实现党组织对律师行业的全覆盖。① 自 2018 年开始，全国律师协会、省级律师协会以及市级律师协会自上而下地逐渐完成了党建内容进章程工作，为加强律师行业党建工作提供了强有力的制度保障。2020 年 3 月 11 日，《中共司法部党组关于律师行业党建引领发展"四大工程"的实施意见》印发，进一步完善了党对律师行业的领导机制。截至 2019 年年底，党员律师 16.3 万人，占全国律师总数的 34.5%，其中 2019 年在律师行业新发展党员 1900 多人。② 根据 2021 年 3 月司法部发布的数据，"我国律师行业基层党组织已近 1.4 万个"，基本实现全覆盖。③ 党对律师行业的全面领导，保证了律师行业的社会主义属性，为律师行业健康有序发展提供了政治和组织双重保障。

二是拥护社会主义法治。这就意味着律师队伍要坚定不移地走中国特色社会主义法治道路。这条道路"是社会主义法治建设成就和经验的集中体现，是建设社会主义法治国家的唯一正确道路"④。习近平总书记指出："走中国特色社会主义法治道路是一个重大课题，有许多东西需要深入探索，但基本的东西必须长期坚持。"⑤ 这些"基本的东西"可以归纳为"五个必须"：第一，必须坚持党的领导。第二，必须坚持人民主体地位。"这是我们的制度优势，也是中国特色社会主义法治区别于资本主义法治的根本所在。"⑥ 每一位律师要始终坚持人民律师的定位，践行人民至上的根本立场，自觉践行人民律师为人民的服务理念。第三，必须坚持法律面前人人平等。"平等是社会主义法律的基本属性，是社会主义法治的基本要求。"⑦ 律师有义务和责任维护社会的公平与正义，为此，律师要把宪法和法律奉为执业的圭臬，把事实作为执业的依据。第四，必须坚持法治与德治相统一。这是有别于资本主义法治的重要属性，社会主义法治"既重视发挥法律的规范作用，又重视发挥道德的教化作用，实现

---

① 蔡长春、张晨、刘耀堂：《深入学习贯彻习近平法治思想 奋力谱写律师事业发展新篇章 党的十八大以来我国律师事业发展综述》，《中国律师》2021 年第 11 期，第 10 – 17 页。
② 《2019 年度律师、基层法律服务工作统计分析》，司法部网 2020 年 6 月 22 日，http：//www. moj. gov. cn/pub/ sfbgw/zwxxgk/fdzdgknr/fdzdgknrtjxx/202006/t20200622_ 350049. html，最后访问日期：2023 年 8 月 17 日。
③ 《司法部：我国律师行业基层党组织已近 1.4 万个基本实现全覆盖》，央视网 2021 年 3 月 25 日，https：// news. cctv. com/2021/03/25/ARTIyOHhTYyHAVSjTUPC9NHo210325. shtml，最后访问日期：2023 年 8 月 17 日。
④ 习近平：《论坚持全面依法治国》，中央文献出版社 2020 版，第 93 页。
⑤ 习近平：《习近平谈治国理政（第二卷）》，外文出版社 2017 年，第 114 页。
⑥ 习近平：《习近平谈治国理政（第二卷）》，外文出版社 2017 年，第 115 页。
⑦ 习近平：《习近平谈治国理政（第二卷）》，外文出版社 2017 年，第 115 页。

法律和道德相辅相成、法治和德治相得益彰"①。律师队伍应坚持德法兼修，严格遵守职业道德，依法依规诚信执业。第五，必须坚持从中国实际出发。我国法治道路的选择是以符不符合中国的实际、适不适合中国的国情为标准的，绝对"不能搞'全盘西化'，不能搞'全面移植'，不能照搬照抄"②。律师队伍要始终牢牢把握正确的政治方向和舆论导向，增强政治敏锐性和鉴别力，坚决抵制西方的宪政和所谓的"普世价值"等错误思想。

建设法治工作队伍的标准和目标就是德才兼备。"德才兼备"的"德"包括政治素质和职业道德。习近平总书记在2020年2月5日召开的中央全面依法治国委员会第三次会议上谈到建设高素质法治工作队伍时，要求"提高法治工作队伍思想政治素质、业务工作能力、职业道德水准"③，强调了加强法治工作队伍的职业道德建设这一标准和目标。律师队伍作为法治工作队伍的重要组成部分，加强其职业道德建设同样至关重要。《律师法》中规定了律师执业要遵守职业道德，律师事务所要对律师执业活动中遵守职业道德的情况进行监督，律师协会要履行组织律师职业道德教育的职责等。2014年5月，指导律师行业不断提高职业道德的文件《司法部关于进一步加强律师职业道德建设的意见》发布，把律师行业职业道德的核心内容概括为"十二字方针"，即忠诚、为民、法治、正义、诚信、敬业，并从健全律师职业道德规范制度体系、教育培训机制、监管机制、考核奖惩机制、扶持保障政策等五个方面完善和加强律师队伍职业道德建设的长效机制。2014年6月，全国律协出台《律师职业道德基本准则》，包括坚定中国特色社会主义理想信念、执业为民、坚定法治信仰、维护公平正义、树立诚信意识以及热爱律师执业等六条内容。

习近平总书记还要求律师"依法依规诚信执业，认真履行社会责任"④。在司法行政部门管理和指导下，律师事务所、律师协会合力加强对律师队伍的管理、监督，规范执业行为，严肃执业纪律，严格执行奖惩机制。新时代以来，我国出台了一系列律师执业行业规则，加强律师职业管理，以确定律师行为的边界。2016年修订了《律师执业管理办法》和《律师事务所管理办法》；2017年3月全国律协印发了《律师协会会员违规行为处分规则（试行）》，2017年7月《司法部、中华全国律师协会关于进一步加强律师惩戒工作的通知》发布；2018年《律师事务所管理办法》再次修改。以上文件进一步严格规范了律师事务所管理行为和律师执业行为，加强了对律师的惩戒工作。2018年，针对互联网法律服务推广乱象造成律师行业内卷严重，影响律师行业的服务水平，损害律师执业权利的情形，全国律协制定并下发了《中华全国律师协

---

① 习近平：《习近平谈治国理政（第二卷）》，外文出版社2017年版，第116页。
② 习近平：《习近平谈治国理政（第二卷）》，外文出版社2017年版，第118页。
③ 习近平：《论坚持全面依法治国》，中央文献出版社2020年版，第274页。
④ 习近平：《习近平谈治国理政（第四卷）》，外文出版社2022年版，第297页。

会律师业务推广行为规则（试行）》，规范了律师和律师事务所的业务推广行为。2021年10月15日，第十届全国律师协会常务理事会第二次（扩大）会议审议通过的《中华全国律师协会关于禁止违规炒作案件的规则（试行）》，要求律师不得通过各种方式违规炒作案件等。为了促进律师及律师事务所依法诚信执业，2022年，司法部建成全国律师执业诚信信息公示平台，展示51万社会律师、兼职律师和3.8万家律师事务所执业信息和诚信信息。① 2023年3月，司法部研究起草了《律师和律师事务所执业诚信信息公示管理办法（征求意见稿）》，并向社会公开征求意见。

（四）对法律职业资格考试进行了重大改革

推动法律职业资格考试改革是把好法律职业入口关的关键。回顾历史，我国自1986年启动律师资格考试以来，法律职业资格考试先后经历了三次变革，即1986年至2001年施行全国统一律师资格考试、2002年至2017年施行全国统一司法考试、2018年至今施行全国统一法律职业资格考试。

2002年至2017年施行的全国统一司法考试，为社会主义法治国家建设选拔和储备了大批合格的法律职业人才，提供了有力人才保障。但是随着时代的发展，司法考试制度逐渐与新形势新任务新要求相脱节，迫切需要改革。2014年，《中共中央关于全面推进依法治国若干重大问题的决定》提出："完善法律职业准入制度，健全国家统一法律职业资格考试制度，建立法律职业人员统一职前培训制度。"② 2015年，《中共中央办公厅、国务院办公厅关于完善国家统一法律职业资格制度的意见》发布，明确从2018年开始，将司法考试制度调整为国家统一法律职业资格考试制度。2017年9月，十二届全国人大常委会第二十九次会议在北京召开，此次会议审议通过了《全国人民代表大会常务委员会关于修改〈中华人民共和国法官法〉等八部法律的决定》，并定于2018年开始实施国家统一法律职业资格考试制度。2018年，司法部制定出台《国家统一法律职业资格考试实施办法》，明确了考试的法律依据、应考主体、组织主体及相应责任要求，规定了考试程序、内容和形式等。相较于国家统一司法考试，国家统一法律职业资格考试的应考主体范围扩大，报考资格条件以及考试的形式、内容等都发生了变化。国家统一法律职业资格考试改革成效显著，弥补了国家统一司法考试的不足，如普遍较低和波动较大的考试通过率的问题等，持续稳定地选拔法律职业人才，极大地推进了法治工作队伍"四化"建设。国家法考的不断改革和完善极大地促进了律师队伍的培养和完备的律师制度的建立，推动了法律服务资源不足且地域发展不均衡问题的解决。

① 《司法部2022年法治政府建设年度报告》，司法部网2023年3月22日，http：//www.moj.gov.cn/pub/sfbgw/gwxw/xwyw/202303/t20230322_474881.html，最后访问日期：2023年6月29日。
② 中共中央文献研究室编：《十八大以来重要文献选编（中）》，中央文献出版社2016年版，第175页。

（五）少数违纪违法律师得到严惩

遵纪守法是律师的行为底线。2014年1月7日，习近平总书记在批评司法掮客时告诫道："在执法办案各个环节都要设置隔离墙、通上高压线，谁违反制度就要给谁最严厉的处罚，终身禁止从事法律职业，构成犯罪的要依法追究刑事责任。"[①] 对执法司法人员和律师提出了相同的要求。2015年9月，"两院三部"联合印发了《关于进一步规范司法人员与当事人、律师特殊关系人、中介组织接触交往行为的若干规定》，进一步规范律师和司法人员的接触交往行为，保证公正司法。2021年9月30日，最高人民法院、最高人民检察院、司法部发布《关于进一步规范法院、检察院离任人员从事律师职业的意见》，对离任司法人员的从业限制进行了规定。2021年9月29日最高人民检察院发布《检察人员配偶、子女及其配偶禁业清单》、2021年10月20日最高人民法院发布《人民法院工作人员近亲属禁业清单》，要求检察院和法院领导干部和检察、审判执行人员的配偶、父母、子女不得担任其所任职检察院、法院辖区内律师事务所的合伙人或者设立人；不得在其任职检察院、法院辖区内以律师身份担任诉讼代理人、辩护人，或为诉讼案件当事人提供其他有偿法律服务；不得从事其他可能影响其依法公正履职的法律服务、经商办企业活动。2021年11月3日，时任最高人民检察院党组书记、检察长，中国检察官协会会长和中华全国律师协会会长高子程共同签署了《中国检察官协会、中华全国律师协会关于加强检律良性互动、共同维护司法公正的倡议书》。以上文件对于法律服务人员充当司法掮客、违法从事法律服务的行为，都规定了严格的责任条款。

2017年，我国共有48家律师事务所和194名律师受到行政处罚，95家律师事务所和417名律师受到行业惩戒；2018年，共有56家律师事务所和303名律师受到行政处罚，160家律师事务所和593名律师受到行业惩戒；2019年，共有83家律师事务所和370名律师受到行政处罚，167家律师事务所和746名律师受到行业惩戒；2020年，共有84家律师事务所和463名律师受到行政处罚，129家律师事务所和594名律师受到行业惩戒；2021年，共有166家律师事务所和1010名律师受到行政处罚，360家律师事务所和2067名律师受到行业惩戒。[②] 自2017年以来，受到行政处罚或者行业惩戒的律师和律师事务所的数量（除2020年受到行业惩戒的律师事务所和律师数量减少外）逐年增加，特别是在2021年，各项数据达到历史新高，体现了政府打击律师和律师事务所违法违纪行为的力度不断加大。

2021年，海南省司法厅"对涉张家慧等案件的38名违法违规律师进行严肃查处：4名律师和1名隐名合伙人被移送司法机关；1家律师事务所被吊销执业证书，9名律

---

① 习近平：《论坚持全面依法治国》，中央文献出版社2020年版，第49页。

② 根据司法部网站（http://www.moj.gov.cn/）《政府信息公开》栏目公布的数据统计得出。

师被吊销律师执业证书、取消会员资格（终身禁业），21 名律师被停止执业、中止会员权利，1 名律师被罚款，3 名律师受到行业警告处分"①。严肃惩处这 38 名行贿律师，对违纪违法律师起到了威慑作用。

四、律师制度的改革和完善

党的十八大以来，随着依法治国全面推进，党中央对律师职业提出了更高的要求。2014 年，《中共中央关于全面推进依法治国若干重大问题的决定》多处提到，要充分发挥律师在政治、经济和社会生活中的作用；2016 年，《关于深化律师制度改革的意见》进一步明确要"充分发挥律师在立法、执法、司法、守法中的重要作用"，"充分发挥律师在依法管理经济社会事务中的重要作用"，"充分发挥律师在服务和保障民生中的重要作用"，为此，很多法律规范都赋予了律师职业新的内涵。② 作为律师行业的"基本法"，《律师法》再修改时应当全面体现党和国家对律师制度新的要求。

（一）确立律师执业条件中的政治标准

律师是具有商业和政治双重属性的职业，而这两者恰恰是矛盾的，前者代表律师"利己"的一面，促使律师追求个人利益最大化，后者则代表律师"利他"的一面，要求律师考虑国家利益、社会公益。当前，《律师法》对律师的政治素质要求主要集中在遵守国家法律条文本身，并未对处于更深层次的政治标准作出直接要求。例如，《律师法》第 3 条第 1 款规定"律师执业必须遵守宪法和法律，恪守律师职业道德和执业纪律"，第 5 条关于申请律师执业中对政治标准的规定只有一句话，即"拥护中华人民共和国宪法"。

党的十八大以来，党中央对我国律师的政治素质提出了更高的要求。2014 年，《中共中央关于全面推进依法治国若干重大问题的决定》首先将"四个忠于"作为所有法治工作队伍的共同要求："建设一支忠于党、忠于国家、忠于人民、忠于法律的社会主义法治工作队伍"；另外提出将"两个拥护"，即"拥护中国共产党领导、拥护社会主义法治"作为对法律服务队伍的特殊要求。习近平总书记 2020 年 2 月 5 日在中央全面依法治国委员会第三次会议上讲话也要求："着力建设一支忠于党、忠于国家、忠于人民、忠于法律的社会主义法治工作队伍。"③ 后来又在 2021 年 12 月 6 日，中共中央政治局第三十五次集体学习时重申："建设一支忠于党、忠于国家、忠

---

① 参见海南省司法厅 2021 年 12 月 4 日发布的《关于律师队伍专项教育整顿与行业突出问题专项治理情况的通报》，http：//justice. hainan. gov. cn/sfxz/lsgz/202112/p020211204670767046639. pdf。
② 我国现行法律中，除《律师法》外，全文中含有"律师"二字的法律共计 26 部，其中 8 部发布于 2007 年 10 月 28 日后，剩余的 18 部发布于 2007 年《律师法》修订前，有 13 部在 2007 年 10 月 28 日后新增或修订了与律师相关的规定。也就是说，这 26 部法律中，有 21 部在 2007 年《律师法》修订后新增或修改了其中与律师相关的内容。
③ 习近平：《论坚持全面依法治国》，中央文献出版社 2020 年版，第 274 页。

于人民、忠于法律的社会主义法治工作队伍。""要加强对律师队伍的政治引领，教育引导广大律师自觉遵守拥护中国共产党领导、拥护我国社会主义法治等从业基本要求。"① 因此，"四个忠于""两个拥护"是律师队伍的政治标准。

为落实习近平总书记讲话和中央文件的精神，2016 年司法部颁布的《律师执业管理办法》第 2 条和 2018 年全国律协发布的《律师执业行为规范（试行）》第 3 条，都对"两个拥护"作了规定。但遗憾的是，两个文件都只是将对律师的特别要求写进了律师的政治标准，而对包括律师在内的所有法治工作队伍都应当遵守的"四个忠于"标准却没有规定，没有能够全面反映中央文件和习近平总书记对律师思想政治素质的要求。

另外，作为《律师执业管理办法》和《律师执业行为规范（试行）》直接根据的《律师法》同样缺乏相应规定。《律师法》今后应对申请律师执业的基本条件作出修改，在现行《律师法》第 5 条增加一款作为政治标准："忠于党、忠于国家、忠于人民、忠于法律；拥护中国共产党领导、拥护社会主义法治。"

（二）确立律师执业宣誓制度

自 16 世纪开始，西方各发达国家就开始陆续有了律师执业宣誓制度。② 可以说，律师执业宣誓已成为西方律师行业的传统。目前，美、澳、德、法等国家均在其律师法中对律师执业宣誓制度作出了相应规定，主要内容包括律师执业宣誓的时间、誓词和流程。

我国最早对律师执业宣誓制度作出规定的规范性文件是，北京市律协于 1999 年12 月 18 日发布的《北京市律师协会执业律师宣誓办法（试行）》。2000 年，全国律协颁布了《中华全国律师协会关于实行律师执业宣誓制度的决定》，律师执业宣誓制度正式开始在全国推行。2012 年，司法部发布了《关于建立律师宣誓制度的决定》，对律师执业宣誓的时间、誓词和流程作出了详细规定。2018 年，全国律协颁布了《律师宣誓规则（试行）》，该文件大部分内容都与司法部《关于建立律师宣誓制度的决定》保持了一致，但在对律师宣誓誓词的规定上与后者有较大出入。2020 年，司法部基于我国马克思主义理论的最新研究成果对《关于建立律师宣誓制度的决定》进行了修改，主要修改了立法目的和宣誓誓词部分。

实践证明，我国建立律师执业宣誓制度意义重大。一方面，律师执业宣誓制度能唤醒律师心底的政治信仰和法治信仰，能够增强律师的职业使命感、荣誉感和社会责任感。另一方面，律师执业宣誓誓词与我国法官、检察官的就职宣誓誓词在核心内容上高度重合，实行律师执业宣誓制度可以推动作为法律职业共同体的法官、检察官、

---

① 习近平：《习近平谈治国理政（第四卷）》，外文出版社 2022 年版，第 303 页。
② 吴晨：《再论律师宣誓 重建职业尊荣》，《中国律师》2018 年第 11 期，第 18 - 19 页。

律师形成相同的政治信仰和法治信仰，既有利于他们在办案时奉行共同理念，也有利于三种职业之间的相互流动。

自 2000 年《中华全国律师协会关于实行律师执业宣誓制度的决定》发布起，律师执业宣誓制度在我国已经推行 20 余年，但《律师法》一直未对该制度作出相应回应。这带来了两个问题：第一，规范性文件创设混乱。20 多年来，司法部和全国律协均颁布了文件对律师执业宣誓制度作出规定，这些规定之间存在不少冲突。其中最为明显的是，2000 年到 2020 年，司法部和全国律协颁布的 4 个关于律师执业宣誓制度的规范性文件对誓词的规定各不相同。第二，对拒绝履行执业宣誓义务的律师缺乏相应制裁措施。《律师法》目前并未将执业宣誓作为律师获得执业许可的必经程序，因此不论是司法部还是全国律协，均不得禁止拒绝履行执业宣誓义务的律师参与执业。[①]

为了更好地发挥律师执业宣誓制度的价值，《律师法》在修改时宜对律师执业宣誓时间、内容、流程和责任等作出明确规定。具体而言，《律师法》可增加一条，规定："律师在就职时应当公开进行宣誓，宣誓人拒绝宣誓或重新宣誓仍不符合要求的，不得开展律师执业活动。律师执业宣誓的时间、内容和流程由司法行政机关进行具体规定。"

（三）扩大律师业务范围

1996 年《律师法》颁布时，第 25 条列举了律师的七类业务。2017 年修正的《律师法》仍然作了这样的规定[②]，依照文义解释，我国律师只能从事这七类业务，因而具有封闭性。党的十八大以来，党中央要求充分发挥律师在全面依法治国中的作用，各部门法在修立时赋予了律师更多的职责。例如：2018 年《刑事诉讼法》和 2021 年《法律援助法》明确了律师有担任值班律师的职责；2020 年《预防未成年人犯罪法》也在第 6 条第 3 款规定："专门教育委员会由教育、民政……单位，以及律师、社会工作者等人员组成……"律师要履行上述规定的职责需要范围更广的业务体系，从而突破了当前《律师法》列举的七类业务范围。此外，从《中共中央关于全面推进依法治国若干重大问题的决定》到《关于深化律师制度改革的意见》，党的系列重要指示为律师制度改革工作注入了推进剂，律师将在国家政治、经济和社会生活领域承担包括"两公"律师、第三方调解律师等在内的更多职责。为适应律师职责迅速不断增加的现状，《律师法》对律师业务不宜再采用列举式的封闭性规定模式，应开放律师业务范围。

[①] 《行政许可法》第 16 条第 4 款规定："法规、规章对实施上位法设定的行政许可作出的具体规定，不得增设行政许可；对行政许可条件作出的具体规定，不得增设违反上位法的其他条件。"律师执业准入属于行政许可范畴，我国《律师法》已经对律师执业准入作出了规定，因此法规、规章只能对《律师法》的规定作出具体化规定，而不能增设许可。

[②] 现行《律师法》第 28 条。

综上，笔者建议此次《律师法》修改可对律师业务范围采用"列举加兜底"的模式，增强律师业务的开放性，在现行《律师法》第28条中增加一条兜底条款，即"法律规定律师可以从事的其他业务"。

（四）吸纳《法律援助法》的立法成果

《律师法》从1996年颁布到之后数次修改，对律师法律援助的内容规定得一直较为抽象，尤其是对律师、律师事务所和律协在法律援助中的具体权责几乎未作规定。在2021年《法律援助法》颁布前，相关内容主要散见于《法律援助条例》《律师和律师事务所违法行为处罚办法》等法规和规章中。

2015年，为认真落实中央关于全面推进依法治国的重大战略部署，进一步加强法律援助工作，完善中国特色社会主义法律援助制度，中共中央办公厅和国务院办公厅下发了《关于完善法律援助制度的意见》，从总体要求、法律援助范围、法律援助质量等方面对我国法律援助制度的发展作了全面部署。2018年《刑事诉讼法》修正，首次以法律的形式对法律援助值班律师的权利和义务作出了规定。2021年，《法律援助法》正式颁布实施。该法在2003年《法律援助条例》的基础上吸收了近年来的改革成果，以法律的形式从部门职责、援助范围、援助程序、保障措施、法律责任等方面对我国法律援助制度进行了集中性规定。《法律援助法》对律师、律师事务所和律协在法律援助中的权责作了具体规定，在以下三方面完善了我国律师制度：第一，在《刑事诉讼法》的基础上进一步明确值班律师权利，包括了解案件有关情况、阅卷和会见等权利；第二，首次明确了律协在法律援助中的职责，即对律师和律师事务所进行指导、支持、考核和惩戒；第三，在总结《法律援助条例》和《律师和律师事务所违法行为处罚办法》的基础上，对律师和律师事务所"拒绝履行法律援助义务"的具体情形作了统一规定。

上述三方面内容均属于我国律师制度的重要内容，《律师法》作为我国律师制度的"基本法"，笔者建议可从以下几个方面对其予以吸收：第一，对《刑事诉讼法》和《法律援助法》中与值班律师权利和义务相关的规定予以吸收和补充；第二，在现行《律师法》第46条关于律协职责的内容中增加一款，即"依法指导和支持律师事务所、律师参与法律援助工作，并对其履行法律援助义务的情况进行考核和惩戒"；第三，由于《法律援助法》已经对"拒绝法律援助"的具体类型予以了明确，因此现行《律师法》可将第50条第1款第6项改为准用性规定，修改为"有《中华人民共和国法律援助法》规定的拒绝履行法律援助义务的情形的"。

（五）整合和完善值班律师制度规范

经过多年的试点，2018年《刑事诉讼法》修改时对值班律师的工作职权、工作保障作出了规定。2020年"两高三部"发布《法律援助值班律师工作办法》（以下简称《值班律师工作办法》），对《刑事诉讼法》相关规定予以了细化。2021年《法律援助法》颁布，再次对值班律师制度进行了完善。目前，值班律师制度已成为一个较为完整和系统的制度。《律师法》作为我国律师职业的"说明书"，对值班律师制度目前缺乏相应规定。《律师法》在修改时，可借鉴其对"辩护人"的相关规定，对值班律师制度在以下几个方面作出独立规定：

第一，将"值班律师"纳入律师的业务范围。目前，《律师法》第 28 条在规定律师的业务范围时，并未将"值班律师"纳入其中，然而《法律援助法》和《刑事诉讼法》及其下位法规、规章和司法解释均对值班律师的权利、义务等作了大量规定。因此，《律师法》再次修改时，宜将值班律师纳入律师业务范围，即在现行《律师法》第 28 条中增加一款："接受指派成为法律援助值班律师"。这既是《律师法》对值班律师的权利、义务和责任作出规定的基础，也能使其他法律规范在针对值班律师进行立法时有法可依和逻辑通顺。

第二，对值班律师的核心权利作出规定。目前，《刑事诉讼法》和《法律援助法》均对值班律师的执业权利作了原则性规定，但尚无法律对值班律师权利的内容和行使方式等作具体规定。关于值班律师权利的具体规定，主要出现在《关于适用认罪认罚从宽制度的指导意见》《值班律师工作办法》等法律效力较低的规范性文件当中。《律师法》作为律师权利保障法，此次修改有必要像 2007 年一样，对值班律师的三项核心执业权利，即提出意见权、会见权和阅卷权，作详细规定。

第三，关于值班律师提出意见权。《刑事诉讼法》已经对该权利的具体行使场景和方式作了详细规定，笔者建议《律师法》只需对其作出原则性规定，即"值班律师有权根据事实和法律，依法提出相应法律意见，维护犯罪嫌疑人、被告人的合法权益。"

第四，关于值班律师会见权。《值班律师工作办法》第 22 条已有关于值班律师会见权的详细规定，为保障法律制度的稳定性，笔者建议《律师法》修改时可以直接参考前述条款，规定："值班律师持律师执业证或者律师工作证、法律帮助申请表或者法律帮助通知书到看守所办理法律帮助会见手续，看守所应当及时安排会见。危害国家安全犯罪、恐怖活动犯罪案件，侦查期间值班律师会见在押犯罪嫌疑人的，应当经侦查机关许可。"

第五，关于值班律师阅卷权。《刑事诉讼法》并未对值班律师的阅卷权内容作明确规定，仅原则性地规定有关机关应为值班律师了解案情"提供必要的便利"。《值班律师工作办法》第 21 条对值班律师阅卷权进行了细化，规定值班律师行使阅卷权的时间为"案件进入审查起诉后"，同时将值班律师的阅卷权范围限制为"查阅案卷材料"。这种限制有待商榷：其一，我国自 1996 年修改《刑事诉讼法》以来，用"查阅""摘抄""复制"来定义"阅卷"已成为共识①，这一限制在文义解释上有悖于我

①　贾志强：《回归法律规范：刑事值班律师制度适用问题再反思》，《法学研究》2022 年第 1 期，第 120–134 页。

国法律长期以来的规定；其二，这一限制不利于值班律师有效履行职能。笔者建议，此次《律师法》修改，宜赋予值班律师完整的阅卷权，明确规定："案件进入审查起诉阶段后，值班律师可以查阅、摘抄、复制案卷材料。"

结　语

习近平总书记指出："律师队伍是依法治国的一支重要力量。"① 律师不仅能够为当事人提供法律服务，而且肩负着服务国家法治建设、推动国家法治进程的重任。

党的十八大以来，我国法律服务队伍日益壮大、制度逐步健全、作用充分发挥，为全面依法治国作出了应有贡献。2019 年 1 月，司法部印发《全面深化司法行政改革纲要（2018—2022 年)》，要求围绕健全中国特色社会主义律师制度，形成与我国综合国力相称、与经济社会发展阶段相适应的律师业务发展格局。2021 年 12 月 30 日，司法部发布《全国公共法律服务体系建设规划（2021—2025 年)》指出，"十三五"期间全国 50 万余人取得法律职业资格，到 2025 年，全国执业律师将达到 75 万名，律师人数会以每年 4 万至 5 万的速度增长。在此背景下，《律师法》应当与时俱进，及时修改，以适应律师工作和律师队伍发展的需要，期待修改后的《律师法》成为一部规范律师执业行为，保障律师依法执业，有利于发挥律师在依法治国中作用的、科学完善的法律。

---

① 习近平：《习近平谈治国理政（第二卷)》，外文出版社 2017 年版，第 123 页。

第二十一章
当事人对司法的监督

当事人对司法的监督，包括对公安机关、检察机关、人民法院和司法行政机关司法工作人员的司法行为和其他违纪违法行为的监督，其监督贯穿于侦查、起诉、审判、执行等全部司法过程。此外，当事人及其法定代理人、近亲属对已经发生法律效力的判决、裁定，可以向人民法院或者人民检察院提出申诉；当事人还可以在司法程序之外，向各级党的机关、人大、行政机关、政协机关、监察机关、审判机关、检察机关以及群团组织等进行涉诉信访，有信访受理义务的机构接受人民群众监督，为人民群众服务。党的十八届四中全会通过的《中共中央关于全面推进依法治国若干重大问题的决定》要求："强化诉讼过程中当事人和其他诉讼参与人的知情权、陈述权、辩护辩论权、申请权、申诉权的制度保障。"党和国家在司法工作中坚持以人民为中心、尊重和保障人权，因此当事人对司法的监督对象多样、形式多样、渠道多样。为了论述集中，也避免与其他章节重复，本章以当事人依照司法程序对人民法院审判活动进行监督为例来进行论述。

检察机关、人大等对法院审判活动监督的本质都是"以权力监督权力"，但司法权本身具有的中立性和终局性使这种利用其他权力的监督往往止步于审判活动之外，否则就有干预司法之嫌。而当事人是审判活动的参与者，其监督采用的是"以权利制约权力"模式，具有其他监督方式所不具备的优势，是司法监督中不可或缺的重要形式之一。

一、当事人监督的特征

所谓当事人监督，是指当事人在参与诉讼程序的过程中，为维护自身合法权益而对司法活动采取的监督行为。如果说司法监督的本质是对司法权的制约，那么当事人监督司法的本质便是"以权利制约权力"，即以当事人自身的权利制约法院的审判权。[①]

---

① 徐爽：《以权利制约权力——社会主义法律体系与基本权利立法实践的发展》，《政法论坛》2011 年第 6 期，第 119 页。

（一）当事人监督具有主体自利性

相比其他监督方式，当事人监督是最具针对性的，他们能够在自己的案件中切切实实地对司法工作人员进行监督。司法裁判行为可以被理解为人民法院及其工作人员围绕对案件提供最终判断进行的分阶段而又相互连贯的所有相关职务行为。在诉讼活动中，当事人的行为取向及诉讼结果都要受到程序运作规则、对方当事人和法官行为的影响。每个进入诉讼程序的当事人都想最大限度地争取自己的利益，这必然会促使其通过各种手段获取案件信息，帮助自己理性决策并监督、防范法官以及对方当事人的违规违法行为。

权力产生腐败，绝对权力产生绝对腐败。为充分保障当事人的合法权益，非常有必要对司法权力进行监督。那么到底由谁来担当监督者的角色才会产生最好的监督效果？通过考察和反思国内外的司法实践，我们会发现，由当事人本人充当监督者对司法机关进行监督，可谓最好的选择。因为作为理性人的诉讼当事人，必然会尽最大努力行使好诉权以实现自己的诉讼权益，甚至会对法院及法官的一言一行都特别关注，责任感与主动性会更加强烈，监督力度也会更大。这就解决了"以权力监督权力"模式可能导致的监督主体动力不足的问题。当事人在监督司法过程中表现出来的自利性决定了当事人监督具有其他监督方式不能比拟的强大动力。

（二）当事人监督可借助程序力量实现自治

笔者认为，能够对审判权形成直接并且有效制约的只有诉权。虽然诉权与审判权追求的诉讼利益不同，但二者有着相同的诉讼目的，即解决纠纷，而且事实上诉权与审判权在纠纷最终解决之前也保持着相伴相随的关系。诉权与审判权在行使过程中必然会产生利益冲突，但这种冲突同时是天然的制衡力量，且是内部固有的，是相比其他监督方式较为有效、成本较低的制约机制。若有当事人通过不正当方式接近法官，甚至贿赂法官，那么这种行为可能从一开始就被另一方当事人监督着。在双方利益相互对立的情况下，若一方当事人滥用权利，则另一方当事人一定会进行抵制。由此可见，只要当事人与法院之间以及当事人双方之间的权利义务被合理分配，自然会形成一个封闭的、能够自动运行的监督系统。[①]

当事人监督的实质是以当事人的诉权制约法院的审判权。具体来说，就是当事人在诉讼过程中通过行使"程序参与权和处分权"以推动诉讼进程，进而影响诉讼结果。在这个过程中，任何诉讼程序外的监督主体都未涉及，最大限度地压缩了监督的异化空间，有利于维护审判独立，树立司法权威。

---

① 司法公正权威与司法监督的关系课题组：《司法监督制度研究》，法律出版社 2015 年版，第 64 页。

二、诉权监督审判权的具体表现形式

（一）程序参与权

"程序参与"贯穿刑事诉讼的整个过程，是保障程序公正的要求之一。"参与"一般指行为的主体对过程投入并有所作为，从主体范围来看，程序参与权的享有主体涵盖了所有的利益相关者，如被追诉人、被害人、证人、鉴定人等。考虑到被追诉人和被害人在诉讼中相对重要的主体地位，笔者将以被追诉人和被害人的程序参与权为研究对象，论述两者在亲自参与诉讼过程中发挥的监督作用。对于该权利，学者们会从不同的角度进行解读，但无论如何进行解读，程序参与权的本质都只有一个，即作为与裁判结果有着直接利害关系的当事人，应当具有充分参与司法机关裁判过程的权利。

1. 被追诉人的程序参与权

刑事诉讼的各个阶段都涉及被追诉人的切身利益，保障被追诉人的程序参与权既是对其权益的保护，也是实现当事人对审判活动进行监督的基本要求。从学理上讲，"被追诉人的程序参与权"可以从客观和主观两个方面进行讨论。

"客观程序参与权"属于消极性防御权范畴，是指国家机关为确保刑事犯罪嫌疑人、被告人能够在诉讼程序中充分行使防御权而提供的制度保障。具体来讲，它又可以细化为三类权利：第一，获得公平审判的权利。这是正当法律程序原则的基本要求。在具体案件中，当出现有关人员与案件有利害关系等可能影响案件公正审理的情形时，当事人及其法定代理人有权要求其回避。申请回避权是其他所有程序性权利中最基本的一项权利，缺少了它必然会导致当事人的程序参与权流于形式。第二，知悉权。被追诉人对于自己可能涉嫌的罪名、检方已经掌握的证据以及将要受到的刑事指控，都应当有知晓的权利。[①] 知悉权对于被追诉人来说极其重要，若没有知悉权的保障，当事人的程序参与将只是空谈，被追诉人也会成为任人摆布的诉讼客体。对于知悉权的保障，要从强化告知义务的履行入手，因为知悉权的实现依靠有关国家机关工作人员真实履行告知义务。第三，在场权。"被追诉人的在场权"是指被追诉人享有自始至终出席法庭审判的权利。[②] 这是诉讼主体实质参与诉讼程序的前提。

"主观程序参与权"属于积极诉讼防御权范畴，即一般只有在被追诉人积极主张权利时才会发挥作用。而其中，辩护权自然成为防御性权利的核心。考虑到被追诉人往往处于人身自由受限制的状态，并且缺乏法律专业知识，法律赋予被追诉人享有委托律师辩护的权利，有利于较大提升被追诉人的辩护能力。因而，被追诉人和受托辩

---

① 林林：《被追诉人的主体性权利论》，中国人民公安大学出版社 2007 年版，第 165 页。
② 陈瑞华：《刑事审判原理论》（第二版），北京大学出版社 2003 年版，第 56 - 57 页。

护人可以被看作具有统一意志的共同体。辩护权的具体内容包括：第一，阅卷权。案卷是用于指控被追诉人最全面的书面材料，而阅卷权是法律赋予辩方充分应对诉讼的一项权利，即对公安机关、检察机关收集的相关证据和诉讼材料进行查阅的权利。该权利的实现可以有效提升辩方收集证据的能力，进而保护被追诉人的合法权益。第二，调查取证权。该权利是指辩护人在缺少相关有利于己方的证据时，向有关单位和个人进行调查、收集证据材料的权利，包括自行调查取证和申请调查取证两种方式。公安机关的侦查犯罪职能、检察机关的公诉职能决定了他们在收集证据时容易有利益倾向性，即着重于收集、提交证明被追诉人有罪的证据，而忽视对被追诉人有利的材料。而辩方会尽其所能查找对其一方有利的证据，因此赋予辩方调查取证权可以更全面地了解事实真相，推动司法公正的实现。而且，辩方在调查证据时往往因为主客观条件的限制遇到很多困难，赋予辩方申请调查取证权能在一定程度上弥补辩方自身收集证据能力的不足。[1]

2. 刑事被害人的程序参与权

刑事被害人的程序参与权，是指合法权益被侵害的被害人，为维护自身权益而参与到刑事诉讼过程中的权利。[2] 虽然我国法律规定，对于大部分刑事案件，只有检察机关才能向法院提起公诉，但同时亲历案件发生的被害人也被赋予了参与诉讼程序的权利，这极大地促进了刑事审判及时、合理、有效地进行，也让刑事被害人成为司法公正的监督者。根据我国《刑事诉讼法》的相关规定，被害人享有如下权利：第一，申请回避权。在整个诉讼过程中，被害人可以对与案件有利害关系的相关人员申请回避。第二，获得有关诉讼信息的权利。对于检察机关不立案或者不起诉的原因、案件的开庭时间和地点等有关信息，被害人都有获得通知的权利，因为这些信息与最后的裁判结果息息相关。作为与案件裁判有着直接利害关系的被害人，当然有权随时跟进诉讼中发生的有关事宜。第三，在法庭审理过程中，尤其是在被告人否认犯罪事实时，被害人享有参加庭审并在法庭上发问、质证、辩论等权利。刑事案件被害人是受到犯罪行为最直接侵害的人，若其能够充分、有效地参与到诉讼中去，就必然能在监督司法、维护司法公正方面发挥作用。

赋予并保障被追诉人与被害人的程序参与权，不仅是正当程序的要求，而且对保障司法公正以及监督审判权都发挥了极大的作用。被追诉人和被害人根据程序参与权的内容能够充分维护自身的合法利益，一旦权益受到损害，对于法院工作人员徇私枉法或违反正当程序的行为，被追诉人与被害人便可以使用控告权，而这一举动同时也是对法院审判与执行活动的监督。

---

① 蒋薇：《被追诉人程序参与权研究》，南京师范大学 2013 年博士学位论文，第 7 – 13 页。
② 周伟、万毅等：《刑事被告人、被害人权利保障研究》，中国人民大学出版社 2009 年版，第 4 页。

（二）申诉控告权

申诉控告权，是指当事人对抗行政机关或司法机关错误的、违法的决定或裁判，以及对抗国家工作人员违法失职行为的救济性权利。对于这一权利的行使，可以将其分为两大类：一类是当事人认为案件的裁判有误进行申诉的情形；另一类是当事人在参加诉讼过程中发现司法工作人员有贪污受贿等不法行为，进行控告或者向有关部门举报的情形。

近年来，随着我国不断加大对司法公正的重视力度，很多冤假错案得到平反。暂且不论冤假错案的形成原因，但是要想避免发生冤假错案，一定要有畅通的救济渠道，而"罪犯依法行使申诉权"就是其中重要的方式之一。我国的《刑事诉讼法》以及《监狱法》共同构建了刑事申诉制度，其中《刑事诉讼法》第252条明确规定了何人可以提出申诉以及向谁申诉的问题。一个刑事案件裁判是否公正，当事人是最为清楚的，赋予当事人申诉权并确保其申诉权能够得到实现，是当事人监督司法的重要方式。根据最高人民法院于2019年2月27日发布的《中国法院的司法改革（2013—2018）》白皮书，我国法院在预防和纠正冤假错案方面取得了较大的进展与成效。早在2013年，最高人民法院就要求各级法院在处理定罪证据不足的案件时，不得采用降格或者变通作出"留有余地"的裁判。据统计，自2014年至2018年，我国各级人民法院共依法宣告4868名被告人无罪，依法保障无罪者不受追究。①

当事人对司法监督的作用不仅体现在平反冤假错案上，也体现在我国政法队伍的教育整顿工作中。事实上，早在2014年，《最高人民法院关于人民法院在审判执行活动中主动接受案件当事人监督的若干规定》就规定，当事人可以对法院工作人员的18种违规违法行为进行举报与投诉，从制度上为当事人监督提供了支持。而不论当事人是控告还是向有关部门举报司法工作人员的违法违规行为，都将有利于维护我国的司法公正。

三、诉权对审判权的监督制约

（一）诉权与审判权两者配置不均衡

诉讼法领域相关法律规定的内容，实质就是为当事人诉权与法院审判权建立起一套制度性的权利－权力配置方案。随着我国司法体制改革的不断深化，两者之间的力量配置关系逐渐合理，但是仍然要看到，在我国现行的诉讼体制下，两者之间还是存在不均衡的问题，具体表现为部分法律明确规定的当事人诉讼权利由于各种原因无法充分发挥作用，导致对审判权运行的制约作用发挥不足。

---

① 中华人民共和国最高人民法院编：《中国法院的司法改革（2013—2018）》，人民法院出版社2019年版，第21页。

1. 当事人行使诉讼权利的主体意识普遍不足

所谓诉权的充分行使，就是要求当事人在法律规定的范围内，将各项权利充分运用起来。但从目前的司法实践来看，当事人作为程序主体，作为维护自身权益的程序参与者，在权利意识方面的整体情况不太乐观。比如：有些民事诉讼的被告自动放弃答辩权利，在法院送达起诉书副本后不按时答辩，以此宣示其对原告滥诉行为的不满和个人的"冤屈"；也有的当事人受个人诉讼能力的限制，不能正确、及时地向法院申请调查取证，或者认为调查取证是法院的事，不积极提供线索，影响了自身权利的实现。

2. 当事人诉讼权利行使无序现象突出

司法活动本身有其自身的运作规律和程序规定，任何法官都必须按照既定的法律程序推动案件的审理执行。然而，司法实践中，当事人诉讼权利的行使往往处于无序状态，影响了诉权作用的发挥。主要表现在两个方面：一是权利行使中带有明显倾向性。相当一部分当事人选择诉讼维权出于一种朴素的思维模式，只追求结果而忽视程序。他们并不理解证据规则，也不知道诉讼时效，对于享有的权利未必依法行使，完全可能仅凭自己的输赢来判断权利是否得到了保护。案子赢了，就是法官维护了正义；案子输了，就是法官裁判不公，表现出了极强的利己倾向，难以客观、理性地发挥诉权对审判权的监督制约作用。二是以极端方式行使诉权。司法机关的办案过程以追求法律事实为目的，并尽量保证法律事实与客观事实相一致，而部分当事人并不能理解法律事实与客观事实的区别，当法官根据当事人的举证情况而认定的法律事实与客观事实有所出入时，当事人就会片面地认为法官枉法裁判、司法不公，从而缠访、闹访。

3. 当事人在获取诉讼信息资源上处于劣势

诉讼活动依托国家公权力进行，在纠纷解决上具有强制性。这意味着，一旦当事人之间的纠纷进入诉讼程序，那么当事人自身的行为取向便不再由当事人主宰，而必须服从于我国法律所规定的诉讼程序。此时，当事人只有全面地了解诉讼相关内容后，才有可能争取到最大利益。另外，对于自身案件的信息，如案件承办法官、案件办理进度、查询的被告财产状况等，当事人有知情权，知晓信息是权利行使的前提。然而，司法实践中，虽然法院会主动公开一些案件信息，但囿于案件审理体制的行政化、案件办理情况查询机制不健全、部分法官释明不规范等，当事人知悉的案件信息范围仍然有限，加之知情权缺乏救济渠道，进而造成诉讼权利行使的力度和深度也必然不够。

4. 当事人的诉讼权利存在滥用情况

现代法治体系之下，任何权利都不得滥用。但在我国的司法实践中，出现了不少滥用诉讼权利的现象。如提起恶意诉讼，当事人明知自己的诉讼目的是不正当的，是得不到法院支持的，但是仍然出于其他的目的，如使被告陷入诉讼，耗费时间精力或受到财产上的损害等，故意向法院提起诉讼。又如当事人恶意拖延诉讼，主要表现为诉讼中滥用法律赋予的权利，在程序上制造重重障碍，影响诉讼正常进行，迫使对方当事人妥协、让步，或者利用拖延的时间进行财产转移以逃避债务的履行，实现自身利益最大化。

（二）以诉权制约审判权的可行路径

在一项诉讼中，诉权和审判权必然是自始至终交织着的，二者在诉讼过程中各自围绕着自身的目的共同推进诉讼进程，而公正的实现需要二者真正地达到某种平衡。审判权在诉讼过程中的作用就是引导审判流程、发挥诉讼程序的功能、认定法律事实并作出裁判结果。而诉权完整的内涵包括实体和程序两个方面的意义：实体意义上的诉权是指，当事人合法权益有权获得保护并得到公正裁判；程序意义上的诉权是指，当事人有权在程序上对裁判权形成制约，比如变更、增加或放弃诉讼请求。事实上，诉权与审判权的关系可以说是公民权利与国家公权力关系的一种典型形式，二者既有相互冲突的一面，又有彼此相通的一面。

1. 促使当事人树立现代诉讼意识

衡量一个社会民主法治水平的一个重要因素，就是看社会公众是否以主体姿态和权利意识参与诉讼，因此首先应当培养的就是当事人的权利意识。一旦当事人树立起权利意识，就意味着当事人能够在诉讼中充分关注和重视已有的诉讼权利，而且能在诉讼中树立起自己的观点，进而充分、自主地表达自己的意志，不受他人意志左右。其次，当事人要树立程序价值独立意识。现阶段，从司法实务中我们不难发现，大部分诉讼当事人有重实体、轻程序的倾向，他们往往只根据自己实体利益的得失来判断权利是否得到了保护。但事实上，程序也有其独立的价值，程序选择权可以极大地提高当事人在诉讼中的地位，最终落脚到当事人对司法的监督能够真正地具有可行性。当事人可以不真正理解证据规则和诉讼时效，但应当树立一种程序意识，理解法律的正义并不仅仅指裁判结果的正义，而且还包括诉讼程序的正义。

2. 保障当事人对案件信息的知情权

虽然我国法律并没有明确界定知情权的具体范围，但是从有利于当事人充分、有效地行使诉权的角度来说，我们可以大致规划出一个公民应当知悉信息的范围。比如：在审前阶段，当事人可以通过庭前证据交换，了解对方掌握的证据情况，一方面可以免受证据突袭，另一方面还可以聚焦双方的争议点。在审理阶段，若当事人没有新的证据展示并且不再提出新的主张，法官可以适当地将自己对案件证据和诉讼主张的初步心得、心证向当事人公开，以利于当事人增强对审判的信任，更好地抓住案件的和解时机。在裁判阶段，法官应注重加强裁判的说理，确保当事人对裁判理由的知情。主要应当说明以下两个方面：一是裁判认定的具体事实和依据，包括部分事实得到认定的原因以及部分事实不能被认定的原因，哪些证据可以采纳以及哪些证据不能采纳；二是裁判的理由和适用的法律，要说明争议的法律关系性质以及适用相关法律的依据。

3. 防范当事人滥用诉权

应当将审前程序的功能与防范当事人恶意滥用诉讼权利有机结合起来，允许法院在审前程序中对案件是否存在滥用权利的可能性进行鉴定。对于没有在审前程序中鉴别出来的当事人滥用诉讼权利的案件，或者由于辨别的不确定性，不适合被直接排除在诉讼程序之外的案件，司法实践表明，程序法在面对这些滥用诉讼权利行为时的制约手段十分有限，多数情况下需要实体法介入。考虑到多数滥用诉讼权利的行为也都具备侵权行为的特征，因此可以通过适用侵权法来予以调整。事实上，法国、德国以及我国澳门地区的民法典或者民事诉讼法典都规定了因滥用诉权而受损害者可以提起损害赔偿请求。因此，也可以考虑将滥用诉讼权利纳入侵权行为的范畴，建立诉讼侵权损害赔偿机制，通过民事赔偿责任的方式补偿受害人的利益损失。

四、完善法院对当事人的诉权保障机制

诉权是当事人的重要权利之一，而审判权基于对诉权的救济需要才得以产生，无诉即无审判，审判权的启动具有被动性。基于以上认识，当事人行使诉权是法院行使审判权的前提，当事人依靠诉权所提出的诉讼请求的范围就是审判权可以行使的边界。不仅如此，审判权对于诉权还具有应答性。当事人选择诉讼的目的是解决纠纷，因此为回应当事人的合法诉求，在当事人行使诉权的范围内，法院应当一一就请求作出裁判。

（一）程序权利与实体权利并重

当事人的实体权益是当事人在诉讼中的核心利益和价值，当事人提起和参与诉讼的根本目的，就是维护自身的合法权利。一般而言，正当的程序权利是实现实体权益的通道，因为当事人的实体权益是否拥有、能否确定、能否实现以及在多大程度上能够实现，往往依赖于当事人的举证权、辩论权、知情权等程序性权利的充分行使和表达。"以当事人为本"的司法理念，实质上是以保障和实现当事人的诉讼权利为本，这不仅仅强调当事人对诉讼过程的推动作用，也强调对当事人程序性权利的充分保障，还强调通过这些正当的程序性权利的行使，实现对当事人实体权益的保障，由此实现通过程序公正达到保障实体公正的目的。也就是说，法官不应当仅仅满足于对法律事实的追求，认为只要按照法定程序审理案件就没有问题，而应当通过程序最大限度地实现对客观事实的追求。

（二）充分行使诉权与防止诉权滥用并重

"以当事人为本"，对法院和当事人之间的关系作出了新的诠释。一方面，强调当

事人在诉讼中的主体地位，目的在于让当事人决定自己的事务，掌控自己的命运；另一方面，当事人的情绪化、自利性特征，决定了法院和法官在诉讼活动中仍然要发挥主导作用，调控诉讼程序顺利推进。当然，法官发挥主导作用的出发点是积极主动地为当事人服务，不能过分介入当事人意思自治的领地。在当下，由于我国大部分公民的诉权行使能力不足，对于可能引起当事人重大利益损失的行为，法官有义务通过释明的方式进行提醒，引导当事人依法行使诉讼权利。另外，不能将"以当事人为本"简单化、庸俗化地理解为无原则地迁就、迎合某一方当事人，而是要对当事人进行合理引导，适当地约束当事人的不当行使诉权行为，防止当事人滥用权利造成对司法资源的浪费以及对司法权威的侵害。

（三）平等保障诉权与接受当事人监督并重

"以当事人为本"的理念，确定了当事人的诉讼主体地位，这里的当事人既包括参与各项审判执行活动的人，也包括参与人民法院其他各项工作的人；既包括严格诉讼法意义上的当事人，也应当包括参与诉讼活动的其他诉讼参与人和涉诉信访群众。因此，无论是何种活动中的当事人，人民法院都要平等对待。事实上，保障当事人诉权和接受当事人监督，是一体两面。当事人监督的实质即当事人通过行使诉权来制约法官权力，当事人权利行使越充分，越能防止法官审判权力异化。强调诉权保障的平等性，也就是为了保持法官的中立性地位，保障双方当事人监督的对抗性和有效性。因此，人民法院不能割裂两者的关系，要在给予双方当事人平等的诉权保障过程中，自觉接受当事人监督。

（四）实体处分权与程序选择权并重

我们在依法尊重当事人实体处分权的同时，要保障其程序选择权。职权主义的一个重要特征，就是相比对当事人诉权的尊重和保障，其更加强调国家机关的审判职能及审判权的行使。受大陆法系的传统影响，我国司法过程中的职权主义印记鲜明。而在职权主义之下，当事人较难发挥司法监督的作用。观察其他国家的相关制度设计，特别是采用当事人主义诉讼模式的国家或地区可以发现，它们都很重视诉权与审判权的均衡配置，并设计出一些有利于维护当事人合法权益、能够有效监督制约审判权的权利类型。程序选择权是指当事人在诉讼过程中有权选择有关程序或者与程序有关的事项。① 这一权利有利于提高当事人的诉讼地位，进而使其掌握主动权，最终有利于当事人监督司法能够更好地施行。它实际上是一个"权利树"，还可以划分出若干子权利，如当事人合意选择法官的权利、简易程序选择权、陪审团选择权。2003 年《最高人民法院、最高人民检察院、司法部关于适用简易程序审理公诉案件的若干意见》第 3 条第 2 款规定，"人民法院在征得被告人、辩护人同意后决定适用简易程序的，

① 左卫民、谢鸿飞：《论民事程序选择权》，《法律科学》1998 年第 6 期，第 59 页。

应当制作《适用简易程序决定书》，在开庭前送达人民检察院、被告人及辩护人"，首次确立了我国简易程序选择权。2012 年《刑事诉讼法》第 211 条规定："适用简易程序审理案件，审判人员应当……确认被告人是否同意适用简易程序审理。"这是首次将简易程序选择权写入立法。此后，2018 年《刑事诉讼法》保留了这一规定。

结　语

在整个司法监督体系中，当事人监督的地位和作用不可替代。司法机关内部权力监督制约及外部权力监督制约、当事人以外的普通公民监督，这些当然重要，但当事人与案件存在利害关系，具有监督司法的动力，而且当事人了解案件的情况，能够提供最有价值的线索、证据和意见，因此当事人监督的优势需要深入挖掘、利用。司法是人权法治保障的最后防线，人权司法保障状况是反映整个社会人权保护水平的镜子。[1] 习近平总书记曾经指出："所谓公正司法，就是受到侵害的权利一定会得到保护和救济，违法犯罪活动一定要受到制裁和惩罚。如果人民群众通过司法程序不能保证自己的合法权利，那司法就没有公信力，人民群众也不会相信司法。"[2] 与案件有利害关系的当事人通过程序保障自己的合法权益，体现了当事人监督保障人权的本质特征，也体现了当事人监督的特殊价值和效能。我们要特别重视、全面保障当事人对司法的监督，"让人民群众切实感受到公平正义就在身边"[3]。

---

[1] 黄文艺：《论习近平法治思想中的司法改革理论》，《比较法研究》2021 年第 2 期，第 7 页。
[2] 习近平：《论坚持全面依法治国》，中央文献出版社 2020 年版，第 22 页。
[3] 《为建设更高水平的平安中国、法治中国提供有力保障——习近平总书记对政法工作作出重要指示引发热烈反响》，《人民日报》2022 年 1 月 16 日，第 1 版。